AF327959

CODE-FORMULAIRE

DES

ARRÊTÉS DE POLICE MUNICIPALE.

CODE-FORMULAIRE

DES

ARRÊTÉS DE POLICE MUNICIPALE

CONTENANT :

1re Partie,

Les Principes généraux en matière de règlements de police municipale ;
La Procédure à suivre pour faire rapporter ou annuler ces règlements quand ils sont pris illégalement ;
Par ordre alphabétique de matières, la Jurisprudence administrative et la Jurisprudence des cours et tribunaux en tout ce qui touche la police municipale,
avec les Formules des arrêtés à prendre par MM. les Maires dans l'intérêt de la bonne administration de leur commune.

2e Partie,

Par ordre chronologique,
Le texte des Dispositions législatives anciennes et modernes sur la police municipale,
ainsi que les instructions ministérielles sur leur exécution.

TERMINÉ

Par une Table par ordre de matières ;
par une Table chronologique de toutes les dates des lois, décrets, arrêts, circulaires,
instructions et décisions ministérielles cités dans le Code,
et par une Table analytique et alphabétique de toutes les matières
dont il est question dans le Code.

Par P. TRÉNY,

Secrétaire de sous-préfecture, auteur du *Code-Formulaire électoral politique*,
En collaboration avec la rédaction de la Bibliothèque municipale.

Prix : 5 fr.

GRENOBLE,

IMPRIMERIE MUNICIPALE DE PRUDHOMME, RUE LAFAYETTE, 14.

1867.

A NOS LECTEURS.

UTILITÉ DE CE CODE.

Le droit de faire des règlements , véritables lois tout aussi obligatoires pour les citoyens que celles faites par le Corps législatif, est donné aux maires pour ce qui intéresse :

1º La sûreté et la commodité du passage dans les rues, places, quais et autres voies publiques ;

2º La salubrité de la cité ;

3º Le maintien du bon ordre dans les endroits où il se fait de grands rassemblements ;

4º La fidélité du débit et la salubrité des denrées et comestibles mis en vente ;

5º Les mesures préventives contre les accidents et fléaux calamiteux, etc., etc.

Tous les jours ces fonctionnaires ont, en conséquence, à prendre des arrêtés de police pour la bonne administration de leur commune, et tous les jours, pour ainsi dire, il y a, ou des pourvois contre ces arrêtés quand ils lèsent des intérêts particuliers, ou des décisions des cours et des tribunaux civils et administratifs, interprètes souverains de la loi, qui déclarent que ces règlements sont ou ne sont pas pris dans le cercle des attributions des maires.

On peut donc, dans l'état actuel de la législation et de la jurisprudence, se demander où commence et où finit ce droit réglementaire ; car il a des limites, puisque les tribunaux sanctionnent ou refusent de sanctionner par une condamnation les infractions aux dispositions qui leur sont déférées.

Quel est le décret, quelle est la loi ou l'instruction qui fait connaître nettement ces limites? Il n'y en a pas. Pour se faire une idée de l'étendue du pouvoir réglementaire des maires, il faut chercher dans soixante années de jurisprudences diverses, souvent contradictoires, des cours et tribunaux, fouiller dans l'arsenal des lois, décrets et instructions ministérielles, compulser de nombreux et volumineux recueils, et, après de longues et de patientes recherches, on est fort souvent plus embarrassé qu'auparavant.

En présence de la difficulté de connaître l'étendue du droit de réglementation, on comprend qu'à chaque instant un maire hésite à prendre une mesure que réclame le bien général, retenu qu'il est par la crainte de se tromper et de voir son arrêté annulé par l'autorité supérieure, ou rester sans effet par le refus des tribunaux de lui reconnaître la force légale.

En conséquence, un recueil qui fera connaître instantanément ce qui a été décidé par les cours et tribunaux, ou par l'administration supérieure, sur les diverses questions qui leur ont été soumises ; qui fixera dès lors l'opinion sur la limite du droit des maires, sera un recueil véritablement utile, un guide qui rendra de très-grands services, en éclairant :

1° L'autorité municipale sur l'étendue de son pouvoir de réglementation, tout en la délivrant des appréhensions qui pourraient naître dans son esprit sur la mesure à édicter pour ne rien laisser en souffrance ;

2° L'administré qui aurait à se plaindre de l'arrêté ;

3° Le juge auquel l'infraction au règlement serait déférée ;

4° L'administration préfectorale sur les attributions réelles des maires ; car, il ne faut pas se le dissimuler, ces attributions sont rarement bien connues, souvent exagérées, et les cours et tribunaux mêmes ont, sur cette matière, varié quelquefois, avant d'arriver à une jurisprudence fixe, à un principe certain ; presque chaque jour encore des arrêts de la Cour de Cassation ou du Conseil d'Etat viennent rappeler les vrais principes aux préposés à l'application des lois et à leurs défenseurs.

Ce recueil sera facilement apprécié par les personnes qui s'occupent d'administration, ne fût-ce que pour économiser un temps souvent mieux employé à autre chose qu'à de longues recherches trop souvent sans résultat certain ; aussi, pénétrés de cette nécessité, nous nous sommes mis résolument à l'œuvre, puisque nul n'abordait un tel sujet, ou du moins ne le restreignait dans un cadre qui le rendît véritablement usuel et d'une consultation facile.

Nous avons pensé que, dans une pareille matière, il ne fallait pas se jeter dans de longues démonstrations, dans de subtiles théories ; que le laconisme sec, impératif, du style judiciaire était plus éloquent, plus persuasif, que tous les raisonnements. Ce n'est donc qu'une œuvre de compilation que nous avons entreprise ; elle n'en a que plus d'autorité, car nous avons eu le soin d'indiquer les sources où nous avons puisé.

La jurisprudence est rangée par ordre alphabétique ; de cette façon l'on trouvera presque immédiatement la solution à la question posée. Chaque sujet ou article est suivi d'une ou de plusieurs *formules d'arrêtés* contenant le visa des dispositions législatives qui régissent la matière, les considérants qui en motivent l'application, et les *dispositions générales* à prescrire. L'article lui-même contient les différentes solutions qui ont été données, administrativement ou judiciairement, sur le sujet, et permet de développer la formule suivant la nature des besoins, l'exigence des circonstances.

Le Code de police municipale est ainsi rendu nécessaire, nous dirions presque indispensable :

A MM. les maires, adjoints, secrétaires de mairie, dont il simplifie le travail ;

A MM. les commissaires de police, qui sont souvent appelés, dans les communes rurales, à émettre leur opinion sur les questions qui se présentent, et qui toujours ont à faire exécuter les arrêtés de police ;

A tout particulier qui peut avoir à se plaindre de quelques dispositions réglementaires ;

A MM. les préfets, sous-préfets, procureurs impériaux, juges des tribunaux correctionnels et juges de paix, dont il économise le temps en abrégeant considérablement les recherches, s'il ne les supprime pas en totalité.

Sa place est donc marquée dans toutes les bibliothèques municipales, administratives et judiciaires, comme le *Vade-mecum* indispensable des fonctionnaires, comme le guide le plus sûr pour les administrés.

Mise à jour continuelle du Code de police municipale.

Les acquéreurs de ce Code seront toujours tenus, par le *Répertoire administratif des Maires et des Conseillers municipaux* ('), au courant des dispositions nouvelles de loi , décret, jurisprudence ou arrêté concernant la police municipale.

Nous aurons soin d'indiquer dans le *Répertoire* la place que le document nouveau devrait occuper dans le *Code de police municipale*, de sorte que si le possesseur de ce Code a, de son côté, le soin d'écrire à cette place une note de renvoi à la disposition recueillie par le *Répertoire*, chaque fois qu'il voudra se servir du *Code de police*, il aura la certitude d'avoir sous les yeux les dispositions nouvelles survenues sur la matière qui fera l'objet de ses recherches.

Facilité des recherches.

Dans le Chapitre 2 , la Jurisprudence est classée par ordre alphabétique; dans la deuxième partie de l'ouvrage, qui comprend les documents officiels, la Législation est reproduite par ordre chronologique. Indépendamment de cela, nous donnons ci-après une Table par ordre de matières, et à la fin du volume les Tables suivantes :

1° Une Table générale *chronologique* des dates citées, avec l'indication de la page et du mot de référence;

2° Une Table générale *alphabétique et analytique* des matières traitées.

Il n'est pas douteux qu'avec le moindre renseignement on trouvera immédiatement les documents dont chacun peut avoir besoin comme législateur, officier ministériel, juge, défenseur ou partie.

Ce Code, nous pouvons le dire, convient donc à tous, car c'est la science administrative mise à la portée de tout le monde.

(') *Répertoire administratif des Maires et des Conseillers municipaux*, journal complémentaire et continuation du *Formulaire municipal*, 34ᵉ année; prix : 8 fr. par an. On s'abonne, à Grenoble, à l'imprimerie Prudhomme, rue Lafayette, 14.

TABLE

PAR ORDRE DE MATIÈRES.

CODE-FORMULAIRE

DES ARRÊTÉS

DE POLICE MUNICIPALE

CHAPITRE 1er.
PRINCIPES GÉNÉRAUX.

SECTION Ire.
DES RÈGLEMENTS DE POLICE DES MAIRES DEPUIS 1799.

1. *Pouvoir réglementaire du maire.*—Le maire, dans l'exercice de ses attributions, qu'il agisse comme représentant du gouvernement ou comme représentant de la commune, est appelé, dans une variété infinie de circonstances, soit de son initiative, soit sur l'invitation de l'autorité supérieure, à prescrire diverses mesures propres à maintenir l'ordre public, à protéger la propriété, la sûreté et la liberté individuelles, à surveiller les mœurs, les lieux publics, à assurer la salubrité publique, la viabilité, etc.

L'ensemble de ces mesures constitue le pouvoir réglementaire du maire au point de vue de la police municipale.

2. *Origine du pouvoir réglementaire.* — Le maire tient son pouvoir réglementaire de la loi elle-même, soit par délégation générale, soit par délégation spéciale.—La plénitude de ce pouvoir appartient au chef de l'Etat, qui fait les règlements nécessaires pour l'exécution des lois, et ces règlements sont obligatoires pour toute la France; mais chaque fois qu'il s'agit de matières qu'il y aurait inconvénient à régler d'une manière uniforme pour tout l'empire ou qui ne se rapportent qu'à certaines localités, chaque fois qu'il s'agit d'entrer dans des détails trop minutieux ou que les faits à prévoir sont d'une nature trop variée, trop variable, ou même encore trop peu connue, le soin du règlement est sagement délégué à l'autorité centrale, départementale ou communale.

3. *Liberté d'action des maires.* — Le maire, pour l'exercice de son pouvoir réglementaire, jouit de la plus grande liberté d'action. Elle lui est en effet nécessaire pour protéger efficacement les intérêts confiés à sa

garde. Les attaques ou les maux dont la société, les hommes ou les propriétés sont menacés étant souvent aussi imprévus que subits, les représentants de l'autorité ont dû être investis du pouvoir de prendre des mesures aussi variées que peuvent être les exigences auxquelles il s'agit de pourvoir, et cela sans que le maire puisse se trouver jamais arrêté, ni par les stipulations des particuliers, ni même par des actes ou des décisions antérieures. Les actes réglementaires du maire n'ont rien de définitif ou d'irrévocable vis-à-vis de lui-même; la mesure prise aujourd'hui peut être remplacée demain par une mesure différente ou contraire, pourvu qu'elle ait sa raison d'être dans un intérêt public.

4. *Dénomination des actes administratifs des maires.*— Les actes du maire, dans l'exercice du pouvoir que la loi lui confie, prennent la dénomination générale d'*Arrêtés*.

Les arrêtés municipaux sont donc *des décisions administratives prises par les maires pour assurer l'exécution des lois, ou pour protéger les citoyens.*

Ils ont pour objet, soit d'ordonner des mesures locales sur les objets confiés par la loi à la vigilance et à l'autorité du maire, soit de publier de nouveau les lois et règlements de police et de rappeler les citoyens à leur exécution. (*L. du 18 juill. 1837, art. 11.*)

Les arrêtés permanents sont qualifiés indistinctement d'arrêtés ou de règlements municipaux de police ; mais un acte de cette nature relatif à un individu ou à un cas isolé, quoique concernant une collection de citoyens, ne pourrait pas être appelé *règlement* : il doit porter le titre d'*Arrêté de police.*

Les actes légalement émanés des fonctionnaires municipaux sont obligatoires, qu'ils soient intitulés *arrêtés, ordonnances* ou *règlements de police (Cass., 17 août 1833, Boutry).* Le terme d'*arrêtés* ou de *règlements* est le seul qui puisse être employé à bon droit depuis qu'il a été consacré par la loi du 18 juillet 1837.

5. *Contrôle de l'autorité supérieure.* — L'autorité supérieure s'est réservé, sur les actes des maires, un droit de contrôle, de surveillance, d'annulation, et même, dans certains cas, un droit d'initiative ou de suppléance. Ainsi les arrêtés municipaux, dès qu'ils sont rendus, doivent être adressés au sous-préfet, qui en accuse réception le même jour et les transmet au préfet avec son avis. Ils sont envoyés par le maire en triple expédition : une pour les bureaux de la sous-préfecture, une pour les bureaux de la préfecture, et la troisième pour être soumise au ministre de l'intérieur si l'exécution de l'arrêté soulève quelque doute dans l'esprit du préfet. (*Circ. des 26 oct. 1841 et 20 mai 1850.*)

Le préfet peut annuler l'arrêté ou en suspendre l'exécution à toute époque, même lorsque l'arrêté a été approuvé antérieurement.

L'annulation d'un arrêté de police entraîne la nullité des actes d'exécution faits antérieurement, lorsque l'annulation est fondée sur l'illégalité de l'arrêté lui-même comme pris hors du cercle des attributions de l'autorité municipale. (*Cass., 17 mai 1836, ville de Bordeaux.*)

Mais le préfet ne peut *modifier* l'arrêté suspendu ou annulé. (*Circ., 1er juill. 1840, § 4 ; Cass., 25 nov. 1859, Bessière; C. E., 11 août 1859, commune de Saujon.*) L'arrêté serait même obligatoire si le préfet, au lieu de l'annuler ou d'en suspendre l'exécution, se bornait à faire connaître au maire que le ministre ne pense pas qu'une des dispositions du règlement doive être maintenue, et invitait ce fonctionnaire à la modifier. (*Cass., 22 juin 1838, Hamel.*)

Quand le préfet, mandataire de la puissance exécutive, a ordonné dans sa circonscription administrative une des mesures qui se trouvent énoncées dans les lois où le maire lui-même trouve la source de son pouvoir, le maire n'a plus qu'à assurer l'exécution de l'arrêté préfectoral intervenu. *(Cass., 23 avril 1835, Dangler.)* Dès lors il ne peut ni le remplacer par un nouvel arrêté, ni l'abroger, ni même autoriser une dérogation spéciale. Il ne pourrait pas non plus poursuivre l'application d'aucun règlement antérieur fait sur le même objet *(Cass., 26 août 1841, Devermy)*. — Les maires doivent se bien pénétrer de cette règle.

Enfin, si un maire refusait de prendre un arrêté sur une matière qui a besoin d'être réglementée, le préfet, bien que ce fonctionnaire ne puisse, en thèse générale, se substituer aux maires, en prenant des arrêtés locaux sur les objets qui rentrent dans les attributions de l'autorité municipale, pourrait prendre l'arrêté aux lieu et place du maire, après refus constaté par la correspondance administrative. *(L. du 18 juill. 1837, art. 15.)* L'arrêté, dans ce cas, est obligatoire comme l'aurait été l'arrêté municipal qu'il est destiné à remplacer. — Les sous-préfets ne pourraient prendre cet arrêté aux lieu et place du maire : ces fonctionnaires, en effet, sont sans qualité pour rendre des arrêtés de police locale. *(Cass., 27 janv. 1854, Brun ; 5 août 1858, Desvergnes.)*

6. *Division des arrêtés en arrêtés permanents ou non permanents.* — Les arrêtés des maires sont divisés en deux catégories bien distinctes, les uns, qui portent règlement permanent, c'est-à-dire, qui statuent d'une manière générale sur quelqu'une des matières comprises dans les attributions de l'autorité municipale et pour un temps non défini ; par exemple, sur la tenue des foires et marchés, sur le balayage des rues, etc. ; les autres, qui n'ont pas ce caractère d'intérêt général, qui statuent seulement sur des objets spéciaux ou sur les demandes individuelles des citoyens ; par exemple, l'autorisation d'ouvrir un bal public, de réparer un bâtiment le long de la voie publique, ou de faire telle autre chose pour laquelle la permission du maire est nécessaire. *(Circ., 1ᵉʳ juillet 1840.)*

7. *Délai d'exécution.*—Les arrêtés *non permanents* sont exécutoires immédiatement après leur publication ou notification et la délivrance du récépissé du sous-préfet, sauf le droit réservé au préfet de les annuler ou d'en suspendre l'exécution. *(Cass., 28 décembre 1850, Jouglas.)*

Les arrêtés *permanents* ne sont exécutoires, en principe, qu'un mois après leur dépôt à la sous-préfecture, constaté par le récépissé du sous-préfet ; toutefois, l'arrêté est obligatoire avant ce délai d'un mois, si, avant cette époque, le préfet a cru devoir en approuver l'exécution. *(Circ., 1ᵉʳ juillet 1840, § 5.)*

Ce point de jurisprudence administrative n'a point encore été admis par la Cour de cassation, qui a décidé *(Arr. des 7 juill. 1838, Ravena ; 20 juill. 1838, Marassé ; 17 mars 1848, Chapuis ; 15 mai 1856, Ramage ; 7 nov. 1856, Thérond ; 11 juin 1857, Rouffiandis)* que les règlements permanents ne pouvaient jamais être exécutoires, aux termes de l'art. 11 de la loi du 18 juillet 1837, avant l'expiration du délai d'un mois, et que les contraventions qui y sont commises pendant ce délai ne sont pas punissables.

Si l'urgence devait faire exception, il dépendra toujours du préfet ou du maire d'assurer l'exécution immédiate de l'arrêté en faisant une déclaration d'urgence que les tribunaux judiciaires n'auraient pas le droit de contrôler.

D'un autre côté, le récépissé qui forme le point de départ du délai d'exécution, ne peut être exigé par les tribunaux qu'à défaut de la justification de l'approbation du préfet. *(Cass., 22 mars 1851, Nolent.)*

Les arrêtés municipaux sont exécutoires sans que le préfet y ait apposé un visa approbatif. Ce visa n'est apposé, dans la pratique, que pour témoigner de l'adhésion et du concours de l'autorité supérieure et donner plus de force morale aux actes du maire.

8. *Force obligatoire des arrêtés.* — Les arrêtés ou règlements de police municipale, régulièrement intervenus, ont la même force que la loi qui les a autorisés. Ils commandent l'exécution avec la même autorité, et le refus d'obéir à leurs prescriptions donne lieu à l'application d'une peine qui est édictée par l'article 471, n° 15, du Code pénal.

Les citoyens ne peuvent s'opposer par la force et la violence à l'exécution d'un acte de l'autorité compétemment pris, fût-il même illégal sous certains rapports. Ainsi, l'arrêté municipal dont le but est de rétablir la circulation entravée par un obstacle placé sur un chemin vicinal, étant pris dans les limites des pouvoirs municipaux, commande l'obéissance, et, dès lors, les violences exercées contre l'ouvrier délégué par le maire, pour l'exécution de cet arrêté municipal, constituent le délit punissable par la loi pénale. *(Cass., 29 mars 1855, Mille.)*

En matière de police locale, les arrêtés municipaux, approuvés par l'autorité supérieure, sont obligatoires jusqu'à leur réformation légale, *(Cass, 28 déc. 1848, Pélissier)*, même pour les tribunaux saisis de la connaissance d'une contravention à ces arrêtés. Des dispositions illégales contenues dans un règlement à côté de dispositions légales, n'infirment pas ces dernières. *(Cass., 18 janv. 1838, Vignes.)*

Les tribunaux ne peuvent refuser l'application d'un arrêté municipal sous le prétexte :

Qu'il est contraire à d'anciens usages *(Cass., 24 déc. 1813, habitants de Leerhare)* ;

Qu'il est tombé en désuétude par le non-usage *(Cass., 6 août et 22 sept. 1836, Leveille, Simonète; 5 et 17 déc. 1839, Tellier, Morainville)* ;

Que le contrevenant ignorait l'existence de l'arrêté *(Cass., 3 fév. 1827, Fleureau)* ; ou qu'il était de bonne foi *(Cass., 4 déc. 1862, Dumont)* ;

Que le règlement ne contient qu'un simple avertissement *(Cass., 5 déc. 1834, Perrotin)* ;

Que les circonstances qui l'ont fait prendre ont cessé depuis longtemps *(Cass., 15 nov. 1838, Bastide; 5 déc. 1839, Tellier)*, à moins cependant que ces règlements ne portent expressément que leur effet est limité à ces circonstances ;

Qu'une opposition (recours à l'autorité supérieure) a été formée à son exécution *(Cass., 27 déc. 1834, Lemaire et autres)* ;

Que la contravention n'aurait occasionné aucuns dommages *(Cass., 4 avril 1835, Vernet)* ; ou en admettant des excuses qui ne sont pas prévues par la loi ou par l'arrêté. *(Jurispr. const.)*

Les arrêtés municipaux sont obligatoires dans le territoire pour lequel ils ont été faits, non-seulement pour tous les habitants de la commune, mais encore pour tout autre individu qui se trouve sur ce territoire, sans que l'ignorance prétendue du règlement puisse être admise comme excuse en faveur de ceux qui l'ont enfreint. *(Cass., 3 févr. 1827, Fleureau; 15 févr. 1828, Laurent; 12 juin 1828, 17 juin 1830, Cottin ; 27 févr. 1847, Verdez.)* Ils sont également obligatoires pour les habitants annexés postérieurement. *(Cass. 15 février 1862, Gand-mougin.)*

Les règlements de police concernant limitativement la ville et les faubourgs ne peuvent être appliqués aux habitants des hameaux situés hors de l'enceinte de cette circonscription. *(Cass., 1er août 1862, Granger.)*

Dans aucun cas, l'autorité du maire ne peut s'étendre au-delà de la circonscription de sa commune, et cela bien qu'il y ait communauté d'intérêt avec le territoire limitrophe. *(Cass., 20 août 1841, Guiton.)*

La force obligatoire des règlements municipaux légalement promulgués est telle que ces règlements conservent leur autorité, bien que la commune pour laquelle ils ont été faits ait été réunie ultérieurement à une autre appartenant au département voisin. *(Cass., 16 avril 1858, Louvteau.)*

9. *Etendue et restriction du pouvoir réglementaire du maire.* — Les arrêtés municipaux interviennent sur toutes les matières confiées par la loi aux soins et à la vigilance des maires.

L'énumération de ces matières, par ordre alphabétique, et l'indication des limites dans lesquelles s'exerce la compétence des maires, font l'objet de la seconde partie de notre travail.

Il nous suffira d'indiquer ici qu'en présence du nombre infini de circonstances diverses où le maire est appelé à exercer son action, le législateur s'est sagement abstenu d'entrer dans des détails trop précis; il s'est borné à poser les principes généraux, et s'il est parfois entré dans les détails, c'est moins dans le but de limiter l'action municipale que pour la guider, lui donner de la force et prévenir les abus; enfin, que chaque fois que la Cour de cassation a à se prononcer sur la légalité d'un règlement de police, elle examine un seul point : le maire a-t-il agi dans la limite de la compétence qui lui a été déléguée expressément par la loi? Au vu d'une disposition expresse, le maire est déclaré compétent.

Sauf le cas où l'intérêt public provoque de sa part des injonctions ou des prohibitions individuelles et spéciales, l'autorité municipale ne peut et ne doit exercer le pouvoir dont elle est investie que par voie de disposition réglementaire et conséquemment générale.

Quand la loi ou l'autorité départementale ont statué elles-mêmes sur des objets confiés à la vigilance de l'autorité municipale, cette autorité n'ayant, ainsi que nous l'avons déjà dit (numéro 5, page 3), qu'à publier de nouveau la loi ou le règlement et à rappeler les citoyens à son observation, ne peut en restreindre ni étendre les dispositions. Ainsi un maire ne peut, au moyen d'un arrêté, ajouter à la disposition de l'art. 471, § 4, du Cod. pénal, qui défend de déposer sans nécessité sur la voie publique des matériaux qui diminuent ou empêchent la liberté ou la sûreté du passage, l'obligation d'en obtenir l'autorisation préalable. *(Cass., 10 déc. 1824, Molly; 26 mars 1825, Quenesson; 10 avril 1831, Desmidt; 16 et 26 févr. 1833, Stroboni; 4 janvier 1862, Laty.)*

Dans les communes-chefs-lieux de département dont la population est de plus de 40,000 âmes, les Préfets, réunissant les droits du Préfet de police à Paris, peuvent prendre tous règlements ayant pour objet la sûreté publique et la tranquillité générale des habitants. *(Loi du 5 mai 1855, art. 50; Cass., 2 août 1862, ville de Nantes.)*

Les maires ne peuvent dans aucun cas se dispenser eux-mêmes ou dispenser des individus, par des actes particuliers, de l'exécution des lois et règlements. *(Cass., 18 avril 1828, Maikler; 30 juin 1832, Lu-*

cas; 18 août 1832, Schiellen; 19 déc. 1833, 23 avril 1835, Dangser; 15 déc. 1836, Pras; 12 déc. 1846, Husson; 8 nov. 1851, Rochet; 8 avril 1854, Serrié.)

Tout arrêté pris par un maire en dehors de la sphère de ses attributions est illégal; comme tel, il n'est obligatoire, ni pour les citoyens, ni pour les tribunaux, qui ne peuvent condamner que les infractions à un arrêté légalement pris par l'autorité municipale. *(Cass., 24 juin 1831, Bourcy; 4 janvier 1839, Duguey.)*

10. *Forme des arrêtés municipaux.* — La loi n'a prescrit aucune forme dont les arrêtés de police municipale doivent nécessairement être revêtus; mais évidemment il est certaines énonciations, telles que la date, la qualité des fonctionnaires, qui sont substantielles, et à défaut desquelles la décision n'existerait pas.

Le visa des lois et les considérants ne sont pas obligatoires; rien n'infirme la validité d'un arrêté qui n'est précédé d'aucun préambule; mais la pratique administrative exige habituellement le visa des lois et des considérants qui en font connaître le motif et le but.

Il n'est pas nécessaire qu'une peine y soit exprimée. *(Cass., 20 févr. 1829, Jardel.)* Cette peine est édictée par le Cod. pén., art. 471, n° 15, et ne peut pas être autre que celle portée par cet article. *(Cass., 10 avril 1819, Gabelin; 17 juin 1825, Rony; 7 oct. 1826, Tribouley.)*

Les maires ne peuvent pas, par des arrêtés, changer l'ordre des juridictions ni atténuer les peines au-dessous de leur minimum légal *(Cass. 22 juin 1809, Timmermans; 30 août 1811, Dufour)*, ni créer pour l'exécution de ces règlements, des taxes ou contributions non autorisées par les lois. *(Cass., 22 février 1855, Henri.)*

Aucune disposition législative ou réglementaire n'astreint les maires à transcrire leurs arrêtés sur un registre spécial. *(Cass., 13 avril 1833, Collin.)* Mais cette transcription, nécessaire pour se rendre compte des matières successivement réglementées, et fournir aux successeurs des maires actuels le moyen de bien connaître les précédents, est prescrite par la circulaire ministérielle du 3 janvier 1838.

11. *Publication des arrêtés.* — La publication des arrêtés permanents des maires n'est soumise à aucune forme sacramentelle. Mais c'est un principe de justice qu'une règle ne soit obligatoire que si elle est censée connue, et le Code pénal, art. 471 § 15, ne punit que les contraventions aux arrêtés *publiés;* il faut donc que, par un mode quelconque, par affiche, publication à son de trompe ou de tambour, signification ou notification, l'arrêté ait été porté à la connaissance de ceux à qui il s'adresse. *(Avis C. E., 23 prairial an* XIII; *Cass., 18 mars 1836, Payssan; 8 janvier 1859, Loustau.)*

En général, la publication doit être faite selon les usages reçus dans la commune. *(Cass., 18 sept. 1847, Roudier; 15 janv. 1857, Gautard.)* L'affichage d'un arrêté le dimanche à la porte de l'église, constitue une publication suffisante. *(Cass., 31 juillet 1830.)*

La notification des arrêtés qui statuent sur des intérêts individuels tient suffisamment lieu de publication, mais elle ne peut avoir lieu verbalement. *(Cass., 31 août 1821, Delaunoy; 13 avril 1833, Colin.)* Elle doit être faite par écrit et par le ministère d'un agent assermenté.

Cette publication est tellement obligatoire, qu'elle s'applique même au cas où le préfet, soit au lieu et place du maire, soit en vertu de son pouvoir propre, a pris un arrêté de police. Cet arrêté n'est pas exécutoire par son insertion au recueil des actes administratifs de la préfecture, il faut qu'il ait été publié dans la commune, et la contravention qui y serait commise dans une commune sur le territoire de laquelle il n'aurait pas été publié, ne pourrait donner lieu à aucune condamnation. *(Cass., 5 juillet 1845, Lorain.)*

12. *Recours contre les arrêtés.* — Le droit d'attaquer les arrêtés municipaux appartient à tous les citoyens qu'ils intéressent. *(Cass., 12 avril 1834, Jouve.)*

Il n'existe pas de délai passé lequel un particulier ne puisse former ce recours. Le préfet peut annuler un arrêté municipal permanent ou non permanent, à toute époque, quel que soit le temps pendant lequel l'arrêté aura reçu son exécution, et bien que l'acte ait été approuvé antérieurement *(Circul. du 1er juill. 1840)*. Le droit de demander cette annulation appartient également à tout particulier sans limitation de délai ; mais l'annulation de l'arrêté n'entraîne pas la nullité de ce qui a été fait précédemment en vertu de cet acte, à moins que l'annulation ne soit fondée sur l'illégalité de l'arrêté lui-même (V. n° 5).

Le recours doit être porté devant l'autorité administrative *(Cass., 7 août 1829, Decq)*, c'est-à-dire, devant le préfet, ensuite devant le ministre de l'intérieur, compétent en cette matière toutes les fois qu'une loi spéciale n'a pas dit qu'un autre ministre serait compétent, et, enfin, dans certains cas bien rares, devant le conseil d'Etat ; par ex., s'il s'agit d'un arrêté individuel et temporaire.

Le décret sur la décentralisation du 25 mars 1852 ne permet plus d'appliquer la disposition du décret du 27 juillet 1808, d'après laquelle, en cas de réclamation des tiers intéressés contre les alignements partiels délivrés *en l'absence de plan approuvé*, il devait être statué par le conseil d'Etat, sur le rapport du ministre de l'intérieur. Aujourd'hui, le seul recours ouvert aux parties contre les décisions prises par les maires et par le préfet sur les alignements partiels, est le recours devant le ministre de l'intérieur *(C. E., 14 déc. 1854, St-Maur, et 19 juill. 1855, Crouzet.)* Toutefois, le recours au conseil d'Etat est ouvert contre les décisions approbatives des arrêtés d'alignements, *lorsqu'il existe un plan d'alignement approuvé*. La raison de cette différence est qu'il y a un titre (le plan) à appliquer, qui fait la loi de l'administration active et qui confère un droit au propriétaire riverain. La mauvaise application ou la violation de ce titre lèse un véritable droit acquis et rend nécessaire le recours au conseil d'Etat *(Serrigny, comp. et proc. adm., tom. I, n° 31)*. Le riverain lésé par l'application que fait le maire du titre commun, doit recourir du maire au préfet, du préfet au ministre de l'intérieur, et du ministre à l'Empereur, en conseil d'Etat : le pourvoi n'est recevable qu'après avoir parcouru sans succès cette hiérarchie.

Les arrêtés pris par les maires en matière de police municipale, et les décisions ministérielles approbatives de ces arrêtés ne sont pas de nature non plus à être déférés au conseil d'Etat par la voie contentieuse *(C. E., 22 déc. 1824, Hainque)* ; par exemple, l'arrêté qui ordonne la suppression des bornes placées en saillie sur la voie publique, le long et aux angles des maisons sujettes à reculement *(C. E., 7 janv. 1858, Arrachard)*, ou l'arrêté qui, dans l'intérêt de la salubrité, fait défense à un propriétaire d'établissement de bains, de laisser écouler sur la voie publique les eaux minérales ou composées provenant de son établissement *(C. E., 3 juin 1848, Garivier)*, ou l'arrêté qui fixe la taxe du pain. *(C. E., 14 août 1822, boulangers de Montpellier.)*

Aucune forme spéciale n'est tracée pour le recours contre les arrêtés des maires ; ce recours est d'ordinaire fait par un Mémoire qui est adressé au sous-préfet et transmis par ce fonctionnaire, avec son avis, au préfet. Ce Mémoire doit être sur papier timbré. (*L. du 13 brum. an 7, art. 12.*)

Le recours contre un arrêté de police n'est jamais suspensif de l'exécution; il ne peut dispenser les tribunaux de réprimer les contraventions qui y sont commises même par ceux qui ont exercé le pourvoi. (*Cass., 1er févr. 1822, Dejames; 18 avril 1828, Gaborit; 9 mai 1828, Monpela; 27 déc. 1834, Lemaire et autres; 1er avril 1841, Dru; 20 février 1847, Noel.*)

13. *Procès-verbaux de contraventions.* — Les contraventions de police municipale sont constatées par des procès-verbaux que peuvent rédiger concurremment les commissaires de police, les maires, et, à défaut de ceux-ci, les adjoints (*C. d'intr. crim., art. 11*) ou les gendarmes. (*Cass., 8 nov. 1838, Chareyre; 8 août 1840, Petit.*)

Les gardes champêtres, institués pour veiller à la sûreté des propriétés et à la conservation des récoltes, n'ont qualité que pour constater les contraventions relatives à la police *rurale* (*L. du 28 sept.-6 oct. 1791*), et ne sont pas compétents pour dresser des procès-verbaux de contravention à la police *urbaine* ou *municipale* proprement dite; par exemple, à la loi du 18 novembre 1814 sur la célébration des fêtes et dimanches, à un règlement sur la police des cabarets. (*Cass., 13 févr. 1819, Langrais; 1er déc. 1827, 2 mai 1839, 7 mai 1840, Minist. publ.; 2 avril 1848, Richard; 12 avril 1850, Laclario; 21 juin 1855, Catin; 17 févr. 1859, Crocheté.*)

Les agents de police ou appariteurs sont également sans qualité pour dresser des procès-verbaux de police; ils ne peuvent que formuler de *simples rapports*. Le Cod. d'instr. crim. n'a pas maintenu à ces agents le pouvoir que leur attribuait la loi du 19-22 juillet 1791, de constater, par des *procès-verbaux* faisant foi jusqu'à preuve contraire, les contraventions de police (*Cass., 24 février 1855, Rambaud*).

Les procès-verbaux des maires, adjoints et commissaires de police ne sont soumis à aucune forme spéciale, ils peuvent être dressés sur papier libre, n'ont pas besoin d'être affirmés et font foi jusqu'à preuve du contraire.

Les procès-verbaux dressés par les gardes champêtres doivent être écrits par eux, ou, à défaut, par le juge de paix ou ses suppléants, le maire ou son adjoint, le commissaire de police ou le greffier de la justice de paix. Ils doivent être dressés dans les 24 heures de la contravention, affirmés dans les 24 heures de la clôture, et enregistrés dans les quatre jours (*Lois des 24 thermidor an IV, art. 1; 22 frimaire an VII, art. 20 et 70; 28 floréal an X, art. 11*).

Les procès-verbaux des sous-officiers, brigadiers de gendarmerie et gendarmes ne sont soumis à aucune règle particulière. Il est d'usage de ne charger les gendarmes de l'exécution des arrêtés municipaux qu'autant que ces règlements concernent des mesures générales de police, telles que la chasse, les cabarets, les lieux publics, etc.

14. *Objets qui peuvent être réglementés par l'autorité municipale.* — Les fonctions propres au pouvoir municipal, sous la surveillance des préfets et sous-préfets, sont de faire jouir les habitants des avantages d'une bonne police, notamment de la propreté, de la salubrité, de la sûreté et de la tranquillité dans les rues, lieux et édifices publics. (*L. du 14 déc. 1789, art. 50.*)

Les objets de police confiés à la vigilance et à l'autorité des maires sont:

1° Tout ce qui intéresse la sûreté et la commodité du passage dans les rues, quais, places et voies publiques ; ce qui comprend le nettoiement, l'illumination, l'enlèvement des encombrements, la démolition ou la réparation des bâtiments menaçant ruine ; l'interdiction de rien exposer aux fenêtres ou autres parties des bâtiments qui puisse nuire par sa chute, et celle de rien jeter qui puisse blesser ou endommager les passants, ou causer des exhalaisons nuisibles ;

2° Le soin de réprimer et punir les délits contre la tranquillité publique, tels que les rixes et disputes accompagnées d'ameutements dans les rues, le tumulte excité dans les lieux d'assemblée publique, les bruits et attroupements nocturnes qui troublent le repos des citoyens ;

3° Le maintien du bon ordre dans les endroits où il se fait de grands rassemblements d'hommes, tels que foires, marchés, réjouissances et cérémonies publiques, spectacles, jeux, cafés, églises et autres lieux publics ;

4° L'inspection sur la fidélité du débit des denrées qui se vendent au poids, au mètre ou à la mesure et sur la salubrité des comestibles exposés en vente publique ;

5° Le soin de prévenir, par des précautions convenables, et celui de faire cesser, par la distribution de secours nécessaires, les accidents et fléaux calamiteux, tels que les incendies, les épidémies, les épizooties, en provoquant aussi, dans ces deux derniers cas, l'autorité des préfets et des sous-préfets ;

6° Le soin d'obvier ou de remédier aux événements fâcheux qui pourraient être occasionnés par les insensés ou les furieux laissés en liberté, et par la divagation des animaux malfaisants ou féroces. *(L. des 16-24 août 1790, tit. XI, art. 3.)*

Les spectacles publics ne pourront être permis ou autorisés que par les officiers municipaux. *(Même loi, art. 4.)*

La taxe des subsistances ne pourra.... avoir lieu dans aucune ville ou commune, que sur le *pain* et la *viande* de boucherie, sans qu'il soit permis, en aucun cas, de l'étendre sur le vin, le blé, les autres grains ni autre espèce de denrées, et ce sous peine de destitution. *(L. du 19-22 juill. 1791, tit. 1er, art. 30.)*

Dans les pays où le ban de vendanges est en usage, il pourra être fait à cet égard un règlement chaque année par le maire, mais seulement pour les vignes non closes. *(L. du 28 sept.-6 oct. 1791, tit. 1er, sect. 5, art. 1er.)*

Les officiers municipaux veilleront généralement à la tranquillité, à la salubrité et à la sûreté des campagnes ; ils seront tenus particulièrement de faire, au moins une fois par an, la visite des fours et cheminées de toutes maisons, de tous bâtiments éloignés de moins de cent toises (19 m. 50 c.) d'autres habitations : ces visites seront préalablement annoncées huit jours d'avance. — Après la visite, ils ordonneront la réparation ou la démolition des fours et des cheminées qui se trouveront dans un état de délabrement qui pourrait occasionner un incendie ou d'autres accidents. *(L. préc., tit. 2, art. 9.)*

Les lieux de sépulture, soit qu'ils appartiennent aux communes, soit qu'ils appartiennent aux particuliers, sont soumis à l'autorité, police et surveillance des administrations municipales *(Décr.. 23 prairial an XII ; 12 juin 1804, art. 16).* — Les autorités locales sont spécialement chargées de maintenir l'exécution des lois et règlements qui prohibent les exhumations non autorisées, et d'empêcher qu'il ne se commette dans les lieux de sépulture aucun désordre, ou qu'on y permette aucun acte contraire au respect dû à la mémoire des morts *(Même décret, art. 17).*

SECTION 2.

DES RÈGLEMENTS DE POLICE ANTÉRIEURS A 1789.

15. *De qui ces règlements émanent.* — Les parlements étaient investis autrefois des attributions de la haute police ; ils participaient à la puissance législative et pouvaient faire des arrêts de règlement. Ces arrêts étaient obligatoires pour le territoire soumis à leur juridiction lorsqu'ils étaient rendus par les Chambres assemblées et qu'ils portaient sur des objets de police. (*Cass., 17 févr. 1832.*)

Le conseil d'Etat du roi, pouvoir législatif, rendait également des règlements de police qui avaient force obligatoire dans tout le territoire des circonscriptions des parlements qui les avaient enregistrés.

Le lieutenant général de police rendait également des ordonnances de police obligatoires pour Paris et dans le ressort de l'ancien Châtelet.

16. *Force actuelle des règlements anciens.* — Les règlements de police antérieurs à 1789 sont encore en vigueur s'ils réunissent les trois conditions suivantes : 1° s'ils ont été publiés depuis la loi des 19-22 juillet 1791, en conformité de l'art. 46 de cette loi ; 2° s'ils ne s'appliquent pas à des matières qui ont été réglées, soit par le Code pénal de 1810, soit par des lois particulières, soit par des règlements de police nouveaux ; 3° si leurs dispositions ne sont pas en contradiction avec les principes garantis par la législation actuelle. (*Cass., 11 juin 1818, 2 juin 1825.*)

Le droit conféré aux maires, par l'art. 46 de la loi des 19-22 juillet 1791, de publier les anciens règlements ne peut s'entendre que de ceux qui avaient autorité dans le lieu où la publication est renouvelée. Ainsi, l'arrêté que prendrait un maire sur la publication et l'exécution d'une ancienne ordonnance de police dans un lieu où elle n'avait pas autorité avant 1789, ne serait pas obligatoire. (*Cass., 28 avril 1832, Min. pub.*)

17. *Peines attachées aux infractions à ces règlements.* — Les anciens règlements de police ont édicté la peine applicable à celui qui les enfreindrait. Ces peines ne sont plus applicables, parce qu'elles sont contraires à la législation actuelle qui prononce une amende de un à cinq francs contre tous ceux qui auront contrevenu ou ne se seront pas conformés aux arrêtés pris légalement par l'autorité municipale. (Art. 471, n° 15, du Code pénal.)

SECTION 3.

DES RÈGLEMENTS DE POLICE DES CONSEILS MUNICIPAUX.

18. *Pouvoir du conseil municipal.* — Aux termes de l'instruction-loi du 20 août 1790, des lois des 28 septembre-6 octobre 1791, 24 pluviôse an VIII, art. 15 § 6, et 18 juillet 1837, art. 17 et 19, le conseil municipal, dans chaque commune, est appelé à régler le partage des affouages, pâtures, récoltes et fruits communs, et à délibérer sur le parcours et la vaine pâture. Les règlements du conseil municipal sur ces objets sont des règlements de police obligatoires pour tous les habitants, sans distinction de ceux qui sont propriétaires et de ceux qui ne le sont pas. (*Cass., 1er févr. 1822, Dejames; 21 avril 1827, Hugot; 18 mars 1836, Payssan; 31 mars 1836, Quesnel; 30 déc. 1840, Marquais; 16 déc. 1841, Joder; 15 juill. 1843, Villemez.*)

19. *Mode de publication.* — Toutes les fois que le conseil municipal prend une délibération réglant le mode de jouissance et de répartition des pâturages et fruits communaux, le maire doit, avant de la transmettre au sous-préfet, avertir les habitants, par la voie des annonces et publications usitées dans la commune, qu'ils peuvent prendre connaissance de ladite délibération à la maison commune. L'accomplissement de cette formalité doit être constaté par un certificat du maire joint à la délibération transmise au sous-préfet. (*Ord.*, *18 déc. 1838.*)

Mais cet avertissement, qui a pour but de provoquer auprès de l'autorité supérieure les observations des parties intéressées, serait insuffisant pour rendre exécutoire ce règlement; il faut encore que le maire le fasse publier un mois après la date du récépissé du sous-préfet, ou, si le préfet, usant du pouvoir que lui confère la loi, en avait suspendu l'exécution, après l'expiration du délai de suspension. Cette publication doit être faite selon l'usage suivi dans la commune pour porter à la connaissance des habitants les actes de l'autorité publique.

Quant aux délibérations relatives au parcours et à la vaine pâture, elles sont publiées dans la même forme que les arrêtés municipaux ; mais cette publication ne doit être faite qu'après l'approbation donnée par le préfet à ces règlements.

20. *Délai d'exécution.* — Les délibérations qui règlent le mode d'administration, de jouissance et de répartition des pâturages et fruits communaux sont exécutoires un mois après la date du récépissé délivré par le sous-préfet. (*L.*, *18 juill. 1837*, *art. 18.*)

Les règlements sur le parcours et la vaine pâture sont exécutoires aussitôt l'approbation du préfet, quelle que soit l'époque de cette approbation. (*L.*, *préc.*, *art. 20.*)

Toutefois, il est de jurisprudence que les règlements, quels qu'ils soient, doivent, pour être obligatoires pour les citoyens, avoir été portés à leur connaissance par les voies de publication en usage dans la commune. Cette publicité, donnée dans les délais que nous avons indiqués dans le numéro précédent, rend les règlements immédiatement exécutoires. (*Cass.*, *16 déc. 1841*, *Stauffer.*)

21. *Approbation et suspension des règlements du conseil municipal.* — Le préfet a le pouvoir d'annuler les règlements relatifs au mode d'administration des biens communaux, au mode de jouissance ou à la répartition des pâturages et fruits communaux, soit d'office, pour violation d'une disposition de loi ou d'un règlement d'administration publique, soit sur la réclamation de toute partie intéressée. — Il a également le droit d'en suspendre l'exécution pendant un mois, commençant après l'expiration de celui qui suit la date du récépissé délivré par le sous-préfet. (*L. préc.*, *art. 18.*) — Le silence du préfet pendant le premier mois de l'envoi qui lui est fait du règlement peut être considéré comme un acquiescement, et autorise le maire à le mettre à exécution.

22. *Intervention des maires.* — Les maires n'ont point à intervenir dans les règlements pris par les conseils municipaux autrement que comme présidents de ces conseils et que pour faire publier les délibérations qui les contiennent. Toutefois, ils peuvent s'approprier ces règlements en prenant un arrêté conforme (*Cass.*, *16 déc. 1841*, *Stauffer*), et même prendre tous les arrêtés qu'ils jugent convenables pour l'exécution des délibérations relatives au parcours et à la vaine pâture (*Cass.*,

30 déc. 1853, Laloy), ou pour empêcher que le droit de parcours et de vaine pâture ne s'exerce autrement que ne le prescrivent les lois (*Cass., 9 févr. 1838, habitants de Courcelles*) ; mais le règlement par lequel le maire seul prescrit le mode suivant lequel la loi sera exécutée, est sans effet obligatoire (*Cass., 11 oct. 1851, Chiffre*).

23. *Peine applicable aux infractions.* — Les contraventions aux règlements ou usages relatifs à la vaine pâture, que l'art. 24, titre II, de la loi des 28 septembre-6 octobre 1791 punissait de peines indéterminées ou proportionnées au dommage, sont aujourd'hui punies, par le n° 10 de l'art. 469 du Code pénal de 1832, d'une amende de 11 à 15 fr. et rentrent par suite dans la compétence du tribunal de simple police. (*Cass., règlement de Juges, 30 août 1834, Hanquez.*)

Les contraventions aux lois sur le parcours sont punissables des peines portées par la loi du 23 thermidor an IV-20 août 1796 qui a modifié, quant à ce, l'art. 22, titre II, de la loi du 28 septembre-6 octobre 1791.

CHAPITRE 2.

JURISPRUDENCE ET FORMULES.

ARRÊTÉS QUE PEUVENT OU NE PEUVENT PAS PRENDRE LES MAIRES.

ABATTOIRS.

§ 1ᵉʳ. — POUVOIR DU MAIRE. — SÛRETÉ ET SALUBRITÉ PUBLIQUE. — PROPRETÉ DES RUES.

1. *Interdiction des abattoirs privés.* — Est obligatoire le règlement qui défend aux bouchers, charretiers, saleurs de porcs, etc., de tuer dans la ville, ailleurs qu'à l'abattoir public, le bétail destiné à l'alimentation des habitants de la ville. (*Cass., 18 oct. 1827, Canon; 1ᵉʳ juin 1832, 24 juin 1842, 12 sept. 1851, Lestrade.*)

L'exception faite en faveur des bouchers forains ne s'applique pas à ceux qui résident au-delà des limites d'octroi, mais seulement à ceux qui n'ont pas leur établissement sur le territoire de la commune. (*Cass., 12 sept. 1851, Lestrade.*)

Le prétexte que le local assigné au boucher dans l'abattoir public n'est pas suffisamment approprié à l'exercice de sa profession, n'est pas un motif plausible pour motiver l'abatage dans un abattoir privé. (*Cass., 12 mars 1847, Lamaison.*)

Les bouchers peuvent abattre leurs bestiaux hors de la ville et, en se soumettant au paiement des droits d'octroi, introduire leur viande pour la vendre en ville. (*Jurispr. appliquée depuis 1832.*)

2. *Droits des particuliers.* — Les particuliers conservent, malgré l'existence de l'abattoir public, la faculté d'abattre ou de faire abattre chez eux, *dans des lieux clos et séparés de la voie publique*, les porcs destinés au service de leur maison. (*Circ. min., 22 déc. 1825.*) — Cette même faculté appartient aux aubergistes, pour l'abatage des porcs qu'ils élèvent et qui sont destinés à la consomma-

tion de leur établissement, à moins qu'une disposition de l'arrêté de police n'assimile aux animaux destinés à la boucherie et à la charcuterie, les porcs élevés dans une auberge et destinés à y être consommés (¹). (*Cass.*, 18 *août* 1860, *Messager*.) — Il n'est dû dans ces cas, au fermier de l'abattoir, aucun paiement des droits réglés par l'autorité municipale. (*Cass.*, 20 *sept.* 1851, *Bré.*)

3. *Police de l'abattoir.* — Est obligatoire l'arrêté qui ne permet l'abat des animaux qu'à des individus dont l'aptitude est reconnue. (*Cass.*, 25 *juill.* 1850, *Labonde*.)

4. *Transport des viandes.* — Est encore obligatoire l'arrêté qui réglemente la forme des voitures devant servir au transport dans une ville des viandes, issues et abats, et ordonne que ces voitures ne pourront recevoir des objets autres que les viandes, issues, et abats préparés dans les abattoirs (²). (*C. E.*, 30 *juin* 1859, *bouchers de Lyon*.)

5. *Fonte des suifs et graisses.* — Enfin, est obligatoire l'arrêté qui défend la fonte des suifs et graisses ailleurs que dans les fonderies établies à l'abattoir public. (*Cass.*, 11 *févr.* 1837, *Rosny* ; 4 *déc.* 1840, *Bellefond*.) — Les fonderies particulières de suifs ne sont pas, comme les tueries particulières, supprimées de plein droit par la création d'un abattoir public. L'autorité municipale doit, pour cet objet, borner l'exercice de sa surveillance à s'assurer que les suifs soient fondus, les tripes préparées et les porcs hébergés ou resserrés dans des établissements légalement autorisés. (*Circ. min.*, 22 *déc.* 1825.)

§ 2. — EXCÈS DE POUVOIRS.

6. *Concours obligatoire avec rétribution des préposés.* — Serait illégale, comme portant atteinte à la liberté de l'industrie, la disposition qui interdirait aux commerçants de s'entr'aider réciproquement dans leurs opérations respectives et les astreindrait à recourir, moyennant rétribution, à certains préposés quand ils n'opèrent pas pour leurs abats par eux-mêmes ou par leurs agents. (*Cass.*, 1ᵉʳ *déc.* 1849, *Labonde* ; 25 *juill.* 1850, *Labonde*.)

7. *Réparation ou entretien des ustensiles à la charge de ceux qui en font usage.* — La disposition qui mettrait, soit l'entretien, soit la réparation des ustensiles de l'abattoir à la charge de ceux qui les ont dégradés, ou les frais de la fonte à la charge de ceux qui font usage de la fonderie (*Cass.*, 4 *déc.* 1840, *Bellefond*), ou celle qui déterminerait les droits à payer au fermier de l'abattoir, pour abatage d'animaux (*Cass.*, 20 *septemb.* 1851, *Péré*), excéderaient également les attributions du maire.

Ces dispositions, en effet, ne rentrent pas dans l'exercice légal du pouvoir confié à l'autorité municipale, et aucune loi n'autorise le maire à imposer cette obligation sous une sanction pénale. Les dommages ainsi causés ne peuvent donner lieu contre les auteurs qu'à une action civile devant la juridiction ordinaire.

8. *Cuisson et préparation des issues et abats à l'abattoir.* — Est illégale la disposition qui, ne se bornant pas à interdire dans un intérêt de salubrité publique, la sortie de l'abattoir et le transport dans la ville des issues et abats qui n'auraient pas subi les préparations de l'échaudage,

---

(¹) Voir les considérations qui ont été développées au *Répertoire admin.* de 1862, p. 174, sur la faculté par les particuliers d'abattre certains animaux hors de l'abattoir public.

(²) Voir pour le mode de transport des veaux à l'abattoir, *Animaux, Bouchers*.

du lavage et du nettoyage, ordonnerait, en outre, que ces issues et abats ne pourraient sortir que *cuits et prêts à être livrés à la consommation*. — Cette dernière mesure n'est pas prise dans l'intérêt de la salubrité; elle porte atteinte à la liberté de l'industrie des marchands tripiers et est entachée d'excès de pouvoirs. (*C. E.*, 30 *juin* 1859, *tripiers de Lyon.*)

9. *Police de l'abattoir.* — Le maire ne peut d'office abandonner à l'entrepreneur du service de nettoyage de l'abattoir, le fumier provenant des animaux renfermés dans les écuries de l'établissement. Ce fumier est la propriété des bouchers aussi bien que les animaux eux-mêmes. (*Déc. min. int.*, 1857.)

10. *Interdiction aux bouchers d'exposer en vente des viandes provenant de bestiaux abattus ailleurs que dans l'abattoir.* — Serait illégal l'arrêté qui astreindrait les bouchers d'une commune à n'exposer en vente que les bestiaux abattus dans l'abattoir public. Cette mesure n'aurait pour but que d'accroître les ressources communales sans avantage bien démontré pour la salubrité publique. Les bouchers peuvent faire tuer en dehors du territoire de la commune et débiter leur viande en ville, après l'acquittement des droits d'octroi. (*Déc. min. int.*, 1861.)

Serait également illégal l'arrêté municipal qui interdirait la vente des viandes ne provenant pas d'animaux tués à l'abattoir. Une semblable mesure serait inconciliable avec les principes de liberté commerciale qui dominent dans notre législation. (*Déc. min. int.*, 1862.)

11. *Etablissement d'un droit d'inspection sur les viandes venant du dehors.* — Serait également illégal l'arrêté qui établirait un droit d'inspection sur les viandes venant du dehors, en compensation du droit d'abat. — D'après la jurisprudence consacrée par plusieurs avis du conseil d'Etat, l'usage des abattoirs est entièrement facultatif pour les bouchers et charcutiers forains, et on ne peut soumettre ceux qui ne s'en servent pas au paiement des droits d'abatage ou de taxes équivalentes. L'usage des abattoirs est également facultatif pour les bouchers et charcutiers de la ville, sous la condition d'abattre au dehors, d'introduire la viande par quartiers et d'acquitter les droits d'octroi. On ne saurait, par conséquent, leur imposer, pas plus qu'aux forains, un droit d'inspection qui ne représenterait pas un service rendu et dont la création, d'ailleurs, n'est autorisée par aucune loi (¹). (*Déc. min.*, 1862.)

§ 3. — FORMULES.

1. Règlement de police et tarif de l'abattoir.

Le maire de la ville de.........
Vu les lois des 16-24 août 1790, 19-22 juillet 1791 et 18 juillet 1837;
Vu la délibération du conseil municipal de la ville de......, en date du......;
Considérant que l'intérêt de la salubrité publique exige la construction d'un abattoir et la visite des animaux de boucherie destinés à la consommation;
Considérant qu'un règlement est nécessaire, afin de soumettre les bouchers à la surveillance de la police locale;
    Arrête :
Art. 1er. Les portes de l'abattoir seront ouvertes tous les jours, à l'exception des fêtes et dimanches, en été : du *1er avril au 30 septembre, de quatre à sept heures du matin et, en hiver, du 1er octobre au 31 mars, de sept à dix heures du matin.*

(¹) Le boucher qui, au mépris de l'arrêté municipal, tue dans un local particulier, pour le livrer à la consommation, un animal refusé à l'abattoir, est passible de peines de police. (*Cass.*, **22** *sept.* **1856**, *Limoges.*)

Art. 2. Les bouchers et charcutiers de la ville, ainsi que les bouchers forains, ne pourront abattre, dans l'intérieur de la ville, aucune pièce de bétail ailleurs qu'à l'abattoir public.

Art. 3. Tous les jours, l'artiste vétérinaire, ou toute autre personne désignée par l'administration, se rendra à l'abattoir pour visiter les bestiaux qui devront être abattus. Ceux reconnus malades seront mis en séquestre et il en sera rendu compte au maire.

Art. 4. La viande, avant d'être transportée chez les bouchers, sera marquée sur les quatre quartiers par les employés de l'octroi.

Art. 5. Dans le trajet de l'abattoir chez les bouchers, ils devront envelopper la viande d'un linge blanc et propre.

Art. 6. Dans les étaux de boucherie, la viande de bœuf et de mouton sera placée du même côté, celle de vache et de brebis du côté opposé. On placera un écriteau fixe indiquant en gros caractères bien nets et bien lisibles, la nature de la viande.

Art. 7. Les bouchers devront se conformer à la taxe établie par le maire ou son délégué.

Art. 8. L'intérieur de l'abattoir sera tenu constamment par les bouchers et charcutiers dans le plus grand état de propreté. Ils ne pourront y laisser séjourner ni excréments, ni sang, ni entrailles, ni abatis quelconques, et devront porter immédiatement hors ville ces différentes matières, à l'exception des suifs qui seuls pourront être déposés chez eux. Les tripes seront nettoyées dans l'abattoir.

Art. 9. Les peaux des animaux dépecés seront placées dans le séchoir établi à cet effet et les bouchers ne pourront les apporter en ville que lorsqu'elles seront sèches.

Art. 10. M. le commissaire de police et les employés de l'octroi sont chargés de l'exécution du présent arrêté.

Fait en l'Hôtel-de-Ville, à........ le........

Le Maire.

Extrait du décret impérial en date du........

Art.... Il sera perçu par la ville de....., dans l'abattoir public, à titre de droits de place, savoir :

Pour l'abatage
- d'un bœuf ou d'une vache.......... 1 fr. » c.
- d'un veau ou d'un porc............. » 50
- d'un mouton ou d'une brebis, d'un agneau ou d'une chèvre.......... » 25

2. Dispositions relatives au transport des viandes, abats et issues qui sortent de l'abattoir.

Art. 1. Les viandes, abats et issues qui sortiront des abattoirs pour être transportés en ville et servir à l'alimentation publique, devront être placés dans des voitures entièrement closes.

Art. 2. Chaque boucher, charcutier ou tripier pourra, avec son matériel, effectuer lui-même ou faire effectuer par ses garçons ou apprentis, le transport des viandes ou issues destinées à son étal.

Art. 3. Aucune voiture ne sera employée au transport des viandes, abats et issues, si elle n'a été reconnue conforme au modèle indiqué par l'administration.

Art. 4. Les graisses, suifs, os, cuirs et peaux, panses, onglets et débris de toute nature sont soumis au même mode de transport que les viandes, et doivent être de même soustraits entièrement aux regards du public.

Art. 5. Les voitures de transport ne pourront recevoir des objets autres que ceux ci-dessus désignés.......

V. *Formulaire Municipal*, t. 1, p. 22.

ABEILLES.

Pouvoir du maire. — Commodité du passage. — Mesures préventives contre les inconvénients du voisinage des ruches.

Formule.

Règlement de police fixant la distance de la voie publique et des maisons à laquelle peuvent être placées les ruches d'abeilles.

Le maire de

Vu les lois des 16-24 août 1790, 19-22 juillet 1791 et 18 juillet 1837, sur la police municipale et rurale;

Vu les art. 471 et 479 du Code pénal ;

Considérant que, dans la commune, des ruches d'abeilles ont été établies sur le bord de la voie publique ou près des maisons particulières et que leur voisinage est de nature à occasionner des accidents, et à porter atteinte à la sécurité des habitants ;

Arrêtons :

Art. 1er. Sur tout le territoire de la commune de   , les ruches d'abeilles ne pourront être placées à moins de vingt mètres de distance de la voie publique ou des habitations particulières.

Art. 2. Celles qui sont actuellement établies dans un rayon moins étendu devront être immédiatement transportées au-delà des limites ci-dessus tracées.

Art. 3. Les contraventions au présent arrêté seront constatées et poursuivies conformément aux lois.

Fait à la mairie, le   .   *Le Maire,*

ABREUVOIR.

§ 1er. — Pouvoir du maire. — Sureté, tranquillité publique, salubrité.

1. *Police de l'abreuvoir.* — Est obligatoire l'arrêté de police qui règle le mode de conduite des chevaux à l'abreuvoir, même pour ceux conduits par des postillons, ou qui détermine le nombre de chevaux qui peuvent être conduits à l'abreuvoir par une seule personne, *et cela deux à deux et au pas (Ord. de pol., 26 nov. 1823; Cass. 26 mars 1842, Cagnet; 23 juin 1854, Hébert)*; — Qui interdit de laisser les chevaux aller seuls à l'abreuvoir (*Cass., 15 mai 1845, Bonnay, Grammont*); — Qui ordonne le nettoyage des abreuvoirs, et prescrit aux conducteurs d'animaux d'enlever leurs ordures et de se munir, à cet effet, d'un panier, d'une pelle et d'un balai, afin de faire cet enlèvement immédiatement. (*Cass., 18 juin 1836, Lezarea.*)

§ 2. — Excès de pouvoirs.

2. *Établissement d'abreuvoir.* — Les abreuvoirs à établir dans une rivière navigable ou flottable, dans un canal de navigation, de desséchement ou d'irrigation, ne sont pas autorisés par des arrêtés du maire, mais par des arrêtés du préfet. (*Arr. 19 vent. an VI, art. 9 et 12; circ. min., du 21 juin 1855.*)

§ 3. — Formule.

Règlement de police relatif aux abreuvoirs.

Le maire de   ,

Vu les lois des 14-22 décembre 1789, art. 50 ; 16-24 août 1790, art. 3, nos 4, 5 et 6 ; 19-22 juillet 1791, art. 46 ; les arrêtés du gouvernement, du 19 ventôse an 6 (12 mars 1798), 12 messidor an 8 (1er juillet 1800); les art. 471, n° 15, et 475, nos 3 et 4 du Cod. pén.,

Arrête :

Art. 1er. Défenses sont faites d'établir aucun abreuvoir sans en avoir obtenu l'autorisation préalable.

Art. 2. Défenses sont faites de conduire aux abreuvoirs plus de trois chevaux à la fois, y compris le porteur ; seulement, les postillons de la poste pourront en conduire jusqu'à quatre.

Les conducteurs devront être âgés au moins de dix-huit ans.

Art. 3. Les chevaux ne pourront être menés plus vite que le pas et ne pourront dépasser la limite tracée dans l'abreuvoir.

Art. 4. Les femmes ne pourront y conduire les chevaux.

Art. 5. Défenses sont faites d'y laver du linge, d'y jeter des ordures et immondices, d'y laisser introduire des oies ou des canards, d'y faire plonger ou baigner les chiens, à moins que l'eau n'ait un courant rapide.

Art. 6. Il est également fait défense de conduire, soit à l'abreuvoir public, soit aux abreuvoirs particuliers, des bestiaux infectés de maladies contagieuses.

Art. 7. Les contraventions, etc.

Fait à la mairie   , le   .   *Le Maire,*

V. *Form. mun.*, t. 1, p. 27:

ACCOUCHEURS, SAGES-FEMMES.

§ 1er. — Excès de pouvoirs.

Ne serait pas obligatoire, comme sortant du cercle des pouvoirs confiés aux maires, et comme contraire au secret professionnel imposé par l'art. 378 du Code pénal, la disposition :

Qui interdirait aux directeurs de maisons d'accouchement et aux sages-femmes, de recevoir chez eux aucune personne sans en faire la déclaration, ou requérir la permission de la mairie (*Cass.*, 30 *août* 1833, *Couleaux*);

Qui enjoindrait aux sages-femmes d'inscrire sur un registre ou de déclarer à l'autorité municipale le nom des femmes enceintes qui séjourneraient dans leur établissement pendant leur grossesse ou pour faire leurs couches (*Cass.*, 30 *août* 1833, *Couleaux;* 18 *juin* 1846, *Loisif*). Les sages-femmes, en effet, ne peuvent être assimilées aux aubergistes et logeurs. (*Cass.*, 22 *août* 1845, *Lhote;* 12 *septembre* 1846, *Senget.*)

ACTEURS. V. Théatre.

ADJUDICATIONS. V. Ventes.

AÉROSTATS, ballons, mongolfières.

§ 1er. — Pouvoir du maire. — Mesures préventives contre les accidents divers.

Ascension des aérostats. — Est obligatoire, si l'autorité préfectorale n'a pas statué, l'arrêté : qui défend de fabriquer et de faire élever, sans une permission spéciale, des ballons et autres machines aérostatiques auxquels seraient adaptés des réchauds à esprit-de-vin, des artifices ou autres matières dangereuses (*Circ. min. du 7 oct.* 1853);

Qui défend toute ascension où figureraient des animaux d'un poids considérable. (*Circ. préc.; circ. du préf. de police, du 9 oct.* 1860);

Qui prohibe, en un mot, tout ce qui, sans nécessité, pourrait mettre en péril la vie des individus qui se livrent aux expériences aérostatiques. (*Circ. préc.*) (¹)

§ 2. — Formule.

Règlement de police ordonnant les mesures à prendre au sujet de l'ascension des aérostats et ballons.

Le maire de   ,

Vu les lois de 14-22 décembre 1789, 16-24 août 1790, 19-22 juillet 1791, et 18 juillet 1837, sur la police municipale et rurale; les art. 1382, 1383 et 1384 du C. Nap., et les art. 471, nos 2, 13 et 15, et 475, n° 9, du C. pén.;

Vu l'instruction ministérielle du 7 octobre 1853 ;

Dans le but de prévenir les accidents qui peuvent résulter du défaut de précautions dans les ascensions aérostatiques,

Arrête :

Art. 1er. Il est expressément défendu de faire enlever, sans une permission spéciale de la mairie, toutes espèces de ballons et machines aérostatiques auxquels seraient adaptés des réchauds à esprit-de-vin, des artifices ou autres matières dangereuses; auxquels seraient attachés des animaux, ou même qui ne seraient garnis d'aucun appareil dangereux.

(¹) L'ascension des ballons est ordinairement réglementée par des arrêtés préfectoraux.

Art. 2. La permission ne sera donnée qu'à des personnes d'une capacité reconnue ; elle indiquera les jour, heure, lieu et conditions de l'expérience.

Art. 3. Les ascensions aérostatiques sont défendues jusqu'à la rentrée des récoltes.

Art. 4. Défenses sont faites à tout individu de traverser les terres ensemencées pour suivre la direction d'un aérostat, sous les peines de police rurale et de toutes indemnités pour les dégâts commis et sans préjudice de la responsabilité consacrée par les art. 1382, 1383 et 1384 du Cod. Napoléon.

Art. 5. Les contraventions, etc.

Fait à la mairie   , le   .   *Le Maire,*

V. *Form. mun.*, t. 1, p. 82.

AFFICHAGE, AFFICHEUR.

§ 1er. — Pouvoir du maire. — Police de la voie publique. — Ordre.— Morale. — Tranquillité publique.

1. *Désignation des lieux d'affichage.* — Est légal l'arrêté municipal qui détermine les endroits où sont posées les affiches des lois et actes de l'autorité. — Il doit être défendu d'apposer des affiches sur les murs et portes des églises, sauf le cas où il s'agit d'actes relatifs à l'expropriation pour cause d'utilité publique, et, dans ce cas, l'affiche doit être apposée sur la partie extérieure de la principale porte de l'église, au moyen d'un cadre ou tableau placé de manière à ne pas entraver la circulation. (*Circ. min.*, 25 *juin* 1850.)

2. *Mode d'affichage.* — Est obligatoire l'arrêté qui règle le mode d'affichage et défend aux particuliers d'apposer aucune affiche sans la permission du maire et sans le dépôt d'un exemplaire daté et signé. (*Cass.*, 25 *mars* 1830, *Bruère*; 15 *févr.* 1834, *Gobert*; 26 *févr.* 1842, *Alleaume*; 28 *déc.* 1855, *Thorel.*)

3. *Affiches émanant des autorités publiques.—Affiches électorales.* — Cette restriction ne s'applique pas aux affiches émanées des autorités publiques (*arr. préc.*), ni, en matière électorale, aux circulaires et professions de foi, que, pendant les vingt jours qui précèdent l'élection, les candidats peuvent librement faire distribuer ou *afficher* sans qu'il soit besoin d'aucune autorisation, et à la seule condition qu'ils en aient déposé au parquet un exemplaire signé. (*L. du 16 juill.* 1850, *art.* 10; *circ. min. du* 30 *mai* 1857.)

4. *Préservation des affiches.* — Est obligatoire l'arrêté qui défend d'enlever, d'arracher ou maculer les affiches apposées, comme aussi de les couvrir avant un délai déterminé.

5. *Remèdes secrets.* — Le maire doit exiger que les affiches relatives à la vente de remèdes secrets, soient toujours soumises à son examen préalable (*Circ. min.*, 18 *nov.* 1859.)

6. *Interdiction de la profession d'afficheur et crieur.—* Est obligatoire l'arrêté qui interdit l'exercice de la profession de crieur ou d'afficheur public, et défend de faire apposer aucune affiche par toute personne autre que celles commissionnées par le maire. (*Cass.*, 12 *nov.* 1847, *Vidal*; 19 *juillet* 1862, *Lemille.*)

§ 2. — Excès de pouvoirs.

7. *Approbation des affiches.* — Le maire, en ordonnant le dépôt des affiches à la mairie, ne pourrait pas les soumettre à son autorisation ou approbation préalable. (*Cass.*, 12 *nov.* 1847, *Vidal.*)

8. *Visa des affiches de spectacle ou des affiches de vente.* — Serait illégal l'arrêté qui étendrait aux affiches de spectacle ou aux placards

annonçant des ventes ordonnées par justice, l'interdiction prononcée contre les particuliers de placarder aucune affiche dans la commune sans une autorisation ou un visa préalable. (*Cass.*, 9 *août* 1838, *Darmès.*)

§ 3. — FORMULE.

Règlement de police relatif aux annonces, publications et criées, et à l'exercice de la profession de crieur et d'afficheur.

Le maire de

Vu les lois des 14-22 déc. 1789, 16-24 août 1790, 18-22 mai 1791, 19-22 juillet 1791, des 28 avril 1816, 15 mai 1818, 10 déc. 1830, 16 févr. 1834, 3 mai 1841, 7 août 1848, et 8 juillet 1852;

Vu les art. 283 à 289, 471, n° 15, et 479, n° 9, du C. pén.;

Vu les circ. min. des 25 juin 1850 et 18 nov. 1859;

Considérant qu'il est du devoir de l'autorité municipale de veiller sur toutes les professions qui s'exercent sur la voie publique,

Arrête :

Art. 1ᵉʳ. Personne ne pourra, sans la permission de l'autorité municipale, faire, dans la commune, des annonces, publications et criées.

Art. 2. Aucune affiche particulière, manuscrite, imprimée ou lithographiée, ne pourra être posée sans la même permission.

Art. 3. Il est défendu de faire dans la commune des annonces, publications ou criées, et de faire apposer aucune affiche par toutes personnes autres que celles commissionnées à cet effet.

Art. 4. Aucune affiche ne pourra être apposée sur les monuments publics ni ailleurs qu'aux endroits désignés par un arrêté spécial. — Il ne pourra être affiché sur les édifices consacrés aux cultes que les annonces relatives aux cérémonies du culte.

Art. 5. L'afficheur percevra, par chaque affiche ou placard, 10 centimes, quelle que soit sa dimension.

Art. 6. Défense est faite d'arracher, salir, déchirer les affiches des autorités publiques et celles des particuliers, et de couvrir les affiches des particuliers avant un délai de huit jours.

Art. 7. Les contraventions, etc.

Fait à la mairie, le   *Le Maire,*

V. *Form.*, t. 1, p. 90.

ALIGNEMENTS.

§ 1ᵉʳ. — POUVOIR DU MAIRE. — SURETÉ ET COMMODITÉ DE LA VOIE PUBLIQUE POUR LA PETITE VOIRIE.

1. *Voirie urbaine* (¹). — Est obligatoire le règlement municipal :

Qui défend de construire, reconstruire ou réparer aucune maison, bâtiment, mur ou clôture, de quelque nature que ce soit, de pratiquer des ouvertures dans les murs et bâtiments, d'ouvrir des fossés, de planter des arbres ou des haies le long et joignant les rues, places et autres voies publiques, sans en avoir demandé et obtenu l'autorisation (*Jur. const.*);

Qui empêche de donner aux bâtiments une élévation qui en compromette la solidité, ou qui soit hors de proportion avec la largeur de la voie publique ou qui fixe la hauteur des maisons à construire dans une ville, avec défense d'y établir, sans permission, de grands balcons sur les places et dans les rues (*Cass. 30 mars 1827, Jacquemont; 8 août 1833, Langlois*);

Qui défend aux propriétaires de pratiquer des tuyaux de cheminée dans l'épaisseur des murs de leur maison ayant face sur la voie publique (*Cass.*, 13 *mars* 1852, *Malaret*);

(¹) Nous ne reproduisons pas la jurisprudence relative aux *chemins vicinaux*, parce que cette partie du service a été réglementée d'une manière générale par les règlements préfectoraux en 1855-56, pour chaque département de l'empire.

Qui prescrit la destruction, quand l'intérêt de la circulation l'exige, des saillies formées sur la voie publique, quelque ancienne que soit la saillie, son existence étant toujours précaire et de pure tolérance (*Cass,* 20 *août* 1841, *Tortoni;* 11 *sept.* 1847, *Pommeraye;* 25 *mai* 1850, *Lamant;* 17 *nov.* 1859, *Baugrand*);

Qui défend de faire aucuns changements aux maisons sans autorisation, travaux de peinture, etc. (*Cass.,* 20 *juill.* et 7 *sept.* 1838, *Canet, Milleville.*)

2. *Nécessité et étendue de l'autorisation.* — En matière de voirie urbaine, l'autorisation municipale, pour toute œuvre à entreprendre sur ou joignant la voie publique, est toujours obligatoire :

Soit que le maire ait pris ou n'ait pas pris de règlement spécial (*Edit de déc.* 1607 ; cass., 1er *févr.* 1833, *Boudrel;* 19 *juill.* 1845, *Lebret;* 1er *juillet* 1848, *Portain;* 19 *févr.* 1858, *de la Thuollays;* 26 *août* 1859, *Causse; C. E.,* 14 *déc.* 1854, *St-Maur*);

Soit qu'il existe ou n'existe pas de plan général d'alignement approuvé (*Cass.,* 6 *et* 12 *sept.* 1828, *Julien et Darolles;* 11 *août* 1842, 5 *févr.* 1844, *Corneille;* 18 *avril* 1845, *Cassaing;* 30 *janv.* 1847, *Baffoy;* 11 *juill.* 1851, *Dupont;* 17 *nov.* 1853, *Blondel;* 9 *août* 1855, *Thamoineau*) ;

Soit qu'il s'agisse d'un bâtiment non sujet à reculement (*Cass.,* 18 *janv.* 1845, *Lordonné*) ;

Soit qu'il s'agisse d'une construction faite en retrait (*Cass.,* 30 *août* 1855. *Perrin;* 17 *juill.* 1857 *et* 14 *août* 1858, *Long*);

Soit qu'il ne s'agisse que de travaux d'embellissement (*Cass.,* 30 *août* 1855, *Andoque;* 12 *nov.* 1859, *Paradis*);

Soit qu'il s'agisse de bâtiments appartenant à un établissement public (*C. E.,* 2 *juin* 1843, *Verne; Cass.,* 6 *août* 1840, *Carignan;* 14 *juin* 1851, *Brun*) ; de l'ouverture d'une porte, du placement d'une persienne faisant saillie, de l'établissement d'un balcon sur l'aplomb de la rue, soit de toute œuvre pratiquée sur la voie publique. (*Cass.,* 20 *oct.* 1841 ; 31 *mai* 1855, *Thiveau*); d'une construction entreprise le long d'une promenade faisant partie de la ville et affectée à l'usage des habitants. (*Cass.,* 29 *mai* 1856, *Genin.*) (¹)

3. *Voirie rurale.* — Est obligatoire l'arrêté : qui soumet à la formalité de l'autorisation préalable les constructions, reconstructions, réparations, soit partielles, soit totales, les plantations, etc., le long des chemins ruraux (*Cass.,* 12 *janv.* 1856, *Blaize* ; 25 *juill.* 1856, *Nadaud-Beaupré;* 21 *janv.* 1859, *Claudon*) ; qui défend de creuser, de relever ou de gazonner aucun fossé le long des rues et des chemins ruraux, sans alignement. (*Cass.,* 10 *juin* 1843, *St-Pierre-lès-Calais.*)

En matière de chemins ruraux, l'obligation de demander une autorisation préalable à toute œuvre à entreprendre n'existe qu'autant qu'il a été pris par l'autorité municipale un règlement spécial. (*Arr. préc. des* 25 *juill.* 1856 *et* 21 *janv.* 1859 ; 4 *juill.* 1857, *Guerin;* 11 *janvier,* 20 *février et* 19 *juillet* 1862, *Turenne, Martin et Laux.*)

§ 2. — EXCÈS DE POUVOIRS.

4. *Plan d'embellissement non approuvé.* — Serait illégal l'arrêté qui astreindrait les propriétaires à n'entreprendre les constructions

---

(¹) La prohibition de l'édit de 1607 et du règlement municipal de réparer, sans autorisation, les murs de face des bâtiments donnant sur la voie publique, ne s'applique pas aux toitures et couvertures des maisons (*Cass.,* 15 *février* 1862, *Dessoliès*).

que conformément au plan que le maire aurait cru devoir adopter dans des vues d'embellissement et de décoration (*Cass.*, 13 *janv.* 1844, *Manigold*), ou d'un mode particulier d'architecture (*Cass.*, 14 *août* 1830).

5. *Travaux contraires au plan d'alignement.* — Serait illégal l'arrêté qui autoriserait la réparation de murs sujets à reculement ou retranchement d'après le plan général d'alignement approuvé (*Cass.*, 4 *mai* 1848, *Toussaint*), ou, dans ce cas, d'autres travaux que ceux non confortatifs (*Cass.*, 28 *janv.* 1854, *Trouillet*), ou qui, en donnant alignement, procurerait l'élargissement de la voie publique en dehors d'un plan régulièrement arrêté par l'autorité supérieure, soit pour l'ensemble des rues et places de la commune, soit pour une ou plusieurs de ces rues (*C. E.*, 5 *avril* 1862, *Lebrun*) ;

6. *Rue à l'état de projet.* — Serait illégal l'arrêté qui soumettrait à la servitude d'alignement le prolongement d'une rue lorsque ce prolongement n'est qu'à l'état de projet (*C. E.*, 20 *mars* 1862, *Lassonnery*).

7. *Passage à largeur non délimitée.* — Serait illégale la disposition qui enjoindrait aux propriétaires de terrains situés sur des chemins ruraux ou privés, de laisser à ce chemin, lorsqu'ils voudront clore leurs héritages, une largeur de six mètres (*Cass.*, 7 *juill.* 1854, *Chambaudon*).

8. *Autorité de la chose jugée.* — Si le tribunal de police a relaxé celui qui était poursuivi comme ayant anticipé par une construction sur la voie publique, le maire ne peut ordonner la démolition de ce qui constitue l'anticipation ; il ne peut agir que par la voie civile (*Cass.*, 2 *août* 1856, *Miraca*) ;

9. *Autorisation verbale.* — Enfin, ne serait pas suffisante une simple autorisation verbale. (*Cass.*, 13 *mars* 1841, *Coulanges.*)

Voy. *Construction, Auvents, Balcons, Bornes, Enseignes, Gouttières, Saillies, Trottoirs* et *Voie publique.*

§ 3. — FORMULE.

Modèle d'arrêté municipal concernant les alignements en matière de petite voirie et la police de la voie publique.

Nous maire de la commune de........ ; — Vu l'édit de décembre 1607 ; — Vu les lois des 16-24 août 1790, 19-22 juillet 1791 ; — Vu les art. 10 et 11 de la loi du 18 juillet 1837 ; — Vu le règlement général pour les chemins vicinaux du département : — Considérant qu'il est nécessaire de donner la plus grande publicité possible aux mesures auxquelles sont obligés de se conformer les propriétaires qui veulent faire construire, reconstruire ou réparer les clôtures ou bâtiments joignant la voie publique, — Et qu'il convient, dans l'intérêt de chacun, d'assurer la libre circulation de la voie publique,

Arrêtons :

Art. 1er. Il est interdit de construire, reconstruire ou réparer aucune maison, bâtiment, mur ou clôture de quelque nature que ce soit ; de pratiquer des ouvertures dans les murs et bâtiments ; d'ouvrir des fossés ; de planter des arbres ou des haies le long et joignant les rues, places et autres voies publiques, sans en avoir demandé et obtenu l'autorisation. — Il est également défendu de faire aucun dépôt de bois, paille, pierre ou autres matériaux pouvant embarrasser les rues, places et autres voies publiques sans y avoir été spécialement autorisé.

2. Toute demande d'autorisation de construire, reconstruire ou réparer une maison, un bâtiment, un mur ou une clôture quelconque ; de pratiquer des ouvertures, d'ouvrir des fossés, de planter des arbres ou des haies le long et joignant les rues, places et autres voies publiques, devra nous être présentée en double expédition dont une sur papier timbré.

3. Les autorisations ne pourront être données verbalement ; elles devront faire l'objet d'un arrêté, pris sur l'avis de l'agent-voyer s'il y a lieu. Cet arrêté sera transcrit au registre des arrêtés du maire, et une expédition en sera remise aux parties intéressées.

4. Les autorisations ne seront valables qu'autant qu'elles auront été approuvées par M. le   préfet.

5. Toutes les fois que des constructions nouvelles auront été autorisées le long et joignant les rues, places et autres voies publiques, les portes en seront disposées de manière à ce qu'elles ne s'ouvrent pas en dehors, sur le sol de la voie publique. Il en sera de même pour les portes dont on autorisera l'ouverture ou la réparation dans les constructions déjà existantes. Les toits devront être élevés à 4 mètres au moins du sol, afin de ne pas gêner la circulation des voitures chargées. — Ces constructions pourront être défendues par des bornes ayant au plus 50 centimètres de hauteur et 33 centimètres de saillie.

6. Les clôtures en terre, gazons ou pierres sèches, non parfaitement murées, ne pourront être placées à moins de 50 centimètres de la limite de la voie publique, afin de prévenir les éboulements, qui pourraient entraver la circulation.

7. Les fossés ne pourront jamais être ouverts à moins de 50 centimètres de la limite de la voie publique ou de son talus, afin de prévenir tout éboulement du sol. Ils devront avoir un talus de 1 mètre de base au moins pour 1 mètre de hauteur. Le curage, lorsque besoin sera, s'effectuera par le propriétaire et à ses frais.

8. Si des fossés ouverts par des particuliers sur leur terrain, le long d'une voie publique, avaient une profondeur telle qu'elle pût présenter des dangers pour les hommes ou pour les moyens de transport circulant sur cette voie publique, les propriétaires de ces fossés seraient tenus de les garnir de murs ou de barrières assez forts pour prévenir tout danger. Injonction leur sera faite, à cet effet, par arrêté du maire ; et, faute par eux d'y obtempérer, ils seront traduits par-devant le tribunal de simple police.

9. Les haies vives ne pourront jamais être plantées à moins de   centimètres de la limite de la voie publique ; elles seront entretenues, élaguées et recepées de manière à n'avoir jamais plus de   mètre   centimètres de hauteur, et que leurs branches et racines n'anticipent nullement sur la largeur de la voie publique. — Les haies placées au moins à 2 mètres de distance pourront avoir une hauteur plus élevée que celle indiquée dans le premier paragraphe du présent article.

10. Aucune plantation d'arbres ne pourra être effectuée sur le bord des voies publiques qu'en observant les distances ci-après, qui seront calculées à partir de la limite intérieure, soit de la voie publique, soit des fossés, soit des talus qui la borderaient, savoir : Pour les pommiers, poiriers et autres arbres formant parasol, à 4 mètres ; — Pour les arbres tels que ormes, peupliers, etc., qui croissent en forme pyramidale, à 2 mètres. — Dans tous les cas, la distance de la limite extérieure des talus et des fossés ne sera pas moins de 50 centimètres.

11. Les personnes autorisées à faire des constructions le long des rues et autres voies publiques ne pourront, à moins de nécessité, embarrasser le chemin par le dépôt de leurs matériaux. Elles feront mention, dans leur demande d'autorisation, du besoin qu'elles ont d'occuper une partie du sol de la voie publique. La permission qui pourra leur être donnée prescrira toujours de laisser libre au moins les deux tiers de cette voie.

12. Lorsqu'une construction située le long d'une rue, place ou autre voie publique, menacera ruine et que la conservation en serait dangereuse pour la sûreté publique, le péril sera constaté par un rapport de l'agent voyer, qui sera communiqué au propriétaire intéressé avec injonction de démolir. Dans le cas où le propriétaire contesterait l'état de péril, il sera procédé à une expertise contradictoire dans la forme prescrite par les déclarations du roi en date de 1729 et 1730. — Toutefois, en cas de péril imminent, la démolition d'office des constructions pourra être ordonnée d'urgence.

13. Les eaux des couvertures munies de gouttières ne pourront être déversées sur la voie publique qu'au moyen de tuyaux ou corps de descente établis contre les murs jusqu'à 30 centimètres du sol. — Les propriétaires possédant des gouttières non pourvues de corps de descente, et qui versent leurs eaux directement sur la voie publique, auront un délai de trois mois, à dater de la publication du présent arrêté, pour satisfaire aux prescriptions du premier paragraphe de l'article 13.

14. MM. les adjoints, agents voyers, commissaires de police et gardes champêtres sont chargés, concurremment avec nous, de l'exécution du présent arrêté, qui sera publié et affiché dans les lieux accoutumés de la commune. — Le présent arrêté sera exécutoire un mois après avoir été déposé, contre récépissé, à la   préfecture.

Fait en mairie, le   LE MAIRE,

V. *Form.*, t. 6, p. 877.

ALLUMETTES CHIMIQUES. (¹)

§ 1er. — POUVOIR DU MAIRE. — MESURES PRÉVENTIVES CONTRE LES DANGERS D'ACCIDENTS, D'INCENDIE.

Usage de boîtes de fer-blanc. — Serait obligatoire l'arrêté qui prescrirait de tenir les allumettes chimiques constamment renfermées dans des boîtes de fer-blanc. (*Cass.*, 5 *nov.* 1825; 15 *déc.* 1833.)

§ 2. — FORMULES.

Règlement de police concernant la vente des allumettes chimiques.

Le maire de   .

Vu les lois des 16-24 août 1790, 19-22 juillet 1791 et 18 juillet 1837, sur la police municipale ;

Considérant qu'il importe, dans l'intérêt de la sûreté publique, que des précautions soient prises pour prévenir les inconvénients qui peuvent résulter de la vente des allumettes chimiques, et qu'il est opportun de prescrire des mesures propres à obvier aux dangers de cette vente.

Considérant qu'il importe de prévenir les accidents qui résultent de la négligence des parents à laisser des allumettes à portée des enfants,

Arrête :

Art. 1er. La vente des allumettes chimiques est interdite sur la voie publique, à moins d'une autorisation spéciale. — Il est formellement défendu d'en vendre aux enfants.

Art. 2. Les marchands qui vendront de semblables allumettes devront constamment, dans leurs magasins et boutiques, les tenir renfermées dans des boîtes de fer-blanc, bois ou carton.

Art. 3. Il est expressément défendu de laisser à portée de la main des enfants aucune allumette chimique. Les allumettes devront être placées dans des boîtes suspendues au moins à 1 mètre 75 c. du sol.

Art. 4. Les contraventions, etc.

Fait à la mairie, le   186 .   *Le Maire,*

V. *Form.*, t. 1, p. 158.

ANIMAUX.

§ 1er. POUVOIR DU MAIRE. — SALUBRITÉ. — TRANQUILLITÉ. — SÛRETÉ ET COMMODITÉ DE LA VOIE PUBLIQUE (²).

1. *Divagation.* L'art. 475, n° 7, du Code pénal défend de laisser

---

(¹) Un règlement du ministre de la guerre de 1862, concernant les précautions à prendre pour éviter les incendies, interdit l'usage des allumettes chimiques phosphoriques dans les casernes, établissements et magasins, et ne permet de se servir que des allumettes hygiéniques amorphes.

On assure que cette initiative doit être suivie par les autres administrations de l'Etat.

Cette mesure ne peut que diminuer de beaucoup le nombre des incendies et des accidents de toute sorte devenus si fréquents depuis quelques années.

(²) *Mauvais traitements.* — La loi du 5 juillet 1850 réprime les mauvais traitements publiquement et abusivement exercés envers les animaux domestiques.

Les Maires n'ont pas dès lors à intervenir directement pour défendre tel ou tel traitement : c'est aux tribunaux qu'il appartient d'apprécier si tel ou tel mode est licite ou non.

Un Préfet avait défendu de transporter les veaux et autres animaux à la boucherie autrement que dans des cages à claires voie et de telle sorte que ces animaux y soient libres de leurs mouvements. Cet arrêté est resté sans sanction, comme n'ayant pas pour objet une mesure de sûreté générale et ayant été rendu en dehors des attributions préfectorales. (*Cass.*, 28 août 1858, *Leray*; 23 novembre 1860, *Guibourg*.)

Il a été décidé que le mode de transporter des animaux les pieds liés, sans qu'il soit signalé aucune autre circonstance indiquant une souffrance inutile, n'était qu'un acte de précaution ou de violence nécessaire, n'excédant pas une juste limite. (*Cass.* 13 août 1858, *Locher.*) Mais le fait de transporter dans une voiture des veaux dont les pieds sont attachés ensemble et dont la tête est pendante en dehors de la voiture, tombe sous la répression de la loi du 2 juillet 1850.

Ce dernier mode de transport constitue un mauvais traitement de nature à occasionner aux animaux des souffrances cruelles que ne justifie aucune nécessité, offense la morale publique, et il est dans les termes de la loi, comme dans son esprit, d'en prévenir et d'en réprimer le scandale (*Cass.* 13 août 1858, *Cam.*)

divaguer les animaux *malfaisants et féroces*. Cette prohibition ne peut s'appliquer aux chiens non nuisibles (*Cass.*, 19 *janv.* 1844, *Domage*) et à la plupart des animaux domestiques; mais il appartient au maire de défendre de laisser divaguer sur la voie publique les oies, dindons et canards (*Cass.*, 18 *fév.* 1858, *Bocquillon*); les porcs (*Cass.*, 9 *déc.* 1854, *Delahaie*; 21 *sept.* 1855, *Olmo*); les volailles, lapins, chèvres, boucs, porcs et autres animaux (*Cass.*, 20 *juin* 1842, *Fabrègues*; 20 *août* 1825, *Laporte*; 20 *avril* 1844, *Delafontaine*; 15 *sept.* 1859, *Cammille*); les chiens (*Cass.* 11 *nov.* 1824, *Zankel*; 4 *oct.* 1845, *Lepésant*; 8 *août* 1846, *Beaugrand*; 30 *nov.* 1861, *Tessier*); les chevaux et juments (*Cass.*, 17 *oct.* 1822, *Journoleau*.)

Est également obligatoire l'arrêté qui défend de laisser paître sur les chemins ou talus, aucune espèce d'animaux, soit sous la garde du pâtre, soit même à la longe ou en laisse. (*Cass.*, 1er *déc.* 1854, *Caradec.*) Toute dépaissance sur les chemins vicinaux est interdite par les règlements préfectoraux.

2. *Elevage dans l'intérieur des villes.*—Est obligatoire le règlement: qui défend d'élever dans la ville des animaux tels que bœufs, vaches, moutons, porcs, volailles, pigeons, lapins, etc. (*Cass.*, 1er *juill.* 1808, *Gayan*; 13 *juin* 1856, *Heyer*);

Qui défend d'avoir en ville un dépôt de lapins vivants (*Cass.*, 20 *nov.* 1858, *Thourot*);

Qui défend aux charcutiers, etc., de conserver en dépôt dans l'enceinte de la ville, au-delà du temps nécessaire pour les laisser reposer, les porcs amenés pour la consommation générale. (*Cass.*, 22 *mars* 1851, *Nolent*.)

3. *Bêtes de somme.* — Est obligatoire le règlement qui prescrit de museler les ânes et mulets employés comme bêtes de somme, soit qu'ils stationnent, soit qu'ils parcourent les rues et places de la commune. (*Cass.*, 28 *janv.* 1859, *Peres*.)

4. *Enfouissement des animaux morts.*—Est obligatoire le règlement qui prescrit l'enfouissement à telle profondeur des animaux morts; qui ordonne la déclaration à la mairie du lieu de l'enfouissement; qui prescrit de transporter ces animaux dans des charrettes fermées et défend de les traîner dans les rues ou sur les chemins (*Cass.*, 7 *juin* 1839, *Grimaud*; 26 *sept.* 1839, *Brunet*).

Voy. *Chevaux*, *Chèvres*, *Chiens*, *Chrysalides*, *Oies*, *Pigeons*, *Taureaux*.

§ 2. — Formules.

1. Règlement de police concernant la divagation des animaux et leur élevage dans l'intérieur des villes.

Le maire de   ,
Vu les lois des 16-24 août 1790, 19-22 juill. 1791 et 18 juill. 1837;
Considérant qu'il importe de prendre les mesures nécessaires pour prévenir les accidents les plus ordinaires pouvant résulter de la divagation des animaux ou de leur élevage dans l'intérieur des villes, et d'y concourir par tous les moyens que la loi met au pouvoir de l'autorité,

Arrête:

Art. 1er. Il est défendu de laisser vaguer dans les rues, places et promenades publiques des animaux dangereux ou malfaisants, tels que porcs, chiens hargneux, chevaux, mulets, ânes, bêtes bovines, vicieux ou non, et toute espèce de volailles.

Art. 2. Tout propriétaire d'un animal vicieux, tel que cheval, bœuf, vache, sera tenu d'indiquer par un signe attaché à l'animal, du côté où les habitudes vicieuses sont le plus à craindre, qu'il y a lieu de s'en défier et de se préserver de ses attaques.

Dans tous les cas, les porcs devront être ferrés ou bouclés.

Art. 3. Les ânes et mulets employés comme bêtes de somme devront être muselés, soit qu'ils stationnent ou parcourent les rues et places publiques de la ville.

Art. 4. Il est défendu de tenir dans les maisons, dans les cours ou basses-cours, ou d'y élever des porcs, des poules, lapins, pigeons, cochons de lait ou autres animaux qui répandent des odeurs infectes ou délétères.

Dans ces divers cas, les poursuites auront lieu sur la plainte des voisins, la notoriété publique ou sur les autres preuves que la police pourrait en acquérir.

Art. 5. Les contraventions, etc.

2. Règlement de police prohibant le jet à l'eau des animaux morts et prescrivant leur enfouissement.

Le maire de la commune d

Vu les lois des 16-24 août 1790, 6 octobre 1791 et 18 juillet 1837 ;

Vu l'arrêté du gouvernement du 27 messidor an 5-15 juillet 1797 ;

Considérant que l'usage s'est introduit de jeter dans les rivières et canaux les animaux domestiques morts accidentellement, ainsi que ceux dont on veut opérer la destruction ; que cet abus offre de graves inconvénients pour la salubrité publique ;

Arrête :

Art. 1er. Il est interdit à tout propriétaire ou détenteur d'animaux domestiques ou autres, de les jeter dans les rivières, canaux, marais ou étangs, ou à la voirie et autres lieux, pour en opérer la destruction.

2. Tous les bestiaux ou animaux morts accidentellement seront enfouis par les soins du propriétaire. L'enfouissement devra être opéré à 1 m. 50 cent. de profondeur, dans un terrain éloigné d'au moins 100 m. des habitations, lorsqu'il s'agira de bestiaux proprement dits ou d'animaux dont l'enfouissement près des lieux habités pourrait, à raison de leurs dimensions, offrir des inconvénients pour la santé publique.

3. Tout animal mort de maladie contagieuse sera enfoui immédiatement, par les soins du propriétaire, dans une fosse de 2 m. 60 cent. de profondeur, et à 100 m. au moins de toute habitation. La peau de l'animal sera tailladée en plusieurs parties, et il sera recouvert de toute la terre sortie de la fosse. Les voitures qui auront servi au transport seront lavées à l'eau chaude.

4. En cas de négligence ou de mauvais vouloir de la part des propriétaires d'animaux morts de se conformer aux dispositions qui précèdent, il sera procédé à l'enfouissement à leurs frais et ensuite des ordres donnés par le maire. Des procès-verbaux seront dressés contre les contrevenants, qui seront poursuivis conformément aux dispositions de l'art. 471, n° 15, du Cod. pén., et l'art. 13, tit. 2, de la loi du 6 octobre 1791.

5. Les officiers de la police municipale et le garde champêtre sont chargés de l'exécution du présent, qui sera publié et affiché aux lieux accoutumés.

Fait en mairie, le   *Le maire,*

Voy. *Form.*, t. 1, page 173.

APPROVISIONNEMENTS.

Voy. *Bouchers* et *Boulangers* pour ce qui concerne l'approvisionnement auquel l'exercice de ces professions peut être astreint, et *Incendie* pour ce qui concerne l'interdiction dans certains lieux de divers approvisionnements de combustibles.

ARMES A FEU, EXERCICES DANGEREUX.

§ 1er. — POUVOIR DU MAIRE. — SURETÉ DES PASSANTS ET DES VOISINS.

1. *Tirs.* —La défense portée par l'art. 471, § 2, du Cod. pén., de tirer des armes à feu, pièces d'artifice, etc., dans certains lieux, sans imposer la condition que ces lieux soient publics, laisse à l'autorité municipale le droit de défendre ce tir dans l'intérieur d'un lieu public tel que cour, jardin, enclos, etc., lorsqu'elle le juge convenable dans l'intérêt de la sûreté publique. (*Cass.*, 8 *mai* 1858, *Redinger.*)

Est obligatoire le règlement qui défend sous quelque prétexte et en quelque occasion que ce soit, de tirer des armes à feu dans l'intérieur d'une ville (*Cass.*, 8 *août* 1834, *Brinquant* ; 22 *sept.* 1836, *Simonet* ; 28 *juill.* 1855, *Germaine*) ; des pétards, fusées, pièces d'artifice quelconques (*Cass.*, 4 *août* 1853, *Dusseaud*) ;

2. *Tirs au pistolet.* — Est obligatoire l'arrêté qui défend l'établissement, sans autorisation, de tirs au pistolet. (*Cass.*, 25 *nov.* 1836, *Guerin.*)

§ 2. — FORMULES.

1. Règlement de police concernant le tir des armes à feu.

Le maire de la commune d

Vu les lois des 16-24 août 1790, 19-22 juillet 1791, et 18 juillet 1837 ;

Voulant prévenir les accidents, dangers et craintes d'incendie qui peuvent résulter du tir des armes à feu et des pièces d'artifices,

Arrête :

Art. 1er. Il est défendu de tirer, de jour ou de nuit, des pétards, fusées, boîtes, pistolets, mousquetons et autres armes à feu, dans les rues, dans les cours et jardins, et par les fenêtres des maisons, pour quelque cause et à quelque occasion que ce soit.

2. Il est défendu d'établir, sans en avoir obtenu l'autorisation, des tirs au pistolet ou d'autres armes à feu, pour le public.

3. Les contraventions, etc.

2. Règlement de police concernant le port et l'usage des armes à feu.

Le maire de la commune d

Vu le décret du 14 décembre 1789, art. 50 ; — Le décret du 16-24 août 1790, tit. 11, art. 3, §§ 1, 3 et 5 ; — Le décret du 3 juin 1791, art. 5 ; — Le décret du 19-22 juillet 1791, tit. 1, art. 46 ; — Le décret du 28 septembre-6 octobre 1791, tit. 2, art. 9 ; — La loi du 18 juillet 1837, art. 9 et 10 ; — La loi du 5 mai 1855, art. 50 ; — La loi du 3 mai 1844, art. 7, 1° et 2°, qui interdit la délivrance de permis de chasse aux mineurs ;

Considérant que les journaux signalent fréquemment de graves accidents arrivés par le funeste usage d'armes à feu, soit à l'occasion de fêtes publiques ou privées, de mariages, baptêmes, etc., soit par suite de ce jeu dangereux qui consiste à feindre de vouloir tirer sur quelqu'un, ou bien enfin en portant une arme d'une manière imprudente ;

Considérant qu'il arrive que ceux qui ont autorité sur les enfants, les laissent, par une coupable complaisance, se servir d'armes à feu, ce qui occasionne parfois des malheurs ; que les fusées, pétards, et autres pièces d'artifices sont fréquemment une cause d'incendies ;

Considérant que les lois ci-dessus visées nous font un devoir de prévenir autant qu'il est possible, par des règlements de police, les déplorables accidents que peut causer l'imprudence ;

Arrête :

Art. 1er. Il est expressément défendu de tirer aucune arme à feu ou de faire partir des feux d'artifices dans aucun lieu public, rues, places, promenades, sans en avoir obtenu au préalable la permission de l'autorité municipale.

2. Défenses sont également faites à qui que ce soit, dans les lieux publics, de mettre quelqu'un en joue avec une arme chargée ou non, et même de tenir ou de déposer son arme d'une manière horizontale. La bouche du canon devra toujours être en l'air ou tournée vers la terre.

3. Défenses sont faites encore aux parents, tuteurs et maîtres, de permettre à leurs enfants, pupilles ou serviteurs, âgés de moins de 16 ans révolus, de porter des armes à feu, chargées ou non, dans des lieux publics.

Dans le cas où lesdits enfants, pupilles ou serviteurs enfreindraient cette prescription, les père, mère, maîtres ou commettants encourront la responsabilité prévue par les art. 1384 du C. Nap. et 74 du C. pén.

4. Les contraventions aux dispositions des articles précédents seront constatées par procès-verbal et poursuivies par application de l'art. 471, § 15, du C. pén., sans préjudice des peines qui pourront être prononcées à la suite des accidents survenus par l'emploi desdites armes.

Fait en mairie, le   *Le Maire,*

3. Règlement de police concernant les exercices dangereux.

Le maire de la commune d

Vu le décret du 14 décembre 1789, art. 50 ; — Le décret des 16-24 août 1790, tit. 11, art. 3, §§ 1, 3 et 5 ; — Le décret du 19-22 juillet 1791, tit. 1, art. 46 ; — Le décret du 28 septembre-6 octobre 1791, tit. 2, art. 9 ; — La loi du 18 juillet 1837, art. 9 et 10 ; — La loi du 5 mai 1855, art. 50 ;

Considérant qu'il existe dans la commune un grand nombre de jeux d'arcs et d'arbalètes dont le but, placé du côté de la voie publique, en est à très-peu de distance ;

Que souvent les flèches arrivent sur cette voie et peuvent atteindre les passants ;

Que ces exercices, compromettant la sûreté des passants et des voisins, exigent une répression immédiate,

      Arrête ;

Art. 1er. Les propriétaires des jeux d'arcs ou d'arbalètes, publics ou non, dont le but est placé du côté de la voie publique et rapproché de telle sorte que les flèches peuvent arriver sur cette voie, sont tenus de faire élever derrière le but de ces jeux des clôtures en planches, maçonnerie ou terre, *à la hauteur de.....* et de les prolonger de chaque côté, de telle sorte qu'une flèche ne puisse atteindre la voie publique.

2. Aucun tir ne pourra s'établir, à l'avenir, sans que les mesures de précautions prescrites en l'article précédent n'aient été prises.

3. Les contraventions aux dispositions des articles précédents seront constatées par procès-verbal, et poursuivies par application de l'art. 471, § 15, du C. pén., sans préjudice des peines qui pourront être prononcées à la suite des accidents causés par ces exercices.

4. Ampliation du présent arrêté sera publiée et affichée au lieu ordinaire de la commune, et notifiée à chaque propriétaire de jeux.

Fait en mairie, le   *Le Maire,*

V. *Form.* t. 6, p. 707.

AUBERGISTES.

§ 1er. — POUVOIR DES MAIRES. — MAINTIEN DU BON ORDRE DANS LES LIEUX PUBLICS.

1. *Représentation du registre d'inscription des voyageurs.* — Est obligatoire le règlement qui enjoint aux aubergistes, hôteliers, logeurs ou loueurs de maisons garnies, de remettre chaque jour au commissaire de police, le relevé par eux certifié de leur registre (*Cass.,* 23 *juillet* 1830, *Skann*), ou le bulletin du mouvement de leur maison (*Cass.,* 13 *janv.* 1837, *Victor*; 10 *avril* 1841, *Courtoiris*) ; de représenter leur registre tous les jours ou à une époque déterminée de chaque mois, à la mairie ou au commissaire de police (*Cass.,* 24 *avril* 1845, *Esnault*; 11 *oct.* 1847, *Gaultier*; 15 *mai* 1856, *Lacourège et autres.*) (¹)

2. *Eclairage des divers lieux publics.* — Est obligatoire le règlement qui enjoint aux aubergistes, cabaretiers, cafetiers, logeurs et propriétaires d'autres lieux publics, de tenir un réverbère ou une lanterne allumée à leur porte, tous les jours, depuis le coucher du soleil jusqu'à dix heures du soir (*Cass.,* 13 *juin* 1811, *Munster*; 12 *juill.* 1838, *Mulot*; 14 *janv.* 1853, *Mosser*; 16 *sept.* 1853, *Dumas*).

3. *Interdiction de l'industrie des pisteurs.* — Est obligatoire le règlement qui interdit aux aubergistes, hôteliers, restaurateurs, loueurs de voitures et gens à leur service, de se trouver à l'arrivée des diligences et d'y solliciter les voyageurs (*Cass.,* 20 *août* 1853, *Capdevielle*; 3 *avril* 1856, *Schicuse*).

4. *Défense de recevoir les gens ivres et les mineurs.* — Est obliga-

---

(¹) *Passeports. — Inscription.* — Il est entré encore dans les attributions du maire de prescrire aux aubergistes, etc., de se faire représenter les passeports des voyageurs et d'indiquer sur le registre la date de ce passeport et du dernier visa, l'autorité qui l'a délivré, la destination qu'il constate (*Cass.,* 8 *mai* 1858, *Odot*). Cette prescription ne semble plus susceptible d'une application générale ensuite des nouvelles dispositions adoptées (*Déc. min. des* 20 *nov.* 1858, 26 *déc.* 1860, 1er *mai* 1861, *etc.*), qui admettent les sujets de plusieurs nations étrangères à circuler sans passeports sur le territoire de l'Empire, et si de semblables clauses étaient insérées aujourd'hui dans un règlement de police, elles seraient certainement annulées par les préfets, comme ne pouvant plus se concilier avec l'état actuel de la législation sur les passeports.

toire le règlement qui défend (dans le département où l'arrêté préfectoral n'a pas statué) aux aubergistes, cafetiers, teneurs de billards et débitants de boissons, de donner à boire, recevoir ou conserver les gens ivres ou les mineurs de moins de seize ans, qui ne seraient pas accompagnés de leurs parents (*Cass.*, 2 *juin* 1855, *Bontemps*).

5. *Heure de fermeture.* — Est obligatoire l'arrêté d'un maire qui fixe l'heure de fermeture des auberges (*Cass.*, 6 *mars* 1845, *Lenoir*; 15 *juill.* 1852, *Brutus*; 10 *oct.* 1856, *Aubert et Plaix*). L'heure de fermeture des établissements publics est habituellement fixée par les arrêtés préfectoraux intervenus à la suite du décret du 29 déc. 1851.

§ 2. — EXCÈS DE POUVOIRS.

6. *Registre d'inscription à tenir par chaque habitant.*—Ne serait pas exécutoire la disposition qui étendrait à tous les habitants les obligations imposées aux aubergistes de tenir un registre et de le représenter à toute réquisition ou à des époques fixes (*Cass.*, 4 *juill.* 1828, *Dubuquet*; 14 *déc.* 1832, *Bost et Daussy*), ou de faire la déclaration des étrangers qui viendraient s'établir chez eux à résidence (*Cass.*, 30 *août* 1833, *Couleaux*; 17 *mai* 1838, *Arbez*; 28 *janv.* 1853 [1], *Holl*);

7. *Permis de séjour des étrangers.* — Ne serait pas obligatoire l'arrêté qui interdirait aux citoyens de louer aucun appartement, aucune chambre à tout étranger qui n'exhiberait pas la preuve écrite d'un permis de séjour (*Cass.*, 6 *août* 1841, *Allardet*).

8. *Gens sans aveu. Défense de loger.* — Ne serait pas obligatoire l'arrêté qui interdirait aux aubergistes de recevoir et loger des vagabonds, mendiants et gens sans aveu (*Cass.*, 12 *juin* 1845, *Simian*).

9. *Tarif des dépenses d'auberge.* — Ne serait pas obligatoire l'arrêté qui aurait pour but de tarifer les dépenses d'auberge. L'ordonnance du 20 janvier 1563 a été abolie par les lois de 1791, qui ont établi la liberté du commerce (*Cass.*, 6 *avril* 1848, *Mazelin*; 18 *juill.* 1862, *Lechaudel*).

10. *Distinction des voyageurs à loger ou à ne pas loger.* — Ne serait pas obligatoire l'arrêté qui indiquerait, soit les voyageurs que les aubergistes pourront seuls recevoir, soit ceux qu'ils sont tenus de loger, ou encore les personnes qu'il leur est interdit d'admettre (*Cass.*, 2 *juill.* 1857, *Desriège*). Les aubergistes et logeurs restent toujours libres de recevoir ou de refuser de loger qui bon leur semble (*Cass.*, 2 *oct.* 1857, *Richard*).

11. *Heure de fermeture.* — Ne serait pas obligatoire l'arrêté qui rendrait applicable aux voyageurs logeant dans l'auberge, aux pensionnaires de l'établissement, ou à celui qui devrait continuer sa route après avoir pris son repas, la défense de donner à boire et à manger après telle heure (*Cass.*, 15 *mars* 1855, *Desplanque*; 26 *février* 1857, *Leroy*; 12 *déc.* 1862, *Larsonneux d'Ourville*).

Le séjour d'un individu étranger à la commune qui s'arrête chez un aubergiste-cabaretier après l'heure réglementaire, pour prendre la nourriture et le repos nécessaires pour lui et ses chevaux, est un cas de force majeure dont il appartient au juge du fait de déclarer l'existence (*Cass.*, 9 *juill.* 1859, *Joland*; 29 *nov.* 1862, *Legoubin*).

Voir la formule du règlement de police à *Cabarets et Cafés, Formulaire mun.*, t. 1, p. 301.

---

[1] Voy. également *Logeurs.*

AUVENTS, BALCONS, BORNES, ENSEIGNES.

§ 1er. — POUVOIR DU MAIRE. — SURETÉ ET COMMODITÉ DU PASSAGE SUR LA VOIE PUBLIQUE.

1. *Auvents.*—*Réduction.*—*Suppression* (1).—Est obligatoire le règlement qui prescrit la réduction des auvents et même leur suppression totale, ou qui fixe les dimensions ou la saillie qu'ils devront avoir (*Cass.,* 9 *févr.* 1833, *Courtet*).

2. *Balcons.* — *Dimensions.* — *Interdiction.* — Est obligatoire l'arrêté qui interdit la construction de balcons aux maisons bordant la voie publique, ou qui fixe la hauteur à laquelle ils devront être construits (*Cass.,* 30 *mars* 1827, *Jacquemond;* 14 *mars* 1833, *Berthelin.*)

3. *Bornes.* — *Enlèvement* (2).— Est obligatoire l'arrêté qui ordonne l'enlèvement des bornes existantes le long des maisons, sur la voie publique, et défend d'en planter aucune, ou limite les dimensions qu'elles devront avoir (*Cass.,* 30 *juin* 1836, *Coppens;* 18 *déc.* 1840, *Barbier;* 19 *août* 1847, *Mestreau*).

§ 2. — FORMULES.

Règlement de police concernant l'établissement des auvents, balcons, devantures de boutiques, enseignes et perrons.

Le maire de la commune d

Vu la loi des 16-24 août 1790, qui dispose, tit. 11, art. 3 : «Les objets de police confiés à la vigilance et à l'autorité des corps municipaux, sont : 1° tout ce qui intéresse la sûreté et la commodité du passage dans les rues, quais, places et voies publiques ; »

Vu les lois des 19 juillet 1791, 16 septembre 1807 et 18 juillet 1837 ;

Vu le plan général d'alignement et l'ordonnance (ou décret) du.....;

Considérant que des plaintes fondées nous sont journellement adressées contre l'insuffisance des règlements locaux sur la police de la voie publique, notamment en ce qui concerne les inconvénients des auvents placés au-dessus des boutiques et des bornes existantes le long des maisons ;

Qu'il importe d'assurer la commodité du passage sur les voies et places publiques, — Arrête :

Art. 1er. L'établissement des auvents, balcons, devantures de boutique, enseignes, perrons, ne pourra, comme toute saillie faite sur la voie publique, avoir lieu qu'en vertu d'une autorisation spéciale.

2. Les auvents, corniches ou avant-toits de boutiques ou magasins devront être élevés au moins de quatre mètres du sol sous la partie la plus basse ; ils ne pourront excéder une saillie de 16 centim. Ceux qui dépassent cette saillie seront réduits à la dimension fixée, dans un délai de deux mois, à partir de la publication du présent arrêté.

Il ne pourra être établi d'auvents qu'en bois, avec faculté de les revêtir en métal.

3. Les bornes existantes le long des maisons sur la voie publique, seront enlevées. — Il ne pourra en être maintenu qu'aux angles saillants des maisons formant encoignure de rue, et elles ne devront pas excéder 50 centim. de haut sur.... d'épaisseur.

Il ne pourra jamais être placé de bornes là où il existe un trottoir en avant de la façade et en saillie sur le pavé.

4. On ne pourra établir de balcons que dans les rues de dix mètres de largeur, ainsi que dans les places et carrefours. Dans aucun cas leur saillie sur le mur de face ne pourra excéder 50 centim. Ils ne pourront être établis à moins de six mètres du sol de la voie publique.

5. Dans toutes les maisons en construction, il ne pourra être placé sur la voie publique aucune espèce de cuvette pour l'écoulement des eaux ménagères, à moins qu'il ne soit établi que le propriétaire ne possède ni cours ni jardins derrière la maison pour recevoir les eaux. Dans ce cas, les cuvettes seront garnies d'un tuyau de descente amenant les eaux jusqu'à terre et les conduisant au moyen d'une gargouille jusque dans le ruisseau de la rue.

6. Les contraventions, etc. —Fait à la mairie, le   *Le Maire,*

Voy. *Form. mun.,* t. 1, p. 312, 355; t. 2, p. 99, et t. 6, p. 847.

(1-2) V. *Gouttières,* pour ce qui concerne l'application aux arrêtés municipaux du principe de rétroactivité.

BADIGEONNAGE DES MAISONS. — V. *Façades.*

BAINS.

§ 1er. — Pouvoir du maire. — Intérêts des baigneurs. — Morale
et décence. — Tranquillité publique.

1. *Police des bains.* — Est obligatoire l'arrêté qui affecte une certaine partie de la rivière aux bains des hommes et une autre partie aux bains des femmes, ou qui règle la construction des bains, ou qui prescrit les mesures nécessaires à l'ordre et à la décence (*Cass.*, 15 *oct.* 1824, *Sarrebeyrouse*; 22 *avril* 1858, *Levassor d'Yerville*); qui défend aux baigneurs de se baigner dans un parcours déterminé sans être couverts de caleçons, et de parcourir en batelets le même espace sans être vêtus avec décence (*Cass.*, 7 *oct.* 1852, *Clarke*).

§ 2. — Excès de pouvoirs.

Serait illégal comme constituant une concession de privilége, qui sort des attributions de l'autorité municipale, l'arrêté qui affecterait exclusivement aux voitures d'un seul établissement de bains de mer, la partie de la plage la plus avantageuse à cet établissement (*Cass.*, 18 *sept.* 1828, *Caboche*).

V. *Porteurs.*

§ 3. — Formules.

**Règlement de police concernant les baigneurs, les bains publics en rivière
et les bains en ville.**

Le maire de la commune d

Vu les lois des 14-22 décembre 1789, art. 50; 16-24 août 1790, tit. 2, art. 3, n° 5; 19-22 juillet 1791, tit. 1, art. 46, et 18 juillet 1837, art. 11; le Cod. pén., art. 330, 471, n° 15, et 475, n° 12; Cod. civ., art. 1384;

Considérant que si les bains sont un objet d'intérêt général sous le rapport de l'hygiène, d'un autre côté ils sont souvent une cause d'événements fâcheux ou un sujet de scandale public;

Qu'il entre dans les attributions de l'autorité municipale de prescrire les mesures à observer pour prévenir les accidents et pour que les individus de mœurs trop libres ne puissent s'écarter des bornes de la décence,

Arrête:

§ 1er.—*Baigneurs en général.*

Art. 1er. Tous individus qui voudront se baigner dans la rivière ne pourront le faire que munis d'un caleçon de bain ou autre vêtement, hors la vue du public et des promeneurs, et à 300 mètres au moins de distance de toute maison d'habitation.

2. Défenses sont faites à tous individus en état de nudité de parcourir la plage, d'établir des luttes ou autres amusements, et, en général de faire en cet état aucun exercice qui puisse porter atteinte à la décence et à la morale publiques.

3. Les femmes ne pourront, dans aucun cas, se baigner dans aucune des parties de la rivière fréquentées par les hommes et réciproquement. Des emplacements clos et couverts leurs seront assignés spécialement, et elles ne pourront se baigner ailleurs.

§ 2. — *Bains publics en rivière.*

4. Aucun bain ne sera établi dans la rivière sans la permission de l'autorité.

5. Les bains ne pourront être établis qu'aux endroits désignés par l'autorité municipale.

6. Les bains seront entourés de planches et fermés, depuis le fond de la rivière jusqu'à son niveau, par des perches en forme de grille, pour empêcher les baigneurs de passer dehors ou sous les bateaux.

7. Il y sera planté, de distance en distance, des pieux entre lesquels seront tendues des cordes pour la sûreté et la commodité des baigneurs.

8. Il sera formé des chemins solides et bordés de perches à hauteur d'appui, pour arriver dans les bateaux à bains.

9. Un bachot muni de ses agrès, et monté par un maître nageur, sera continuellement attaché à chaque bain, pour porter les secours en cas de besoin.

10. Les bains seront fermés depuis dix heures du soir jusqu'au point du jour.

11. Il ne pourra être exigé des baigneurs plus de centimes par personne dans les bains en commun; plus de centimes dans les bains où il sera établi des cabinets particuliers.

§ 3. — Bains en pleine eau.

12. Les personnes qui, pour raison de santé ou pour se perfectionner dans l'art de nager, voudraient se baigner en pleine rivière, ne pourront y être conduites que par des mariniers munis de notre permission.

13. Il n'en sera accordé qu'à ceux qui tiennent des bains sur la rivière.

14. Il est défendu à toute personne étant en bachot ou batelet de s'approcher des bains.

§ 4. — Bains en ville et bains construits sur bateaux.

15. Toute personne qui voudra former, en ville, soit dans une maison, soit sur un bateau, un établissement de bains publics, sera tenue d'en faire la déclaration au bureau de police.

Le plan de distribution devra être soumis à l'examen de l'autorité municipale, qui se réserve de faire, sous le rapport du maintien des bonnes mœurs, toutes observations nécessaires.

16. Un côté des bains sera affecté aux hommes, et l'autre côté aux femmes ; aucune personne d'un autre sexe ne sera admise, sous quelque prétexte que ce soit, dans le cabinet occupé par une personne de l'autre sexe.

17. Les cabinets ne pourront être desservis que par des personnes du même sexe que celles qui les occuperont.

18. Les contraventions, etc.

Fait en mairie, le   Le Maire,

V. Form. mun., t. 1, p. 352.

BALANCES. — Voy. Pesage.

BALAYAGE.

§ 1er. — Pouvoir du maire. — Salubrité. — Commodité de la voie
publique.

1. Police du balayage fait par les particuliers. — Est obligatoire le règlement : qui prescrit aux propriétaires ou principaux locataires le balayage des rues et lieux publics, au-devant de leurs maisons, boutiques, cours, jardins et autres emplacements, et fixe les jour et heure où cette opération doit avoir lieu (Cass., 7 avril 1809, Baugnies; 28 août 1818, Adovic; 7 déc. 1826, Michel; 4 oct. 1827, Aufrère; 30 mai 1856, Lefèvre) ;

Qui prescrit le balayage des cours communes, non closes du côté de la voie publique (Cass., 2 juin 1837, Guernelle; 22 avr. 1842, Martin) ; des impasses fermées pendant la nuit au public, mais livrées à la circulation pendant le jour (Cass., 2 juin 1837, Guernelle); des portions de rue non pavées (Cass., 2 et 10 oct. 1851, Laimé et Mohamed) ;

Qui prescrit d'enlever les herbes qui disjoignent les pavés, entretiennent l'humidité et nuisent à l'efficacité du balayage (Cass., 17 déc. 1824, Vanderback); de faire balayer la neige et de l'entasser (Cass., 15 déc. 1855, Robinet) ;

Qui défend de jeter les résidus du balayage dans la rivière qui traverse la commune (Cass., 22 avril 1842, 2 juin 1837, ci-dessus cités) ;

Qui défend de pousser les boues et immondices devant la propriété d'un de ses voisins (Cass., 2 août 1850, Violet).

2. Etendue du pouvoir municipal. — Le règlement municipal prescrivant le balayage est une charge de la propriété et non pas de l'habitation ; il est conséquemment obligatoire pour le propriétaire

Qui est absent de la ville (Cass., 31 mars 1848, Grivot);

Qui n'habite pas la maison (Cass., 9 juin 1832, Min. publ.; 28 mars et 6 nov. 1857, Gallon; 19 févr. 1858, Argant);

Dont le rez-de-chaussée n'est pas habité (*Cass.*, 15 *juill.* 1845, *Pon-chelet*; 1er *mars* 1851, *Mille*);

A défaut d'exécution par le locataire (*Cass.*, 4 *mai* 1848, *Homo*; 6 *avril* 1833, *Bernard*; 13 *févr.* 1834, *Fanière*; 24 *avril* 1834, *Quer-vauvilliers*; 15 *juill.* 1859, *Matheu*);

Ce même règlement est obligatoire pour le principal locataire qui a loué la totalité de la maison (*Cass.*, 10 *août* 1833, *Martin*); mais à la condition expresse que le propriétaire n'habiterait pas la maison (*Cass.*, 13 *nov.* 1834, *Rameau*; 24 *mai* 1855, *Guichelet*);

Pour le concierge d'un établissement public, substitué, quant à ce, au propriétaire (*Cass.*, 30 *mai* 1846, *Leroux*);

Pour le carillonneur, dépositaire des clefs de l'église (*Cass.*, 16 *mars* 1821, *Balech*);

Pour le syndic de la faillite, en cas de faillite du propriétaire (*Cass.*, 23 *mai* 1846, *Chevreuil*);

Pour l'adjudicataire des droits de place sur un marché (*Cass.*, 22 *nov.* 1856, *Leroux*).

3. *Police de balayage mis en adjudication.* — Est obligatoire l'arrêté qui défend à toute personne étrangère à l'adjudication de l'enlèvement des boues et immondices provenant du balayage des voies publiques, d'enlever à leur profit ou au profit des tiers, aucune parcelle des boues, crottins, fumiers et autres ordures provenant de ce balayage (*Cass.*, 24 *avril* 1829, *Anada*; 31 *mars* 1848, *Morel*).

Les infractions commises par l'adjudicataire aux clauses du bail relèvent du tribunal civil et non du tribunal de police, parce que le bail constitue un acte civil dont il ne peut dériver que des obligations civiles (*Cass.*, 2 *août* 1821, *Cuenin*; 2 *mars* 1844, *Wolf*). — Mais le fait par l'adjudicataire de déposer, par exemple, ses boues dans des lieux interdits, est une contravention aux règlements de la petite voirie et relève par conséquent du tribunal de simple police. (*Cass.*, 4 *févr.* 1831, *Fieraert*; 19 *juill.* 1838, *Greziller*; 23 *mars* 1848, *Leclerq*).

§ 2. — Excès de pouvoirs.

4. *Portion de la voie publique non bordée de construction.* — Ne serait pas obligatoire l'arrêté qui ordonnerait le balayage de la voie publique au propriétaire d'un pré joignant d'un côté à la voie publique, et n'étant borné de ce côté par aucune construction ou habitation (*Cass.*, 7 *oct.* 1853, *Montonoise*).

L'arrêté prescrivant le balayage de la voie publique au-devant des maisons et dépendances, ne pourrait pas être appliqué à des jardins situés à une plus ou moins grande distance de la maison principale (*Cass.*, 13 *mars* 1862, *Lépine*).

5. *Balayage ordonné par le Préfet.* — Le balayage constitue une mesure de salubrité exclusivement dans les attributions de l'autorité locale. L'arrêté préfectoral serait sans application, comme traitant d'une matière placée exclusivement dans les attributions municipales (*Cass.*, 28 *juin* 1861, *Barras*).

Voy. *Dépôts de boues* et *Salubrité.*

§ 3. — Formule.

Règlement de police sur le balayage.

Le maire de la commune d
Vu les lois des 16-24 août 1790, 19-22 juillet 1791, et 18 juillet 1857, sur la police municipale; — Vu l'art. 471, n° 3, du Cod. pén.;

Considérant que rien ne contribue davantage à la salubrité d'une ville que le maintien de la propreté dans les rues ; que le moyen d'y parvenir consiste principalement dans un balayage régulièrement fait chaque jour, et dans l'enlèvement simultané des boues, immondices et ordures.

Considérant que les habitants qui sont appelés à jouir de ces résultats satisfaisants doivent remplir les obligations que le règlement sur ce nettoiement leur impose ;

Considérant que la négligence qu'ils apportent dans l'accomplissement de cette obligation peut occasionner les plus graves inconvénients ; qu'elle peut devenir la source de maladies épidémiques dont on ignore souvent la cause ;

Considérant que d'après la jurisprudence, le balayage est une charge de la propriété ;

Arrête :

Art. 1er. Les habitants sont tenus de balayer chaque jour le devant de leurs maisons, écuries ou autres bâtiments, jardins, cours et emplacements quelconques joignant les rues et places publiques, et d'entasser les pailles, boues et immondices le long du ruisseau.

En temps de neige ou de glace, ils sont tenus de balayer et entasser la neige, de casser et entasser la glace, et de jeter sur le verglas des cendres, du sable ou du gravois.

Cette obligation s'étend, dans tous les cas, jusqu'au milieu des rues, et, sur les places, jusqu'à une distance de 3 m. de la limite de la propriété.

Il n'est permis de déposer dans les rues aucunes neiges ou glaces provenant des cours ou de l'intérieur des habitations que lorsqu'il y aura dans les rues un volume d'eau assez considérable pour les entraîner de suite dans les égouts des villes.

2. L'exécution des dispositions qui précèdent est à la charge du locataire unique ou de la personne qui jouit à un autre titre de toute la propriété ; des concierges des établissements publics et maisons domaniales, des dépositaires des clefs des églises, de l'adjudicataire des droits de place du marché et des syndics de faillites ; dans tous les autres cas, elle incombe au propriétaire, lors même qu'il n'occuperait pas les lieux.

3. Le balayage doit être terminé à huit heures du matin, à partir du 1er mai jusqu'au 1er novembre, et à 10 heures pendant le reste de l'année.

4. En cas d'inexécution, le balayage sera fait aux frais des contrevenants, sans préjudice des peines qu'ils auront encourues.

5. Il est défendu à toute personne de détourner aucuns engrais, pailles, boues et immondices provenant du balayage des rues, places et emplacements publics, au préjudice de ceux auxquels ils auront été cédés par l'administration municipale.

6. Les objets qui pourraient occasionner quelque accident, tels que débris de verre, poterie et autres, seront portés directement dans les tombereaux d'enlèvement des immondices, au moment de leur passage dans les rues, sans que l'on puisse jamais les déposer sur la voie publique.

7. Après le passage du tombereau, il ne pourra être déposé dans les rues et places aucun objet qui puisse les salir ou donner une mauvaise exhalaison ; ces objets ne pourront être déposés que le long des ruisseaux, chaque matin au moment du balayage.

8. Les contraventions, etc.

Fait à la mairie, le....   *Le Maire,*

V. *Form.*, t. 5, p. 739.

BALCONS. V. Auvents.

BALS.

§ 1er. — Pouvoir du maire. — Maintien de l'ordre dans les endroits publics.

1. *Police des bals.* — Est obligatoire l'arrêté municipal qui interdit tous bals publics sans une autorisation préalable (*Cass.*, 11 *mai* 1832, *Baneux* ; 7 *nov.* 1833, *Barrois* ; 2 *mai* 1835, *Marseille* ; 19 *janv.* 1837, *Tamissier* ; 30 *avril* 1846, *Poirson*) ;

Qui réglemente les danses et bals publics dans les lieux réputés publics ou sur la voie publique (*Cass.*, 27 *déc.* 1828 ; 7 *nov.* 1833 ; 2 *mai* 1861, *Delacour*) ;

Qui réglemente ou défend les danses dans un cabaret (*Cass.*, 27 *déc.* 1828, *Martin*);

Qui fixe l'heure de fermeture des bals publics (*Cass.*, 30 *avril* 1846, *Poirson*);

Qui défend d'y recevoir des enfants au-dessous de seize ans (*Cass.*, 16 *mars* 1860, *Mariette*);

Qui défend de danser pendant l'heure des offices (*Cass.*, 18 *juill.* 1823, *Motelet*);

Qui défend à tous particuliers autres que les fermiers des jeux de la fête patronale de la commune de donner des bals et divertissements publics, pendant la durée de la fête, dans les rues, places, cours et propriétés particulières closes ou non closes (*Cass.*, 25 *sept.* 1841, *Levoyat*; 23 *déc.* 1842, *Sacconay*);

Qui défend aux ménétriers et autres de donner des bals publics aux jours fériés par l'ancien calendrier (*Cass.*, 2 *vend. an* 7, *Pontot*);

Qui ordonne que le jour de la fête patronale, les violons s'établiront sur la place publique où les danses auront lieu, et défend aux habitants de faire danser dans leurs maisons (*Cass.*, 1er *août* 1823, *Lescot*).

§ 2. — EXCÈS DE POUVOIRS.

2. *Bals de famille.*—Ne serait pas obligatoire, comme sortant du cercle des attributions du maire, la disposition qui défendrait les bals et réunions particulières de plus de vingt personnes dans lesquelles le public n'est point admis en payant (*Cass.*, 16 *août* 1834, *Raousset*), ou prescrirait des mesures qui tendraient à réglementer l'intérieur du domicile d'un citoyen (*Cass.*, 6 *nov.* 1846, *Dupont*).

§ 3. — FORMULES.

Règlement de police concernant les bals publics et les danses.

Le maire de la commune de

Vu les lois des 14-22 déc. 1789 et 16-24 août 1790; 2-17 mars et 19-22 juill. 1791, et les art. 475 et 471 n° 15, du C. pén.;

Considérant que l'autorité municipale est investie par les lois qui précèdent, du droit de maintenir habituellement le bon ordre et la tranquillité dans les endroits où il se fait des réunions plus ou moins nombreuses, sous quelque dénomination que ce soit, et notamment pour des divertissements publics,

Arrête:

Art. 1er. Aucune entreprise de bals publics ou particuliers (ces derniers lorsqu'ils seront périodiques) ne pourra être formée, sous quelque dénomination que ce soit, sans la permission du maire; cette permission sera visée par le commissaire de police; elle sera renouvelée tous les ans.

2. L'autorisation ou permission de tenir bals publics fixera les jours où l'on pourra, à l'exclusion de tous autres, donner à danser; elle sera personnelle, non transmissible.

3. La permission ne sera accordée qu'aux personnes jouissant d'une bonne moralité et amies de l'ordre, sur une demande écrite des pétitionnaires, et après l'examen préalable des localités destinées à l'établissement des bals.

4. Les bals publics devront être fermés à l'heure ordinaire de la fermeture des lieux publics, à moins d'une permission spéciale pour durer plus avant dans la nuit.

5. Nul ne pourra s'y rendre travesti, déguisé ou masqué hors le temps du carnaval.

6. Il est défendu à toute personne d'entrer dans un bal, *masquée ou non*, avec canne, bâtons, armes ni éperons; ces objets seront déposés au dehors et confiés à la garde d'une personne préposée à cet effet par le directeur ou entrepreneur, sous la responsabilité de celui-ci; il sera délivré des numéros en échange des objets déposés.

7. L'entrepreneur du bal sera tenu de se procurer, à ses frais, une garde suffisante pour maintenir le bon ordre.

8. Quiconque y troublera l'ordre dans l'intérieur ou à l'extérieur sera arrêté à l'instant. Procès-verbal sera dressé contre lui, pour être statué à son égard ce qu'il appartiendra.

9. Chaque entrepreneur de bals publics devra interdire dans son établissement, toutes danses indécentes, et requérir les officiers de police à l'effet d'en expulser les auteurs, ainsi que toute personne qui commettrait des outrages publics à la pudeur.

Les individus ivres seront également expulsés de ces lieux de réunion.

10. Les danses aux jours de fête patronale n'auront lieu que dans les endroits fixés par le maire.

11. Les contraventions au présent règlement seront constatées par des procès-verbaux, et les contrevenants seront, selon le cas, poursuivis par-devant le tribunal de simple police ou le tribunal de police correctionnelle.

En cas de récidive ou de contravention grave, la permission sera retirée à l'entrepreneur.

Fait à la mairie, le.....   *Le Maire,*

V. *Form. mun.*, t. 1, p. 359.

BANS DE VENDANGE, — DE FAUCHAISON.

§ 1er. — Pouvoir du maire. — Mesures préventives contre les dégats et vols dans les vignes ou prairies non closes (¹).

1. *Epoque des vendanges ou fauchaisons.*—Est obligatoire dans les communes où le ban de vendange et de fauchaison est en usage, l'arrêté municipal qui fixe l'époque à laquelle commencera la vendange dans les vignes non closes ou la fauchaison dans les prairies (*Cass.*, 16 *nov.* 1810, *Jeannin*; 3 *janv.* 1828, *Buissard*; 31 *janv.* 1833, *Faye*; 14 *sept.* 1833, *David*; 6 *mars* 1834, *Leblan*; 23 *févr.* 1836, *Jouglas*; 28 *nov.* 1839, *Bloch*; 16 *déc.* 1842, *Charpentier*; 28 *déc.* 1850, *Blanc*; 22 *mars* 1855, *Taupiac*; 24 *avril* 1858, *Janaud*; 19 *nov.* 1859, *Dufour*).

2. *Grappillage.* — Est également obligatoire l'arrêté qui interdit le grappillage des raisins jusqu'à l'entière terminaison de la vendange (*Cass.*, 6 *février* 1858, *Ferland*; 27 *janv.* 1860, *Plantevin*).

3. *Etendue de l'application de l'arrêté municipal.* — Cet arrêté est applicable : aux vignes hautes et aux vignes basses, bien qu'il ne fasse aucune distinction (*Cass.*, 13 *févr.* 1845, *Dussac*); à toute espèce de vigne *basse* et *hautins* (*Cass.*, 3 *janv.* 1828, *Buissard*);

Aux vignes dont les fossés de clôture n'ont pas (*L. du* 28 *sept.*-6 *oct.* 1791) 12 décim. 99 millim. d'ouverture et 6 décim. 50 millim. de profondeur (*Cass.*, 24 *juill.* 1845, *Desessarts*);

Aux vignes isolées ou non isolées (*Cass.*, 6 *février* 1858, *Masson-Gonnet*; 24 *janv.* 1861, *Ball*);

Aux vignes indivises comprises dans une clôture commune, et qui ne sont point séparées les unes des autres par des clôtures particulières (*Cass.*, 5 *août* 1830, *Arnaud*).

Le règlement du ban de vendange étant temporaire et non permanent, est obligatoire par le fait seul de sa publication, bien qu'il ne soit pas revêtu de l'approbation du préfet, et qu'il n'ait été affiché, ni notifié à chacun des habitants (*Cass.*, 24 *janv.* 1861, *Ball*).

§ 2. — Excès de pouvoirs.

4. *Défense de vendanger le dimanche.*—Ne serait pas obligatoire la disposition qui défendrait de vendanger le dimanche. La loi de 1814

(¹) Les vignerons, en général, se récrient contre l'usage du ban de vendange, bien qu'il soit exclusivement pris en vue de la conservation des récoltes ; ils réclament à cet égard une pleine liberté, et déjà dans divers endroits, l'usage n'ayant pas produit des avantages certains, a été abandonné. Cette question sera facile à résoudre si, à l'époque où il convient de prendre la mesure réglementaire, le maire convoque les plus intéressés et n'agit que d'après l'avis de la majorité.

excepte de la prohibition de travail pour les dimanches et fêtes, les ouvriers employés aux travaux de la moisson et autres récoltes (*Cass.*, 19 *juin* 1857, *Thibaud*).

5. *Droits des propriétaires.* — Ne serait pas obligatoire l'arrêté : qui défendrait aux propriétaires de vignes d'entrer sans autorisation dans leurs vignes, pendant un certain temps avant l'époque des vendanges (*Cass.*, 28 *nov.* 1839, *Bloch*) ;

Qui défendrait, avant l'ouverture du ban de vendange, le choix des raisins ramassés pour les besoins domestiques (*Cass.*, 7 *déc.* 1855, *Thurier* ; 9 *févr.* 1856, *Blay*).

6. *Vignes suffisamment closes.* — Serait également illégal l'arrêté qui soumettrait à l'observation du ban de vendange les vignes dont la clôture est conforme à l'un des modes énoncés par la loi des 28 septembre-6 octobre 1791 (mur, fossé, haie ou palissade), quand même la clôture ne serait pas conforme à celle déterminée par une délibération du conseil municipal (*Cass.*, 11 *sept.* 1847, *Levesque*).

§ 3. — FORMULES.

Publication du ban de vendanges.

Le maire de la commune de
Vu les lois des 28 sept. et 6 oct. 1791, et 18 juillet 1837 ;
Sur l'avis des principaux propriétaires de vignes de la commune ;
    Arrête :
Art. 1er. Les vendanges ouvriront en cette commune le...... pour toutes les vignes non closes.
2. Jusqu'à ce qu'elles soient terminées, elles auront lieu tous les jours, sans interruption, depuis le lever jusqu'au coucher du soleil. Sous aucun prétexte, les propriétaires ou possesseurs ne pourront vendanger ou faire vendanger avant ou après ces heures.
3. Les grappilleurs ne pourront se présenter dans les vignes avant le (*indiquer le jour*).
Le grappillage est interdit dans tout enclos rural, conformément à l'art. 21 du titre 2 du C. rural.
4. Les contraventions, etc.......
Fait à la mairie, le......   *Le Maire,*

V. *Form.*, t. 1, p. 363.

BARRIÈRES DE DÉGEL.

§ 1er. — POUVOIR DU MAIRE. — MESURES PRÉVENTIVES CONTRE LES DÉGRADATIONS DES CHEMINS.

1. *Chemins ruraux.* — Est obligatoire l'arrêté municipal qui interdit la circulation des voitures sur un chemin rural pendant le temps du dégel (*Cass.*, 22 *avril* 1858, *Lelong*).

§ 2. — EXCÈS DE POUVOIRS.

2. *Chemins vicinaux.* — Ne serait pas obligatoire la disposition d'un arrêté municipal qui appliquerait aux *chemins vicinaux* l'apposition des barrières de dégel. — Ces chemins échappent, quant à ce, au pouvoir réglementaire des maires, et ces fonctionnaires ne pourraient intervenir qu'autant que le préfet leur aurait délégué expressément ce pouvoir (*Cass.*, 4 *juill.* 1857, *Moreau*).

§ 3. — FORMULE.

Avis pour la fermeture des barrières de dégel.

Le maire de la commune de
prévient ses administrés qu'à partir de ce jour (*date*)   , les barrières de dégel seront fermées sur les chemins empierrés, savoir :

1° Chemin de
2° Id. de
Il sera dressé procès-verbal à la charge des contrevenants.
Fait à la mairie, le   *Le Maire,*

BASCULES. V. Pesage.

BATEAUX.

§ 1er. — Pouvoir du maire. — Sureté des voyageurs et des marchandises.

1. *Police des bateaux.* — Est obligatoire l'arrêté : qui, dans le sens de la loi de 1790 et de l'art. 46 de celle du 19-22 juillet 1791, porte règlement sur la police des rivières (*Cass.*, 5 *nov.* 1825, *Huré* ; 19 *mars* 1836, *Reguzon*) ;

Qui défend aux maîtres et patrons de barques de les amarrer aux arbres d'une promenade qui borde la rivière (*Cass.*, 8 *oct.* 1842, *Jonassen*) ;

Qui interdit le passage en bateau sur un point quelconque d'une rivière comme dangereux (*Cass.*, 16 *oct.* 1835, *Prevost* ; 18 *avril* 1837, *Reguron*).

2. *Registre d'inscription des voyageurs.*— Serait obligatoire l'arrêté qui astreint les entrepreneurs de bateaux à inscrire sur un registre le nom des voyageurs qu'ils transportent (*Cass.*, 20 *oct.* 1831, *Weglin*) [1].

3. *Ventes des marchandises sur les bateaux.* — Est obligatoire l'arrêté qui ordonne que les bateaux où se font des ventes de marchandises sur les rivières seront assimilés aux lieux soumis à la surveillance permanente de la police, et que l'intervention des préposés des poids publics sera nécessaire pour toutes les ventes qui y auront lieu (*Cass.*, 13 *nov.* 1827, *Dupré*).

§ 2. — Excès de pouvoirs.

4. *Nécessité d'une permission.* — Serait illégale la disposition qui obligerait les habitants riverains d'une rivière à se munir d'une permission pour avoir des bateaux sur ladite rivière, ou interdirait de louer ces bateaux ou de les mettre à l'usage de leurs amis (*Cass.*, 8 *avr.* 1848, *Tessier*).

§ 3. Formule.

Règlement de police concernant les bacs et bateaux.

Le maire de la commune de
Vu la loi des 14-22 déc. 1789, art. 50, sur la constitution des municipalités ;
Celle des 16-24 août 1790, tit. 11, art. 3 et 4, sur les attributions des corps municipaux ;
Celle des 19-22 juill. 1791, art. 46, sur l'organisation de la police municipale ;
celle des 28 sept.-6 oct. 1791, sur la police rurale ;
Celle du 18 juillet 1837, sur les attributions municipales ;
  Arrête :
Art. 1er. Les chargements et déchargements des bateaux ne pourront s'opérer que dans les emplacements ci-après désignés, savoir : ....
2. Les bateaux ne pourront stationner qu'aux endroits réservés à cet effet, savoir : ....
3. En aucun cas les bateaux ne pourront être amarrés aux arbres.
4. Les contraventions, etc.
Fait à la mairie, le....   *Le Maire,*

Voy. *Form.*, t. 1, p. 347.

[1] V. ci-dessus, pag. 27, v° *Aubergistes*, la note relative à la nouvelle législation sur les passeports, laquelle semble devoir modifier l'ancienne jurisprudence sur la tenue du registre d'inscription de tous les voyageurs.

BATIMENTS EN RUINE.

§ 1er. — POUVOIR DU MAIRE. — SURETÉ PUBLIQUE EN CE QUI CONCERNE
LA PETITE VOIRIE.

Démolition. — Est obligatoire l'arrêté du maire qui ordonne la démolition des bâtiments qui menacent ruine sur la petite voirie. (*C. E.*, 16 *juin* 1824, *Versigny*; *Cass.*, 21 *déc.* 1821, *Gage*; 7 *mars* 1857, *Hémon*) [1];

§ 2. — EXCÈS DE POUVOIRS.

Démolition ordonnée sans expertise préalable. — Est illégal l'arrêté qui ordonne, pour cause de sûreté publique, sans qu'il ait été procédé à une expertise, la démolition d'une maison (*C. E.*, 30 *janv.* 1862, *Lemarié.*)

§ 2. — FORMULES.

1. Arrêté dénonçant à un propriétaire le mauvais état de sa maison.

Nous maire de la commune de
Vu les déclarations du roi, des 18 juillet 1729 et 18 août 1730;
Vu les lois des 15-22 décembre 1789, 16-24 août 1790, 19-22 juillet 1791, et 18 juillet 1837;
Vu la maison appartenant au sieur   , située rue   , n°   ,
actuellement occupée par le sieur
Vu le rapport dressé d'après nos ordres par M. l'architecte-voyer, duquel il résulte que ladite maison est dans un état de vétusté qui compromet gravement la sûreté publique; que notamment il existe (*décrire l'état de la maison d'après ce rapport*);
Attendu qu'il y a urgence de prendre les mesures nécessaires pour empêcher tout accident sur la partie de la voie publique bordée par cette maison,

     Arrête :
Art. 1er. Il est enjoint au sieur   de faire démolir la maison qu'il possède à   , rue   , n°   , actuellement occupée par le sieur
Art. 2. Il lui est accordé pour obtempérer à cette injonction un délai de huit jours francs, à compter de la notification du présent arrêté.
Art. 3. Cet arrêté ainsi que le rapport sus-visé seront notifiés au sieur
(*ou au sieur   , principal locataire, qui demeure chargé, sous sa responsabilité, de les faire connaître audit sieur, son propriétaire*).
     Fait à la mairie, le   *Le Maire,*

2. Arrêté prescrivant la démolition immédiate d'une maison dans les délais d'exécution d'un jugement par défaut.

Le maire de la commune d
Vu les déclarations du roi des 18 juillet 1729 et 18 août 1730;

---

[1] OBSERVATIONS. — Deux cas se présentent en ce qui concerne les bâtiments menaçant ruine : ou le danger est imminent et, dans cette hypothèse, le maire tient des déclarations du roi des 18 juillet 1729 et 18 août 1730 et des lois des 16-24 août 1790, des 19-22 juillet 1791 et 18 juillet 1837, le pouvoir d'ordonner la démolition immédiate ; ou le danger n'est qu'apparent, et dans ce cas le maire doit prescrire au propriétaire, soit les mesures propres à empêcher la chute du bâtiment, soit la démolition dans un délai déterminé.

Mais quel que soit l'état de vétusté du bâtiment, le maire ne peut en ordonner la démolition avant d'avoir préalablement fait constater l'état des lieux par un homme de l'art lequel en dresse un procès-verbal que le maire fait notifier aux propriétaires, ou même au principal locataire ou à l'un des locataires (*Cass. 30 août 1833, Guertin*).

On peut craindre que cette formalité, que nous indiquons d'après l'état de la législation et de la jurisprudence, ne soit préjudiciable à la sûreté publique, en ce que, pendant les délais qu'elle fait supposer, le bâtiment ne s'écroule et ne cause des accidents. Nous avons trop de confiance dans le zèle et la vigilance des maires et de leurs agents de la police municipale pour redouter de tels événements : on connaît dans les communes, longtemps à l'avance, l'état des bâtiments, et une bonne police n'attend pas la dernière extrémité. Il est d'ailleurs facile aux maires de ne pas assumer sur eux le reproche de n'avoir rien fait pour prévenir un accident, ou celui d'avoir, par peur, porté atteinte à la propriété d'autrui en vertu du pouvoir dictatorial que leur confère la loi dans cette circonstance, c'est d'interdire, pendant le temps du danger, toute circulation sur la voie publique bordée par le bâtiment menaçant ruine.

Vu les lois des 15-22 déc. 1789, 16-24 août 1790, 19-22 juill. 1791 et 18 juill. 1837;

Ouï les réclamations qui nous ont été adressées au sujet du danger imminent que présente l'état de vétusté de la maison sise rue.........., appartenant au s^r......

Vu les lieux; — Vu le rapport dressé sur nos ordres par M. l'architecte-voyer de la ville, des termes duquel il résulte qu'une partie de.......... s'est affaissée dans la matinée.........., *ou* que le pignon est en surplomb de plus de la moitié de son épaisseur, et qu'un retard de quelques heures apporté à sa démolition pourrait occasionner des accidents;

Attendu qu'il résulte de l'examen auquel nous nous sommes livré nous-même postérieurement à la rédaction du rapport précité, que de nouveaux écroulements ont eu lieu et que la toiture de la maison dont il s'agit est complétement écroulée, et que, dès lors, il y a danger à laisser subsister cet état de choses ;

Attendu qu'il résulte du texte et de l'esprit des déclarations royales sus-visées et de l'art. 3 de la loi des 16-24 août 1790, que lorsqu'un édifice menace ruine, s'il y a urgence et péril imminent, le maire, après en avoir fait dresser procès-verbal par les gens de l'art et l'avoir dénoncé au propriétaire, peut ordonner toutes les mesures qu'il juge nécessaires pour la sûreté publique et même faire exécuter d'office la démolition;

Vu notre arrêté du....... et le jugement de simple police rendu par M. le juge de paix du canton, le.........., et attendu que, bien que ce jugement ordonne au sieur........ de démolir les murs de façade de leur maison dans le délai de huitaine, après sa signification; cependant, comme il a été rendu par défaut, qu'il est susceptible d'opposition, et que s'il fallait surseoir à la mesure à prendre jusqu'au moment où ce jugement pourrait être exécuté, il y aurait danger pour la sûreté publique, quelque court que fût ce délai,

     Arrête :

Art. 1er. Il est enjoint au sieur....... de faire démolir le pignon, la toiture et les angles lézardés de la maison qu'il possède à...., rue......, n°.....

2. Il lui est accordé pour obtempérer à cette injonction jusqu'à demain...., à l'heure de.....

3. Faute par lui de satisfaire à la présente injonction dans ledit délai, il lui est déclaré qu'il y sera procédé d'office, tant en sa présence qu'en son absence, par nos soins et à ses frais.

4. Notre arrêté du..... est maintenu dans toutes celles de ses dispositions qui ne sont pas contraires au présent, et l'exécution du jugement sus-visé sera poursuivie pour toutes les obligations imposées au sieur.... et qui ne sont pas l'objet du présent.

5. Le présent arrêté sera signifié au sieur....., au domicile par lui élu.

6. M. l'architecte-voyer et le commissaire de police sont chargés, chacun en ce qui le concerne, de l'exécution du présent arrêté.

Fait en mairie.....   *Le Maire,*

V. *Form.*, t. 1, p. 404.

BERGERS. — Serait obligatoire le règlement qui prescrirait aux bergers de porter une plaque. (*Cass., 21 avril 1827, Hugot.*)

V. *Parcours* et *Vaine pâture.*

BESTIAUX, V. *Parcours.*

BÊTES DE SOMME, V. *Animaux.*

BIENS COMMUNAUX.

§ 1er. — Pouvoir du maire. — Police rurale.

1. *Extraction de matériaux.* — L'art. 479, § 12, du C. pénal défend l'enlèvement sur les chemins publics des gazons, terres ou pierres, les extractions de terres ou matériaux dans tout terrain communal, à moins d'un usage général. (*Cass., 9 août 1861, Tabarly.*)

Le maire peut en outre défendre d'extraire de la tourbe dans un pâtis ou marais communal sans une autorisation spéciale. (*Cass., 22 déc. 1838, Lefebvre.*)

2. *Mode de jouissance.* — Les conseils municipaux règlent, sous la simple surveillance des préfets, *le mode de jouissance et la répartition des pâturages et fruits communaux, ainsi que les conditions à imposer aux parties prenantes* (*L.*, 18 *juill.* 1837, art. 17; *D.*, 25

mars 1852, *tabl.* A, nº 4). Mais il appartient ensuite aux maires de prendre des arrêtés pour assurer l'exécution des délibérations des conseils municipaux ou d'anciens règlements émanés de l'autorité compétente ou restés en vigueur (*Jurisp. const.*). Ainsi, est obligatoire le règlement qui, conformément à l'avis du conseil municipal, distrait une portion des biens abandonnés à l'usage des habitants pour donner à cette portion une destination spéciale. (*Cass.*, 27 *févr.* 1818, *Daunas*); ou qui défend de labourer un terrain communal. (*Cass.*, 31 *juill.* 1830, *Desmarets*);

Qui défend de faire conduire des bestiaux au parcours sous la garde d'un pâtre autre que le pâtre commun (*Cass.*, 2 *déc.* 1841, *Chaumont*);

Qui, à l'occasion du droit de vaine pâture, enjoint à quiconque s'introduira dans les biens communaux, soit pour accéder à d'autres propriétés ou sur la voie publique, soit pour toute autre cause, de fermer les barrières établies sur certains chemins ruraux, lors même qu'elles auraient été trouvées ouvertes (*Cass.*, 4 *févr.* 1859, *Dupin*).

§ 2. — Excès de pouvoir du maire.

3. *Concession abusive.* — Est illégale la disposition qui accorde la jouissance d'une portion de propriété communale à un particulier, contrairement à une délibération du conseil municipal ou à un arrêté municipal antérieur statuant sur la totalité de la propriété communale (*Cas.*, 6 *janv.* 1854, *Blanchard*); ou qui détermine une taxe à payer par les propriétaires forains seuls pour chaque tête de bétail paissant dans un terrain communal. (*Cass.*, 27 *déc.* 1851, *Foucachon*); 24 *janv.* 1852, *Mallauzène.*)

4. *Conservation des biens communaux.* — Il ne rentre pas dans les attributions conférées au pouvoir municipal par les lois des 16-24 août 1790 et 19-22 juillet 1791, de prendre des arrêtés ayant pour objet la conservation des biens communaux, de défendre, par exemple, d'enlever du sable du communal. Ce fait est prévu par l'art. 479, nº 12, du C. pén., et puni d'une amende de 11 à 15 fr. Il ne pourrait être poursuivi comme contravention à un arrêté municipal qui ne ferait plus appliquer qu'une amende de 1 à 5 fr. (*C. pén.*, *art.* 471, nº 15) Un tel arrêté serait donc sans effet exécutoire (*Cass.*, 29 *janv.* 1854, *Rabut*).

5. *Règlements émanés des conseils municipaux.* — *Arrêtés des maires.* — *Délai d'exécution.* — Lorsque, pour la mise à exécution d'une délibération du conseil municipal, relative à la jouissance des biens communaux, par exemple, à la mise en réserve de la prairie communale pour la seconde herbe, le maire prend un arrêté spécial, cet arrêté ne peut pas être légalement obligatoire avant l'obtention de l'approbation donnée par le préfet, conformément à l'art. 20 de la loi du 18 juillet 1837 (*Cass.*, 23 *janv.* 1862, *Grancher*).

V. *Défrichement.* — *Parcours.* — *Vaine pâture.*

BONBONS (Coloriage des).

Le coloriage des bonbons, dragées, liqueurs, pâtisseries, etc., a été réglementé d'une manière uniforme dans chaque département de l'Empire, en vertu d'arrêtés préfectoraux pris en conformité de la circulaire ministérielle du 26 juin 1856. — Les maires doivent veiller à l'exécution de ces arrêtés dont les prescriptions intéressent au plus haut point la santé publique.

BORNES. — V. *Auvents.*

BOUCHERS.

§ 1er. — POUVOIR DU MAIRE. — DÉBIT DE LA VIANDE. — FIDÉLITÉ. — INSPECTION. — SALUBRITÉ.

1. *Taxe.* — Est obligatoire l'arrêté qui taxe la viande (bien que la loi du 22 juillet 1791 n'ait statué que provisoirement. (*Cass.*, 17 *mars* 1810, *Forezzy* ; 23 *août* 1839,   ; 16 *nov.* 1850, *Chusteuil* ; 18 *mai* 1855, *Masson* ; 25 *mai* 1855, *Bacarisse*).

2. *Approvisionnement.*—Est obligatoire l'arrêté qui ordonne aux bouchers : de s'approvisionner en qualité et en quantité suffisantes de viandes pour satisfaire aux besoins journaliers de la consommation (*Cass.*, 17 *mars* 1841, *Coulon* ; 12 *juin* 1856, *Gay* ; 26 *déc.* 1857, *Plaigne*) ; d'avoir leur étal fourni des diverses espèces de viandes selon les désirs du consommateur (*Cass.*, 11 *sept.* 1840, *Coulon* ; 17 *mars* 1841, *Idem* (¹)) ;

Est également exécutoire l'arrêté qui désigne les bestiaux que les bouchers pourront offrir à la consommation (*Cass.*, 17 *mars* 1841, *Coulon*) ; ou qui défend aux bouchers de conserver dans leurs maisons des morceaux découpés d'un poids inférieur à celui du quart d'une pièce entière (*Cass.*, 3 *mai* 1811, *Herrebaux*) ; ou défend aux bouchers de faire entrer en ville des viandes mortes sans les avoir préalablement fait visiter par la police (*Cass.*, 7 *avril* 1837, *Chateigner*) ; ou d'abattre aucuns animaux affectés de maladie (*Cass.*, 24 *juin* 1843, *Fourès*).

3. *Mode de vente.* — Est obligatoire l'arrêté :

Qui ordonne la vérification et la marque de la viande avant de l'exposer en vente (*Cass.*, 31 *janv.* 1857, *Maraninchi*) ;

Qui détermine la hauteur, la largeur et la situation de l'étal servant à chaque boucher (*Cass.*, 24 *juin* 1831, *Bosseron*) ;

Qui défend de donner pour surpoids, ni foie, ni tête, ni jambe, ni pied, ni fressure, et qui fixe le surpoids à un hectogramme au plus par kilogramme (*Cass.*, 10 *juin* 1836, *Ducasse* ; 30 *nov.* 1844, *Goudin*).

4. *Lieux de vente.* — Est obligatoire l'arrêté :

Qui interdit la vente de la viande ailleurs qu'à la boucherie ou à la halle (*Cass.*, 7 *déc.* 1826, *Houel* ; 13 *mai* 1841, *Blain* ; 25 *juin* 1851, *Patard*) ;

Qui défend à tous les bouchers étrangers de colporter la viande à domicile, ou de la vendre ailleurs que sur les marchés (*Cass.*, 12 *oct.* 1850, *Patard* ; 25 *juin* 1851, *Patard*) ; ou d'étaler des agneaux en vente sur la *voie publique* (*Cass.*, 19 *avril* 1834, *Poc*) ;

Qui ordonne que toutes les viandes de boucherie apportées dans la commune pour la consommation seront conduites directement au marché, afin d'y être vérifiées (*Cass.*, 13 *mai* 1841, *Blain*).

5. *Lieux d'abatage.* — Est obligatoire l'arrêté :

Qui ordonne qu'en attendant la construction d'un abattoir, les bouchers devront tuer les bœufs, vaches, veaux et moutons dans l'intérieur des maisons, et qu'ils seront tenus d'avoir leurs portes fermées au moment de l'abatage (*Cass.*, 5 *juin* 1823, *Carpentier*) ;

Qui défend aux bouchers d'abattre des bestiaux chez eux sans y être autorisés, non-seulement dans leur domicile habituel, mais encore dans tout lieu dont ils sont propriétaires dans la commune (*Cass.*, 2 *mai* 1846, *Jayes*) ;

(¹) Ce dernier arrêt a été rendu par toutes les chambres réunies de la Cour de cassation.

Qui défend aux bouchers et charcutiers de laisser couler du sang sur la voie publique et ordonne que le sang devra être versé dans les latrines (*Cass.*, 16 *juin* 1832) ;

Qui défend aux bouchers de tuer ailleurs qu'à l'abattoir (*Cass.*, 18 *oct.* 1827, *Canon*) ; 1er *juin* 1832, *Lahire* ; 22 *sept.* 1836, *Limoges* ; 2 *mai* 1846, *Faye* ; 12 *sept.* 1851, *Lestrade*) ; de conserver dans leurs maisons aucun dépôt de graisse, peaux et autres débris provenant de leur état (*Cass.*, 24 *juin* 1842, *Lavabre*) ; et interdit la vente des viandes de bestiaux non abattus dans la tuerie publique (*Arr. préc.*, 22 *sept.* 1836, *Limoges*).

6. *Veaux, âge, poids.* — Est obligatoire l'arrêté qui défend aux bouchers de tuer des veaux au-dessous de tel âge ou de tel poids (*Cass.*, 25 *juin* 1859, *Pillot*).

7. *Mode de transport.* — (V. *Abattoirs, Animaux.*)

8. *Exercice de la profession des bouchers.* — Est obligatoire l'arrêté qui impose à ceux qui veulent exercer la profession de boucher l'obligation de se faire préalablement inscrire à la mairie (*Cass.*, 26 *mars* 1831, *Tissot* ; 26 *mai* 1831, *Orgelet* ; 11 *août* 1842, N.) (1).

§ 2. — EXCÈS DE POUVOIR.

9. *Perception d'une rétribution pour l'inspection des viandes.* — Serait illégale la disposition qui prescrirait que les individus préposés à l'inspection des viandes de boucherie percevraient une rétribution sur chaque tête d'animal abattu par le boucher (*Cass.*, 22 *févr.* 1825, *Henri*) ;

10. *Autorisation d'établir les boucheries.* — *Défense d'acheter de la viande au dehors.* — Serait également illégale la disposition qui obligerait les bouchers, avant de commencer leur commerce, à se munir d'une patente ou à se faire agréer par l'administration, ou les habitants à ne s'approvisionner que chez les bouchers du lieu, et défendrait aux particuliers d'introduire en ville des viandes mortes. — En matière de comestibles, l'autorité municipale n'est chargée de veiller qu'à la salubrité de ceux qui sont exposés en vente. (*Cass.*, 26 *mai* 1831, *Orgelet* ; 11 *août* 1842, *Jannin*.)

11. *Vente les jours de fêtes et dimanches.* — Est illégal et non obligatoire l'arrêté qui défend aux marchands bouchers d'étaler et de vendre, les ais et volets des boutiques ouverts, les fêtes et dimanches (*L.*, 18 *nov.* 1814, art. 7 ; *Cass.*, 29 *janv.* 1829, *Doucet*).

12. *Bouchers sédentaires.* — *Interdiction de vente pendant le temps du marché.* — Est illégal le règlement de police qui astreint les bouchers sédentaires d'une ville à ne vendre la viande qu'à la halle

---

(1) *Limitation du nombre des bouchers.* — Un décret du 24 février 1858 a établi pour la ville de Paris la liberté du commerce de la boucherie et abrogé les dispositions de l'ordonnance du 18 novembre 1829, qui fixait le nombre des bouchers. Dans les autres villes, la législation n'admettait déjà ni privilége ni monopole.

Cessation de l'exercice de la profession. — Un arrêt de la Cour de cassation, du 18 février 1848, a décidé que les dispositions de l'art. 6 de l'édit de février 1776, qui interdit à tous ceux qui exercent des professions ayant pour objet journalier de pourvoir à la subsistance publique, notamment aux...... bouchers, de quitter leurs professions avant qu'il se soit écoulé un an depuis la déclaration qu'ils sont tenus de faire à la municipalité, n'avait pas cessé d'être en vigueur (*Cass.*, 20 *nov.* 1812 ; 18 *févr.* 1848, *Pingard* ; 15 *févr.* 1856, *Mathieu* ; 28 *mars* 1857, *Rolland*). — A raison de la longueur du délai qu'impose l'édit de 1776, on pourrait aujourd'hui considérer cette jurisprudence comme contraire à la liberté de l'industrie et douter qu'elle soit maintenue à l'avenir en ce qui concerne la boucherie, pour laquelle, dans beaucoup d'endroits, on a adopté le principe de la libre concurrence.

pendant tout le temps que dure le marché, et leur interdit ainsi
de vendre à leur domicile pendant cet espace de temps (*Cass.*, 12 *juill.*
1849, *Benon*).

13. *Pouvoir municipal.* — *Restrictions.* — L'autorité municipale
n'a pas le droit d'interdire aux bouchers forains l'entrée des marchés de
la commune ; de limiter le nombre des individus qui exercent la profession de bouchers ; de défendre d'étaler et de vendre certaines viandes
à des époques déterminées dans le cours de l'année ; d'obliger les bouchers et charcutiers des communes voisines à venir abattre leurs bestiaux à l'abattoir de cette même ville (*Circ. min.*, 22 *déc.* 1825). —
Toutes ces dispositions seraient contraires au principe de la liberté du
commerce consacré par la loi du 2 mars 1791.

14. *Privilége exclusif.* — *Concession.* — L'autorité municipale ne
peut pas non plus concéder à un particulier un privilége exclusif, et notamment celui de vendre seul de la viande de veau (*C. E.*, 31 *mai* 1807,
Negro).

§ 3. — FORMULES.

1. Arrêté portant réglementation de la boucherie.

Le maire de la commune de
Vu les lois des 16-24 août 1790, 22 juillet 1791 et 18 juillet 1837 ;
Considérant qu'il importe de soumettre le commerce de la boucherie à des
mesures de police dans l'intérêt de la salubrité et dans celui des consommateurs ;
(*Ou*) Considérant que le système de la libre concurrence, provisoirement établi
par l'arrêté du   , n'a pas produit les effets que l'administration avait eus en
vue ; que loin d'amener une baisse dans les prix, la suppression de la taxe a
donné naissance à de nombreux abus,

Arrête :

Art. 1er. Les bouchers ne pourront vendre la viande au-dessus de la taxe qui
sera fixée par le maire.

2. Tout individu qui voudra s'établir boucher ou charcutier sera tenu de faire
sa déclaration au bureau de police, et d'indiquer le lieu qu'il aura choisi pour
son étal. Tout boucher ou charcutier qui changera son étal sera pareillement tenu
d'en donner connaissance à la police.

3. Les bouchers seront constamment approvisionnés de viande en qualité et
quantité suffisantes pour satisfaire aux besoins journaliers de la consommation.

4. Il leur est expressément défendu de vendre ou de conserver des viandes insalubres ou corrompues.

5. Ils ne peuvent acheter les animaux destinés à la boucherie dans des localités
affectées d'épizooties.

6. Il ne sera abattu aucun veau âgé de moins de quarante jours.

7. Les bouchers et charcutiers ne pourront débiter la viande que dans leur étal.
La vente à la main, dans les rues, ne sera tolérée que pour les chevreaux, qui
devront être constamment couverts en entier par un linge propre.

8. Les étaux de boucherie et de charcuterie devront être suffisamment aérés et
tenus avec la plus grande propreté ; ils ne pourront être en communication avec
une chambre à coucher ; ils seront fermés avec une grille à barreaux de fer, ou
tout au moins, une grille de 40 cent. au carré sera établie à la fermeture, de telle
sorte que la circulation de l'air extérieur puisse avoir lieu, même la nuit.

Les murs non revêtus de briques vernissées seront blanchis à la chaux au
moins une fois l'an.

Les billots et balances seront dans un état constant de propreté, et il est défendu de laisser dans les plateaux des os, de la graisse, viande, papier ou toute
autre subsance.

9. Les bouchers ne pourront donner pour surpoids ou socquets, ni foie, ni tête,
ni jambe, ni fressure, ni os non adhérent au morceau principal ou à l'un des
morceaux principaux qui seront sur la balance. Le surpoids ne pourra pas excéder un hectogr. sur un kilogr.

10. Les bouchers ou charcutiers forains ne pourront vendre que les jours de
marché, dans le lieu qui leur sera assigné par le maire.

11. Aucun individu ne pourra introduire dans la ville de la viande fraîche
dépecée sans la soumettre immédiatement à la visite de la police.

La viande reconnue saine sera revêtue de la marque de la police employée à l'abattoir et de celle de l'octroi, et pourra seule être livrée à la consommation publique ; celle reconnue malsaine sera saisie et enfouie, indépendamment des peines encourues par ceux qui auraient tenté l'introduction ou qui l'auraient favorisée.

12. Il est fait défense aux habitants de la ville d'acheter de la viande dont les quartiers ne seraient pas revêtus des deux marques énoncées ci-dessus, et aux préposés de l'octroi de percevoir les droits sur les viandes fraîches sans que préalablement la police ait été informée de son introduction et marquer celle qui sera reconnue saine.

13. Les contraventions, etc.

2. Arrêté portant suppression de la taxe.

Le maire de la commune de

Vu l'article .... du règlement de police en date du .... qui défend aux bouchers de vendre la viande à un prix supérieur aux taux qui aura été fixé par arrêté du maire.

Considérant que dans quelques localités la libre concurrence pour le commerce de la boucherie a produit des résultats avantageux et qu'il convient d'en faire l'essai,

Arrête :

Art. 1er. La prohibition prononcée par l'article ci-dessus visé, est provisoirement levée, jusqu'à ce que ledit article soit remis en vigueur, s'il y a lieu, par un nouvel arrêté.

2. Les bouchers restent soumis à toutes les autres dispositions dudit règlement de police.

Fait en mairie, etc.

3. Arrêté portant fixation du taux de la viande.

Le maire de

Vu les lois des 16-24 août 1790 et des 19-22 juillet 1791 ;

Arrête :

Le prix de la viande, à dater du   , et jusqu'à ce qu'autrement soit ordonné, est fixé comme il suit :

Le kilogramme de bœuf, veau et mouton, est fixé à........

Le kilogramme de vache. est fixé à......................

Le présent tarif sera constamment affiché dans l'endroit le plus apparent de la boutique de chaque boucher.

Les commissaires de police sont chargés de l'exécution du présent arrêté.

Fait à

Le Maire,

4. Règlement de la ville de Grenoble.

Le maire de

Vu les lois des 16-21 août 1790, 19-22 juillet 1791, 18 juillet 1837 et le décret du 25 mars 1852 ; — Vu les arrêtés du   , portant rétablissement de la taxe de la viande de boucherie et annonçant de nouvelles mesures de réglementation du commerce de cette denrée ; — Vu l'avis formulé, après de très-sérieuses études, par la commission instituée, et après avoir entendu plusieurs de Messieurs les marchands bouchers de la ville : — Considérant que la réglementation complète de ce commerce est d'une absolue nécessité ; qu'il importe de donner des garanties solides tant au public qu'aux marchands bouchers ; qu'ainsi il y a lieu d'en limiter le nombre et de les diviser en plusieurs classes, selon l'ordre naturel des choses et selon ce qui, *en fait*, existe actuellement ; — Considérant que la confusion des qualités de viandes dans le même étal place le consommateur dans une position désavantageuse, parce que le plus souvent il ne saurait distinguer leurs diverses natures et qu'il est exposé à payer les qualités inférieures au même prix que les qualités supérieures :

Arrête ce qui suit :

Art. 1er. Toute personne qui voudra exercer la profession de marchand boucher dans la ville d   , devra se pourvoir d'une autorisation à la mairie, déclarer le lieu dans lequel elle se propose d'établir sa boutique ou son étal, et passer la soumission de se conformer à tous règlements concernant cette profession. — Les bouchers actuellement établis seront maintenus, et ils recevront des autorisations en se conformant aux prescriptions qui vont suivre : leur nombre ne pourra excéder celui de vingt qui est le nombre actuel : il pourra être réduit à mesure des vacances.

2. Les bouchers de la commune seront divisés en deux classes : — Ceux de la première classe ne pourront mettre en vente que de la viande de choix ou pre-

mière qualité en bœuf, mouton, brebis et veau. — Ceux de la seconde classe seront autorisés à vendre des bœufs, moutons, brebis de seconde qualité et qualités inférieures, des vaches, génisses, veaux et chèvres ; il leur sera permis d'acheter et de vendre des viandes de choix s'ils le jugent à propos, mais ces viandes ne pourront être vendues qu'aux prix fixés par le tarif concernant celles de deuxième qualité.

3. Les bouchers qui demanderont à être pourvus d'une autorisation devront, dans la quinzaine qui suivra la publication du présent arrêté, déclarer la classe à laquelle ils entendent appartenir. — A défaut de présenter leur déclaration à la mairie dans ce délai, le maire désignera lui-même la classe qui sera assignée aux déclarants en retard, et ceux qui ne se conformeront pas à la notification qui leur sera faite à cet égard seront considérés comme renonçant à l'exercice de leur profession. Leur étal sera fermé. — Un boucher pourra, dans la suite, passer d'une classe à une autre en déclarant son intention à la mairie, qui accordera le changement dans la quinzaine qui suivra la déclaration.

4. L'indication de la classe sera inscrite en caractères très-apparents sur l'enseigne de chaque boucher.

5. Les bouchers de la commune seront représentés auprès de l'administration municipale par deux syndics : l'un de ces syndics sera nommé par les bouchers de la première classe, l'autre par ceux de la deuxième classe ; ils devront être agréés par le maire.

6. Les bouchers de l'une et de l'autre classe sont tenus d'être en tout temps approvisionnés de la quantité de viande nécessaire à la consommation de la commune, chacun selon la classe à laquelle il appartient et selon la qualité des viandes qui est prescrite pour cette classe.

7. Les viandes destinées aux bouchers de première classe seront marquées à l'abattoir de manière à ne pouvoir être confondues avec celles qui devront être vendues par les bouchers de deuxième classe. Un écriteau placé chaque jour en lieu bien apparent de l'étal ou sur la porte indiquera aux consommateurs les diverses natures de viande dont les bouchers sont pourvus. Cette indication sera contrôlée par les écritures tenues à l'abattoir.

8. Les viandes provenant d'un même animal seront divisées dans la taxe en catégories établies d'après la valeur des morceaux désignés selon les usages et les termes employés dans la ville d   . — Les morceaux provenant du bœuf, de la vache et de la génisse formeront quatre catégories, les morceaux des moutons et des veaux n'en formeront que deux : elles sont fixées ainsi qu'il suit et elles s'appliqueront également aux deux classes de la boucherie dans les taxes qui les concerneront respectivement.

BŒUFS, VACHES OU GÉNISSES.

1re *catégorie*. — *Viande sans aucun os*. — Veine, Quasi, Pâtissière (morceau adhérent de l'aloyau, Culottes, Jointes de filet, les sept premières côtes couvertes désossées, les entre-côtes.

2e *catégorie*. — Les mêmes morceaux que ci-dessus avec les os qui y sont adhérents, qui en font partie essentielle ; plus la langue coupée sans la rage. Les côtes et entre-côtes de ces deux catégories ne devront être coupées que sur une longueur de 35 centimètres au plus.

3e *catégorie*. — Pâtissière (extrémité aboutissant au jarret), les autres côtes et les courtes côtes, Epaule (partie supérieure), Prim et Grumeau.

4e *catégorie*. — Hampe, Ronds de cuisse, Ronds d'épaule, Cou, Palette d'épaule, Langue avec la rage, Rognon.

MOUTON.

1re *catégorie*. — Gigot, Longe, Côtelettes, Epaule désossée.

2e *catégorie*. — Epaule non désossée, Poitrine, Cou.

VEAU.

1re *catégorie*. — Derrière de veau, Côtelettes, Epaule désossée, Fressure sans rate ni cœur.

2e *catégorie*. — Epaule non désossée, Cou, Fressure avec rate et cœur, Poitrine.

9. Ne sont point compris dans ces catégories : 1° Pour le bœuf, la vache et les génisses, le filet ; — 2° Pour les moutons, les rognons ; — 3° Pour le veau, les riz.

Ces morceaux ne seront pas soumis à la taxe et seront livrés à prix débattus entre le vendeur et l'acheteur.

10. Défenses sont faites aux bouchers de mettre dans la balance et de livrer aux acheteurs des os décharnés ou tenant à la viande par de simples ligatures naturelles ou artificielles, connus sous le nom de *socquets* ou *réjouissances*. — Ces os seront vendus à part et à prix débattus.

11. Il sera délivré à chaque acheteur, sans qu'il soit besoin pour cela d'au-

cune réquisition de sa part, un bulletin dont le modèle sera fixé et donné par l'autorité municipale. Ce bulletin portera les désignations suivantes : — Le nom et l'adresse du boucher: — Le nom de l'acheteur : — Le poids de la viande vendue ; — Le montant de la somme payée par le vendeur ou inscrite sur le carnet du boucher. — Des couleurs spéciales distingueront les bulletins des bouchers de chaque classe. — Les viandes appartenant à des catégories différentes seront pesées et indiquées séparément.

12. Conformément à la loi et à l'arrêté de notre prédécesseur, en date du   , les bouchers forains continueront à être admis à participer à l'approvisionnement de la ville, aux conditions qui sont exprimées dans cet arrêté, sauf les modifications qui résultent du présent. — Toutes précautions seront prises pour que les viandes importées soient reconnues saines et de bonne qualité, et les préposés de l'octroi appelleront, au moindre soupçon, les hommes de l'art à la constatation de leur état. — Tout colportage, toute vente chez les traiteurs, dans les maisons particulières, dans les lieux cachés, sont expressément interdits. Les marchands forains ne pourront vendre que sur les marchés désignés par les règlements de police ou sur les emplacements qui pourraient leur être ultérieurement concédés par l'autorité municipale : ils devront, à cet effet, être munis d'autorisations régulières.

13. Néanmoins, les bouchers établis dans la ville pourront faire porter leurs viandes chez les acheteurs, mais leurs commissionnaires seront munis d'une plaque portant en caractères très-apparents, le nom, la classe et l'adresse du boucher qui les emploie. — Le bulletin exigé par l'article 2 ci-dessus sera remis à l'acheteur par le commissionnaire.

14. Ces mêmes bouchers établis dans la ville pourront continuer à vendre sur les marchés publics, aux conditions qui régissent ces marchés : ils seront, ainsi que les forains, assimilés à la seconde classe. Toutefois, dans les étaux établis sur ces marchés ou en dehors des boutiques, les diverses catégories de viandes seront vendues à des prix inférieurs à ceux de cette seconde classe. — Cette infériorité sera de cinq centimes par kilogramme pour les bouchers établis en ville, et de dix centimes pour les forains.

15. Les veaux ne seront livrés à la boucherie qu'autant qu'ils auront atteint le poids de 50 kilogrammes. Cependant il pourra en être admis du poids minimum de 40 kilogrammes si leurs huit dents incisives sont entièremen! hors de la gencive. — Il est expressément interdit d'accroître leur poids en les gorgeant d'eau ou de toute autre manière : les préposés de l'octroi et de l'abattoir sont autorisés, lorsqu'ils soupçonneront une fraude de ce genre, à prendre toutes mesures pour s'en assurer et faire poursuivre les contrevenants conformément aux lois.

16. Un inspecteur spécial du service de la boucherie sera créé, pour veiller à l'exécution du présent règlement et de ceux déjà intervenus ou à intervenir concernant ce service. Cet inspecteur prononcera, après avoir entendu les syndics et le préposé en chef de l'octroi, sur le classement et la marque des animaux; il se procurera tous les documents propres à une bonne tenue des mercuriales; il dressera des procès-verbaux de contravention, et il se concertera avec M. le commissaire central de police pour les poursuites à exercer. Il adressera directement au maire tous rapports et renseignements, et il ne relèvera que de lui.

17. Sont maintenus en vigueur les règlements insérés au Code de police de la ville notamment en ce qui concerne la bonne tenue des locaux et étaux; la propreté et les conditions des établissements, le pesage, la position, la vérification et la netteté des balances, la police de l'abattoir, en tout ce qu'ils n'ont rien de contraire au présent arrêté.

18. MM. les commissaires de police, M. le préposé en chef de l'octroi, l'inspecteur spécial du service de la boucherie, sont chargés, ainsi que les agents sous leurs ordres, de l'exécution du présent arrêté, qui est aussi recommandé à la vigilance des consommateurs invités de nouveau à prendre soin de leurs intérêts et à se pourvoir contre les infractions qui pourraient être commises.

19. DISPOSITION TRANSITOIRE. — La taxe des diverses catégories ne pouvant être publiée qu'après la classification des boucheries, les dispositions et les prix fixés au maximum par notre arrêté du   sont provisoirement maintenus.

Fait à   *Le Maire,*

4 *bis.* Arrêté complémentaire.

Le Maire de.... — Vu le règlement sur le commerce de la boucherie en date du....; — Vu le rapport de M. l'inspecteur de la boucherie en date du...., constatant que des marchands bouchers livrent aux consommateurs, comme viande de boucherie, la rate et le foie des moutons et brebis, et les mamelles des brebis et des vaches ; — Attendu que le règlement précité n'a permis la vente de ces parties d'animaux, ni dans la première, ni dans la deuxième catégorie, et qu'elles doivent être considérées comme des tombées et livrées aux tripiers,

Arrête :

Art. 1er. Défense expresse est faite aux marchands bouchers, soit de première, soit de seconde classe, de laisser dans les moutons et brebis par eux abattus, ni la rate, ni le foie, et de livrer ces morceaux aux consommateurs, non plus que les mamelles de brebis. — La même interdiction s'applique, pour les bouchers de seconde classe, aux mamelles des vaches.

2. Toute infraction aux dispositions qui précèdent sera poursuivie par-devant le tribunal de simple police.

3. MM. les commissaires de police et M. l'inspecteur de la boucherie sont chargés d'assurer l'exécution du présent arrêté.

Fait à　　　　　　　　　　　　　　　　　　　　　　*Le Maire,*

5. Autres dispositions réglementaires extraites des ordonnances du préfet de police.

I. — Art. 1er. A partir du....., la viande de boucherie, à ....., sera soumise à la taxe.

2. La taxe sera établie tous les quinze jours, pour chaque espèce de viande, d'après le prix constaté à la caisse de Poissy et le poids en viande nette relevé dans les abattoirs pendant la quinzaine précédente.

3. Pour le *bœuf*, la viande, quant à la fixation du prix de viande en détail, sera divisée en trois catégories de morceaux.

La première catégorie comprendra : — La tende de tranche, — La culotte, — Le gîte à la noix, — La tranche grasse, — L'aloyau.

La deuxième : — Le paleron, — La côte, — Le talon de collier, — Les rognons de graisse, — La bavette d'aloyau.

La troisième : — Le collier, — Le pis, — Les gîtes, — Les plats-de-côtes, — La surlonge, — Les joues.

Le filet détaché, considéré comme viande de luxe, ne sera pas soumis à la taxe.

4. Pour la *vache* et le *taureau*, la division sera la même que pour la viande de bœuf.

5. Pour le *veau* et le *mouton*, la viande sera répartie en deux catégories.

Pour le veau. — *La première catégorie* comprendra : — Les cuissots, — Les rognons et les longes, — Les carrés.

La deuxième : — Les épaules, — La poitrine, — Les colliers.

Pour le mouton. — *La première catégorie* se composera : — Des gigots et des carrés.

La deuxième : — Des épaules, — De la poitrine, — Du collet.

6. Il sera délivré à chaque acheteur, sans qu'il soit besoin pour cela d'aucune réquisition de sa part, un bulletin qui comprendra la désignation de l'espèce de viande et de la catégorie de morceaux, ainsi que le poids et le prix. — Les viandes appartenant à des catégories différentes seront pesées et indiquées séparément.

7. Défenses sont faites aux bouchers de mettre dans la balance et de livrer aux acheteurs, des os décharnés, ni ce que l'on appelle vulgairement *de la réjouissance.* — Les os seront vendus à part et à prix débattu.

8. Dans les étaux établis sur les marchés, la viande sera vendue à *10 centimes* au moins par kilogramme au-dessous de la taxe.

II. — Nous, préfet de police, — Vu notre ordonnance du 1er octobre dernier, concernant la taxe de la viande de boucherie. — Ordonnons ce qui suit :

Art. 1er. A compter du　　　　　　　　　　　　, le prix de la viande de boucherie sera payé ainsi qu'il suit, pendant la 2e quinzaine de novembre, dans les étaux de la ville de Paris :

VIANDE DE BŒUF.

1re *catégorie.* — Tende de tranche, culotte, gîte à la noix, tranche grasse, aloyau, entre-côtes, à 1 fr. 78 c. le kilogr.

2e *catégorie.* — Paleron, côtes, talon de collier, bavette d'aloyau, plats-de-côtes découverts, à 1 fr. 39 c. le kilogr.

3e *catégorie.* — Collier, pis, gîte, plats-de-côtes couverts, à 1 fr. le kilogr.

4e *catégorie.* — Surlonges, plats-de-joues, queue, à 70 c. le kilogr.

VIANDE DE VACHE OU DE TAUREAU.

1re *catégorie.* — Tende de tranche, culotte, gîte à la noix, tranche grasse, aloyau, entre-côte, à 1 fr. 60, le kilogr.

2ᵉ catégorie. — Paleron, côtes, talon de collier, bavette d'aloyau, plats-de-côtes découverts, à 1 fr. 17 c. le kilogr.

3ᵉ catégorie. — Collier, pis, gîtes, plats-de-côtes couverts, à 77 c. le kilogr.

4ᵉ catégorie. — Surlonges, plats-de-joues, queue, à 56 c. le kilogr.

Le filet et le faux filet détachés, ainsi que le rognon de chair, ne seront pas soumis à la taxe.

VIANDE DE VEAU.

1ʳᵉ catégorie. — Cuissots, rognons et longes , carrés couverts, à 1 fr. 68 c. le kilogr.

2ᵉ catégorie. — Epaules, poitrine, côtelettes découvertes, à 1 fr. 31 c. le kilogr.

3ᵉ catégorie. — Collet, à 1 fr. 08 c. le kilogr.

VIANDE DE MOUTON.

1ʳᵉ catégorie. — Gigots, carrés, à 1 fr. 75 c. le kilogr.

2ᵉ catégorie. — Epaules, à 1 fr. 30 le kilogr.

3ᵉ catégorie. — Poitrine, collet, débris de côtelettes, à 1 fr. 05 c. le kilogr.

Les côtelettes de mouton *parées* ne seront pas soumises à la taxe.

2. Dans les étaux établis sur les marchés, la viande sera vendue à *10 centimes* au moins par kilogramme au-dessous de la taxe.

3. Les différentes espèces et catégories de viandes exposées en vente seront indiquées par des écriteaux. Il suffira de désigner par l'*espèce* les animaux (bœuf, vache ou taureau), entiers ou coupés par moitié ou par quartier.

4. Défenses sont faites aux bouchers d'introduire dans les pesées de viande des os décharnés, ni ce qu'on appelle vulgairement *de la réjouissance.* — Les os seront vendus à part et à prix débattu.

5. Les bouchers ne pourront obliger l'acheteur à prendre, avec le morceau de son choix, de la viande d'une autre espèce ou d'une autre catégorie, non plus que des morceaux différents de la même catégorie.

6. Il sera délivré à chaque acheteur, sans qu'il soit besoin pour cela d'aucune réquisition de sa part, un bulletin portant le nom et l'adresse du boucher, et indiquant l'espèce de viande et la catégorie de morceaux, ainsi que le poids et le prix.

7. Les viandes appartenant à diverses espèces ou catégories seront pesées séparément et formeront autant d'articles sur le bulletin de vente.

8. Les contraventions à la présente ordonnance seront constatées par des procès-verbaux ou rapports, et déférées aux tribunaux compétents.

6. Règlement pour l'ouverture et la police du marché au détail des viandes de boucherie.

Nous. . . . . — Vu : 1° la loi des 16-24 août 1790;

2° L'arrêté du gouvernement du 12 messidor an VIII (1ᵉʳ juillet 1800) ;

3° L'ordonnance du 22 février 1860, concernant l'occupation des étaux de boucherie dans les marchés de Paris , — Ordonnons ce qui suit :

Art. 1ᵉʳ. A dater du. . . . ., le marché de la viande en détail , établi à . . . ., sera transféré à . . . .

2. Le marché de. . . . . étant composé de. . . . places et celui de. . . . . n'en contenant que. . . ., les. . . . derniers titulaires admis ne pourront être placés sur le nouveau marché. Ils seront inscrits selon leur rang d'ancienneté, pour remplir les premières vacances qui viendront à se produire.

Il sera procédé, entre les autres titulaires, à un tirage au sort qui indiquera, pour chacun, le numéro de la place qu'il devra occuper.

3. Le marché sera quotidien. La vente commencera en tout temps au point du jour et finira : du 1ᵉʳ avril au 30 septembre, à sept heures ; du 1ᵉʳ octobre au 31 mars, à six heures du soir.

4. Chaque occupant apposera au-dessus de sa place, à l'endroit réservé à cet effet, une plaque d'un modèle uniforme sur laquelle son nom sera inscrit en gros caractères.

La même indication sera placée au-dessus de chaque resserre.

5. Il est expressément défendu aux titulaires des étaux de les vendre, sous-louer, prêter ou échanger, et d'en trafiquer de quelque manière que ce soit, sous peine d'être exclu des marchés de Paris.

Toute personne ayant participé à l'occupation irrégulière des places, sera passible de la même exclusion.

6. Il est interdit aux titulaires de former aucune association pour la vente de leurs marchandises.

7. Toute place qui, sans motif légitime, cessera pendant huit jours consécutifs d'être approvisionnée, ou qui ne sera point occupée par son titulaire, sera déclarée vacante, et il en sera disposé conformément aux règlements.

8. La jouissance des places sur le marché de la viande en détail est incompa-

tible avec l'exploitation des boutiques en ville et avec l'exercice du commerce de la boucherie en dehors du marché par les titulaires ou leurs conjoints.

9. Les titulaires d'étaux sont tenus de déposer, chaque jour, au bureau de l'inspecteur du marché, une note indiquant la quantité, l'espèce et la provenance des viandes constituant l'approvisionnement de leur place.

10. Ils ne pourront employer sur le marché aucun individu s'il n'est porteur d'un livret.

Le jour même de l'entrée d'une personne à leur service, ils devront en consigner la date sur son livret.

11. Chaque étal devra être pourvu de balances et de la série de poids nécessaire au commerce des viandes.

12. Les marchandises exposées en vente devront être fraîches et de bonne qualité.

Toute fraude envers le public, sur le poids, la nature ou la qualité des viandes sera poursuivie conformément aux lois, sans préjudice des peines administratives.

13. Il est défendu aux titulaires de place et à leurs étaliers de crier le prix de la marchandise et d'appeler ou arrêter le public.

14. Les étalages ne devront, sous aucun prétexte, faire saillie sur les voies de circulation, et les viandes seront disposées de telle sorte que l'entrée de chaque place reste complétement libre.

15. Il est défendu aux titulaires, ainsi qu'aux personnes à leur service, de stationner dans les passages, d'y déposer quelque objet que ce soit, et d'y jeter des pailles ou débris quelconques.

16. Les places seront tenues dans un état constant de propreté, ainsi que les resserres établies dans le soubassement du marché. Toutes les fois qu'il sera jugé nécessaire, et à la première réquisition qui leur en sera faite, les occupants seront tenus de les laver à grande eau, et, lorsqu'il y aura lieu, avec une solution de chlorure de chaux ou de sodium.

17. Défense est faite aux placiers d'éplucher le suif dans leurs étaux et de l'y conserver. Cet épluchage ne pourra s'effectuer que dans les resserres établies à...................

18. Il est interdit aux titulaires, ainsi qu'aux personnes qu'ils emploient, d'amener dans le marché des chiens, même tenus à l'attache et muselés.

19. Il est défendu de fumer dans le marché, d'y faire du feu et de laisser pendant la nuit des chaufferettes dans les places, lors même que le feu en serait éteint.

Il est interdit de troubler la tranquillité par des cris, des chants ou bruits quelconques, ainsi que d'écrire ou de crayonner tant sur les murs du marché que sur les boiseries séparant les places.

20. Il est expressément défendu de modifier la disposition des places et de faire aucun retranchement ou addition au mobilier dont elles sont garnies.

21. Les règlements concernant les marchés, notamment ceux des............. sont applicables au marché de la viande en détail.

V. *Form. mun.*, t. 2, pag. 132 et 137.

BOUCHONS DE CABARETS. V. Cabarets.

BOUES ET IMMONDICES. V. Balayage, Dépôts de boues, Salubrité.

BOULANGERS.

Les arrêts que nous allons rapporter et qui ont reconnu et proclamé la légalité des arrêtés limitant le nombre des boulangers, les soumettant aux formalités des autorisations préalables pour la fondation ou la fermeture de leurs établissements, leur imposant des réserves de farines ou de grains, des dépôts de garantie ou des cautionnements en argent, réglementant la fabrication, le transport ou la vente du pain, n'ont plus qu'un intérêt rétrospectif : un décret du 22 juin 1863 a donné une plus grande liberté à la boulangerie, qui ne sera plus soumise qu'aux dispositions réglementaires ayant pour but d'assurer la salubrité et la fidélité du débit du pain mis en vente.

Nous ferons remarquer que le décret du 22 juin 1863 n'abroge pas l'art. 30, tit. 1er, de la loi du 19-22 juillet 1791, qui permet à l'autorité municipale de taxer le pain. Jusqu'à ce qu'une loi ait prononcé cette abrogation, les maires pourront fixer le prix du pain ; mais, pour rester dans les intentions du gouvernement, ils doivent s'abstenir de faire cette taxe.

Nous diviserons, en conséquence, notre travail en deux parties : la 1re comprendra le régime de la boulangerie sous l'empire de la loi de 1791, et la 2e, le nouveau régime inauguré par le décret du 22 juin 1863.

Ire PARTIE. — Régime de la loi de 1791.

§ 1er. — POUVOIR DU MAIRE. — FIDÉLITÉ DU DÉBIT DES DENRÉES. — SALUBRITÉ DES COMESTIBLES EXPOSÉS EN VENTE.

1. *Marque. — Forme. — Poids.* — Est obligatoire l'arrêté :

Qui prescrit de marquer le pain d'une marque particulière à chaque boulanger (*Cass.*, *20 vendém. an XII, Decock*; *28 janvier 1837, Rouillard*; *22 juill. 1852, Deschamps*; *9 avril 1858, Bercq*); et de représenter à la mairie, à ou avant une époque déterminée, la marque dont ils font usage (*Cass.*, *23 janvier 1841, Peyré*);

Qui interdit aux boulangers la fabrication de pains de certaines formes et dimensions et leur enjoint de donner aux pains une cuisson suffisante (*Cass.*, *30 mai 1844, Rossignol*; *11 sept. 1847, Mélix*; *13 nov. 1847, Poulain*; *28 juin 1856, Mias*; *22 août 1856, Vissac*);

Qui fixe le poids de chaque pain et la tolérance sur le poids (*Cass.*, *1er juillet 1842, Girard*; *6 mars 1857, Gire*; *24 juin 1858, Deshaye*); défend d'en fabriquer d'un poids différent (*Cass.*, *15 oct. 1818, Jeanneau*; *24 mai 1832, Pezac*), et ordonne que les pains qui n'auraient pas le poids fixé seront écroutés ou coupés (*Cass.*, *13 oct. 1854, Houdoux*), ou auront une marque indicative du défaut de poids (*Cass.*, *9 juill. 1853, Talva*; *24 nov. 1853, Poller*);

Qui ordonne de vendre le pain au poids et de le peser même sans la réquisition de l'acheteur (*Cass.*, *19 juin 1841, Robine*; *26 févr. 1842, Worch*; *12 déc. 1844, Niel*; *14 mars 1861, Payer*);

Qui ordonne de remettre des balances aux porteurs à domicile et enjoint à ceux-ci de peser le pain en présence de l'acheteur (*Cass.*, *19 juin 1841, Alboy*; *25 mai 1855, v^e Guérard*);

Qui laisse aux boulangers la liberté de fabriquer des pains de divers poids en usage dans la commune, et dispose que ces pains ne seront vendus que pour leur poids réel constaté en présence de l'acheteur (*Cass.*, *21 août 1862, Leustome*).

2. *Étendue de l'application de l'arrêté fixant le poids et le pesage du pain.* — L'arrêté fixant le poids du pain est applicable :

Aux pains fabriqués hors de la commune et qui y sont exposés et mis en vente (*Cass.*, *7 mars 1845, Etel*), mais non aux pains livrés en dépôt pour être vendus au compte du boulanger dans une autre commune (*Cass.*, *8 mai 1858, Montet*);

Aux pains destinés à des personnes qui toléreraient le déficit du poids (*Cass.*, *24 mai 1832, Pezac*; *3 juillet 1847, Martial Leix*), ou qui exigeraient du pain extrêmement cuit (*Cass.*, *7 sept. 1844, v^o Dufour*; *27 février 1847, Barneau*);

Aux pains trouvés dans le fournil du boulanger (*Cass.*, *30 sept. 1843, Boucrand*);

Aux pains d'une autre forme ou d'un autre poids fabriqués à la demande des particuliers (*Cass.*, *7 nov. 1844, Perrot*);

Aux pains d'un poids supérieur (*Cass.*, *19 juin 1846, Ferté*);

Lors même que le pain livré sans être pesé aurait été pesé ensuite, et qu'il aurait été reconnu avoir le poids légal *(Cass., 14 mars 1861, Payer)* ;

Lors même que l'usage de la localité autoriserait la fabrication de toutes sortes de pain de fantaisie ayant un poids différent *(Cass., 13 nov. 1847, Poulain ; 21 août 1862, Leustome)* ;

Lors même qu'une autre disposition de l'arrêté obligerait le boulanger à peser le pain qu'il livre dans sa boutique *(Cass., 24 juin 1858, Deshaye)* ;

Lors même qu'il serait d'usage de tolérer un déficit *(Cass., 20 mars 1851, Courriau)* ;

Malgré le prétexte que l'acheteur était libre de faire peser le pain, et qu'à raison du plus ou moins de cuisson, il était impossible de donner à chaque pain le poids déterminé *(Cass., 14 juillet 1853, Renaud)* ;

Malgré le prétexte de bonne foi et la minimité du délicit *(Cass., 28 avril 1859, Dehaye)* ;

Malgré le prétexte que le boulanger a offert de peser le pain et que l'acheteur l'en a dispensé *(Cass., 19 juin 1841, Robine)* ;

Malgré le prétexte que les pains sont cuits de la veille et que le jour ils pesaient le poids voulu *(Cass., 6 juin 1835, Langevin ; 1er juillet 1842, Girard)* ;

Malgré le prétexte qu'il n'a été trouvé qu'un seul pain n'ayant pas le poids réglementaire *(Cass., 30 juillet 1831, Ducœur-Joly)* ;

Malgré le prétexte que le pain était destiné au ménage du boulanger *(Cass., 9 août 1838, Commant)* ;

Malgré le prétexte d'une convention particulière intervenue entre le boulanger et l'acheteur *(Cass., 14 février 1863, Marchal)* (1).

3. *Approvisionnements* (2). — Est obligatoire l'arrêté :

Qui ordonne aux boulangers d'avoir toujours un approvisionnement déterminé de pain cuit *(Cass., 22 mars 1844, Bergougnoux ; 21 janvier 1853, Blaise ; 27 août 1853, Blondeau ; 20 juillet 1854, Dubois ; 9 nov. 1855, Morel ; 29 août 1856, Vissac ; 14 nov. 1856, Reynier ; 27 février 1857, Blavat)* ;

Qui ordonne aux boulangers d'avoir constamment du pain en évidence dans leurs boutiques *(Cass., 3 sept. 1847, Monnier)*.

4. *Etendue de l'application de l'arrêté sur l'approvisionnement.* — Cet arrêté est applicable :

Lors même que le boulanger prétexterait avoir dans des chambres voisines ou dans le four des pains en suffisante quantité *(Cass., arr. pr., 22 mars 1844 ; 21 janvier 1853, Blaise)* ; lors même que le boulanger prétexterait que la cuite de nuit a été enlevée dès le matin par des gens des villages voisins *(Cass., 19 juin 1846, Ferté ; 27 août 1853, Blondeau)* (3) ;

---

(1) La vente de pains n'ayant pas le poids corrélatif à la forme donnée par le boulanger peut constituer le délit de tentative de tromperie, prévu et réprimé par l'art. 1 de la loi du 27 mars 1851. — L'indication frauduleuse prévue par ladite loi, art. 1 § 3, existe si, par suite d'une convention tacite entre le boulanger et l'acheteur, ce dernier achetait son pain suivant le poids qu'indiquait sa forme *(Cass., 12 décembre 1856, Pignard ; 19 février 1863, Dussauce)*.

(2) Un décret du 16 novembre 1858 avait soumis, à un approvisionnement de réserve, les boulangers des villes où la boulangerie était réglementée par des ordonnances ou des décrets. — Ce décret a été rapporté à la date du 2 septembre 1862. — V. *Répert. adm.*, 1858, pag. 259, et 1863, pag. 52.

(3) L'arrêté municipal ne serait pas applicable au cas où il existerait dans le four des pains en voie avancée de cuisson *(Cass., 24 février 1855, Servais)*.

Lors même que le boulanger aurait satisfait aux besoins de la banlieue et qu'il aurait livré au public la même quantité de pain qu'à l'ordinaire (17 *février* 1855, *Rullat*), et lors même que le boulanger aurait eu un débit extraordinaire et qu'il aurait de la pâte dans le four (*Cass.*, 14 *nov.* 1856, *Beynier*).

Le juge de police est souverain pour décider qu'une boulangerie dépourvue de pain, contrairement à l'arrêté municipal, ne l'a été que par suite de circonstances de fait étrangères au boulanger : par exemple, si la boulangerie a été dégarnie par des demandes plus nombreuses que d'habitude, quoiqu'on eût fait plus de fournées qu'à l'ordinaire (*Cass.*, 27 *juillet* 1854, *Achard ; 7 mars* 1862, *Laas*).

5. *Taxe et vente du pain.* — Est obligatoire l'arrêté :

Qui fixe la taxe du pain (*Cass.*, 9 *juin* 1832, *Menaud ;* 1er *avril* 1841, *Dru* ; 3 *mars* 1860, *Stopin*); et prescrit aux boulangers de se procurer cette taxe et de l'afficher dans leurs boutiques (*Cass.*, 29 *nov.* 1838, *Mavy*);

Qui interdit aux boulangers de refuser de débiter du pain par morceau selon la demande de l'acheteur (*Cass.*, 27 *juillet* 1854, *Achard*);

Qui ordonne aux boulangers de vendre le pain à toute réquisition, au prix fixé par l'arrêté (*Cass.*, 20 *juin* 1846, *Courraud et Adrien;* 29 *août* 1856, *Vissac*);

6. *Etendue de l'application de l'arrêté fixant la taxe du pain.* — Cet arrêté est applicable :

Malgré le prétexte de bonne foi (*Cass.*, 23 *décembre* 1853, *Mignard*);

Malgré le prétexte d'une erreur involontaire (*Cass.*, 26 *mai* 1854, *Madec*);

Malgré le prétexte de la difficulté de se procurer des centimes pour rendre la monnaie (*Cass.*, 16 *août* 1855, *Grimois*);

Malgré une stipulation particulière avec la pratique (*Cass.*, 23 *août* 1839, *Bannier*);

Malgré le prétexte que l'arrêté fixant la taxe aurait été publié à son de caisse au lieu d'être affiché dans la boutique du boulanger (*Cass.*, 23 *nov.* 1854, *Monthus*);

L'arrêté est également applicable au refus de vendre le pain au prix de la taxe (*Cass.*, 13 *août* 1847, *Mengus;* 24 *juillet* 1852, *Belleverge;* 12 *mars* 1854, *Sauzet*) (1).

Les arrêtés municipaux relatifs à la taxe du pain sont temporaires, et par conséquent obligatoires dès l'instant de leur publication, et cela bien qu'ils prescrivent aux boulangers de se conformer à l'arrêté de taxe pour la qualité, le poids et le prix du pain (*Cass.*, 3 *mars* 1860, *Stopin*).

7. *Désignation des lieux de vente.* — Est obligatoire l'arrêté :

Qui défend à tout boulanger forain de vendre du pain dans une ville ailleurs que sur une place déterminée (*Cass.*, 11 *juin* 1830, *Aubry;* 18 *août* 1853, *Pruzet;* 18 *juillet* 1861, *Le Dantec*), et qu'aux jours qu'il fixe (*Cass.*, 3 *janv.* 1835, *Mauconduit*);

Qui ordonne que les boulangers forains auront, au marché, des

---

(1) Mais le boulanger a le droit de vendre son pain au-dessous de la taxe (*Cass.*, 28 *juin* 1851, *Michel;* 11 *mars* 1852, *Mathieu*), et le boulanger auquel l'administration municipale a oublié de faire remettre un exemplaire de la taxe en vigueur, ne peut être en contravention pour n'avoir pas cette taxe affichée dans sa boutique. (*Cass.*, 21 *mars* 1846, *Min. publ.*);

échoppes portant leurs noms et leur numéro d'ordre (*Cass.*, 16 *vend. an XIII, Touzé*);

Qui fixe les jours où il est permis aux boulangers de la ville de faire vendre leur pain par des revendeurs (*Cass.*, 30 *mai* 1834, *J^e Félix*);

Qui interdit à tous marchands de comestibles ou autres la revente du pain (*Cass.*, 4 *août* 1838, *Valeton*), et cette interdiction s'applique au regrat ou vente de pain ayant déjà passé sur la table des hôteliers et à la revente du pain entier et frais (*Même arrêt*).

8. *Exercice de la profession de boulanger.*— Est obligatoire l'arrêté:

Qui interdit la profession de boulanger sans l'autorisation de l'autorité municipale (*Cass.*, 29 *et* 30 *mai* 1834, *Ollivier et Félix*; 16 *juill.* 1840, *Dumas;* 28 *juill.* 1848, *Lavaud ;* 19 *août* 1848, *Piéquet;* 19 *juill.* 1850, *Mathieu;* 13 *sept.* 1850, *Milsent;* 11 *oct.* 1851, *Vasseur;* 15 *juin* 1855, *Gilbert;* C. E., 17 *mars* 1835); et le boulanger autorisé à exercer sa profession dans une rue ne peut, sans autorisation, avoir une seconde boutique dans une autre rue (*Cass.*, 16 *avril* 1841, *Jean*). Une telle interdiction est applicable à l'épicier qui, sans autorisation spéciale, exerce, accessoirement à son commerce, la profession de boulanger, alors même qu'il ferait cuire chez des fourniers les pains qu'il met en vente (*Cass.*, 28 *sept.* 1850, *Regnauld*);

Qui défend le cumul des professions de boulanger et de fourgonnier (*Cass.*, 1er *avril* 1830, *Cugis*); de boulanger et de marchand de grains (*Cass.*, 10 *juillet* 1852, *Cointry*);

Qui prescrit aux boulangers de souffrir la visite du commissaire de police, pour l'exécution des lois et règlements concernant la boulangerie, au sujet du pesage, de la marque, de la qualité et de la salubrité du pain (*Cass.*, 1er *févr.* 1851, *Prévost*);

Qui défend aux boulangers de pousser des cris bizarres ou des hurlements en pétrissant leurs pains (*Cass.*, 29 *nov.* 1828, *Colombier*);

Qui prononce l'interdiction momentanée ou absolue de la profession de boulanger si l'ordonnance réglementaire en donne le droit au maire (C. E., 14 *déc.* 1837; *Cass.*, 16 *juillet* 1840, *Dumas ;* 8 *mars* 1845, *Bonamour*);

Qui prescrit aux boulangers de placer leurs pains sur des étagères dans leur boutique (*Cass.*, 16 *sept.* 1853, *Chabauty*);

Qui interdit aux boulangers de faire des dépôts de pains dans la ville sans une autorisation du maire (*Cass.*, 26 *novembre* 1847, *Garin, Baillache*);

Qui défend aux boulangers d'acheter, de receler ou de manipuler des grains ou farines avariés, gâtés, échauffés, terreux ou de mauvaise odeur (*Cass.*, 18 *février* 1847, *Sévère*).

§ 2. — EXCÈS DE POUVOIRS.

9. *Réduction du délai de cessation d'exercice.* — Est illégale la disposition :

Qui réduirait à moins d'un an, contrairement à l'art. 6 de l'édit de 1776 toujours en vigueur, le délai de la déclaration du boulanger qui veut cesser son commerce (*Cass.*, 20 *nov.* 1842; 18 *févr.* 1848, *Pingard;* 14 *févr.* 1856, *Mathieu;* 28 *mars* 1857, *Rolland*);

Qui défend au boulanger chargé de la fourniture du pain aux hospices, de vendre dans ses magasins et de faire vendre en ville, à la pièce, du pain pareil à celui qu'il fournit pour les services dont il est chargé (C. E., 28 *février* 1810, *Coulombeau*).

§ 3. — FORMULES (1).

1° Règlement de police concernant l'exercice de la profession de boulanger.

Le maire de la commune de.....

Vu les lois des 14-22 décembre 1789, art. 50 ; 16-24 août 1790, tit. 11, art. 3, n° 4 ; 2-17 mars 1791, art. 7 ; 19-22 juillet 1791, tit. 1, art. 20, 30 et 46 ; 28 septembre-6 octobre 1791, tit. 2, art. 9 ;

Vu le Cod. pén., art. 471, n° 15 ; 475, n° 14 ; 477, n° 4 ; 479, n°° 5 et 6 ; 480, n°° 2 et 3 ; 481, n° 1 ;

Vu le Cod. Nap., art. 1384,

Arrête :

Art. 1er. Nul ne pourra s'établir boulanger sans remplir les formalités exigées par les règlements et ordonnances sur cette matière.

2. Tout boulanger doit fabriquer le pain dans les qualités et selon les divisions de poids prescrites par les règlements.

3. Il est expressément défendu aux boulangers d'introduire dans leur pâte aucun ingrédient.

4. Tout boulanger devra tenir sa boutique constamment garnie de pains.

5. Tout boulanger est tenu d'avoir en évidence, dans sa boutique, des balances et un assortiment de poids légaux pour peser le pain toutes les fois que l'acheteur le demande.

6. Il est défendu à tous boulangers de vendre le pain au delà du prix fixé par la taxe : ce prix devra être tenu constamment en évidence dans le lieu le plus apparent de sa boutique.

7. Les boulangers sont tenus d'avoir un emplacement isolé pour leurs approvisionnements de fagots, de manière qu'en cas d'incendie, le feu ne puisse se communiquer à aucune propriété voisine.

8. Le ramonage des fours aura lieu obligatoirement quatre fois l'an.

9. Il est expressément défendu aux garçons boulangers de pousser des cris et de proférer des chants qui puissent s'entendre au dehors lorsqu'ils pétrissent le pain, la nuit.

10. Les contraventions au présent règlement seront constatées par des procès-verbaux, et les contrevenants poursuivis par-devant le tribunal de simple police.

Fait à la mairie, le...   *Le Maire,*

2° Arrêté portant taxe du pain.

Nous, maire de la ville de.......

Vu le prix du blé dans les derniers marchés,

Arrêtons :

Le prix du pain à dater de ce jour, jusqu'à ce qu'il en soit autrement ordonné, est fixé comme il suit :

Le kilogramme de pain blanc à............ » fr. c.
Le kilogramme de pain demi-blanc, à...... »
Le kilogramme de pain bis, à............. »

La présente *taxe* sera constamment affichée dans l'endroit le plus apparent de la boutique du boulanger.

Le commissaire de police est chargé de l'exécution du présent arrêté.

Fait à   , en l'hôtel de ville, le   *Le maire,*

3° Arrêté portant suppression de la taxe du pain.

Art. 1er. À partir du......... prochain, le nombre des boulangers sera illimité, et la taxe sera supprimée.

2. Les boulangers seront tenus d'afficher dans leurs boutiques, à chaque quinzaine, les prix auxquels ils entendent vendre leur pain de chaque qualité ; ces affiches seront visées par le commissaire de police. — Ils seront tenus d'avoir un approvisionnement, pour chaque four, de 25 quintaux métriques de farines, dans la saison d'été, du 16 avril au 15 octobre, et de 50 quintaux pendant celle d'hiver, du 16 octobre au 15 avril.

3. Toute boulangerie, une fois ouverte, ne pourra être fermée sans une déclaration préalable faite par l'exploitant et par écrit à l'autorité municipale, et avant l'expiration du délai d'un an, le tout sous peine d'abandonner à la commune l'approvisionnement ci-dessus fixé.

---

(1) Les 4 formules qui suivent se rapportent à l'ancienne réglementation de la boulangerie ; elles figurent ici à titre de renseignements, le nouveau système inauguré par le décret du 22 juin 1863 étant un régime d'essai et de transition. De plus, les dispositions relatives aux dangers d'incendie, etc., (n° 1°, art. 7-8-9....), peuvent encore recevoir leur application.

4° Arrêté fixant la vente du pain au poids.

Vu (*comme ci-dessus*),

Considérant qu'en attendant que la profession de boulanger puisse être réglementée, il convient d'améliorer le régime actuellement en vigueur pour la vente et la taxe du pain :

Arrête :

Art. 1er. A compter du....., la vente du pain dans la commune de......, se fera au poids, soit qu'il s'agisse de pains entiers, soit qu'il ne s'agisse que de fractions de pain ; en conséquence, les boulangers ne seront plus astreints à fabriquer les pains d'un poids déterminé.

2. Les boulangers seront tenus de peser, en le livrant, le pain qu'ils vendront dans leurs boutiques, sans qu'il soit besoin d'aucune réquisition des acheteurs, même quand ceux-ci les dispenseraient du pesage : à cet effet ils auront toujours sur leurs comptoirs, les balances et poids nécessaires.

Quant au pain porté à domicile, l'exactitude du poids sera vérifiée si l'acheteur le demande.

3. Le pain du poids d'un 1/2 kilogr. et au-dessous ne sera pas soumis à la taxe et sera réglé de gré à gré entre les boulangers et le public.

4. Quelles que soient la forme et l'espèce du pain vendu, l'acheteur ne sera tenu de payer au prix de la taxe ou au prix réglé de gré à gré, dans le cas de l'art. 3, que la quantité réellement indiquée par le pesage, sans que les boulangers puissent prétendre à aucune espèce de tolérance.

5. Les boulangers seront tenus de fabriquer et d'exposer en vente du pain des trois qualités taxées, en quantité suffisante pour les besoins de leur débit ordinaire. Ceux qui manqueront du pain de première qualité soumis à la taxe, et qui auraient exposé en vente des pains non taxés, à raison de leur poids, seront tenus d'en livrer de cette dernière catégorie au prix fixé.

6. Les contraventions aux dispositions ci-dessus seront recherchées et constatées par M. le commissaire de police. Elles seront punies d'amende et même d'emprisonnement en cas de récidive (*Cod. pén.*, *art.* 471, n° 15, et 474), sans préjudice des poursuites correctionnelles, s'il y avait coalition.

7. Les boulangers seront tenus d'avoir un exemplaire du présent constamment affiché dans leurs boutiques.

Fait à la mairie, le......

II° PARTIE. — Réglementation de la boulangerie sous l'empire du décret du 22 juin 1863.

1° Règlement portant adoption d'une taxe officieuse (1).

Le Maire de.....

Vu le décret impérial du 22 juin 1863, qui abroge les anciens règlements sur la boulangerie ; — Vu le rapport de S. Exc. le ministre de l'agriculture, du commerce et des travaux publics, annexé audit décret, notamment le paragraphe relatif à la taxe du pain ; — Vu les instructions de M. le Préfet ; — Vu l'article 471 du Code pénal ;

Arrête :

Art. 1er. Le décret du 22 juin 1863, ci-dessus visé, sera imprimé à la suite du présent pour être publié et affiché en même temps.

2. A partir du............ prochain, la taxe officielle du pain sera momentanément supprimée dans la ville de........ et dans sa banlieue. — Cette taxe continuera cependant à être rendue publique, mais elle n'aura aucun caractère obligatoire pour les boulangers et servira seulement d'indication pour l'acheteur, sous le titre de *Taxe officieuse.*

3. Pendant la durée de cette suppression, les boulangers seront tenus d'afficher ostensiblement et chaque matin, dans leurs boutiques, le prix auquel il leur conviendra de fixer les diverses qualités de pain qu'ils mettront en vente. — Un relevé de ces prix sera effectué régulièrement par les soins de M. le commissaire central de police, et les noms des boulangers qui vendront au-dessous du cours fixé par la taxe officieuse, seront publiés avec cette taxe elle-même.

4. Les boulangers forains seront admis, comme les boulangers de la commune, à concourir à l'approvisionnement de la population. Des places pourront leur être désignées à cet effet sur les marchés publics.

5. Une surveillance active, en ce qui concerne la salubrité et la fidélité du débit du pain mis en vente, est expressément recommandée à la vigilance de M. le commissaire central de police, de MM. les commissaires d'arrondissement et des agents placés sous leurs ordres, tant sous le rapport de la spécialité de chaque qualité que sur l'exactitude du poids.

---

(1) Cet arrêté a été pris par M. le maire de la ville de Grenoble.

6. Notre arrêté du.............. sur la boulangerie est rapporté et remplacé par le présent arrêté, qui sera publié et affiché dans la ville de......... et sa banlieue.

Fait à...., le.....   *Le Maire,*

Prix du pain. — Taxe officieuse.

Le maire de.....,

Vu l'arrêté municipal du........ sur le régime de la boulangerie, portant que la taxe officielle du pain sera momentanément supprimée, à partir du....... prochain, et que néanmoins une taxe officieuse continuera à être publiée,

Donne avis que, d'après les bases établies par les anciens règlements sur la taxe du pain, cette taxe aurait été fixée ainsi qu'il suit, pour les diverses qualités de pain et pendant le mois de septembre prochain, savoir : — 1ʳᵉ qualité, pain blanc, le kil., à 0 fr. 34 c. — 2ᵉ qualité, pain mi-blanc, le kil., à 0 fr. 29 c. — 3ᵉ qualité, pain bis, le kil., à 0 fr. 24 c.

Fait à....., etc.

2° Même règlement sans application de la taxe officieuse (1).

Le maire de......,

Vu le décret du 22 juin 1863 ;— Considérant qu'il convient de rapporter toutes les dispositions du règlement du..... qui seraient en désaccord avec le système de liberté proclamé pour le commerce de la boulangerie par le décret du 22 juin 1863 ;

       Arrête :

Art. 1ᵉʳ. Sont rapportées à dater du 1ᵉʳ septembre 1863 les dispositions du règlement du..., relatif au commerce de la boulangerie, qui ont pour objet la défense faite à tout individu non établi comme boulanger dans la commune, d'y vendre ou d'y faire débiter du pain, et l'obligation pour tout boulanger d'obtenir une autorisation pour exercer sa profession; de se conformer, pour la fabrication du pain, aux divisions de poids établies dans la commune; de tenir boutique constamment garnie de pains; de ne cesser son commerce qu'après en avoir fait la déclaration six mois à l'avance.

2. Tout individu qui voudra exercer la profession de boulanger ou de débitant de pain devra faire, à la mairie, une déclaration dont il lui sera délivré sur-le-champ récépissé, et dans laquelle il indiquera la situation de la localité où il entendra établir son industrie ou son commerce. — Cette déclaration devra être renouvelée chaque fois que l'établissement changera de propriétaire ou de local.

3. A partir du........ et jusqu'à ce qu'il en soit autrement décidé, il ne sera plus fait de taxe officielle du pain.

4. Les boulangers et débitants de pain seront tenus d'afficher ostensiblement dans leurs boutiques le prix qu'il leur conviendra de fixer pour la vente du kilogramme de pain de chaque qualité, y compris celui de luxe (2).

La déclaration de la fixation du prix *devra être faite à la mairie* et renouvelée à chaque changement de tarif.

Il en sera immédiatement délivré récépissé aux déclarants.

Le prix devra, dans tous les cas, être invariable pendant toute la journée (3).

Lorsque le pain mis en vente ne sera pas de pur froment, la nature et la proportion du mélange devront être ostensiblement indiquées.

5. Toutes les fois que le prix du pain sera réglé d'après le poids, il sera procédé à un pesage effectif, si l'acheteur le demande. — A cet effet, les boulangers ou débitants de pain devront toujours avoir, sur leurs comptoirs, les balances et poids nécessaires.

Fait à......., etc.

3° Autres dispositions réglementaires extraites des arrêtés pris par MM. les maires d'Angers, Nantua et Tours.

Art. 1ᵉʳ. Les boulangers seront tenus de peser le pain sous les yeux de la personne à laquelle ils le livrent, soit à domicile, soit dans leur boutique.

2. Les boulangers de la ville et les boulangers forains qui exposeront du pain en vente sur le marché seront tenus d'indiquer leur prix de vente par des écriteaux.

Il n'est rien dérogé aux règlements en vigueur concernant le contrôle de l'administration sur la qualité du pain exposé en vente, sur la fidélité dans le débit et les mesures à prendre dans l'intérêt de la salubrité.

---

(1) Cette formule est extraite des arrêtés pris par M. le préfet de police de Paris et M. le préfet du Loir-et-Cher.

(2-3) Dispositions prescrites par M. le maire de Valence.

3. Toute personne qui voudra construire un four à cuire du pain, est tenue d'en faire la déclaration au maire, afin qu'il puisse faire constater que ce four est construit de manière à ne pas offrir de danger d'incendie.

Toute personne faisant cuire du pain dans son four est tenue de se munir d'étouffoirs pour renfermer les braises qui en sortiront, et de déposer les braises éteintes dans une cave voûtée ou dans tout autre lieu qui ne pourrait inspirer aucune crainte pour l'incendie.

V. *Form. mun.*, t. 2, p. 175. — *Répert.* 1853, p. 289, pour ce qui se rapporte à l'ancien régime de la boulangerie, et *Répert.* 1863, p. 244, pour tout ce qui concerne l'application du nouveau régime de la liberté du commerce de la boulangerie.

BOULES DE NEIGE. V. NEIGE.

BOUTEILLES ET VERRES CASSÉS.

§ 1er. — POUVOIR DU MAIRE. — COMMODITÉ ET SURETÉ DU PASSAGE.

1. *Dépôts de verres cassés.* — Est obligatoire l'arrêté qui enjoint à ceux qui ont chez eux des poteries, bouteilles et verres cassés et autres choses semblables, de les faire transporter hors de la ville, dans les lieux désignés par la police, sans pouvoir en aucun cas les déposer cassés dans les rues ou places publiques (*Cass.*, 23 *sept.* 1843, *Helluy*).

V. *pour la formule d'arrêté Balayage et Dépôts.*

§ 2. — EXCÈS DE POUVOIR.

2. *Usage de bouteilles litrées.* — Est illégal l'arrêté qui défend pour la vente des liquides l'usage de bouteilles non litrées; l'usage de ces bouteilles dans les établissements publics a été interdit dans chaque département par arrêté préfectoral, ensuite des dispositions de la circulaire ministérielle du 10 novembre 1856.

Les arrêts contraires, des 13 mai 1820, *Bradasne*, et 31 octobre 1822, *Marjevols*, doivent rester sans application.

BROCANTEURS.

§ 1er. — POUVOIR DU MAIRE.

1. La profession de brocanteur n'est spécialement réglementée que pour le ressort de l'ancien Châtelet de Paris, par les ordonnances du lieutenant général de police de Paris, des 4 novembre 1778 et 8 novembre 1780. En conséquence, l'arrêté d'un maire sur la publication et l'exécution de ces ordonnances, ne serait exécutoire qu'autant qu'il appartiendrait à une commune située dans le ressort de l'ancien Châtelet de Paris (*Cass.*, 28 *août* 1832, *Soyer*).

§ 2. — EXCÈS DE POUVOIR.

2. *Registre d'inscription.* — Est illégal l'arrêté qui prescrit aux brocanteurs de tenir un registre coté par la police des objets de hasard qu'ils auront achetés ou revendus. (*Cass.*, 28 *avril* 1832, *Soyer*; 15 *octobre* 1842, *Layouache*; 27 *sept.* 1851, *Aron Kaln*; 5 *juillet* 1860, *Faux.*) Mais le brocanteur qui achète des montres et bijoux d'or et d'argent est tenu, comme les orfèvres, d'avoir un registre coté et parafé par l'administration municipale, sans que, pour cela, il soit utile de rendre un arrêté de police (*Cass.*, 15 avril 1808, *Boufart*).

BRUITS ET TAPAGES (¹). — PROFESSIONS BRUYANTES.

§ 1er. — POUVOIR DU MAIRE. — ORDRE. — TRANQUILLITÉ PUBLIQUE.

1. *Bruits.* — Est obligatoire l'arrêté qui défend de jeter l'inquiétude

---

(¹) Les bruits ou tapages injurieux ou nocturnes constituent une contravention, sans qu'il soit besoin d'un règlement de police qui les défende (*Cod. pén.*, art. 479, n° 8,

ou l'alarme parmi les habitants, soit par des cris, soit par des sons de caisse ou d'instruments quelconques (*Cass.*, 24 *nov.* 1855, *Pillière* ; 21 *et* 29 *août* 1857, *Dautard et Riss ;* 24 *déc.* 1859, *Bourgeois*) ;

Qui défend de sonner du cor à moins de 100 mètres de distance de toute habitation , après 10 heures du soir (*Cass.*, 24 *avril* 1834, *Proust ;* 30 *août* 1860, *Degniot*). Même en l'absence de règlement spécial, le fait de sonner du cor pendant la nuit constitue le délit de bruit et tapage prévu et puni par l'art. 479, n° 8 du C. pénal (*Cass.*, 5 *juin* 1862, *Grauby*) (¹) ;

Qui interdit de tiller le chanvre ou le lin dans l'enceinte de la ville ou du village après *telle* heure du soir et avant *telle* heure du matin (*Cass.*, 12 *novembre* 1812, *Latapie*) ;

2. *Professions bruyantes.* — Est obligatoire le règlement qui ordonne que les professions bruyantes ne pourront s'exercer que dans des ateliers fermés et couverts ; par exemple, celle de chaudronnier (*Cass.*, 18 *mars* 1847, *Laplace* ; 4 *août* 1853, *Legay*) ;

Qui fixe le temps pendant lequel tous ceux qui exercent des professions bruyantes, tels que menuisiers, serruriers, forgerons, taillandiers, charrons, ferblantiers, chaudronniers, maréchaux-ferrants, etc., seront tenus d'interrompre leurs travaux afin de ne pas troubler la tranquillité des habitants (*Cass.*, 12 *sept.* 1822, *Le Gallois* ; 3 *mars* 1842, *Leclair* ; 29 *janv.* 1858, *Mouquet*) ;

Qui détermine l'heure avant laquelle l'exercice des professions bruyantes sera interdit ; ou prescrit à tous industriels se servant de machines susceptibles d'occasionner du bruit, d'interrompre leurs travaux à une heure déterminée (*Cass.*, 16 *avril* 1825, *Escaramello ;* 27 *déc.* 1845, *Peulvey*).

§ 2. — Excès de pouvoirs.

3. *Professions bruyantes, désignation des lieux.* — Est illégale la disposition qui fixe les lieux dans lesquels seulement les professions bruyantes pourraient être exercées (*Arr. pr. du* 3 *mars* 1842, *Leclair*).

4. *Avis des voisins.* — Est illégale la disposition qui prescrit qu'aucun ouvrier travaillant avec bruit ne pourra s'établir dans une boutique sans avoir au préalable l'avis de ses voisins (*Cass., arr. pr. du* 18 *mars* 1847, *Laplace* ; 9 *janv.* 1857, *Vastel*).

5. *Forme des locaux.* — Est également illégale la disposition qui prescrit le mode suivant lequel les ateliers de chaudronnier, par exemple, devront être édifiés et fermés ; qui dit, par exemple, de placer ces ateliers dans des locaux *clos de murs en maçonnerie*, de n'y pratiquer que des *ouvertures garnies de fenêtres vitrées ou hermétiquement closes*, ou spécifie que les jours à air libre ne pourront être pris

---

480, n° 5). — Le fait de chanter ou de crier dans les rues, la nuit, est une contravention de cette nature (*Cass.*, 29 *janv.* 1842, *Pallueau* ; 28 *déc.* 1848, *Mary*). — Les bruits connus sous le nom de *charivaris* sont des tapages injurieux (*Cass.*, 13 *oct.* 1836, *Goguet*). — La démonstration faite devant la maison d'un citoyen avec des instruments discordants, tels que casseroles de fonte, cornets, etc., constitue la contravention prévue par les art. 479, n° 8 , et 480, n° 5, du Code pénal (*Cass.*, 23 *avril* 1842, *Bonnin*). — Aucun usage, quelqu'ancien qu'il soit, ne peut affranchir les auteurs de bruits ou tapages injurieux ou nocturnes des peines portées par la loi (*Cass.*, 26 *mai* 1826, *Lavielle* ; 28 *mars* 1829, *Debelut* ; 20 *déc.* 1834, *Lesieur* ; 13 *oct.* 1836, *Goguet*), et le maire n'a pas le droit de les permettre (*Cass.*, 2 *avril* 1830, *Briard*).

(¹) L'arrêté de police qui défend les bruits et tapages nocturnes ne peut s'appliquer au bruit résultant d'un bal particulier, attendu que ce bruit n'est que la conséquence de l'exercice d'un droit (*Cass.*, 28 *avril* 1859, *Milton*), ni aux hurlements d'un chien sur lequel on n'a exercé aucun mauvais traitement (*Cass.*, 15 *avril* 1859, *Gazarette*).

qu'au moyen de cheminées ou de toute autre ouverture pratiquée dans la toiture (*Cass., arr. pr. du 29 janvier 1858, Mouquet et Vaillant*).

§ 3. — FORMULE.

Arrêté réglementaire concernant les professions bruyantes.

Le maire de la commune de........,

Vu les lois des 16-24 août 1790, 2-17 mars 1791, 19-22 juillet 1791 et 18 juillet 1837;

Considérant qu'un des premiers devoirs de l'autorité municipale est d'assurer le repos et la tranquillité des habitants; que particulièrement les charivaris dégénèrent le plus souvent en scandale public, en même temps qu'ils sont pour les particuliers un outrage qu'il importe de prévenir;

Considérant que le bruit continu et incommode, occasionné par certaines professions, telles que celles de serrurier, taillandier, chaudronnier, etc., trouble le repos des habitants et donne lieu de leur part à des plaintes fondées; que prohiber l'exercice de ces professions pendant des heures ordinairement consacrées au repos ne saurait constituer aucune atteinte à la liberté bien entendue du commerce et de l'industrie,

Arrête :

Art. 1er. Il est défendu de faire aucun bruit ou tapage injurieux ou nocturne de nature à troubler l'ordre ou la tranquillité publique.

Les bruits, tapages ou charivaris sont expressément interdits en quelque temps, sous quelque forme et sous quelque prétexte que ce soit.

2. Il est défendu à tous forgerons, maréchaux-ferrants, taillandiers, charrons, serruriers, ferblantiers, chaudronniers, et généralement à tous individus exerçant des professions à marteau, de commencer leurs travaux avant..... heures du matin et de les continuer après.... heures du soir.

3. Il est également défendu à toutes personnes jouant du cor de chasse, ou de tout autre instrument bruyant, d'en sonner avant..... heures du matin ou après.... heures du soir.

4. Les contraventions, etc....

V. *Form.*, t. 2, p. 197, et tom. 6, p. 429.

BUREAU DE PLACEMENT.

POUVOIR DU MAIRE. — MAINTIEN DE L'ORDRE. — LOYAUTÉ DE LA GESTION. — FIXATION DES TARIFS. — SURVEILLANCE. (*Décr. du 25 mars 1852*) (1).

FORMULE.

Arrêté réglementaire de la tenue des bureaux de placement.

Le maire de la commune de.....,

Vu les arrêtés du gouvernement des 12 messidor an 8 et 3 brumaire an 9; — Vu la loi du 7 août 1850; — Vu le décret du 25 mars 1852;

Arrête :

Art. 1er. Nul ne pourra tenir un bureau de placement, sous quelques titres et pour quelques professions, places ou emplois que ce soit, sans une permission spéciale, délivrée par nous.

2. La demande à fin de permission sera faite sur papier timbré; elle devra contenir les conditions auxquelles le requérant se propose d'exercer son industrie.

3. Le candidat joindra à sa demande son acte de naissance et, s'il habite une autre commune, un certificat de résidence et de moralité délivré par le commissaire de police ou le maire de sa commune.—Il indiquera le local où il se propose d'établir son bureau. Ce local devra présenter toutes les conditions nécessaires dans l'intérêt de l'hygiène, de l'ordre et de la sûreté.

4. L'arrêté d'autorisation sera personnel.—En cas de changement de résidence, le nouveau local devra être agréé par le maire. — Toute succursale est prohibée.

5. Chaque titulaire sera obligé d'avoir des registres dont la forme sera indiquée par l'arrêté d'autorisation. — Ces registres seront cotés par première et dernière, et parafés sur chaque feuille par le commissaire de police ou le maire, au visa duquel ils seront soumis, du 1er au 5 de chaque mois. — Ils ne devront contenir aucun renvoi, rature ni interligne, et seront constamment tenus au courant.— Ils seront représentés à toute réquisition des agents de l'autorité.

---

(1) Les dispositions du décret du 25 mars 1862 et par suite de l'arrêté de police, pris en exécution de ce décret, ne seraient pas applicables à une congrégation dont le but principal, sinon exclusif, serait de donner, sans percevoir de rétribution, un asile aux domestiques sans place et de les soustraire aux dangers de l'inaction et du besoin. (*Cass.*, 26 *février 1863, Souchet*).

6. Aucune personne ne pourra être placée sans avoir, au préalable, été inscrite sur le registre à ce destiné. — L'inscription mentionnera les noms, prénoms, âge, lieu de naissance, profession et domicile de la personne inscrite , ainsi que l'indication des pièces qu'elle aura produites pour établir sa moralité et son identité.— Ces pièces ne pourront être retenues par le placeur sans l'assentiment du postulant auquel il sera remis un récépissé desdites pièces ; elles lui seront, en tous cas, restituées à sa première réquisition.

7. L'arrêté d'autorisation réglera, conformément à l'art. 3 du décret précité, les tarifs des droits de placement qui pourront être perçus par le gérant, et, s'il y a lieu, le tarif du droit d'inscription qui, dans aucun cas, ne pourra excéder *cinquante centimes*. — L'arrêté indiquera également toutes les conditions spéciales imposées à l'établissement.

8. Le placeur sera. tenu de délivrer gratuitement à chaque personne inscrite, et au moment même de l'inscription , un bulletin portant le numéro d'ordre de l'inscription, les conditions du tarif fixées pour le bureau et la quittance de la somme qu'il aurait reçue, soit à titre de droit d'inscription, soit à titre d'avance sur le droit de placement. — Cette avance sur le droit de placement sera toujours restituée à la première réquisition du déposant qui renoncera à être placé par l'entremise du bureau où aura eu lieu l'inscription. — En cas de refus de restitution, la contestation sera portée immédiatement devant le commissaire de police qui, au besoin, dressera procès-verbal. — Le tarif du droit de placement sera fixé; il ne pourra être augmenté ni diminué au gré du placeur. — Ce droit ne sera dû au placeur qu'autant qu'il aura procuré un emploi, et ne lui sera définitivement acquis qu'après un délai déterminé, pour chaque bureau, par l'arrêté d'autorisation. — Aucune somme autre que celle ci-dessus indiquée ne pourra être perçue à titre de cautionnement ou sous quelque dénomination que ce soit, tant par le gérant que par personne interposée.

9. En l'absence de conventions contraires, le montant du droit de placement indiqué au bulletin pourra toujours être payé au placeur par le maître ou patron, et imputé sur les gages ou salaires de la personne placée.

10. Il est formellement défendu aux placeurs d'annoncer, soit sur leurs registres, soit sur des tableaux ou affiches apposés intérieurement ou extérieurement, soit par tout autre moyen de publicité, des places ou emplois qu'ils n'auraient pas mandat de procurer.

11. Sont interdites toute connivence, toutes manœuvres frauduleuses tendant à faire croire à un placement qui ne serait pas sérieux, ou ayant pour but d'agir contre l'intérêt d'une personne placée, dans l'espoir d'une nouvelle rétribution.

12. Il est également défendu au gérant d'un bureau de placement d'envoyer des mineurs dans des maisons ou chez des individus mal famés, et généralement de se prêter à aucune manœuvre contraire aux mœurs.

13. Les dispositions des articles 8, 9, 10, 11 et 12 du présent arrêté seront textuellement insérées sur le bulletin délivré aux personnes inscrites.

14. Le tarif des droits dont la perception sera autorisée devra toujours être affiché ostensiblement, avec un exemplaire du présent règlement, dans l'intérieur de chaque bureau de placement.

15. Tout bureau de placement autorisé sera indiqué par une inscription peinte à l'huile, et placée d'une manière apparente sur la façade de la maison.

16. Toutes contraventions aux dispositions du présent et des arrêtés particuliers d'autorisation seront constatées par procès-verbaux ou rapports, lesquels seront transmis aux tribunaux compétents. — Tous autres règlements qui interviendraient en exécution de l'art. 3 du décret du 25 mars 1852 seront applicables de plein droit aux établissements déjà autorisés. — Les arrêtés d'autorisation seront toujours soumis aux modifications que l'administration croira devoir prescrire.

Fait à.....   *Le maire,*

V. *Répert. adm.*, 1853, p. 142.

CABARETS ET CAFÉS.

§ 1er. — POUVOIR DU MAIRE. — MAINTIEN DU BON ORDRE DANS LES LIEUX PUBLICS.

1. *Autorité préfectorale. — Autorité municipale. — Pouvoir respectif.* — La police des cafés, cabarets et autres débits de boissons à consommer sur place est réglementée par l'autorité préfectorale, en exécution du décret du 29 décembre 1851 ; le motif de l'intervention directe de l'autorité supérieure a été de protéger par des mesures efficaces les mœurs publiques et la sûreté générale contre le désordre et les mauvai-

ses passions dont la multiplicité croissante des cabarets favorisait le progrès ; mais ces établissements, bien qu'ils touchent par plus d'un côté à la sûreté générale, n'en restent pas moins soumis à la surveillance et aux règlements spéciaux émanés de l'autorité locale [1] *(Cass., 12 août 1853, Boy ; 16 juin 1854, Bouard)*.

2. *Heure d'ouverture et de fermeture.* — *Fixation.* — Est obligatoire l'arrêté : qui fixe l'heure de l'ouverture et de la fermeture des cafés, cabarets et autres débits de boissons (lorsque cette heure n'a pas été fixée par l'arrêté préfectoral) *(Jurisp. const.)*; qui défend aux particuliers d'aller boire, manger ou jouer dans les cafés et cabarets après une certaine heure *(Cass., 3 déc. 1825, Aillet; 15 juillet 1852, Brutus)*; qui défend à tout individu de rester dans les cabarets, cafés et autres débits de boissons après l'heure de la fermeture *(Jurisp. const.)*.

3. *Étendue de l'application de l'arrêté portant fixation des heures d'ouverture et de fermeture des débits.* — L'arrêté portant fixation des heures d'ouverture et de fermeture des débits de boissons est applicable : au confiseur qui vend des pâtisseries et des liqueurs dont la consommation se fait dans sa boutique *(Cass., 4 mars 1853, Jecklin)* ; aux débits forains et temporaires *(4 mars 1853, Monard)* ; aux maisons de tolérance donnant à boire *(Cass., 22 déc. 1853, Bentayou)*; aux débits de boissons accidentels *(Cass., 12 févr. 1857, Dalibon)*; à l'aubergiste qui tient accessoirement à son commerce un débit de boissons *(11 juin et 10 septembre 1857, Boutaut; 27 novembre 1858, Moyard)* [2].

La défense faite aux particuliers d'entrer ou de rester dans les établissements publics après l'heure déterminée par l'arrêté, s'applique à tous les individus qui ne *demeurent* pas avec le cabaretier comme faisant partie du personnel de sa maison *(Cass., 20 janvier 1837, Lapeyre)*; aux parents et amis du chef de l'établissement non logés chez lui *(Cass., 5 octobre 1822, Deletain ; 5 févr. 1846, Hédouin; 28 déc. 1848, 2 déc. 1849, Bouilly ; 7 mai 1853, Verpillier; 15 mars 1855, 10 oct. 1856, Aubert ; 7 nov. 1856, Lagrange)*, ainsi qu'aux amis qu'un pensionnaire aurait reçus dans sa chambre *(Cass., 24 décembre 1824, Anthor)*, et même aux ouvriers appelés dans la maison pour certains travaux *(Cass., 9 juillet 1857, Dumontet; 10 mars 1848, Siess; 7 mars 1859, Ducros)*.

---

[1] Il n'appartient qu'aux préfets, par suite des pouvoirs qu'ils tiennent du décret-loi du 29 décembre 1851, d'interdire aux débitants d'admettre dans leurs établissements aucune fille ou femme de service, sans l'agrément du commissaire de police *(Cass., 9 mars 1860, Ardouin)*.

[2] Les dispositions du décret-loi du 29 décembre 1851 ne sont pas applicables aux restaurateurs *(Cass., 21 juill. 1853, Bellot)*; aux hôteliers ou aubergistes qui logent et nourrissent les voyageurs sans débiter des boissons à des buveurs qui se présenteraient à l'établissement ni pour y loger ni pour s'y nourrir *(Cass., 19 mai 1854, Liotaud)*; au charcutier qui ne fait de la vente des boissons que l'accessoire de son commerce et ne sert à boire qu'aux personnes attablées chez lui *(Cass., 26 mars 1856, Veiss)*.

Les prescriptions concernant l'heure de la fermeture des débits ne sont pas applicables non plus aux pensionnaires de l'établissement *(Cass., 17 nov. 1855, Houdaille; 8 janv. 1857, Taille)*; aux locataires domiciliés dans la maison qui se feraient ouvrir les portes pour sortir *(Cass., 4 juill. 1861, Mauvais)*; au cabaretier qui laisse recevoir des joueurs dans une pièce servant d'habitation particulière à un de ses locataires après l'heure déterminée *(Cass., 4 mai 1861, Héroud)*; au cabaret loué avec l'autorisation du maire pour une circonstance particulière, pour une noce par exemple *(Cass., 2 févr. 1861, Duhart)*.

Enfin l'interdiction faite aux cabaretiers et débitants de boissons de donner à boire et à manger, excepté aux voyageurs, les dimanches et fêtes légales, pendant les offices, ne s'étend pas aux aubergistes qui n'exercent pas en même temps la profession de débitants de boissons ; une telle interdiction n'est prononcée par aucune loi *(Cass., 8 déc. 1860, Chevrier.)*

L'arrêté municipal qui détermine l'heure d'ouverture et de fermeture des cafés, cabarets et débits de boissons est général et absolu ; il ne comporte aucune distinction entre la vente des boissons à consommer sur place et la vente des boissons à consommer dehors *(Cass.*, 16 *juin* 1855, *Quirin-Cuny)* ; il s'applique au fait de livrer de la boisson par la fenêtre *(Cass.*, 3 *août* 1855, *Georgel)* ; au débit ouvert pour aérer la salle *(Cass.*, 19 *novembre* 1858, *Laborde)* ; au débit encore ouvert dans lequel il n'y aurait pas de consommateurs *(Cass.*, 7 *février* 1857, *Claret* ; 19 *novembre* 1858, *Aguillé)* ; à tous les débits, sans qu'il y ait lieu de faire aucune distinction entre les dimanches et jours fériés et les jours ouvrables et ordinaires *(Cass.*, 15 *janvier* 1859, *Lefebvre)* ; à un établissement où il y aurait cessation de consommation et non pas clôture des portes *(Cass.*, 3 *mars* 1859, *Duplan)* ; à un établissement dont la porte serait fermée au loquet et où même les personnes trouvées seraient dans une attitude excluant toute contravention *(Cass.*, 17 *mai* 1862, *Pons)* ; au débit où les personnes trouvées régleraient leur compte par exemple *(Cass.*, 27 *août* 1857, *Buzy* ; 17 *septembre* 1857, *Créplet)*, où arrêteraient les conditions du mariage de la fille du cabaretier *(Cass.*, 22 *avril* 1858, *Bargeas)* ; malgré une prétendue excuse de force majeure *(Cass.*, 30 *novembre* 1861, *Parodit)* ; malgré le prétexte de bonne foi que l'horloge du débitant ne marquerait pas encore l'heure fixée *(Cass.*, 1er *mars* 1861, *Benoît* ; 15 *novembre* 1860, *Blanchet* ; 21 *décembre* 1860, *Couget)* ; malgré le prétexte d'une tolérance en usage pour les établissements situés dans la banlieue *(Cass.*, 25 *juillet* 1856 ; 6 *mai* 1858, *Croslard)* ; malgré le prétexte que les personnes attendaient l'heure du départ d'un chemin de fer et seulement pour se mettre à l'abri du froid *(Cass.*, 11 *février* 1858, *Duc)* ; malgré le prétexte de nécessité et de force majeure non régulièrement établi *(Cass.*, 1er *décembre* 1855 ; 2 *juin* 1856)* ; malgré le prétexte d'une grande solennité, de la fête de l'Empereur *(Cass.*, 1er *décembre* 1855, *Combes)* ; malgré le prétexte que la personne trouvée n'était venue que pour une cause *étrangère* au but de l'établissement *(Cass.*, 15 *juillet* 1852, *Brutus)* (¹).

4. *Fermeture pendant le temps des offices.* — Est obligatoire l'arrêté qui défend aux cabaretiers et cafetiers de donner à boire ou même de tenir leurs établissements ouverts pendant le temps de l'office divin *(Cass.*, 28 *juin* 1838, *Vitrac* ; 29 *juin* 1838, *Perrotin* ; 6 *décembre* 1845, *Subra* ; 21 *décembre* 1850, *Laviec* ; 16 *février* 1854, *Deschamps* ; 28 *juillet* 1855, *Webrun* ; 6 *décembre* 1861, *Vigouroux)*. La défense de donner à boire et à manger emporte celle de donner à jouer (¹) *(Cass.*, 10 *juillet* 1856, *Roumier)*.

5. *Enfants mineurs. — Gens en état d'ivresse, etc. — Défense de recevoir.* — Est obligatoire l'arrêté qui défend aux cabaretiers, cafe-

---

(¹) *Pénalité. — Cumul.* — En matière de contravention, la prohibition du cumul des peines n'existe pas ; lors donc qu'un procès-verbal est dressé pour inobservation de l'arrêté sur la police des lieux publics, la poursuite peut porter, suivant le cas, *contre le chef du débit :* 1° pour contravention à la disposition qui prescrit de fermer l'établissement à telle heure ; 2° pour contravention à la défense de recevoir des consommateurs après cette heure, et motiver une condamnation distincte pour chacune de ces contraventions ; en même temps *contre chaque consommateur* pour infraction à l'interdiction à tout particulier d'entrer dans les débits ou d'y rester après l'heure réglementaire, et motiver également une pénalité contre chaque personne trouvée présente(*Cass.*, 19 *mai* 1859, *Fournier)*. Si l'arrêté ne contenait aucune disposition contre les consommateurs, le fait par ces derniers de séjourner dans l'établissement après l'heure fixée ne pourrait pas motiver une condamnation directe à leur égard *(Cass.*, 4 *septembre* 1856, *Lecoq* ; 26 *février* 1857, *Cabet)*.

La peine portée contre le cabaretier qui reçoit des enfants au-dessous de 16 ans n'est pas applicable à l'enfant, mais seulement au cabaretier *(Cass.*, 31 *mars* 1855, *Barbelle)*.

tiers et autres débitants de boissons de recevoir et conserver chez eux des gens en état d'ivresse, des enfants mineurs qui ne seraient pas accompagnés de leur père, mère ou tuteur *(Cass.,* 19 *février* 1858, *Bardon)* ; qui défend de servir à boire aux consommateurs jusqu'à les rendre ivres *(Jurisp. const.),* ou à des individus en état d'ivresse *(Cass.,* 28 *août* 1858, *Vaillandet)* ; de les recevoir et de les servir *(Cass.,* 2 *juin* 1855, *Bontemps)* ; qui défend de recevoir et garder les militaires après l'heure de la retraite militaire *(Cass.,* 23 *novembre* 1860, *Giraud).* (Voyez Aubergistes, n° 4, p. 27.)

6. *Jeux. — Chants.* — Est obligatoire le règlement qui défend de laisser jouer de l'argent aux jeux de cartes dans les cafés, cabarets et autres lieux publics *(Cass.,* 5 *juin* 1848, *Painkin)* ; qui interdit même toute espèce de jeux de cartes dans ces établissements *(Cass.,* 19 *janvier* 1837, *Normand)* ; qui défend de tenir à poste fixe des musiciens, chanteurs, comédiens ou baladins, sans une autorisation spéciale *(Cass.,* 7 *juillet* 1838, *Revena)* ; qui défend toute espèce de chants ou musique vocale dans les cafés *(Cass.,* 12 *juin* 1846, *Roche* ; 5 *décembre* 1846, *Berthot).*

7. *Eclairage.* — Est obligatoire l'arrêté qui oblige les chefs des établissements à éclairer les dimanches, jours de fêtes et de réjouissance publique le devant de leurs portes, depuis l'entrée de la nuit jusqu'à 9 heures et demie *(Cass.,* 15 *novembre* 1861, *Lailheugue).* (Voyez *Aubergistes* § 2, p. 27.)

8. *Urinoirs.* — Est obligatoire l'arrêté qui, dans un intérêt de salubrité publique, impose aux cabaretiers, cafetiers et autres débitants de boissons l'obligation d'établir des urinoirs pour le service de leurs établissements *(Cass.,* 12 *octobre* 1850, *Zamith).*

9. *Bruits.* — Est obligatoire la disposition qui oblige les cabaretiers, cafetiers et autres débitants de boissons, propriétaires ou exploitants de bals publics, d'avertir immédiatement l'autorité des scènes de désordre qui auraient lieu dans leurs établissements *(Cass.,* 15 *mars* 1855, *Gaillard).*

10. *Filles publiques.* — Est obligatoire le règlement qui défend à tous cabaretiers, cafetiers et autres débitants de boissons, de loger chez eux des filles publiques et d'établir des communications intérieures entre leurs établissements et les chambres qu'elles habitent *(Cass.,* 3 *juillet* 1835, *Villalbac)* ; de recevoir et conserver dans leurs établissements des filles publiques, ou même de tolérer chez eux des femmes enregistrées *(Cass.,* 19 *novembre* 1857, *Maillet).*

11. *Table. — Plaçage sur la voie publique.* — Est obligatoire l'arrêté qui défend de placer des tables sur la voie publique sans autorisation du maire *(Cass.,* 12 *août* 1841, *Kock).*

12. *Bouchons de cabarets.* — Est obligatoire l'arrêté qui fixe la hauteur et les dimensions des bouchons de cabaret ; cet arrêté est pris dans la limite des attributions municipales en matière de saillies sur la voie publique *(Edit de décembre* 1607 ; *L. des* 16-24 *août* 1790, 19-22 *juillet* 1791).

(¹) La loi du 18 novembre 1814 qui défend de donner à boire et à jouer dans les cabarets, cafés, etc., pendant le temps des offices, n'a été abrogée par aucune disposition, soit constitutionnelle, soit législative ; elle est toujours en vigueur, alors même qu'il ne serait intervenu aucun arrêté administratif venant en rappeler l'exécution *(Cass.,* 28 *juillet* 1855, *Webrun).* (Voyez *Jours fériés.)*

§ 2. — EXCÈS DE POUVOIRS.

13. *Arrêté préfectoral. — Modifications.* — Est illégal l'arrêté de police qui modifie, même temporairement, l'arrêté préfectoral fixant l'heure de fermeture des cafés, cabarets et autres lieux publics (1) (*Cass., 6 novembre 1857, Colombier ; 4 janvier 1862, Laly*).

14. *Autorisation par le maire.* — Serait sans effet l'autorisation donnée par le maire à un particulier d'ouvrir un débit de boissons. — Cette autorisation doit émaner du préfet (*Cass., 29 août 1857, Crétin*).

15. *Agents. — Droit de s'introduire dans les établissements après l'heure de fermeture.* — Est illégal l'arrêté qui attribue à l'adjoint ou au commissaire de police le droit de s'introduire la nuit dans les lieux publics après qu'ils ont cessé d'être ouverts au public (*Cass., 19 novembre 1829, Huguier ; 12 novembre 1840, Gellez*) (2).

16. *Urinoirs publics. — Dépense imposée.* — Ne serait pas obligatoire l'arrêté qui mettrait à la charge des propriétaires ou exploitants de lieux publics l'établissement d'urinoirs qui seraient publics (*Cass., 12 octobre 1850, Zamith*).

17. *Autorisations spéciales.* — Serait illégale et non applicable la disposition qui dispenserait un ou plusieurs débitants de l'obligation de se conformer au règlement intérieur fixant l'heure de fermeture et créerait ainsi un privilège à leur profit (*Cass., 13 avril 1861, Besnier*).

18. *Autorisations verbales.* — Serait sans effet une autorisation verbale donnée par le maire à un débitant de tenir son débit ouvert après l'heure réglementaire (*Cass., 3 août 1855, 22 août 1856, Toussaint*).

V. *Aubergistes, Cercles, Ivresse, Jours fériés, Logeurs.*

§ 3. — FORMULE.

Arrêté réglementaire de la police des cafés et cabarets.

Nous maire de la commune de....

Vu les lois des 14-22 décembre 1789 ; 16-24 août 1790 ; 19-22 juillet 1791 et 18 juillet 1837, sur la police municipale ;

Vu la loi du 18 novembre 1814, sur l'observation des fêtes et dimanches ;

Considérant que les professions d'aubergiste, de cabaretier, de logeur, sont au nombre de celles dont l'exercice se lie le plus intimement au repos et à la sécurité publique, et qu'il importe de déterminer plus particulièrement les dispositions qui les régissent,

Arrêtons :

Art. 1er. Les cabarets, cafés, billards, débits de boissons, jeux, bals publics et tous autres établissements dans lesquels le public est admis, ne pourront être ouverts avant le lever du soleil (ou avant le jour), et devront être fermés, du 1er avril au 30 septembre, à.... heures du soir, et du 1er octobre au 31 mars, à.... heures du soir.

2. Il ne sera fait d'exception à cette règle qu'en cas de fête nationale ou patro-

---

(1) Un particulier prévenu d'avoir été trouvé sortant d'un cabaret après l'heure fixée par l'arrêté préfectoral ne peut pas néanmoins être condamné, lorsqu'il est constaté que, d'un acte publié et affiché par le maire, résulte l'indication d'une heure plus tardive qui a dû induire en erreur les buveurs et leur faire présumer l'autorisation de rester plus tard (*Cass., 4 avril 1862, Chararet*).

(2) *Inviolabilité du domicile.* — Mais s'il est vrai de dire que la demeure des aubergistes, cafetiers, cabaretiers, est, pendant la nuit, comme celle de tout autre citoyen, placée sous le principe de l'inviolabilité du domicile, ce principe ne peut les protéger qu'autant qu'ils se conforment eux-mêmes aux devoirs de leur profession, et qu'ils respectent les règlements de l'autorité et d'une bonne police. Dès lors, lorsqu'après les heures où leurs établissements doivent être fermés, ils continuent à les tenir ouverts et à y admettre le public, il serait improposable d'en interdire l'entrée aux agents de l'autorité ; ceux-ci conservent donc le droit d'y pénétrer et de dresser tous procès-verbaux pour constater les contraventions qui s'y commettent (*Cass., 17 novembre 1860, Barthelas*).

nale, des jours gras ou d'une noce ; mais, dans l'un et l'autre cas, les établissements désignés dans l'article précédent, ne pourront rester ouverts après l'heure fixée par le même article qu'en vertu d'une autorisation spéciale délivrée par nous, sur la demande écrite qui nous en sera faite par le chef de l'établissement. Cette autorisation, qui sera donnée par écrit, fixera l'heure à laquelle l'établissement autorisé devra être fermé, et ne sera valable que pour le jour où elle aura été délivrée.

3. Il est défendu aux maîtres desdits établissements de recevoir ou de garder chez eux, avant ou après les heures fixées par l'article 1er, et sous quelque prétexte que ce soit, des personnes étrangères à leur habitation. Les aubergistes et logeurs pourront néanmoins recevoir à toute heure de la nuit les voyageurs qui se présenteront pour loger.

4. Il est défendu à toutes personnes d'entrer dans les cabarets, cafés, débits de boissons et autres établissements publics avant l'heure fixée par l'article 1er.

5. Il est enjoint à toutes personnes de se retirer des cabarets, cafés et autres lieux publics aux heures fixées par l'article 1er, sans qu'il soit besoin de les y contraindre ou même de les avertir.

6. Il est défendu aux cafetiers, cabaretiers et autres teneurs de lieux publics de tenir ou de laisser jouer chez eux aucun jeu de hasard.

7. Il leur est défendu de recevoir chez eux des enfants de l'un et de l'autre sexes âgés de moins de seize ans, à moins qu'ils ne soient accompagnés de leur père, mère ou tuteur.

8. Défense est faite aux maîtres d'hôtels, restaurateurs, aubergistes, cafetiers, limonadiers, cabaretiers et autres débitants de boissons et liqueurs, de laisser boire jusqu'à l'ivresse les personnes qu'ils reçoivent dans leur établissement ; en conséquence, tout débitant de boissons et liqueurs, à quelque titre que ce soit, de l'établissement duquel il sera constaté qu'un individu est sorti en état d'ivresse, sera traduit devant le tribunal de simple police, sans préjudice des mesures administratives qui pourront être prises contre lui.

9. Tout individu qui sera trouvé sur la voie publique ou dans les lieux publics en état d'ivresse scandaleuse, et présentant un danger pour lui-même et pour autrui, sera arrêté et conduit à ses frais dans la prison municipale, pour y être retenu jusqu'à ce qu'il ait recouvré la raison. Il sera, en outre, traduit, s'il y a lieu, devant le tribunal de simple police.

10. Défense est faite à tous propriétaires ou exploitants des lieux publics désignés dans l'article 1er, de recevoir et garder dans leurs établissements aucun militaire après l'heure de la retraite militaire, et à tous militaires de rester dans lesdits établissements après la même heure.

11. Il est défendu aux cabaretiers, cafetiers, limonadiers ou autres débitants de boissons, de laisser chanter dans leurs établissements et de tenir chez eux à poste fixe, des musiciens, chanteurs, comédiens ou baladins, sans en avoir demandé et obtenu notre autorisation.

12. Il est expressément défendu aux propriétaires ou exploitants de lieux publics, de recevoir dans leurs établissements aucune fille ou femme notoirement connue pour se livrer à la prostitution, et de permettre ou souffrir des communications intérieures entre leurs établissements et les chambres qu'elles habitent.

13. Il est enjoint à tous teneurs de lieux publics d'avertir immédiatement l'autorité des scènes de désordre, de disputes ou de tapages injurieux qui se passeraient dans leurs établissements, ainsi que du refus qui leur serait fait d'en sortir à l'heure prescrite.

14. Il est enjoint à tous propriétaires ou exploitants de lieux publics, de placer extérieurement, sur la principale porte d'entrée de leur établissement, une enseigne portant en caractères apparents, de dix centimètres au moins de hauteur, l'indication de leur profession.

Les cabaretiers ou teneurs de guinguettes pourront remplacer cette enseigne par un bouchon placé à deux mètres au-dessus du sol.

L'enseigne et le bouchon ne pourront faire saillie sur la voie publique au-delà des limites fixées par notre arrêté du.........., portant règlement sur les saillies.

15. Chaque cabaretier, cafetier, logeur, aubergiste et autre teneur de lieu public, devra placer au-dessus de la porte d'entrée principale de son établissement, une lanterne allumée depuis le coucher du soleil jusqu'à l'heure prescrite pour la fermeture de l'établissement.

16. Il est enjoint à tous propriétaires ou exploitants de lieux publics de faire placer dans les dépendances de leurs établissements des urinoirs pour l'usage du public fréquentant lesdits établissements. Dans aucun cas, ces urinoirs ne pourront être placés à la façade de la maison donnant sur la voie publique.

17. Il est défendu aux cabaretiers, cafetiers et autres débitants de boissons, de tenir leurs établissements ouverts et d'y donner à boire ou d'y laisser jouer pen-

dant le temps des offices de la messe et des vêpres, les dimanches et jours de fêtes reconnus par la loi. — Défense est faite à toute personne d'entrer dans lesdits établissements, d'y boire ou d'y jouer pendant le même temps. (Cette disposition ne peut trouver place dans le règlement que dans les villes et communes de moins de 5,000 habitants.)

Dispositions spéciales aux aubergistes et logeurs.

18. Il est défendu aux aubergistes, maîtres d'hôtels garnis et logeurs, d'éclairer leurs écuries autrement qu'avec des lanternes vitrées, ou d'y laisser entrer avec des lumières non closes. — Ils ne pourront aller dans leurs greniers qu'avec une lanterne.

19. Les cabaretiers-logeurs sont assujettis aux mêmes obligations que les aubergistes et maîtres d'hôtels garnis.

20. Les contraventions au présent arrêté seront constatées et poursuivies conformément aux lois.

Fait en Mairie à...........

Le Maire.

V. *Formulaire municipal*, tom. II, p. 300.

CANAUX. V. Eaux des canaux d'écoulement.

CARNAVAL. V. Bals, Masques.

CARRIÈRES (¹).

§ 1ᵉʳ. — Pouvoir du Maire. — Sûreté publique. — Maintien du bon ordre.

1. *Autorité préfectorale. — Autorité municipale. — Pouvoir respectif.* — Les carrières exploitées par galeries souterraines sont soumises à la réglementation de l'autorité supérieure; les maires n'ont qu'à veiller à l'exécution de ces règlements. Celles qui sont exploitées à ciel ouvert (loi du 21 avril 1810, art. 81), peuvent faire l'objet de règlements locaux (*Cass.*, 22 *novembre* 1833, *Schurdy*; 29 *août* 1845, *Chéron*; 29 *août* 1851, *Roy*; 19 *septembre* 1856 et 23 *janvier* 1857, *Mackensie*; 1ᵉʳ *juin* 1861, *Duhoux*).

2. *Carrières voisines des chemins. — Clôture.* — Serait obligatoire l'arrêté municipal qui, pour cause de sûreté publique, interdirait l'ouverture de carrières à ciel ouvert à moins de 15 mètres des chemins et sentiers ruraux, ou prescrirait que celles qui seraient ouvertes sur le bord des chemins seraient clôturées, du côté de la voie publique, par une barrière ou une cloison en planches de 2 mètres de hauteur *(Règlem. gén. des chemins vicinaux de 1854, art.* 375).

3. *Dimanches et fêtes. — Interdiction des travaux.* — Serait obligatoire l'arrêté qui, dans le but d'assurer la sûreté publique et le bon ordre dans l'exploitation des carrières, défendrait aux ouvriers de travailler les dimanches et jours de fêtes légales, si ce n'est en cas d'urgence et de nécessité (*Cass.*, 26 *mars* 1847, *Loiseleur*).

4. *Epinglettes en fer ou en cuivre. — Interdiction.* — Serait également obligatoire le règlement qui, dans le but de prévenir les accidents, interdirait dans les carrières l'usage de l'épinglette en fer ou en cuivre pour amorcer les mines (*Jurispr. administrative*).

V. *Excavations.*

(¹) Les carrières renferment les ardoises, les grès, pierres à bâtir et autres, les marbres, granits, pierres à chaux, pierres à plâtre, les pouzzolanes, les traves, les barattes, les laves, les marnes, craies, sables, pierres à fusil, argiles, kaolins, terres à foulon, terres à poterie, les substances terreuses et les cailloux de toute nature, les terres pyriteuses regardées comme engrais, le tout exploité à ciel ouvert ou avec des galeries souterraines (*L. du 21 avril* 1810, *art.* 4).

Dans plusieurs départements, l'exploitation des carrières, même à ciel ouvert, est réglementée par des décrets impériaux.

§ 2. — FORMULES.

1° Règlement sur la police des carrières.

Le maire de la commune de......

Vu les lois des 16-24 août 1790; 19-22 juillet 1791; 21 avril 1810, art. 81, et 18 juillet 1837 ;

2° Arrêté portant interdiction de l'usage de l'épinglette dans l'extraction des rochers au moyen de la poudre.

Le maire de la commune de......

Vu les lois des 16-24 août 1790; 19-22 juillet 1791, 21 avril 1810 et 18 juillet 1837 ; le règlement sur les carrières du 22 mars 1813 ;

Considérant que l'extraction des rochers à ciel ouvert est soumise, comme objet de police, à la surveillance de l'autorité municipale à laquelle il appartient par conséquent de régler, dans un intérêt de sûreté, les conditions sous lesquelles cette exploitation doit avoir lieu pour éviter tout accident ;—Que c'est aux épinglettes dont on se sert pour l'amorcement de la mine qu'on doit attribuer les accidents qui surviennent fréquemment dans les carrières ; — Qu'il est donc dans l'intérêt des ouvriers d'interdire l'usage de cet outil dangereux,

Arrête :

Art. 1er. Dans les travaux des carrières à ciel ouvert où l'on opère l'extraction à la poudre, il est interdit de faire usage des épinglettes de fer ou de cuivre pour préparer l'amorcement de la mine.

2. Un délai d'un mois est accordé aux chefs d'ateliers qui fournissent les outils à leurs ouvriers et aux ouvriers qui travaillent avec des outils leur appartenant, pour se conformer à cette mesure et substituer un autre procédé à celui dont ils se servent.

3. Les contraventions seront, etc.

Fait en mairie à...... le......   *Le Maire.*

V. *Form. mun.*, tom. II, p. 433 ; *Répert. admin.* de 1850, p. 191 et 192.

CARTES DE SÛRETÉ. V. DÉCLARATIONS DE DOMICILE, DOMESTIQUES, OUVRIERS.

CAVES.

§ 1er. — POUVOIR DU MAIRE. — SÛRETÉ ET COMMODITÉ DU PASSAGE SUR LA VOIE PUBLIQUE.

1. *Entrées sur la voie publique. — Suppression.* — Est obligatoire l'arrêté municipal: qui défend, pour l'avenir, l'établissement de trappes ou de descentes de caves sur la voie publique (*Cass.*, 27 *février* 1846, *Rivot)* ; qui ordonne la suppression des entrées de caves ou trappes situées sur la voie publique, lorsqu'elles deviendront en mauvais état ou qu'elles auront besoin de réparations (*Cass.*, 20 *février* 1847, *Noël)* ; qui ordonne, pour cause de *danger actuel*, la démolition ou le comblement des caveaux empiétés sur la voie publique, et en met la dépense à la charge des propriétaires des maisons riveraines (*Cass.*, 17 *avril* 1841, *Bouchy)*.

2. *Eaux.— Enlèvement.*— Est obligatoire l'arrêté qui ordonne, pour cause de salubrité publique, la vidange de l'eau des caves et l'enlèvement des boues et limons qui s'y trouveraient déposés par l'effet d'une inondation (*Ordon. de police*, 11 *mai* 1701, 28 *janvier* 1741, 13 *février* 1802).

§ 2. — EXCÈS DE POUVOIRS.

3. *Travaux de démolition.— Dépense mise à la charge des propriétaires.* — N'est pas obligatoire l'arrêté municipal qui met à la charge des propriétaires riverains la démolition et le comblement de caveaux construits sur la voie publique et dépendant de leurs maisons, par le motif, soit qu'il y a eu usurpation de la propriété de la commune, soit qu'il résulte de l'existence de ces caveaux non pas un danger *actuel,*

mais un danger possible pour la sûreté publique (*Cass.*, 17 *avril* 1841, *Bouchy*).

§ 3. — FORMULE.

1° Arrêté réglementaire pour la fermeture des entrées de caves donnant sur la voie publique.

Le maire de la commune de......

Vu les lois des 14-22 décembre 1789, 16-24 août 1790, 19-22 juillet 1791, 16 septembre 1807 et 18 juillet 1837;

Considérant que la sûreté du passage sur les voies publiques est compromise par la négligence des propriétaires à fermer ou barrer soigneusement l'ouverture des caves qui ont leur entrée sur la voie publique,

Arrête :

Art. 1er. Toute entrée de cave qui a son ouverture sur la voie publique, soit au niveau du sol, soit au moyen d'un escalier formant saillie ou renfoncement, devra être garantie par une fermeture disposée de manière à éviter tout accident, soit de jour, soit de nuit.

2. Ces sortes d'entrées donnant sur la voie publique seront supprimées au fur et à mesure qu'elles auront besoin de réparations.

3. Les contraventions, etc.....

2° Arrêté prescrivant le comblement des caveaux construits sur la voie publique.

Le maire de la commune de.....

Vu (comme ci-dessus);

Considérant que les caveaux établis sous les voies publiques de la commune compromettent la sûreté du passage; qu'il y a danger pour la circulation à les laisser subsister,

Arrête :

Dans le mois de la publication du présent arrêté, tous les propriétaires de caves ou caveaux situés sur la voie publique devront les combler. Faute par eux de se conformer à la présente injonction, il y sera pourvu d'office et à leurs frais par les soins de la municipalité, sans préjudice des poursuites qui pourront être exercées contre lesdits propriétaires pour infraction au présent arrêté.

Fait en mairie à........ le........   *Le Maire.*

CERCLES.

§ 1er. — POUVOIR DU MAIRE. — EXÉCUTION DES RÈGLEMENTS PRÉFECTORAUX.

1. *Autorisation.* — *Préfets.* — La formation d'un cercle et l'approbation des statuts relèvent de l'autorité préfectorale par application des art. 1 et 2 du décret du 25 mars 1852, et 291 et 292 du Code pénal (*Cass.*, 23 *mai* 1862, *Collin*).

§ 2. — EXCÈS DE POUVOIRS.

2. *Fermeture.* — Il n'appartient pas au maire d'imposer aux administrateurs d'un cercle l'obligation d'en fermer l'entrée aux heures prescrites par les règlements de police pour les cabarets et autres maisons publiques (*Cass.*, 21 *juin* 1851, *Whitacker*; 12 *septembre* 1851, *Kübler*).

CHANDELLES ET BOUGIES.

§ 1er. — POUVOIR DU MAIRE. — FIDÉLITÉ DU DÉBIT DES MARCHANDISES EXPOSÉES EN VENTE.

1. *Paquets.* — *Poids.* — *Indication.* — Est obligatoire l'arrêté qui ordonne que les paquets de chandelles et bougies porteront sur l'enveloppe, en caractères d'un centimètre au moins de hauteur, une inscription indicative de leur poids net, enveloppe non comprise, précédée des mots : *poids net* (*Circ. min.*, 14 *mai* 1855; *Cass.*, 20 *février* 1857, *Huguet*).

2. *Chandelles.* — *Papier ou ficelles.* — *Limite.* — Est également

obligatoire l'arrêté qui défend de mettre en vente de la chandelle enveloppée avec un papier et des ficelles excédant un poids déterminé (*Cass.*, 12 *juin* 1828, *Benizet*).

§ 2. — FORMULE.

Arrêté concernant la vente des chandelles et bougies.

Le Maire de la commune de
Vu les lois des 16-24 août 1790, 18 juillet 1837 et 27 mars 1851 ;
Vu l'art. 31 de l'ordonnance royale du 17 avril 1839 ;
    Arrête :
Art. 1er. La chandelle et la bougie ne pourront être vendues qu'au poids net.
2. Les paquets de chandelles et de bougies devront porter sur l'enveloppe, en caractères d'un centimètre au moins de hauteur, une inscription indicative de leur poids net, enveloppe non comprise, précédée des mots : *poids net*.
3. Les contrevenants au présent arrêté seront poursuivis conformément aux lois.

CHANT. — CHANTEURS. V. *Cabarets, Cafés.*

CHANVRE. V. *Rouissage.*

CHARCUTIERS. V. *Abattoirs, Bouchers, Vases de cuivre.*

CHARGEMENT DE VOITURES. V. *Voitures.*

CHARIVARIS. V. *Bruits et Tapages* et la *note.*

CHARRETIERS. — CHARRETTES. V. *Halles, Voitures.*

CHASSE.

§ 1er. — POUVOIR DU MAIRE. — TRANQUILLITÉ ET SURETÉ DES CAMPAGNES. — CONSERVATION DES RÉCOLTES.

Droit de chasse. — Restriction. — Est obligatoire l'arrêté qui interdit la chasse dans les vignes jusqu'à l'époque de la clôture des vendanges et de l'ouverture du grappillage, à une certaine distance des vignes (*Cass.*, 27 *nov.* 1823, *Boutillier* ; 3 *mai* 1834, *Berrault* ; 4 *sept.* 1847, *Saulin* ; 15 *janvier* 1857, *Gontard* ; 6 *févr.* et 2 *juill.* 1858, *Perrot*) ; cet arrêté ne statue pas sur l'exercice du droit de chasse, mais a pour but de pourvoir à la sûreté des campagnes dans les termes de la loi du 28 septembre-6 octobre 1791. Bien que la chasse ait été déclarée ouverte d'une manière générale par un arrêté du Préfet, elle peut cependant être temporairement défendue par le Maire, dans certains cantons où l'exercice de la chasse pourrait être une cause d'accidents, comme à proximité des vignes. Il y a là, en effet, un motif de sûreté publique qu'il est dans le droit de l'autorité municipale d'apprécier (*Déc. min. int.* 1848). Est également obligatoire l'arrêté qui interdit la chasse dans les chemins ou à une certaine distance des chemins, ou sur des terrains placés près d'une ville et garnis d'habitations (*Cass.*, 12 *juill.* 1855, *Duval*).

§ 2. — FORMULE.

Arrêté portant interdiction du droit de chasse sur les chemins, à distance des vignes et des habitations.

Le Maire de la commune de
Vu les lois des 14 décembre 1789; 16-24 août 1790; 19-22 juillet 1791, et 18 juillet 1837 sur la police municipale et rurale ;
Considérant qu'il appartient à l'autorité municipale de veiller à la conservation des récoltes et de prévenir les dégâts de toute nature qui peuvent être causés aux champs ; qu'il est dans son pouvoir d'assurer la sûreté des campagnes et de prescrire les mesures propres à prévenir toute espèce d'accidents ;
    Arrête :
Art. 1er. La chasse à tir et au fusil dans les chemins de la commune ou sur les terrains près de la ville et garnis d'habitations, est expressément défendue.

2. La chasse dans les vignes du territoire de la commune et sur les terres situées à moins de cent mètres de distance des vignes est également défendue jusqu'au lendemain du jour du grapillage qui aura lieu le.......

3. Les contraventions, etc.

CHAUDRONNIER. V. *Bruits et Tapages, Professions bruyantes.*

CHAUME. V. *Glanage.*

CHAUX VIVE.

Pouvoir du Maire. — Sureté publique. — Liberté du passage sur la voie publique.

Est obligatoire l'arrêté qui fait défense d'éteindre de la chaux vive sur la voie publique, dans l'enceinte d'une ville, sans l'autorisation du Maire (*Cass.. 23 janv. 1841, Renard*).

Voy. la Formule d'arrêté à *Construction.*

CHEMINÉES. V. *Incendie.*

CHEMINS. V. *Voie publique.*

CHENAUX. V. *Gouttières.*

CHEVAUX.

§ 1er. — Pouvoir du Maire. — Sureté et liberté de la circulation.

1. *Voie publique.* — Est obligatoire l'arrêté qui défend de donner à manger aux chevaux sur la voie publique (*Cass. 17 sept. 1841, Pinel; 4 nov. 1841, Simon; 3 déc. 1841, Louazel, Lecoq*); ou de les laisser divaguer dans les rues de la ville (*Cass., 17 octob. 1822, Journoleau; 7 mai 1852, Vienot*) (¹).

2. *Mode de conduite.* — *Allure.* — Est obligatoire l'arrêté qui règle le mode de conduite des chevaux dans les rues et places publiques (*Cass., 18 nov. 1844, Hubert*); qui défend de les conduire au galop dans l'intérieur de la ville (*Cass., 20 sept. 1845, Bulard*), ou au grand trot (*Cass., 20 sept. 1851, Nogues; 1er juin 1855, Garouste; 15 mars 1862, Roside la Gouvrière*), et même de les mener plus vite qu'au pas (*Cass., 19 juin 1851, Poiroux*); qui défend de faire ou de laisser courir dans l'intérieur d'un lieu habité des chevaux, bêtes de trait, de charge ou de monture (²) (*Cass., 1er juin 1855, Garouste; 18 mars, 2 juin, 16 déc. 1854, Chopy, Dezallée, Grenouilleau; 8 août 1856, Bachère*).

3. *Chevaux en laisse.* — Est obligatoire le règlement qui défend de faire conduire en laisse, par la même personne, plus de trois chevaux à la fois (*Cass., 19 juin 1851, Poiroux; 15 avril, 3 oct. 1853, Hébert*), y compris celui sur lequel le conducteur serait monté (*Cass., 23 juin*

(¹) Le fait de laisser un cheval à l'abandon dans des pièces de terre ensemencées et chargées de récoltes constitue une contravention à la loi des 28 septembre-6 octobre 1791 (*C. C. 10 sept. 1857, Champs*).

(²) On entend par allure rapide non-seulement le galop de l'animal, mais encore le trot et tout mouvement accéléré pouvant exposer à un certain péril les personnes qui pourraient être rencontrées par les chevaux. Mais le trot du cheval n'a pas nécessairement l'allure vive et rapide de nature à compromettre la sûreté publique qui seule constitue la contravention à l'art. 475 du Cod. pén. C'est au juge de police qu'il appartient souverainement de décider (*C. C., 7 mars 1857, Bachère; 23 nov. 1860, Barel*). L'allure rapide des chevaux est prévue et punie par l'art. 475, n° 4, du C. pén., sans qu'il soit besoin d'arrêté spécial, sans qu'il y ait lieu de distinguer entre les chevaux attelés et ceux non attelés, et les arrêtés pris à ce sujet ont pour sanction spéciale, non pas le n° 15 de l'art. 471 du Code pénal, mais bien le n° 4 de l'art. 475 du même Code (*Cass., 21 fév. 1856, Roux; 8 août 1856, Bachère; 26 mars 1858, Guilleminot*).

1854, *Hébert*). La conduite des chevaux en laisse doit s'entendre des chevaux conduits *de front, obliquement*, ou *attachés en queue* ou à *la queue les uns des autres* (*Cass.* 10 *févr.* 1854, *Hébert*).

§ 2. — EXCÈS DE POUVOIRS.

4. *Courses dans les cours particulières.* — Ne serait pas obligatoire la disposition qui défendrait de mettre en vente et de faire courir des chevaux dans la cour d'une maison particulière, même à portes ouvertes (*Cass.*, 5 *octob.* 1850, *Lahaie*).

5. *Mauvais traitements.* — Le long séjour d'un cheval pendant la nuit sans nourriture ne constitue pas l'infraction punie par la loi du 2 juillet 1850. Cette loi n'entend parler que des mauvais traitements abusivement portés aux animaux (*C. C.*, 5 *juin* 1862, *Gaille*).

§ 3. — FORMULES.

1. Règlement de police concernant la conduite des chevaux et bêtes de trait.

Le Maire de la commune de

Vu les lois des 14-22 décembre 1789 ; 16-24 août 1790 ; 19-22 juillet 1791 et 18 juillet 1837 ;

Considérant que des accidents graves peuvent résulter de l'imprudence ou de l'impéritie des conducteurs de chevaux et voitures ;

Qu'il est du droit et du devoir de l'autorité de prescrire les mesures les plus propres à assurer sous ce rapport la sûreté et la liberté de la circulation sur la voie publique ;

Arrête :

Art. 1er. Il est défendu à tous individus montant des chevaux ou bêtes de trait, ou les conduisant à la main, d'aller plus vite que le pas dans les rues de la ville, dans les faubourgs, sur les promenades et boulevards, et sur toute espèce de voie publique.

2. Nul ne peut conduire à la main plus de deux chevaux à la fois.

3. Défenses sont faites à toutes personnes de faire courir ou d'exercer des chevaux dans les rues, sur les places et quais ou sur les promenades publiques ; on ne pourra les lancer au galop que sur les parties de la voie publique qui ne sont pas fréquentées.

4. Défense est faite de faire conduire des chevaux ou bêtes de trait non attelés par des femmes ou par des enfants âgés de moins de quinze ans.

5. Les contraventions, etc.

2. Arrêté de police concernant la divagation des chevaux entiers.

Le Maire de la commune de

Vu les lois des 14 décembre 1789, 16-24 août 1790, 19-22 juillet 1791 et 18 juillet 1837 ;

Vu la loi du 3 brumaire an IV, art. 605, qui déclare punissables des peines de simple police ceux qui laissent divaguer des animaux malfaisants ou féroces ;

Vu la loi du 22 juillet 1791, art. 16, qui règle les délits punissables par voie de police correctionnelle ;

Considérant que l'incurie d'un grand nombre de cultivateurs, qui laissent en liberté et sans aucune précaution des chevaux entiers, tant dans les pâturages que sur les chemins, est une cause fréquente d'accidents à laquelle il importe de remédier ;

Considérant que les saillies que ces étalons libres exécutent, lors du pâturage en commun, sont, d'un autre côté, un obstacle à l'amélioration des races, et que ces saillies ont lieu, la plupart du temps, contre le gré des propriétaires des juments ;

Considérant que cet état de choses provoque des plaintes fondées et aurait pour résultat de gêner, dans l'exercice d'un droit commun, au bénéfice d'un seul, une partie importante des habitants de la commune ;

Arrête :

Art. 1er. A dater de la publication de cet arrêté, il est expressément défendu à toute personne de laisser divaguer dans les champs, prés, bois, etc., qui ne seraient pas parfaitement clos, et aussi sur les chemins, les chevaux entiers d'un an et au-dessus, à moins qu'ils ne soient solidement entravés, soit d'un pied de devant à celui de derrière, du côté opposé, de façon à empêcher l'animal de s'enlever ou de prendre une autre allure que le pas, soit de la tête à un membre antérieur ou postérieur, mais de façon que l'entrave soit assez courte pour empêcher la tête de se relever à la hauteur horizontale du garot.

2. Indépendamment des précautions qui précèdent, les chevaux entiers de plus d'un an seront constamment accompagnés d'un gardien âgé de plus de 15 ans.

3. Les contraventions, etc.

V. *Abreuvoirs*, *Animaux*, *Voitures*.

V. *Form.*, t. 3, p. 220.

CHÈVRES.

§ 1. — Pouvoir du Maire. — Conservation des productions de la terre.

Mesures de police. — Est obligatoire l'arrêté prescrivant que les chèvres qui traverseront les chemins dans un quartier de territoire déterminé, seront musclées, attachées deux à deux, et auront chacune d'elles une clochette ([1]) (*Cass.*, 20 *févr.* 1835, *Soumère*).

V. *Animaux. Parcours.*

§ 2. — Formule.

Arrêté réglementant la conduite des chèvres.

Le Maire de

Vu les lois des 16-24 août 1790, 19-22 juillet 1791, 28 septembre-16 octobre 1791 et 18 juillet 1837 sur la police rurale et municipale ;

Considérant qu'il importe de prévenir par des précautions convenables les dommages qui pourraient résulter du défaut de surveillance des chèvres conduites sur la voie publique ;

Arrête :

Article unique. Les chèvres, non menées en laisse sur la voie publique, seront muselées et attachées deux à deux. Celles conduites isolément auront au cou une clochette.

V. *Form.*, tom. 3, p. 240.

CHIENS.

§ 1. — Pouvoir du maire. — Tranquillité et sureté publique. — Mesures préventives contre les inconvénients de la divagation des animaux dangereux.

1. *Divagation. — Musellement.* — Est obligatoire l'arrêté municipal qui interdit de laisser circuler les chiens sur la voie publique ou dans les champs sans être muselés ou tenus en laisse, alors même que cet arrêté contient un avertissement que des boulettes empoisonnées sont jetées (*Cass.*, 2 *juill.* 1841, *Desroches et autres* ; 24 *juin* 1843, *Derny* ; 19 *nov.* 1852, *Follin*), ou défend d'une manière absolue et sans limitation de temps, de laisser vaguer les chiens pendant le jour, à moins qu'ils ne soient muselés, et pendant la nuit même lorsqu'ils sont muselés (*C. C.*, 8 *août* 1846, *Beaugrand*).

2. *Etendue de l'application de l'arrêté contre la divagation des chiens.* — Cet arrêté est applicable, même dans le cas où le chien ne se serait échappé qu'un instant, traînerait après lui le lien qui servait à le retenir en laisse, et où son maître ou un serviteur courrait après lui pour le rattraper (*Cass.*, 4 *octob.* 1845, *Lepésant*) ; — Dans le cas où le chien serait sorti de la maison de son maître par le fait d'une personne dont celui-ci n'est pas légalement responsable (*Cass.*, 16 *octob.* 1844, *Person*) ; — dans le cas où le chien se trouverait abandonné dans

---

([1]) Le fait d'avoir mené des chèvres sur le terrain d'autrui constitue la contravention prévue par l'art. 479, n° 10, du C. p., modificatif de l'art. 18, tit. 2, de la loi du 6 octobre 1791 (*C. C.*, 24 *mars* 1855, *Agren* ; 28 *juin* 1861, *Scaglia*).

une cour ouverte et accessible à tous les passants (*Cass.*, 17 *janv.* 1823, *Nicolle*), ou dans une cour commune à plusieurs propriétaires (*Cass.*, 13 *avril* 1849, *Oudin*). — Il est de même applicable pour les chiens qui veillent à la garde d'un troupeau (*Cass.*, 15 *déc.* 1827, *Pillot*; 1ᵉʳ *juill.* 1842, *Gay*) ; qui sont destinés à la garde des habitations (*Cass.*, 30 *nov.* 1861, *Tessier*), ou qui appartiennent à des étrangers venus sur le territoire de la commune (*Cass.*, 27 *févr.* 1847, *Verdez* ; 14 *mai* 1853, *Bernard* ; 13 *mai* 1854, *Bultel*). Enfin, l'arrêté doit recevoir son exécution malgré le prétexte de bonne foi du contrevenant (*Cass.*, 4 *déc.* 1862, *Dumont*).

3. *Magasins*. — *Chiens muselés*. — Est obligatoire l'arrêté portant que dans les magasins ou établissements quelconques ouverts au public, les chiens devront être constamment pourvus d'une muselière (¹) (*Cass.*, 15 *nov.* 1856, *Picon.*).

4. *Vignes*. — Est obligatoire l'arrêté qui prescrit d'attacher un bâton de telle longueur au cou des chiens pour les empêcher d'entrer dans les vignes (*Cass.*, 10 *janv.* 1834, *Danglard*).

5. *Attache*. — Est obligatoire l'arrêté qui ordonne d'enfermer les chiens ou de les tenir à l'attache pendant un délai déterminé (*Cass.*, 19 *août* 1859, *Habitants de Montreuil* ; 7 *mai* 1825, *intérêt de la loi, Habitants de Gaillac*).

6. *Colliers*. — Est obligatoire le règlement qui défend de laisser circuler les chiens sans qu'ils ne soient munis d'un collier portant le nom du propriétaire, ou conduits en laisse, ou attachés sous une voiture. (*Cass.*, 5 *août* 1844, *Strafforello*).

7. — *Attelage*. — Serait obligatoire l'arrêté municipal qui défendrait d'atteler des chiens à des voitures ou brouettes pour les traîner comme bêtes de trait. En l'absence d'arrêté municipal le prohibant et lorsqu'il n'y a pas de mauvais traitements exercés, soit par des actes de brutalité ou de violence, soit en occasionnant par une charge excessive une souffrance que la nécessité ne justifierait pas, l'attelage d'un chien à une petite voiture n'est pas un fait punissable et ne constitue pas une contravention à la loi du 2 juillet 1850 (*C. C.*, 10 *nov.* 1860, *Poucherie*) ; mais le fait de grièvement blesser un chien appartenant à autrui, par le jet d'un râteau, par exemple, ou de le mutiler à dessein, constitue la contravention prévue par l'art. 479, § 1 ou 2 du Code pénal (*Cass.*, 9 *juill.* 1853, *Meyzenq* ; 18 *août* 1853, *Roulleau Deshayes*).

9. *Chiens levriers*. — *Interdiction*. — N'est pas obligatoire l'arrêté qui interdit d'une manière absolue et permanente l'usage des chiens levriers (²) (*Cass.*, 30 *juin* 1842, *Trusson*).

(¹) Le chien qui mord un individu dans l'intérieur de l'habitation de son maître, non commune à plusieurs locataires, ne rend pas le propriétaire passible de l'amende prévue pour le cas de divagation (*Cass.*, 6 *juin* 1856, *Chatain*).

(²) *Morsures*. — Le fait du propriétaire qui n'a pas retenu son chien lorsqu'il attaque ou poursuit les passants, même lorsqu'il n'en est résulté aucun mal ni dommage, est punissable des peines prévues par l'art. 475, n. 7, § 2 du Code pénal (*C. C.*, 10 *mai* 1861, *Dubreuil*). — En outre, le maître d'un chien est toujours responsable des accidents occasionnés par cet animal et il est passible de l'amende édictée par l'art. 475, n° 7, § 1, lorsqu'il n'a pas pris toutes les précautions nécessaires pour l'empêcher de nuire. — Il est de principe, en effet, que le chien, bien qu'il n'appartienne pas à la classe des animaux malfaisants dont le Code pénal interdit la divagation, doit nécessairement, dans l'intérêt de la sûreté publique, être assimilé à ces animaux, lorsqu'il attaque ou poursuit les passants. (*Cass.*, 27 *février* 1823, 11 *nov.* 1843, *Guillon* ;

§ 3. — Formules.

I. Règlement de police concernant les chiens errants ou enragés.

Le maire de la commune de

Vu les lois des 16-24 août 1790 et 18 juillet 1837, et les différents règlements de police concernant les chiens errants ;

Considérant que le nombre de ces animaux s'accroît chaque jour, et qu'il est du devoir de l'administration de prendre des mesures pour prévenir les accidents graves qu'ils peuvent occasionner ;

Arrête :

Art. 1er. Il est défendu à toute personne de laisser vaguer ou errer leurs chiens sur la voie publique sans les accompagner ; les chiens de grosse race devront être tenus en laisse ou muselés ; il est également défendu de faire battre les chiens entre eux, de les faire courir devant les voitures, et de les placer en garde sous les charrettes, sans être attachés ou muselés.

2. Les bouchers ne doivent laisser sortir leurs chiens que pour la conduite du menu bétail à l'abattoir (mais non du gros bétail), ou lorsqu'ils vont en voyage. Pour éviter tout accident, ils s'abstiendront de les tenir devant leurs étaux ou boutiques, à moins qu'ils ne soient muselés.

3. Les propriétaires de chiens qui contreviendront aux dispositions des art. 1er et 2 ci-dessus, seront passibles des peines portées par les art. 475 et 478 du Code pénal, contre ceux qui laissent errer des animaux malfaisants, le tout sans préjudice des dommages-intérêts dont ils deviendront responsables, à raison des accidents qui pourraient résulter de leur contravention, conformément à l'art. 1385 du Code civil.

4. Le mode de l'empoisonnement, en usage jusqu'à ce jour, pour la destruction des chiens errants, continuera d'être employé.

5. A cet effet, il sera, chaque année, à quatre époques différentes, et après un avis publié trois jours d'avance, répandu sur les quais, dans les places, les rues, les carrefours et les promenades de la ville, un poison préparé pour la destruction des chiens errants. Ces époques sont fixées ainsi qu'il suit : — 1° Du 14 décembre au 31 janvier ; — 2° Du 1er au 30 avril ; — 3° Du 15 juillet au 31 août ; — 4° Du 1er au 31 octobre. Il sera également jeté du poison dans le cas où des chiens enragés auraient parcouru la ville ou les environs.

6. Il sera pris des mesures particulières pour la destruction des chiens qui vagueraient la nuit.

7. Dans le cas de morsure ou dégâts commis par un chien vaguant dans les rues ou sur un chemin, quoique accompagné de son maître, il y a peine de police municipale, conformément à l'art. 3 du présent règlement, indépendamment des dommages-intérêts mentionnes audit article.

---

16 *juin* 1848, *de Beaumont* ; 3 *octob.* 1851, *Gerbert* ; 10 *mars* 1854, *Husson* ; 19 *déc.* 1856, *Centlivre*).

Traitement de la Rage.

Bien qu'il n'entre pas dans le cadre de cet ouvrage de traiter un objet étranger aux règlements de police municipale, nous croyons qu'il n'est pas sans intérêt de parler ici du traitement à suivre dans le cas de morsure par un animal enragé. Les maires, d'ailleurs, peuvent faire suivre de l'instruction ci-après, les arrêtés qu'ils prennent pour interdire la circulation des chiens pendant un temps déterminé, afin de les soustraire aux attaques des chiens enragés :

Avis du conseil de salubrité sur le traitement à suivre par les personnes mordues par un animal enragé.

I. Toute personne mordue par un animal enragé, ou soupçonné tel, devra à l'instant même presser sa blessure dans tous les sens, afin d'en faire sortir le sang et la bave. — II. On lavera cette blessure, soit avec de l'alcali volatil étendu d'eau, soit avec de l'eau de lessive, de l'eau de savon, de l'eau de chaux ou de l'eau salée, et, à défaut, avec de l'eau pure, ou même avec de l'urine. — III. Puis on fera chauffer à blanc un morceau de fer que l'on appliquera profondément sur la blessure.

Ces moyens, bien employés, suffiront pour écarter toute espèce de danger. Il est inutile de dire que toutes les fois qu'ils pourront être administrés par un homme de l'art, il y aura avantage pour la personne mordue ; et que, dans tous les cas, il sera nécessaire d'en appeler un, même après l'emploi de ces moyens, attendu qu'il pourra seul bien apprécier la profondeur des blessures, et qu'une cautérisation qui aurait été incomplètement faite serait sans efficacité. — On ne saurait trop rappeler le danger qui existe dans l'usage des prétendus spécifiques que vendent et distribuent les charlatans. On ne connaît encore de préservatif certain contre la rage que la cautérisation suivie d'un traitement local convenable.

8. Dans le cas où un chien paraîtrait atteint de la rage, le propriétaire devra le faire abattre sur-le-champ, et produire à la police une déclaration de la personne qu'il aura chargée de ce soin, constatant que l'animal a été abattu.

9. Si un chien présumé enragé a mordu quelqu'un, ou quelque animal, il devra être renfermé et gardé à vue, pour que la police puisse s'assurer s'il est enragé ou non.

10. Les personnes mordues par un chien soupçonné d'être enragé, sont invitées à recourir, sans aucun délai, à un médecin ou un chirurgien, pour recevoir l'application nécessaire des remèdes en pareille circonstance. Si la personne mordue est indigente, elle devra se rendre sur-le-champ à l'hospice pour y être traitée. Dans tout autre cas, MM. les médecins et chirurgiens sont invités à se mettre en rapport avec MM. leurs collègues de l'hospice, ou avec ceux qui composent le jury médical, lesquels sont particulièrement chargés de recueillir et transmettre au maire des renseignements sur l'état du malade.

11. MM. les commissaires de police sont chargés de veiller à l'exécution du présent règlement. — Fait à   , en l'hôtel de ville, le   *Le Maire,*

2. Autre arrêté prescrivant la destruction des chiens errants.

Le Maire de la commune de

Vu les règlements de police concernant les chiens errants ;

Attendu que des chiens atteints de la rage ont paru dans les communes voisines et même dans la ville ;

Attendu qu'un grand nombre de chiens, abandonnés par leurs maîtres, vaguent habituellement dans les rues ;

Qu'ainsi il y a urgence de prescrire les mesures nécessaires pour prévenir les accidents qui peuvent résulter de cet état de choses ;

Arrête :

Art. 1er. Pendant huit jours à compter du.... jusqu'au.... inclusivement, il sera jeté du poison dans les rues, places et promenades publiques.

2. Les propriétaires de chiens devront, pendant le même temps, les retenir chez eux, ou ne pourront les conduire sur la voie publique qu'en les tenant en laisse et muselés.

3. Des procès-verbaux seront dressés et des poursuites dirigées contre les contrevenants à la disposition qui précède, par les soins de MM. les commissaires de police, qui demeurent chargés d'assurer l'exécution du présent arrêté et de prendre sans délai les mesures prescrites par les règlements, en ce qui concerne les chiens qui ont été mordus.

Fait à   , en l'hôtel de ville, le

3. Autre règlement concernant les chiens errants.

Le Maire de la commune de

Vu 1° les nos 1er, 5 et 6 de l'art. 3, tit. XI, de la loi du 16-24 août 1790 ; — 2° l'art. 46, tit. 1er, de celle du 19-22 juillet 1791 ; — 3° les art. 471 § 15, 474, 475 § 7 du Code pénal ; — 4° enfin, les art. 10 et 11 de la loi du 18 juillet 1837 ;

Considérant que les plus fâcheux évènements peuvent être occasionnés par suite de la grande quantité de chiens qui circulent constamment, en toute liberté, sur la voie publique ; que ces animaux, chez lesquels la rage est susceptible de se développer spontanément, donnent lieu de craindre les accidents les plus déplorables ; que ce danger, qui est permanent, mais toujours plus grand pendant l'été, doit éveiller toute la sollicitude de l'autorité municipale, investie par les lois du soin de protéger la sûreté publique ;

Considérant qu'il s'élève de toutes parts des réclamations contre les empoisonnements périodiques qui, sans atteindre le but que l'on se proposait, imposent au public un spectacle cruel et dégoûtant et à la commune des dépenses souvent sans résultat ; — Qu'il est d'une bonne administration d'adopter des mesures telles que l'on puisse en tirer le double avantage d'une destruction complète et assurée des chiens errants, et de la conservation de ceux qui sont pour les propriétaires d'une utilité d'intérêt ou d'affection et dont l'existence ne présente aucun danger pour le public ;

Arrête :

Art. 1er. Il est expressément défendu, du 1er mai au 1er septembre de chaque année, de laisser circuler les chiens sur la voie publique, s'ils ne sont muselés de manière à ne pouvoir mordre, ou s'ils ne sont tenus en laisse.

2. En tout temps, ces animaux devront avoir un collier, soit en métal, soit en cuir garni d'une plaque de métal, où seront gravés les noms, prénoms et demeure des personnes auxquelles ils appartiennent.

3. Il est défendu aussi en tout temps de laisser vaguer les chiens, pendant la nuit, sur la voie publique, après la cloche de retraite sonnée au beffroi, et avant

le lever du soleil, qu'ils soient ou non muselés et munis du collier prescrit par l'article précédent.

4. Les chiens dont les propriétaires n'auront pas rempli les conditions ci-dessus formulées, seront pris et conduits à l'abattoir, où ils resteront, pendant trois jours, à la disposition desdits propriétaires. Ceux de ces animaux qui ne seront pas réclamés dans ce délai, seront détruits.

5. Les personnes qui réclameront leurs chiens n'en obtiendront la remise que sur l'autorisation écrite du commissaire de police. Elles auront, en outre, à verser entre les mains du gardien de l'abattoir les frais de mise et garde en fourrière, sans préjudice des poursuites devant les tribunaux compétents, pour le fait de la contravention.

6. Il est également défendu, et d'une manière permanente, de faire traîner des voitures ou des charrettes par des chiens.

7. Les chiens appartenant aux bouchers devront être en tout temps muselés quand ils seront dans l'intérieur de l'abattoir.

8. Les chiens attachés sous des voitures y seront toujours fixés de manière à ne pouvoir en dépasser la voie.

9. Il est expressément enjoint aux propriétaires des chiennes de les garder et retenir dans leur domicile pendant tout le temps qu'elles sont en folie.

10. Tout chien vu dans les rues ou autres lieux publics, reconnu hydrophobe ou même présentant des symptômes d'hydrophobie, sera détruit, lors même qu'il serait réclamé, sans préjudice des peines qu'aurait encourues le propriétaire, s'il se trouvait en contravention au présent arrêté.

11. Les contraventions, etc.

4. Autres dispositions de police concernant les chiens. (Extrait de l'ordonnance du préfet de police du 8 juin 1852.)

Le Maire de la commune de
Vu (comme ci-dessus) ;

Arrête :

Art. 1er. Il est défendu, dans tous les temps, de laisser vaguer ou de conduire, même en laisse, des chiens sur la voie publique, s'ils ne sont pas muselés.

2. Les chiens devront être tenus muselés dans l'intérieur des magasins, boutiques, ateliers et autres établissements ou lieux quelconques ouverts au public, même lorsqu'ils y seront à l'attache.

3. Il est défendu aux entrepreneurs et conducteurs de messageries, diligences et autres voitures publiques, de souffrir dans ces voitures des chiens non muselés.

4. Il est enjoint aux marchands forains, blanchisseurs et autres voituriers et charretiers qui sont dans l'usage d'amener des chiens avec eux, de les museler et de les tenir attachés de très-court, avec une chaîne de fer, sous l'essieu de leurs voitures. — Il est également défendu d'atteler ou d'attacher des chiens aux voitures traînées à bras.

5. Il est défendu d'amener, dans l'intérieur des abattoirs, des chiens autres que ceux des conducteurs de bestiaux ; ces chiens devront être muselés lorsqu'ils seront dans ces établissements.

6. Il est défendu de laisser circuler ou de conduire sur la voie publique, même en *laisse* et muselés, aucun chien de la race des *bouledogues* ni de celle des *bouledogues métis* ou *croisés*. — Il est également défendu de tenir ces animaux, quand bien même ils seraient à l'attache et muselés, dans des boutiques, magasins, ateliers, établissements ou lieux quelconques ouverts au public.

7. Dans l'intérieur des habitations ou dans les cours, jardins et autres lieux non ouverts au public, les *bouledogues* et *bouledogues métis* ou *croisés* devront toujours être tenus à l'attache et muselés.

8. Les mesures prescrites pour la saisie et la destruction des chiens errants seront rigoureusement exécutées. — Elles sont applicables aux chiens pour lesquels on ne se conformera pas aux dispositions prescrites par la présente ordonnance.

5. Arrêté prescrivant l'abatage des chiens non muselés et de ceux soupçonnés hydrophobes.

Vu les lois des 22 décembre 1789, 24 août 1790, 27 juillet 1791 et 18 juillet 1837 ;
Considérant qu'un chien, qui vient d'être abattu et reconnu hydrophobe, a parcouru la commune ; que par suite il est *urgent* de prendre exceptionnellement des mesures pour prévenir tout accident ;

Arrête :

Art. 1er. Pendant deux mois, à partir de ce jour, tous les chiens qui paraîtront, sans être muselés, dans les rues et lieux publics , seront abattus , sans préjudice des poursuites qui seront dirigées contre les propriétaires qui auraient laissé sortir leurs chiens sans muselière.

2. Le propriétaire de tout chien ou autre animal hydrophobe ou seulement suspecté de l'être, qui ne le ferait pas abattre sur-le-champ, sera tenu de le garder renfermé. A défaut, le chien sera abattu et le propriétaire qui, après l'avoir enfermé, l'aurait laissé sortir ou s'échapper avant le laps de temps nécessaire pour s'être assuré qu'il n'était pas atteint de la maladie, sera poursuivi à raison de sa contravention.

Fait en l'hôtel de ville, le

Arrêté concernant un chien d'un naturel féroce.

Le Maire de la commune de

Vu les lois des 16-24 août 1790, 19-22 juillet 1791 et 18 juillet 1837 ;

Sur le rapport qui nous a été fait que M.   , demeurant rue   , possède un chien de taille qui s'élance avec fureur sur les passants et sur les animaux à sa portée ;

Considérant que cette propension à la férocité est non-seulement un sujet d'effroi, mais encore qu'elle peut occasionner de graves accidents ;

Arrête :

Art. 1er. Il est enjoint à M   , demeurant rue   , de tenir, jour et nuit , son chien renfermé de manière à ce qu'il ne puisse nuire à qui que ce soit; de ne jamais le laisser circuler sur la voie publique sans qu'il soit en laisse.

2. Les contraventions aux présentes injonctions seront constatées par procès-verbal et poursuivies par application de l'art. 471, § 15, du Code pénal, indépendamment de toute répétition de dommages-intérêts, s'il y a lieu.

3. Les officiers de la police municipale et le garde champêtre sont chargés de l'exécution du présent.

Fait en Mairie, le   *Le Maire* .

7. Arrêté proscrivant les attelages de chiens.

Le Maire de la commune de

Vu les lois des 15-24 août 1790 , 19-22 juillet 1791 et 18 juillet 1837 ;

Considérant que l'emploi des chiens en attelage tend à se propager ;

Que la fatigue à laquelle on assujettit ainsi, contre nature, ces animaux, est souvent chez eux la cause déterminante d'affections dangereuses et qu'il peut en résulter de graves inconvénients pour la sûreté des personnes et de la voie publique ;

Arrête :

Art. 1er. A partir de la publication du présent arrêté, les attelages de chiens à des charrettes, brouettes ou voitures, et leur emploi à quelque moyen de transport que ce puisse être, sont interdits sur tout le territoire de la commune.

2. Les contraventions, etc.

V. *Form.*, tom. 3, pag. 245.

CHRYSALIDES.

§ 1er. — Pouvoir du Maire. — Salubrité.

Est obligatoire l'arrêté prescrivant que les chrysalides seront transportées hors de la ville et enfouies à une certaine profondeur (*Cass.,* 12 *juin* 1828, *Cottin et autres*).

§ 2. — Formule.

Arrêté prescrivant le transport hors de la commune et l'enfouissement des chrysalides.

Le Maire de la commune de

Vu les lois des 16-24 août 1790 ; 19-22 juillet 1791 et 18 juillet 1837 ;

Considérant que les chrysalides ou babeaux répandent une mauvaise odeur qui peut occasionner de graves indispositions ; que les lois sus-visées donnent aux maires le pouvoir de prescrire toutes les mesures qui leur paraissent propres à assurer la salubrité publique :

Arrête :

Art. 1er. Il est ordonné aux propriétaires de filatures de cocons de faire transporter, hors de la ville, les chrysalides ou babeaux, et de les enfouir à un mètre de profondeur, dans des terrains éloignés d'au moins 100 mètres de toute habitation, et de 10 mètres de tout chemin public.

2. Les contraventions, etc.

CIMETIÈRE.

§ 1. — POUVOIR DU MAIRE. — SURVEILLANCE ET POLICE DES LIEUX DE SÉPULTURE.

1. *Cimetière mixte.* — *Droit de police des Maires.* — Lorsque le cimetière d'une commune est situé sur son propre territoire, le droit d'y exercer la police appartient entièrement et exclusivement au Maire. Mais quand le cimetière est situé sur le territoire d'une autre commune, le droit de police attribué au maire de la commune, propriétaire du sol du cimetière, est restreint à ce qui concerne les inhumations. A celui de la commune du lieu reste dévolue la juridiction de police municipale comme sur toutes les autres parties du territoire de cette commune dont cet emplacement ne cesse pas de faire partie (¹) (*Déc. min.*, 1857).

2. *Concessions.* — *Balustrades.* — Est obligatoire l'arrêté qui enjoint aux personnes qui n'ont obtenu qu'une concession temporaire dans un cimetière, de ne l'entourer que d'une balustrade (*Cass.*, 19 octobre 1843, *Vandermonde et autres*).

3. *Inhumations privées.* — *Interdiction.* — Est obligatoire le règlement qui interdit toute inhumation particulière dans un lieu autre que le cimetière communal, sans l'autorisation du Maire (²) (*Cass.*, 14 avril 1838, *Périssel*) ; et une telle interdiction s'applique à l'individu qui a acquis un emplacement pour sa sépulture dans le cimetière privé d'une famille (*Cass.*, 24 janv. 1840, *Rolland*). Ce n'est pas là une propriété particulière dans le sens de l'art. 14 du décret du 23 prairial an XII. L'autorité municipale peut refuser, à une collection d'individus, l'autorisation de faire transporter dans un terrain particulier les restes de leurs parents, lorsque le but d'une telle demande est d'éviter le paiement des droits de concession dans le cimetière communal (*Déc. min. int.* 1860 *et* 1861. — *C. E.*, 27 *déc.* 1860, *Masson*).

4. *Cimetières privés.* — *Clôture.* — Est obligatoire l'arrêté qui ordonne le murage des portes d'un cimetière appartenant à un particulier (*Cass.*, 28 *déc.* 1839, *Ducros*).

5. *Inhumations hors de la commune.* — *Interdiction.* — Est exécutoire l'arrêté qui interdit le transport hors du territoire de sa commune, du corps d'un individu décédé dans sa commune, et l'inhumation dans le cimetière d'une commune voisine (*Cass.*, 28 *mars* 1862, *Donat*).

6. *Exhumations.* — *Refus.* — Le maire d'une commune, en refusant à la famille d'une personne enterrée dans le cimetière de cette commune, l'autorisation de l'exhumer pour la transporter dans le cimetière d'une autre commune, ne fait qu'user des pouvoirs de police à lui conférés par le décret du 23 prairial an XII. Il appartient en effet aux maires et aux préfets, sous l'autorité du ministre de l'intérieur, d'apprécier

---

(¹) C'est également l'autorité municipale de la commune propriétaire et non l'autorité ecclésiastique qui dispose de la clef du cimetière (*Déc. min.*, 1856).

(²) Le droit d'inhumer dans les propriétés privées n'est pas absolu ; il est subordonné, dans l'intérêt public, à l'autorisation préalable de l'autorité municipale (*Cass.*, 11 *juill.* 1856 et 10 *octob.* 1856, *Bosc*). En principe, toute personne doit être inhumée dans le cimetière de la commune où elle est décédée. Les exceptions ne doivent être autorisées que dans des circonstances particulières (*Déc. min.* 1860). L'autorisation accordée est personnelle et ne s'applique pas à la famille (*Déc. min.* 1861).

dans quel cas il convient de faire exception à la règle qui veut que les inhumations soient faites dans les communes où ont eu lieu les décès. (*C. E.*, 23 *févr.* 1861, *Chaussavoine*).

7. *Cimetière ancien. — Travaux indûment autorisés. — Suspension.* — Est légale et exécutoire l'injonction faite à un individu autorisé, en violation de l'article 9 du décret du 23 prairial an XII, à faire construire sur un ancien cimetière, de discontinuer ses travaux de construction (*Cass.*, 25 *nov.* 1837, *Gaucher*).

8. *Inscriptions tumulaires. — Suppression.* — Est obligatoire l'arrêté qui, par mesure de police, ordonne la suppression d'une inscription placée sur une pierre tumulaire (*C. E.*, 7 *janv.* 1842, *Alban des Héberts*) (¹).

9. *Passage privé. — Imprescriptibilité. — Suppression.* — Est obligatoire l'arrêté qui défend à un particulier de passer dans un cimetière communal, bien que le passage existe depuis un temps immémorial, et ordonne que la porte affectée à cet usage sera murée aux frais du propriétaire (*Cass.*, 23 *juin* 1863, *Hue*). La prescription ne peut être invoquée à l'égard des choses qui ne sont pas dans le commerce, et c'est là une disposition applicable aux lieux d'inhumation (*Déc. min.* 1861 *et même arrêt*).

10. *Exhumations. — Autorisation.* — Est obligatoire l'arrêté de police qui interdit toute exhumation sans autorisation du maire, ou qui prescrit les mesures d'ordre et de salubrité qui devront être observées pendant l'opération de l'exhumation (*Cass.*, 21 *août* 1835; 4 *déc.* 1847, *Gaison*).

§ 2. — EXCÈS DE POUVOIR.

10. *Exhumations. — Ordre d'ouvrir les cercueils trouvés intacts.* — L'autorité municipale qui est autorisée par l'art. 17 du décret du 23 prairial an XII, à faire procéder, après 5 ans, à l'ouverture des fosses, ne puise pas dans cette loi le droit d'exhumation et d'ouverture des cercueils trouvés intacts. L'exhumation ne peut avoir lieu qu'à un autre titre et à d'autres conditions que la réouverture des fosses, et conformément aux lois des 16-24 août 1790 et 22 juillet 1791, sur les droits accordés à l'autorité municipale ; autrement, elle n'est qu'une voie de fait qui ne peut être excusée ni par le but, ni par l'intention, ni même par la qualité de maire (*Cass.*, 3 *octob.* 1862, *Cyr Chapuys*),

§ 3. — FORMULES.

1. Règlement sur la police des cimetières, sur les lieux de sépulture, sur les inhumations et sur les exhumations.

Le Maire de la commune de

Vu les lois des 14-22 décembre 1789 ; 16-24 août 1790 ; 19-22 juillet 1791 ; 12 frimaire an II, 2 décembre 1793 ;

Vu les décrets des 23 prairial an XII, 4 thermidor an XIII, 18 mai 1806, l'ordonnance du 6 décembre 1843 ;

Vu les circulaires des 8 messidor et 26 thermidor an XII, 20 juillet 1841 et 31 décembre 1843 ;

Considérant que la police des lieux de sépulture est placée sous la surveillance spéciale de l'autorité municipale ;

(¹) *Pierres tumulaires.* — Chaque particulier a le droit de placer sur la tombe de son parent ou ami une pierre sépulcrale ou tout autre indice de sépulture. — Il n'est dû aucune taxe pour le maintien de ces signes indicatifs de sépulture. Ces pierres peuvent subsister tant que le service des inhumations ne nécessite pas la réouverture des fosses. (*Déc. min. int.* 1858.) Toutefois, l'autorité municipale peut les faire enlever après le délai de 5 ans (*Déc. min.* 1863).

Considérant qu'il importe à l'ordre public, tant sous le rapport de la salubrité publique, que sous celui du respect dû à la mémoire des morts, de prescrire les dispositions relatives à la police du cimetière ;

Arrête :

§ 1er. — *De la police des cimetières.*

Art. 1er. Il est fait défense à toutes personnes de se comporter avec inconvenance dans le cimetière, comme aussi d'y commettre aucun désordre ou de s'y permettre aucun acte contraire au respect dû à la mémoire des morts.

2. Défenses sont faites également de tenir, dans lesdits lieux, aucune assemblée tumultueuse, d'y faire paître des bestiaux, d'y profaner des tombeaux. — Défenses sont aussi faites de pénétrer dans le cimetière autrement que par l'entrée principale, d'escalader les grilles ou treillages et autres entourages des sépultures, de monter sur les tombeaux, de les dégrader ainsi que les terrains qui en dépendent, de quitter les chemins ou sentiers accoutumés ; — De rien écrire sur les monuments, de couper ou arracher les fleurs ou arbustes, d'enlever ou déplacer les objets posés dans des intentions pieuses sur les tombes, et enfin tous autres objets existant sur les terrains non encore employés.

3. Les inscriptions à placer sur les tombes devront être préalablement soumises à l'autorité municipale et visées par elle. — Il est défendu aux fossoyeurs de percevoir aucune somme au-dessus de la taxe fixée par les règlements. Un exemplaire de l'arrêté du maire, établissant cette taxe, sera placé sur un poteau à l'entrée du cimetière.

4. Il est défendu à tout entrepreneur, dans l'enceinte du cimetière, de faire, aux familles ou personnes formant le cortége funèbre, aucune offre de service et remise de cartes ou adresses relatives à son industrie.

§ 2. — *Des inhumations.*

5. Aucune inhumation ne sera faite sans l'autorisation sur papier libre et sans frais de l'officier de l'état civil, qui ne pourra la délivrer qu'après s'être transporté auprès de la personne décédée, pour s'assurer du décès, et que vingt-quatre heures après le décès, hors les cas où la nature de la maladie, la saison ou l'état du corps auront déterminé le médecin qui aura soigné le malade, ou tout autre médecin commis à cet effet, à prononcer que la sépulture doit avoir lieu plus promptement, pour cause de salubrité publique.

6. Chaque inhumation sera faite dans une fosse séparée d'un mètre et demi à deux mètres de profondeur, sur huit décimètres de largeur ; cette fosse sera remplie de terre bien foulée.

7. Les fosses seront distantes les unes des autres de trois à quatre décimètres sur les côtés, et de trois à cinq décimètres de la tête aux pieds.

8. L'ouverture des fosses pour de nouvelles sépultures n'aura lieu que de cinq années en cinq années.

9. Il sera perçu pour chaque fosse savoir :

Pour les personnes au-dessus de l'âge de 12 ans............ 2 fr.
—   — au-dessous de cet âge................. 1

Au moyen de cette taxe, qui ne pourra être dépassée en aucun cas, les indigents seront enterrés gratuitement.

10. Il est expressément défendu, à tous les agents du cimetière, ainsi qu'aux individus employés par eux, de rien demander aux familles des décédés, à titre d'émoluments ou de gratification, pour offre de services, à quelque titre que ce soit.

11. Le transport, la présentation, le dépôt, l'inhumation des corps et l'ouverture des lieux de sépulture sont formellement interdits à toutes personnes et à tout ministre des cultes, s'il ne leur a été justifié de l'autorisation mentionnée en l'art. 13 ci-dessus.

12. Aucune inhumation n'aura lieu dans les églises ou temples consacrés aux cultes, ni dans l'enceinte de la ville.

13. Défenses sont faites d'établir aucun dépositoire dans l'enceinte de la ville.

14. Un emplacement spécial sera assigné dans le cimetière pour les personnes du même culte professé publiquement.

15. Il sera placé à l'entrée du cimetière une inscription portant ces mots : RESPECT A LA MÉMOIRE DES MORTS.

§ 4. — *Dispositions générales.*

16. Défenses sont faites d'élever aucune habitation ni de creuser aucun puits à moins de cent mètres des cimetières.

17. Les contraventions, etc.

2. Arrêté concernant les concessions dans les cimetières.

Le Maire de la commune de

Vu la délibération du conseil municipal de la commune, en date du..... portant fixation du tarif des concessions à faire dans le cimetière communal ;

Vu le décret du 23 prairial an XII, l'ordonnance royale du 6 décembre 1843 et l'instruction ministérielle du 30 décembre 1843 ;

Considérant que l'étendue et la position du cimetière permettent qu'il soit fait des concessions, mais que, conformément au décret et à l'ordonnance sus-visés, ces concessions ne doivent être faites qu'à des conditions qui concilient les intérêts de la commune et le respect dû aux dépouilles mortelles des citoyens ;

Arrête ce qui suit :

Art. 1er. Il sera fait des concessions de terrains dans le cimetière communal aux personnes qui désireront y posséder une place distincte et séparée pour y établir une sépulture privée.

2. Les concessions seront divisées en trois classes, savoir : — 1° Concessions perpétuelles ; — 2° Concessions trentenaires ; — 3° Concessions temporaires.

3. Chaque concession ne pourra être moindre d'un mètre de largeur sur deux mètres de longueur, emplacement nécessaire pour une tombe.

4. Le terrain nécessaire aux séparations et passages établis autour des concessions sera fourni par la commune. — La distance entre chaque fosse sera de 3 à 4 décimètres sur les côtés et de 3 à 5 décimètres à la tête et aux pieds.

5. Aucune inhumation ne pourra être faite dans les parties du cimetière réservées aux concessions, si l'on n'a pas demandé et obtenu la concession du terrain pour cette inhumation.

6. Les concessions trentenaires seront renouvelables indéfiniment à l'expiration de chaque période de trente ans, moyennant une redevance qui ne pourra être inférieure ni dépasser le taux de la première. — A défaut de cette nouvelle redevance, le terrain concédé fera retour à la commune, mais il ne pourra être repris par elle que deux années révolues après l'expiration de la période pour laquelle il avait été concédé, et dans l'intervalle de ces deux années, les concessionnaires ou leurs ayants cause pourront user de leur droit de renouvellement.

7. Les concessions temporaires seront faites pour quinze ans au plus et ne pourront être renouvelées.

8. Le prix de la concession à perpétuité est fixé à.... par chaque mètre carré, soit.... pour une tombe. — Le prix de la concession trentenaire est fixé à.... aussi par chaque mètre carré, soit.... pour une tombe. — Le prix de la concession temporaire est fixé à.... également par chaque mètre carré, ou.... par tombe. — Ce prix sera versé lors de la délivrance de l'acte de concession jusqu'à concurrence de deux tiers dans la caisse communale et un tiers dans celle du bureau de bienfaisance.

9. Les personnes qui désireraient acquérir un terrain devront, avant l'inhumation, en adresser la demande par écrit au maire. — Toute demande devra être écrite sur papier timbré et contenir la soumission au paiement par le demandeur du prix du terrain sur le taux et dans les délais prescrits par l'article précédent.

10. Les concessionnaires pourront construire sur les terrains concédés les monuments et tombeaux qu'ils jugeront convenables; mais ils ne pourront y pratiquer de caveaux qu'autant que le terrain concédé comprendrait une étendue de quatre mètres carrés au moins.

11. Il n'est point dérogé par le présent règlement au droit qu'a chaque particulier, sans besoin d'autorisation, de faire placer sur la fosse de son parent ou ami, une pierre sépulcrale ou autre signe indicatif de sépulture, mais seulement pour cinq ans. — Après ce terme, l'autorité locale pourra faire disparaître ces signes, à moins d'une concession dans les termes ci-dessus déterminés. — Toutefois, lorsqu'après avoir été mises en demeure, les parties intéressées n'auront pas fait enlever les matériaux provenant des tombes et monuments élevés par les concessionnaires, le maire pourra, après avis itératif et une année révolue à partir du premier avertissement, employer ces matériaux à l'entretien du cimetière.

12. Les occupations de terrains antérieures au présent règlement et qui n'auraient pas été sanctionnées par l'autorité supérieure, seront, à partir de l'homologation dudit règlement, soumises aux conditions qu'il impose. — En conséquence, les détenteurs des terrains devront, aussitôt qu'ils en seront requis par le maire, se rendre concessionnaires desdits terrains, sinon et faute par eux de le faire dans le délai qui leur aura été fixé, lesdits terrains feront retour à la commune après que les signes funéraires auront été enlevés, soit par les propriétaires, soit, à leur défaut, à la diligence du maire, conformément à ce qui est dit à l'article précédent.

13. La clause qui précède sera, par les soins du maire, portée à la connaissance des parties intéressées aussitôt l'homologation du présent règlement.

14. Sur chaque concession perpétuelle, trentenaire ou temporaire, le concessionnaire devra faire inscrire le numéro et la nature de la concession.

15. En cas de translation du cimetière, les concessionnaires auront droit d'obtenir, dans le nouveau cimetière, un emplacement égal en superficie au terrain qui leur avait été concédé, et les restes qui y avaient été inhumés ainsi que les matériaux des tombes seront transportés aux frais de la commune.

16. Aucune inscription ne pourra être placée sur les pierres tumulaires ou monuments funèbres sans avoir été préalablement soumise à l'approbation du maire.

Fait en mairie..... le.....   *Le Maire,*

V. *Form. mun.*, t. 5, p. 460.

CLAQUEMENT DE FOUET.

Pouvoir du Maire. — Tranquillité publique.

Est obligatoire l'arrêté qui défend à toute personne, même aux postillons de la poste aux chevaux, de faire claquer leurs fouets dans les rues et places publiques (*Cass.*, 18 *nov.* 1824, *Hubert*).

V. *Bruits et Tapages* et *Voitures.*

CLOAQUES.

Pouvoir du Maire. — Salubrité publique.

Est obligatoire l'arrêté qui prescrit le curage et les mesures propres à prévenir tout inconvénient qui pourrait résulter de l'existence d'un cloaque creusé près de la voie publique (*Cass.*, 18 *floréal an* 9, *Bonneau* ; 15 *oct.* 1825, *Vincent*).

Voy. *Salubrité.*

CLOCHES.

§ 1er. — Pouvoir du Maire. — Mode a observer pour sonner les cloches lorsqu'il s'agit d'avertir les habitants d'un danger commun, tel qu'incendie, inondation, etc., de provoquer des réunions publiques, ou d'annoncer l'heure de la retraite dans les villes de guerre (*Av. cons. d'Etat du* 17 *juin* 1840).

1. *Cloches d'église.* — *Sonnerie.* — Le maire peut disposer des sonneries pour certains usages civils en se concertant avec le curé, ou en cas de périls communs, tels que ceux d'incendie, inondation, etc. En cas de refus, le maire a le droit de faire sonner les cloches de sa propre autorité (*Déc. min.* 1859) (1).

---

(1) En principe, il appartient au curé de déterminer l'emploi des cloches pour tout ce qui concerne les cérémonies religieuses et au maire de déterminer tout ce qui a rapport à leur usage civil. — L'art. 48 de la loi du 18 germinal an x règle ainsi l'usage des cloches : « L'évêque se concertera avec le préfet pour régler la manière d'appeler les fidèles au service divin par le son des cloches ; on ne pourra les sonner pour toute autre cause sans la permission de la police locale. » — Lorsqu'un règlement existe, le curé peut faire sonner les cloches sans l'autorisation du maire, dans tous les cas déterminés ; mais pour tous les cas non prévus et étrangers au service du culte, cette autorisation est indispensable.

Sonneur. — Le maire n'a pas le droit de s'immiscer dans la nomination ou la révocation du sonneur, et cela lors même que la caisse municipale contribuerait au salaire du titulaire en proportion des sonneries affectées aux besoins communaux. Cette nomination ou révocation relève de l'autorité ecclésiastique (*D. du* 30 *nov.* 1809, *art.* 33, *et Ord. du* 12 *janv.* 1825, *art.* 7).

Clef du clocher. — Le curé a seul la clef du clocher, parce que le service divin est de tous les instants, mais dans les communes desservies par binage, une double clef est déposée dans les mains du maire pour qu'il puisse être subvenu aux accidents. — En cas d'absence du curé dans les communes rurales, le maire peut donner directement ses ordres au sonneur, qui doit obtempérer aussitôt à l'injonction qui lui est faite. — Si le maire avait à faire sonner les cloches de son autorité propre, contre le gré du curé, il aurait à employer les moyens qu'il jugerait convenables (*Av. du cons. d'Etat du* 17 *juin* 1840).

2. *Orages. — Epidémie. — Sonnerie. — Interdiction.* — Est légal l'arrêté municipal qui défend : de mettre les cloches en branle dans les temps d'orage, pour aucun motif et à l'occasion d'aucun acte civil et religieux (l'éclat du son des cloches mises ainsi à la volée ne peut, au lieu d'écarter le danger, que tendre à fendre la nue et à attirer le fluide électrique) ; de sonner les cloches pendant les épidémies (l'expérience attestant que les impressions morales et surtout les idées tristes exercent une influence pernicieuse sur les malades (*Cir. min.* **24** *janvier* **1809**).

§ 2. — Excès de pouvoirs.

3. *Cloches de l'hôtel de ville.—Usage religieux.*—La cloche de l'hôtel de ville ne doit pas servir à annoncer les mariages, décès, etc. Il y aurait, en effet, des inconvénients réels à affecter une cloche communale à des usages purement privés, et ce serait, en outre, créer une sorte de concurrence aux fabriques qui sont autorisées à faire sonner les cloches des églises pour célébrer les cérémonies religieuses (*Déc. min.* **1860**).

§ 3. — Formules.

1. Arrêté portant interdiction des sonneries des cloches pendant les temps d'orage.

Le Maire de

Vu la loi du 18 germinal an x, art. 48, sur la sonnerie des cloches ; les lois des 16-24 août 1790, 19-22 juillet 1791 et 18 juillet 1837.

Considérant que l'expérience a prouvé que l'usage de sonner la cloche pendant les temps d'orage repose sur une erreur funeste et que loin d'écarter le danger, l'éclat du son des cloches mises à la volée, en déplaçant les colonnes d'air, tend au contraire à fendre la nue et à en attirer le fluide électrique, surtout lorsqu'elle se trouve perpendiculaire ou à une petite distance,

Arrête :

Il est fait défense de sonner ou faire sonner les cloches en volée pendant les temps d'orage. Le sonneur devra se borner à tinter pour annoncer les services journaliers aux heures réglées.

(ou) Il est défendu de mettre les cloches en branle dans les temps d'orage pour aucun motif et à l'occasion d'aucun acte civil ou religieux.

Fait en mairie, à....

2. Arrêté portant interdiction de sonner les cloches pendant un temps d'épidémie.

Le Maire de

Vu (comme ci-dessus).

Considérant que l'expérience atteste que les impressions morales et surtout les idées tristes exercent une influence pernicieuse sur les malades ;

Arrête :

Pendant tout le temps de l'épidémie actuelle, les sonneries de cloches sont interdites ainsi que toute cérémonie funèbre propre à effrayer les malades et à augmenter le danger de leur état.

Fait en Mairie à.... le....

Voy. *Form. Mun.*, tom 3, p. 255.

CLOTURE DE TERRAINS.

Pouvoir du Maire. — Sureté et salubrité publiques.

1. *Terrains touchant la voie publique.* — Est obligatoire l'arrêté qui prescrit, pour des motifs de sûreté ou de salubrité publiques, la clôture, le déblai, le nivellement ou le balayage d'un terrain touchant à la voie publique dans l'intérieur d'une ville ou d'un village (*Cass.*, **19** *août* **1836**, *Petit* ; 2 *févr.* **1837**, *Delpont* ; **13** *août* **1846**, *Martel* ; **3** *mai* **1850**, *Goussel et Tronchet*). Le propriétaire auquel s'appliquerait un tel arrêté ne pourrait, néanmoins, faire la clôture prescrite, sans avoir préalablement demandé et obtenu l'alignement. V. *Alignement*.

2. *Cour commune*. — Est obligatoire l'arrêté qui ordonne aux propriétaires d'une cour commune donnant immédiatement sur la voie publique de la fermer pendant la nuit (*Cass.*, *7 juill.* 1854, *Perthuis*).

Voy. *Excavations*.

Voy. *Form. Mun.*, tome 3, p. 260.

COCHERS. V. *Voitures*.

COLORIAGE. V. *Bonbons*.

COLPORTAGE.

§ 1er. — Pouvoir du Maire. — Exécution de la loi. — Surveillance.

Les autorisations de colportage sont délivrées par le préfet directement pour chaque département. Les maires, en leur qualité d'officiers de police judiciaire, ne doivent que constater les infractions qui seraient commises à la loi du 27 juillet 1849, ainsi qu'à celle du 28 avril 1846, art. 166, qui défend le colportage des cartes à jouer non revêtues de l'estampille de la régie.

§ 2. — Excès de pouvoirs.

Autorisation municipale. — Ne serait pas obligatoire le règlement de police qui subordonnerait à l'autorisation municipale la distribution à domicile d'écrits non politiques (*Cass.*, 1er *avril* 1826, *Lhermite* ; 1er *juin* 1849, *Lajourdic*). La distribution de circulaires exclusivement relatives aux affaires d'un commerçant, cachetées et portant l'adresse des destinataires, est soumise aux prescriptions de l'art. 6 de la loi du 27 juillet 1849 (*Cass.*, 26 *avril* 1862, *Micolei*), aux bulletins électoraux aussi bien qu'à tout autre écrit (*Cass.*, 11 *juill.* 1862, *Michel*) ; au simple fait de distribution accidentelle de livres, écrits ou brochures (*Cass.*, 29 *avril* 1859, *Boesner* ; 12 *déc.* 1862, *Guiboin*).

Voy. *Affichage*.

COMBUSTIBLES (Dépôts de). Voy. *Incendie*.

COMESTIBLES. V. *Denrées alimentaires*.

COMPAGNONNAGE.

§ 1er. — Pouvoir du Maire. — Maintien de l'ordre et de la tranquillité publique ([1]).

Signes de compagnonnage. — Est obligatoire l'arrêté qui interdit aux ouvriers compagnons de se réunir dans les rues et places publiques de la ville et en outre de porter des rubans de diverses couleurs, même d'en orner leurs chefs-d'œuvre (*Cass.*, 5 *août* 1836, *Cazes*).

§ 2. — Formule.

Arrêté proscrivant les signes de compagnonnage.

Le Maire de
Vu les lois des 14-22 décembre 1789, art. 46 ; 16-24 août 1790 ; 19-22 juillet 1791 ; 10 avril 1831 ; 10 avril 1834 et 18 juillet 1837 ;
A l'effet de maintenir l'ordre et la tranquillité publique ;
Arrête :
Art. 1er. Il est défendu aux ouvriers de paraître dans les rues, promenades et

---

([1]) *Coalition*. — Les art. 414 et suivants du Cod. pén. modifiés par la loi du 27 novembre 1849, répriment toute contrainte ou pression de nature à porter atteinte à la liberté industrielle et commerciale, tout concert des ouvriers ayant pour but de quitter à la fois les ateliers, ou de forcer les patrons de modifier les conditions du travail *Cass.*, 25 *févr.* 1859, *Fougedoire*).

places publiques, avec des rubans et autres signes de compagnonnage : et à toutes personnes de se livrer dans les lieux publics à des rixes ou voies de fait, de nature à troubler le repos public.

2. Les contraventions, etc.

Voy. *Form. mun.*, tom. 3, p. 263.

CONCESSIONS DE TERRAINS DANS LE CIMETIÈRE. Voy. *Cimetière.*

CONFISCATION.

EXCÈS DE POUVOIRS.

Lieux de vente désignés. — Inobservation. — Objets saisis. — La confiscation est une peine qui ne peut être prononcée que par les tribunaux, dans les cas prévus par le Code pénal ou par des lois spéciales ; le maire est sans aucun droit pour porter aucune défense ou interdiction *sous peine de confiscation*. Ainsi, n'est pas légal ni exécutoire, comme excédant les attributions municipales, l'arrêté de police qui prononce la confiscation du gibier saisi en cas d'inobservation du règlement défendant de vendre et d'acheter du gibier ailleurs que sur le marché de la ville (*Cass.*, 10 *févr.* 1854, *Boyer*).

CONSTRUCTIONS. — RECONSTRUCTIONS. — RÉPARATIONS.

§ 1er. — POUVOIR DU MAIRE. — LIBERTÉ ET SURETÉ DU PASSAGE. — CONSERVATION DU SOL COMMUNAL. — SURETÉ PUBLIQUE.

1. *Autorisation.* V. *Alignement*, nos 1, 2 et 3.

2. *Entrepreneurs. — Déclarations.* — Est obligatoire l'arrêté portant que tous architectes, entrepreneurs ou ouvriers qui entreprendront des travaux neufs ou de grosses réparations, même dans l'intérieur du bâtiment, devront en faire la déclaration à la mairie (*Cass.*, 10 *avril* 1844, *Dubois ;* 11 *juin* 1852, *Sick*), ou s'assurer, avant de commencer les travaux, que l'autorisation a été accordée (*Cass.*, 13 *juin* 1835, *Vonau ;* 6 *août* 1836, *de Joannès*). Est également exécutoire l'arrêté qui rend les architectes, entrepreneurs ou ouvriers qui font des constructions, reconstructions ou réparations, responsables du défaut d'autorisation, lorsque cette autorisation doit être obtenue préalablement à tous travaux (*Cass.*, 13 *juin* 1835, *Schmalertz ;* 12 *nov.* 1840, *Petitjour ;* 26 *mars* 1844, *Audessus ;* 10 *sept.* 1857, *Lasserre*).

3. *Emploi de matériaux.* — Est légal et exécutoire l'arrêté municipal qui défend aux propriétaires de construire à l'avenir dans l'intérieur de la ville, et comme conséquence dans l'intérieur même des habitations, si ce n'est en bonne maçonnerie hourdée en mortier de chaux et sable (*Cass.*, 24 *janv.* 1863, *Forien*) ; qui, pour prévenir les dangers d'incendie, prescrit l'emploi jusqu'au comble de pierres ou briques bien cuites (*Cass.*, 1er *juill.* 1853, *Baltzinger*) ; ou qui exige que les maisons d'habitation soient construites en maçonnerie jusqu'au comble (*Cass.*, 11 *juin* 1852, *Sick*).

4. *Cheminées. — Incendie, — Précautions.* — Est obligatoire le règlement qui ordonne que toutes les cheminées auront une dimension déterminée et que toutes celles qui ne seront pas conformes à ce règlement seront démolies si elles présentent des dangers d'incendie (*Cass.*, 16 *nov.* 1837, *Jardin*) ; qui défend aux propriétaires de maisons de construire ou de conserver des cheminées qui n'auraient pas une largeur suffisante pour l'introduction des ramoneurs (*Cass.*, 13 *avril* 1849, *Goutry*) ; qui défend de pratiquer des tuyaux de cheminée dans

l'épaisseur des murs des maisons ayant face sur la voie publique (*Cass.*, 13 *mars* 1852, *Malaret*) ; qui ordonne la réparation immédiate ou dans un délai déterminé, d'une cheminée en mauvais état (*Cass.*, 22 *juin* 1855, *Ellias*).

5. *Constructions en bois.* — *Interdiction.* — Est obligatoire le règlement qui défend les constructions en bois (*Cass.*, 29 *déc.* 1820, *Siadoux* ; 11 *mars* 1830, *Pernet*), ou interdit d'employer, dans la construction des maisons, les linteaux ou poitrails en charpente sans une autorisation préalable qui doit prescrire les mesures à prendre dans l'intérêt de la sûreté publique (*Cass.*, 6 *déc.* 1860, *V. de Nantes*) ; ou qui interdit d'établir à moins de 200 mètres de la ville ou d'un quartier quelconque une construction en bois ou en paille (*Cass.*, 30 *nov.* 1861, *Wager*).

Qui prohibe l'établissement de pans de bois (*Cass.*, 13 *août* 1842, *Deferron*), ou qui, sans les prohiber, prescrit leur revêtement par un crépis de telle épaisseur tenu par des clous et des lattes (*O. de pol.*, 13 *août* 1667).

6. *Maisons en bois.* — *Démolition.* — Est exécutoire l'arrêté qui ordonne la démolition dans un délai déterminé de barraques et maisons en bois construites en contravention à un arrêté antérieur, lequel prohibait ce genre de construction (*Cass.*, 23 *avril* 1819, *Lerasle*).

7. *Toitures.* — *Incendie.* — *Précautions.* — Est légal et obligatoire le règlement de police qui interdit de couvrir en chaume, paille, roseaux ou autres matières combustibles les bâtiments d'habitation ou d'exploitation (*Cass.*, 12 *déc.* 1835, *Delaidde*) ; de réparer les toitures des maisons ou autres bâtiments quelconques avec de la paille, du chaume ou des roseaux (*Cass.*, 23 *avril* 1819, *Lerasle* ; 19 *mars* 1836, *Richard* ; 11 *sept.* 1840, *Opoix* ; 9 *nov.* 1850, *Roger*) ; ou d'autres matières inflammables (*Cass.*, 9 *août* 1828, *Ménager* ; 12 *sept.* 1845, *Boivin*) , ou en planches (*Cass.*, 6 *mai* 1852, *Boudet*), o 1 autrement qu'en tuiles, ardoises ou laves (*Cass.*, 28 *sept.* 1845, *Didier* ; 19 *fév.* 1858, *Denis*), avec du carton-bitume (*Cass.*, 12 *mars* 1858, *Denancy*) ; qui permet *l'entretien* des couvertures en chaume existantes, mais interdit d'y faire aucune réparation importante (5 *avril* 1860, *Millon*) ; qui défend l'emploi du chaume, de la paille, etc., pour couvrir les bâtiments d'une certaine importance qui se trouvent dans les endroits agglomérés, et fait une exception en faveur des constructions éparses et de peu d'importance (*Cass.*, 17 *nov.* 1860, *Haché*).

8. *Couvreurs.* — *Précautions.* — Serait obligatoire la disposition par laquelle le maire prescrirait aux propriétaires de maisons, maçons, charpentiers, couvreurs, manœuvres et autres ouvriers faisant travailler ou travaillant sur les toits des maisons, de faire pendre sur la voie publique un signe quelconque qui annonce aux passants qu'il y a du danger de passer de ce côté de la rue, et même exige que quelqu'un reste sur la voie publique pour avertir de ce danger (*Disp. anal. de l'ord. du 29 avril* 1704.)

9. *Tuyaux de poêle.* — Voy. ce mot.

§ 2. — EXCÈS DE POUVOIRS.

10. *Plan non approuvé.* — Voy. *Alignement*, nos 4 à 9.

11. *Couvertures en chaume.* — *Destruction.* — Serait illégal et non obligatoire comme ne se bornant pas à statuer pour l'avenir et étant contraire au principe de la non-rétroactivité, l'arrêté qui ordonnerait la

destruction des couvertures en paille, chaume ou roseaux, et leur *remplacement* en tuiles ou ardoises (*Cass.*, 3 *déc.* 1840, *Maitre*).

12. *Maisons en bois.* — *Démolition.* — Serait également illégal l'arrêté qui prescrirait de démolir, quinze jours après sa publication, les barraques et maisons en bois construites antérieurement (*Cass.*, **28** *nov.* 1856, *Couchon*).

§ 3. — FORMULES.

1. Règlement concernant les constructions sur la voie publique et les permissions de voirie (¹).

Nous, maire de la commune de.....

Vu l'édit royal de décembre 1607 ; les déclarations royales des 16 juin 1693 et 10 avril 1783 ;

Vu l'arrêt du conseil du 27 février 1765 ;

Vu les lois des 14 décembre 1789 ; 16-24 août 1790 ; 19-22 juillet 1791 ; 28 septembre-6 octobre 1791 ; 16 septembre 1807 et 18 juillet 1837 ;

Vu la loi sur le timbre, du 10 brumaire an VII ;

Considérant qu'aux termes de ces lois l'autorité municipale est chargée d'assurer la libre circulation sur les voies publiques urbaines et rurales et de délivrer les alignements et autorisations de construire sur les terrains bordant la petite voirie ;

Arrêtons ce qui suit :

Art. 1ᵉʳ. Il est défendu de faire aucune construction, reconstruction partielle ou totale, ni réparations de murs ou bâtiments, ni aucune œuvre quelconque aux murs des maisons, des bâtiments ou de clôture sur les terrains étant le long ou joignant la voie publique urbaine ou rurale, sans avoir préalablement demandé et obtenu l'autorisation.

2. Toute demande de permission ayant pour objet de faire des constructions sur les terrains joignant la voie publique, ou de réparer, ou de modifier les façades de celles qui existent, ou de former une entreprise quelconque sur le sol des voies publiques et de leurs dépendances, devra être faite sur papier timbré et adressée au maire ; elle sera présentée par le propriétaire, ou en son nom, et devra contenir l'indication exacte de ses nom, prénoms et domicile, ainsi que la désignation et le lieu où les travaux devront être exécutés. — Le pétitionnaire devra joindre à sa demande une feuille de papier timbrée à 1 fr. 50, destinée à recevoir l'ampliation de l'arrêté d'autorisation.

3. Tout propriétaire autorisé à faire une construction, reconstruction ou réparation, ou à exécuter des ouvrages sur le sol de la voie publique, devra indiquer à l'avance au maire de la commune l'époque où les travaux seront entrepris pour qu'il puisse être procédé à une première vérification et au tracé de l'alignement. — S'il s'agit d'une construction, reconstruction ou réparation, le permissionnaire préviendra une seconde fois le maire, dès que les premières assises au-dessus du sol seront posées. — Dans tous les cas, après l'achèvement des travaux, il sera dressé par le maire, ou son délégué, un procès-verbal de recolement en double expédition, conformément à l'art. 23 ci-après.

4. Un mur mitoyen mis à découvert par suite de reculement d'une maison voisine est soumis aux mêmes règles qu'une façade en saillie. — Le raccordement des constructions nouvelles avec les bâtiments ou murs en saillie ne pourra être effectué qu'au moyen de clôtures provisoires dont la nature et les dimensions seront réglées par l'arrêté d'autorisation. Toutefois, les épaisseurs ne pourront dépasser, en y comprenant les enduits et ravalements : — Pour les clôtures en briques, hourdées en mortier ou plâtre avec ou sans pans de bois, 0ᵐ12 ; — Pour les clôtures en bois, avec remplissage en plâtre et plâtras, moellons, argile ou pisé, 0ᵐ16 ; — Pour les clôtures en moellons, hourdées en mortier ou plâtre sans pans de bois, 0ᵐ25 ; — Pour les clôtures en pisé et en moellons, sans mortier ou en mortier de terre avec enduit en terre, 0ᵐ40. — Toutes liaisons entre les nouvelles et les anciennes maçonneries tendant à réconforter celles-ci sont formellement interdites.

5. L'écoulement des eaux ne pouvant dans aucun cas être intercepté dans les fossés des chemins de la commune, il sera établi sur ces fossés des aqueducs destinés à rétablir la communication entre les chemins et les propriétés riveraines. Les dimensions et les dispositions de ces aqueducs seront fixées par l'arrêté

(¹) L'arrêté dont nous donnons le modèle est en vigueur dans diverses communes de l'arrondissement de Corbeil. — Cette formule est spécialement applicable à la voirie urbaine et à la voirie rurale, les chemins vicinaux étant régis par les règlements préfectoraux intervenus en 1854-55 pour chaque département de l'Empire.

d'autorisation ; ils ne pourront jamais être établis de manière à déformer le profil normal du chemin.

6. Les haies sèches, barrières, palissades, clôtures à claire-voie ou levées en terre formant clôture seront placées, savoir : — Dans l'intérieur du bourg, sur l'alignement fixé pour les constructions, et hors du bourg, de manière à ne pas empiéter sur les talus des déblais ou des remblais des chemins. — Les haies vives ne pourront être placées qu'à cinquante centimètres en arrière de la ligne séparative de la voie publique et des propriétés riveraines.

7. Tous ouvrages confortatifs sont interdits dans les constructions en saillie sur l'alignement, tant aux étages supérieurs qu'au rez-de-chaussée. — Sont compris notamment dans cette interdiction : — Les reprises en sous-œuvre ; — La pose de tirants, d'ancres ou d'équerres, et tous ouvrages destinés à relier le mur de face avec les parties situées en arrière de l'alignement ; — Les remplacements par une grille de la partie supérieure d'un mur en mauvais état ; — Des changements assez nombreux pour exiger la réfection d'une partie importante de la façade.

8. Pourront être autorisés dans les cas et sous les conditions énoncées dans les articles 9 à 14, les ouvrages suivants : — Les crépis ou rejointoiements ; — L'établissement d'un poitrail : — L'exhaussement ou l'abaissement des murs de façades ; — La réparation totale ou partielle du chaperon d'un mur et la pose de dalles de recouvrement ; — L'établissement d'une devanture de boutique ; — Le revêtement des façades ; — L'ouverture ou la suppression de baies.

9. L'exécution de crépis ou de rejointoiements, la pose ou le renouvellement d'un poitrail, l'abaissement ou l'exhaussement des murs et façades, la réparation des chaperons d'un mur et la pose des dalles de recouvrement ne seront permis que pour les murs et façades en bon état, qui ne présentent ni surplomb ni crevasses profondes, et dont ces ouvrages ne puissent augmenter la solidité ou la durée. — Il ne pourra être fait dans les nouveaux crépis aucuns lancis en pierres ou autres matériaux durs. — Les reprises des maçonneries autour d'un poitrail ou des nouvelles baies seront faites seulement en moellons ou briques et n'auront pas plus de 0^{m}25 de largeur. — L'exhaussement des façades ne pourra avoir lieu que dans le cas où le mur inférieur sera reconnu assez solide pour pouvoir supporter les nouvelles constructions. — Les travaux seront exécutés de manière qu'il n'en résulte aucune consolidation du mur de face.

10. Les devantures se composeront d'ouvrages en menuiserie. Il n'y sera employé que du bois de 0^{m}10 d'équarrissage au plus. Elles seront simplement appliquées sur la façade sans être engagées sous poitrail et sans addition d'aucune pièce formant support pour les parties supérieures de la maison.

11. L'épaisseur des dalles, briques, bois ou carreaux employés pour les revêtements des soubassements ne dépassera pas 0^{m}05. — Le revêtement au-dessus des soubassements au moyen de planches, ardoises ou feuilles métalliques ne pourra être autorisé que pour les murs et façades en bon état.

12. Les linteaux des baies de portes bâtardes ou fenêtres à ouvrir seront en bois ; leur épaisseur dans le plan vertical n'excédera pas 0^{m}16, ni leur partie sur les points d'appui 0^{m}20. — Le raccordement des anciennes maçonneries avec les linteaux et les reprises autour des baies ne seront faits qu'en petits matériaux et n'auront pas plus de 0^{m}25 de largeur.

13. La suppression des baies pourra être autorisée sans condition pour les façades en bon état. Lorsque la façade sera reconnue ne pas remplir cette condition, les baies à supprimer seront fermées par une simple cloison en petits matériaux de 0^{m}16 d'épaisseur au plus, dont le parement affleurera le nu intérieur du mur de face ; le vide restant apparent à l'extérieur et sans addition d'aucun montant ni support en fer ou en bois.

14. Les portes charretières pratiquées dans les murs de clôture ne pourront s'appuyer que sur les anciennes maçonneries ou sur des poteaux en bois. — Les reprises autour de ces baies seront assujetties aux conditions fixées dans l'art. 12.

15. Lorsqu'il existera vis-à-vis des portes charretières un trottoir ou une contre-allée réservée à la circulation des piétons, il y sera établi, suivant leur profil en travers normal, une chaussée de 2 mèt. de largeur, qui sera en pavé ou en empierrement formé de menus matériaux. — La bordure du trottoir, lorsqu'il en existera, sera baissée dans l'emplacement du passage sur une longueur de 2 mèt., de manière à conserver 0^{m}05 de hauteur au-dessus du caniveau. Le raccordement de la partie baissée avec le reste du trottoir aura 0^{m}60 de longueur de chaque côté. — Ces divers ouvrages sont à la charge du propriétaire riverain.

16. Il est interdit de faire dans la partie retranchable d'une propriété aucune construction nouvelle, lors même que le terrain serait clos par des murs ou de toute autre manière, et que l'on ne toucherait pas au mur de face. — Les travaux à l'intérieur des maisons seront exécutés sous la responsabilité des pro-

priétaires, contre lesquels il sera exercé des poursuites dans le cas où ces travaux seront reconnus être confortatifs des murs de face.

17. Les échafaudages ou les dépôts de matériaux qu'il pourra être nécessaire de faire sur le sol de la voie publique, pour l'exécution des travaux, seront éclairés pendant la nuit. Leur saillie sur la voie publique ne pourra jamais dépasser le tiers de la largeur de la rue.

18. Aucune porte ne devra s'ouvrir en dehors, de manière à faire saillie sur la voie publique. Celles actuellement existantes seront supprimées lorsqu'elles auront besoin de réparation.

19. Les fenêtres et volets des rez-de-chaussée qui s'ouvriraient en dehors devront se rabattre sur le mur de face le long duquel ils seront fixés.

20. Lorsqu'il s'agira de jeter les eaux d'une propriété riveraine dans un égout existant sur la voie publique, elles y seront amenées directement par un conduit dont les matériaux et les dispositions seront indiqués par l'arrêté d'autorisation. — Il est interdit d'introduire dans l'égout aucun liquide qui pourrait nuire à la salubrité ou à l'égout lui-même.

21. Nul ne pourra, sans autorisation spéciale, rejeter sur la voie publique les eaux insalubres provenant des propriétés riveraines.

22. Les autorisations prévues par le présent arrêté ne seront valables que pour un an à partir de leur date ; elles seront périmées de plein droit si l'on n'en a pas fait usage avant l'expiration de ce délai.

23. Toute permission de petite voirie donnera lieu à une vérification de la part de l'autorité municipale ou de son délégué. — Si les conditions imposées au permissionnaire ont été remplies, le résultat de leur vérification sera consigné dans un procès-verbal de récolement, dont expédition sur timbre sera remise au propriétaire et à ses frais. — Dans le cas contraire, il sera dressé un procès-verbal de contravention qui sera déféré au tribunal de simple police.

24. Aussitôt après l'achèvement des travaux, les permissionnaires seront tenus d'enlever tous les décombres, terres, débris ou dépôts de matériaux, gravois, immondices et de réparer immédiatement tous les dommages qui auraient pu être causés à la voie publique ou à ses dépendances.

25. Les autorisations prévues par le présent arrêté ne seront données que sur toutes réserves des droits des tiers.

26. Une permission de petite voirie accordée pour une propriété qui fait l'angle d'une voie publique dépendant de la grande voirie, ne préjugera rien sur les obligations imposées au propriétaire en ce qui concerne la grande voirie pour la façade donnant sur cette voie publique.

27. Les contraventions au présent arrêté seront constatées et poursuivies conformément aux lois.

Fait en mairie à.... le.....   *Le Maire,*

2. Autres dispositions à prescrire.

Art. 1ᵉʳ. Il est défendu à tous propriétaires de faire à leurs murs de clôture ou autres aucune ouverture ni aucun enduit ou crépissage du côté de la voie publique, sans en avoir obtenu l'autorisation. — Dans les crépissages ou badigeonnages autorisés sur des murs mal alignés, il est interdit d'introduire aucun moellon ni éclat de pierre pour boucher les trous, lézardes ou crevasses.

2. Défense très-expresse est faite à tous architectes, entrepreneurs, maçons, charpentiers et autres de commencer dans les terrains bordant les rues et places dépendant de la voirie urbaine, aucun des travaux soumis à l'autorisation préalable, sans qu'il ne soit justifié de cette autorisation.

3. Il est défendu aux entrepreneurs, maçons et autres d'éteindre de la chaux vive sur la voie publique sans autorisation ; à tous ouvriers, couvreurs, fumistes et autres, de jeter sur la voie publique les recoupes, plâtres, tuiles, ardoises et autres résidus des ouvrages.

4. Tous entrepreneurs, maçons, couvreurs, fumistes, badigeonneurs, plombiers et autres, exécutant ou faisant exécuter aux bâtiments riverains de la voie publique des ouvrages pouvant faire craindre des accidents ou susceptibles d'incommoder les passants, seront tenus, s'il n'y a point de barrières au-devant des maisons et bâtiments, de faire stationner dans la rue, pendant l'exécution des travaux, un ou deux ouvriers pour avertir les passants. — Il leur est enjoint, en outre, et particulièrement aux couvreurs, de suspendre à une corde tombant du toit, à 2 mèt. du sol, un signal très-visible qui pourra se composer de deux lattes en croix ou d'un gros bouchon de paille.

5. Nul ne pourra construire à l'avenir, dans l'intérieur de la nouvelle ville, si ce n'est en bonne maçonnerie, hourdée en mortier de chaux et sable.

Fait en mairie, le.......   *Le Maire,*

Voy. *Alignement. — Incendie. — Saillie. — Voie publique.*

Voy. *Form. mun.*, tom 1, p. 377; tom. 4, p. 1, et tom. 6, p. 847.

COQS. Voy. *Animaux*, n°s 1 et 2.

COR DE CHASSE. Voy. *Bruits et tapages* et *Professions bruyantes.*

COUPS DE FUSIL. Voy. *Armes à feu.*

COURS. Voy. *Chevaux*, n. 4. — *Chiens*, n. 2.—*Eclairage.* — *Voie publique.*

COURS D'EAU. Voy. *Eaux.*

CRIS DES ANIMAUX. Voy. *Ecuries.*

CRIEURS PUBLICS. Voy. *Affichage* et *Colportage.*

CROCHETEURS. Voy. *Portefaix.*

CUIRS ET PEAUX. Voy. *Dépôts.*

CULTES.

§ 1er. — Pouvoir du Maire. — Police des cultes. — Ordre public. — Maintien d'une protection égale pour l'exercice de chaque culte, de telle sorte que l'exercice du droit des uns ne porte aucune atteinte a la liberté des autres.

1. *Maire.* — *Devoir.* — Il n'appartient pas à l'autorité civile de discuter des dogmes parce qu'elle n'a rien à voir dans le domaine de la conscience ; sa mission se borne à réprimer tout écart, tout excès dans l'intérêt de l'ordre public *(Circ. min., 28 fév. 1844).*

2. *Processions.* — *Interdiction.* — Est légal et obligatoire l'arrêté du maire d'une commune où il existe un oratoire protestant, défendant, par mesure de police et de sûreté, les processions religieuses à l'extérieur des églises *(C. E., 1er mars 1842 ; Commis. de pol. deDijon)* (¹).

§ 2. — Excès de pouvoir.

3. *Processions.* — *Maisons.* — *Décors.* — N'est pas obligatoire l'arrêté qui impose aux habitants l'obligation de tapisser le devant de leurs maisons pour les processions usitées dans le culte catholique *(Cass., 20 sept. 1818, Romans ; 26 nov. 1819, même affaire.)*

§ 3. — Formule.

Arrêté portant interdiction de toute manifestation extérieure du culte.

Le maire de la commune de....
Vu la loi des 16-24 août 1790, tit. XI, art. 3, et la loi des 19-22 juillet 1791, tit. I, art. 46 ; — Vu les art. 6,7 et 8 des articles organiques de la convention du 26 messidor an IX, insérés à la suite de la loi du 18 germinal an X, relative à l'organisation des cultes ; — Vu la loi du 18 juillet 1837,
    Arrête :
Art. 1er. Toute cérémonie extérieure, toute manifestation publique, toute exhibition d'emblêmes et tout rassemblement de nature à entraver la libre circulation sur les chemins et dans les rues, sont expressément interdits dans toute l'étendue de la commune, sans une autorisation expresse et écrite du maire.

(¹) Le prêtre qui contrevient à un arrêté municipal interdisant toute cérémonie extérieure, pour avoir conduit processionnellement de la cure à l'église l'évêque du diocèse faisant sa visite pastorale, commet une contravention en sa qualité d'ecclésiastique et non une contravention du droit commun ; l'affaire devrait, dès lors, préalablement à toute poursuite, être déférée au conseil d'Etat *(Cass., 25 juin 1863, commune de Granzay.)*

2. Toutes contraventions au présent arrêté seront constatées par les procès-verbaux et poursuivies conformément aux lois.

Fait à.....   *Le Maire,*

Voy. *Form. Mun.*, tom. 4, p. 137.

CUVETTES EXTÉRIEURES de Maisons. V. *Saillies.*

DANSES. Voy. *Bals.*

DÉBITS DE BOISSONS. V. *Aubergistes, Cabarets et cafés.*

DÉCLARATIONS DE DOMICILE.

§ 1ᵉʳ. — Pouvoir du maire.

Le maire peut recevoir la déclaration de changement ou de fixation de domicile faites en conformité de l'art. 104 du Code Nap., et délivrer des certificats de constatation de ces déclarations.

§ 2. — Excès de pouvoirs.

1. *Changement de domicile. — Déclaration.* — Ne serait pas obligatoire l'arrêté qui ordonnerait à tout individu venant fixer son domicile dans la commune, ou qui voudrait quitter cette commune pour s'établir ailleurs, ou qui changerait de logement, d'en faire la déclaration à la mairie (*Cass.*, 1ᵉʳ *août 1845, Hisson*; 8 *oct. 1846, Dion*).

2. *Étrangers. — Inscription. — Cartes de sûreté.* — Serait illégale la disposition qui enjoindrait aux habitants de déclarer les étrangers qui logent chez eux (*Cass.*, 30 *août 1833, Couleaux*; 17 *mars 1838, Arbez*);

Ou qui défendrait aux habitants de recevoir chez eux des étrangers qui n'exhiberaient pas un permis de séjour ou autres pièces équivalentes (*Cass.*, 6 *août 1841, Allardet*);

Ou qui prescrirait aux personnes étrangères à la ville, qui veulent y demeurer, de se présenter pour en faire la déclaration à la mairie, pour y être inscrits sur un registre établi à cet effet et y déposer leurs passeports, certificats ou autres pièces, en échange d'une carte de sûreté qui leur serait délivrée (*Cass.*, 1ᵉʳ *août 1845, Hisson*; 8 *oct. 1846, Dion*).

Voy. *Form. mun.*, tom. 4, p. 473.

DÉFRICHEMENT. Voy. *Biens communaux.*

DENRÉES ALIMENTAIRES.

§ 1ᵉʳ. — Pouvoir du Maire. — Salubrité publique. — Surveillance de la fidélité du débit.

1. *Exposition. — Vente. — Réglementation.* — Est obligatoire l'arrêté qui défend l'exposition en vente sur les marchés ou dans les halles de denrées alimentaires gâtées ou corrompues (*Cass.*, 18 *avril 1856, Lemaux*).

§ 2. — Formule.

2. **Règlement spécial concernant la vente des denrées alimentaires.**

Le Maire de... Vu les lois des 16-24 août 1790, 19-22 juillet et 6 octobre 1791 et 18 juillet 1837;

Arrête :

Art. 1ᵉʳ. Il ne pourra être exposé en vente ou apporté aux marchés que des fruits et légumes parfaitement sains et en état de maturité; les fruits verts et ceux qui seraient en état de corruption seront saisis et détruits, sans préjudice aux poursuites qui seront exercées pour infraction à la défense qui précède.

Art. 2. Tout poisson d'eau douce ou de marée qui sera reconnu être en état de corruption ou de décomposition sera immédiatement saisi et détruit, sans préjudice aux poursuites qui seront exercées devant le tribunal compétent pour avoir exposé en vente des denrées alimentaires corrompues.

Fait à....   *Le Maire*.

Voy. *Marchés, Poissons, Salubrité.*

DÉPOTS DE MATÉRIAUX, etc.

§ 1er. — Pouvoir du Maire. — Salubrité. — Sureté et liberté du passage.

1. *Dépôts. — Interdiction.* — L'art. 471, n° 4, du Code pénal punit ceux qui ont embarrassé la voie publique en y déposant ou y laissant *sans nécessité* des matériaux ou des choses quelconques qui empêchent ou diminuent la liberté ou la sûreté du passage sur la voie publique. Cette défense est générale et absolue et s'applique sans distinction à toutes les voies publiques urbaines ou rurales (*Cass.*, 9 *juin* 1854, *Alligaud*). La contravention existe sans qu'il soit besoin d'un arrêté du maire défendant ces dépôts (*Cass.*, 5 *sept.* 1825, *Challet ;* 19 *fév.* 1858, *Dufour*). Toutefois, en l'absence de règlement spécial prohibant tout dépôt de matériaux ou d'objets quelconques sur la voie publique, le fait, par exemple, du propriétaire qui dépose de la paille au-devant de la maison, dans le but de rendre le chemin praticable, ne constitue pas une contravention punissable (*Cass.*, 23 *mai* 1856, *Chevalier*).

2. *Etendue de l'interdiction des dépôts sur la voie publique.*—Cette défense s'applique au dépôt de tonneaux sur le trottoir d'une rue (¹) (*Cass.*, 2 *juin* 1825, *Sonnet) ;* au dépôt de paniers de fruits (*Cass.*, 20 *avril* 1844, *Bernada) ;* au fait d'avoir embarrassé la voie publique en y tuant un porc (*Id.*, 6 *sept.* 1844, *Rivet) ;* à l'huissier qui, en procédant à une saisie, dépose sur la voie publique les meubles qu'il saisit (*Id.*, 14 *oct.* 1851, *Bonneval) ;* au dépôt d'une caisse ou banc mobile placé sur le trottoir de la rue (*Id.*, 9 *fév.* 1856, *Chevallier*) ; au commissaire-priseur chargé de procéder à une vente d'objets mobiliers, soit par un particulier, soit par la justice (*Id.*, 14 *mai* 1857, *Moussoir*).

3. *Excuses. — Rejet.* — La défense ne peut être excusée sous le prétexte que le prévenu avait donné des ordres pour l'enlèvement des objets déposés ou que ce dépôt n'a pas nui à la facilité du passage (*Cass.*, 10 *fév.* 1833, *André*) ; ni sous le prétexte que le dépôt fait sur un chemin rural aurait eu pour but de faire des réparations au chemin (*Id.*, 16 *déc.* 1853, *Barrois*) ; ni sous le prétexte que de temps immémorial l'on avait l'habitude de faire ces dépôts (*Id.*, 4 *octob.* 1823, *Boulangers de Colmar) ;* ni sous le prétexte que le dépôt n'a pas nui à la viabilité du chemin (*Id.*, 24 *juin* 1842, *Loizeau ;* 20 *févr.* 1862, *Mouchez-Nana).*

4. *Excuse. — Nécessité.* — Une seule excuse doit être admise par les tribunaux, c'est celle tirée de la *nécessité* du dépôt, et à ce sujet les tribunaux ont un pouvoir discrétionnaire pour reconnaître et proclamer que le dépôt a eu lieu par nécessité (*Jurispr. constante*). Toutefois, la nécessité ne peut venir que d'un évènement accidentel et non des besoins permanents d'une profession (*Cass.*, 19 *août* 1847, *Auclair ;* 24 *déc.* 1847, *Mitteau).*

5. *Dépôts de boues, fumiers, immondices et autres matières insalubres.*—Est obligatoire le règlement : qui interdit d'une manière ab-

---

(¹) Mais celui qui place des tonneaux sur la voie publique pour les charger ne commet pas de contravention, il y a nécessité (*Cass.*, 1er *juillet* 1826, *Brault*).

solue les dépôts de fumiers, d'immondices et de décombres sur les voies publiques, chemins, rues, places, boulevards et passages quelconques *(Cass., 19 prair. an XII, Berring ; 29 mai 1840, Dupuis ; 29 juillet 1853, Marty ; 20 sept. 1855, Renouard ; 25 mai 1856, Vigneau ; 28 août 1858, Moisset)* ; qui défend de faire sur la voie publique des dépôts de paille, fumier et immondices autres que ceux provenant des balayures; cet arrêté est applicable à celui qui ferait ses ordures sur la voie publique, le long d'un mur particulier *(Id., 8 sept. 1837, Cayssial)* ; qui défend de faire ou laisser dans les maisons, cours, basses-cours et jardins de la ville des tas ou dépôts, même momentanés, d'excréments, urines, fumiers, immondices et autres matières produisant des exhalaisons infectes *(Id., 6 févr. 1823, Darrigrand ; 6 oct. 1832, Casenave ; 21 juill. 1838, Battandier ; 27 juill. 1854, Evrat ; 19 janv. 1856, Normand ; 13 juin 1856, Gauthier ; 19 juin 1857, Menereau)*. Un tel arrêté est applicable à une fosse d'aisance dont les matières répandent des exhalaisons fétides dans le voisinage *(Id., 9 août 1838, Nicolas)* ; qui défend aux habitants de creuser devant leurs habitations des fosses à fumier ou autres excavations destinées à recevoir des immondices *(Cass., 29 mai 1835, Rolla)* ; qui, dans l'intérêt de la salubrité publique, interdit aux habitants de déposer des fumiers à portée des habitations *(Id., 9 mai 1828, Monpela)*, de faire aucun dépôt de boues et immondices, et de continuer d'en transporter sans autorisation sur un point quelconque de la commune *(Cass., 6 oct. 1832, Ganot)* ; ou qui défend les dépôts sur la voie publique de paille, fougères ou autres fourrages, ou des feuilles d'arbres, pour les faire macérer et convertir en fumier *(Cass., 25 mai 1856, Vigneau)*.

6. *Dépôts de paille. — Autorisation.* — Serait obligatoire l'arrêté qui, en défendant les dépôts sur la voie publique de paille, fougères ou autres fourrages, autoriserait, sous la condition d'en faire la déclaration à la mairie, ceux qui seraient faits devant les maisons où se trouvent des malades, dans le but d'amortir le bruit des voitures.

7. *Dépôts. — Enlèvement.* — Est également obligatoire l'arrêté qui ordonne l'enlèvement des boues et immondices et des dépôts de fumier précédemment faits, non-seulement de la voie publique, mais des lieux qui sont des propriétés privées *(Cass., 6 févr. 1823, Darrigrand)*.

8. *Dépôts d'engrais.* — Est légal et obligatoire l'arrêté municipal qui défend ou permet les dépôts d'engrais à telles distances des maisons d'habitation et règle les dimensions à donner à ces dépôts *(Déc. min., 29 janv. 1855 ; C. E., 13 déc. 1855, Rabaille)*.

9. *Dépôts d'objets dangereux.* — Est obligatoire le règlement qui interdit le dépôt sur la voie publique de verres ou bouteilles cassés et de tous autres objets dangereux pour les passants ou pour les animaux *(Cass., 23 sept. 1843, Helluy)*.

10. *Dépôts de cuirs et peaux, d'os.* — Est obligatoire l'arrêté qui interdit de faire sans autorisation, dans des cours et autres dépendances des habitations, des amas de peaux et étendages de cuirs et peaux *(Cass., 6 octob. 1832, Casenave)* ; — Qui prescrit à un marchand dont l'industrie n'est pas classée, de transporter hors de la ville un dépôt de marchandises, par exemple, un dépôt d'os, répandant une odeur putride et dangereuse pour la salubrité publique *(Cass., 21 déc. 1848, Rendu ; 15 avril 1853, Clément)*, et cela, bien que l'ordonnance du 14 janvier 1815 confère aux préfets le droit de faire suspendre la formation des établissements insalubres ou incommodes.

11. *Dépôts de matériaux.* — Est obligatoire l'arrêté qui enjoint à ceux qui ont à faire des dépôts sur la voie publique, d'en faire la déclaration préalable à la mairie (*Cass.*, 17 sept. 1857, *Lenée*).

12. *Dépôts de marchandises.* — Est obligatoire l'arrêté qui défend de faire, sous aucun prétexte, aucun dépôt de marchandises sur la voie publique (*Cass.*, 8 *fév.* 1845, *Bonnardel*).

13. *Dépôts de suifs.* — Est obligatoire l'arrêté municipal qui prohibe à l'intérieur des maisons des dépôts de suifs ou de graisses fraîches. (*Cass.*, 18 mai 1850, *Halluin*).

§ 2. — Excès de pouvoirs.

14. *Dépôts.* — *Autorisation.* — Les maires ne pouvant rien ajouter aux prescriptions de la loi ni en restreindre l'application, il en résulte que ne serait pas obligatoire la disposition : — Qui défendrait de faire aucun dépôt sur la voie publique, sans l'autorisation du maire ou de la police (*Cass.*, 10 déc. 1824, *Molly* ; 16 fév. 1833, *Stroboni ;* 14 févr. 1834, *Lefrançois ;* 10 avril 1841, *Desmidt ;* 13 mars 1852, *Morin ;* 17 sept. 1857, *Lenée ;* 20 fév. 1862, *Mouchez*) ; — Qui défendrait de faire séjourner pendant plus de 24 heures des dépôts de pierre, terre ou autres matériaux sur la voie publique (*Cass.*, 26 mars 1825, N.....) ; ou interdirait d'une manière absolue tout dépôt de matériaux (*Cass.*, 23 avril 1841, *Begeule*) ; — Qui permettrait aux particuliers de faire sur la voie publique des dépôts susceptibles de gêner ou d'empêcher la circulation (*Cass.*, 28 sept. 1827, *Pons* ; 19 août 1847, *Auclair ;* 8 août 1856, *Collin*).

§ 3. — Formule.

V. *Voie publique*, arrêté général, § 2, 3 et 4.

DILIGENCES. Voy. *Auberges, Voitures.*

DISTILLERIES. Voy. *Eaux.*

DISTRIBUTION D'ÉCRITS. Voy. *Colportage.*

DIVAGATIONS. Voy. *Animaux, Bestiaux, Chiens.*

DOMESTIQUES.

Excès de pouvoir.

Ne serait pas obligatoire la disposition qui défendrait aux habitants d'une ville de prendre comme domestiques des individus étrangers qui ne seraient pas munis d'une carte de sûreté ou d'un livret. (Cette disposition n'est applicable qu'à Paris et dans les villes de 50,000 âmes et au-dessus.) (*Cass.*, 26 mars 1825, *Macconnet ;* 16 avril 1825, *Hanser ;* 15 juill. 1830, *Karcher ;* 18 juill. 1839, *Moreau ;* 14 nov. 1840, *Gignoux ;* 5 févr. 1841, *Doucet ;* 9 nov. 1843, *Sieffert*).

V. *Déclarations de domicile.*

DRAPEAU.

Excès de pouvoir.

Ne serait pas obligatoire l'arrêté qui prescrirait à un citoyen d'arborer un drapeau au-devant de sa maison le jour d'une fête (*Cass.*, 27 janv. 1820, *Sabatier*). Un tel arrêté ne constitue pas une mesure de police.

EAUX.

Ire PARTIE. — Canaux ou fossés.

§ 1er. — Pouvoir du Maire. — Sureté et salubrité publiques. — Mesures préventives contre les accidents divers.

1. *Curage*. — Est obligatoire l'arrêté municipal qui, en vertu d'une délégation spéciale du préfet (il serait illégal et non obligatoire sans cette délégation) enjoint aux propriétaires riverains d'un cours d'eau de curer immédiatement ce cours d'eau, chacun en droit soi ([1]). (*Cass.*, 20 *sept. et* 31 *octob.* 1822 ; 23 *janv.* 1858, *Allard* ; 9 *nov.* 1861, *Sedillot*)

2. *Crique*. — *Déblai*. — *Mesure de salubrité*. — Est légal et obligatoire l'arrêté municipal qui prescrit à un propriétaire, d'urgence, attendu qu'il y a péril en la demeure, dans l'intérêt de la salubrité publique et pour éviter la stagnation des eaux, de déblayer, curer et mettre en état une partie de crique comblée par lui, sise sur sa propriété, et destinée à l'assèchement et à l'assainissement des terres (*Cass.*, 10 *mars* 1860, *Dajon*).

3. *Reflux des eaux sur la voie publique*. — Est légal et obligatoire l'arrêté municipal qui prescrit au chef d'un établissement de rétablir en son état primitif, sur sa propriété, le cours naturel des eaux sortant d'un établissement voisin, de manière à empêcher tout reflux de ces eaux sur une ruelle. Ce n'est pas le cas de réglementation d'un cours d'eau qui appartiendrait exclusivement à l'autorité administrative supérieure (*Cass.*, 26 *sept.* 1839; 7 *août* 1862, *Lacroix*).

4. *Eaux d'établissements divers*. — Est obligatoire l'arrêté qui défend à un distillateur de donner aux eaux de sa distillerie un écoulement qui pourrait être nuisible à la salubrité publique (*Cass.*, 2 *octob.* 1824, *Malaignes*). Ces arrêtés sont au nombre de ceux qui, pris en matière de police, peuvent dans un intérêt général et public contenir des prohibitions

---

([1]) Il est de principe que la police des eaux, même quand il s'agit de rivières ou cours d'eau non navigables ou non flottables, de canaux d'irrigation, de rigoles d'assainissement et d'écoulement se rattachant à une rivière, etc., est considérée, à raison de ses rapports avec l'agriculture, la salubrité et la fertilité des localités qu'ils traversent, comme un intérêt d'ordre général dont la réglementation est remise, non aux autorités locales, mais à l'administration supérieure elle-même ; ce pouvoir consacré en faveur de cette autorité par les lois des 22 décembre 1789, 12-20 août 1790, 14 floréal an XI, a été de nouveau et formellement reconnu par le décret-loi du 25 mars 1852, art. 1, tab. A, n° 51, et art. 4, tab. D, n° 5 (*Cass.*, 24 *nov.* 1854, *Maunoury* ; 17 *mai* 1862, *Ortoli*). Ainsi c'est au préfet qu'il appartient de réglementer, sous le rapport de l'irrigation, les cours d'eau communs à divers propriétaires riverains et ne formant pas la propriété exclusive d'un seul (*Cass.*, 22 *janv.* 1858, *Puzol*), d'interdire tout dépôt de terres ou de matières quelconques dans le lit des rivières ou ruisseaux (*Cass.*, 14 *juill.* 1860, *Chaudron*), de fixer les heures pendant lesquelles les propriétaires riverains du cours d'eau non navigable ni flottable pourront user de ces eaux (*Cass.*, 7 *déc.* 1861, *Consi*), de réglementer l'usage des eaux d'un canal devant servir à l'arrosage de plusieurs communes (*Cass.*, 6 *déc.* 1862, *Vilon*), de réglementer les cours d'eau qui, traversant plusieurs communes, ont besoin, dans l'intérêt de la salubrité des localités traversées, d'une réglementation qui ne saurait appartenir au pouvoir municipal que dans la partie de territoire confiée à sa surveillance (*Cass.*, 1 *août* 1862, *Renard, Robert*).

Contravention. — *Compétence.* — Aux termes de l'art. 4 de la loi du 14 floréal an XI, le tribunal de police est incompétent pour connaître d'une contravention à un règlement sur le curage d'un cours d'eau non navigable, quand le maire n'a voulu donner à son arrêté ni la forme ni le caractère d'un règlement de police, et s'est borné, conformément à un usage local ancien, à régler l'exécution du mode de curage annuel des dérivations d'une rivière; la compétence est exclusivement attribuée par la loi aux conseils de préfecture (*Cass.*, 18 *juillet* 1857, *Talon*.)

particulières exclusivement applicables à un établissement déterminé, et l'exception de la propriété du terrain sur lequel sont dirigées les eaux insalubres n'est pas de nature à effacer la contravention (*même arrêt*); ou qui prescrit à un propriétaire l'établissement d'un travail pour l'écoulement des eaux ménagères et fluviales sur la voie publique, lorsque le propriétaire est seul à résister au droit de l'autorité municipale, d'assurer la commodité et la liberté de la circulation publique (*Cass.*, 13 *mars* 1862, *Hutin*) ; — Qui réglemente le déversement de résidus industriels dans un cours d'eau traversant la commune, mais cet arrêté est applicable seulement aux usines situées dans la commune (*Cass.*, 1er *juin* 1855, *Coquille* ; 26 *févr.* 1858, *de Suffren*); — Qui défend de vider avant *telle* heure les fosses dans lesquelles ont été macérés des cuirs non tannés (*Cass.*, 15 *nov.* 1838, *Bastide*).

5. *Eaux de canaux d'écoulement.* — Est obligatoire l'arrêté qui fixe les dimensions et la forme d'un cornet destiné à l'écoulement des eaux sur la voie publique (*Cass.*, 9 *déc.* 1858, *Brun*).

6. *Lieux d'aisance.* — *Jet d'immondices.* — *Interdiction.* — *Suppression.* — Est obligatoire l'arrêté qui interdit, dans l'intérêt de la salubrité des cours d'eau, d'avoir des lieux d'aisance sur ces cours d'eau (*Cass.*, 15 *mars* 1861, *Hennecart*), ou ordonne la suppression de tous siéges, tuyaux de latrines, gargouilles, ouvertures et tous ouvrages destinés au jet, au dépôt ou à l'écoulement dans une rivière ou cours d'eau de matières et immondices provenant des propriétés particulières (*Cass.*, 24 *août* 1843, *Barbier*; 28 *février* 1861, *Gesnie*); ou interdit de jeter les débris de végétaux, les résidus du ménage et les détritus provenant du balayage dans les cours d'eau qui traversent la ville (*Cass.*, 6 *mars* 1845, *Lachaud*).

7. *Constructions.* — *Travaux.* — *Démolition.* — Est légal l'arrêté de police qui ordonne à un particulier d'enlever le treillis en fer qui nuit à la circulation des eaux (*Cass.*, 29 *mars* 1824, *Glandel*), ou défend aux propriétaires riverains d'un ruisseau, d'en arrêter le cours par un moyen quelconque (*Cass.*, 5 *nov.* 1825, *Huré*).

8. *Passage.* — *Interdiction.* — Est obligatoire l'arrêté qui, par mesure de sûreté publique, défend le passage dans un certain lieu, du bord d'une rivière (*Cass.*, 19 *mars* 1836 *et* 18 *avril* 1837, *Reguron*).

9. *Fossés.* — *Curage.* — Est obligatoire l'arrêté qui défend de curer des fossés (*Cass.*, 11 *fév.* 1830, *Boudret*); qui n'ayant pas pour objet de forcer les propriétaires riverains des chemins à creuser sur leur terrain des fossés destinés à assurer ces mêmes chemins, prescrit seulement de relever et de curer des fossés déjà existants (*Cass.*, 24 *juillet* 1835, *Chenou*), ordonne le curage de ces mêmes fossés (*Cass.*, 28 *févr.* 1839, *Dufour*), ou prescrit l'enlèvement immédiat ou dans un délai déterminé des grèves provenant du curage des fossés (*Cass.*, 2 *juillet* 1844).

10. *Fossés.* — *Comblement.*—Est obligatoire l'arrêté qui défend de creuser des fossés sur la voie publique (*Cass.*, 29 *mai* 1835, *Rolla*) ; qui, pour cause de sûreté publique, ordonne le comblement d'un fossé bordant la voie publique (*C. E.* 21 *mai* 1823, *Carpentier* ; 13 *juin* 1858, *Jablayrolles*) ; qui enjoint à un individu de combler le fossé qu'il a pratiqué sur la voie publique urbaine ou rurale (*Cass.*, 12 *mai* 1843, *Dupont*).

11. *Canal d'écoulement.* — Est obligatoire le règlement qui prescrit les mesures nécessaires pour obvier à la stagnation des eaux dans un canal d'écoulement placé sous la maison d'un particulier (*Cass.*, 16 *flo-*

réal an 9, *N*.....) ; ou défend d'obstruer le conduit ou canal destiné
à recevoir les eaux ménagères d'une ville et d'établir ni mares ni trous
dans les terrains traversés par ce conduit (*Cass.*, 2 *juin* 1838, *Colliot*) ;
ou fixe la forme et la dimension d'un canal destiné à l'écoulement des
eaux sur la voie publique (*Cass.*, 9 *déc.* 1858, *Brun*).

§ 2. — Excès de pouvoirs.

12. *Curage.* — Est illégal l'arrêté municipal qui ordonne le curage
d'un cours d'eau traversant la commune, hors le cas d'une délégation
du préfet ou de circonstances urgentes, tels que des fléaux calamiteux,
qui exigeraient des mesures de police immédiates et temporaires (*Cass.*,
17 *mai* 1862, *Ortoli*).

13. *Constructions autorisées. — Arrêté préfectoral ultérieur.* —
L'arrêté municipal qui permet que les poteaux, pieux et piquets destinés
à soutenir des lavoirs, latrines ou autres ouvrages construits sur un
cours d'eau soient placés dans les murs des propriétés et non dans le lit de
la rivière, cesse de pouvoir être applicable, si un arrêté préfectoral ultérieur, pris pour assurer le curage des cours d'eaux du département, ordonne la suppression et la destruction des ouvrages en saillie non autorisés, tels que piquets et autres obstacles pouvant nuire au libre cours
des eaux. Cette dernière disposition est générale et ne peut recevoir
d'exception pour la commune où existait un arrêté municipal contraire
(*Cass.*, 22 *avril* 1858, *Levillain et quarante-quatre autres*).

14. *Usines. — Travaux. — Anticipation. — Barrage.* — Excéderait les pouvoirs du maire l'arrêté qui enjoindrait aux propriétaires
d'une usine sur une rivière de détruire certains travaux par eux faits
(*Cass.*, 4 *avril* 1835, *Brazier*), ou réglementerait les travaux, barrages et autres entreprises qui pourraient arrêter ou interrompre le cours
des eaux (*Cass.*, 15 *déc.* 1838, *Miché*), ou enjoindrait à un individu de
faire disparaître l'anticipation par lui commise sur l'un des canaux de la
ville (*Cass.*, 30 *novembre* 1833, *Masson*).

15. *Fossés. — Curage. — Frais.* — Est illégal et non obligatoire
le règlement municipal qui met à la charge des propriétaires riverains
d'un chemin rural le curage des fossés établis par la commune et lui
appartenant (*Cass.*, 5 *janv.* 1855, *Villotte*).

16. *Canaux d'écoulement. — Clôture.* — Est illégal et non obligatoire l'arrêté qui prescrit aux propriétaires des fonds traversés par le
conduit ou canal destiné à recevoir les eaux ménagères d'une ville, de
l'entretenir, de le fermer en pierres et recouvrir en terre (*Cass.*, 2 *juin*
1838, *Colliot*).

§ 3. — Formules.

1. Arrêté prescrivant le curage d'un fossé.

Le Maire de la commune de
Vu les lois des 16-24 août 1790 ; 19-22 juillet 1791 et 18 juillet 1837 ;
Considérant qu'il importe d'empêcher que les voies communales ne soient
dégradées par le séjour des eaux qui doivent trouver leur écoulement dans les
fossés voisins ; qu'il est urgent, dans l'intérêt de la salubrité publique, de faire
relever et curer les fossés existant dont le mauvais état contribue à entretenir la
stagnation des eaux sur la voie publique ;

Arrête :

Art. 1er. Le curage du fossé (ou ruisseau) appelé....... aura lieu dans les dix
jours qui suivront la publication du présent arrêté, dans toute la longueur dudit
fossé (ou ruisseau). Il commencera le..... et finira le....., et devra être fait à
vif-fond par les propriétaires dudit fossé.

2. La vase provenant du curage sera immédiatement enlevée. Elle ne pourra,
dans aucun cas, être déposée sur la voie publique. —

3. Les contraventions seront constatées et poursuivies conformément aux lois.
Fait en mairie à...... le.......   *Le Maire,*

2. Autre arrêté prescrivant le curage d'un ruisseau.

Le maire de la commune de
Considérant que le ruisseau de..... qui traverse le territoire de la commune, a son lit entièrement encombré de graviers; qu'à la moindre crue les eaux se déversent à droite et à gauche et submergent les propriétés riveraines ;— Considérant que cet état de choses étant de nature à inspirer des craintes pour les propriétés, il importe que des mesures soient prises pour le faire cesser;— Considérant que le curage et le rétablissement du lit du ruisseau de...... dans ses conditions primitives de largeur et de profondeur, paraissent suffisants pour prévenir toute nouvelle inondation ; — Considérant que cette opération, intéressant au plus haut point les propriétaires riverains, doit être faite par eux, chacun au droit soi et à ses frais, en vertu de la loi du 14 floréal an XI,

      Arrête :

Art. 1er. Le curage ou le repurgement du lit du ruisseau de....... sera opéré sur le territoire de notre commune, par les propriétaires riverains, chacun au droit soi et à ses frais, de manière à rétablir ce cours d'eau dans ses conditions de largeur et de profondeur primitives. — Cette opération commencera le..... et devra être complétement achevée le.....

2. Dans le cas où à l'expiration du délai fixé dans l'article précédent, quelques-uns des riverains ne se seraient pas conformés aux dispositions ci-dessus, les travaux à exécuter les concernant le seront d'office par la voie de la régie et à leurs frais.

3. Des procès-verbaux seront dressés par le garde champêtre de la commune contre les contrevenants, et déférés aux tribunaux compétents.

4. Le présent arrêté sera soumis, pour devenir exécutoire, à l'approbation de M. le préfet.

Fait en mairie, à..... le.....   *Le Maire,*

Voy. *Etablissements insalubres, Salubrité.*

Voy. *Form. mun.*, tom. 2, p. 420, et tom. 4, p. 339.

IIe PARTIE. — Eaux ménagères, de fontaine, etc.

§ 1er. — POUVOIR DU MAIRE.

17. *Ecoulement. — Interdiction.* — L'écoulement des eaux insalubres sur la voie publique est prévu et puni par l'art. 471, n° 6, du Code pénal, et la contravention existe sans qu'il soit besoin d'un règlement de police spécial (*Cass., 2 mars* 1855, *Soyer*).

18. *Eaux ménagères.*— Est obligatoire l'arrêté qui défend de laisser écouler ou de jeter sur les voies et places publiques, ou dans un ruisseau de la commune, ou dans une mare servant d'abreuvoir, ou dans la rigole de la rue, des eaux grasses ou salies dans l'intérieur des maisons (*Cass., 16 janv.* 1832, *Thierry ; 31 mai* 1834, *Lemaître ; 16 juill.* 1846, *Massia ; 17 déc.* 1846, *Béranger; 23 janv.* 1862, *Reynaud*); ou de jeter des eaux ménagères ou autres par les fenêtres (*Cass., 18 août* 1854, *Durand*) ; ou de verser sur la voie publique de l'eau sale ou contenant des matières colorantes (*Id., 17 déc.* 1855, *Rigoulot*); ou de laisser couler sur la voie publique des eaux d'égout ou autres eaux sales provenant des cours et écuries (*Id., 28 avril* 1842, *Cornibert; 1er avril* 1848, *Blondeaux*).

19. *Eaux de fontaine.*— Est obligatoire l'arrêté: qui, voulant réglementer le service des fontaines publiques, autorise seulement l'usage de l'eau pour la boisson et la préparation des aliments, et la prohibe pour certains autres usages domestiques, pour abreuver les bestiaux, laver le linge, etc. (*Cass., 8 févr.* 1856, *Lahiteaux*) ; — Qui défend de puiser de l'eau aux fontaines pour en remplir des cuves, tonnes, barriques (*Cass., 4 août* 1837, *Dolard*); ou pour la vendre (*Déc. min. int.,* 1857, *n° 83*) ; — Qui, en vue de faciliter l'arrosement, ordonne que les eaux de la fontaine communale suivront leur cours ordinaire sans interruption deux jours par semaine (*Cass., 5 nov.* 1825, *Huré*) ; — Qui

interdit de rien laver ou nettoyer dans le bassin d'une fontaine publique, notamment des ustensiles de cuivre (*Cass.*, *4 août 1837*, *Capra*) ; — Qui défend de puiser de l'eau dans les bassins des fontaines destinés à abreuver les bestiaux (*Arr. préc. 4 août 1837*).

20. *Eaux minérales ou thermales.*—Est obligatoire l'arrêté qui défend à un propriétaire d'établissement de bains de laisser couler sur la voie publique les eaux minérales ou composées provenant de son établissement (*C. E.*, *5 juin 1848*, *Garivier.*).

§ 2. — EXCÈS DE POUVOIRS.

21. *Eaux ménagères.* — *Ecoulement chez le voisin.* — Ne serait pas obligatoire la prescription qui ferait injonction à des habitants de recevoir les eaux de leurs voisins, à moins qu'il n'y ait une impérieuse nécessité (*C. E.*, *24 mars 1819*, *Lavigne*).

22. *Eaux particulières.*—*Cours.* — Ne serait pas obligatoire la disposition qui prescrirait à un particulier de rendre à leur cours naturel les eaux d'une source privée que celui-ci aurait détournée au préjudice des habitants (*Cass.*, *8 juin 1848*, *Michot*).

23. *Vente.* — *Interdiction.*—Ne serait pas obligatoire la disposition qui défendrait de faire le commerce d'eau en concurrence avec une compagnie autorisée par la commune et concessionnaire de ses eaux (*Déc. min. int.*, *1857*, *n° 83*).

24. *Eaux minérales.* — *Fouilles.* — Serait illégale la prescription qui interdirait aux propriétaires voisins d'établissements d'eaux minérales le droit d'y faire des fouilles et recherches (*Cass.*, *13 avril 1844*, *Bresson*).

§ 3. — FORMULE.

V., pour modèle d'arrêté, *Salubrité* et *Voie publique*.

EBOULEMENT.

§ 1er. — POUVOIR DU MAIRE. — SURETÉ ET COMMODITÉ DU PASSAGE.

Chemin.— Est obligatoire l'arrêté qui enjoint à un particulier d'enlever les terres éboulées de sa propriété sur un chemin public (*Cass.*, *30 déc. 1853*, *Staubert*).

§ 2. — FORMULE.

Arrêté prescrivant l'enlèvement de terres éboulées.

Le maire de la commune de
Vu les lois des 16-24 août 1790 ; 19-22 juillet 1791 et 18 juillet 1837 ;
Considérant qu'il nous appartient d'assurer la sûreté et la commodité du passage dans les rues, places et voies publiques ;
Considérant que des terres éboulées de la propriété du sieur....., située (indiquer le lieu, le chantier), sur le chemin rural dit de.... allant de.... à...., interceptent le passage (ou diminuent la liberté du passage) sur cette voie publique :
        Arrête :
Article unique. Il est enjoint au sieur.... de relever sur sa propriété (ou d'enlever), dans le délai de deux jours à compter de la notification du présent arrêté, les terres qui se sont éboulées de sa propriété située.... sur le chemin de....
à.... au lieu dit....
Fait en mairie, à..... le....   *Le Maire,*

ÉCHAFAUDAGE. V. *Constructions.*

ÉCHARDONNAGE.

POUVOIR DU MAIRE. — MESURES DE PRÉSERVATION DES RÉCOLTES.

FORMULE.

Arrêté prescrivant l'échardonnage.

Le maire de la commune de....

Vu la loi des 28 septembre-6 octobre 1791 ; — Vu la loi du 18 juillet 1837 ; — Vu l'art. 475 du Code pénal, § 15 ; — Considérant qu'il croît, sur les terrains vains et vagues, sur les bords des chemins et sur les berges des fossés, des chardons dont la graine, après avoir atteint sa maturité, est emportée par le vent et infecte les récoltes au préjudice des cultivateurs ; — Que, d'un autre côté, certains propriétaires ou fermiers négligent de détruire ceux qui existent dans leurs terrains ; — Qu'il appartient à l'administration et qu'il importe pour la conservation des récoltes de prescrire les mesures de protection que réclame l'agriculture :

Arrête ;

Art. 1er. Il est enjoint à tout propriétaire, usufruitier, régisseur, fermier, colon ou locataire, d'échardonner ou faire échardonner, tous les ans, dans toutes ses propriétés sans exception, à partir du 15 mai. et autant de fois qu'il sera nécessaire pour empêcher les chardons d'arriver à floraison.

2. L'échardonnage sur les chemins et fossés sera fait par les cantonniers préposés à l'entretien desdits chemins communaux.

3. Les contraventions au présent arrêté seront constatées par des procès-verbaux et poursuivies conformément aux lois.

Fait en mairie, à..... le....   *Le Maire,*

ECHENILLAGE.

§ 1er. — POUVOIR DU MAIRE. — CONSERVATION DES RÉCOLTES.

Epoque. — Fixation. — Est obligatoire l'arrêté qui prescrit l'époque de l'échenillage. — L'époque indiquée (20 janvier) par l'art. 6 de la loi du 26 ventôse an 4 ne saurait être invariable. Cette règle est de celles qui doivent nécessairement varier selon les lieux et le temps *(Cass., 21 mai 1829, Mangin ; 2 juin 1837, Andrie).*

§ 2. — FORMULE.

Arrêté prescrivant l'échenillage.

Le Maire de la commune de....

Vu la loi du 26 ventôse an 4, l'art. 471 du Code pénal ; — Vu la circulaire préfectorale du....

Considérant que pour prévenir le retour des graves dommages causés l'année dernière à l'agriculture par les chenilles, il importe de tenir sévèrement la main à ce que les prescriptions de la loi du 26 ventôse an 4 reçoivent leur entière observation,

Arrête :

Art. 1er. Il est enjoint à tous les propriétaires, fermiers, locataires ou autres faisant valoir leurs propres héritages ou ceux d'autrui, d'écheniller ou faire écheniller *avant le 20 mars prochain*, les arbres, arbustes, haies et buissons sur toute l'étendue des propriétés qu'ils exploitent.

2. Les bourses et toiles qui seront tirées des arbres, haies ou buissons devront être brûlées sur-le-champ, et ce dans un lieu où il n'y ait aucun danger de communication de feu, soit pour les bois, arbres et bruyères, soit pour les maisons et bâtiments.

3. Si, à l'époque fixée, quelques propriétaires ou fermiers avaient négligé de faire opérer l'échenillage tel qu'il est prescrit, il y sera, par les soins de l'administration municipale, pourvu d'office et à leurs frais ; procès-verbal sera en outre dressé contre eux, et ils seront poursuivis suivant toute la rigueur des lois.

4. M. le commissaire de police, les cantonniers et les gardes champêtres sont chargés, chacun en ce qui le concerne, d'assurer l'exécution du présent arrêté, qui sera publié et affiché dans tous les quartiers et hameaux de la commune.

Fait en mairie, à.... le....   *Le Maire,*

V. *Form. mun.*, tom. 4, pag. 518.

ÉCHOPPES.

§ 1er. — POUVOIR DU MAIRE. — LIBERTÉ DE LA CIRCULATION.

Emplacement. — Fixation. — Démolition. — Est obligatoire l'arrêté qui fixe le lieu où les échoppes pourront être établies ; qui prescrit la démolition de celles construites sans autorisation sur une place publique, et défend d'en élever d'autres sans autorisation *(Cass., 11 germ. an XI, Dumouchel).*

§ 2. — FORMULE.

V. pour modèle d'arrêté, *Saillies* et *Voie publique.*

ÉCLAIRAGE.

§ 1er. — POUVOIR DU MAIRE. — SURETÉ PUBLIQUE.

1. *Matériaux.* — *Eclairage.* — *Obligation.* — L'art. 471, n° 4, du Code pénal imposant aux propriétaires des matériaux *ou des choses quelconques* placés sur la voie publique l'obligation de les éclairer pendant la nuit, le maire peut se dispenser de la prescrire (*Cass., 10 avril 1841, Desmidt; 30 juin 1843, Delorme; 19 juin 1846, Dauphin; 19 février 1858, Dufour*). — Mais s'il en fait l'objet d'un arrêté de police, ce règlement n'a pas besoin, pour devenir obligatoire immédiatement après sa publication, d'avoir été soumis à l'approbation du préfet, conformément à l'art. 11 de la loi du 18 juillet 1837 (*Cass., 26 févr. 1846, Baty*) ; ce n'est pas là, en effet, un règlement dû à l'initiative du pouvoir du maire, mais un simple rappel à l'exécution de la loi. — Cette obligation s'étend à toute la durée de la nuit (*Cass., 15 févr. 1828, Joffriand; 1er avril 1848, Borderies; 24 sept. 1849, Groult*), malgré le mauvais temps (*Id., 12 juill. 1838, Baron; 23 déc. 1841, Dumarest; 3 mars 1842, Maubray*), ou le grand vent (*Id., 16 mars 1845, Serret*), alors même que le maire aurait déclaré que l'éclairage n'était pas nécessaire (*Id., 27 avril 1843, Lhuillier*); ou que le dépôt était éclairé par l'un des réverbères de la ville (*Id., 19 mars 1835, Boulanger; 25 mars 1836, Taillefer*) ; ou par la lune (*Id., 1er mai 1823, Laurent; 23 avril 1835, Lespinasse*); ou qu'il est placé de manière à ne point diminuer ou empêcher la liberté ou la sûreté du passage (*Id., 6 mars 1845, Gorse*).

2. *Cours communes.* — *Matériaux.* — Est obligatoire l'arrêté qui ordonne aux propriétaires d'une cour commune donnant immédiatement sur la voie publique et laissée sans clôture et entièrement ouverte d'éclairer la nuit les objets qui s'y trouvent placés (*Cass., 7 juill. 1854, Pertuis*).

3. *Auberges.* — *Cabarets.* — *Voitures.* — Voy. ces mots.

4. *Eclairage au gaz.* — Est obligatoire l'arrêté qui soumet les particuliers qui veulent obtenir du gaz d'une compagnie d'éclairage privilégiée, à ne se servir pour la pose des appareils que des ouvriers de la compagnie (*Cass., 4 mai 1843, Roy, Lyon*).

§ 2. — EXCÈS DE POUVOIRS.

5. *Eclairage intérieur.* — *Interdiction.* — Serait illégal, comme se rapportant à des actes privés s'accomplissant dans l'intérieur du domicile, l'arrêté qui enjoindrait à un propriétaire de fermer à une heure déterminée la porte de sa maison (sauf les portes extérieures), et interdirait d'en éclairer l'intérieur par des fanaux projetant une lumière sur la voie publique (*Cass., 27 nov. 1846, Dupont*).

6. *Code pénal.* — *Disposition additionnelle.* — Serait également illégal l'arrêté qui ajouterait à la disposition de l'art. 471, n° 4, du Code pénal, lequel défend de déposer des matériaux dans les rues sans nécessité ou sans être éclairés, l'obligation d'en obtenir l'autorisation (*Cass., 10 déc. 1824, Mally*).

§ 3. — FORMULE.

Arrêté prescrivant l'éclairage des dépôts faits sur la voie publique.

Le Maire de la commune de....
Vu l'art. 471, n° 4, du Code pénal ;
Vu les lois des 16-24 août 1790 ; 19-22 juillet 1791, et 18 juillet 1837 ;
Considérant qu'il importe d'assurer la sûreté du passage sur toutes les voies publiques et de prévenir les accidents qui peuvent résulter de la négligence de

ceux qui, par nécessité ou par suite d'autorisation, font des dépôts sur les voies publiques ;

  Arrête :

Art. 1er. Il est expressément enjoint à tout individu qui, par nécessité ou par suite d'une autorisation spéciale, aura fait un dépôt d'objets quelconques sur la voie publique, de l'éclairer durant toute la nuit au moyen d'une lanterne allumée à feu rouge et placée auprès du dépôt à soixante centimètres au moins au-dessus du sol ou du pavé de la rue, du côté où le passage est libre, et disposée de manière à éclairer le dépôt.

2. Pareille injonction est faite à tout individu qui aura pratiqué des excavations quelconques sur la voie publique par suite d'une autorisation.

3. Tout chantier de construction ou de réparations de bâtiments ou murs le long de la voie publique devra être également éclairé du côté de la voie publique par une lanterne placée à chacune des extrémités de l'échafaudage, à un mètre au moins au-dessus du sol ou du pavé de la rue.

4. Les contraventions seront constatées et poursuivies conformément aux lois.

  Fait en mairie, à.... le....   *Le Maire*,

V. *Form. mun.*, tom. 4, p. 524.

ÉCRITEAUX. V. *Enseignes. — Saillies.*

ÉCURIES.

POUVOIR DU MAIRE. — SALUBRITÉ. — TRANQUILLITÉ PUBLIQUE.

Voie publique. — Ecuries. — Interdiction. — Est obligatoire l'arrêté qui, dans un intérêt de salubrité et de tranquillité publiques, interdit de placer des écuries le long de la voie publique et prescrit de renfermer les bestiaux, animaux et volailles dans des écuries placées derrière les habitations ou donnant dans les cours *(Cass.,* 1er *mars* 1851, *Claisse).*

ÉDIFICES RELIGIEUX. V. *Affichage.*

ÉGOUTS. V. *Eaux,* n° 11.

ÉLAGAGE.

§ 1er. — POUVOIR DU MAIRE. — COMMODITÉ ET LIBERTÉ DU PASSAGE (¹).

Chemins ruraux. — Est obligatoire l'arrêté qui prescrit l'élagage des buissons et arbres situés le long des chemins ruraux *(Cass.,* 26 *juill.* 1827, *Renault; 4 juill.* 1839, *Desbouis);* un tel arrêté s'applique aux arbres ou buissons formant la lisière des bois ou forêts. *(Cass.,* 5 *sept.* 1845, *de Castellane).*

§ 2. — FORMULE.

Arrêté portant élagage des arbres et haies qui bordent les chemins publics.

Le Maire de la commune de.....

Vu l'art. 11 de la loi du 18 juillet 1837 ; — Vu les lois des 16-24 août 1790, tit. II, art. 8, 19-21 juillet 1791 ; — Considérant qu'il importe, dans l'intérêt d'une bonne viabilité, de *faire élaguer les arbres* qui gênent la circulation des voitures élevées, ou qui projettent sur les chemins une ombre qui nuit essentiellement à leur conservation pendant les temps humides, et qu'il convient d'étendre aux chemins ruraux les dispositions déjà applicables pour les chemins vicinaux,

  Arrête :

Art. 1er. Les arbres plantés le long des chemins ruraux de la présente commune seront élagués dans toute leur hauteur du côté de ces chemins.

2. Les branches qui avanceraient sur le chemin au-delà des fossés seront cou-

---

(¹) *Contravention. — Répression. — Action civile.* — Lorsque l'arrêté prescrivant l'élagage oblige en outre à une sommation dans le cas où cet élagage n'aurait pas lieu au jour fixé, en accordant un délai, sous peine de voir cet élagage opéré par l'administration aux frais du riverain, il impose une obligation qui engendre une action civile pour le paiement de ces frais, mais qui n'empêche pas la contravention pénale pour n'avoir pas opéré cet élagage. Ce serait donc à tort que le juge de police refuserait de réprimer la contravention, par le motif qu'il ne s'agirait que d'un action civile *(Cass.,* 6 *févr.* 1863, *Louvet).*

pées, quelle que soit la distance à laquelle le tronc de l'arbre se trouve du chemin. Il en sera de même des racines qui avanceraient sur les fossés.

3. Les arbres qui pencheraient sur les chemins publics de manière à gêner la circulation seront abattus et enlevés à la diligence des propriétaires et fermiers des terrains sur lesquels ils seraient plantés.

4. Les haies plantées le long des chemins publics seront élaguées tous les ans. Les racines des haies seront coupées toutes les fois qu'elles avanceront, soit sur les fossés, soit sur le sol des chemins.

5. Les prescriptions des articles qui précèdent devront être terminées le

6. A l'expiration du délai ci-dessus, une vérification sera faite par nous ou notre adjoint, ou le garde champêtre, pour constater si les dispositions prescrites par le présent arrêté ont été exactement exécutées.

7. Dans le cas où ils trouveraient des arbres ou des haies dont l'élagage et le recepage n'auraient pas été opérés ou ne l'auraient été qu'incomplétement, ils en dresseront procès-verbal.

8. Ce procès-verbal sera notifié aux propriétaires retardataires, avec injonction d'avoir à procéder à l'élagage et au recepage dans la huitaine, et déclaration que, faute de ce faire, il y sera pourvu d'office et à leurs frais.— Procès-verbal de la contravention sera rédigé et déféré au tribunal de police pour, le contrevenant, y être condamné à l'amende encourue et aux frais d'exécution des travaux.

Fait en mairie, à..... le.....   *Le Maire,*

EMBARRAS DE LA VOIE PUBLIQUE. V. *Dépôts.*

ENGRAIS.

§ 1er. — Pouvoir du maire. — Fidélité du débit. — Mesures préventives pour la répression des fraudes (¹).

Maire. — Attributions. — L'inspection sur la fidélité du débit des marchandises qui se vendent au poids ou sont exposées en vente publique, est placée dans le n° 4, art. 3, tit. xi de la loi du 24 août 1790, parmi les objets de police confiés à la vigilance et à l'autorité des corps municipaux, et la police des engrais rentre essentiellement dans la classe de ces objets (*Cass.*, 28 *août* 1862, *Lozach*; 6 *nov.* 1863, *Guyet*).

§ 2. — Formule.

1. Règlement de police concernant la vente et le commerce des engrais industriels.

Le Maire de

Vu les lois des 14 décembre 1789, art. 50 ; 16-24 août 1790, § 2 ; 28 pluviôse an 7, et 18 juillet 1837 ; — Vu les art. 423, 471 et suivants du Code pénal ;

Considérant qu'il appartient au maire de faire directement des règlements sur les objets de police municipale, et à ce titre, de prescrire les mesures adoptées pour la répression des fraudes auxquelles donne lieu le commerce des engrais ; — Considérant, en particulier, que la falsification du noir animal au moyen de la tourbe est une des fraudes les plus fréquentes, et qui cause aux cultivateurs le plus de préjudice ; — Considérant que le devoir de l'Administration est d'assurer les mêmes garanties à tous les acheteurs, et qu'il importe d'offrir à ceux qui sont illettrés le moyen de reconnaître, par un signe apparent, la présence de la tourbe dans les noirs de raffinerie ;

Arrête :

Art. 1er. Tout commerçant, vendant des matières quelconques désignées comme propres à fertiliser la terre, devra placer sur la porte de chacun de ses magasins et sur le tas de la substance mise en vente un écriteau indiquant le nom de l'engrais qu'il débite.

2. Lorsque la substance mise en vente sera un résidu de raffinerie sans aucun mélange, l'écriteau pourra porter le titre de *noir animal* ou *noir de raffinerie* ; il indiquera de plus la richesse de ce noir en phosphate de chaux et en azote, si

____

(¹) *Excès de pouvoir.* — Est illégal et non obligatoire l'arrêté par lequel un préfet réglemente, d'une manière générale et pour tout le département, le commerce des engrais, notamment qui prescrit un mode de débit, dans le but d'assurer la fidélité du débit de ces engrais ; les préfets, en effet, ne sont compétents pour prendre des arrêtés que lorsqu'ils ont pour but des mesures de sûreté générale dans lesquelles on ne peut faire rentrer le commerce des engrais. Il ne leur appartient pas d'ordonner, en les étendant à toutes les communes du territoire de leur département, des mesures qui ne peuvent émaner que du pouvoir municipal (*Cass.*, 28 août 1862, *Lozach*; 6 *nov.* 1863, *Daniel Guyet*).

toutefois cette dernière substance s'y rencontre en quantité facilement appréciable. — Indépendamment de l'écriteau, un petit drapeau noir, de vingt centimètres de largeur sur trente centimètres de longueur, sera placé sur chaque tas de tourbe ou d'engrais mélangé de tourbe.

3. Toutes les fois que la substance exposée en vente ne sera pas un résidu pur de raffinerie, l'écriteau ne pourra porter d'autre titre que celui d'engrais, et il devra de plus indiquer les principaux éléments actifs de l'engrais, exprimés en termes qui rendent possible la vérification chimique.

4. Ne pourront être vendus sous le nom de *charrées*, des engrais contenant plus de 30 pour 100 de matières siliceuses insolubles dans les acides.

5. Si la substance mise en vente ne rentre pas dans une des classes prévues par les articles précédents, le débitant pourra lui donner tels noms qu'il voudra, excepté les noms déjà adoptés par le commerce; toutefois, ce nom devra être approuvé par l'autorité municipale, après avis du professeur de chimie agricole de l'école départementale d'agriculture (ou du professeur de chimie de la faculté des sciences du ressort académique). Il sera refusé, s'il prête à erreur ou à équivoque.

6. Le nom de l'engrais, ainsi que la richesse déclarée par le marchand, et préalablement à la vente, reconnue ainsi qu'il est dit à l'article 2, seront écrits sur les enseignes extérieures et intérieures, sans abréviation, en lettres d'une grandeur uniforme et de dix centimètres au moins de hauteur.

7. Il ne pourra être vendu plusieurs espèces d'engrais dans le même magasin qu'autant que les différentes espèces seront entièrement séparées les unes des autres, et que des écriteaux, indiquant l'espèce et la richesse de chaque engrais, seront placés non-seulement sur le tas de la substance, mais aussi à la porte du magasin, de manière à ce qu'aucune erreur ne soit possible pour l'acheteur.

8. Dans le mois qui suivra la publication du présent arrêté, les personnes désignées en l'art. 1er devront faire, à la mairie, la déclaration du nom et de la composition de leurs engrais, et devront établir les enseignes disposées comme il est dit ci-dessus.

9. Toute personne qui voudra mettre en vente une substance désignée comme propre à fertiliser la terre, devra préalablement en faire la déclaration à la mairie.

10. Cette déclaration sera inscrite sur un registre qui indiquera : — 1º La date de la déclaration ; — 2º Le nom, la profession et la demeure du déclarant ; — 3º La situation du local où les dépôts sont effectués ; — 4º Le nom de chacune des substances fertilisantes qui doivent y être mises en vente ; — 5º La composition chimique de ces engrais ; — 6º Le lieu de leur provenance ; — 7º Le nom et la demeure du producteur ou fabricant.

11. Aussitôt après cette déclaration, un délégué du maire se transportera au dépôt d'engrais. — Deux échantillons, du poids de deux cents à deux cent cinquante grammes, sera pris dans chacun des tas des substances destinées à être mises en vente. — Les échantillons seront renfermés dans des sacs de toile ou des flacons, selon la nature de la substance. Ils seront bouchés, cachetés et étiquetés. — L'étiquette de chaque échantillon devra reproduire l'inscription de l'écriteau placé, conformément aux prescriptions des articles 1, 2 et 3 du présent arrêté, sur le tas d'engrais dans lequel il a été pris. Elle sera signée par le marchand ou le dépositaire, et par le délégué du Maire.

12. L'échantillon prélevé sera immédiatement adressé à la sous-préfecture, pour être analysé. — Le certificat de l'analyse fera connaître la composition de l'engrais et le texte de l'inscription à porter sur l'écriteau, l'enseigne ou la facture. — Le marchand ne pourra modifier cette désignation.

13. Le procès-verbal de l'analyse fera connaître : 1º la pureté de l'engrais et sa richesse en principes fertilisants ; 2º dans le cas où il contiendrait un mélange de matières fertilisantes et inertes, la proportion de ce mélange ; 3º et le texte de l'inscription à porter sur les écriteaux, enseignes et factures, sans que le marchand puisse modifier en aucune façon cette désignation. — Le procès-verbal sera dressé en double minute ; l'un des originaux sera conservé par M. le chimiste-vérificateur, l'autre sera déposé à la mairie, où chacun pourra en prendre connaissance. — Une copie certifiée sera adressée au marchand.

14. A l'avenir, aucun marchand d'engrais ne pourra commencer l'exercice de ce commerce, ou mettre en vente une substance fertilisante, autre que celle qu'il aurait précédemment annoncée, avant d'avoir fait un mois au moins à l'avance, la déclararation prescrite par l'article précédent, et avant d'avoir établi l'écriteau suivant les indications ci-dessus spécifiées.

15. Il sera fait de fréquentes visites, surtout au moment habituel des ventes, dans les magasins ou dépôts d'engrais, afin de s'assurer de l'observation des dispositions ci-dessus et de dresser procès-verbal des contraventions. Dans chacune de ces visites, il pourra être exigé du marchand un échantillon de l'engrais du poids de 200 à 250 grammes. Le marchand sera requis de cacheter et de signer le paquet dans lequel l'échantillon aura été enfermé. L'étiquette

qui sera placée sur échantillon devra être signée par le marchand et mentionner textuellement le contenu de l'inscription placée sur le tas d'engrais. En cas de refus, le délégué cachettera et signera lui-même l'enveloppe de l'échantillon ; il dressera procès-verbal de son opération et du refus qu'il aura éprouvé.

16. Le tout sera envoyé dans le plus bref délai possible à la mairie pour être transmis au chimiste chargé de la vérification. Le marchand d'engrais sera prévenu à l'avance des lieu, jour et heure où sera faite l'analyse de ses échantillons. — En sa présence, s'il s'est rendu à l'invitation qu'il aura reçue, ou en son absence, s'il n'a pas cru devoir se présenter, l'analyse de l'échantillon sera faite immédiatement, et le résultat en sera constaté par un procès-verbal. — Si le résultat de l'analyse du nouvel échantillon constate une altération notable sur la qualité de l'engrais, les pièces seront transmises à M. le procureur impérial pour la poursuite du délit. — La plus grande publicité sera donnée au résultat de l'analyse et aux condamnations qui pourront en résulter.

17. Tout acheteur pourra requérir le marchand de prélever sur la quantité à lui vendue un paquet de 200 grammes, cacheté et signé par le marchand ou ses représentants, rappelant l'inscription portée sur l'écriteau. Cet échantillon devra être déposé de suite à la mairie, pour être transmis à la sous-préfecture, et soumis, au besoin, à l'analyse.—Si le marchand refuse de signer et de cacheter le paquet contenant l'échantillon, l'acheteur pourra requérir le Maire, qui procédera ainsi que le porte l'art. 15. — L'acheteur qui réclamera une nouvelle analyse prendra, par écrit, l'engagement d'en payer, s'il y a lieu, les frais. Cet engagement sera joint au paquet cacheté.

18. Les contraventions aux dispositions qui précèdent seront constatées et poursuivies conformément aux lois.

MM. les commissaires de police et la gendarmerie sont chargés d'assurer, chacun en ce qui le concerne, l'exécution du présent arrêté.

Fait en mairie, à..... le...

Le Maire,

2. Autres dispositions à prescrire. (Extraites de l'arrêté pris par M. le préfet de Seine-et-Oise, le 30 juin 1863.)

Art. 1er. Tout commerçant vendant des matières quelconques désignées comme propres à fertiliser la terre, ou tout dépositaire ou préposé à cette vente, sera tenu d'inscrire, sans abréviations et en caractères d'une grandeur uniforme et de 5 centimètres de hauteur au moins, sur un écriteau placé au-dessus du tas ou du récipient de la substance mise en vente, le nom et la teneur en eau, azote et phosphate de l'engrais qu'il débite. — Les chiffres indiquant les quotités ne seront suivis, s'il y a lieu, que par des fractions ordinaires.—L'écriteau ne pourra porter de désignation que sur un seul côté.

2. Si plusieurs espèces d'engrais sont contenues dans un magasin ou dépôt, chacune d'elles devra être renfermée dans une case distincte, entièrement séparée des autres et portant, sur un écriteau conforme aux prescriptions contenues en l'article 1er, le nom particulier et la teneur en eau, azote et phosphate de l'engrais qu'elle contient.

3. Les noms déjà connus dans le commerce ne pourront être appliqués qu'aux matières qu'ils désignent habituellement, et celles-ci ne pourront être déclarées ni vendues sous aucune autre dénomination. — Les marchands d'engrais seront tenus de délivrer des factures à chaque acheteur, lors même que celui-ci n'en ferait pas la demande. Ces factures devront indiquer le nom et l'analyse de l'engrais vendu, conformément à l'inscription portée sur l'écriteau.

4. La déclaration prescrite sera effectuée pour chaque nouvelle nature d'engrais mis en vente.

Voy. *Dépôts.* — Voy. également *Form. mun.*, tom. 4, pag. 615.

ENSEIGNES, ÉCRITEAUX, INSCRIPTIONS OU DEVISES, ETC.

§ 1er. — Pouvoir du Maire. — Ordre et sécurité sur la voie publique.

Est obligatoire l'arrêté :

1. Qui prescrit la forme, la saillie et les mesures de solidité des enseignes, et interdit d'en placer sans l'autorisation du maire (*Cass.*, 19 *juin* 1835, *Tonneins* ; 20 *sept.* 1839, *Régis*) ;

2. Qui défend de placer ostensiblement aucune enseigne, écriteau, inscription ou devise, sans en avoir obtenu la permission de la mairie (*Cass.*, 26 *févr.* 1842, *Alleaume* ; 13 *nov.* 1847, *Bouchon*).

§ 2. — Formule.

V. pour modèle d'arrêté : *Saillies, Voie publique.*

ÉPIDÉMIE. Voy. *Inondation, Salubrité.*

ÉPIZOOTIE.

§ 1er. — Pouvoir du Maire. — Mesures préventives contre la propagation des épizooties.

Vaine pâture. — Cantonnement. — Est obligatoire l'arrêté qui, sans qu'il existe aucun fait de maladie constaté, mais sur de simples appréhensions, en vue de prévenir les fléaux calamiteux et spécialement les épizooties, prescrit à un propriétaire d'exercer son droit de vaine pâture sur un cantonnement séparé (*Cass.*, 1er *févr.* 1822, *Dejames*).

§ 2. — Formules.

1. Arrêté prescrivant les mesures à prendre en temps d'épizootie.

Le Maire de la commune de.....

Vu l'arrêt du parlement du 24 mars 1745; l'arrêt du conseil du 19 juillet 1746; l'arrêt du conseil du 16 juillet 1784; la loi du 19 juillet 1791; l'arrêté du gouvernement du 27 messidor an 5-15 juillet 1797; l'ordonnance du 27 janvier 1815, et la loi du 18 juillet 1837; — Considérant qu'il nous appartient de rappeler nos administrés à l'exécution des dispositions prescrites pour arrêter la propagation de l'épizootie qui règne dans la commune;

Arrêtons :

Art. 1er. L'arrêté du gouvernement du 27 messidor an 5, sus-visé, sera publié de nouveau dans la commune. En conséquence, il est enjoint à tout propriétaire ou détenteur de bêtes à cornes, à quelque titre que ce soit, qui aura une ou plusieurs bêtes malades ou suspectes de l'être, d'en faire immédiatement la déclaration à la mairie et d'indiquer, en outre, le nombre des bêtes à cornes qu'il possède ou détient avec désignation de l'âge, de la taille, du poil, etc.

2. Défense est faite de laisser communiquer les bêtes malades avec aucun animal de la commune, et il est ordonné aux propriétaires ou détenteurs de tenir les animaux malades séparés de ceux qui ne le sont pas. — Il est expressément défendu aux propriétaires ou détenteurs d'animaux malades de les faire conduire dans les pâturages ni aux abreuvoirs communs, et il leur est enjoint de les nourrir et abreuver dans des lieux renfermés. — Il est ordonné aux mêmes personnes de souffrir chez eux les visites qui seront faites pour s'assurer qu'aucun animal n'en a été distrait.

3. Toutes les bêtes à cornes de la commune seront marquées immédiatement d'un fer chaud représentant la lettre M. Cette marque sera faite en notre présence ou en celle de nos délégués. — Défense est faite de vendre aucune bête marquée pour la conduire ou faire conduire dans les marchés ou foires ou chez des particuliers habitants des communes non infestés de la maladie.

4. Les propriétaires ou détenteurs de bêtes saines ne pourront en tuer ou faire tuer chez eux ou en vendre aux bouchers de la commune que sous les conditions suivantes : 1° Il faudra qu'un expert vétérinaire désigné par nous ait constaté que ces bêtes ne sont point malades; 2° le boucher n'entrera point dans l'étable; 3° le boucher devra tuer les bêtes dans les 24 heures; 4° le propriétaire ne pourra s'en dessaisir et le boucher les tuer qu'après en avoir obtenu notre permission écrite.

5. Il est ordonné de tenir tous les chiens à l'attache. Tous ceux qui seront trouvés divagants seront abattus immédiatement, sans préjudice aux poursuites qui seront dirigées contre le propriétaire.

6. Aussitôt qu'une bête sera morte, au lieu de la traîner, on la transportera à l'endroit où elle doit être enfouie et qui sera distant d'au moins 100 mètres de toute habitation; on la jettera seule dans une fosse de 2 mét. 66 cent. de profondeur, avec toute sa peau tailladée en plusieurs parties, et on la recouvrira de toute la terre sortie de la fosse. — Les voitures qui auront servi au transport de l'animal seront, aussitôt le transport effectué, lavées à l'eau chaude.

7. Le présent arrêté sera publié et affiché aux lieux accoutumés, et son exécution est confiée à la vigilance de notre adjoint, du commissaire de police, de la gendarmerie et du garde champêtre. Les contraventions aux dispositions qui précèdent seront déférées aux tribunaux compétents.

Fait en mairie à..... le.....   *Le Maire,*

2. Autres dispositions à prescrire.

Art. 1er. Il est défendu d'introduire dans la commune des animaux atteints, soit de la morve, soit de toute autre maladie contagieuse ou épidémique.

2. Il est défendu aux bouchers, charcutiers, et autres personnes, d'introduire dans la commune des bêtes mortes, à moins qu'un certificat d'un vétérinaire n'établisse que les bêtes étaient saines et que l'animal malade a péri par accident.

V. *Animaux, Bouchers, Parcours*, et le *Form. mun.*, tom. 4, p. 627.

ÉTABLISSEMENTS DANGEREUX, INSALUBRES ET INCOMMODES.

Pouvoir du Maire. — Salubrité publique.

1. *Législation*. — Ces établissements sont soumis par la loi à des conditions d'existence qu'il n'appartient pas à l'autorité municipale de changer, d'aggraver ni de modifier ; mais le décret du 15 octobre 1810 et les actes du pouvoir souverain intervenus depuis, qui règlent les conditions d'autorisation des établissements insalubres, n'ont point dépouillé l'autorité municipale, tant que cette autorisation n'a point été obtenue, du droit de prescrire les mesures que l'intérêt de la salubrité publique lui paraît exiger (*Cass.*, 1er *juin* 1855, *Coquille* ; 15 *mars* 1861, *Hennecart*).

2. *Établissements non autorisés. — Cessation d'exploitation.* — Est obligatoire l'arrêté du maire qui interdit à des individus de continuer l'exploitation d'ateliers non autorisés et pouvant compromettre la santé publique (*Cass.*, 14 *févr.* 1833, *Jau.*)

3. *Établissements non autorisés. — Transfert.* — Est obligatoire l'arrêté qui prescrit à un marchand d'os, industrie non classée, de transporter hors de la ville un dépôt de ces matières qui répand une odeur putride et présente des dangers pour la salubrité publique (*Cass.*, 21 *déc.* 1848, *Rendu* ; 15 *av.* 1853, *Clément*) ; ou qui, en vue de prévenir une épidémie menaçante ou en diminuer l'intensité en cas d'invasion, impose à tous les propriétaires d'établissements de triperie l'obligation de les transporter hors de la ville (*Cass.*, 13 *nov.* 1835, *Pouly*).

4. *Établissements autorisés.* — L'autorité municipale peut également prescrire aux établissements autorisés toutes les mesures de police nécessitées par l'intérêt public (*Cass.*, 30 *mars* 1861, *Bourneuf* : 1er *août* 1862, *Blanchard*) ; par exemple, empêcher l'écoulement sur la voie publique des eaux provenant d'un établissement insalubre (*Cass.*, 7 *fév.* 1863, *Blanchard*).

5. *Établissements antérieurs à 1810.* — Mais le droit de prendre des arrêtés est limité à des mesures essentiellement provisoires, en ce qui concerne les établissements dont l'existence est antérieure au décret du 15 octobre 1810 (*C. E.*, 26 *mai* 1842, *Gérot.*)

Les mesures de police que prescrit le maire pour prévenir les dangers que l'exploitation de l'établissement peut présenter sont obligatoires tant qu'elles n'ont pas été réformées : il suffit qu'elles n'apportent aucun empêchement réel à la libre et entière exploitation de l'usine qui les rend nécessaires (*Cass.*, 1er *août* 1862, *Renard Robert.*)

Voy. *Dépôts, Salubrité.* — Voy. également *Form. mun.*, tome 5, pag. 601.

ÉTALAGE.

§ 1er. — Pouvoir du Maire. — Liberté, sûreté et commodité du passage sur la voie publique.

1. *Voie publique. — Étalage. — Interdiction. — Réglementation.*

— Est obligatoire l'arrêté qui interdit de faire aucun étalage de marchandises sur la voie publique *(Cass., 30 av.* 1844, *N.;* 17 *juil.* 1854, *Bussetil;* 29 *mars* 1856, *Daumergue);* ou aux arceaux des rues d'une ville *(Id.,* 11 *déc.* 1841, *Delay);* ou qui défend les étalages de marchandises au-devant des boutiques *(Id.,* 17 *sept.* 1836, *Servat).* Cette prescription est applicable aux marchands forains qui n'ont pas boutique ou magasin dans la ville *(Id.,* 17 *sept.* 1836, *Servat;* 11 *janv.* 1850, *Verdier);* mais elle est restreinte aux parties de la voie publique spécialement désignée, et l'étalage sur un point non désigné ne constitue pas une contravention *(Id.,* 22 *nov.* 1838, *Métadier).*

2. *Saillie.* — Est obligatoire l'arrêté qui défend à tous propriétaires et locataires de boutiques qui n'ont pas de devantures, de faire sur la voie publique des étalages dépassant en saillie une dimension déterminée, lors même que le sol où les étalages ont lieu appartiendrait au propriétaire de la maison *(Cass.,* 1er *juin* 1843, *Mélinet; et* 5 *févr.* 1844, *Chamb. réun.).*

3. *Marchands forains.* — Est obligatoire l'arrêté qui fixe la place que doit occuper l'étalage en avant des boutiques et magasins *(Cass.,* 9 *août* 1838, *Boivin)* ; qui astreint les marchands forains à n'étaler et vendre leurs marchandises les jours de foires et de marchés que dans le lieu par elle désigné ; qui, pour les autres jours, les oblige à déclarer à la mairie les lieux particuliers où ils ont l'intention de vendre *(Id.,* 22 *déc.* 1838, *Fuld.)*

4. *Propriété privée livrée au public.* — Est légal et obligatoire l'arrêté municipal qui interdit aux propriétaires riverains de la voie publique tout étalage de marchandises sur la partie de leur propriété livrée à la voie publique par la destination même que lui ont donnée les propriétaires, par exemple sous les couverts, hangars ou cornières qui entourent une place publique. Ces terrains, bien qu'ils soient une dépendance et fassent partie des maisons, sont confondus avec la rue ou voie publique contiguë, et soumis aux mesures de police et de petite voirie applicables à toute voie publique indistinctement *(Cass.,* 5 *mars* 1863, *Sabathié).*

<h3 style="text-align:center">§ 2. — FORMULE.</h3>

Arrêté portant réglementation des étalages sur la voie publique.

Le Maire de la commune de

Vu les lois des 14-22 décembre 1789 ; 16-24 août 1790 ; 19-22 juillet 1791, et 18 juillet 1837 ;

Considérant que la voie publique est parfois envahie sur les points les plus fréquentés par les marchands étalagistes qui s'y établissent sans permission ; — qu'il importe de prendre des mesures à l'effet de maintenir la liberté et la commodité de la circulation dans les rues, quais, places et voies publiques ;

Arrête :

Art. 1er. Aucun étalage ne pourra être établi sur un point quelconque de la voie publique sans une permission spéciale qui sera donnée par nous ou notre délégué.

2. Tout étalage mobile ne devra pas excéder   de long sur   de large. Il devra être disposé de manière à pouvoir être porté à col ou à bras, et avoir une plaque indiquant en caractères apparents le numéro de la permission et le nom de l'occupant.

3. Chaque étalagiste devra nettoyer, chaque jour, avant de se retirer, la place qu'il aura occupée.

4. *Étalages fixes.* Les étalages ou montres de marchands en boutique permanents, fixes ou mobiles, ne pourront être placés sans permission de l'autorité municipale et qu'après l'acquittement des droits de voirie établis. — Ils ne pourront excéder 16 cent. de saillie.

5. Défenses sont faites aux marchands en magasin ou en boutique d'établir des tréteaux, tables, bancs et autres appareils au-devant de leurs magasins, tant sur

le pavé des rues et places que sur les trottoirs, et d'y faire aucun étalage d'objets de leur commerce ou profession ; les trottoirs doivent rester constamment libres de tout dépôt et offrir en tout temps aux piétons un passage propre à les mettre à l'abri du contact des voitures.

6. Les contraventions, etc.

Fait en mairie, à..... le....   *Le Maire,*

Voy. *Marchés, Voie publique,* et le *Form. munic.,* tom. 4, p. 637.

ÉTAIEMENT DE MURS.

Pouvoir du Maire. — Liberté du passage sur la voie publique.

Etançonnement. — Durée. — Est obligatoire l'arrêté municipal qui fixe la durée de l'étançonnement d'un mur bordant la voie publique (*Cass.,* 1er *fév.* 1845, *Duclos*).

Voy. *Voie publique.*

ÉTAMAGE. Voy *Vases et Ustensiles de cuivre.*

ÉTENDOIRS. Voy. *Voirie.*

ÉVIERS. Voy. *Voirie.*

EXCAVATIONS.

§ 1er. — Pouvoir du Maire. — Sureté du passage. — Mesures préventives contre les accidents.

1. *Voie publique. — Interdiction.* — Est obligatoire l'arrêté qui défend de faire aucune excavation au-devant des habitations pour y recevoir des immondices (*Cass.,* 29 *mai* 1835, *Rolla*).

2. *Comblement.* — Est obligatoire l'arrêté qui enjoint aux propriétaires riverains d'une rue non pavée de combler les trous ou excavations survenus devant leurs maisons (*Cass.,* 17 *mars* 1838, *Coignet*); — Qui ordonne à un particulier de combler les excavations qu'il a pratiquées sous la voie publique (*Id.,* 12 *mai* 1843, *Dupont*); ou celles indûment pratiquées sur le bord d'un chemin (*Id.,* 4 *janv.* 1840); ou qui oblige les habitants de la ville à réparer la partie de la rue devant leurs maisons de manière à faire disparaître les trous et ressauts et à rendre le passage sûr et commode (*Id.,* 7 *déc.* 1826, *Rigault*).

§ 2. — Formule.

Arrêté portant injonction à un particulier de combler une excavation sur la voie publique.

Le maire de la commune de.....

Vu les lois des 16-24 août 1790 ; 19-22 juillet, 28 septembre et 6 octobre 1791 ; 18 juillet 1837 ; — Vu le procès-verbal dressé le..., par..., contre le sieur..., constatant que la circulation est interceptée (ou gravement compromise) par l'excavation que le sieur.... y a pratiquée ;

Considérant qu'il y a urgence d'ordonner provisoirement ce que de droit pour rétablir la circulation (ou) préserver la sûreté publique du danger imminent auquel elle est exposée ;

Arrête :

Art. 1er. Il est enjoint au sieur.... de combler immédiatement l'excavation qu'il a faite au lieu de...., de faire place nette et remettre les lieux dans leur état primitif.

2· Faute par lui de se conformer à la présente injonction dans un délai de.... heures, il y sera pourvu d'office et à ses frais, sans préjudice aux poursuites qui seront exercées contre lui pour infraction au présent arrêté.

Fait en mairie, à.....le....   *Le Maire,*

EXERCICES MILITAIRES SUR LA VOIE PUBLIQUE.

Pouvoir du Maire. — Sureté et commodité du passage.

Circulation. — Pouvoir municipal. — Serait obligatoire l'arrêté qui interdirait aux troupes de la garnison d'intercepter, sous quelque prétexte que ce soit, même pour les exercices militaires, la circulation dans les rues, sur les places et autres voies publiques *(Arrêté du maire de Niort de 1844.)*

EXERCICES DANGEREUX. Voy. *Armes à feu.*

EXHALAISONS DÉSAGRÉABLES.

Pouvoir du Maire. — Salubrité publique.

Cuirs. — Brûlement à l'intérieur des maisons. — Interdiction. — Serait obligatoire l'arrêté du maire qui défendrait de brûler des cuirs dans l'intérieur des maisons, soit dans un poêle, soit dans une cheminée, soit autrement *(Cass., 17 janv. 1845, Bouligny).*

Voy. *Salubrité publique.*

EXHUMATIONS.

Pouvoir du Maire. — Salubrité publique. — Respect du aux cendres des morts.

Précautions. — Mesures d'ordre. — Est obligatoire l'arrêté qui prescrit les mesures de précaution et d'ordre à observer dans les exhumations autorisées par l'autorité *(Cass., 21 août 1835, N...; 4 déc. 1847, Gaison).*

Voy. *Cimetière.*

EXPOSITION DE CHOSES. Voy. *Jet.*

FAÇADES DES MAISONS.

§ 1er. — Pouvoir du Maire. — Sureté et commodité du passage sur la voie publique.

1. *Construction. — Autorisation.* — Est obligatoire l'arrêté par lequel un maire défend de rien établir dans les façades des maisons sans en avoir obtenu la permission de la mairie *(Cass., 19 juin 1835, Tonneins).*

2. *Badigeonnage général. — Décret du 26 mars 1862.* — Le badigeonnage général des maisons pourrait être prescrit par le maire sans excéder les limites de l'autorité municipale, dans les villes auxquelles le décret du 26 mars 1852, art. 5, relatif aux rues de Paris, a spécialement été déclaré applicable *(C. G., 15 déc. 1857, Ville de Grenoble).*

Voy. n° 4 ci-après.

§ 2. — Excès de pouvoirs.

3. *Couleur blanche ou autre. — Interdiction.* — Ne serait pas légal l'arrêté qui défendrait à tout propriétaire de revêtir la façade de sa maison d'une couleur blanche ou de toute autre couleur dont l'éclat peut nuire à la vue *(Cass., 25 août 1832, N...).*

4. *Badigeonnage général.* — Est illégal et non obligatoire (dans les villes où le décret du 26 mars 1852, relatif aux rues de Paris, n'a pas été rendu applicable) l'arrêté municipal qui prescrit aux habitants ou possesseurs de maisons de badigeonner au blanc de chaux ou autre couleur claire toutes les murailles donnant sur la voie publique et même celles donnant sur les jardins *(Cass., 7 mars 1862, Bourgade).*

§ 3. — Formule.

Arrêté prescrivant le crépissage des façades.

Le Maire de la commune de....

Vu la loi du 18 juillet 1837 sur l'administration municipale, art. 9, 10 et 11 ;

Vu le décret du 26 mars 1852 relatif aux rues de Paris, et celui du.... qui en rend les dispositions applicables à la ville de....;

Arrête :

Art. 1er. En exécution de l'art. 5 du décret sus-visé du 26 mars 1852, toutes les façades de maisons en mauvais état de propreté, quelle que soit du reste l'époque à laquelle elles aient été réparées, seront grattées, repeintes ou badigeonnées dans les délais ci-après, qui courront du jour de la publication du présent :

1° dans un délai de 3 mois pour les façades donnant dans les rues............ ;

2° dans un délai de 6 mois pour les façades donnant dans les rues............ ;

3° dans un délai d'un an pour toutes les autres rues de la ville.

2. Cette obligation de mise en bon état de propreté des façades s'étend pour chaque maison ou crépissage ou blanchissage de tous les murs ou constructions pouvant être vues de la voie publique, et de toutes les cheminées ; elle comprend également la peinture des portes, châssis, contrevents, lucarnes, volets, balcons, enseignes, tuyaux de descente, devantures, en un mot l'appropriation entière de tout ce qui peut être vu d'un point quelconque de la voie publique.

3. Pour empêcher tous travaux confortatifs aux maisons frappées d'avancement ou de reculement par le plan d'alignement de la ville, il n'est rien dérogé par le présent à l'obligation faite aux propriétaires de solliciter par écrit de l'autorité compétente, l'autorisation préalable pour tous travaux à effectuer aux constructions joignant la voie publique.

4. M. le commissaire de police et M. l'architecte voyer de la ville sont chargés, chacun en ce qui le concerne, d'assurer l'exécution du présent arrêté.

Fait en mairie, à..., le....　　　　　　　　　　　*Le Maire,*

Voy. *Alignement, Auvent, Constructions, Voie publique.*

FENÊTRES (Exposition aux). — V. *Jet.*

FERMETURE DES PORTES DE MAISONS, D'ALLÉES, ETC.

§ 1er. — POUVOIR DU MAIRE. — SURETÉ PUBLIQUE.

1. *Portes d'allées. — Fermeture.* — Est obligatoire l'arrêté qui ordonne à tous les propriétaires et locataires de fermer à clef la porte extérieure de leurs maisons, cours, jardins, allées donnant immédiatement sur la voie publique, à *telle* heure du soir *(Cass. ; 2 févr. 1837, Fontaine; 9 mars 1838, Hérouard; 27 août 1842, Goupil; 22 févr. 1849, Besson; 7 juill. 1854, Pertuis; 1er juin 1855, Betoul; 13 déc. 1856, Bonnefoy)*; ou qui ordonne de tenir cette porte fermée toute la nuit *(Id., 31 mars 1851, Barry).*

2. *Etendue de l'application de l'arrêté municipal.* — La fermeture des portes cochères et d'allées des maisons constitue une charge de la propriété *(Cass., 13 déc. 1856, Bonnefoy)*; en conséquence, la prescription de l'arrêté est obligatoire, bien que le propriétaire soit absent de chez lui *(Id, 8 juin 1850, Colane; 23 août 1850, Daguin)*, bien qu'il n'habite pas la maison *(Id., 18 déc. 1840, Dusurget; 27 août 1842, Goupil; 3 oct. 1851, Croquevieille).*

Et la contravention peut être poursuivie aussi bien contre les propriétaires que contre les locataires *(Cass., arrêt précité, 13 déc. 1856, Bonnefoy).*

§ 2. — EXCÈS DE POUVOIRS.

Maisons particulières. — Eclairage intérieur. — Ne serait pas obligatoire la disposition du règlement de police qui, après avoir prescrit l'heure de la fermeture des portes, interdirait d'éclairer l'intérieur des maisons par des fanaux projetant la lumière sur la voie publique *(Cass., 27 nov. 1846, Dupont).*

§ 3. — FORMULES.

1. Arrêté prescrivant la fermeture des portes d'allées.

Le Maire de

Vu les lois des 24 août 1790, tit. 2, art. 3, et 22 juill. 1791, art. 7 et 46, sur la police municipale ; — Vu l'art. 471, n° 15, du Cod. pén. ; les ordonnances et règlements de police concernant la fermeture des portes des allées, des hôtels, maisons, basses-cours et des allées de traverse ;

Considérant que, pour toujours mieux assurer la tranquillité publique, ôter aux perturbateurs et aux malfaiteurs tous moyens de se soustraire, la nuit, aux recherches et aux poursuites des commissaires et agents de police, de la gendarmerie et des patrouilles, il importe de renouveler et remettre en vigueur les dispositions des lois et règlements ci-dessus rappelés ; — Considérant qu'en principe général, les propriétaires qui habitent leurs hôtels et maisons, et les *principaux locataires* de ceux qui ne les occupent pas, sont responsables des contraventions résultant de l'inexécution des mesures prescrites ; — Considérant que la désignation de *principal locataire* ayant donné lieu à de fausses interprétations et à des mesures arbitraires, il est nécessaire d'en fixer le véritable sens ; qu'ainsi, par cette désignation, on doit entendre, non le locataire qui paie le plus fort loyer, mais celui qui, ayant loué toute une maison, en sous-loue une partie ; — Considérant enfin qu'il est essentiel que les contraventions soient constatées de manière à ne laisser aucun doute aux propriétaires et locataires qu'elles ont eu lieu ;

Arrête :

Art. 1er. Tous les propriétaires et locataires, habitant un même corps de maison ou divers corps de bâtiments, ayant une ou plusieurs issues sur la voie publique, s'entendront entre eux pour en faire tenir les portes exactement fermées, pendant la nuit, depuis dix heures du soir, à compter du 1er octobre jusqu'au 1er avril, et depuis onze heures, à compter du 1er avril jusqu'au 1er octobre de chaque année.

2. A défaut de se conformer à ce qui est prescrit par l'article précédent, tous les habitants d'une maison seront solidaires les uns pour les autres ; et seul pour tous, le propriétaire de la maison, ou, en cas d'absence, son représentant, sera poursuivi conformément à l'article 471 du Code pénal, sauf son recours de droit contre les autres habitants.

3. Lorsqu'une porte d'allée ou de maison aura été trouvée ouverte après l'heure ci-dessus indiquée, l'officier de police dressera procès-verbal, qu'il notifiera le lendemain aux contrevenants.

4. Il est enjoint aux commissaires et agents de police de se conformer très-exactement aux dispositions de ce règlement, et de tenir la main à son exécution.

5. Le présent règlement sera soumis à l'approbation de M. le préfet.

Fait en mairie, à..., le....   *Le Maire,*

2. Avis rappelant l'exécution de l'arrêté antérieur sur la fermeture des portes d'allées.

Le Maire de

Rappelle aux habitants que les règlements de police prescrivent la fermeture des portes d'allées pendant la nuit, depuis *dix heures du soir,* du 1er octobre au 1er avril et depuis *onze heures* du 1er avril au 1er octobre.

Les propriétaires et locataires habitant un même corps ou différents corps de bâtiment ayant les mêmes issues sur la voie publique doivent s'entendre à cet effet.

Le Maire croit particulièrement utile de rappeler les dispositions dont il s'agit au moment où la foire prochaine pourrait offrir une occasion aux malfaiteurs et aux gens sans aveu de se répandre dans la ville. Il invite, en conséquence, les habitants à se conformer aux mesures ci-dessus, essentielles à l'ordre et à la sûreté publique. Le défaut d'exécution serait constaté par des procès-verbaux et donnerait lieu à des poursuites envers les contrevenants.

Fait en mairie, à..., le....   *Le Maire,*

FÊTES ET DIMANCHES. Voy. *Jours fériés.*

FEU. Voy. *Incendies.*

FILLES PUBLIQUES.

§ 1er. — Pouvoir du Maire. — Maintien de l'ordre, de la morale, et de la santé publique.

1. *Maisons de tolérance.* — Est obligatoire l'arrêté qui réglemente la police des maisons de tolérance (*Cass.,* 6 *août* 1857, *Gallon*) ; qui

dispose qu'aucune maison ne pourra être ouverte sans l'autorisation préalable de l'administration *(Id.*, 25 *fév.* 1858, *Gallon)* ; ou qui enjoint aux individus tenant des maisons de tolérance de conduire tous les jours au dispensaire les filles publiques dont la santé deviendrait suspecte dans l'intervalle des visites hebdomadaires *(Cass.*, 28 *sept.* 1849, *Lagadet)*.

2. *Aubergistes. — Logeurs.* — Est obligatoire l'arrêté qui défend à tous les aubergistes, cabaretiers, cafetiers, logeurs, etc., de loger chez eux des filles publiques et d'établir des communications intérieures entre leurs établissements et les chambres qu'elles habitent *(Cass.*, 3 *juil.* 1835, *Villalbac)* ; ou de tolérer chez eux même par fréquentation accidentelle des femmes enregistrées (¹) *(Id.*, 19 *nov.* 1857, *Maillet)*.

3. *Location. — Déclaration.* — Est obligatoire l'arrêté qui enjoint à toutes personnes autres que les aubergistes et hôteliers de ne loger dans leurs maisons des femmes faisant commerce de prostitution qu'à la charge d'en faire la déclaration aux officiers de police *(Cass.*, 30 *mai* 1844, *Janson)* ; ou qui défend à tous propriétaires ou locataires autres même que les aubergistes et hôteliers, de louer aucune chambre aux filles publiques et aux gens de mauvaise vie et de les loger ou recueillir chez eux (²) *(Id.*, 11 *sept.* 1840, *Janson ; 19 juin* 1846, *Maucolin)*.

4. *Stationnement. — Interdiction.* — Est légal et obligatoire le règlement qui défend aux filles publiques de stationner sur la voie publique, d'y paraître avant et après *telles* heures du soir, d'y accoster les passants, de leur faire des signes ou gestes *(Cass.*, 23 *avril* 1842, *Rouneau)*. Mais il n'est pas applicable à celles qui seraient simplement absentes de leur domicile aux heures où il leur est défendu de se montrer en public *(Id.*, 23 *juill.* 1842, *Courtin)*, ni à celles qui, bien qu'absentes de chez elles après l'heure fixée, n'ont point été trouvées sur la voie publique et n'y ont occasionné ni pu occasionner du scandale *(Id.* 9 *mai* 1844, *Revaire)*.

5. *Visites.* — Est obligatoire l'arrêté qui ordonne que les filles et femmes publiques seront visitées à des époques déterminées *(Cass.*, 3 *déc.* 1847, *Corbin)*.

6. *Déclaration.* — Est obligatoire l'arrêté qui ordonne que toute femme ou fille qui se livrera à la prostitution sera tenue de se faire inscrire au bureau de police *(Cass.*, 3 *déc.* 1847, *Corbin)*. — L'inscription, d'office peut être détruite par la preuve contraire *(Id.*, 4 *juin* 1836, *N...* ; 17 *janv.* 1862, *Defourneau)*.

§ 2. — Formule.

Règlement concernant les filles publiques et les maisons de prostitution.

Le Maire de
Vu les lois des 14-22 décembre 1789, art. 50 : 16-24 août 1790, tit. XI, art. 3, nᵒˢ 2, 3, 4 et 5 ; 10 juill. 1791, 16-22 du même mois, tit. 1ᵉʳ, art. 10 et 46 ; — L'arrêté du gouvernement du 5 brum. an 9-27 octobre 1800 ; le décret du 23 fructidor an 13-10 sept. 1805, — Les art. 270 et suiv., 330 et suiv., 471, n. 15, 475, n. 9, 479, n. 8, 480, n. 5, du Code pénal, et l'art. 1384 du Cod. Nap.

(¹) La défense de recevoir des filles publiques est applicable au cas où ces dernières ne se seraient pas présentées seules, mais avec des jeunes gens pour y prendre un repas *(Cass.*, 16 *avril* 1863, *Rollin)*.

(²) L'infraction à cette défense n'est pas punissable, si le propriétaire n'a pas toléré dans le local loué l'exercice de la profession de sa locataire *(Cass.*, 18 *juill.* 1857, *Louiller)*.

Considérant que les lois ont de tout temps appelé sur les maisons de prostitution la vigilance continuelle de l'autorité et de la police, et ordonné la répression immédiate et sévère de tous actes scandaleux qui pourraient porter atteinte à la morale publique et occasionner un trouble à la tranquillité des citoyens ; — Considérant que si l'on est obligé de tolérer l'existence de pareils lieux, cette tolérance n'ayant d'autre but que d'éviter un plus grand mal, l'autorité municipale, en vue de l'ordre public, doit prescrire toutes les conditions et restrictions jugées nécessaires ou simplement utiles ;

Arrête :

Art. 1er. Toute femme qui se livrera à la prostitution sera tenue de se faire inscrire au bureau de police, et elle devra produire l'acte de naissance et des pièces constatant son identité et sa position. Ces pièces resteront déposées à la mairie ; elles ne seront rendues à la déposante qu'en cas de départ, de radiation des contrôles et sur la remise de la carte sanitaire.

2. Les cartes sanitaires ne seront jamais délivrées à des femmes âgées de moins de 21 ans.

3. Toute femme qui se livre notoirement à la prostitution est réputée fille publique. A défaut de demande d'inscription, elle sera inscrite d'office, soumise aux dispositions du présent règlement, sans préjudice des poursuites qui pourront être dirigées contre elle. Cette inscription sera ordonnée par le maire d'après les informations et renseignements fournis par la police.

4. Il est défendu aux filles publiques de se montrer à leurs fenêtres à quelque heure et sous quelque prétexte que ce soit ; de provoquer les passants, par gestes ou par paroles ; de se tenir sur le devant des portes d'allées ou autres ; de fréquenter les allées de traverse, les passages, les lieux obscurs, les cafés, cabarets et auberges ; de s'introduire dans les casernes et corps de garde ; — De se faire remarquer dans les rues par leur costume, d'y stationner, d'arrêter et même d'adresser la parole aux passants ; de se promener en compagnie avec d'autres filles ; — De circuler dans les rues avant la chute du jour et après dix heures du soir.

5. Les filles publiques devront toujours être munies de leur carte sanitaire, et la représenter à toute réquisition des officiers et agents de police.

6. Toute fille publique qui voudra renoncer à la prostitution sera, sur sa demande au maire, et lorsqu'il aura été constaté qu'elle est revenue à une conduite meilleure, rayée du registre d'inscription par ce magistrat.

7. Il est expressément interdit d'ouvrir une maison de débauche, dite de tolérance, pour y entretenir des filles publiques, sans en avoir obtenu l'autorisation du maire.

8. La demande qui lui sera adressée à cet effet devra être accompagnée d'une description des lieux et du consentement écrit du propriétaire de la maison.

9. Les fenêtres des maisons de tolérance devront être constamment garnies de rideaux et de jalousies ou persiennes de manière que du dehors la vue ne puisse pénétrer à l'intérieur.

10. Les escaliers et les allées des maisons de tolérance devront être, aussitôt la chute du jour et jusqu'à onze heures, constamment éclairés.

11. Les maîtres ou maîtresses de maisons tiendront un registre coté et paraphé par le commissaire de police de leur quartier. Ce registre, qui devra être constamment à jour, indiquera pour chaque fille publique qui loge dans la maison, ou qui n'y aurait même passé qu'une nuit, 1° la date d'entrée ; 2° les noms et prénoms ; 3° le numéro de la carte d'inscription.

En cas de sortie, le registre indiquera : — 1° La date de la sortie ; 2° la cause de la sortie ; 3° ce que la fille publique est devenue.

12. L'arrivée ou le départ, quelle qu'en soit la cause, d'une des filles admises, sera, le jour même, à la diligence des maîtres ou maîtresses de maisons, signalé au bureau de la police municipale.

13. Il est défendu aux maîtres ou maîtresses de maisons : 1° De loger des filles publiques en nombre plus considérable que celui autorisé ; — 2° D'en admettre qui ne seraient pas munies de cartes sanitaires ; — 3° D'accueillir, même temporairement, soit pendant le jour, soit pendant la nuit, des femmes qui se livreraient à la prostitution, qu'elles soient ou non munies de cartes ; — 4° De laisser sortir les filles qu'elles entretiennent, avant la chute du jour, et de les laisser circuler après dix heures du soir ; — 5° De recevoir des militaires après la retraite ; 6° D'ouvrir la porte de leur maison aux personnes qui s'y présenteraient après *onze heures du soir*. — Les dispositions du présent article sont également applicables aux filles isolées.

14. Les filles ou femmes inscrites au registre de prostitution seront tenues de se conformer aux mesures sanitaires ordonnées par l'administration et notamment à la visite médicale, pour prévenir la propagation des maladies contagieuses.

15. Les maisons de tolérance ainsi que le domicile des filles isolées, seront ouverts à toute heure, de jour comme de nuit, aux officiers et agents de police, toutes les fois qu'ils se présenteront pour les visiter.

16. Sont maintenues et continueront à être exécutées toutes les dispositions des précédents règlements de police auquel il n'est pas innové par le présent arrêté.   Fait en mairie, à..., le....   *Le Maire,*

Voy. *Form. mun.*, tom. 6, p. 431.

FOIRES. Voy. *Marchés.*

FONTAINES. Voy. *Eaux.*

FOSSES. Voy. *Excavations.*

FOSSÉS. Voy. *Eaux.*

FOSSES D'AISANCE.

§ 1er. — Pouvoir du Maire. — Salubrité publique.

1. *Etablissement.* — Est obligatoire l'arrêté qui ordonne l'établissement de fosses d'aisance dans chaque maison construite, à construire ou à réparer, et fixe un délai de six mois pour leur établissement dans les maisons qui en sont dépourvues *(Av. du cons. d'Etat du 14 août 1835; Cass., 20 avril 1843, Potelle; 12 mars 1853, Sauva; 18 août 1860, Mascou-Vidal)*; qui réglemente la construction et la vidange des fosses d'aisances *(Id., 27 déc. 1855, Bretault-Billon)*, ou prescrit une forme, un mode particulier de fosses d'aisance *(Id., 29 mars 1856, Sollien; 13 févr. 1857, Michel; 3 fév. 1859, Beaussin)*.

2. *Cours d'eau.* — *Fosses.* — *Interdiction* ou *Suppression.* — Voy. *Cours d'eau,* n° 6.

3. *Fosses existantes.* — *Surveillance.* — Est obligatoire l'arrêté qui ordonne des visites pour vérifier si les latrines existantes présentent des garanties suffisantes de salubrité *(Cass., 18 juill. 1857, Billard)*.

4. *Voie publique.* — Est obligatoire l'arrêté qui interdit de faire dégorger les lieux d'aisance sur la voie publique *(Cass., 15 octob. 1853, Fontaine)*.

5. *Vidange.* — *Mode.* — Est obligatoire l'arrêté qui règle le mode de vidange des fosses d'aisance *(Cass., 23 avril 1835, Rieux; 30 avril 1852, Wanivaëde; 24 juill. 1852, Bourdoulous)*, et le contrevenant ne peut être excusé sous le prétexte qu'il est l'inventeur d'un procédé qui rend inutiles les prescriptions de l'arrêté *(Id., 4 fév. 1841, Buran)*; qui détermine les heures où s'opéreront l'extraction et les transports des matières fécales *(Id., 23 avril 1841, Bataille; 31 déc. 1846, Mulot)*; — qui détermine les lieux où les produits seront déposés *(Id., 31 déc. 1846, Mulot; 13 avril 1849, Poiraudeau)*. Cette disposition ne s'applique pas au cas où les vidanges sont transportées dans un local pour y être enfouies comme engrais *(Id., 15 mars 1844, N ..)*. — Qui détermine les formes des voitures destinées au transport des bailles d'aisance *(Id., 23 août 1839, Lepan; 13 août 1847, Constantin)*; — Qui impose aux vidangeurs l'obligation de se servir dans la vidange de pompes aspirantes et foulantes pour l'extraction des matières fécales *(Id., 30 avril 1852, Wanivaëde; — Qui oblige les vidangeurs à déposer immédiatement les matières dans les récipients qui doivent servir à les transporter à la voirie *(Id., 23 avril 1835, Rieux)*; qui détermine la forme des vases destinés à recevoir les matières extraites *(Id., 12 juill. 1838, Vignes et autres)*; qui trace l'itinéraire que les vidangeurs devront suivre pour le transport des matières *(Id., 13 avril 1849, Poiraudeau)*; — Qui prescrit l'éclairage des voitures servant au transport

des récipients ; — Qui prescrit l'éclairage des appareils d'extraction lorsqu'ils sont en train de fonctionner.

6. *Vidanges.* — *Déclaration.* — Est obligatoire l'arrêté qui défend de procéder à l'ouverture d'une fosse d'aisance avant d'en avoir averti l'autorité *(Cass., 28 sept. 1849, Francart).*

7. *Entrepreneur.* — *Registre.* — Est obligatoire l'arrêté qui prescrit aux entrepreneurs de tenir un registre d'inscription à souche des déclarations et de le communiquer au commissaire de police chaque fois qu'il en fera la demande *(Cass., 4 fév. 1858, Cagnan.)*

8. *Profession de vidangeur.* — *Exercice.* — Est obligatoire l'arrêté qui interdit l'exercice de la profession d'entrepreneur de vidange à tous ceux qui n'auraient pas fait une déclaration préalable à la mairie et justifié qu'ils possèdent le matériel *(Cass., 18 janv. 1838, Vignes ; 4 janv. 1839, Duguey ; 28 juin 1839, Grataloup).*

§ 2. — Excès de pouvoirs.

9. *Etablissements insalubres.* — Serait illégale la disposition qui appliquerait les règlements relatifs à la construction et à la vidange des fosses d'aisance aux établissements insalubres qui emploient les résidus des matières contenues dans les fosses *(Cass., 27 déc. 1855, Bertaut-Billon.)*

10. *Privilège.* — Serait également illégale, comme excédant les pouvoirs du maire, la disposition qui conférerait à certaines personnes désignées le droit exclusif d'exercer la profession de vidangeur *(Déc. min. int., 21 juin 1838 ; Circ. min., 13 mars 1839 ; Cass., arr. pr., 18 janvier 1838, 4 janvier 1839, 28 juin 1839, 6 juin 1843, Miquelard).*

Voy. *Dépôts.*

§ 3. — Formules.

1. Arrêté portant suppression des fosses d'aisance sur un ruisseau.

Le Maire de la commune de

Vu les lois des 16-24 août 1790 ; 19-22 juillet 1791, et 18 juillet 1837 ;

Considérant qu'il importe, dans l'intérêt de la salubrité publique, de réglementer le mode de construction, de réparation et la vidange des fosses d'aisance ;

(*ou*) de prescrire les mesures les plus convenables pour effectuer sans danger pour la vie des ouvriers la vidange des fosses et le transport des matières ;

(*ou*) de supprimer les fosses d'aisance sur le ruisseau de.... afin d'assainir ce cours d'eau ;

Arrête :

Art. 1er. Les conduits des latrines et les latrines établis sur le ruisseau de...... ou ses affluents seront supprimés dans les deux jours de la publication du présent arrêté, qui sera en outre notifié individuellement à chacune des parties intéressées.

2. Il est enjoint aux propriétaires de construire, dans un délai de deux mois à partir de la publication du présent arrêté, des fosses mortes, closes et bien fermées, pour recevoir les égouts de leurs latrines, de manière que les matières fécales et les urines ne s'écoulent plus dans le ruisseau de.... ou ses affluents, et qu'il ne s'évapore aucun miasme, aucune exhalaison infecte ou malsaine.

3. Il est également défendu de jeter des immondices dans ce ruisseau ou ses affluents.

4. Les contraventions, etc.

2. Arrêté prescrivant les mesures de précaution à observer dans la vidange des fosses d'aisance.

Le Maire de la commune de

Vu la loi du 16-24 août 1790, tit. 11, art. 3, § 1 et 5 ; et celles du 19-22 juillet 1791, et 18 juillet 1837 ; — Vu l'ordonnance du préfet de police de Paris du 4 juin 1831, concernant les mesures de sûreté à prendre pour les vidangeurs de fosses d'aisance ;

Considérant que les fosses d'aisance closes contiennent des gaz délétères qui peuvent causer la mort ; — Qu'il arrive fréquemment que les ouvriers qui se livrent à la vidange des fosses d'aisance closes n'apportent pas, dans l'exécution de ce service, toutes les précautions qu'il exige ; — Que les propriétaires des fosses d'aisance et les entrepreneurs des vidanges sont civilement et criminellement responsables des accidents qui peuvent avoir lieu, quand les mesures préventives nécessaires n'ont pas été prises ; — Que, dès lors, il importe de prescrire des mesures de sûreté pour prévenir les accidents ;

Arrête :

Art. 1er. Il est expressément défendu de faire ouvrir, pour quelque cause que ce soit, une fosse d'aisance, sans en avoir fait au préalable la déclaration et obtenu l'autorisation qui sera délivrée à l'entrepreneur lui-même.

Cette permission ne sera donnée, quand l'entrepreneur voudra faire vider une fosse ou qu'il voudra y faire pénétrer pour l'examiner, qu'autant qu'il justifiera qu'il est muni d'une corde avec bride pouvant facilement ceindre le corps et soutenir un homme.

Chaque année, lors d'une nouvelle déclaration, l'entrepreneur justifiera du bon état de cet appareil.

2. La fosse devra être ouverte au moins une heure avant qu'on commence à la vider, pour donner aux gaz délétères qu'elle pourrait contenir, le temps de sortir par l'ouverture qui devra rester aussi découverte qu'il sera possible.

3. Une heure après l'ouverture de la fosse et pas avant, crainte d'explosion, on devra s'assurer de l'état de la fosse en descendant lentement une lanterne allumée suspendue à une corde. La lanterne ne devra pas s'éteindre même tout près du fond de la fosse ; si elle s'éteignait, il faudrait aérer la fosse en agitant vivement une planche dans son intérieur ; il est expressément défendu de pénétrer dans la fosse tant que la lanterne ne pourra pas rester allumée dans le fond.

4. Lorsqu'il sera nécessaire d'entrer dans la fosse, l'atelier chargé du travail devra être composé au moins de trois ouvriers, dont un chef.

5. L'ouvrier qui descendra dans la fosse, pour quelque cause que ce soit, devra être ceint du bridage mentionné en l'art. 1er. — La corde du bridage sera tenue par un ouvrier placé à l'extérieur de la fosse. — Il est défendu à tout ouvrier de se refuser à ce service.

6. Les propriétaires qui auraient laissé ouvrir une fosse sans que la déclaration ait été faite et qu'on leur ait justifié de l'autorisation, seront passibles, ainsi que l'entrepreneur, des peines prévues par l'art. 471 du Code pénal, et criminellement et civilement responsables en cas d'accident.

7. Les contraventions aux présentes dispositions seront constatées par des procès-verbaux qui seront adressés à M. le Procureur impérial, pour leur être donné telle suite qu'il appartiendra.

Fait en mairie, à.... le....

Le Maire,

3. Arrêté prescrivant et réglementant la construction des fosses d'aisance.

Le Maire de....
Vu les lois des 16-24 août 1790, 19-22 juillet 1791 et 18 juillet 1837,

Arrête :

Art. 1er. A l'avenir, dans aucun des bâtiments publics ou particuliers et de leurs dépendances, on ne pourra employer pour fosses d'aisances des puits, puisards, égouts, aqueducs ou carrières abandonnées, sans y faire les constructions prescrites par le présent règlement.

2. Lorsque les fosses seront placées sous le sol des caves, ces caves devront avoir une communication immédiate avec l'air extérieur.

3. Les caves sous lesquelles seront construites les fosses d'aisance devront être assez spacieuses pour contenir quatre travailleurs et leurs ustensiles, et avoir au moins deux mètres de hauteur sous voûte.

4. Les murs, la voûte et le fond des fosses seront entièrement construits en pierres meulières, maçonnés avec du mortier de chaux maigre et de sable de rivière bien lavé. — Les parois des fosses seront enduits de pareil mortier, lissé à la truelle. — On ne pourra donner moins de trente à trente-cinq centimètres d'épaisseur aux voûtes, et moins de quarante-cinq à cinquante centimètres d'épaisseur aux massifs et aux murs.

5. Il est défendu d'établir des compartiments ou divisions dans les fosses, d'y construire des piliers, et d'y faire des chaînes ou des arcs en pierres apparentes.

6. Le fond des fosses d'aisance sera fait en forme de cuvette concave. — Tous les angles de l'intérieur seront effacés par des arrondissements de vingt-cinq centimètres de rayon.

7. Autant que les localités le permettront, les fosses d'aisance seront construites sur un plan circulaire elliptique ou rectangulaire. — On ne permettra

point la construction de fosses à angle rentrant, hors le seul cas où la surface de la fosse serait au moins de quatre mètres carrés de chaque côté de l'angle ; et alors il serait pratiqué, de l'un et de l'autre côté, une ouverture d'extraction.

8. Les fosses, quelle que soit leur capacité, ne pourront avoir moins de deux mètres de hauteur sous clef.

9. Les fosses seront couvertes par une voûte en plein cintre, ou qui n'en différera que d'un tiers de rayon.

10. L'ouverture d'extraction des matières sera placée au milieu de la voûte, autant que les localités le permettront. — La cheminée de cette ouverture ne devra point excéder un mètre cinquante centimètres de hauteur, à moins que les localités n'exigent impérieusement une plus grande hauteur.

11. L'ouverture d'extraction correspondante à une cheminée d'un mètre cinquante centimètres au plus de hauteur, ne pourra avoir moins d'un mètre en longueur sur soixante-cinq centimètres en largeur.

Lorsque cette ouverture correspondra à une cheminée excédant un mètre cinquante centimètres de hauteur, les dimensions ci-dessus spécifiées seront augmentées de manière que l'une de ces dimensions soit égale aux deux tiers de la hauteur de la cheminée.

12. Il sera placé, en outre, à la voûte, dans la partie la plus éloignée du tuyau de chute et de l'ouverture d'extraction, si elle n'est pas dans le milieu, un tampon mobile, dont le diamètre ne pourra être moindre de cinquante centimètres. Ce tampon sera en pierre, encastré dans un châssis en pierre, et garni dans son milieu d'un anneau en fer.

13. Néanmoins, ce tampon ne sera pas exigible pour les fosses dont la vidange se fera au niveau du rez-de-chaussée, et qui auront, sur ce même sol, des cabinets d'aisance avec trémie ou siége sans bonde, et pour celles qui auront une superficie moindre de six mètres dans le fond, et dont l'ouverture d'extraction sera dans le milieu.

14. Le tuyau de chute sera toujours vertical. — Son diamètre intérieur ne pourra avoir moins de vingt-cinq centimètres, s'il est en terre cuite, et de vingt centimètres, s'il est en fonte.

15. Il sera établi, parallèlement au tuyau de chute, un tuyau d'évent, lequel sera conduit jusqu'à la hauteur des souches de cheminées de la maison, ou de celles des maisons contiguës, si elles sont plus élevées.

Le diamètre de ce tuyau d'évent sera de vingt-cinq centimètres au moins ; s'il passe cette dimension, il dispensera du tampon mobile.

16. L'orifice intérieur des tuyaux de chute et d'évent ne pourra être descendu au-dessous des points les plus élevés de l'intrados de la voûte.

17. Les fosses actuellement pratiquées dans des puits, puisards, égouts anciens, aqueducs ou carrières abandonnées, seront comblées ou reconstruites à la première vidange.

18. Les fosses situées sous le sol des caves qui n'auraient point de communication immédiate avec l'air extérieur, seront comblées à la première vidange, si l'on ne peut pas établir cette communication.

19. Les fosses actuellement existantes dont l'ouverture d'extraction, dans les deux cas déterminés par l'art. 11, n'aurait pas et ne pourrait avoir les dimensions prescrites par le même article, celles dont la vidange ne peut avoir lieu que par des soupiraux ou des tuyaux, seront comblées à la première vidange.

20. Les fosses à compartiments ou étranglements seront comblées ou reconstruites à la première vidange, si l'on ne peut pas faire disparaître ces étranglements ou compartiments, et qu'ils soient reconnus dangereux.

21. Toutes les fosses des maisons existantes qui seront reconstruites, le seront suivant le mode prescrit par la première section du présent règlement.

Néanmoins, le tuyau d'évent ne pourra être exigé que s'il y a lieu à reconstruire un des murs en élévation au-dessus de la fosse, ou si ce tuyau peut se placer intérieurement ou extérieurement, sans altérer la décoration des maisons.

22. Dans toutes les fosses existantes, et lors de la première vidange, l'ouverture d'extraction sera agrandie, si elle n'a pas les dimensions prescrites par l'art. 11 de la présente ordonnance.

23. Dans toutes les fosses dont la voûte aura besoin de réparations, il sera établi un tampon mobile, à moins qu'elle ne se trouve dans les cas d'exception prévus par l'art. 13.

24. Les piliers isolés établis dans les fosses seront supprimés à la première vidange, ou l'intervalle entre les piliers et les murs sera rempli en maçonnerie, toutes les fois que le passage entre ces piliers et les murs aura moins de soixante-dix centimètres de largeur.

25. Les étranglements existants dans les fosses, et qui ne laisseraient pas un passage de soixante-dix centimètres au moins de largeur, seront élargis à la première vidange autant qu'il sera possible.

26. Lorsque le tuyau de chute ne communiquera avec la fosse que par un couloir ayant moins d'un mètre de largeur, le fond de ce couloir sera établi en glacis jusqu'au fond de la fosse, sous une inclinaison de quarante-cinq degrés au moins.

27. Toute fosse qui laisserait filtrer ses eaux par les murs ou par le fond, sera réparée.

28. Les réparations consistant à faire des rejointoiements, à élargir l'ouverture d'extraction, placer un tampon mobile, rétablir des tuyaux de chute ou d'évent, reprendre la voûte et les murs, boucher ou élargir des étranglements, réparer le fond des fosses, supprimer des piliers, pourront être faites suivant les procédés employés à la construction première de la fosse.

29. Les réparations consistant dans la reconstruction entière d'un mur de la voûte ou du massif du fond des fosses d'aisances, ne pourront être faites que suivant le mode indiqué ci-dessus pour les constructions neuves. Il en sera de même pour l'enduit général, s'il y a lieu à en revêtir les fosses.

30. Les propriétaires des maisons dont les fosses seront supprimées en vertu du présent règlement seront tenus d'en faire construire de nouvelles, conformément aux dispositions prescrites par les articles de la première section.

31. Ne seront pas astreints à faire les constructions ci-dessus déterminées, les propriétaires qui, en supprimant leurs anciennes fosses, y substitueront les appareils connus sous le nom de *fosses mobiles inodores*, ou tous autres appareils que l'administration municipale aurait reconnu par la suite pouvoir être employés concurremment avec ceux-ci.

32. Les contraventions, etc.

Fait en mairie, à..... le....　　　　　　　　　　　*Le Maire,*

4. Arrêté réglementant la vidange des fosses d'aisance.

Le Maire de....

Vu les lois des 16-24 août 1790, 19-22 juillet 1791 et 18 juillet 1837 ;

　　Arrête :

Art. 1er. Aucun entrepreneur de vidange ne pourra exercer cette profession sans en avoir fait la déclaration à la mairie et sans avoir justifié qu'il possède tout le matériel nécessaire.

2. Les voitures de vidanges ; chargées ou non chargées, ne pourront circuler sur la voie publique, savoir : — A compter du 1er octobre jusqu'au 31 mars, avant dix heures du soir ni après huit heures du matin ; — Et à compter du 1er avril jusqu'au 30 septembre, avant onze heures du soir et après six heures du matin. — Elles seront munies, sur le devant, d'une lanterne allumée, portant en gros caractères et en forme de transparent, le numéro qui sera assigné par l'inspecteur de la salubrité, à chaque voiture de vidange.

3. Le travail des ateliers, depuis le 1er octobre jusqu'au 31 mars, commencera à dix heures du soir et finira à sept heures du matin. — Et depuis le 1er avril jusqu'au 30 septembre, il commencera à onze heures du soir et finira à cinq heures du matin.

4. Il sera placé une lanterne allumée à la porte de chaque maison où sera établi un atelier de vidangeurs.

5. Il ne pourra être employé à chaque atelier moins de trois ouvriers, dont un chef.

6. Le travail de chaque fosse sera fait et continué à jours consécutifs, aux heures désignées par l'art. 3.

7. Les tinettes ou tonneaux qui auront reçu les matières extraites des fosses seront hermétiquement fermés, et devront, comme les tinettes, être placés debout dans les voitures de transport, de manière que la bonde se trouve toujours dans la partie supérieure.

8. Les voitures de transport seront disposées à fond plat, et garnies de traverses assez solides pour empêcher la chute de tonneaux ou tinettes. — Les nom et demeure de l'entrepreneur seront inscrits en gros caractères sur la traverse de devant. L'inscription sera renouvelée aussi souvent qu'il sera nécessaire.

9. Les entrepreneurs faisant usage de grosses tonnes seront tenus d'en fermer les bondes de déchargement, au moyen d'une bande de fer transversale, fixée à demeure au tonneau, par l'une de ses extrémités, et fermée à l'autre avec un cadenas.

10. L'entrée dans la ville sera interdite aux grosses tonnes dont les bondes de déchargement ne seront point fermées de la manière prescrite en l'article précédent. — Il en sera de même pour les voitures chargées de tonneaux du nouveau modèle, qui ne seront pas disposées ainsi qu'il est ordonné par l'art. 8.

11. Défenses sont faites aux entrepreneurs d'avoir de grosses tonnes dont les bondes de déchargement ne seraient pas fermées à cadenas.

12. Les entrepreneurs faisant usage de grosses tonnes, les conduiront à la voirie de.... pour y être vidées.

13. Le versement des matières sur la voie publique, en quelque quantité que ce puisse être, soit volontairement, soit par suite de l'état de dégradation des tonnes, tonneaux ou tinettes, constituera personnellement l'entrepreneur en état de contravention aux dispositions du présent règlement.

14. Il est défendu à tout conducteur de voitures de vidanges de s'écarter, sans nécessité reconnue, de la ligne qui, du lieu de départ, conduit directement à la voirie.

15. Il est défendu aux vidangeurs de laisser des matières entre les acculoirs et les bords ou parapets des bassins de la voirie.

16. Hors le temps du service, les grosses tonnes, voitures, tinettes ou tonneaux ne pourront être déposés ailleurs que dans les environs de la voirie de..., et dans les endroits qui, au besoin, seront indiqués.

17. Pendant le temps du service, les voitures, tonneaux et tinettes seront rangés et disposés au-devant des maisons où se font les vidanges, de manière à nuire le moins possible à la liberté de la circulation.

18. Après le travail de chaque nuit, et avant de quitter l'atelier, les vidangeurs seront tenus de laver les emplacements qu'ils auront occupés.

19. Il leur est défendu de puiser de l'eau avec les seaux destinés aux vidanges.

20. Il sera fait, au moins deux fois par an, des visites chez les entrepreneurs de vidanges, à l'effet de constater l'état des ustensiles nécessaires à l'exercice de leur profession. — Dans le cas où les ustensiles seront reconnus impropres au service, les entrepreneurs auxquels ils appartiennent pourront être privés de leur permission jusqu'à ce qu'ils les aient renouvelés ou réparés.

21. Il est défendu aux ouvriers vidangeurs de se présenter aux ateliers en état d'ivresse.

22. Les ouvriers vidangeurs qui trouveront, dans les fosses, des objets qui pourraient indiquer un délit, ou des effets quelconques, en feront, dans le jour, la déclaration chez le commissaire de police.

23. Les contraventions, etc.

Fait en mairie, à...... le....   *Le Maire,*

V. *Form. mun.*, tom. 5, p. 117, et tom. 6, p. 815.

FOURS.

POUVOIR DU MAIRE. — MESURES PRÉVENTIVES CONTRE LES DANGERS D'INCENDIE.

1. *Boulangers.* — Serait exécutoire l'arrêté qui imposerait à toute personne qui voudrait construire un four à cuire le pain, l'obligation d'en faire la déclaration à la mairie, afin que l'administration puisse faire constater que ce four est construit de manière à ne pas offrir de danger d'incendie ; — Qui prescrirait que toute personne faisant cuire du pain dans son four est tenue de se munir d'étouffoirs pour renfermer les braises qui en sortiront, et de déposer les braises éteintes dans une cave voûtée ou dans tout autre lieu qui ne pourrait inspirer aucune crainte pour l'incendie.

2. *Reconstruction. — Opposition.* — Est obligatoire l'arrêté qui défend à un particulier de reconstruire le four de sa maison située dans l'intérieur d'une ville (*Cass.*, 16 *nov.* 1837, *Delille*) ; — Qui enjoint à un individu de démolir ou de faire remplacer par une cheminée les tuyaux en pots de terre servant de cheminée à son four (*Id.*, 6 *déc.* 1836, *Vincent*).

3. *Fours à briques.* — Est obligatoire l'arrêté municipal qui, en vue de prévenir les incendies, prohibe les constructions de fours à briques à *telle* distance des chemins publics et des habitations (*Cass.*, 8 *février* 1856, *Baudry*), et la prohibition pourrait s'étendre aux fours à chaux et autres fours présentant des dangers d'incendie.

Voy. *Incendie.*

FRIPIERS. Voy. *Brocanteurs.*

FUMIERS. Voy. *Dépôts.*

GARGOUILLES. Voy. *Gouttières.*

GLACE ET NEIGE.

§ 1er. — Pouvoir du Maire. — Propreté. — Sureté du passage dans les rues et places.

1. *Cassage et balayage.* — Est obligatoire l'arrêté qui prescrit le cassage de la glace et le balayage de la neige par les propriétaires au-devant de leurs maisons, boutiques, jardins et autres emplacements, jusqu'au milieu de la rue *(Cass., 22 juin 1855, Roland-Lambert; 15 déc. 1855, Robinet).*

§ 2. — Excès de pouvoirs.

2. *Enlèvement.* — Ne serait pas obligatoire la disposition qui obligerait les propriétaires à faire l'enlèvement des glaces et neiges, cet enlèvement étant une charge communale *(Arr. pr., 22 juin 1855)*; ou qui enjoindrait aux propriétaires de fournir des chevaux et voitures pour cet enlèvement *(Cass., 15 déc. 1855, Robinet).*

§ 3. — Formule.

Voy., pour formule d'arrêté, *Balayage.*

GLANAGE, GRAPPILLAGE.

§ 1er. — Pouvoir du maire. — Tranquillité et sureté des campagnes. — Conservation des récoltes.

1. *Glanage.* — *Permission.* — Dans les lieux où l'usage de glaner et de râteler existe, le seul droit de l'administration consiste à réglementer cet usage de manière à ce qu'il ne dégénère pas en abus et ne donne pas naissance à des délits.

Les lois de 1789 et 1790, et celle du 28 septembre 1791, qui se sont occupées de cette matière, n'ont pas fait autre chose. L'administration ne peut évidemment faire plus que ne font ces lois *(Déc. min., 1845.)*

Ainsi est obligatoire l'arrêté qui défend de glaner dans la commune sans être porteur d'une carte ou d'une permission écrite, délivrée à la mairie, qui restreint l'exercice du glanage à une classe déterminée d'individus, par exemple, aux indigents et invalides dont le conseil municipal aurait dressé chaque année la liste avant la moisson *(Cass., 8 oct. 1840, Dubreuil; 10 juin 1843, Jabert.)*

2. *Exercice.* — Le glanage peut être exercé après l'enlèvement de la récolte, sur tous les terrains ouverts où les produits ont été récoltés, non-seulement sur les terres qui ont été ensemencées en blé ou seigle, mais encore sur celles où ont été récoltées des avoines, à moins toutefois d'un usage immémorial bien établi, affranchissant de l'usage du glanage cette dernière espèce de production *(Jug. des juges de paix de Claye, Seine-et-Marne, 8 sept. 1859; de Dourdan, Seine-et-Oise, 20 sept. 1861.)*

Le glanage peut être exercé dans un champ de grande étendue, bien que quelques gerbes y aient été laissées dans le dessein d'en interdire l'accès aux glaneurs, et cela alors surtout que ceux-ci, conformément à l'usage local, sont accompagnés du garde champêtre.

En effet, à côté du droit du propriétaire, il y a celui non moins respectable des indigents, et il ne saurait pas plus appartenir au propriétaire d'annuler ou d'amoindrir les ressources des pauvres à l'aide de moyens frauduleux, tels, par exemple, que la conservation dérisoire et faite à dessein de quelques gerbes aux extrémités d'un champ, qu'il ne lui appartient de faire glaner pour lui-même, d'accorder l'autorisation de glaner à des individus autres que ceux en faveur desquels, seuls, la faculté est reconnue par l'autorité municipale, ou, enfin, de faire pâturer ses troupeaux dans les deux jours de la récolte, sur les terrains dont les récoltes sont soumises au glanage. (*Jug. du juge de paix de Maignelay, Seine-et-Oise, 6 nov. 1861.*)

3. *Propriétaire.—Droit.* — Le propriétaire ou fermier d'un champ soumis à l'exercice du glanage, a le droit, tant que son champ n'est pas entièrement dépouillé de ses récoltes, de ramasser ou de faire ramasser à son profit les épis échappés à la main des moissonneurs (1) (*Cass.*, **28 janv. 1820, 19 oct. 1836, 13 avril 1861, Leclercq**).

4. *Pacage des champs moissonnés et des prés.*—Les pâtres et bergers et le propriétaire lui-même ne peuvent mener leurs troupeaux d'aucune espèce dans les champs moissonnés et ouverts, soumis au glanage, que deux jours après l'enlèvement de la récolte entière (*Cass.*, **18 oct. 1817, et 16 nov. 1821, 9 janv. 1835**); mais le propriétaire ou fermier peut, dans le même temps, labourer son champ, attendu qu'il n'existe à cet égard aucune défense dans la loi (*Cass.*, **14 septembre 1844**).

5. *Pacage des prairies artificielles.* — La loi du 28 septembre-6 octobre 1791, tit. II, art. 21 et 22, qui défend de mener des troupeaux d'aucune espèce dans les champs *moissonnés* et *ouverts*, durant les deux jours qui suivent l'enlèvement de la *récolte entière*, ne s'applique pas aux *prairies artificielles*; le propriétaire d'une prairie de ce genre peut y introduire des bestiaux sans attendre le délai de deux jours laissé pour l'exercice du glanage.

Le mot *moisson* ne s'entend que des produits en céréales; le mot *récolte entière* ne peut s'appliquer à chacune des diverses coupes des herbes des prairies artificielles, et la récolte entière n'est complétée qu'après la totalité des coupes; l'art. 9 de la loi, tit. Ier, sect. 4, et l'art. 24, tit. II, distinguent les prairies artificielles des prairies naturelles, et l'art. 21 de la même loi, ne parlant pas des prairies artificielles, ne doit s'entendre que des prairies naturelles.

Le droit qu'a le propriétaire de faire paître ses bestiaux dans son champ dépouillé de sa récolte est un droit inhérent à la propriété, qui ne peut être restreint que par les dispositions formelles de la loi; il n'existe pas de disposition expresse pour les *prairies artificielles*, et priver le propriétaire de la faculté de faire manger sur pied par ses bestiaux les produits de ses prairies artificielles, serait anéantir la principale utilité que puisse offrir ce genre de culture (*Cass.*, **17 janv. 1845, Mary**).

6. *Grappillage.*—Est obligatoire l'arrêté qui fixe l'époque avant laquelle le grappillage ne pourra avoir lieu (*Cass.*, **3 févr. 1827**); qui interdit le grappillage des raisins jusqu'à l'entière terminaison de la vendange (*Cass.*, **26 févr. 1858, Ferland; 27 janv. 1860, Plantevin**); qui réglemente le grappillage des noix dans la commune où cet acte est autorisé par l'usage (*Cass.*, **25 mai 1858, Relion**).

7. *Râtelage.* Est obligatoire, *seulement dans le cas où l'usage en est établi*, l'arrêté qui, dans l'intérêt des glaneurs, interdit aux cultivateurs de recourir au râtelage pendant les deux jours qui suivent l'en-

---

(1) Mais il ne lui appartient pas de concéder ce droit, même à titre onéreux, à des tiers, fût-ce même à des ouvriers par lui employés à la moisson (*Cass.*, 6 *nov.* 1857, *Claire*).

Le propriétaire ou fermier n'a pas le droit, non plus, de donner à certains individus, au détriment des pauvres de la commune, la permission de glaner dans son champ, avant l'enlèvement entier des récoltes (*Cass.*, 5 *sept.* 1835).

lèvement de leurs récoltes. Aux termes de l'art. 2 de la section V, tit. Ier de la loi du 6 octobre 1791, chaque propriétaire est libre de faire sa récolte avec tout instrument et au moment qu'il lui convient, pourvu qu'il ne cause aucun dommage aux propriétaires voisins. D'un autre côté, l'art. 21 du tit. II de la même loi dispose que les glaneurs ne peuvent entrer dans les champs qu'après l'enlèvement entier des fruits (*Déc. min.*, 1857).

Il a été décidé également par la Cour de cassation que la prohibition de faire le glanage à l'aide de râteaux à dents de fer ne s'appliquait pas aux propriétaires, qui conservent le droit de faire leurs récoltes quand et comme bon leur semble (*Cass.*, 20 *oct.* 1841, *Traulle ;* 13 *janvier* 1844, *Duprout;* 9 *déc.* 1859, *Taillefert*; *Répert.* 1847, 2e p., 63-2 et 1860, p. 337.)

§ 2. — Excès de pouvoirs.

8. *Glanage.* — *Interdiction.* — Serait illégal et non obligatoire l'arrêté qui interdirait le glanage pendant une certaine partie de la journée, spécialement de onze heures à deux heures ; la loi ayant déterminé que le glanage aurait lieu du lever au coucher du soleil, le pouvoir municipal ne peut diminuer ce laps de temps (*Cass.*, 8 *déc.*, 1860, *Bellecoq et Mercier*), ou qui, sous prétexte de réglementer le glanage, en restreindrait l'exercice aux seules récoltes employées à la nourriture des hommes et l'interdirait dans les champs dont les récoltes sont destinées à la nourriture des animaux (*Cass.*, 30 *janv.* 1846, *N.*)

9. *Réserve.* — Le maire ne pourrait pas ordonner non plus que chaque laboureur laissât dans les champs une certaine quantité de chaume pour les pauvres (*Cass.*, 29 *therm. an* 9, *Bauchet*).

§ 3. — Formule.

Arrêté sur le glanage, râtelage et grappillage.

Le maire de la commune de.....
Considérant que le glanage, le râtelage et le grappillage donnent lieu à des abus qui, de toutes parts, ont excité des plaintes légitimes ; — Que les usages ont été établis dans l'intérêt des indigents vieux ou infirmes ou en bas âge ; — Que, dès lors, les personnes qui ont des ressources les mettant au-dessus des besoins ou qui sont en état de travailler ne doivent pas être autorisées à en retirer le profit ; — Qu'il est donc convenable de ramener le glanage, le râtelage et le grappillage au but charitable pour lequel ils ont été institués, tout en protégeant et en sauvegardant tous les droits ;
Vu l'art. 10 de l'édit du mois de novembre 1554, l'art. 21 du titre II de loi du 28 septembre 1791; la jurisprudence constante de la Cour de cassation ; les art. 471, n. 10, 473 et 474 du Code pénal,

ARRÊTE :
Art. 1er. Le glanage, râtelage et grappillage ne sont permis, dans un quartier ou ténement, qu'après l'enlèvement complet de la récolte sur ce ténement, et que dans les pièces de terre non closes.
2. Le glanage ne pourra se faire qu'à la main ; il est défendu aux glaneurs de traverser les pièces couvertes d'andains, de javelles ou de gerbes, ou dont les fruits sont encore sur pied.
3. Nul ne pourra glaner, râteler et grappiller avant le lever et après le coucher du soleil et sans être porteur d'un certificat délivré à la mairie.
4. Les troupeaux et bestiaux de toute espèce ne pourront être menés dans les champs moissonnés et ouverts que deux jours après la récolte entière enlevée.
5. Il est interdit d'entrer dans les prés pour y râteler les résidus des foins avant que la récolte ne soit entièrement enlevée.
6. Les grappilleurs ne pourront se présenter dans les vignes avant le...... (indiquer le jour.)
Le grappillage est interdit dans tout enclos rural, conformément à l'art. 21 du titre II du Code rural.
7. Les produits de glanage, râtelage et grappillage, recueillis en contra-

vention aux dispositions du présent arrêté, seront saisis et tenus en dépôt, pour la confiscation en être prononcée par le tribunal, s'il y a lieu.

8. M. le commissaire de police et les gardes champêtres sont chargés de l'exécution du présent arrêté. — Fait en mairie, à..... le......   *Le Maire,*

Voy. *Répertoire admin. des Maires et des Conseillers mun.*, année 1863, p. 170.

GOUTTIÈRES, GARGOUILLES.

§ 1er. — Pouvoir du maire. — sureté et commodité du passage sur la
voie publique.

1. *Etablissement.* — Est obligatoire l'arrêté qui enjoint aux propriétaires des maisons bordant la voie publique d'établir des gouttières sous les toits et des tuyaux de descente, pour amener les eaux jusqu'au sol même de la rue (*Cass.*, 21 *nov.* 1834, *Dupont*), ou qui prescrit de maintenir en bon état de réparation les tuyaux de descente d'eau (*Cass.*, 11 *nov.* 1852, *Guezennec*).

2. *Suppression.*—Est obligatoire l'arrêté qui ordonne la suppression des gouttières saillantes sur la voie publique (*Cass.*, 14 *oct.* 1813, *Fillières* ; 15 *nov.* 1839, *Bernard*), et leur remplacement par des chenaux ou des tuyaux de descente destinés à amener les eaux sur la voie publique (*Cass.*, 14 *octobre* 1813, *Fillières* ; 30 *mai* 1840, *Chaix ;* 30 *avril* 1841, *Petit-Desrochettes*).

3. *Principe de rétroactivité.* — L'arrêté qui porte suppression des gouttières saillantes et ordonne leur remplacement par de chenaux ou tuyaux de descente, ne se bornant pas à prévenir les dangers *éventuels* et *possibles*, mais un péril *actuel* et *flagrant* pour la sûreté publique, a un effet *rétroactif* et est exécutoire. Il s'applique même aux maisons situées dans une impasse où l'on ne parvient que par une ouverture voûtée (*Cass.*, 15 *nov.* 1839, *Bernard*).

§ 2. — Formule.

Arrêté ordonnant aux propriétaires de maisons qui ont des gouttières saillantes d'établir des tuyaux de descente.

Le maire de la commune d.....

Vu les lois des 16-24 août 1790, tit. XI, art. 3, et 18 juillet 1837, art. 11 ;

Considérant que les gouttières saillantes placées aux toits des maisons de la ville causent des dégradations dans les rues, lors des fortes pluies, en déchaussant les pavés, inondent les passants et portent l'humidité dans les maisons ;

Qu'il importe à l'intérêt public de remédier à ces divers inconvénients,

Arrête :

Art. 1er. Dans l'année de la publication du présent arrêté, les gouttières ou chenaux faisant saillie sur la voie publique seront garnis de gouttières en zinc ou autre métal, recevant les eaux et les conduisant, à l'aide de tuyaux de descente, jusqu'au sol de la rue. Là où il existera un trottoir, les tuyaux de descente seront établis de façon à conduire les eaux dans une gargouille qui les déversera dans le ruisseau de la rue. Cette gargouille sera établie de manière à ne pas dépasser le niveau du trottoir et à permettre son curement au moyen d'une baguette.

2. Dans le délai d'un mois de la publication du présent arrêté, les propriétaires d'éviers destinés à l'écoulement des eaux ménagères et faisant saillie sur la voie publique seront tenus de les supprimer et de les disposer de manière à déverser les eaux dans un tuyau de descente qui les mènera jusqu'à terre. Les dispositions de l'article précédent sont applicables aux éviers, en ce qui concerne la gargouille.

3. Les tuyaux de descente des gouttières et des éviers seront placés sur le mur du bâtiment et scellés au moyen d'anneaux en fer. Ils ne pourront faire saillie sur la voie publique de plus de 16 cent., y compris l'épaisseur des anneaux ou colliers. Cette saillie sera mesurée à partir du nu du mur sur lequel ils seront appliqués.

4. A l'avenir, tous les propriétaires qui construiront ou répareront des maisons dans les rues, places publiques et faubourgs de la ville, et qui établiront des

chenaux pour l'écoulement des eaux des toits, seront tenus d'y adapter en même temps des tuyaux de conduite, ainsi qu'il est dit à l'art. 1er.

5. Les contraventions, etc......   *Le Maire,*

Voy. *Alignement, Constructions* et *Voie publique.*

GRAINS. V. *Marchés.*

GRAISSES. V. *Suifs.*

GRAPPILLAGE. V. *Glanage.*

GRILLAGE, GRILLE.

POUVOIR DU MAIRE. — MESURES PRÉVENTIVES CONTRE LES INONDATIONS. — SURETÉ ET COMMODITÉ DU PASSAGE.

Enlèvement.—Est obligatoire l'arrêté qui prescrit à un propriétaire qui a fait placer une grille au point où un ruisseau entre dans sa propriété, l'enlèvement de cette grille lorsqu'elle a pour effet de retenir les eaux sur la voie publique (*Cass., 29 mars 1824, Glandel*).

V. *Cours d'eau.*

GRILLAGE D'ÉTOFFES.

EXCÈS DE POUVOIRS.

Exercice de la profession. — Suppression.—Serait illégal, comme portant atteinte à la liberté commerciale, l'arrêté qui, au lieu de se borner à prescrire les précautions nécessaires pour prévenir les dangers d'incendie, enjoindrait au propriétaire d'un établissement de grillage d'étoffes, de cesser immédiatement l'exercice de son industrie (*Cass., 23 nov. 1850, Bonjour*).

HALLES. V. *Marchés.*

HERBES DES RUES.

POUVOIR DU MAIRE. — PROPRETÉ DE LA VOIE PUBLIQUE.

Est légal et obligatoire l'arrêté qui enjoint aux propriétaires de maisons bordant les places, rues, ruelles et remparts d'une ville, de faire arracher l'herbe qui croît devant leurs maisons (*Cass., 17 déc. 1824, Vanderback*).

HERBES DES BLÉS. V. *Récoltes.*

IMMONDICES. V. *Dépots,* nos 4 à 8; *Jets,* nos 1 et 2.

IMPASSES.

§ 1er. — POUVOIR DU MAIRE. — SALUBRITÉ PUBLIQUE. — SURETÉ ET COMMODITÉ DU PASSAGE.

1. *Mesures de police.* — Est obligatoire l'arrêté qui soumet aux mesures de police prescrites pour les rues, les impasses des villes, bourgs ou villages; ces impasses font, comme les rues, partie du domaine public (*Cass., 19 nov. 1840, Ferrand*).

Pour décider si une impasse est comprise dans les mesures prescrites par l'autorité municipale, il n'est pas besoin d'examiner si elle forme ou non une propriété particulière, mais seulement quel est son usage et sa destination; elle doit, en conséquence, être assujettie à ces mesures dès qu'il est établi qu'elle est livrée à la circulation publique pendant le jour, bien qu'elle soit fermée pendant la nuit, et qu'elle sert de communication à un certain nombre d'habitants le jour et la nuit (*Cass., 2 juin 1837, de Guernelle*).

§ 2. — Excès de pouvoir.

Impasse particulière. — Ne serait pas obligatoire l'arrêté municipal qui réglementerait comme voie publique une impasse réclamée comme propriété privée et qui n'a jamais été soumise au régime de la voirie (*C. E.*, 9 *janv.* 1849, *Bravet*).

INCENDIE.

§ 1er. — Pouvoir du maire. — Mesures préventives contre les accidents et fléaux calamiteux.

1. *Approvisionnements et dépôts de matières inflammables.*—Est obligatoire l'arrêté qui fixe la quotité des approvisionnements de combustibles faits dans le voisinage des fours à chaux et autres établissements dangereux (*Cass.*, 19 *nov.* 1829, *Vanault*) ; — Qui défend aux marchands de bois d'empiler leur bois à moins de dix mètres de distance des murs des habitations (*Cass.*, 3 *sept.* 1807, *Boisgontier*) ; — Même à moins de trente mètres de toute maison habitée (*Cass.*, 14 *août* 1852, *Domecq*), ou à toute autre distance déterminée (*Cass.*, 26 *avril* 1860, *Gallard*) ; — Ou qui prohibe dans l'intérieur d'une ville, tout dépôt d'une espèce de bitume inflammable (*Cass.*, 4 *janv.* 1810, *Ponzy*) ; — Qui défend de placer des meules de grains, de paille, de fourrages ou d'autres matières inflammables, à moins de cent mètres des habitations et bâtiments d'exploitation (*Cass.*, 20 *sept.* 1822, *Levavasseur ;* 18 *avril* 1828, *Gaborit ;* 2 *mars* 1844, *Leverge*), et une telle défense s'applique aux meules placées à la distance proscrite des habitations, que celles-ci soient closes ou non closes (*Cass.*, 7 *sept.* 1848, *Leblanc*).

Serait également obligatoire l'arrêté : — Qui prohiberait toute espèce de meules de grains, pailles, fourrages ou autres matières facilement combustibles, à une distance déterminée des chemins et voies publiques ; — Qui défendrait de placer dans les maisons, à une distance déterminée des cheminées ou fours, toute espèce de matières inflammables.

2. *Armes à feu.* — *Artifices.* — V. *Armes.*

3. *Cheminées.* — *Ramonage et réparations.* — Est obligatoire l'arrêté :—Qui ordonne le ramonage des cheminées et tuyaux de poêle, à des époques rapprochées (*Cass.*, 13 *avril* 1849, *Goutry*) ;—Qui établit un bureau public pour le service du ramonage et défend à toute personne non commissionnée par le bureau de s'immiscer dans ce qui concerne ce service (*Cass.*, 24 *août* 1815, *Basset*) ; *(v. le n° 17, ci-après)* ;— Qui ordonne la réparation immédiate ou dans un délai déterminé, d'une cheminée en mauvais état (*Cass.*, 22 *juin* 1855, *Ellias*) ;—Qui défend aux propriétaires de maisons de construire ou de conserver des cheminées qui n'auraient pas une largeur suffisante pour l'introduction des ramoneurs (*Cass.*, *arr. préc.*, 13 *avril* 1849, *Goutry*) ;—Qui défend de pratiquer des tuyaux de cheminées dans l'épaisseur des murs des maisons ayant face sur la voie publique (*Cass.*, 13 *mars* 1852, *Malaret*) ; — Qui ordonne que toutes les cheminées auront une dimension déterminée, et que toutes celles qui ne seront pas conformes à ce règlement seront démolies si elles présentent des dangers d'incendie (*Cass.*, 16 *nov.* 1837, *Jardin*).

4. *Construction des maisons.* — Est obligatoire l'arrêté municipal : — Qui prohibe l'établissement de pans de bois (*Cass.*, 13 *août* 1842, *Deferron*), ou qui, sans les prohiber, prescrit leur revêtement par un crépis de telle épaisseur, tenu par des clous et des lattes (*Ord. de po-*

lice, 18 *août* 1667) ; — Qui exige que les maisons d'habitation soient construites en maçonnerie jusqu'aux combles (*Cass.*, 11 *juin* 1852, *Sick*; — Qui prescrit l'emploi jusqu'aux combles de pierres ou briques bien cuites (*Cass.*, 1er *juill.* 1853, *Baltzinger*).

V. *Constructions.*

5. *Couvertures de maisons.*—Est obligatoire le règlement de police qui interdit de couvrir en chaume, paille, roseaux ou autres matières combustibles les bâtiments d'habitation ou d'exploitation (*Cass.*, 12 *déc.* 1835, *Delaidde*) ; — Qui défend de réparer les toitures des maisons ou autres bâtiments quelconques avec de la paille, du chaume ou des roseaux (*Cass.*, 23 *avril* 1819, *Lerasle*; 19 *mars* 1836, *Richard*; 11 *sept.* 1840, *Opoix*; 9 *nov.* 1850, *Roger*), ou d'autres matières inflammables (*Cass.*, 9 *août* 1828, *Ménager*; 12 *sept.* 1845, *Boivin*), ou en planches (*Cass.*, 6 *mai* 1852, *Boudet*), ou autrement qu'en tuiles, ardoises ou laves (*Cass.*, 28 *sept.* 1845, *Didier*; 19 *févr.* 1858, *Denis*; 12 *mars* 1858, *Denancy et Cosson*; 5 *avril* 1860, *Millon et Bossu*; 17 *nov.* 1860, *Hache*).

6. *Feux allumés dans les champs et sur les voies publiques.*—La loi des 28 septembre-6 octobre 1791, art. 10, tit. 2, qui interdit d'allumer du feu dans les champs à moins de cent mètres des habitations est toujours en vigueur (*Cass.*, 21 *nov.* 1861, *Donio*). Il n'est donc pas indispensable que le maire prenne sur ce point un arrêté de police.

Est obligatoire l'arrêté : — Qui défend d'allumer du feu dans les rues, sur les voies et places publiques, dans les champs et jardins, à une distance moindre de cent mètres de toute habitation (*Cass.*, 25 *avril* 1834).

7. *Feu transporté dans les rues.* — Est obligatoire l'arrêté municipal : — Qui défend de porter sur la voie publique, soit de jour, soit de nuit, des morceaux de bois allumés, tisons ardents et autres objets enflammés (*Cass.*, 6 *juin* 1807, *N.....*), qui ne seraient pas dans des vases couverts (*Cass.*, 28 *mars* 1844, *Maillard*) ; — Qui défend de parcourir les rues avec des flambeaux ou torches allumés.

8. *Fours.* — Est obligatoire l'arrêté : — Qui ordonne la démolition d'un four pour cause de vétusté, ou sa reconstruction (*Cass.*, 16 *nov.* 1837, *Delille*) ; — Qui enjoint à un individu de démolir ou de faire remplacer par une cheminée les tuyaux en pots de terre servant de cheminée à son four (*Cass.*, 6 *déc.* 1836, *Vincent*) ; — Qui prohibe les constructions de fours à briques à telle distance des chemins publics et des habitations (*Cass.*, 8 *févr.* 1856, *Baudry*), et la prohibition pourrait s'étendre aux fours à chaux et autres fours présentant des dangers d'incendie.

V. *Fours.*

9. *Fumeurs de pipes ou cigares.* — Est obligatoire le règlement de police :—Qui défend de fumer dans les maisons, granges, rues ou chemins bordés par des bâtiments d'habitation ou d'exploitation, et auprès des meules de grains, de pailles, fourrages ou autres dépôts de matières inflammables (*Cass.*, 5 *sept.* 1812, *Vanderleden*; 15 *décemb.* 1827, *Barbez*) ; — Qui, sans prohiber absolument de fumer dans les rues, ordonnerait que l'on ne pourra fumer qu'avec une pipe recouverte d'une calotte en métal. (Un arrêté de cette nature existe dans le département de l'Aisne).

10. *Granges.* — Est obligatoire l'arrêté qui défend d'entrer dans les granges, écuries et étables ou dans un grenier à foin avec une lumière

qui ne serait pas renfermée dans une lanterne. (*Cass.*, 5 *déc.* 1833).

11. *Ports.* — Est obligatoire l'arrêté qui défend de chauffer les navires dans le port sans l'autorisation des officiers du port (*Cass.*, 21 *avril* 1838, *Laguenego*). — Un tel arrêté s'applique au fait d'avoir allumé des brasiers pour la destruction des rats (*Même arrêt*).

V. *Rondes de nuit.* — *Saillies.*

12. *Tuyaux de poêles.* — Est obligatoire l'arrêté : — Qui règle et ordonne l'élévation des tuyaux de poêles (*Cass.*, 14 *mars* 1833, *Berthelin*) : un tel arrêté s'applique aux poêles donnant dans les cours aussi bien qu'à ceux établis sur la rue (*Cass.*, 17 *janv.* 1845, *Bouligny*);— Qui enjoint de supprimer, dans un délai déterminé, les tuyaux de poêles débouchant sur la voie publique (*Cass.*, 15 *déc.* 1854, *Faye*).

§ 2. — EXCÈS DE POUVOIR.

13. *Couvertures.* — *Destruction.* — N'est pas obligatoire l'arrêté qui ordonne la destruction des couvertures de maisons en paille, chaume ou réseaux, et leur remplacement en tuiles ou en ardoises (*Cass.*, 3 *déc.* 1840, *Maître*).

14. *Établissements.* — *Fermeture.* — Ne serait pas obligatoire l'arrêté qui, pour prévenir les dangers d'incendie qu'un établissement industriel fait courir aux propriétaires voisins, ordonne la fermeture de cet établissement (*Cass.*, 23 *nov.* 1850, *Bonjour*).

15. *Pompiers.* — *Indemnité par les propriétaires.* — Est illégale la disposition qui ordonne le paiement d'une indemnité aux pompiers par le propriétaire de la maison dans laquelle a éclaté un incendie (aucune loi n'autorise une pareille taxe).

16. *Seaux à incendie.* — Est illégal l'arrêté qui enjoint à un certain nombre d'habitants de se pourvoir à leurs frais de seaux à incendie (*Déc. min.*, *mars* 1845).

17. *Ramonage.* — *Compagnie privilégiée.* — Ne serait pas obligatoire la disposition qui obligerait les habitants à s'adresser, pour le ramonage des cheminées, à une compagnie privilégiée de ramoneurs (*Lett. du min. de l'int.* 1838).

§ 3. — FORMULES.

1. Arrêté réglant le mode de construction des cheminées.

Le maire de la commune d......

Vu les lois des 16-24 août 1790, 19-22 juillet 1791, 28 septembre-6 octobre 1791 et 18 juillet 1837 ;

Considérant qu'il nous appartient de prescrire les mesures propres à éviter les incendies,

Arrête :

Art. 1er. A l'avenir, aucune cheminée de maison ou de four ne pourra être construite qu'en lui donnant les dimensions nécessaires pour permettre le passage d'un homme adulte dans toute la hauteur de la cheminée. — Celles actuellement existantes qui n'auraient pas les dimensions nécessaires pour ce passage ne pourront être réparées ou reconstruites dans leurs dimensions actuelles ; les propriétaires et entrepreneurs de maçonnerie devront leur donner une largeur et une longueur suffisantes pour le passage d'un homme, ainsi qu'il est prescrit dans le premier paragraphe de cet article.

2. Défense est faite de construire aucune cheminée autrement qu'en briques, moellons ou pierres de taille.

3. Les cheminées devront être crépies intérieurement et extérieurement, de manière à ne laisser paraître aucun joint.

4. Il est défendu d'adosser les cheminées ni leurs tuyaux contre des cloisons, charpentes ou pans de bois ; la cloison et le pan de bois seront coupés à la place où la cheminée passe, et l'on devra bâtir derrière un mur de briques, ou de moellons, ou de pierres de taille. Si ce mur est en briques ou en moellons, il sera

chargé d'un crépis de plâtre de huit centimètres d'épaisseur ; s'il est en pierres de taille, le crépis qui le chargera pourra n'avoir que trois centimètres d'épaisseur.

5. Aucunes poutres, solives ou pièces de bois ne pourront traverser le tuyau de la cheminée.

6. Toute pièce de bois passant près d'une cheminée en sera séparée par un massif de plâtre d'au moins 30 cent. d'épaisseur, lequel sera soutenu par des barres de fer attachées dans la pièce de bois.

7. Les pièces de bois des combles, qui portent dans les murs à côté des tuyaux de cheminée seront placées à 30 cent. au moins desdits tuyaux de cheminée.

8. Aucun âtre de cheminée ne pourra être établi sur les poutres ou solives, quelqu'intervalle qu'on laisse entre l'âtre et les poutres ou solives.

9. Défense est faite de faire aucun manteau de cheminée en bois.

10. Il est expressément défendu de construire aucune cheminée au mur touchant la voie publique.

11. Les tuyaux de cheminée devront dépasser la couverture des maisons d'au moins 60 cent. si la maison voisine est plus élevée que celle où la cheminée sera construite, et si cette cheminée est adossée au mur de cette maison ou n'en est pas éloignée de trois mètres au moins, le tuyau de cheminée devra être élevé de manière à dépasser la couverture de la maison voisine d'au moins 60 cent.

12. Les contraventions seront constatées et poursuivies conformément aux lois.

Fait en mairie, à..... le.....

Le Maire,

2. Arrêté prescrivant des mesures pour combattre un incendie.

Le maire de la commune d

Vu les lois des 16-24 août 1790, 19-22 juillet 1791 et 18 juillet 1837 ;

Considérant qu'il nous appartient de prescrire toutes les mesures que nous jugeons propres à faire cesser promptement les incendies ;

Arrête :

Art. 1er. Dès qu'un incendie éclatera dans la commune, tous les habitants valides, de tout sexe, et âgés de plus de douze ans, seront tenus de se rendre, immédiatement après l'alarme donnée, soit par des cris, soit au son de la caisse, sur le théâtre de l'incendie, et d'y former la chaîne pour le transport de l'eau.

2. Tous les seaux à l'usage des habitants seront apportés par eux sur le lieu de l'incendie. — Voulant prévenir la confusion et les discussions qui peuvent naître du mélange de tous les seaux, il est ordonné aux habitants de faire marquer à leur nom les seaux dont ils se servent.

3. Aussitôt qu'un incendie éclatera dans la commune, tout propriétaire ou locataire d'un puits, d'une fontaine ou d'une mare, sera tenu de l'ouvrir et de le mettre à la disposition de l'autorité sans qu'il soit besoin d'autre réquisition que celle qui résulte de la présente injonction.

4. Tout propriétaire ou possesseur de chevaux, de charrettes et de tonneaux sera tenu de faire charger les tonneaux dans les charrettes, de les faire remplir d'eau, de les amener sur le lieu du sinistre et de se tenir ensuite à la disposition de l'autorité municipale ou de ses délégués.

5. Il est expressément défendu à tout habitant de quitter les chaînes de transport d'eau au moyen de seaux, sans la permission de l'autorité municipale ou de ses délégués.

6. Les contraventions seront constatées et poursuivies conformément aux lois.

Fait en mairie, à..... le.....

Le Maire,

3. Arrêté prescrivant le ramonage et les réparations des fours et cheminées.

Le maire de la commune d......

Vu l'art. 3, n° 5, du tit. 2 de la loi du 16-24 août 1790, qui charge l'autorité municipale de prévenir les incendies ;

Vu l'art. 9 du tit. 2 de la loi des 28 septembre-6 octobre 1791, qui enjoint aux officiers municipaux de faire, au moins une fois par an, la visite des fours et cheminées des maisons et bâtiments, éloignés de moins de 200 mètres d'autres habitations, laquelle visite devra être annoncée huit jours à l'avance ;

Vu l'art. 471 du Code pénal ;

Considérant qu'une cause fréquente d'incendie est le mauvais état des fours et cheminées et leur défaut de ramonage ;

Arrête :

Art. 1er. Il sera fait, par nous ou notre adjoint, assisté d'un maçon ou entrepreneur de bâtiments et d'un ramoneur, la visite des fours et cheminées, chez tous les habitants de la commune.

9

2. Il sera dressé procès-verbal contre les habitants dont les fours et cheminées n'auront pas été trouvés nettoyés et en bon état de réparations, pour, les contrevenants, être traduits devant le tribunal de simple police.

3. Cette visite aura lieu le   de ce mois.

Fait en mairie, à..... le.....   *Le Maire,*

4. Arrêté prohibant les couvertures en chaume et l'approvisionnement de matières combustibles à moins de 100 mètres de distance des maisons.

Le maire de.....

Vu l'art. 3 du tit. 11 de la loi du 24 août 1790 ;

Vu la loi du 18 juillet 1837 sur l'administration municipale ;

Considérant que les toitures en chaume, paille et autres matières combustibles facilitent et occasionnent les incendies, et qu'il importe d'en interdire l'usage ;

Considérant que les dépôts et amoncellement de grains, de fourrages et de bois, près des habitations, offrent également des dangers qu'il est urgent de prévenir,

      Arrête :

Art. 1er. Il est défendu, à partir du   , de couvrir en chaume, paille ou autres matières combustibles toute construction nouvelle ou reconstruction, à quelque usage qu'elle soit destinée, si elle n'est située à 200 mètres au moins de toute agglomération d'habitations.

2. Néanmoins il pourra être fait, jusqu'au   , aux toitures de cette nature actuellement existantes, des réparations d'entretien et des réfections partielles, pourvu que ces réparations ou réfections n'excèdent pas ensemble la moitié de la couverture entière du bâtiment.

3. A partir du   , les meules de grains, fourrages et pailles, ou les dépôts de fagots ou bourrées, qui ne seront pas établis dans des lieux clos, devront être placés à 100 mètres au moins des habitations agglomérées.

4. Les contraventions, etc.

Fait en mairie, à....., le......   *Le Maire,*

<h3 align="center">5. Arrêté prescrivant la fermeture des greniers à foin.</h3>

Le maire de la commune d......

Vu les dispositions de l'art. 3, tit. 11, de la loi du 16-24 août 1790 et celles de l'art. 11 de la loi du 18 juillet 1837 ;

Considérant qu'il est urgent de remédier au danger que peut occasionner, en cas d'incendie, l'ouverture des greniers à foin et galetas qui renferment des matières combustibles ,

      Arrête :

Art. 1er. Il est ordonné à tout propriétaire de'maison ayant un grenier à foin ou un galetas ouvert, de faire placer, dans un délai de   mois à dater de la publication du présent arrêté, des portes ou volets devant les ouvertures extérieures de ses greniers et galetas et de les tenir constamment fermés. L'ouverture n'en sera tolérée que momentanément, pour l'introduction et la sortie des objets qui devront y être ou qui s'y trouveront renfermés.

2. Les contraventions, etc.

Fait en mairie, à..... le......   *Le Maire,*

<h3 align="center">6. Arrêté organisant le service du ramonage.</h3>

Le maire de la commune d......

Vu les lois des 14 décembre 1789, 24 août 1790 , 11 juillet 1791 et 18 juillet 1837 ;

Vu l'arrêté municipal du   , sur le ramonage ;

Considérant qu'il est important de prévenir toute négligence sur le ramonage des cheminées, et par ce moyen d'éviter autant que possible les incendies ;

Voulant procurer à ses administrés un moyen facile et peu dispendieux d'exécuter le ramonage ;

      Arrête :

Art. 1er. Il est établi pour la ville de   , un entrepreneur des ramonages, qui, d'après les accords faits avec lui, sera tenu de se procurer tous les ouvriers nécessaires pour ce travail ; mais il est néanmoins loisible aux habitants de faire faire le ramonage des cheminées par telle personne de leur choix.

2. Un ramonage général aura lieu chaque année dans les mois d'octobre, janvier et avril, pour les fours et cuisines où l'on fait habituellement du feu, et, pour les autres appartements, dans les mois d'octobre et d'avril.

3. Les cabaretiers, hôteliers, traiteurs et rôtisseurs seront assujettis au ramonage général prescrit par l'art. précédent, sans préjudice du ramonage particulier auquel ils restent soumis à leurs frais pour les autres mois.

4. Le ramonage général aura lieu rue par rue et par ordre de numéros sans interruption.

5. L'entrepreneur sera tenu d'avertir, la veille, les habitants chez lesquels il fera ramoner le lendemain, et il sera obligé de faire exécuter le ramonage avec le plus grand soin et la plus grande exactitude, sous la surveillance de chaque habitant.

6. Il sera obligé de rendre compte chaque jour des cheminées qu'il aura fait ramoner et d'indiquer les particuliers qui auraient refusé, à leur tour, le ramonage de leurs cheminées en totalité ou en partie, et il en sera tenu note à la mairie.

7. A la fin de chaque ramonage général, il sera fait une visite chez tous les propriétaires ou locataires refusants, par le commissaire, pour en dresser procès-verbal, et, s'il y a lieu, les poursuivre conformément à la loi.

8. Les habitants paieront à l'entrepreneur une rétribution qui sera fixée d'un commun accord entre eux et celui-ci.

9. L'entrepreneur, après le ramonage général, donnera l'état de toutes les cheminées trop étroites pour que le ramoneur puisse s'y introduire, à l'égard desquelles il sera pris ultérieurement les mesures qu'exige la sûreté publique, et, en attendant, les particuliers seront obligés de les faire ramoner aux époques ci-dessus prescrites, par un moyen quelconque et à leurs frais, sous peine de l'amende pour contraventions aux règlements de police.

10. Tous les habitants sont invités à faire connaître à la mairie les refus, fautes ou négligences que l'entrepreneur ou ses ouvriers pourraient commettre.

11. Le présent arrêté, après avoir été approuvé par M. le préfet, sera publié et affiché dans les endroits accutumés.

Fait en mairie, à..... le......   *Le Maire,*

7. Arrêté prescrivant des mesures préventives contre les incendies. (Extrait de l'arrêté pris par M. le préfet de l'Isère, le 14 novembre 1863.)

Le maire de la commune de............ — Vu la loi du 16-24 août 1790, tit. 11, art. 3 ; — Vu la loi du 28 septembre-6 octobre 1791 ; — Vu le Code pénal et spécialement les art. 319, 320, 458, 471, 479 et 484 ;

Considérant que les incendies accidentels sont, pour la plupart, dus à la négligence des possesseurs d'allumettes chimiques et à l'imprudence des fumeurs, et qu'il est nécessaire d'y pourvoir, dans l'intérêt public, par des prohibitions convenables,

        Arrête :

Art. 1er. Les allumettes chimiques seront toujours placées hors de la portée des enfants en bas âge.

2. Il est défendu d'entrer dans les bâtiments ruraux ou dans les cours qui en dépendent avec des pipes, des cigares ou du feu ; avec des lumières qui ne seraient pas dans des lanternes bien closes.

3. Il est défendu de fumer près des meules de récoltes ou de combustibles ; de jeter dans les rues, les chemins ou les champs, du tabac ou des allumettes en feu, sans les éteindre immédiatement et complétement.

4. Il est défendu de faire dans les rues, les places et les champs, des feux de joie autres que ceux autorisés par l'autorité locale ; d'allumer du feu à moins de cent mètres de distance des bâtiments ruraux, meules de récoltes ou amas de combustibles.

5. Il sera dressé des procès-verbaux contre les contrevenants aux dispositions qui précèdent et ils seront déférés aux tribunaux compétents.

Fait en mairie, à.....le.....   *Le Maire,*

8. Autres dispositions à prescrire.

Le maire.......

Vu les lois des 16-24 août 1790, 19-22 juillet 1791 et 18 juillet 1837 ;

        Arrête :

Art. 1er. Il est défendu :

1° De fumer, que la pipe soit ou non couverte, soit dans les fermes et granges, soit au dehors auprès des tas de paille et dépôts de combustibles, soit dans les rues et chemins, à moins de 10 mètres des habitations ou bâtiments couverts en chaume ;

2° De déposer des cendres chaudes ou des braises mal éteintes sur des planchers, dans des greniers ou à proximité d'objets combustibles ;

3° De porter à découvert des braises encore chaudes, ou des chandelles ou lampes allumées dans des granges, écuries, greniers ou autres lieux où il existe de la paille, du foin ou autres objets combustibles ;

4° De parcourir les rues et places publiques avec des tisons allumés, des charbons ardents, des braises, des torches enflammées, ou des chandelles ou lampes allumées, qui ne seraient pas dans des lanternes fermées ;

5° De placer du foin, de la paille, du bois ou d'autres objets faciles à brûler, à la distance de moins d'un mètre des cheminées, forges, fours et fourneaux ;

6° D'allumer du feu dans les champs ou dans les rues et places publiques à moins de 100 mètres des maisons, bois, bruyères, haies et meules;

7° De faire des meules de grains, paille ou fourrage, à moins de 200 mètres des habitations.

2. Les contraventions, etc.

Fait en mairie, à..... le .....   *Le Maire,*

Voy. *Form. mun.*, tom. 5, p. 447.

INHUMATIONS. — V. Cimetière, Exhumations.

INONDATIONS.

Pouvoir du maire. — Précautions convenables contre les accidents et fléaux calamiteux.

Formules.

1. Arrêté prescrivant diverses mesures de précautions contre les inondations.

Le maire de la commune de

Vu les lois des 16-24 août 1790, 19-22 juillet 1791 et 18 juillet 1837 ;

Considérant qu'il nous appartient de prescrire les mesures de précaution pour prévenir et faire cesser les fléaux calamiteux,

Arrête :

Art. 1er. Aussitôt que des fontes subites de neiges ou d'autres signes précurseurs des inondations se manifesteront, il en sera donné avis aux habitants à son de caisse. A l'instant même de cette publication, tous les habitants seront tenus de se rendre sur les deux côtés de la rivière, pour y prêter les secours dont ils seront requis.

2. En tout temps, tout propriétaire ou possesseur de bateaux, batelets ou barques quelconques sera tenu de les garer et amarrer de manière à ce qu'ils ne puissent être emmenés par les eaux, ni nuire en quoi que ce soit au libre cours des eaux.

3. Aussitôt l'avis donné des signes précurseurs d'une inondation, tous les mariniers et bateliers seront tenus de se rendre avec leurs bateaux (sur tel point que l'arrêté désignera), afin de donner des secours aux malheureux qui en auraient besoin, et recueillir ce que les eaux entraîneraient.

4. A partir du même moment, tout propriétaire, locataire ou exploitant de moulins, devra lever les vannes, afin de donner aux eaux un libre écoulement. Si nonobstant les vannes levées, la crue des eaux se continue, ils devront enlever immédiatement tous le barrages qui rétréciraient le cours de l'eau.

5. Les contraventions seront constatées et poursuivies conformément aux lois.

Fait en mairie, à..... le ......   *Le Maire,*

2. Arrêté ordonnant des mesures de précautions à l'effet de prévenir les épidémies et les épizooties à la suite de récentes inondations.

Le maire de

Vu la loi du 16-24 août 1790, qui confie aux maires le soin de prévenir, par les précautions convenables, ou de faire cesser les fléaux calamiteux, tels que les épidémies, les épizooties ;

Vu la loi du 18 juillet 1837,

Arrête :

Art. 1er. Dans toutes les terres, soit communales, soit particulières, qui ont subi l'inondation, et dont les fourrages ou les autres cultures, par un séjour plus ou moins prolongé dans l'eau, auront été avariés au point de ne pouvoir être consommées sans danger, la fauchaison en sera faite aussitôt que cette opération sera praticable.

2. Toutes les herbes avariées et autres cultures provenant des fauchaisons, seront séchées et transformées directement en fumiers. Interdiction est faite d'utiliser ces produits à la nourriture du bétail ou à la litière, en ce qu'ils peuvent, par la poussière dont ils sont imprégnés, comme par le commencement de putréfaction qu'ils ont subi, infecter les écuries ainsi que les granges, et devenir le germe de maladies épizootiques.

3. Les habitations inondées seront séchées et aérées le plus possible après les avoir dégagées de toute immondice. Les pièces de ces habitations qui ont été envasées seront lavées à la chaux, et, à l'effet d'en obtenir le dessèchement le plus complet, il y sera, après le lavage, fait emploi de la chaux non éteinte déposée en morceaux sur quelques points dans les logements.

4. Chaque propriétaire fera exécuter, par tous les moyens possibles, les travaux nécessaires pour le prompt écoulement des eaux stagnantes, des eaux des égouts, fossés ou canaux, surtout dans le voisinage des habitations. Toutefois, le curage à fond des fossés devra, en dehors de cette nécessité, être renvoyé à une saison plus tardive, afin que les extractions de matières exposées aux grandes chaleurs ne deviennent pas elles-mêmes une cause d'infection.

5. Les contraventions, etc.

Fait en mairie, à..... le......

Le Maire,

3. Arrêté ordonnant le nettoiement des caves et autres parties basses de maisons inondées.

Art. 1er. Les cours, les caves et autres parties basses des maisons devront être complétement nettoyées, par les soins des habitants, dans le délai de douze jours, à compter de la publication du présent arrêté, c'est-à-dire, du..... au..... du courant.

2. Les boues, immondices et autres déblais provenant de ce nettoiement, pourront être déposés, à quelque heure que ce soit de la journée, sur la voie publique, d'où ils seront enlevés par les soins de l'administration.

Ils devront y être mis en tas et disposés sur les côtés, de façon à ne pas obstruer les rigoles et à laisser au milieu de la chaussée un passage complétement libre pour les voitures.

3. Après le délai ci-dessus fixé, le dépôt de ces matières ne pourra plus être fait sur la voie publique, et les habitants qui auront encore à en faire extraire de leurs maisons, devront les faire transporter, à leurs frais, aux décharges publiques, hors de la ville.

4. A partir du   , des visites seront faites par les soins de la police, et, au besoin, par des commissions spéciales de salubrité, à l'effet de reconnaître si toutes les parties des maisons inondées ont été convenablement nettoyées et assainies, et des procès-verbaux seront dressés contre les habitants qui auraient négligé ou refusé de se conformer aux prescriptions du présent arrêté.

5. M. le commissaire central et MM. les commissaires de police sous ses ordres sont chargés d'en assurer l'exécution.

Fait en mairie, à..... le.....   *Le Maire,*

IVRESSE.

§ 1er. — POUVOIR DU MAIRE. — SÉCURITÉ PUBLIQUE. — MESURES D'HUMANITÉ ET DE MORALE PUBLIQUE.

1. *Répression.— Pénalité.* —L'art. 471, n° 4, du Cod. pén., qui réprime l'embarras de la voie publique n'est pas applicable à l'homme ivre étendu sur la voie publique, la circulation dût-elle être gênée par la présence de cet homme (*Cass.*, *18 août 1860, Loussani*). Mais l'homme trouvé ivre peut être condamné aux peines dudit article 471, n° 15, pour contravention à l'arrêté contre l'ivresse, un tel arrêté étant obligatoire.

2. *Lieux publics. — Gens ivres. — Interdiction.* — Est légal et obligatoire l'arrêté qui défend aux cafetiers et cabaretiers de donner à boire à des gens ivres ; ces expressions *cafetiers* et *cabaretiers* ne sont pas restrictives et sont applicables également aux hôteliers, traiteurs et restaurateurs (*Cass.*, *16 mai 1863, Letort*).

V. *Cabarets et cafés*, n° 5.

§ 2. — FORMULE.

Arrêté portant répression de l'ivrognerie.

Le maire de la commune de

Vu les lois des 16-24 août 1790 et 18 juillet 1837 ;

Vu les observations du bureau de bienfaisance, relatives à la nécessité de réprimer l'ivrognerie dont les conséquences sont si funestes aux familles, entraînent tant de misères et sont souvent la source de scandales, de délits et quelquefois même de crimes ;

Considérant que l'ivresse scandaleuse est à la fois une offense à la morale et un danger pour la sécurité des habitants ;

Considérant que la présence sur la voie publique de personnes en état d'ivresse donne lieu à de graves accidents qu'il est du devoir de l'administration de prévenir ;

Considérant que le droit de vendre des boissons ne saurait devenir abusif au point de compromettre la santé des consommateurs, et qu'il existe cependant des cabarets et débits dans lesquels on profite de l'ivresse des clients pour en obtenir un profit immoral ;

(*Ou*) Considérant que les faits de cette nature, constatés sur la voie publique, semblent annoncer que les débitants ne tiennent pas suffisamment compte de la défense faite de ne pas donner à boire aux gens ivres ;—Qu'il convient, dès lors, de compléter cette défense par des dispositions qui en rendent l'application plus large et l'exécution plus facile,

Arrête :

Art. 1er. — Tout individu qui sera trouvé sur la voie publique, dans les débits de boissons ou autres lieux publics, en un état d'ivresse de nature à occasionner du désordre ou du scandale, et présentant un danger pour lui-même ou pour autrui, sera immédiatement arrêté et conduit, à ses frais, au poste de sûreté de la mairie pour y être retenu jusqu'à ce qu'il ait recouvré la raison.

2. De ce chef, le contrevenant sera traduit devant le tribunal de simple police.

3. Tout individu assisté par le bureau de bienfaisance, qui aura été l'objet de poursuites, sera immédiatement rayé des contrôles.

4. Défense est faite aux cabaretiers, cafetiers et autres débitants de boissons, de donner à boire aux gens ivres, de laisser s'enivrer les personnes qu'ils recevront dans leurs établissements.

En conséquence, tout débitant de l'établissement duquel il sera constaté qu'un individu est sorti en état d'ivresse, sera traduit devant le tribunal de simple police et poursuivi comme les personnes ivres elles-mêmes, et passible des mêmes peines, le tout sans préjudice des mesures administratives qui pourront être prises contre lui, en vertu du décret du 29 décembre 1854.

5. Le présent arrêté sera publié dans la forme ordinaire, et devra, en outre, rester constamment placardé dans les salles communes des débits de boissons.

Fait en mairie, à..... le ....   *Le Maire,*

JET OU EXPOSITION DE CHOSES.

§ 1er. — Pouvoir du Maire. — Sureté et commodité de la circulation.

1. *Projection par les fenêtres.* — Est obligatoire l'arrêté qui défend de jeter par la fenêtre, le jour ou la nuit, des ordures, immondices, ou même de l'eau claire (*Cass.*, 26 *juill.* 1828, *Bouquet*; 27 *déc.* 1828, *Bourdigeaux*; 3 *janv.* 1835, *Loupiat*; 10 *avril* 1854, *Coënt*; 18 *août* 1854, *Durand*). Un tel arrêté est applicable, bien que l'eau jetée n'ait atteint personne (*Id.*, 26 *juill.* 1828, *Bouquet*).

2. *Cours.* — Est obligatoire l'arrêté qui défend de jeter des ordures et immondices dans les cours des maisons (*Cass.*, 21 *juill.* 1838, *Battandier*).

3. *Bois ou foin.* — Est obligatoire l'arrêté qui défend de jeter sur la voie publique du foin ou du bois par les fenêtres ou lucarnes des greniers (*Cass.*, 5 *déc.* 1833, *Maric*); ou qui règle les heures où ce jet pourra se faire (*Disposition analogue de l'ord. de police du 3 juillet 1828*).

4. *Tapis.* — Est obligatoire l'arrêté qui défend de secouer et battre par les fenêtres des tapis, paillassons et tous autres objets de nature à incommoder ou porter préjudice aux passants (*Cass.*, 9 *janv.* 1857, *Barlow*).

5. *Graviers, moellons, etc.* — Est obligatoire l'arrêté qui défend à toutes personnes de jeter par les fenêtres aucuns graviers, moellons, tuiles, briques, bois et tous autres objets (*Disp. anal. de l'ord. du bur. des finances, 12 déc. 1747*).

6. *Boules de neige.* — Est obligatoire l'arrêté qui défend de jeter

des boules de neige aux passants (*Cass.*, 17 *mars* 1808, *Valfin* ; 11 *fév.* 1830, *N*...).

7. *Pierres.* — Est également obligatoire l'arrêté qui défend de lancer des pierres ou autres corps durs dans les rues de l'intérieur de la ville (*Cass.*, 28 *sept.* 1844, *Lafond*).

8. *Pots de fleurs.* — Est obligatoire l'arrêté qui défend de placer sur les fenêtres aucuns pots ou caisses de fleurs ou autre chose pouvant, par sa chute, blesser les passants ou endommager leurs habillements (*Cass.*, 24 *nov.* 1848, *Gamette* ; 3 *oct.* 1851, *Le Coat-Saint-Haouen*) ; ou détermine les mesures de précaution qui devront être observées pour empêcher la chute des pots ou vases de fleurs placés aux fenêtres (*Id.*, 17 *juin* 1853, *Ducros*).

Voy. *Balayage, Cours d'eau, Dépôts.*

§ 2. — FORMULE.

Voy. pour modèle d'arrêté, *Voie publique.*

JEUX.

§ 1er. — POUVOIR DU MAIRE. — LIBERTÉ ET SURETÉ DE LA CIRCULATION. — INTÉRÊT DU BON ORDRE.

1. *Quilles, volants, etc.* — Est obligatoire l'arrêté qui défend de jouer sur la voie publique au volant, aux quilles, au bâtonnet ou au mail (*Cass.*, 5 *mars* 1818, *Allard* ; 6 *août* 1847, *Ruffin* ; 29 *août* 1863, *Henry*).

2. *Jeux de hasard.* — Est obligatoire l'arrêté qui prohibe non-seulement les jeux de hasard (le lansquenet, la roulette, la bouillotte, le baccarat, etc.), mais encore tous les jeux de cartes sans distinction dans les cabarets, cafés et lieux publics (*Cass.*, 19 *janv.* 1837, *Normand*) ; — Le *piquet* ne peut être rangé dans la catégorie des jeux de hasard, dans le sens de l'art. 475, n° 5, du Code pénal (*Id.*, 28 *mai* 1841, *Junin* ; 8 *janv.* 1857, *Trille*) ; — Le *bézi* n'est pas non plus un jeu de hasard (*Id.*, 2 *avril* 1853, *Testreau*) ; — Le jeu de cartes appelé *la mouche* n'est pas un jeu de hasard (*Cass.*, 18 *fév.* 1858, *Lefranc et Herbillon*) (1).

3. *Jeux d'argent.* — *Interdiction.* — Est légal et obligatoire l'arrêté qui interdit de jouer de l'argent aux jeux de cartes dans les lieux publics (*Cass.*, 3 *juin* 1848, *Painkin*).

4. *Maisons de jeux.* — *Autorisation.* — Est également obligatoire l'arrêté qui défend à toutes personnes de tenir des maisons ou salles de jeux quelconques sans avoir obtenu du maire une autorisation spéciale

---

(1) Le jeu de *billard*, dit jeu de *poule*, n'est pas non plus un jeu de hasard (*Cass.*, 9 *nov.* 1861, *Lécalard*) ; — Décidé de même que le jeu de *quilles*, doit être considéré comme un jeu d'adresse et non comme un jeu de hasard, alors d'ailleurs qu'il n'a pas été défendu par un arrêté municipal (*Cass.*, 26 *mai* 1855, *Baccara*) ; — Le jeu de *l'écarté*, étant un jeu dans lequel l'habileté du joueur se combine avec le hasard, n'est pas compris au nombre des jeux de hasard, dont parle l'art. 475, n° 5, du Code pénal (*Cass.*, 31 *juill.* 1861, *Chapuis*).

Mais l'écarté joué dans un café doit être considéré comme jeu de hasard et constituer contre le propriétaire de l'établissement le délit prévu par l'article 410 du Code pénal, lorsqu'on y joue habituellement ce jeu, et qu'on y admet des jeunes gens mineurs qui viennent risquer des sommes considérables dans des mises engagées sur des parties jouées par des inconnus (*Cass.*, 3 *juillet* 1852, *Bonne*).

La Cour de Cassation, arrêt du 14 novembre 1840, *Lacroix*, a jugé que le fait de la part d'un cabaretier, de donner à jouer l'écarté dans son cabaret, constituait la contravention prévue et punie par l'art. 475, n° 5, du Code pénal.

(*Cass.*, 6 *déc.* 1833, *Peyrat* ; 22 *avril* 1837, *Delaveau* ; 28 *mai* 1841, *Junin fils.*)

5. *Billards.* — *Autorisation.* — Est obligatoire l'arrêté qui interdit d'établr une salle de billard ouverte au public, sans l'autorisation du maire (*Cass.*, 13 *déc.* 1834, *Bourgeat*).

Voy. *Formul. mun.*, tom. 5, p. 547.

JOURS FÉRIÉS.

§ 1er. — Pouvoir du maire. — Observation de la loi de 1814, sur la célébration des fêtes et dimanches.

1. *Cabarets.* — Est obligatoire l'arrêté qui ordonne la fermeture des cabarets les dimanches et fêtes, pendant le temps de l'office divin (*Cass.*, 23 *juin* 1838, *Vitrac* ; 29 *juin* 1838, *Perrotin, Lavigne, Vouillot* ; 6 *déc.* 1845, *Subra ;* 21 *déc.* 1850, *Laviec* ; 16 *février* 1854, *Deschamps* ; 28 *juillet* 1855, *Wehrun*), c'est-à-dire pendant la célébration de la messe et pendant l'office des vêpres (*Cass.*, 26 *février* 1825, *Dicq* ; 10 *avril* 1830, *Double ;* 6 *déc.* 1851, *Vuillemain* ; 16 *février* 1854, *Deschamps* ; 7 *nov.* 1863, *Ledieu*) ; mais cet arrêté n'est pas applicable au cas où les vêpres seraient dites par un instituteur (*Cass.*, 10 *nov.* 1859, *Humbert.*)

2. *Exercices du culte.* — Est obligatoire l'arrêté qui interdit, pendant les exercices du culte, les réunions ou manifestations qui troubleraient ces exercices (*Circ. min. int.*, 30 *mars* 1849.)

3. *Carrières.* — Est également obligatoire l'arrêté qui défend aux ouvriers employés à l'exploitation des carrières, de travailler les dimanches et fêtes, si ce n'est en cas d'urgence et de nécessité (*Cass.*, 26 *mars* 1847, *Loiseleur*).

§ 2. — Excès de pouvoirs.

4. *Vendanges.* — *Interdiction.* — Ne serait pas obligatoire l'arrêté qui défendrait de vendanger le dimanche. — V. *Ban de vendanges.* (*Cass.*, 19 *juin* 1857, *Thibaut.*)

5. *Aubergistes.* — *Assimilation avec les débitants.*—Ne serait pas obligatoire l'arrêté qui étendrait aux aubergistes n'exerçant pas en même temps la profession de débitants de boissons, l'interdiction faite aux cabaretiers et débitants de boissons de donner à boire et à manger excepté aux voyageurs, les dimanches et fêtes légales pendant les offices (*Cass.*, 8 *déc.* 1860, *Chevrier*).

6. *Bouchers.* — *Etalage.* — Serait illégal et non obligatoire l'arrêté qui défendrait aux bouchers d'étaler, les jours de dimanches et de fêtes, pendant le temps de l'office, la loi ayant excepté les marchands de comestibles de la défense générale d'étaler pendant les offices. (*Cass.*, 29 *janv.* 1829, *Doucet*).

7. *Objets mobiliers.* — *Vente.*— Ne serait pas obligatoire l'arrêté qui défendrait de vendre des objets mobiliers le dimanche (*Cass.*, 2 *août* 1828, *Deroo*).

8. *Jeux et danses.* — Serait illégal et non obligatoire l'arrêté qui défendrait les jeux et les danses les jours de dimanches et de fêtes patronales, si ce n'est pendant les heures consacrées aux offices (*Cass.*, 18 *juillet* 1823, *Motelet*). Cet arrêté ajouterait illégalement aux prohibitions de la loi.

Nota. — La loi du 18 novembre 1814 est restée en vigueur, bien que la religion catholique ait cessé, en 1830, d'être la religion de l'Etat ;

mais, de fait, la loi n'a jamais pu être sérieusement exécutée. Le gouvernement, par des notes officielles, insérées au *Moniteur* des 9 juin 1852 et 6 juillet 1854, a déclaré qu'il donnait l'exemple du chômage des jours fériés, mais qu'il laissait toute liberté aux citoyens pour suivre ou négliger cet exemple.

§ 3. — FORMULE.

V., pour modèle d'arrêté, *Cabarets et Cafés*.

Voy. également *Form. mun.*, tom. 4, p. 406.

LAPINS. V. *Animaux*.

LATRINES. V. *Cours d'eau, Fosses d'aisance*.

LAVAGE DU LINGE.

POUVOIR DU MAIRE. — SALUBRITÉ PUBLIQUE.

Ruisseau. — Est obligatoire l'arrêté qui défend de laver du linge dans un ruisseau, depuis son entrée sur le territoire de la commune jusqu'au lavoir public (*C. E.*, *8 avril 1858, Delas*).

V. *Salubrité*.

LAVOIRS.

EXCÈS DE POUVOIRS.

Fontaine. — Assimilation. — Serait sans exécution pénale l'arrêté qui appliquerait à un lavoir public les règlements relatifs aux sources, cours d'eau et fontaines; un lavoir public n'est pas, en effet, une fontaine, une source ni un cours d'eau, et, dès lors, n'est pas régi par les législations relatives à ces diverses matières (*Cass.*, *7 août 1862, Thiercelin*).

LIEUX PUBLICS. V. *Auberges, Bals, Cabarets, Théâtres*.

LIVRETS. V. *Domestiques*.

LOGEMENTS INSALUBRES.

§ 1ᵉʳ. — POUVOIR DU MAIRE. — SALUBRITÉ PUBLIQUE.

Attributions municipales. — Le maire est chargé d'assurer l'exécution des décisions du conseil municipal et du conseil de préfecture, en vertu de la loi du 24 avril 1850.

§ 2. — FORMULES.

1. Arrêté pour réparations à faire exécuter à un logement insalubre.

Le maire de   .

Vu l'art. 7 de la loi du 22 avril 1850, art. 7, sur les logements insalubres;

En vertu de la décision du conseil municipal de cette commune (*ou*) du conseil de préfecture, en date du   ;

Attendu que les causes d'insalubrité que présente la maison du sieur   ,
située à   , rue   , dépendent du fait dudit sieur   ;

Arrête :

Art. Iᵉʳ. Le sieur   sera tenu, dans le délai de   , de faire pratiquer sur la façade de sa maison, deux fenêtres   (reproduire la décision du conseil municipal).

2. Le présent arrêté sera notifié au sieur   par M....., garde champêtre.

Fait en mairie, à..... le....   .   *Le Maire*,

2. Arrêté pour un logement non susceptible d'assainissement.

Le maire de   ;

Vu la loi du 22 avril 1850, art. 10, sur les logements insalubres;

En vertu de la décision du conseil municipal (*ou*) du conseil de préfecture, en date du   , portant que la maison du sieur   , située à   , rue   n'est pas susceptible d'assainissement, et que les causes d'insalubrité qu'elle présente dépendent de l'habitation elle-même;

Arrête :

Art. 1er. Défense est faite au sieur   de louer la maison sus-indiquée à titre d'habitation, pendant l'espace de six mois, lequel délai commencera à courir huit jours après la notification du présent arrêté.

2. Le présent, etc.   (*Comme ci-dessus.*)

Fait en mairie, à..... le.....   .   *Le Maire,*

LOGEMENTS MILITAIRES.

§ 1er. — POUVOIR DU MAIRE. — PRESTATION DE LOGEMENTS PAR LES HABITANTS (¹).

1. *Auberges.* — Est obligatoire l'arrêté municipal qui défend aux habitants d'envoyer à l'auberge, sans le consentement préalable de la mairie, les militaires qu'ils doivent loger, et qui défend aux aubergistes de recevoir ces soldats sans le consentement de l'autorité municipale (*Cass.*, 13 *juillet* 1860, *Durozet-Bromond*).

2. *Habitants.* — *Charge.* — *Division.*—Est obligatoire l'arrêté qui répartit entre les citoyens la charge du logement des troupes en marche (*Cass.*, 13 *août* 1842, *Durat, Lefebvre, Bonnard*; 12 *sept.* 1846, *Menil-Delieuvin*), et divise les habitants en plusieurs classes (*Mêmes arrêts.*)

§ 2. — EXCÈS DE POUVOIRS.

3. *Logeurs.* — *Lits.* — Serait illégale la disposition qui, comme condition de la dispense accordée aux habitants de loger chez eux les militaires de passage, interdirait en même temps aux logeurs de loger deux militaires dans le même lit (*Cass.*, 25 *mars* 1852, *Ducrot*).

§ 3. — FORMULES.

1. Arrêté sur les logements militaires.

Le maire de la commune de   .

Vu les lois des 23 janvier-7 avril 1790, 10 juillet 1791, 23 mai 1792, 18 janvier 1793 et 18 juillet 1837 ;

Vu les circulaires ministérielles des 15 mars 1845, 24 juin-29 août 1849 et 14 février 1852 ;

Arrête :

Art. 1er. En conformité des lois ci-dessus visées, toute personne présente ou absente, ayant un ou plusieurs appartements dans la ville, sera tenu de loger à son tour les militaires qui lui seront envoyés.

2. Tout habitant qui serait dans le cas de s'absenter devra confier à quelque personne le soin de recevoir dans son domicile les militaires qu'il aura à loger, sinon désigner à la mairie l'auberge où les militaires devront être renvoyés et reçus pour son compte.

3. Il est défendu aux habitants d'envoyer les militaires dans une auberge ou chez un logeur quelconque sans, au préalable, en avoir fait la déclaration à la mairie ; et aux aubergistes et logeurs, de recevoir pour le compte d'autrui aucun militaire sans y être autorisé par nous.

Fait en mairie, à...... le.......   .   *Le Maire,*

2. Arrêté autorisant l'établissement d'une caserne dite de passage, pour le logement des troupes en marche ou des militaires isolés.

Le maire de   ,

Vu la circulaire du ministre de la guerre, en date du 23 mars 1842 ;

Vu l'arrêt de la Cour de cassation, en date du 13 août 1842, qui confirme la faculté attribuée aux maires de diviser en plusieurs classes les habitants assujettis au logement militaire ;

(¹) *Refus de logement.* — Le refus par un habitant de fournir le logement aux militaires qui lui sont adressés par un billet régulier constitue, même à défaut de l'existence d'un arrêté municipal sur cet objet, la contravention que réprime l'art. 471, n° 15, du Code pénal, car c'est là une infraction au règlement ministériel approuvé par la loi du 23 mai 1792, qui ne peut trouver sa sanction que dans la disposition dudit article (*Cass.*, 15 *janv.* 1859, *Bazaille*).

Considérant que M. le ministre de la guerre exprime le désir qu'il soit établi dans chaque ville de garnison une caserne dite *de passage*, affectée au logement des troupes en marche et à celui des militaires voyageant isolément;

Qu'un avantage réciproque résultera de cet établissement, et pour les habitants et pour les militaires, en ce que les premiers seront affranchis du logement dans leur propre domicile sans qu'il leur en coûte plus que la plupart d'entre eux ne paient aux aubergistes; que les militaires ne seront plus exposés à être placés chez des logeurs de profession, dans des cabarets et autres lieux publics mal tenus, et que la surveillance des autorités militaires et des chefs de corps pourra être plus facile et plus efficace;

Considérant que M.   , habitant de cette ville, a la disposition en ce moment d'un bâtiment convenable pour établir cette caserne de passage; qu'il offre de monter cet établissement, d'y fournir les lits et emménagements nécessaires, et de recevoir pour les habitants qui souscriraient avec lui un abonnement annuel, ou au prix du tarif arrêté par la mairie, tous les militaires qui pourraient leur être adressés à loger par cette administration, en tant pour ce dernier qu'il y ait place dans son bâtiment, après ses engagements remplis avec ses abonnés;

Arrête:

Art. 1er. M.   est autorisé à former dans cette ville un établissement pour loger les militaires de passage, en détachement ou isolés, lequel établissement prendra la désignation de *caserne de passage*.

2. Il devra pourvoir cet établissement de lits à une place complets, et garnir les chambres de tous les emménagements voulus dans les casernes, fournir de même les ustensiles de cuisine, le chauffage et l'éclairage, et remplir enfin toutes les obligations auxquelles sont tenus les habitants soumis au logement militaire.

3. Tous les habitants qui ne voudront ou ne pourront loger les militaires, auront la faculté de les faire conduire à la caserne de passage, où il sera pourvu à ce logement, soit par suite d'abonnements annuels passés avec M.   , soit au prix du tarif établi,

SAVOIR:

	pour 1 nuit, fr.	pour 2 jours, fr.	pour 3 jours, fr.
1° Logement d'un colonel et de ses domestiques	6;	8;	10;
2° Logement d'un lieutenant-colonel, un chef de bataillon ou d'escadron, un major et de ses domestiques	5	6	7;
3° Logement d'un trésorier, capitaine, adjudant-major, chirurgien-major, et de ses domestiques	4	5	6;
4° Logement d'un lieutenant ou sous-lieutenant, ou chirurgien aide-major et de son domestique	3	4	5;
5° Logement de un ou deux sous-officiers	1 25	1 75 et 2 00 par jour	
6° Logement de un ou deux caporaux ou brigadiers, fantassins ou cavaliers	1	1 50 et 1 75 par jour	

pour le logement au delà de deux jours.

4. Les officiers, à leur arrivée en garnison ou en cantonnements, ne peuvent prétendre à des billets de logements pour plus de trois nuits; passé ce délai, ils sont tenus de se loger de gré à gré et à leurs frais. Dans ce cas, si leur hôte consent à les garder, ils ne lui paieront, pour chaque journée au-delà de trois jours et selon leur grade, que le tiers de l'indemnité accordée pour trois jours entiers.

5. M.   , pourra, en conséquence, proposer aux habitants soumis au logement de se mettre en leur lieu et place, et passer avec eux, de gré à gré, des abonnements à cet effet, ou de loger pour eux, comme il est dit ci-dessus, aux prix fixés par le susdit tarif.

6. La caserne de passage devant recevoir MM. les chefs de détachement, jusqu'au grade inclus de capitaine, M.   aura à disposer des chambres convenables pour ces officiers.

Quant aux officiers supérieurs, il devra fournir leur logement à ses frais, dans un des meilleurs hôtels de cette ville, si ce logement incombe à un de ses abonnés.

7. Dans le cas de passage extraordinaire de troupes au-dessus des moyens de logement de la caserne de passage, cette caserne serait d'abord occupée pour le

compte des habitants les premiers à loger par abonnement, et les autres seraient tenus de loger comme par le passé, à moins que M.   ne veuille se charger de pourvoir au défaut de ressources de son bâtiment et assurer le logement des militaires qui seraient adressés à ces derniers.

8. La caserne de passage est soumise, pour la police et la salubrité, à l'autorité militaire, et à celle de la mairie et de ses agents. M.   devra y entretenir la plus grande propreté dans le couchage des militaires, dans la préparation des aliments (dans le cas où les soldats se seront entendus au sujet de cette préparation); veiller à ce que la tranquillité n'y soit point troublée, et il sera tenu de se conformer à tout ce qui lui sera prescrit pour le bien du service.

9. La présente autorisation est accordée à M.   pour dix ans : elle n'aura toutefois d'effet qu'après avoir été approuvée par M. le préfet, auquel elle sera soumise.

Fait en mairie, à..... le.....   *Le Maire,*

Vu et approuvé par nous, préfet de.......

A..........., le............   *Le Préfet.*

Voy. *Form. mun.*, tom. 5, p. 567.

LOGEURS.

§ 1er. — Pouvoir du Maire. — Maintien du bon ordre dans les lieux publics. — Exécution de l'art. 475, n° 2, du Code pénal.

1. *Législation.* — L'art. 475, n° 2, du Code pénal porte : « Seront punis d'amende, depuis 6 fr. jusqu'à 10 fr. inclusivement ...... 2° les aubergistes, hôteliers, logeurs ou loueurs de maisons garnies qui auront négligé d'inscrire de suite et sans aucun blanc, sur un registre tenu régulièrement, les noms, qualités, domicile habituel, dates d'entrée et de sortie de toute personne qui aurait couché ou passé une nuit dans leurs maisons, ceux d'entre eux qui auraient manqué à représenter ce registre aux époques déterminées par les règlements, ou lorsqu'ils en auraient été requis, aux maires, adjoints, officiers ou commissaires de police, ou aux citoyens commis à cet effet; le tout sans préjudice des cas de responsabilité mentionnés en l'art. 73 du présent Code, relativement aux crimes ou aux délits de ceux qui, ayant logé ou séjourné chez eux, n'auraient pas été régulièrement inscrits ; ....»

2. *Registre. — Inscription. — Passe-ports.* — Est légal et obligatoire l'arrêté municipal qui, dans l'intérêt de la sûreté publique et de la surveillance des lieux publics, oblige les logeurs à inscrire sur leurs registres les noms des voyageurs qui logent chez eux et à exiger d'eux la représentation de leurs passe-ports sur le vu desquels l'inscription doit être faite (¹) (*Cass.*, 10 *oct.* 1833, *Veullien*; 10 *avril* 1841, *Courtoigis*; 8 *mai* 1858, *Odot*). — L'obligation pour les logeurs d'inscrire chaque jour sur leurs registres les noms des étrangers qui logent chez eux, s'applique aussi bien aux domestiques qui viennent de la campagne voisine pour se placer en ville qu'aux étrangers ou voyageurs (*Cass.*, 22 *févr.* 1844, *Coriola*).

3. *Registre. — Représentation.* — V. *Aubergistes*, n° 1.

4. *Ressort de la préfecture de police de la Seine. — Dispositions spéciales.* — Sont encore en vigueur dans toute l'étendue du ressort de la préfecture de la Seine, les dispositions de l'arrêté du conseil du roi de décembre 1708, l'édit de mars 1740, l'ordonnance du lieutenant-général de police de Paris, du 8 novembre 1780, et celle de la municipalité de la même ville, du 16 janvier 1790, qui astreignent (comme le fait l'art. 475, § 2, du Cod. pén., à l'égard des aubergistes et des logeurs) les propriétaires qui louent à l'année, tout ou partie de leurs maisons en garni, à tenir registre des personnes à qui ils louent. En conséquence, le règlement de police qui renouvelle les dispositions des anciens règlements

---

(¹) Voy. ci-dessus, p. 27, la note relative à la nouvelle législation sur les passe-ports.

et ordonnances ci-dessus est légal et obligatoire (¹). (*Cass.*, 17 *déc.* 1852, *Dilais*).

§ 2. — EXCÈS DE POUVOIRS.

5. *Propriétaires ou principaux locataires non logeurs de profession.* — *Location accidentelle.* — *Déclaration.* — L'art. 475, n° 2, du Cod. pén., et les règlements de police pris par les maires pour son exécution, ne concernent que les aubergistes, hôteliers, logeurs ou loueurs de maisons garnies ; ils ne peuvent atteindre les propriétaires qui, sans être logeurs de profession, louent, même en garni, une partie de leur maison ou de leur appartement, ni, à plus forte raison, ceux qui louent des chambres ou appartements non meublés. — Ainsi, ne serait pas obligatoire l'arrêté qui prescrirait aux propriétaires qui louent leurs propriétés, en tout ou en partie, en garni ou autrement, à des étrangers, d'en faire la déclaration à la mairie (*Cass.*, 30 *nov.* 1861, *Assemat*; 24 *janv.* 1863, *Chérault*). — Serait également illégal et non obligatoire l'arrêté municipal qui prescrirait à tous propriétaires et locataires de maisons qui, louant au mois ou à l'année une partie de leur maison garnie ou non garnie, de faire au bureau de police la déclaration des noms, qualités et demeures des personnes qu'ils logeront. Une telle réglementation, avec le caractère de généralité qui lui appartient, excède les pouvoirs de l'autorité municipale, tels qu'ils sont constitués par les dispositions des art. 3 et 4, tit. XI, de la loi du 24 août 1790 (*Cass.*, 29 *janvier* 1853, *Holl;* 4 *juin* 1858, *Weil* ; 15 *novemb.* 1862, *David).*

6. *Propriétaires ou principaux locataires non logeurs de profession.* — *Location accidentelle.* — *Registre.* —Serait illégal et non obligatoire l'arrêté municipal qui imposerait aux propriétaires ou principaux locataires de maisons particulières qui louent en garni, dans les maisons qu'ils habitent, les chambres inutiles à leurs besoins, l'obligation de tenir le registre prescrit par l'art. 475, n° 2, du Code pénal. — L'obligation imposée par cet article aux logeurs de profession ne saurait être appliquée à un individu qui, propriétaire d'une maison qu'il occupe par lui ou par des locataires sédentaires, loue le surplus en chambres garnies (*Cass.*, 20 *déc.* 1849, *Prevel*); aux propriétaires qui louent dans leurs maisons des logements garnis (*Id.*, 8 *janv.* 1859, *Algan*) ; à un propriétaire qui reçoit une personne comme locataire ordinaire, en garni et à temps, et qui n'exerce pas la profession de logeur (*Id.*, 13 *août* 1853, *Cogery*); au propriétaire qui aurait loué seulement pour un mois une chambre dans la maison qui lui appartient et qu'il habite (*Cass.*, 9 *sept.* 1853, *Gérard*) (²); aux personnes qui ne sont ni aubergistes ni logeurs de profession (*Id.*, 15 *nov.* 1862, *David*) ; à une personne qui loue accidentellement pour quelques jours un appartement en garni dans la maison dont elle est propriétaire (*Id.*, 27 *mars* 1862, *Piet*). Les termes de l'art. du Code pénal « *Loueurs de maisons garnies* » ne peuvent être appliqués d'une manière absolue, et il appartient aux juges de répression d'apprécier les faits constitutifs de cette profes-

---

(¹) Il en serait différemment des arrêtés qui seraient pris par les préfets d'autres départements que celui de la Seine (*Cass.*, 4 *juill.* 1828, *Dubuquet* ; 17 *mai* 1838, *Arbez*).

(²) Mais le règlement de police concernant les logeurs de maisons garnies est applicable à la personne qui loge habituellement des femmes publiques et leur donne à manger (*Cass.*, 11 *sept.* 1840, *Janson*; 29 *nov.* 1844, *Constance*), au locataire qui loue dans une autre maison que celle qu'il habite des chambres qu'il a l'intention de sous-louer au mois ou en garni (*Cass.*, 2 *oct.* 1851, *Buch*).

sion et de leur attribuer leur véritable caractère (*Même arrêt*) [1].

7. *Eclairage.* — L'arrêté municipal qui réglemente l'exercice de la profession de *logeur*, et prescrit, entre autres dispositions, de tenir aux portes une lanterne allumée pendant la nuit, n'assujettit explicitement à cette mesure de police que les maîtres d'hôtels, aubergistes, cafetiers, cabaretiers et logeurs ; il ne saurait pas non plus être appliqué à des lingères et couturières qui louent en chambres garnies la partie de leur maison non nécessaire à leur habitation personnelle, et qui, dès lors, ne peuvent pas être considérées comme *logeuses* de profession *(Cass., 3 juin 1853, Estradère).*

8. *Logeurs.* — *Propriétaires ou principaux locataires non logeurs de profession.* — *Assimilation.* — Ne serait pas obligatoire pour les tribunaux l'arrêté municipal qui, en reproduisant quelques-unes des dispositions imposées par l'art. 475, n° 2, du Code pénal, aux aubergistes, hôteliers, logeurs ou loueurs de maisons garnies, les appliquerait à tous ceux qui tiennent des chambres garnies et à ceux qui logeraient des étrangers même accidentellement. Le fait de tenir des chambres garnies peut appartenir à des individus qui n'exercent pas la profession d'aubergiste, d'hôtelier ou de loueur de maisons garnies, et l'arrêté assimilerait un fait purement accidentel à une profession habituelle et déterminée ; il ajouterait aux dispositions de la loi une disposition nouvelle qui dépasse la limite du pouvoir réglementaire conféré à l'autorité municipale. Le propriétaire qui loue des chambres garnies ou non garnies dans la maison qui lui appartient ne fait en cela ni acte de commerce ni profession de logeur *(Cass., 1er août 1845, Bohard).*

9. *Ville de 40,000 âmes.* — *Règlement antérieur.* — *Modifications.* — Aux termes de l'art. 50 de la loi du 5 mai 1855, dans les communes chefs-lieux de département dont la population excède 40,000 âmes, le préfet remplit les fonctions de préfet de police, telles qu'elles sont réglées par les dispositions actuellement en vigueur de l'arrêté des consuls du 12 messidor an VIII. Le même article énumère les attributions de police municipale, tant générales que spéciales, dont les maires desdites communes restent chargés sous la surveillance des préfets, et la police des maisons publiques n'est pas comprise dans le dénombrement de ces attributions ; ce service est placé sous la surveillance du préfet de police par l'arrêté consulaire précité, section III, ayant pour objet la *police générale*, laquelle comprend sous l'intitulé *Maisons publiques* (art. 7) la disposition suivante : « Le préfet de police fera exécuter les lois et règlements de police concernant les hôtels garnis et les logeurs. »

Ainsi, dans les villes de 40,000 âmes, le maire ne peut pas, par un règlement municipal, annuler la disposition d'un arrêté antérieur prescrivant aux logeurs de faire au bureau de police la déclaration des individus qui logent chez eux. Les préfets des villes chefs-lieux de 40,000 âmes, remplissant les fonctions de préfet de police, ont seuls le droit d'annuler, modifier ou maintenir une disposition de police exclusivement laissée dans leurs attributions *(Cass., 26 juin 1863, Clausse).*

V. pour modèle d'arrêté, *Cabarets et Cafés.*

---

[1] *Propriétaire logeur.* — La profession de logeur n'étant pas absolument exclusive de la qualité de propriétaire ou principal locataire, le juge de police ne pourrait pas relaxer le prévenu en se fondant uniquement sur cette qualité ; il doit examiner en eux-mêmes les faits constitutifs de cette profession et leur attribuer leur caractère réel *(Cass., 6 oct. 1854, Drante ; 18 juill. 1862, Vacel).*

MAISONS DE TOLÉRANCE. V. *Filles publiques.*

MARAUDAGE (¹).

EXCÈS DE POUVOIRS.

Sentiers. — *Interdiction.* — Serait illégal l'arrêté qui, afin de conserver les récoltes et les préserver du maraudage, interdirait l'usage des sentiers publics qui traversent les propriétés sur lesquelles les récoltes se trouvent (*Cass.*, 14 janvier 1848, *Schiltigein*).

MARCHANDS DE VINS. V. *Cabarets.*

MARCHANDS FORAINS. V. *Marchés.*

MARCHES, PAS OU SEUILS. V. *Saillies.*

MARCHÉS ET FOIRES.

§ 1er. — POUVOIR DU MAIRE. — MAINTIEN DU BON ORDRE. — FIDÉLITÉ DU DÉBIT. — SALUBRITÉ DES DENRÉES.

SOMMAIRE.

I. — Lieux de vente.

1. *Attributions municipales.* — Pour le bon ordre dans les rues et places de la commune, le maire peut défendre d'exposer en vente des denrées et marchandises sur toute partie de la voie publique autre que l'emplacement des marchés, d'y former des groupes de vendeurs et d'acheteurs qui ressembleraient à des marchés, d'y circuler en quête d'acheteurs ; il peut prescrire que les grains entrés dans la commune et destinés pour le marché y seront conduits directement (²), et ne pourront être vendus sur la voie publique ailleurs que dans la place où ce marché se tient ; mais néanmoins cette disposition ne doit pas porter atteinte à la faculté que les particuliers ou marchands qui auraient acheté des grains au dehors, ont de les faire amener à domicile ou dans leurs magasins (*Lett. min.*, 1821).

1 *bis. Droit d'apport et de vente à domicile.* — Le maire peut défendre d'exposer en vente des denrées et marchandises sur toute partie de la voie publique autre que les emplacements désignés par les règlements, mais il doit toutefois avertir qu'il n'est dérogé en rien au droit d'apport et de vente à domicile (*Lett. min.*, 3 nov. 1823).

2. *Marché.* — *Local.* — *Désignation.* — Est légal et obligatoire l'arrêté qui détermine les locaux où se tiendront les marchés, fixe les limites de leur enceinte, et interdit l'exposition et la vente des denrées et marchandises partout ailleurs que dans les endroits fixés (*Jur. const.*, *C. E.*, 8 *déc.* 1822) ; qui détermine, soit l'emplacement que devra occuper chaque espèce de denrée, soit les places qu'occuperont sur le marché les individus qui exposent en vente chaque espèce de marchandises (*Cass.*, 26 *flor.* an 13, *Lemettais* ; 9 *fév.* 1821, *Gogain* ; 6 *janv.* 1827, *Delattre* ; 25 *mars* 1830, *Fouquoir* ; 25 *sept.* 1841, *Bertrand* ; 24 *août* 1848, *Rohoux* ; 24 *août* 1850, *Morgalet* ; 23 *fév.* 1855, *Nicoud* ; 6 *déc.* 1855, *Ragonaud*), et l'individu qui refuse de se placer dans la partie de la halle affectée à la vente de ses marchandises est en contra-

---

(¹) Le maraudage est un vol ; il est puni dès lors des peines prévues par les art. 385 et 388 du Code pénal, il comporte même les circonstances aggravantes du vol (*Cass.*, 21 mai 1863, *El Habid ben Amerouch*).

(²) V. la note sous le n° 3 ci-après.

vention à un tel arrêté *(Id., 7 mai 1840, Jean-Pierre)* ; qui fixe l'emplacement des marchés à une distance convenable des édifices religieux *(Circ. min. int., 16 mars 1852)*.

3. *Marchands forains. — Lieux de vente. — Désignation.* — Est obligatoire l'arrêté : qui défend aux marchands forains de vendre leurs marchandises ailleurs qu'à la place déterminée à la halle *(Cass., 30 juil. 1829, Courtin ; 29 mars 1856, Doumergue; 5 fév. 1859, Guérin)* ; qui enjoint aux forains et à tous ceux qui approvisionnent le marché de conduire directement leurs marchandises au marché, sans pouvoir en vendre ou échanger ailleurs *(Id., 4 fév. 1826, Paganel; 15 juil. 1830, Laurent; 25 sept. 1847, Labrousse; 22 juil. 1859, Mallet; 29 août 1862, Mohamed-ben-Mami)* (¹); qui défend aux marchands forains d'étaler leurs marchandises les jours de foire ailleurs que sous la halle, tant qu'il s'y trouve des emplacements vacants *(Id., 6 mars 1840, Barielle ; 22 déc. 1838, Fuld)*.

4. *Marchands forains. — Jours de vente. — Désignation.* — Est obligatoire l'arrêté : qui détermine le jour et l'endroit où les marchandises des marchands étrangers à la ville seront vendus *(Cass., 26 janv. 1856, Bidault)* ; qui défend de vendre dans les halles et marchés d'autres jours que ceux fixés par le règlement *(Id., 2 vend. an 7, Leblanc)*.

5. *Marché aux bestiaux.* — Est légal et obligatoire l'arrêté : qui défend de conduire les bestiaux mis en vente ailleurs que dans le champ de foire *(Cass., 10 oct. 1823, Gouron)* ; qui prescrit de conduire directement au marché, pour les exposer et y payer les droits résultant de leur pesage, les bestiaux introduits en ville pour l'alimentation publique. Cette prescription est obligatoire, bien que le règlement de l'octroi adopté par l'autorité supérieure ait prescrit l'établissement d'une bascule dans l'intérieur de l'abattoir, ce qui exclurait le droit de règlement ultérieur par l'autorité municipale *(Cass., 24 mai 1862, Giraud)*.

6. *Marché aux comestibles.* — Est légal et obligatoire l'arrêté qui autorise l'ouverture d'un marché et porte qu'il sera exclusivement affecté à la vente des comestibles *(Cass., 6 déc. 1855, Ragonaud)*.

7. *Marché aux fourrages.* — Est légal et obligatoire l'arrêté qui défend aux cultivateurs et marchands de fourrage de vendre et acheter ces denrées ailleurs que sur les marchés publics désignés *(Cass., 12 nov. 1830, Bellan)*.

8. *Marchés aux grains et légumes secs.* — Est légal et obligatoire l'arrêté qui ordonne que tous les grains et légumes secs venant dans la ville seront déposés et vendus dans les halles, et défend aux revendeurs d'exercer leur état dans les rues *(Cass., 16 juill. 1824, Campé)*; qui prescrit que les grains, graines et farines introduits dans la ville depuis la veille des jours de foire et marchés, à partir de midi, jusqu'à l'heure fixée pour la fermeture de la halle, seront déposés aux halles *(Id., 27 fév. 1858, Maulbon; 28 juil. 1859, Bourset)* ; qui défend de vendre dans la ville, les jours de marché, des grains et farines ailleurs que sur

---

(¹) Cette jurisprudence est certainement fort respectable ; cependant elle est en désaccord avec la nouvelle jurisprudence de l'administration qui proclame qu'un règlement prescrivant aux marchands forains de se rendre directement sur le marché, porte une véritable atteinte au droit qu'a tout citoyen qui a acquitté les impôts légitimement exigés, de se transporter avec ses propriétés partout où il lui convient *(Lettre min. int.,* janv. 1854). Comme, en définitive, les arrêtés municipaux relèvent tout d'abord de l'administration, nous engageons les maires à se conformer à cette dernière jurisprudence.

le carreau de la halle ou à l'endroit déterminé *(Id., 3 mai 1811, Sauze ; 24 févr. 1821, Delpet ; 12 et 19 avril 1834, Lavigne; 6 sept. 1834, Jouve)* ; qui prescrit que les grains destinés à la vente ne pourront être reçus dans les maisons particulières pour y être mesurés et vendus *(Id., 25 avril 1851, Darlot)* ; qui défend aux grainetiers et aux marchands en détail de fourrage d'une ville d'acheter de ces denrées ailleurs que sur les marchés de la ville et même hors de son enceinte *(Cass., 12 nov. 1830, Chevillon)*.

9. *Grains.* — *Surveillance.* — Est exécutoire l'arrêté qui défend aux personnes qui ont amené des grains au marché de les quitter pendant toute la durée du marché *(Cass., 10 nov. 1837, Courvalin)*.

10. *Grains.* — *Resserre.* — *Dépôt.* — Est exécutoire l'arrêté qui détermine les endroits où doivent être déposées les denrées avant l'ouverture des marchés, et oblige les marchands à déposer dans une resserre publique les denrées non vendues au marché du jour pour être remises en vente à celui du lendemain *(Cass., 11 juin 1813, Picard ; 16 juill. 1824, Sauveur-Campé ; 31 mars 1838, Picard)*.

11. *Marché aux laines.* — Est légal et obligatoire l'arrêté qui défend à tous ceux qui apportent des laines dans la ville, un jour de marché, de les vendre ailleurs que sous la halle publique *(Cass., 6 mars 1847, Leroy)*.

12. *Marché aux légumes.* — Est légal et obligatoire l'arrêté qui défend de vendre dans la ville, les jours de marché, ailleurs qu'aux endroits déterminés, des denrées telles que le beurre, les œufs, les fruits, etc. *(Cass., 13 déc. 1844, Dayez ; 6 mars 1857, Fourel ; 17 déc. 1857, Fanoullère ; 3 juin 1858, Souladie ; 23 juill. 1858, Vincent)*.

13. *Rues.* — *Ventes.* — *Interdiction.* — Est obligatoire l'arrêté qui, pour assurer l'approvisionnement et surveiller la fidélité du débit, défend d'exposer en vente des céréales et autres comestibles dans les rues et places publiques de la ville ailleurs que dans l'enceinte des halles et marchés *(Cass., 21 juin 1844, Mascrel)*.

EXCÈS DE POUVOIRS.

14. *Achats dans les rues.* — *Interdiction.* — Le pouvoir municipal ne s'étend pas jusqu'à défendre d'aller au-devant des cultivateurs et d'arrher les marchandises sur les routes ou dans les rues qui conduisent au marché, et à exiger que toutes les denrées alimentaires qui entrent en ville le jour du marché soient d'abord portées à la halle, lors même qu'elles seraient déjà vendues à des habitants de la localité. Ces dernières prescriptions, bien que reconnues exécutoires, sont au nombre de celles qui portent atteinte à la liberté du commerce et qui doivent être réformées par l'administration chargée de l'examen des règlements municipaux. *(Lettres minist.)*

15. *Marchés.* — *Ouverture.* — *Clôture.* — De nombreux arrêts de la Cour de cassation reconnaissent comme légal et obligatoire le règlement de police qui fixe l'heure d'ouverture et celle de la clôture des marchés. — Les principaux sont ceux des 18 octobre 1816, *Halbourg;* 11 mai 1832, *Bournot;* 24 mai 1851, *Sévérac;* 17 février 1855, *William, etc.*

16. *Marchés.* — *Entrée.* — *Interdiction.* — Nous ne reproduisons pas les divers arrêts de la Cour de cassation qui consacrent le pouvoir d'interdire à certains marchands l'entrée du marché avant une heure

déterminée, afin de laisser aux habitants le temps de faire leurs approvisionnements. Une telle prescription est de nature à soulever, au point de vue économique, de graves objections ; elle apporte une véritable restriction à la liberté du commerce, et l'administration supérieure s'est prononcée à diverses reprises contre son application. (*Lettre min.*, 3 *nov.* 1823, 19 *oct.* 1829).

17. *Commerçants domiciliés. — Droit de vente.* — L'arrêté qui détermine le lieu de vente des marchandises n'est pas applicable au commerçant qui vend des grains dans son magasin les jours de foire et de marché *(Cass., 29 mars 1856, Villemin)*. Il n'y a pas non plus contravention à un tel arrêté dans le fait de celui qui vend ses grains dans ses propres magasins *(Id., 19 avril 1834, Lavigne)*. Le maire ne peut interdire aux marchands établis et domiciliés dans la localité de vendre leurs denrées dans leur domicile pendant les heures du marché *(Id., 25 sept. 1847, Labrousse)*, et la prohibition générale et absolue de vendre et acheter des grains en dehors des marchés généraux et spéciaux, qui ne distingue pas entre les ventes et achats faits publiquement dans les rues ou sur les voies publiques et ceux faits de gré à gré dans les demeures ou magasins, est illégale et non obligatoire. Le commerce des grains doit rester libre en dehors des marchés, et une telle prohibition apporte des entraves au libre essor des transactions commerciales et excède les limites du pouvoir de l'autorité municipale ou administrative *(Id., 28 nov. 1856, Jaubert)* (¹).

18. *Bouchers sédentaires.* — Serait illégal et non susceptible d'application l'arrêté qui interdirait aux bouchers sédentaires de la ville de vendre leur viande ailleurs qu'à la halle pendant tout le temps que dure le marché *(Cass., 12 juill. 1849, Besson)*.

19. *Denrées amenées à destination particulière.* — L'arrêté prescrivant de conduire aux marchés toutes les denrées qui entrent en ville, n'est pas applicable aux ventes préalables dont les objets sont amenés à destination particulière *(Cass., 6 mars 1857, Fourel ; 1er mai 1858, Leblanc)*.

20. *Denrées exportées.* — Ce même arrêté n'est pas applicable aux denrées et marchandises achetées hors la ville et destinées à l'exportation et non à l'approvisionnement de la ville *(Cass., 26 févr. 1856, Guyonnard)*.

21. *Conventions antérieures. — Echange.* — Il n'est pas applicable non plus à celui qui, conformément à des conventions antérieures, conduit directement son blé chez l'acheteur pour l'échanger contre de la farine *(Cass., 26 nov. 1853, Leduc)*.

(¹) *Vente de grains sur échantillons.* — La vente des grains sur échantillons est un mode de vente parfaitement légal, et il est entré aujourd'hui très-profondément dans les habitudes du commerce. C'est le seul qui permette de donner aux transactions sur les marchés tout le développement dont elles sont susceptibles, et il présente, en outre, un avantage considérable en supprimant les frais auxquels donne lieu nécessairement l'apport sur les marchés des grains et des autres denrées ou marchandises encombrantes. En effet, pour amener les grains sur le marché, pour les y décharger, les y exposer en vente, les recharger ensuite pour les livrer aux acheteurs, les faire revenir au domicile du propriétaire, s'ils n'ont pas été vendus, ou les déposer dans des magasins en attendant le marché suivant, il faut employer des moyens de transport, payer des dépenses de main-d'œuvre, acquitter des droits de place et de magasinage, supporter enfin des pertes de temps et d'argent qui aboutissent en définitive à l'accroissement du prix des denrées au préjudice du consommateur ou à une diminution de la valeur que le producteur pourrait légitimement en retirer (*Lett. min.* du 6 août 1862).

22. *Marchands étrangers.— Magasin loué.—* L'arrêté qui interdit aux marchands domiciliés hors la ville de vendre leurs marchandises, les jours de marché, ailleurs qu'à la place déterminée, ne peut s'étendre au marchand étranger qui a un magasin loué dans la ville, qui en jouit constamment à titre de locataire, et qu'il n'a pas loué spécialement pour une foire ou un marché *(Cass.,* 1ᵉʳ *juill.* 1859, *Guérin).*

23. *Marchés sur paroles ou à domicile.* — Le pouvoir de l'autorité municipale ne saurait s'étendre jusqu'à empêcher les citoyens de se donner des paroles sur la voie publique ou de conclure en tous autres lieux telles conventions que bon leur semble *(Lett. min.,* 6 *août* 1862).

II. — Liberté de la circulation et sûreté du passage. — Droits de stationnement.

24. *Stationnement. — Voitures. — Chevaux.* — Est légal et obligatoire l'arrêté qui détermine les divers lieux de stationnement des voitures, chevaux, bêtes de charge, etc., après leur déchargement *(Cass.,* 23 *mars* 1832, *Labille;* 4 *nov.* 1841, *Simon) ;* ou qui fixe l'itinéraire dans les rues de la ville et sur le marché des voitures, chevaux, bêtes de charge, etc., qui amènent ou apportent les denrées et marchandises au marché *(Cass.,* 30 *mai* 1857, *Gauthier).*

EXCÈS DE POUVOIRS.

25. *Terrain appartenant à une fabrique. — Droit de stationnement.* — Une fabrique ne peut réglementer sur le terrain qui lui appartient le stationnement des marchands forains, ni percevoir à son profit une taxe pour cet objet ; mais elle peut louer le terrain à la commune à laquelle appartient exclusivement l'initiative pour la perception de ces taxes, aux termes des art. 10, 11, 19 et 31 de la loi du 18 juillet 1837, et le conseil municipal règle alors et recouvre les droits de stationnement qui pourraient être établis *(Déc. min.,* 1858, *n°* 33).

III. — Comestibles sujets à corruption. — Mesures de salubrité.

26. *Comestibles.—Poissons.—Visite.—*Est légal et obligatoire l'arrêté qui détermine les objets qui ne pourront être mis en vente qu'après avoir été visités *(Cass.,* 25 *oct.* 1827, *Rabin);* qui défend d'exposer en vente du poisson ou des coquillages avant de les avoir fait visiter par la police *(Id.,* 20 *juin* 1828, *Calloch)* ; qui défend l'entrée en ville et la vente sur les marchés de denrées alimentaires avant qu'elles aient été visitées par des inspecteurs de police *(Id.,* 31 *déc.* 1832, *Demuth).*

27. *Comestibles. — Saisie.* — L'autorité administrative peut bien, en vertu de la loi du 24 août 1790, saisir les denrées gâtées ou nuisibles, mais, à l'égard de leur destruction ou confiscation, c'est aux tribunaux qu'il appartient d'en juger et de prononcer. On doit donc libeller de la manière suivante l'article du règlement prononçant la saisie : « Les comestibles ou denrées qui seraient gâtés ou nuisibles seront saisis par la police et le contrevenant poursuivi devant le tribunal compétent pour être statué ce que de droit *(Lett. min.,* 6 *juill.* 1851).

EXCÈS DE POUVOIRS.

28. *Poissons. — Vente. — Privilége.* — Excède les pouvoirs du maire l'arrêté qui concède à un particulier le privilége exclusif de vendre du poisson dans la halle *(Déc. min.,* 24 *janv.* 1821. — *C. E.,* 18 *déc.* 1822, *Laraque).*

IV. — Tenue des marchés. — Mesures d'ordre diverses.

29. *Beurre.* — *Forme.* — Est obligatoire l'arrêté qui prescrit, dans l'intérêt de la fidélité du débit et de la salubrité, que les beurres apportés par les marchands en gros à la halle devront être en mottes ou noches, tels qu'ils ont été achetés des cultivateurs, et interdit le mélange de ces beurres de manière à en faire des masses pressées dans des sacs *(Cass., 15 sept. 1854, Jaouen).*

30. *Colporteurs.* — *Coupons.* — *Métrage.* —Est obligatoire l'arrêté qui prescrit que les ventes publiques faites par les colporteurs et marchands forains auront lieu d'après les mesures légales et non par coupons et sans indication de métrage *(Cass., 7 mai 1841, Labrousse).*

31. *Echoppes.* — Est obligatoire l'arrêté qui prescrit aux marchands forains établis sur les halles et marchés, de placer au-levant de leur étalage un écriteau portant leur nom, leurs demeures, leurs numéros d'ordre et la nature de leurs marchandises *(Cass., 26 vendém. an 8, Toussé).*

32. *Grains.* — *Sacs.* — *Ouverture.* — Est légal et obligatoire l'arrêté qui prescrit l'ouverture des sacs de blé exposés en vente aussitôt l'ouverture du marché *(Cass., 18 août 1860, Gosset).*

33. *Grains.* — *Sacs.* — *Mesure.* — Est légal et obligatoire l'arrêté qui, pour assurer la fidélité du débit et l'exactitude des mercuriales, dispose que nul ne pourra déposer sur le marché aux grains que des sacs contenant l'hectolitre et les divisions légales de l'hectolitre *(Cass., 17 avril 1826, Verdier; 10 avril 1855, Delpech).*

34. *Pesage et mesurage devant l'acheteur.* — Est obligatoire l'arrêté prescrivant que les marchandises des marchands forains ne pourront être publiquement vendues qu'autant qu'elles auront été préalablement pesées ou mesurées devant l'acheteur *(Cass., 8 mai 1841, Canchon; 6 mars 1847, Leroy-Friou).*

35. *Volailles.* — Est obligatoire l'arrêté qui interdit d'emmagasiner les volailles amenées au marché *(Cass., 7 janv. 1830, Laurent).*

36. *Vente à la criée.* — Lorsque le marché existe déjà, l'établissement d'un nouveau mode de vente est une mesure qui rentre dans les pouvoirs de l'autorité municipale et qui peut être réalisée par un simple arrêté du maire. Seulement il doit être entendu que l'usage du mode de vente à la criée doit être facultatif et que les approvisionneurs doivent rester libres de vendre par eux-mêmes et à l'amiable les denrées qu'ils apportent sur le marché. La seule obligation que l'on puisse imposer, et cela en vue de l'ordre public, est que, dans le cas où les expéditeurs veulent faire vendre leurs marchandises à la criée, ils emploient alors le ministère des agents désignés à cet effet par l'autorité et placés sous sa surveillance *(Déc. min., 1863, n° 7).*

EXCÈS DE POUVOIRS.

37. *Baraques.* — *Construction.* — Est illégal l'arrêté municipal qui, en concédant à un individu la construction des baraques nécessaires aux marchands, obligerait ceux-ci à s'adresser aux concessionnaires. Les marchands qui ont payé un prix de location d'emplacement ont le droit de construire eux-mêmes leurs baraques sur le champ de foire *(Déc. min., 1860, n° 27).*

38. *Beurre.* — *Poids.* — La loi des 16-24 août 1790, tit. 11, art. 3, place parmi les attributions municipales, l'inspection sur la fidélité des denrées qui se débitent au poids ou à la mesure, et l'ordonnance du 17 avril 1839, art. 31, applique spécialement cette surveillance aux marchandises qui, étant fabriquées au moule et à la forme, se vendent à la pièce ou au paquet comme correspondant à un poids déterminé. Mais il ne résulte point de là, pour l'autorité municipale, le droit de fixer le poids à donner à ces sortes de marchandises, et, dans l'espèce, le maire devrait se borner à prescrire que les parties de beurre connues sous le nom de *pièces* et de *demi-pièces* et apportées au marché auront le poids pour lequel elles seront mises en vente, sauf à ajouter, sous forme de renseignements, que ce poids dans la localité est habituellement de 500 ou de 250 grammes *(Lett. min., 19 oct. 1849)*.

39. *Colporteurs. — Etalage. — Autorisation.* — Ne serait pas obligatoire l'arrêté qui défendrait aux colporteurs ou marchands forains d'étaler leurs marchandises et de les vendre dans la ville hors certaines époques désignées *(Cass., 22 déc. 1838, Flud)*.

40. *Etalage. — Interdiction sur des propriétés particulières.* — L'administration municipale ne pourrait obliger les marchands forains à faire leurs étalages sur les rues et places publiques désignées par elle sans pouvoir les établir dans des propriétés particulières *(Déc. min., janv. 1854)*. Cette décision rappelle, en outre, que le pouvoir municipal, en matière de foires et marchés, se borne à maintenir le bon ordre et à assurer une libre circulation sur la voie publique, à vérifier la fidélité du débit des denrées et de la salubrité des comestibles, et que, par application des principes émis dans l'avis (reproduit ci-dessus) du conseil d'Etat du 16 mars 1831, il convient d'annuler toute disposition qui serait de nature, comme celle interdisant l'étalage sur des propriétés privées, à entraver la liberté du commerce et de l'industrie.

41. *Gibier. — Confiscation.* — Ne serait pas obligatoire la disposition qui prononcerait la confiscation du gibier saisi en cas d'inexécution du règlement qui défend de vendre et d'acheter du gibier ailleurs que sur le marché *(Cass., 10 fév. 1854, Royer)*.

42. *Marchandises. — Vérification.* — Serait illégale la disposition qui astreindrait les marchands forains à soumettre les marchandises qu'ils veulent mettre en vente à une vérification d'experts, à l'effet de constater l'état de ces marchandises et à apposer sur chacun des objets, en caractères lisibles, le résultat de l'expertise quant à la bonne ou mauvaise qualité *(Cass., 7 mai 1841, Salvador ; 21 mars 1846, Berger)*.

43. *Vente. — Autorisation.* — Ne serait pas obligatoire l'arrêté qui défendrait de faire des ventes de marchandises à l'enchère publique ou à la criée, sans avoir obtenu l'autorisation du tribunal de commerce *(Cass., 28 nov. 1828, Franck)*.

44. *Vente. — Factures. — Production.* — Ne serait pas obligatoire la disposition qui subordonnerait l'exposition en vente des marchandises apportées par les marchands forains et colporteurs à la formalité préalable de produire devant le maire les factures légalisées de ces marchandises *(Cass., 8 mai 1841, Labrousse)*.

V. — Droits de place.

45. *Place. — Retrait.* — Est exécutoire l'arrêté qui détermine les conditions de l'occupation des places des marchands, et qui enjoint à un individu de rendre la place qu'il occupe dans une halle, encore bien que cette place lui ait été donnée à bail antérieurement par le fermier de la halle *(Cass., 27 déc. 1844, Legay)*.

EXCÈS DE POUVOIRS.

46. *Places louées et réservées.* — *Nouvelle désignation.* — Lorsque le tarif des droits à percevoir ne détermine pas les emplacements affectés aux divers genres de marchandises, il appartient aux maires, en vertu des droits qui leur sont confiés par la loi, de faire cette désignation, afin d'assurer le bon ordre dans le marché, de faciliter l'inspection sur la fidélité du débit et la salubrité des denrées. Mais, à moins de stipulation expresse à cet égard, le maire ne saurait affecter à la tenue des marchés journaliers, la place réservée exclusivement à chaque marchand sans porter atteinte aux droits du fermier, et s'immiscer dans l'exécution même des clauses du bail (*Déc. min.* 1856, *n°* 64).

47. *Tarifs.* — *Fixation par le maire.* — Serait illégal l'arrêté du maire qui fixerait le prix des places sur les marchés ; ce tarif doit être délibéré par le conseil municipal et approuvé par le préfet (*Cass.*, 12 *mai* 1843, *Moreau*) , aujourd'hui par le sous-préfet (*Déc. de décent.*, 13 *avril* 1861).

VI. — Pesage, mesurage et jaugeage.

48. *Pesage et mesurage dans la limite de l'octroi.* — *Interdiction pour les particuliers pendant la durée des foires et marchés.* — Est obligatoire l'arrêté municipal qui, pour la durée des foires et marchés, étend jusqu'aux limites de l'octroi, sur les rues , places, promenades, ponts, etc. (ce qui comprend toute la ville), l'interdiction du pesage et mesurage par les particuliers (*Cass.*, 24 *juin* 1843 , *Laporte*; 29 *juin* 1844, *Brunet* : 7 *nov.* 1851, *Lambert*; 26 *mars* 1854, *Gras*; 17 *juill.* 1855, *Boulard*; 16 *mai* 1857, *Nielly-Giraud*; 30 *mars* 1860, *Bulay*). (V. toutefois, ci-après, le n° 54.)

EXCÈS DE POUVOIRS.

49. *Pesage et mesurage.* — *Recours obligatoire hors le cas de contestation.* — Il n'appartient pas au pouvoir municipal d'interdire, dans un règlement aux vendeurs et acheteurs, de peser ou mesurer les marchandises qu'ils vendent ou achètent. — Sauf le cas de contestation, le recours au pesage public est purement facultatif, et chacun, dans l'enceinte ou hors de l'enceinte des marchés, halles et ports, peut peser les marchandises qu'il achète ou qu'il vend, avec les poids qui sont à sa disposition et qui remplissent les conditions légales. L'interdiction de cette faculté ne saurait donc être obligatoire sous l'empire de la loi du 29 germinal an X (*Déc. min.* 1863, n° 4).

L'administration municipale ne peut faire percevoir le droit de mesurage dans un port sur le charbon de terre, lors même qu'il ne s'élève aucune difficulté entre les parties intéressées et qu'elles ne réclament pas l'intervention du mesureur public. En effet, sauf le cas de contestation, le recours au peseur et mesureur est purement facultatif, pour les commerçants comme pour les acheteurs (*Déc. min. int.* 1859, n° 15).

Les anciens arrêtés municipaux qui portent interdiction du pesage (c'est-à-dire qui défendent à tout individu de se servir sur l'emplacement du marché de poids dont il dispose et qui sont conformes au système légal) ne doivent plus être considérés comme obligatoires, quelle que soit leur date (*Déc. min.* 1862, n° 27).

50. *Marchands.* — *Pesage dans le marché par des peseurs privés.* — Les négociants ont le droit de faire faire le pesage et le mesurage de leurs marchandises sur les ports, halles et marchés par des personnes

de leur choix, lorsque cette opération n'a pas pour but de servir au règlement d'une contestation ou à une vérification contradictoire (*Cass.*,
29 août 1850, Bousquet; *27 nov. 1852, Villaert*; *14 mai 1853, Gaich*).

51. *Pesage et mesurage dans la limite de l'octroi.* — *Interdiction
pour les particuliers hors la durée des foires et marchés.* — Cesse-
rait d'être légal et conséquemment obligatoire l'arrêté qui, hors la durée
des foires et marchés, étendrait jusqu'aux limites de l'octroi, sur les
rues, places, promenades, ponts, etc., c'est-à-dire dans toute la ville,
l'interdiction du pesage et mesurage par les particuliers. Un tel arrêté,
exécutoire pendant la durée des foires et marchés (V. ci-dessus, n° 48),
cesse de l'être aussitôt que la cause extraordinaire et momentanée qui
l'a motivé n'existe plus (*Cass., arr. préc., 24 juin 1843, Laporte*) ;
par le motif qu'un arrêté de police ne peut étendre d'une manière permanente jusqu'aux limites de l'octroi la prohibition de peser et mesurer,
que l'arrêté du gouvernement du 7 brumaire an 9 a restreint à l'enceinte des marchés, halles ou ports (*Cass. arr. préc., 29 juin 1844,
Brunet*).

V. *Pesage* et *Mesurage.*

VII. — Portefaix.

52. *Maire.* — *Attributions.* — Les lois des 17 mars et 17 juin 1791
ont proclamé la liberté du travail, du commerce et de l'industrie, et formellement interdit sous quelque prétexte que ce soit, le rétablissement
des syndicats et des corporations. Le devoir imposé à l'autorité municipale, par la loi du 16-24 août 1790 (tit. XI, art. 3, § 3), de surveiller les
professions qui s'exercent sur la voie publique et dans les lieux où il se
fait de grands rassemblements d'hommes, n'implique aucune dérogation à ces principes. L'autorité municipale a le droit de prendre les mesures nécessaires, afin que l'exercice de ces professions ne porte aucune
atteinte à l'ordre et à la liberté de la circulation, et afin d'assurer la répression des délits. La profession de portefaix s'exerçant sur la voie publique, et la discussion des prix de transport pouvant y devenir une
cause de désordre, rien ne s'opposera à ce que le maire, remplissant en
quelque sorte les fonctions d'arbitre entre les ouvriers et les personnes
qui les emploient, établisse une sorte de prix courant auquel on puisse
se référer, en cas de besoin ; mais cette disposition ne peut être considérée comme obligatoire, et si l'arrêté porte qu'en cas de désaccord,
après l'achèvement du travail dont le prix n'aurait pas été fixé d'avance,
les parties seront tenues de se référer au tarif, il doit énoncer expressément que cette mesure, prise exclusivement pour le maintien de l'ordre
sur la voie publique, ne préjudicie en rien au droit des parties, de recourir ensuite à qui de droit pour faire statuer définitivement sur la
contestation (*Circ. min., 3 juill. 1818, et Déc. min., 1842, n° 1*).

53. *Porteurs de grains.* — *Permission.* — *Peines.* — Le maire
peut sans doute, pour la sécurité du commerce et dans l'intérêt de l'ordre, obliger les portefaix au port d'une médaille qui les distingue, mais
la profession de portefaix doit être libre ainsi que la convention du salaire. Sur ce dernier point, notamment, l'assentiment des intéressés ne
peut légitimer en faveur de l'autorité municipale un pouvoir qui n'a pas
d'appui dans les lois (*Lett. min., 1843*).

54. *Exclusion du commerce des grains.* — Il peut y avoir quelque
utilité à défendre d'exercer concurremment les professions de mesureurs et de portefaix, avec le commerce des grains, mais on ne saurait
étendre cette interdiction aux boulangers, pâtissiers, etc. La loi sur les
patentes permet à tout commerçant de cumuler plusieurs branches de

commerce ou industrie, pourvu qu'ils paient patente de ceux de ces commerces ou industries qui sont assujettis au plus fort droit (*Lett. min.*, 1821).

55. *Portefaix.* — *Profession.* — *Réglementation.* — Est légal et obligatoire l'arrêté qui ordonne que sur les ports et dans les halles les déchargements de marchandises ne se feront que par des portefaix connus et inscrits pour lesdits ports, à moins que les propriétaires ne veulent employer leurs ouvriers particuliers et gens à leurs services (*Cass.*, 16 *sept.* 1807; 16 *avril* 1819, *Broyard*; 11 *sept.* 1840, *Bourgeois*; 16 *sept.* 1847. *Legoin*; 3 *juill.* 1852, *Brenier* (*chambres réunies*); 15 *av.* 1858, *Lambert*).

56. *Portefaix.* — *Profession.* — *Conditions.* — Est obligatoire l'arrêté qui règle les conditions auxquelles les portefaix et crocheteurs pourront être admis à exercer leur industrie sur la voie publique (*Cass.*, 12 *avril* 1822, *Moulin*; 1er *mai* 1823, *Brun*; 24 *fév.* 1827, *Bichet*; 27 *nov.* 1841, *Lefèvre*; 21 *sept.* 1844, *Blanchard*).

EXCÈS DE POUVOIRS.

57. *Corporation.* — *Reconnaissance.* — Les mesures prises par le maire doivent toujours se concilier avec le principe de liberté qui domine notre législation. Un maire ne peut donc reconnaître dans un arrêté l'existence de corporations de portefaix exclusives et privilégiées. Il ne peut pas davantage imposer aux portefaix un tarif de salaires. Nul ne peut être contraint, quelle que soit sa profession, à l'exercer pour un prix déterminé (*Jurisp. min.*, 1842, n° 1).

58. *Organisation.* — *Conditions diverses.* — *Peines.* — Le maire peut, s'il le croit nécessaire, par mesure de police et pour réprimer plus aisément les délits, astreindre quiconque voudra exercer la profession de portefaix, à se pourvoir près de lui d'une médaille; mais il ne saurait subordonner la délivrance de cette médaille à des conditions déterminées, ou se réserver le droit d'en prononcer le retrait temporaire ou définitif. La médaille est un simple moyen de surveillance; le droit qu'a tout individu d'exercer sa profession en est indépendant, et ce droit, l'autorité municipale ne peut l'enlever. De plus, elle serait incompétente pour infliger directement une peine quelconque aux individus qui contreviendraient à ces arrêtés, et à plus forte raison pour leur infliger des peines qui ne sont pas prévues par le Code pénal; elle ne peut que les traduire devant les tribunaux compétents, pour qu'il leur soit fait application des peines de droit (*Lett. min.*, 25 *oct.* 1851).

Aucune disposition législative n'a reconnu pour les marchés d'autres hommes publics et assermentés que les peseurs, mesureurs et jaugeurs jurés. Les portefaix ne sauraient donc être astreints aux mêmes conditions que les mesureurs. Leur profession libre reste seulement soumise à la surveillance de la police, pour ce qui regarde la sûreté et la tranquillité des marchés. Ils n'exercent point des *offices,* ils n'ont pas besoin des formalités d'une *réception* pour exercer leur état. Ces formalités et privilèges, établis sous le régime des corporations, ne peuvent plus être admis dans un règlement, aujourd'hui que ces professions sont librement exercées et que chacun conserve la faculté de se servir à son gré de ceux qui s'y sont consacrés. Les seules mesures de police que l'autorité locale a le pouvoir de prendre à leur égard, c'est d'obliger ceux qui les exercent actuellement et ceux qui voudraient les exercer à l'avenir, à se munir d'une permission du maire, qui la leur accorderait moyennant production de certificat de *fidélité et de bonne conduite*, mais qui ne pourrait le leur refuser par aucun autre motif (*Lett. min.*, 1821).

59. *Chargements.* — *Déchargements.* — *Transport des denrées.* — L'interdiction de ces soins, par le propriétaire ou son mandataire, serait contraire à la liberté du commerce et au droit que chacun a de porter lui-même, ou par ses gens, les denrées qu'il conduit au marché ou qu'il en enlève. On doit rédiger cette prescription de la manière suivante : — Il est permis à chacun d'acheter, de vendre et de faire porter son grain par soi-même, ses enfants et domestiques, sans qu'on soit obligé de se servir du ministère des portefaix (*Lett. min.* 1843).

60. *Portefaix.* — *Service hors des marchés.* — Serait illégal l'arrêté qui étendrait d'une manière générale, pour toute l'étendue de la commune, c'est-à-dire en dehors du service des ports et des marchés, l'application d'un arrêté établissant des portefaix pour le chargement et le déchargement des marchandises (*Cass.*, 26 *juill.* 1861, *Sudre*).

61. *Portefaix.* — *Service obligatoire.* — Serait également illégal l'arrêté qui interdirait aux propriétaires des marchandises le droit d'employer leurs propres ouvriers, domestiques ou gens de service (*Cass.*, 22 août 1848, *Guiraud*).

62. *Portefaix.* — *Nombre.* — *Limitation.* — La Cour de cassation, en déclarant légale (*Cass.*, 1er *mai* 1823, *Brun*) l'organisation d'une compagnie de crocheteurs, *chargés exclusivement* d'exercer les fonctions de portefaix, n'a pas entendu reconnaître à l'autorité municipale le droit de limiter le nombre des crocheteurs qu'elle incorporerait dans les compagnies (*Déc. min.*, 1842).

63. *Portefaix.* — *Chef.* — *Nomination.* — *Caisse commune.* — Un règlement qui placerait les portefaix sous la direction d'un chef nommé par eux ou par le maire, qui établirait un système de comptabilité et une caisse commune destinée à recevoir les profits des ouvriers admis dans ladite compagnie, etc., n'aboutirait à rien moins qu'à rétablir, de fait, une corporation dont l'existence serait incompatible avec la lettre et l'esprit des lois du 17 mars et du 17 juin 1791, et porterait une grave atteinte au principe de liberté qui est la base des institutions qui nous régissent (*Déc. min.*, 1842.)

§ 2. — FORMULES.

I. Règlement sur la police des marchés.

Le maire de la commune de....

Vu les art. 10 et 11 de la loi du 18 juillet 1837, et les règlements de police des.... sur la police du marché ; — Considérant qu'il importe de prendre des mesures pour la police et la tenue des marchés de la commune, et pour la surveillance de l'administration municipale sur la qualité des comestibles et la fidélité du débit des denrées et marchandises ; — Considérant que la révision du règlement actuellement en vigueur sur ce point est depuis longtemps reconnue nécessaire,

, Arrête :

Art. 1er. Les marchés de la commune se tiennent le.... et le.... de chaque semaine, savoir : 1° pour les grains de toute sorte.... sur la place.... et sous la halle.... ; — 2° pour le jardinage, les fruits et les plantes de toute espèce, sur.... ; — 3° pour les œufs, le beurre, le fromage, la volaille, le gibier et autres comestibles, sur.... ; — 4° pour les toiles, fils, chanvres, étoupes, laines et autres marchandises de même nature, la verrerie, la poterie, faïence et porcelaine, la coutellerie, taillanderie et ferraille, sur.... ; — 5° pour le poisson, sur.... ; 6° pour les fourrages et pailles, feuilles, bois, planches, solives, perches et ustensiles en bois ou en osier, sur.... ; — 7° pour les charbons, sur.... ; — 8° pour les bêtes à cornes et à laine, sur.... etc.

2. Les marchés s'ouvriront sur la place.... à.... heures du matin pendant les mois

de.... et à.... h. pendant les autres mois; sur toutes les autres places à.... h. du matin pendant les mois de.... et à.... h. pendant les autres mois. — Tous les marchés seront clos, en tout temps, à.... h. du soir.

3. L'ouverture du marché sera indiquée sur chaque place par une enseigne portant le mot *marché*, qui sera placée au point le plus apparent et qui sera enlevée au moment de la clôture du marché. De plus, un son de cloche aura lieu sur la place, à l'ouverture et à la clôture du marché aux grains.

4. Les jours de marché il ne pourra être vendu aucunes denrées ni comestibles ailleurs que sur les places ci-dessus désignées, si ce n'est après la clôture du marché. Cette restriction n'est pas applicable aux marchands domiciliés dans la commune, pour les ventes qu'ils font dans leurs magasins ou boutiques, ni aux marchands forains qui auraient loué ou loueraient des emplacements dans des propriétés particulières.

5. Les marchands forains ne pourront stationner les jours et pendant les heures des marchés dans un lieu public autre que ceux ci-dessus désignés pour l'exposition en vente de leurs marchandises. — Le colportage dans les rues leur est interdit pendant le même temps.

6. Toute espèce d'encombrement sur les places et les abords des marchés est sévèrement interdit.

7. Le présent règlement sera exécutoire à partir du....

Fait en mairie, à........, le....   *Le Maire,*

2. Autre règlement sur la police des marchés (¹).

Nous, maire de

Vu : 1° les lois des 24 août 1790 et 22 juillet 1791 ; — 2° L'arrêté du gouvernement du 12 messidor an VIII (1ᵉʳ juillet 1800), qui chargent l'autorité municipale notamment de la surveillance des marchés, de l'inspection des comestibles et de l'exécution des lois concernant les poids et mesures ; — Considérant qu'il importe de régler d'une manière uniforme la police des marchés ou stationnements d'étalagistes établis sur la voie publique,

ARRÊTONS :

Art. 1ᵉʳ. Les différents marchés ou stationnements d'étalagistes actuellement existants sur la voie publique, continueront à se tenir aux jours et sur les emplacements désignés par les actes administratifs en vertu desquels ils ont été autorisés.

2. Ils ouvriront : à 7 heures du matin, du 1ᵉʳ avril au 30 septembre ; et à 8 heures du matin, du 1ᵉʳ octobre au 31 mars, et fermeront, en tout temps, à 3 heures de relevée. — L'ouverture et la fermeture seront annoncées au son d'une cloche.

3. Les marchands apposeront, à l'endroit le plus apparent de leurs places, une plaque ou un écriteau indiquant lisiblement leurs nom et domicile.

4. Chaque étalagiste devra être pourvu des balances, poids et mesures nécessaires pour le pesage et le mesurage de ses marchandises.

5. Il est défendu aux marchands de se servir des dénominations telles que : *livre, sou, boisseau,* et toutes autres contraires au système décimal, pour indiquer, au moyen d'étiquettes ou verbalement, le prix ou la quantité de leurs marchandises, à peine des poursuites judiciaires à exercer contre eux, conformément à la loi du 4 juillet 1837.

6. Il est expressément défendu d'exposer en vente des marchandises falsifiées, corrompues ou nuisibles. Toute tromperie envers le public, soit sur le poids, soit sur la quantité ou la nature de la marchandise, sera poursuivie et punie conformément à la loi.

7. Il est interdit aux étalagistes de crier le prix de leurs marchandises, et d'appeler ou d'arrêter le public.

8. La vente d'objets neufs de drap et de rouennerie est formellement prohibée sur les marchés.

9. Les voitures et bêtes de somme ne pourront stationner aux abords des marchés pendant leur durée que pour le chargement et le déchargement des marchandises. — Dès que le déchargement sera opéré, les voitures seront conduites dans les rues environnantes désignées comme lieu de stationnement. Elles seront rangées, soit sur une seule file, à la suite les unes des autres, soit sur deux lignes, selon les prescriptions établies pour chaque marché, en raison de la disposition des lieux.

10. Les marchands sont tenus de laisser toujours libres les passages réservés pour faciliter la circulation. Ils ne pourront, sous aucun prétexte, déposer des marchandises en dehors des limites de leurs places.

11. Toutes les places devront être tenues, ainsi que leurs abords, dans le meilleur état de propreté. — On ne pourra plumer de la volaille ni vider du poisson sur les marchés que dans des seaux ou des paniers.

12. Il est défendu de vendre ou de colporter des denrées et marchandises aux abords

---

(¹) Cet arrêté est extrait de l'ordonnance en date du 15 juin 1863 du préfet de police sur la réglementation des marchés établis sur la voie publique dans la zone annexée.

des marchés et aux environs sur la voie publique, sans préjudice toutefois de la faculté qu'ont les cultivateurs et les marchands domiciliés dans les différentes localités où des marchés sont établis, de faire arriver, d'emmagasiner, d'exposer, de vendre ou de faire vendre leurs denrées ou marchandises dans les locaux qu'ils possèdent à titre de propriété, de location ou autrement, aux abords desdits marchés.

13. Les contraventions au présent arrêté seront constatées par des procès-verbaux ou rapports et déférées aux tribunaux compétents.

14. Le présent règlement sera imprimé, publié et affiché.

15. Le chef de la police municipale et les officiers de paix, les commissaires de police et les commissaires de police inspecteurs des poids et mesures, sont chargés, chacun en ce qui le concerne, de tenir la main à son exécution.

Fait en mairie, à   le   *Le Maire,*

3. Règlement sur l'exercice de la profession de Portefaix.

Le Maire de.....

Vu l'article 3 du titre II de la loi des 16-24 août 1790, qui détermine les objets confiés à la vigilance de l'autorité municipale; — Vu l'article 11 de la loi du 18 juillet 1837; — Considérant que la profession de portefaix est exercée dans la ville de.... d'une manière tout à fait arbitraire et sans être assujettie à aucun arrêté réglementaire; — Considérant qu'il résulte de ce fâcheux état de choses, des abus qui ont provoqué, de la part des habitants, des plaintes auxquelles il est urgent de mettre un terme,

Arrête :

Art. 1er. Ceux qui exercent ou voudront exercer à l'avenir la profession de *portefaix* ou de *commissionnaire*, devront en faire la déclaration au bureau de police, dans le mois qui suivra l'approbation et la publication du présent arrêté; ils seront inscrits sur un registre tenu à cet effet, qui portera, sous un numéro d'ordre, leur nom, prénoms, âge et domicile. — Il leur sera délivré une médaille indiquant le numéro sous lequel ils auront été inscrits et qu'ils devront toujours porter ostensiblement; cette médaille ne sera délivrée qu'à ceux qui présenteront les garanties suffisantes pour obtenir ce signe de recommandation auprès du public.

2. La médaille ne pourra être cédée ou prêtée sous quelque prétexte que ce soit, à peine de retrait, et devra être rapportée au bureau de police par celui qui en sera porteur, s'il cesse d'exercer cette industrie, ou par ses héritiers, s'il vient à décéder.

3. Toute personne étant libre de choisir ceux des commissionnaires ou portefaix qu'elle veut employer, il est expressément défendu à ceux-ci de porter la moindre atteinte à cette liberté, comme aussi de s'introduire dans aucune habitation, établissement, magasin ou boutique, sans la permission du propriétaire. — Lorsqu'un travail sera commencé, il est expressément défendu aux commissionnaires ou portefaix de suspendre ou cesser le travail qu'ils auront commencé, sous quelque prétexte que ce soit.

4. Défenses leur sont également faites d'aller au-devant des voitures d'approvisionnement, de toucher aux ballots, caisses ou paniers et généralement à toutes marchandises ou autres objets qui s'y trouveraient, avant d'avoir été appelés par les personnes auxquelles ils appartiennent.

5. Il leur est également défendu de s'opposer à aucun transport, chargement ou déchargement d'objets quelconques par des personnes autres que les portefaix et commissionnaires, les propriétaires conservant à cet égard leur pleine et entière liberté.

6. Ceux qui insulteraient les personnes qui les emploient, se querelleraient ou se battraient entre eux, ou causeraient du scandale sur la voie publique, seront immédiatement déférés aux tribunaux compétents pour être punis conformément aux lois.

7. Il leur est expressément défendu de se coaliser entre eux, ou de former des sections pour empêcher quelqu'un de travailler, comme aussi d'imposer le prix de leur salaire, qui doit toujours être débattu et convenu d'avance entre eux et ceux qui les emploient.

8. Il leur est également défendu de s'immiscer, sous quelque prétexte que ce soit, dans les ventes des marchandises, notamment en ce qui a rapport aux combustibles, d'en fixer le prix, qui doit toujours être convenu et arrêté entre le vendeur et l'acheteur, de provoquer les ventes en bloc au lieu de les soumettre au pesage ou mesurage dont le résultat est de faire le droit de chacun; en un mot, ils sont tenus de laisser les parties parfaitement libres de traiter comme bon leur semble.

9. L'exécution du présent arrêté est confiée à la vigilance du Commissaire de police, qui est chargé de surveiller et constater les contraventions qui pourront avoir lieu.

Fait à...., en l'hôtel de ville, le....   *Le Maire,*

V. *Répertoire admin.*, année 1863, p. 200.

MASQUES.

§ 1er. — Pouvoir du Maire. — Maintien du bon ordre. — Respect des mœurs et de la décence.

1. *Voie publique.* — Est obligatoire l'arrêté qui défend à tout indi-

vidu masqué ou travesti de parcourir les rues sans y avoir été autorisé par le maire (*Cass.*, 9 *mars* 1838, *Hugues*).

2. *Mesures diverses.* — Serait obligatoire l'arrêté qui, en permettant les travestissements, défendrait de parcourir masqué les rues avant ou après telle heure, de porter des bâtons, des cannes ou autres armes, de crier dans les rues ou sur les places publiques, d'adresser des invectives aux passants et aux habitants, de parcourir les rues avant de s'être fait connaître à la police, de se démasquer à la première réquisition de l'autorité.

§ 2. — FORMULE.

Réglement de police concernant les masques.

Le maire de la commune de

Vu l'art. 3 du titre 11 de la loi du 16-24 août 1790, qui charge l'autorité municipale, 1° du soin de faire réprimer et de faire punir les délits contre la tranquillité publique; 2° du maintien du bon ordre dans les endroits où il se fait de grands rassemblements; 3° de tout ce qui intéresse la sûreté et la commodité du passage dans toutes les parties de la voie publique;

Vu l'arrêté du gouvernement du 3 brumaire an 9; la loi du 18 juillet 1837;

Considérant qu'il importe de prendre des mesures pour prévenir tout accident et toute scène contraire à la morale, à l'ordre et à la tranquillité publique;

Arrête :

Art. 1er. Il est expressément défendu de se masquer hors du temps du carnaval.

2. Défense est faite à toute personne qui, pendant le temps du carnaval, se montrera dans les rues, places, promenades, et autres lieux publics, masquée, déguisée ou travestie, de porter ni armes ni bâtons.

3. Personne ne pourra paraître sous le masque dans aucun lieu public, avant dix heures du matin et après dix heures du soir.

4. Aucun individu ne pourra prendre de déguisements qui seraient de nature à troubler l'ordre public ou qui pourraient blesser la décence et les mœurs, ni porter aucun insigne ou costume appartenant, soit aux ministres des cultes reconnus par l'Etat, soit à un fonctionnaire public.

5. Il est défendu à toutes personnes masquées, déguisées ou travesties, d'insulter qui que ce soit par des invectives, des mots grossiers ou des provocations injurieuses.

6. Les personnes masquées, déguisées ou travesties ne pourront s'arrêter sur la voie publique pour y tenir des discours indécents ou contraires à l'ordre public, ou provoquer les passants par des gestes contraires à la morale.

7. Il est pareillement défendu à tout individu masqué ou non masqué, de jeter dans les maisons, dans les voitures ou sur les personnes, aucun objet qui puisse blesser, endommager ou salir.

9. Toute personne masquée, déguisée ou travestie, invitée par un officier de police ou par un agent de la force publique à le suivre, doit sur-le-champ se rendre au bureau de police le plus voisin, pour donner les explications qui lui seront demandées.

Fait en Mairie à.... le....   *Le Maire,*

V. *Bals*, et le *Form. mun.*, t. 5, p. 631.

MENDICITÉ.

POUVOIR DU MAIRE. — ORDRE PUBLIC. — RÉPRESSION DE LA MENDICITÉ.
FORMULE.

Arrêté pour l'extinction de la mendicité à la suite de la formation d'une association de bienfaisance.

AVIS. — Le maire de la commune de.... informe ses concitoyens qu'une association de bienfaisance a été organisée dans la ville pour l'extinction de la mendicité.

Des mesures sont prises pour procurer aux pauvres de... un lieu de refuge, ou, en cas d'insuffisance du local, des secours à domicile. Quant aux pauvres étrangers dont la présence diminue considérablement chaque hiver les ressources de la charité pour ceux de la commune, il a été pourvu aux moyens de les secourir à leur passage, mais tout séjour leur sera interdit, sauf le cas de nécessité pour cause de maladie imprévue. — L'administration, qui trouve dans la création de cette œuvre et dans le concours qu'elle s'est engagée à lui prêter, le moyen d'obvier à la mendicité, réclame, pour parvenir à ce but important, le bon vouloir de tous les habitants ; elle les invite instamment à s'abstenir de donner à leur porte, à partir du... prochain, et à adresser à la mairie les mendiants qui se présenteront chez eux. — Les personnes qui seront bien aises de s'associer plus particulièrement à l'œuvre et celles qui ont déjà souscrit sont prévenues que les dons et souscriptions seront reçus à la mairie chaque dimanche, depuis neuf heures du matin jusqu'à midi, par M. le trésorier qui en donnera un reçu. Elles pourront être assurées que leurs intentions charitables seront remplies avec scrupule et intelligence. — Les pauvres de la commune qui ont l'habitude de mendier aux portes ou dans les rues seront reçus à la mairie, à dater du..... tous les.... à... heure , pour faire connaître leur position à la commission de bienfaisance ; tous les besoins indépendants de la paresse et de l'inconduite seront efficacement secourus.

Fait en mairie, à.... le....   *Le Maire,*

Arrêté.

Le maire de la commune de
Vu l'art. 274 du Cod. pén. portant :.... — Vu l'art. 3, tit. 2 de la loi du 16-24 août 1790, et l'art. 11 de la loi du 18 juillet 1837 ;

Considérant qu'il a été fondé dans la commune une association de bienfaisance dont le concours a été assuré à l'autorité municipale, dans le but de lui fournir les moyens d'obvier à la mendicité ;

Considérant que ce but se trouve atteint par la création d'une maison de refuge à l'usage de la commune et par l'organisation d'un système de secours suffisants qui seront donnés à domicile aux mendiants invalides qui ne seraient pas placés dans cette maison ;

Considérant, quant aux mendiants étrangers, que chaque commune doit demeurer chargée de l'assistance de ses pauvres ;

Arrête :

Art. 1er. La mendicité est interdite dans la ville et dans toute l'étendue de son territoire. En conséquence, tout individu qui sera trouvé mendiant dans la ville ou dans la banlieue sera arrêté pour être poursuivi conformément aux lois.

2. Les mendiants de la commune qui ne seront pas placés dans la maison de refuge recevront les secours que leur âge et leurs infirmités leur rendront nécessaires.

3. Les mendiants étrangers à la commune seront secourus à leur passage et tenus de se rendre immédiatement à leur destination ou de rentrer dans leur commune : à défaut, ils seront arrêtés et mis à la disposition de M. le procureur impérial.

4. Il sera placé sur toutes les routes, à l'entrée de la commune, un écriteau annonçant que la mendicité est interdite dans la commune de...

5. M. le commissaire de police est chargé de l'exécution du présent arrêté, lequel sera soumis à l'approbation de M. le préfet.

Fait en mairie, à.... le....   *Le Maire.*

V. *Form. mun.*, tom. 5, p. 661.

MER (Bains de).

§ 1er.— POUVOIR DU MAIRE. — ORDRE. — DÉCENCE. — SÉCURITÉ PUBLIQUE.

1. *Attributions municipales.* — Dans les nombreuses localités où il n'existe pas d'établissements de bains de mer organisé, mais où un certain nombre de personnes se réunissent pour se baigner, les mesures propres à prévenir les accidents doivent être l'objet de la sollicitude de MM. les maires. Indépendamment de la surveillance particulière qu'ils ont à exercer sur ces points du rivage dans l'intérêt de l'ordre public et des mœurs, ils ne doivent pas permettre l'établissement de cabanes ou de tentes sur la plage pour l'usage des baigneurs, sans que les propriétaires de ces abris s'engagent à y entretenir les moyens et appareils de sauvetage déterminés par l'autorité, et sans qu'un marinier exercé à l'art de la natation soit toujours présent lorsque les baigneurs sont réunis (*Circ. min.*, 24 *juin* 1855).

§ 2. — EXCÈS DE POUVOIRS.

2. *Taxes au profit de l'établissement communal.* — Le maire ne

peut pas, par un arrêté réglementaire, imposer à toute personne se baignant dans l'étendue de la plage affectée aux bains, alors qu'elle ne se serait ni habillée ni déshabillée dans une des cabanes de l'établissement fondé par la commune, l'obligation d'acquitter une taxe au profit de cet établissement. — Les rivages de la mer font partie du domaine public ; *il suit de là que tout le monde a droit d'y accéder librement.* L'arrêté municipal qui ne se bornerait pas à prendre des mesures pour assurer l'administration, la surveillance et la police des bains de mer en vertu des pouvoirs qui appartiennent au maire, aux termes des lois des 16-24 août 1790 et 18 juillet 1837, serait contraire aux droits des particuliers et aux stipulations du bail consenti sous réserve par le ministre des finances (*C. E.*, 19 *mai* 1858, *Vernes*) (1).

V. pour la formule d'arrêté, *Bains*.

MOULINS.

§ 1er. — POUVOIR DU MAIRE. — SÛRETÉ DU PASSAGE.

1. *Attributions municipales.* — Il appartient au maire de fixer la distance à laisser entre les moulins à vent qui seront construits et la voie publique. Mais les conditions d'existence et d'action des moulins à vent, lorsque leur situation présente quelque danger pour la sûreté et la commodité des habitants, sont déterminées par le préfet.

§ 2. — EXCÈS DE POUVOIR.

2. *Construction. — Règlement.* — Ne serait pas obligatoire l'arrêté qui, sous le prétexte de prévenir les fraudes, déterminerait les conditions de constructions et en réglementerait le mécanisme (*Cass.*, 12 *mars* 1858, *Gleyses*).

3. *Heures de travail.* — Serait illégale la disposition qui réglementerait les heures de travail des moulins à vent (*Cass.*, 25 *nov.* 1853, *Mourret*).

MOUTONS. V. *Epizootie, Parcours.*

MULETS. V. *Animaux*, § 3, *Bêtes de somme.*

NEIGE. V. *Glace*, *Jet.*

OIES.

POUVOIR DU MAIRE. — COMMODITÉ DE LA VOIE PUBLIQUE. — SALUBRITÉ.

1. *Dépaissance.* — Est obligatoire l'arrêté qui défend aux propriétaires d'oies de les envoyer paître dans les champs sujets au parcours des bestiaux (*Cass.*, 11 *oct.* 1821, *Charlon*), dans les prés, vignes et bois (*Id.*, 21 *avril* 1827, *Hugot*).

2. *Divagation.* — Est obligatoire l'arrêté qui interdit la divagation des oies sur la voie publique, mais pour cela l'arrêté doit les indiquer formellement ; les oies ne seraient pas comprises dans la disposition qui

---

(1) *Concessions.* — L'administration supérieure excéderait ses pouvoirs en concédant à une ville, sous forme de location, le droit, *à l'exclusion de toute concurrence*, de faire circuler et stationner sur une partie de la plage des voitures à l'usage des baigneurs (*C. E.*, 30 *avril* 1863, *Ville de Boulogne*). — Ces sortes de locations aux communes ou aux particuliers sont faites par voie de bail ordinaire, après fixation contradictoire de la valeur locative du terrain à occuper et sous les conditions particulières énoncées par les ingénieurs (*Déc. min.* 1863, n. 64).

se bornerait à interdire la divagation des animaux malfaisants (*C. C.*, 6 *fév.* 1858, *Petit*).

V. *Animaux, Parcours.*

OUVRIERS.

EXCÈS DE POUVOIRS.

Cartes de sûreté. — *Déclaration.* — Est illégal et non obligatoire l'arrêté qui défend aux chefs d'ateliers de recevoir aucun ouvrier sans être muni d'une carte de sûreté et sans en avoir fait une déclaration au bureau de police (*Cass.*, 18 *juill.* 1839, *Moreau*).

V. *Déclarations de domicile, Domestiques, Ports, Secours aux blessés.*

PARCOURS, VAINE PATURE ET DÉPAISSANCE.

§ 1er. — POUVOIR DU CONSEIL MUNICIPAL ET DU MAIRE.

1. *Conseil municipal.* — *Attributions.* — Tout ce qui concerne le parcours et la vaine pâture doit faire l'objet d'une délibération du conseil municipal (*L.*, 18 *juill.* 1837, *art.* 19, *n*° 8) qui n'est exécutoire qu'après avoir été approuvée par le préfet (*L. préc.*, *art.* 20), et qui forme, après cette approbation, un règlement municipal obligatoire pour tous les habitants de la commune, sans distinction de ceux qui sont propriétaires et de ceux qui ne le sont pas (*Jurisp. const.*) ; mais tant que cette délibération n'a pas été approuvée par le préfet, elle n'a pas les conditions qui la rendent obligatoire (*Cass.*, 20 *février* 1857, *Douay*).

Par application de ce principe, c'est au conseil municipal et non au maire qu'il appartient :

1° De *fixer la quantité de bétail* que chacun pourra mener sur les terres du parcours et de la vaine pâture (*Cass.*, 26 *mars* 1819, *Chenel* ; 5 *juill.* 1821, *Saussier* ; 24 *juin* 1822, *Bourgeois* ; 28 *nov.* 1828, *Gouvry* ; 21 *nov.* 1833, *Pierson* ; 9 *janv.* 1835, *Pernellet-Jeuneson* ; 19 *fév.* 1835, *Lalenne* ; 7 *sept.* 1848, *Rallet*), eu égard à la quantité de terre qu'il exploite (*Id.*, 13 *av.* 1855, *Pontault*), ou eu égard aux contributions foncières qu'il paye (*Id.*, 5 *av.* 1845, *Castan*), et de disposer que, si l'un d'eux ne profite pas de cette faculté, le nombre des bêtes à envoyer par les autres pourra être augmenté (*Cass.*, 30 *nov.* 1833, *Lefebvre*) ;

2° De *répartir le pâturage* entre chaque troupeau particulier et le troupeau communal ; par suite, d'attribuer aux propriétaires qui en auront fait la déclaration la jouissance de leurs prés, en les excluant, par réciprocité, du pâturage commun (*Cass.*, 22 *janv.* 1859, *Coutignon, Fréminet et autres*) ;

3° De *défendre d'enlever les fientes* des animaux sur les parcours communs (*Cass.*, 26 *sept.* 1833, *Dongevin*) ;

4° De n'*admettre à la jouissance de la dépaissance* sur des vacants communaux ou des biens purement communaux, que les propriétaires qui habitent la commune, y sont domiciliés, et dont les bestiaux sont enfermés ou logés dans des bergeries sises sur le territoire de la commune (*Cass.*, 23 *nov.* 1861, *Fouga et Marty*). La dépaissance sur les territoires soumis à la vaine pâture et au parcours appartient bien aux propriétaires et fermiers qui y exploitent des terres à titre de réciprocité absolue entre tous les possesseurs des territoires ouverts ; mais les mêmes usages ne peuvent être revendiqués sur les biens purement communaux qui constituent la propriété exclusive des résidants dans la commune (*Id.*, 21 *fév.* 1863, *Brunet*) ;

5° De décider qu'il n'y aura que *les bestiaux des habitants* de la commune qui pourront pacager sur les landes communales et de prohiber toute société sous ce rapport, outre lesdits habitants et les étrangers (*Cass.*, 10 *sept.* 1831, *Lartigue*) ;

6° De décider que les *habitants ont seuls droit de parcours* sur les landes communales et que les propriétaires des métairies situées dans la commune qui n'habitent pas cette commune ne pourront envoyer au parcours que les troupeaux affectés en permanence à l'exploitation de ces métairies (*Cass., chamb. réunies*, 11 *fév.* 1839, *Min. publ. de Dax*) ;

7° De défendre, en se fondant sur une disposition de l'ancienne coutume et sur la jurisprudence du parlement de la province, à tous propriétaires ou gardiens de moutons, de les introduire et faire paître *dans les prairies naturelles* du territoire de la commune (*Cass.*, 31 *mars* 1836, *Quesnel*) ;

8° De déterminer *le mode et la durée de l'exercice de la vaine pâture* pour tous les habitants de la commune, qu'ils soient ou non propriétaires des héritages qui y sont soumis (*Cass.*, 15 *juill.* 1843, *Villemez*) ;

9° De fixer *l'époque* à laquelle les bestiaux pourront être conduits sur les terres soumises à la vaine pâture (*Cass.*, 9 *janv.* 1835, *Pernelet-Jennesson* ; 16 *décemb.* 1841, *Joder, Stauffert*) ; 2 *janv.* 1857, *Malezieux*) ;

10° D'imposer au *fermier exploitant* qui veut user du droit de la vaine pâture l'obligation de communiquer préalablement son bail au maire, qui constatera sur un registre les indications qu'il contient (*Cass.*, 28 *avril* 1854, *Voirin*) ;

11° De prescrire aux propriétaires qui voudront amener leurs troupeaux à la vaine pâture, de faire la *déclaration* détaillée des terres qu'ils possèdent, et d'appuyer cette déclaration de pièces qui en attestent l'authenticité (*Cass.*, 1er *juill.* 1859, *Masson-Philippe*) ;

13° De *déterminer le nombre de moutons* que chaque habitant pourra, à telle ou telle époque de l'année, envoyer à la vaine pâture (*Cass.*, 3 *mai* 1850, *Guilbaut*) ;

14° De défendre aux habitants de la commune de mener paître les bêtes à laine et oies dans les *prés, vignes et bois* (*Cass.*, 21 *av.* 1827, 7 arrêts, *Hugo, Siret et autres*) ;

15° De défendre d'envoyer *les oies* paître dans des champs sujets au parcours (*Cass.*, 11 *oct.* 1821, *Charton*) ;

16° De prescrire au propriétaire d'un troupeau d'exercer son droit de vaine pâture dans un cantonnement séparé, pour prévenir les dangers d'une *épizootie* (*Cass.*, 1er *fév.* 1822, *Dejames* ; 14 *juin* 1822, *Bourgeois*) ;

17° De *diviser le territoire* d'une commune en deux ou plusieurs cantons pour l'exercice de la vaine pâture (*Cass.*, 15 *juill.* 1843, *Lefèvre*; *C. de Nancy*, 9 *fév.* 1849, *Gosselin*) ;

18° De *prohiber le fait de vaine pâture et de parcours* dans une avenue (*Cass.*, 8 *oct.* 1836, *Chaplat*) ;

19° De défendre de faire paître les moutons sur les *promenades* de la ville (*Cass.*, 27 *août* 1825, *Laporte*), ou sur les chemins publics de la commune (*Id.*, 1er *déc.* 1854, *Caradec*) ;

20° D'*exclure* du droit de parcours sur un terrain communal les *ha-*

bitants d'une commune voisine qui, ayant aliéné des communaux, ne peut plus elle-même fournir la réciprocité (*Cass.*, 1er *juin* 1838, *Lombard*; *Id.*, *chamb. réun.*, 11 *fév.* 1839, *même affaire*).

2. *Maire.* — *Attributions.* — *Exécution de la délibération du conseil municipal.* — Le maire étant chargé par la loi de faire exécuter les délibérations du conseil municipal approuvées par le préfet, il s'en suit qu'il est compétent pour prendre tous les arrêtés qu'il juge convenables pour cette exécution (*Cass.*, 30 *déc.* 1853, *Laloy*) ; mais les arrêtés qu'il prend ne doivent, pour être obligatoires, ni restreindre, ni étendre les dispositions arrêtées par le conseil municipal. Tous les arrêtés pris pour le parcours et la vaine pâture doivent viser la délibération du conseil municipal qui les motive, puisqu'ils n'ont de force légale que par elle.

3. *Pâtre commun.* — *Nomination.* — La nomination du pâtre commun doit être faite par le maire en conseil municipal (*Cass.*, 5 *oct.* 1838, *Guillaume*; 2 *déc.* 1841, *Chaumont, Rozé*).

4. *Pâtre unique.* — Les maires peuvent, sans le concours du conseil municipal, défendre aux propriétaires d'envoyer à la vaine pâture leurs troupeaux sous la garde d'un autre pâtre que celui désigné par l'autorité municipale (*Cass.*, 9 *fév.* 1838, *Comm. de Courcelles*; 5 *oct.* 1838, *Guillaume*; 20 *juill.* 1839, *Lallemant*). C'est là une mesure d'ordre qui rentre dans le pouvoir propre du maire.

5. *Passage.* — *Barrières.* — Est également obligatoire, sans le concours du conseil municipal, l'arrêté du maire qui enjoint à quiconque s'introduira dans les biens communaux, soit pour accéder à d'autres propriétés, soit sur la voie publique, ou pour quelque cause que ce soit, de fermer les barrières établies sur certains chemins ruraux, lors même qu'elles auraient été trouvées ouvertes (*Cass.*, 4 *fév.* 1859, *Dupin*).

6. *Cantonnement.* — *Avenue.* — *Promenades.* — Est légal et obligatoire l'arrêté qui porte les défenses indiquées ci-dessus sous les nos 17°, 19° et 20°. — Ce sont là des mesures de police qui touchent plus à la conservation des propriétés communales qu'à la vaine pâture, et dont l'une, celle du n° 17°, a pour but de prévenir les accidents et fléaux calamiteux.

7. *Chemin public.* — Est légal et obligatoire l'arrêté municipal relatif à la dépaissance des bestiaux sur un chemin public; il appartient à l'autorité municipale de maintenir la sûreté et la sécurité du passage et de veiller à la conservation du chemin. Dès lors, un maire peut légalement prohiber le fait de pâturage des bestiaux sur les chemins vicinaux de sa commune. (*Cass.*, 1er *déc.* 1854, *Caradec.*)

8. *Pré communal.* — *Dépaissance.* — Est légal et obligatoire, tant qu'il n'est pas réformé par l'autorité supérieure, l'arrêté du maire qui défend de faire paître les vaches, chevaux ou ânes dans un pré communal, avant que les foins aient été complétement enlevés. (*Cass.*, 22 *déc.* 1837, *Cardelellier.*)

§ 2. — Excès de pouvoirs.

9. *Dépaissance.* — *Restriction.* — Ne serait pas obligatoire l'arrêté qui défendrait aux habitants de mener paître leurs bêtes à laine et à cornes jusqu'à la récolte de la première herbe dans une prairie communale qui, de mémoire d'homme, a été sujette à la vaine pâture toute l'année (*Cass.*, 9 *janv.* 1835, *Pernelet-Jennesson*). Ce mode de jouis-

sance ne peut être changé que par une délibération du conseil municipal prise en conformité de l'art. 17 de la loi du 18 juillet 1837.

10. *Autorisation écrite.*— Ne serait pas légal l'arrêté qui défendrait de mener sur les propriétés d'autrui des bestiaux d'aucune espèce sans en avoir obtenu l'autorisation par écrit (*Cass.*, 5 *fév.* 1859, *Charrin*).

11. *Terrain militaire.* — Excéderait les attributions municipales la disposition qui interviendrait pour défendre de laisser pâturer sur un terrain militaire dépendant des fortifications des places de guerre (*Cass.*, 16 *juin* 1848. *Cœugniet*).

12. *Terrains soumis au parcours.* — Serait illégal l'arrêté qui défendrait de faire paître les moutons dans les prés autres que ceux dont le maître du troupeau est lui-même propriétaire, lorsque cet arrêté ne s'appuie, ni sur la coutume, ni sur une délibération du conseil municipal, ni sur des règlements anciens (*Cass.*, 19 *août* 1859, *Lévy*).

13. *Barrières. — Enlèvement.* —Est illégal l'arrêté qui enjoint à un propriétaire d'enlever une barrière placée sur sa propriété, sous prétexte que cette barrière empêche les voisins de jouir librement de leurs propriétés et de la vaine pâture, tout en lui réservant une action en dommages-intérêts s'il y a lieu (*Cass.*, 28 *mars* 1862, *Gontaut*).

14. *Vaine pâture. — Suppression.* — N'est pas obligatoire l'arrêté du maire pris en vertu d'une délibération qui restreint ou empêche l'exercice de la vaine pâture sur les terres qui y sont soumises, d'après les dispositions de la loi du 28 septembre-6 octobre 1791 (*Cass.*, 4 *mai* 1848, *Carret*).

Toutefois, il a été jugé que les conseils municipaux peuvent, sans excéder leurs pouvoirs, affranchir de la vaine pâture une partie des propriétés d'une certaine étendue (*Cass.*, 17 *avril* 1849, *Troin*) ; mais il est douteux que la Cour suprême maintienne cette jurisprudence. (V. d'ailleurs les n°s 15 et 16 ci-après.)

15. *Propriétés ensemencées.* — Est également illégal l'arrêté qui interdit, pendant toute l'année, le droit de parcours dans certaines propriétés comme étant constamment ensemencées (*Cass.*, 9 *sept.* 1853, *Macabé*).

16. *Parcours. — Droit. — Suspension.* — Excède le pouvoir du maire et celui du conseil municipal l'arrêté qui interdit jusqu'à *nouvel ordre* le parcours dans un canton soumis au droit de vaine pâture, et y interdit ce droit jusqu'à ce qu'il en soit autrement ordonné (*Cass.*, 10 *mars* 1854, *Maltête*).

17. *Prairies naturelles.* — Est illégal et non obligatoire l'arrêté qui exempte du parcours et de la vaine pâture les prairies naturelles (*Lett. min.*, 26 *mai* 1841, *au préfet des Vosges*).

18. *Têtes de bétail. — Fixation.* — Est illégal l'arrêté qui ordonne que nul propriétaire ne pourra avoir qu'une seule bête à laine par telle superficie de terres (*Cass.*, 10 *mars* 1854, *Belloc*). Chaque propriétaire a le droit d'avoir chez lui telle quantité et telle espèce de troupeaux qu'il croit utile à la culture et à l'exploitation de ses terres (*L.*, 28 *sept.*-6 *oct.* 1791, *tit.* 1er, *sect.* IV, *art.* 1er).

Est également illégal l'arrêté qui fixe arbitrairement le nombre de bêtes à laine qui pourront être envoyées au troupeau commun et assigne aux propriétaires qui voudront faire garder leurs moutons séparément un maximum de bêtes par hectare (*Déc. min. int.*, 1858, *n°* 63). Le nombre de bêtes que chaque propriétaire ou fermier aura la faculté d'envoyer au parcours doit être déterminé d'après le nombre d'hectares de terres que ce propriétaire ou fermier livre lui-même à la vaine pâture.

19. *Cantonnement.* — Est illégal l'arrêté qui établit des cantonnements séparés pour chaque troupeau particulier de moutons, lorsque ce n'est pas l'usage (*Let. min. au préfet de l'Aube, 31 août 1844*).

§ 3. — FORMULE.

Règlement sur l'exercice du parcours.

Le maire de...

Vu la loi du 28 septembre-6 octobre 1791 ; — Vu les art. 471, n° 14, et 475, n° 10 du Code pénal ;

Vu la délibération du conseil municipal de cette commune, qui fixe le nombre des têtes de bétail que chaque fermier ou propriétaire peut envoyer au parcours proportionnellement à l'étendue de son terrain ;

Considérant qu'il importe dans l'intérêt des propriétaires et fermiers de la commune de régler l'exercice du droit de parcours, et de rappeler les dispositions des lois sur la matière ;

Arrête :

Art. 1er. Tout propriétaire ou fermier pourra faire conduire au parcours (*nombre*) chèvres, (*nombre*) moutons ou brebis, (*nombre*) bœufs, vaches, chevaux ou autres bêtes de somme, à raison de chaque hectare de terre qu'il possède dans la commune.

2. Le parcours est prohibé dans les terres closes par des murs, palissades, haies vives ou mortes, ou par des fossés.

3. Il est prohibé également dans les prairies artificielles, dans les oseraies, dans les plants ou pépinières de mûriers, oliviers, arbres à fruits ou autres, ainsi que dans les terres ensemencées ou qui n'ont pas encore été dépouillées de leurs récoltes.

4. Les pâtres ou bergers ne pourront mener les troupeaux d'aucune espèce dans les champs moissonnés et ouverts que deux jours après l'enlèvement de la récolte entière.

5. Le bétail de toute espèce doit être conduit et surveillé par un nombre suffisant de gardiens ; les bestiaux qui seraient laissés à l'abandon et qui entreraient dans les fonds sur lesquels le parcours est prohibé, soit qu'ils ne fassent que le traverser, soit qu'ils s'y arrêtent pour pacager, seront, par le garde champêtre, mis en fourrière, et le gardien sera poursuivi ainsi que le propriétaire des bestiaux, ce dernier comme civilement responsable des suites de la contravention.

6. Les chèvres devront être rassemblées et conduites en troupeau commun.— Celui qui les mènera au paquerage isolément devra les tenir à l'attache.

7. Le parcours ne devra commencer que le (*date du jour et du mois*), et sera clos le.....

8. Toutes contraventions aux dispositions ci-dessus seront passibles de peines de simple police, ou même correctionnelle, suivant le cas, outre la réparation des dommages qui auront pu être commis.

9. Le garde champêtre est spécialement chargé d'assurer l'exécution du présent arrêté et de dresser procès-verbal contre tout délinquant.

Fait en mairie, à.... le....   *Le Maire,*

PASSAGE.

§ 1er. — POUVOIR DU MAIRE. — SURETÉ ET COMMODITÉ DE LA VOIE PUBLIQUE.

1. *Boulevard. — Promenade. — Interdiction.* — Est légal et obligatoire l'arrêté qui interdit le passage des voitures et des chevaux sur un boulevard servant de promenade communale (*Cass., 12 févr. 1848, Calmels de Puntis; 8 avril 1852, Maître*).

Est également obligatoire l'arrêté municipal qui, pour prévenir l'inexécution d'un ancien règlement, ordonne à un habitant de fermer une issue charretière établie sur cette promenade ; dans ce cas, l'arrêté est obligatoire avant le délai prescrit par l'art. 11 de la loi du 18 juillet 1837 (*Cass., arr. préc. 8 avril 1852, Maître*).

2. *Quais. — Charrettes. — Interdiction.* — La loi des 16-24 août 1790 investit l'autorité municipale de la police des quais ; en conséquence, l'arrêté qui interdit aux charrettes une partie du quai d'une ville est légal et obligatoire, bien que le quai fasse partie de la grande voirie. — Cette circonstance n'ôte pas au maire le droit de faire des règlements pour assurer la liberté et la commodité du passage sur une voie publique, dans l'intérieur de la ville *(Cass., 27 avril 1849, Durand.)*

3. *Rivières, Bateaux, Interdiction.* — V. *Bateaux.*

§ 2. — Excès de pouvoir.

4. *Sentiers, Interdiction.* — V. *Maraudage.*

V., pour la Formule d'arrêté, *Voie publique.*

PATROUILLES. V. *Rondes de nuit.*

PAVAGE DES RUES. — FRAIS DE PAVAGE.

§ 1er. — Pouvoir du maire. — Constatation des usages locaux. — Sureté et commodité du passage.

1. *Attributions municipales.* — Le maire peut, par un arrêté, constater les usages locaux en matière de pavage des rues, et décider, d'après ces usages, que la largeur du pavage à la charge des riverains, doit être comptée à partir de la ligne séparative de leurs propriétés et de la voie publique *(C. E., 13 déc. 1860 et 9 janv. 1861, Ville de Nantes)*; mais un tel arrêté ne peut donner lieu à des poursuites devant le tribunal de simple police : ce n'est pas là un arrêté de police, mais bien un acte purement administratif qui n'a d'autre sanction que celle qui résulte de l'arrêté du préfet, qui intervient pour régler définitivement le montant des frais de pavage à la charge de chacun des propriétaires riverains.

2. *Rues non pavées. — Flégards en briques. — Interdiction.* — Est obligatoire l'arrêté municipal qui interdit d'établir des flégards en briques devant les maisons dans les rues non pavées *(Cass., 4 oct. 1839, Delobel.)*

§ 2. — Excès de pouvoirs.

3. *Premier pavé. — Répartition de la dépense par le maire.* — La dépense de l'établissement du premier pavé d'une rue, ne pouvant être mise à la charge des propriétaires des terrains et maisons bordant la voie publique, que par un arrêté du préfet, l'arrêté d'un maire, qui ordonne d'établir ce pavage n'est point obligatoire *(Cass., 17 mars 1838, Comm. de police de Bordeaux).*

V. *Voie publique.*

PESAGE, MESURAGE et JAUGEAGE.

§ 1er. — Pouvoir du maire. — Fidélité du débit des denrées.

1. *Balances. — Papier. — Interdiction.* — Est obligatoire l'arrêté qui interdit aux marchands de mettre dans leurs balances du papier ou autres corps étrangers en pesant leurs marchandises *(Cass., 11 avril 1851, Feutrey ; 8 août 1862, Bec.)*

2. *Pesage devant l'acheteur.* — V. *Marchés, n° 34.*

3. *Poids, Indication.* — V. *Chandelles et Bougies.*

4. *Peseurs et mesureurs. — Institution.* — Est légal et obligatoire

l'arrêté qui établit des officiers publics chargés, exclusivement à tous autres, de procéder au mesurage et pesage dans les places, ports, halles et marchés, et interdit à tous autres individus de peser et mesurer dans l'enceinte des halles, foires, marchés et ports (*Cass., 12 nov. 1842, Channotte; 7 déc. 1849 et 4 nov. 1850, Patissier; 14 août 1852, Voruz; 26 mai 1854, Gras; 2 juin 1854, Descouts; 14 juin 1855, Durbec; 11 avril 1863, Thébaud*).

§ 2. — Excès de pouvoirs.

5. *Recours obligatoire hors le cas de contestation.* — Est illégal et non obligatoire l'arrêté portant que les préposés du poids public interviendront nécessairement dans toutes les ventes qui se feront à la mesure dans les marchés, halles, sur les places, rues, carrefours, sur les quais comme à bord des navires; la loi du 29 floréal an 10, qui établit le pesage et le mesurage, porte que ce pesage et mesurage ne sera jamais obligatoire que lorsqu'il y aura contestation entre les parties (*Cass., 7 mars 1835, Milet; 17 mars 1848, Crémesy; 11 mai 1850, Sarrazin; 4 févr. 1853, Monnet*).

6. *Pesage par les particuliers.* — Excède les pouvoirs du maire l'arrêté qui étend aux ventes faites à l'intérieur des maisons particulières l'obligation de faire peser, mesurer et jauger par les préposés des poids publics (*Cass., 21 août 1829, Guys*); ou qui défend à tous débitants de denrées qui se vendent au poids ou à la mesure de peser ou mesurer ailleurs qu'au bureau de pesage et mesurage publics, même dans le cas où il n'y a pas contestation entre le vendeur et l'acheteur (*Cass., 13 avril 1833, Jauneau; 19 juillet 1833, Lantheaume; 29 août 1850, Chartier*).

7. *Peseurs privés.* — Est illégal l'arrêté qui défend à tous individus d'exercer les fonctions de peseur, mesureur et jaugeur hors de l'enceinte des halles, foires, marchés et ports (*Cass., 15 oct. 1840, Chayard; 29 août 1850, Bousquet; 7 nov. 1851, Lambert*); ou qui impose l'obligation de la patente aux particuliers appelés pour peser dans les maisons des habitants (*Cass., 29 juin 1844, Brunet.*)

V. *Marchés*, nᵒˢ 49 à 51.

§ 3. — Formule.

Arrêté portant création d'un bureau de poids public.

Le maire d

Vu les lois des 24 août 1790 et 22 juillet 1791; l'arrêté du gouvernement du 19 messidor an 8 (1ᵉʳ juillet 1800) qui chargent l'autorité municipale notamment de la surveillance des marchés, de l'inspection des comestibles et de l'exécution des lois concernant les poids et mesures;

Vu l'arrêté des consuls du 7 brumaire an 9; les lois des 29 floréal an 10, 10 mai 1846 et 18 juillet 1837;

Vu l'arrêté sous-préfectoral en date du   , portant approbation du tarif des droits à percevoir;

Considérant qu'il importe de prendre des mesures pour la police et la tenue des marchés de la commune, et pour la surveillance de l'administration municipale sur la qualité des comestibles et la fidélité du débit des denrées et marchandises;

Considérant que la révision du règlement actuellement en vigueur sur ce point est depuis longtemps reconnue nécessaire,

    Arrête:

Art. 1. Il sera établi, à dater du   , un bureau de poids public pour le pesage, mesurage et jaugeage des marchandises.

2. A partir de la même époque, le service de la halle, des foires, marchés et ports ne sera confié qu'à des individus commissionnés par le maire.

3. Le recours au peseur, mesureur ou jaugeur public est facultatif. — Nul ne sera contraint de s'en servir si ce n'est de gré à gré ou en cas de contestation.

4. Défense est faite à toute personne non commissionnée d'exercer la profession de peseur, mesureur et jaugeur dans l'enceinte des halles, ports et marchés, de prendre la qualité de peseur ou mesureur public et de délivrer des bulletins portant l'indication de poids publics.

Les peseurs et mesureurs publics peuvent *seuls* délivrer des bulletins de leurs opérations *faisant* foi en justice.

5. Les droits à percevoir restent fixés, conformément à la délibération du conseil municipal régulièrement approuvée, savoir : (*Tarif*).

6. Un exemplaire du présent arrêté restera constamment affiché dans l'endroit le plus apparent du bureau de pesage et sous la halle.

7. Les contraventions, etc.

Fait en mairie, à   , le

Le maire,

V. *Form. mun.*, t. 6, p. 316.

PÉTARDS. V. *Armes à feu.*

PIGEONS.

§ 1er. — POUVOIR DU MAIRE. — PRÉSERVATION DES RÉCOLTES. — MAINTIEN D'UNE BONNE POLICE DANS LES CAMPAGNES. — SALUBRITÉ PUBLIQUE.

1. *Fermeture.* — Est obligatoire l'arrêté qui prescrit de renfermer les pigeons à certaines époques de l'année pendant lesquelles ils peuvent être nuisibles aux récoltes. Un tel arrêté, comme tous autres règlements, légalement pris dans les attributions de police des maires est exécutoire sous les peines prévues par l'art. 471, n° 15, du Cod. pén. (*Cass., 5 déc. 1834, Langinier; Chamb. réun., 5 janv. 1836, Langinier; 19 mars 1836, Nonat; 28 sept. 1837, Le Maire de Marines; 26 août 1843 et 5 févr. 1844, Hincelin; 7 nov. 1844, Bellet; 14 mars 1850, Matton-Gaillard* (1)*).*

2. *Elevage dans l'intérieur des villes.* — V. *Animaux*, n° 2.

§ 2. FORMULES.

1. Arrêté portant défense de laisser vaguer les pigeons.

Le maire d   ,

Vu les lois des 4 août 1789, art. 2; 6 octobre 1791, art. 1 et 9, et 18 juillet 1837, art. 10 et 11;

Considérant qu'il est du devoir de l'autorité municipale de veiller à la conservation des récoltes et de prévenir, par des précautions convenables, les dégâts de toute nature qui peuvent être causés aux champs par la divagation des pigeons,

ARRÊTE :

Art. 1. Il est ordonné à tout propriétaire ou possesseur de pigeons, de les tenir enfermés depuis le.... jusqu'au.... de chaque année, sous peine de les voir tuer comme gibier par ceux sur le terrain desquels ils seront trouvés durant ce temps et sans préjudice de l'application de la loi pénale à tout contrevenant.

2. Les contraventions au présent arrêté seront constatées par procès-verbal et poursuivies devant le tribunal de simple police, pour y être punies conformément à la loi.

Fait en mairie, à   , le

Le Maire,

---

(1) *Fermeture.* — *Arrêté préfectoral.* — Les arrêtés par lesquels les préfets déterminent, en exécution de la loi du 4 août 1789, les époques auxquelles les pigeons doivent être renfermés, sont pris dans les attributions légales de l'autorité administrative et ont un caractère obligatoire (*Cass., 26 août 1843, Hincelin*).

On comprend que, dans ce dernier cas, la mesure est bien plus efficace, car si tous les maires ne prescrivent pas en même temps la même mesure, les pigeons d'une commune peuvent s'abattre sur les terres de la commune voisine et les dégâts qu'on redoute ne sont pas évités.

2. Autre arrêté.

Le maire d   ,

Vu les lois des 14 sept. 1789, art. 50; 16-24 août 1790, tit. 11, art. 3, n° 6; 19-22 juill. 1791, art. 46; 28 sept.-7 oct. 1791, tit. 2, art. 2; 18 juill. 1837, art. 9 et 10; — Vu l'art. 2 du décret du 4 août-3 novembre 1789; — Vu l'art. 471, n° 15, du Code pénal;

Considérant qu'il importe autant dans l'intérêt général de l'agriculture que dans l'intérêt privé de prévenir les dommages que causent les pigeons dans les champs pendant le temps des semailles,

ARRÊTE:

Art. 1er. Il est enjoint aux propriétaires de pigeons de tenir ces animaux enfermés chaque année pendant le temps des semailles, depuis le..........jusqu'au........

2. Les contraventions aux dispositions des articles précédents seront constatés par procès-verbal et poursuivies conformément aux lois.

3. Le commissaire de police et le garde champêtre sont chargés de l'exécution du présent.

Fait en mairie, à   , le

Le Maire,

PLACARDS. V. *Affichage.*

POISSONS.

§ 1er. — POUVOIR DU MAIRE. — SALUBRITÉ DES COMESTIBLES. — FIDÉLITÉ DU DÉBIT.

1. *Visite. — Inspection.* — Est obligatoire le règlement qui défend aux maîtres de barques de vendre du poisson ou des coquillages dans tel port de la commune, avant que ces poissons ou coquillages aient été vérifiés et que la vente en ait été autorisée *(Cass., 25 octobre 1827, Babin).* — V. *Marchés*, n. 26.

2. *Ecoreur.* — Est légal l'arrêté qui nomme un facteur ou écoreur pour la vente du poisson (C. E., 22 *sept.* 1859, *Corbin, Avis du min. de l'int.).*

3. *Facteur à la halle.* — Est légal et obligatoire l'arrêté municipal qui établit un facteur à la halle aux poissons et interdit toute vente faite sans son intermédiaire, en réservant toutefois aux vendeurs et acheteurs le droit de traiter directement. Un tel arrêté ne peut, avec cette réserve, être considéré comme portant atteinte à la liberté du commerce; il doit, au contraire, être considéré comme ayant pour but de maintenir l'ordre sur le marché, et de garantir les droits des parties intéressées, en facilitant la vente et en assurant la loyauté, la fidélité du débit des denrées et la salubrité des comestibles *(Cass., 13 mars 1863, Mulot).*

4. *Morue, Dessalement, Vases de zinc, Interdiction.* — V. *Vases de cuivre ou de zinc.*

§ 2. — EXCÈS DE POUVOIRS.

5. *Ecoreur. — Intermédiaire obligé.* — Ne serait pas obligatoire l'arrêté qui rendrait obligatoire l'emploi de l'écoreur comme intermédiaire pour la vente à la criée du poisson (C. E., 22 *sept.* 1859, *Corbin; Av. préc. du min. de l'int.).* — V. *Marchés*, n. 28.

§ 3. — FORMULE.

V. pour la formule d'arrêté *Denrées alimentaires, Vases de cuivre ou de zinc.*

PONTS SUSPENDUS.

POUVOIR DU MAIRE. — SURETÉ DE PASSAGE.

FORMULE.

Le maire d   ,

Vu l'édit de décembre 1607, les lois des 14 décembre 1789, 17-24 août 1790, 19-22 juillet 1791, 28 sept.-6 oct. 1791, 16 sept. 1807 et 18 juill. 1837;

Considérant qu'aux termes de ces lois, l'autorité municipale est chargée d'assurer la libre circulation sur les voies publiques urbaines et rurales; — Qu'il est du droit et du devoir de l'autorité de prescrire les mesures les plus propres à prévenir les accidents graves qui pourraient résulter de l'imprudence ou de l'impéritie, et à assurer la sûreté et la liberté du passage sur le pont de........

Arrête :

Art. 1er. Il est défendu de monter sur les gardes-corps, sur les chaînes, sur les piliers, de se suspendre aux tiges, et, en général, de toucher aux ouvrages du pont autrement que pour l'usage auquel ils sont destinés.

Il est également défendu de former aucun entrepôt ni étalage sur le pont et ses dépendances. Le stationnement y est interdit.

2. Défense est faite de passer sur le pont avec du bois, du charbon, de la paille ou autres matières enflammées.

Les personnes portant de la lumière devront la tenir renfermée dans des lanternes ou fallots.

3. Il est défendu de conduire plus vite qu'au pas les charrettes, voitures quelconques, les chevaux, mulets et autres animaux.

4. Tout corps de troupes en marche devra rompre le pas en traversant le pont.

5. Les contraventions, etc.

Fait en mairie à   , le   .

Le maire,

PORTEFAIX. V. *Marchés.*

PORTES D'ALLÉES DE MAISONS. V. *Fermeture de portes.*

PORTEURS DE MALADES.

POUVOIR DU MAIRE. — MAINTIEN DU BON ORDRE DANS LES ENDROITS OU IL SE FAIT DES RASSEMBLEMENTS.

Est obligatoire l'arrêté relatif au service d'un établissement d'eaux thermales qui défend à toutes personnes autres que les porteurs régulièrement nommés par l'administration, de porter les malades aux bains. (*Cass.*, 24 *janv.* 1840, *Jouanneton*).

V. *Bains; Marchés,* nos 52 à 63; *Mer (Bains de).*

PORTS.

POUVOIR DU MAIRE. — MAINTIEN DU BON ORDRE. — POLICE DE LA VOIE PUBLIQUE. — MESURES PRÉVENTIVES CONTRE LES INCENDIES.

1. *Marchandises infectes. — Enlèvement.*—Est obligatoire l'arrêté qui prescrit l'enlèvement immédiat des marchandises infectes déposées sur les quais d'un port de commerce (*Lettre du min. du comm.* 12 *juill.* 1855).

2. *Navires. — Amarrage.* — Est légal et obligatoire le règlement qui détermine le lieu des amarrages et le placement des bâtiments dans un port (*Cass.*, 8 *juin* 1844, *Daviot*); ou impose aux capitaines de navires entrant dans un port, l'obligation de prendre la place que leur assignera l'officier du port (*Cass.*, 9 *mars* 1844, *Pillet*).

3. *Navires, Chauffage.* — V. *Incendie,* n° 11.

4. *Ouvriers. — Commission.* — Est légal et obligatoire l'arrêté qui porte que les ouvriers, pour être admis à travailler sur le port d'une

commune, doivent être nommés et commissionnés par le maire *(Cass., 12 avril 1822, Moulin)*.

5. *Ouvriers. — Travaux. — Règlement.* — Est obligatoire l'arrêté qui, pour régulariser le service d'un port, assujettit à des règles fixes les charretiers travaillant sur ce port *(Cass., 24 févr. 1827, Bichet)*.

6. *Rivières. — Police du port.* — Est légal et obligatoire l'arrêté qui réglemente le service des ports établis sur les rivières *(Cass., 24 févr. 1827, Bichet, Abadie)*.

V. *Bateaux*; *Marchés*, nᵒˢ 52 à 63.

POTS DE FLEURS. V. *Jet ou exposition de choses*.

PROCESSIONS. V. *Culte*.

PROFESSIONS BRUYANTES. V. *Bruits et tapages*.

PROMENADES PUBLIQUES.

Pouvoir du maire. — Police de la voie publique. — Liberté et sureté
du passage.

1. *Arbres, Amarrage.* — V. *Bateaux*.

2. *Arbres. — Animaux.* — Est légal et obligatoire l'arrêté qui défend d'attacher aux arbres d'une promenade des bestiaux ou animaux de quelque espèce que ce soit *(Cass., 8 oct. 1836, Chaplut.)*

3. *Animaux. — Divagation.* — Est obligatoire le règlement qui défend de laisser entrer ou divaguer des animaux sur les promenades publiques *(Cass., 17 août 1825, Laporte)*.

4. *Issue charretière, Clôture.* — V. *Passage*.

5. *Chevaux et Voitures. — Passage.* — Est valable et obligatoire l'arrêté municipal interdisant le passage des chevaux et voitures sur un boulevard servant de promenade communale *(Cass., 8 avril 1852, Maître)*.

V. *Balayage. — Dépôts. — Eaux.— Jet. — Parcours.—Salubrité. —Voie publique*.

PROSTITUTION. — V. *Cabarets, Filles publiques*.

QUÊTES.

§ 1ᵉʳ. — Excès de pouvoirs.

1. *Interdiction. — Permission préalable.* — Est illégal et non obligatoire l'arrêté qui interdit toute quête publique à domicile; les quêtes, en effet, ne rentrent dans aucun des objets confiés à la vigilance de l'autorité municipale par les lois de 1790 et 1791 *(Cass., 13 août 1860, Rolland)*. Ne serait pas obligatoire non plus l'arrêté qui interdirait de faire des quêtes dans la commune sans permission *(Cass., 1ᵉʳ août 1850, Vautrin; 13 août 1860, Rolland; déc. min. int., 1860)*, soit en vin, soit en blé *(Cass., 2 juin 1847, Roux)*; ou à domicile *(Cass., 1ᵉʳ août 1850, Vautrin; 13 août 1860, Rolland)*.

2. *Sacristain.* — Ne serait pas obligatoire l'arrêté qui défendrait au sacristain de la commune de faire des quêtes chez les paroissiens, pour y recueillir des dons destinés au paiement de son salaire *(Cass., 16 févr. 1833, Creuzet)*.

§ 2. — Formule.

Arrêté ordonnant une quête pour l'extinction de la mendicité.

Le maire d

Vu l'arrêté du ministre de l'intérieur, en date du 5 prairial an 11, sur les quêtes et collectes ; — Vu l'arrêté de M. le préfet de   , en date du   , interdisant la mendicité dans le département ;

Considérant que les rigueurs exceptionnelles de la saison, et la suspension prolongée du travail qui en est la suite, ont accru le nombre des familles nécessiteuses, et que les ressources du bureau de bienfaisance et les distributions des institutions de charité sont insuffisantes pour assurer des moyens d'existence à toutes les personnes dans le besoin ; — Que, dans cette situation, il y a lieu de faire appel à la charité publique, toujours si empressée à venir au secours des malheureux,

Arrête :

Art. 1er. Une quête sera faite dans toute l'étendue de la commune, à partir du   , pour l'extinction de la mendicité et le soulagement des indigents.

2. Pour l'exécution de cette mesure la ville est divisée en cinq sections, et sa banlieue en quatre, conformément au tableau faisant suite au présent arrêté.

3. La quête sera faite par un comité composé de cinquante membres, qui seront répartis dans les sections dont il est question en l'article précédent.

4. Les commissaires chargés de la quête recevront, non-seulement les offrandes en argent, mais encore celles en denrées et en vêtements. •

5. Le produit des quêtes accompagné de bordereaux certifiés par le maire, sera immédiatement déposé entre les mains du receveur du bureau de bienfaisance.

6. La quête qui fait l'objet du présent arrêté sera annoncée par les soins de M. le curé de la paroisse et de M. le pasteur protestant, par le journal et par voie d'affiche et de publication.

7. Sont nommés membres du comité dont il est parlé en l'art. 3 : MM.....

Fait en mairie, à   , le

Le maire,

RAMÉE.

§ 1er. — Pouvoir du Maire. — Règlement du mode d'exercice des droits d'usage. — Maintien de l'ordre. — Respect des propriétés.

1. *Epoque. — Fixation.* — Est obligatoire l'arrêté qui défend aux usagers d'une commune de faire de la ramée dans les bois et forêts situés sur son territoire avant une époque déterminée (*Cass., 8 et 28 janv. 1841, Lamotte, Ribbe*).

§ 2. — Excès de pouvoirs.

2. *Droits d'usage. — Interdiction.* — Ne serait pas obligatoire l'arrêté qui défendrait la ramée aux propriétaires mêmes des bois et forêts grevés des droits d'usage (*Arr. préc.*)

§ 3. — Formule.

Arrêté réglementant l'exercice du droit de ramée.

Le maire d   .

Vu les lois des 16-24 août 1790, 19-22 juillet 1791 , 28 sept.-6 oct. 1791 et 18 juillet 1837 ;

Vu le Cod. for. et les arrêts de la Cour de cass., des 8 et 28 janv. 1841 ;

Considérant qu'il importe d'assurer le maintien de l'ordre parmi les usagers dans les bois et forêts de la commune ; — Que, dans le but de prévenir les délits que les usagers peuvent commettre, il convient de fixer l'époque où le ramage pourra commencer,

Arrête :

Art. 1er. Les usagers, dans les bois et forêts situés sur la commune, soumis aux usages, ne pourront s'introduire dans lesdits bois et forêts, pour y faire la ramée, avant le   . La présente défense ne s'applique pas aux propriétaires desdits bois et forêts, ni à leurs domestiques ou serviteurs à gages pendant le temps qu'ils sont à leur service.

2. Toute contravention au présent arrêté sera constatée et poursuivie conformément aux lois.

Fait en mairie, à   , le

Le maire,

RAMONAGE. V. *Incendie.*

RÉCOLTES.

§ 1er. — POUVOIR DU MAIRE. — SURETÉ DES CAMPAGNES. — CONSERVATION
DES RÉCOLTES.

1. *Chasse.* — *Chèvres.* — *Glanage.* — V. ces mots.

§ 2. — EXCÈS DE POUVOIRS.

2. *Propriétés particulières.* — *Blé.* — *Sarclage.* — *Interdiction.*
— Ne serait pas obligatoire l'arrêté qui défendrait à toutes personnes,
même aux cultivateurs pour leurs propriétés, d'aller faire de l'herbe
dans les blés.

Un pareil arrêté est inconciliable avec le droit de propriété, qui doit
rester entier tant qu'une restriction légale n'y a pas été apportée (*Cass.*,
3 *déc.* 1859, *Chaudé.*)

REGRATTIER. V. *Marchés.*

RÉSIDUS INDUSTRIELS. V. *Eaux.*

RÉUNIONS PARTICULIÈRES. V. *Veillées.*

REVENDEURS. V. *Marchés.*

RIVIÈRES. V. *Bateaux, Eaux.*

RONDES DE NUIT.

§ 1er. — POUVOIR DU MAIRE. — TRANQUILLITÉ PUBLIQUE. — SECOURS EN
CAS D'INCENDIE.

1. *Citoyens inscrits.* — *Convocation.* — Serait obligatoire l'arrêté
qui, dans les communes où la garde nationale n'est pas organisée, prescrirait aux citoyens inscrits au rôle de l'une des quatre contributions
directes, des rondes de nuit pour prévenir les tentatives des incendiaires
ou pour porter immédiatement secours en cas d'incendie, ou pour prévenir les autres crimes et délits contre la propriété (*Cass.*, 25 *janv.* 1811,
Poswick; 22 *juill.* 1819, *Gressé*; 3 *avril* 1830, *Bar*; 9 *mai* 1834,
Mallo).

2. *Circonstances calamiteuses.* — *Citoyens valides.* — *Service
temporaire.* — Est légal et obligatoire l'arrêté qui, dans des circonstances calamiteuses, prescrit temporairement un service d'ordre et de sûreté auquel il appelle tous les citoyens valides de la commune (*Cass.*, 7
déc. 1848, *Ménereuil.*)

§ 2. — FORMULES.

1. Arrêté portant organisation du service des rondes de nuit.

Le maire d   ,
Vu les lois des 16-24 août 1790, 19-22 juill. 1791, 18 juill. 1837, et l'art. 106 du
Cod. d'instr. crim.;
Considérant que depuis quelque temps de fréquents incendies attribués à la
malveillance, ont éclaté, tant dans la commune que dans les communes voisines ;
qu'il nous appartient, aux termes des lois sus-visées, de prescrire toutes les
mesures que nous jugerons propres à prévenir ce fléau qui compromet la vie des
habitants et porte une grave atteinte à la propriété,
Arrête :
Art. 1er. A partir de la publication du présent arrêté, il sera fait des rondes
toutes les nuits, afin de prévenir les tentatives des incendiaires, arrêter ceux qui
seront surpris en flagrant délit, et les livrer aux tribunaux.
2. Tout individu valide, inscrit au rôle de l'une des quatre contributions directes, sera tenu de faire le service de ces rondes de nuit, à tour du rôle qui sera
établi dans ce but. A cet effet, vingt-quatre heures avant que son service com-

mence, il sera adressé à chacun de ceux qui devront le faire, une réquisition individuelle signée par nous ou notre adjoint.

3. Chacun des individus requis conformément à l'article précédent pour faire des rondes de nuit, devra se rendre à la mairie au coucher du soleil, pour y recevoir les instructions de l'autorité municipale, et l'itinéraire que les rondes devront suivre.

4. Les rondes seront dirigées par nous ou notre adjoint, ou par tout autre délégué par nous.

5. Le service des rondes de nuit commencera tous les jours au coucher du soleil et finira au lever du soleil.

6. Tout refus ou tout manquement de service sera constaté par un procès-verbal et déféré au tribunal compétent.

Fait en mairie, à   , le   .

Le maire,

2. Autre arrêté.

Le maire d   ,

Vu (*comme au modèle précédent*);

Vu la loi du 10 vendémiaire an 4;

Considérant que depuis quelque temps des vols et des tentatives de vols (ou de nombreux attroupements) ont eu lieu sur le territoire de la commune; que ces faits compromettent la sûreté publique; qu'aux termes des lois sus-visées, l'autorité municipale est chargée de prescrire et de prendre toutes les mesures qui lui paraissent nécessaires pour prévenir les fléaux calamiteux et assurer le respect des personnes et des propriétés,

Arrête :

Art. 1er. A partir de la publication du présent arrêté et jusqu'à ce qu'il en soit autrement ordonné, il sera fait tous les jours et toutes les nuits un service d'ordre et de sûreté, afin d'empêcher les tentatives coupables des malfaiteurs; arrêter ceux qui seraient surpris en flagrant délit de désobéissance aux lois, et les livrer au procureur impérial, conformément à l'art. 106 du Code d'instruction criminelle.

2, 3 et 4. (*Comme au modèle précédent.*)

5. Le service d'ordre et de sûreté sera fait chaque jour et chaque nuit; chacun de ceux qui seront commandés pour le faire sera tenu de le continuer pendant vingt-quatre heures, et de le reprendre quand son tour de service reviendra, suivant l'ordre du contrôle qui sera établi par nous.

6. (*Comme au modèle précédent.*)

Fait à   , le   .

Le maire,

ROUISSAGE DU CHANVRE.

§ 1er. — Pouvoir du maire. — Salubrité. — Mesures préventives contre la corruption de l'eau et les maladies contagieuses.

1. *Endroits. — Époque. — Fixation.*— Le rouissage du chanvre ou du lin corrompant l'eau et infectant l'air, le maire peut, dans l'intérêt de la salubrité publique, déterminer les époques et les endroits où le rouissage aura lieu, défendre d'en établir dans les ruisseaux, mares ou fontaines, les interdire dans un rayon de cent mètres de distance de toute habitation, route ou chemin (*Cass.*, 5 *févr.* 1847, *Jolly*).

2. *Interdiction. — Conseils hygiéniques. — Avis préalable.* — Avant de prescrire aucune défense concernant le rouissage du chanvre, les maires doivent consulter les commissions d'hygiène (*Circ. min.*, 7 *juill.* 1832).

3. *Routoirs. — Suppression.* — Est légal et obligatoire l'arrêté qui ordonne de combler ou de supprimer les routoirs et réservoirs destinés au rouissage, s'ils ne sont pas à une distance de cent mètres de toute habitation, route ou chemin (*Cass.*, 5 *févr.* 1847, *Jolly*).

§ 2. — Excès de pouvoirs.

4. *Rivières navigables ou flottables.* — Excéderait les pouvoirs du maire l'arrêté qui, dans le seul intérêt de la conservation du poisson,

étendrait l'interdiction de rouir le chanvre dans certaines eaux ou dans certains lieux à proximité des habitations, jusqu'aux rivières navigables et flottables ; ces dernières sont placées, par les lois des 12-20 août 1790 et 14 flor. an 11, hors de la surveillance et de la police des maires (*Cass., 5 févr. 1847, Jolly.*)

§ 3. — FORMULE.

Arrêté sur le rouissage du chanvre.

Le maire d   ,
Vu les lois des 16-24 août 1790, et 18 juillet 1837 ;
Vu l'avis du conseil d'hygiène ;
Considérant qu'il importe, dans l'intérêt de la salubrité, de préserver les eaux de toute altération pouvant résulter notamment du rouissage du chanvre ,

      Arrête :

Art. 1er. Il est défendu de faire rouir du chanvre pendant les mois de juillet, août et septembre, et d'établir des routoirs à moins de cent mètres de distance de toute habitation ou de tout chemin.

Il est défendu également d'en faire rouir, en quelque petite quantité et en quel temps que ce soit, dans le ruisseau de   .

2. Après le rouissage, chaque propriétaire sera tenu de curer son routoir.

3. Les contraventions, etc.

Fait en mairie, à   , le

Le maire,

RUE DÉPENDANT DE LA GRANDE VOIRIE.

POUVOIR DU MAIRE. — SURETÉ ET COMMODITÉ DU PASSAGE.

Route.— Chemin.— Police municipale.— Est obligatoire l'arrêté de police relatif à la sûreté et à la commodité du passage dans une rue qui fait partie d'une route impériale ou départementale, ou d'un chemin vicinal de grande communication (*Jurispr. const.*).

V. *Impasse, Voie publique.*

SAILLIES SUR LA VOIE PUBLIQUE.

§ 1er. — POUVOIR DU MAIRE. — SURETÉ ET COMMODITÉ DU PASSAGE.

1. *Attributions municipales.* — V. *Alignements, Auvents, Enseignes, Gouttières, Passage, Trottoirs, Tuyaux de poêle, Voie publique.*

§ 2. — FORMULE.

Règlement pour les dimensions et dispositions des saillies (*).

Le maire de
Vu l'édit royal de décembre 1607 ; les déclarations royales des 16 juin 1693 et 10 avril 1783 ; — Vu l'arrêt du conseil du 27 février 1765 ; — Vu les lois des 14 décembre 1789; 16-24 août 1790; 19-22 juillet 1791; 28 septembre-6 octobre 1791; 16 septembre 1807 et 18 juillet 1837 ; — Vu la loi sur le timbre, en date du 10 brumaire an VII ;

Considérant qu'aux termes de ces lois l'autorité municipale est chargée d'assurer la libre circulation sur les voies publiques urbaines et rurales et de délivrer les alignements et autorisations de construire sur les terrains bordant la petite voirie,

      Arrête :

Art. 1er. A l'avenir, il ne pourra être établi sur les murs de face des maisons situées sur l'alignement dans la traverse de la commune, aucunes saillies autres que celles qui seront déterminées ci-après.

2. La nature et la dimension maximum des saillies permises seront fixées ainsi qu'il suit (la mesure sera toujours prise à partir du nu du mur au-dessus de la retraite de soubassements) :

(*) Le règlement dont nous donnons le modèle est en vigueur dans plusieurs communes du département de Seine-et-Oise. Il forme avec le modèle n° 1 donné au mot *Construction* un règlement général de petite voirie.

§ 1er. — SAILLIES FIXES.

	m c		m c
1. Abat-jour de croisée, dans la partie la plus élevée	0,25	Dans les rues de 6 à 8 mèt....	0,04
2. Appuis de boutiques	0,16	Dans les rues de 8 à 10 mèt...	0,05
3. Appuis de croisées	0,10	Dans les rues au-dessus de 10 mèt.	0,10
4. Auvents de boutiques	0,25	Lorsque les pilastres et les colonnes auront une épaisseur plus considérable que les saillies permises, l'excédant sera en arrière de l'alignement de la propriété et le nu du mur de face formé à arrière-corps à l'égard de cet alignement ; toutefois, les jambes étrières ou boutisses devront toujours être placées sur l'alignement. Dans ce cas, l'élévation des assises de retraites sera réglée à partir du sol, savoir :	
5. Auvents (petits) au-dessus des croisées	0,25		
6. Balcons (grands)	0,80		
7. Balcons (petits) y compris l'appui des croisées	0,22		
8. Bancs de pierres ou de bois aux côtés des portes des maisons dans les rues de plus de 10 mèt. de largeur	0,40		
9. Barreaux et grilles de boutiques	0,16		
10. Bornes dans les rues de plus de 10 mèt. de largeur	0,40	Dans les rues au-dessous de 6 mèt.	0,60
11. Colonnes isolées en menuiserie	0,16	Dans les rues de 6 à 8 mèt....	0,80
12. Colonnes engagées en menuiserie	0,16	Dans les rues de 8 à 10 mèt....	1,00
13. Corniches en menuiserie sur boutiques	0,25	Dans les rues de plus de 10 mèt.	1,20
14. Cuvettes	0,16	22. Pilastres en menuiserie	0,16
15. Devantures de boutiques y compris toute espèce d'ornement	0,16	23. Seuils, socles, pas ou marches	0,20
16. Grilles de boutiques ou de fenêtres au rez-de-chaussée	0,16	24. Tableaux, enseignes, bustes, reliefs, étalages, montres, attributs, y compris les bordures, supports et points d'appui	0,16
17. Herses, chardons, artichauts et frises	0,80		
18. Jalousies, persiennes, contrevents, barres de supports, ferrures de portes et de croisées	0,10	25. Tuyaux de descente de gouttières ou d'évier	0,16
19. Marquises	0,80	Nota. — Les parements de décoration au-dessus du rez-de-chaussée n'auront que l'épaisseur des bois appliqués au mur, sans qu'en aucun cas cette épaisseur puisse excéder 0m10.	
20. Moulinets de boulanger et poulies	0,50		
21. Pilastres et colonnes en pierre : Dans les rues au-dessous de 6 mèt. de largeur	0,03		

§ 2. — SAILLIES MOBILES.

	m c		m c
26. Appuis de boutiques, y compris les barres et crochets	0,16	30. Tableaux, écussons, enseignes, montres, étalages, attributs, bouchons de cabarets, y compris les supports, bordures, crochets et pointes d'appui	0,16
27. Bannes	1,50		
28. Lanternes et transparents avec potence	0,70	31. Volets, contrevents ou fermetures de boutiques, y compris les ferrements	0.16
29. Lanternes ou transparents en forme d'applique	0,22		

§ 3. — DISPOSITIONS PARTICULIÈRES A CHAQUE ESPÈCE DE SAILLIE.

3. Il est défendu d'établir des barrières fixes au-devant des maisons et de leurs dépendances, quelles qu'elles puissent être, à moins qu'elles ne soient reconnues nécessaires à la propreté et qu'elles ne gênent point la circulation. La saillie de ces barrières ne pourra, dans aucun cas, excéder 1m50. — Elles devront être entretenues en bon état par les propriétaires.

4. Il ne sera permis de placer des bancs au-devant des maisons que dans les rues de 10 mètres de largeur et au-dessus. Ces bancs seront établis dans toute leur longueur sur maçonnerie pleine et chanfreinée.

5. Il est défendu de construire des perrons en saillie sur la voie publique. — Il ne sera accordé de permission que pour les pas ou marches. — Ces pas ou marches ne pourront dépasser l'alignement de 0m20, comme il est fixé par le n° 23 de l'article précédent. — En cas d'insuffisance de cette saillie, le propriétaire rachètera la différence en se retirant sur lui-même.

6. Il ne sera permis d'établir des bornes qu'aux angles saillants des maisons formant encoignure de rues ; mais lorsque ces encoignures seront disposées en pan coupé de 0m60 au moins et d'un mètre au plus de largeur, une seule borne sera placée au milieu du pan coupé. — Les bornes actuellement existantes de-

vant les maisons dans les rues ayant moins de 10 mètres de largeur, seront supprimées dans le délai de deux ans à partir de la publication du présent arrêté.

7. Les grands balcons ne pourront être établis qu'à 4^m30 au moins au-dessus du sol des rues, et seulement dans les rues dont la largeur ne sera pas inférieure à 8 mètres. Toutefois, s'il y a devant la façade un trottoir de 1^m30 de largeur, la hauteur de 4^m30 pourra être réduite à 3^m50.

8. Les dispositions de l'article précédent seront appliquées aux lanternes, transparents et attributs.

9. Les marquises seront en bois ou en métal ; elles ne seront autorisées que sur les façades devant lesquelles il existera un trottoir de 1^m30 de largeur au moins, et à 2^m50 au moins au-dessus de ce trottoir.

10. Il pourra être permis de masquer par des constructions provisoires ou appentis, tout renfoncement entre deux maisons, pourvu qu'il n'ait pas au-delà de 6 mèt. de longueur et que sa profondeur soit au moins d'un mèt. Ces constructions ne pourront, dans aucun cas, excéder la hauteur du rez-de-chaussée, et elles seront supprimées dès qu'une des maisons attenantes subira retranchement. — Il est permis de masquer par des constructions légères en forme de pan coupé, les angles de toute espèce de retranchement au-dessus de 6 mètres de longueur, mais sous la même condition que ci-dessus pour leur établissement et leur suppression.

11. Il est expressément défendu d'établir des échoppes en bois ailleurs que dans les angles et renfoncements hors de l'alignement des rues et places. En aucun cas, ces échoppes ne pourront dépasser l'alignement qui sera fixé par l'arrêté d'autorisation. Elles devront être supprimées à la première réquisition de l'autorité municipale, sans que le propriétaire puisse prétendre à aucune indemnité.

12. Il est défendu de construire des auvents et corniches en plâtre au-dessus des boutiques. Il ne pourra en être établi qu'en bois avec la faculté de les revêtir extérieurement de métal. Toute autre manière de les couvrir est prohibée. — Les auvents et corniches en plâtre actuellement existants au-dessus des boutiques, ne pourront être réparés. Il seront démolis lorsqu'ils auront besoin de réparation et ne seront rétablis qu'en bois.

13. Aucuns tableaux, enseignes, montres, étalages et attributs quelconques ne seront suspendus, attachés ni appliqués, soit aux balcons, soit aux auvents. — Il pourra être placé sous les auvents des tableaux ou plafonds en bois, pourvu qu'ils le soient dans une position inclinée dont la partie supérieure ne pourra dépasser la largeur des auvents, la partie inférieure étant appliquée sur le ravalement du mur. — Tout étalage formé de pièces d'étoffes disposées en draperie et guirlande et formant saillie, est interdit au rez-de-chaussée. Il ne pourra descendre qu'à 2^m50 du sol, du trottoir ou du revers de la rue. — Tout crochet destiné à soutenir des viandes en étalage devra être placé de manière que les viandes ne puissent excéder le nu du mur de face, ni faire aucune saillie sur la voie publique.

14. A l'avenir et pour toutes les maisons de constructions nouvelles ou de reconstructions, aucun tuyau de poêle ne pourra déboucher sur la voie publique. — Dans les deux ans de la publication du présent arrêté, les tuyaux de poêles crêtés et autres qui débouchent actuellement sur la voie publique, seront supprimés s'il est reconnu qu'ils peuvent avoir une issue intérieure. Dans le cas où la suppression ne pourrait avoir lieu, ces mêmes tuyaux seront élevés jusqu'à l'entablement avec les précautions nécessaires pour assurer leur solidité et empêcher l'eau rousse de tomber dans la rue ; à cet effet, ils seront pourvus d'une cuvette et d'un tuyau de descente. — Les tuyaux de cheminée en maçonnerie et en saillie sur la voie publique, seront démolis et supprimés lorsqu'ils seront en mauvais état, ou que l'on fera des grosses réparations dans les bâtiments auxquels ils sont adossés.

15. La permission d'établir des bannes ne sera donnée que sous la condition de les placer dans la partie la plus basse, à 2^m60 au moins au-dessus du sol. Leurs supports seront horizontaux. — Les bannes devront être en toile ou en coutil et ne pourront, dans aucun cas, être établies sur châssis. Elles ne seront mises en place qu'au moment où le soleil donnera sur la boutique, elles en seront retirées dès que la boutique ne sera plus exposée aux rayons du soleil.

16. Les éviers pour l'écoulement des eaux ménagères seront permis sous la condition expresse que leur orifice extérieur sera garni d'un tuyau de descente amenant les eaux jusqu'à terre et les conduisant par une gargouille jusqu'au ruisseau de la rue.

17. A l'avenir et dans toutes les maisons de constructions nouvelles ou de reconstructions, il ne pourra être établi en saillie sur la voie publique aucune espèce de cuvette pour l'écoulement des eaux ménagères des étages supérieurs. — Dans les maisons actuellement existantes, les cuvettes placées en saillie seront

supprimées lorsqu'elles auront besoin de réparation, s'il est reconnu qu'elles peuvent être établies à l'intérieur. Dans le cas contraire, elles seront disposées, autant que faire se pourra, de manière à recevoir les eaux intérieurement et garnies de hausse pour prévenir le déversement des eaux et toute éclaboussure au-dessous.

18. A l'avenir, il ne sera permis aucune construction en encorbellement, et la suppression de celles qui existent aura lieu toutes les fois qu'elles seront dans le cas d'être réparées.

19. Dans l'année de la publication du présent arrêté, les gouttières saillantes seront garnies de gouttières en métal recevant les eaux et les conduisant, à l'aide de tuyaux de descente appliqués au mur, jusqu'au sol. Là où il existera un trottoir, les tuyaux de descente seront établis de manière à conduire les eaux dans une gargouille les déversant dans le ruisseau. Cette gargouille sera établie de manière à ne pas dépasser le niveau du trottoir et à permettre son curement à l'aide d'une baguette. — Là où il n'existera pas de trottoirs, les tuyaux de descente dégorgeront les eaux sur une cuvette en pierre placée au niveau du sol, et il sera pratiqué entre cette cuvette et le niveau de la rue un ruisseau pavé pour l'écoulement des eaux dans le ruisseau de la rue.

20. Les devantures de boutiques, montres, bustes, reliefs, tableaux, enseignes, attributs et généralement toutes saillies de quelque espèce qu'elles soient qui excéderaient actuellement les dimensions fixées par le présent arrêté, seront réduites à ces dimensions lorsqu'il y sera fait des réparations, quelque faibles qu'elles soient.

Fait en mairie à.... le....   *Le Maire,*

2. Modèle de délibération contenant le tarif des droits de voirie.

L'an 186..., le..... — Le conseil municipal de la commune de..... s'est réuni dans le lieu ordinaire de ses séances, à la mairie, sous la présidence de M. le maire, pour sa session ordinaire du mois de.....

Étaient présents : MM......; absents : MM....., qui ont fait (ou n'ont pas fait) connaître le motif de leur absence.

La séance ouverte, il a été procédé à la nomination d'un secrétaire. M....., ayant obtenu la majorité, a été proclamé secrétaire et a pris place au bureau. —

M. le président appelle l'attention du conseil municipal sur les dépenses ordinaires annuelles qui incombent à la commune et qui obligent de recourir chaque année à une imposition extraordinaire pour insuffisance de revenus. Il fait remarquer que l'examen du budget des recettes démontre que l'on ne fait pas usage de toutes les ressources que les lois mettent à la disposition des communes, puisque l'on a négligé, jusqu'à ce jour, de percevoir notamment des droits de voirie. Il fait observer que les charges qui pèsent sur la commune et qui ne peuvent être réduites sans compromettre les services municipaux, lui paraissent commander le recours à toutes les ressources autorisées par les lois, afin de rendre moins lourds pour tous les contribuables les impôts extraordinaires. En conséquence, il propose au conseil d'établir un tarif des droits de voirie.

Le conseil municipal, — Ouï l'exposé de M. le maire ; — Vu la loi du 18 juillet 1837, et notamment l'art. 31, n° 8 ; — Vu la circulaire ministérielle du 2 avril 1841, sur la marche à suivre pour la formation des tarifs des droits de voirie ; — Vu les lois annuelles de finances qui autorisent la perception des droits de voirie comme ressources ordinaires des communes ; — Après en avoir délibéré ;

Considérant que la commune est obligée de recourir chaque année à une imposition extraordinaire pour insuffisance de revenus afin d'équilibrer son budget ; qu'il n'est pas possible de diminuer les charges qui pèsent sur la commune ; que, dès lors, il y a nécessité de créer de nouvelles ressources ; — A l'unanimité, décide :

Art. 1er. A partir de l'approbation de la présente délibération par l'autorité supérieure, il sera perçu un droit de voirie dans la commune conformément au tarif ci-dessous.

2. Il ne sera perçu aucun droit d'alignement, ni de saillie, ni de percement de baies, pour les maisons réparées ou reconstruites par application de la loi du 13 avril 1850 sur les logements insalubres ; mais les réparations qui y seraient faites après l'application de cette loi donneront lieu au paiement des droits fixés par le tarif ci-après.

3. Tout dépôt de matériaux ou objets quelconques sur la voie publique, donnera lieu à la perception d'un droit qui est fixé à 2 fr. par mètre superficiel et par mois. Le mois se compose de trente jours ; tout mois commencé est dû en entier. On ne pourra taxer moins d'un mètre.

4. Tous travaux de charronnage, menuiserie, charpente, serrurerie, marécha-

lerie et autres, qui seront autorisés par le maire sur la voie publique, donneront lieu à l'application des dispositions de l'article précédent.

5. La perception des droits fixés par la présente délibération, sera faite conformément aux règles de la comptabilité communale.

Fait et délibéré en séance du conseil municipal les jour, mois et an susdits, —Et ont signé, après lecture faite, les membres présents.

TARIF.

	fr.	c.
1. Alignement, par chaque mètre de longueur :		
D'un bâtiment quelconque...	2	»
D'un mur de clôture........	»	50
D'une clôture provisoire en planches.................	»	25
D'une clôture en haie ou palissade.................	»	25
2. Abat-jour.................	2	»
3. Abat-vent de boutique........	2	»
4. Appui à demeure, y compris les soubassements...........	2	»
5. Appui de croisée ou de fenêtre	1	»
6. Appui mobile................	2	»
7. Auvent ordinaire en menuiserie.................	2	»
8. Auvent (petit) au-dessus des croisées.................	1	»
9. Auvent cintré en plâtre avec fers et fentons.............	2	»
10. Balcon (grand) (¹)...........	6	»
11. Balcon (petit)..............	3	»
12. Baldaquin.................	15	»
13. Banc, par mètre de longueur.	2	»
14. Banne, par mètre de longueur	2	»
15. Barreaux de boutique ou de croisée, par ouverture.......	2	»
16. Barrière au-devant des fouilles, excavations ou démolitions (²).	3	»
17. Barrière au-devant des maisons en retraite de l'alignement..............	10	»
18. Borne, par chaque...........	2	»
19. Bouchon de cabaret..........	2	»
20. Buste formant étalage........	2	»
21. Cadran ou tableau..........	2	»
22. Cage ou étalage, par mètre de longueur.................	2	»
23. Changement de menuiserie des croisées.................	2	»
24. Chaperon de mur, par mètre de longueur (³).............	»	25
25. Chardon de fer ou de bois....	2	»
26. Châssis à verre.............	2	»
27. Chenaux.................	2	»
28. Chevalement..............	3	»
29. Clôture ou fermeture de rue pour bâtir, par jour (⁴)......	»	50
30. Colonne engagée en menuiserie.................	5	»

	fr.	c.
31. Colonnes en fonte ou en fer, simples ou accouplées, par chaque.................	5	»
32. Colonne isolée de quelque matière qu'elle soit	5	»
33. Comptoir ou établi mobile, par mètre de longueur..........	1	»
34. Conduits ou tuyaux de descente des eaux.................	2	»
35. Contre-fiches.............	3	»
36. Contrevent ou fermeture de boutique ou de croisée, par ouverture.................	2	»
37. Corniche en bois, par mètre de longueur.................	1	»
38. Corniche en pierres ou en moellons, par mètre de longueur..	1	»
39. Cuvette.................	2	»
40. Degrés ou marches...........	2	»
41. Devanture de boutique ou de magasin en menuiserie......	3	»
42. Dos-d'âne ou étalage.........	2	»
43. Dosseret (droit fixe)..........	4	»
44. Echoppe fixe (⁵).............	10	»
45. Echoppe mobile (⁶)...........	10	»
46. Enseigne, par mètre superficiel (⁷).................	2	»
47. Etais ou étrésillon...........	3	»
48. Etabli ou comptoir, par mètre de longueur.................	1	»
49. Etalage, par mètre de longueur.	1	»
50. Etal de boucher, droit fixe...	2	»
51. Evier.................	2	»
52. Exhaussement d'un bâtiment, par mètre de longueur sur la rue.................	1	»
53. Fermeture de boutique.......	2	»
54. Fermeture de croisée.........	2	»
55. Gargouille d'évier..........	2	»
56. Grille de boutique ou de croisée.................	2	»
57. Grille de cave..............	2	»
58. Herse ou chardon...........	2	»
59. Jalousie { en saillie...........	6	»
{ sans saillie..........	2	»
60. Lanterne ou transparent en forme d'applique (⁸).........	2	»
61. Linteau.................	2	»

(¹) Sera considéré comme grand balcon celui de 2 mèt. au moins de longueur.

(²) Plus un droit de 2 fr. par mètre superficiel et par mois pour l'occupation du terrain communal.

(³) Sans que ce droit puisse être inférieur à 3 fr. pour la totalité du mur bordant la voie publique.

(⁴) Sans que ce droit puisse être inférieur au total à 10 fr.

(⁵) Plus un droit de 2 fr. par mètre superficiel et par mois pour l'occupation du terrain communal.

(⁶) Plus un droit de 50 centimes par mètre superficiel et par jour.

(⁷) Sans que ce droit puisse être inférieur à 2 fr.

(⁸) Ce droit sera double pour les lanternes ou transparents avec potence.

62. Marche ou degré............	2 »
63. Marquise.................	15 »
64. Montre ou étalage, par mètre de longueur..............	1 »
65. Moulinet ou poulie..........	2 »
66. Ouverture ou percement de baies :	
Croisée..................	2 »
Porte bâtarde..............	3 »
Boutique.................	4 »
Porte cochère.............	5 »
67. Pan de bois, droit fixe (⁹).....	6 »
68. Pan de bois pour rétablissement partiel, droit fixe......	3 »
69. Perche d'étendage..........	1 »
70. Persiennes...............	2 »
71. Piedroit, droit fixe..........	3 »
72. Pilastre en menuiserie ou en pierre..................	2 »
73. Plafond sous auvent, droit fixe	3 »
74. Poéle (tuyau de)..........	2 »
75. Poitrail.................	5 »
76. Portail ou porte cochère (V. art. 66).................	5 »
77. Poteau.................	5 »
78. Poterne en fer ou en bois.....	2 »
79. Poulie ou moulinet..........	2 »
80. Puisard.................	20 »
81. Ravalement total de la façade d'un bâtiment par mètre superficiel (¹⁰).............	» 25
82. Ravalement partiel, droit fixe (¹¹).................	2 »
83. Revêtissement, par mètre de longueur................	» 50
84. Seuil..................	2 »
85. Siége de bois ou de pierre, par mètre de longueur..........	2 »
86. Soubassement, par mètre de longueur................	» 50
87. Stores.................	2 »
88. Tableau servant d'enseigne, par mètre superficiel (¹²)....	2 »
89. Tapis d'étalage.............	2 »
90. Tour creux ou renfoncement..	4 »
91. Travail de maréchal-ferrant (¹³)	5 »
92. Trumeau.................	4 »
93. Tuyau de poéle (V. art. 74)...	2 »
94. Volets servant d'enseigne.....	2 »

(⁹) Non compris l'alignement qui sera payé comme pour un bâtiment.

(¹⁰) Sans que dans aucun cas le droit dû soit inférieur à 3 fr.

(¹¹) Ce droit sera appliqué au ravalement d'un mur de clôture.

(¹²) Sans que le droit puisse être inférieur à 2 fr.

(¹³) Plus 2 fr. par mètre superficiel et par mois pour l'occupation du terrain communal.

SALUBRITÉ.

§ 1ᵉʳ. — POUVOIR DU MAIRE. — PRESCRIPTIONS EN VUE DE LA SALUBRITÉ DE L'AIR, DES EAUX, DES COMESTIBLES, DES BOISSONS, DES MÉDICAMENTS.

Les attributions des maires en matière de salubrité sont traitées aux articles spéciaux : *Animaux, Balayage, Cimetières, Cloaques, Denrées alimentaires, Dépôts, Eaux, Epizooties, Etablissements insalubres, Jet, Poissons, Rouissage du chanvre, Viandes.* (V. ces mots.)

§ 2. — FORMULES.

1. Règlement permanent de police sanitaire.

Le maire d

Vu les lois des 16-24 août 1790, 19-22 juill. 1791, 28 sept.-6 oct. 1791 et 18 juill. 1837 ;

Considérant qu'il importe, dans l'intérêt de tous, de pourvoir d'une manière générale et uniforme à la salubrité publique ;—Considérant qu'aucun règlement de police sanitaire n'est actuellement en vigueur dans la commune ,

Arrête :

Art. 1ᵉʳ. Sont interdits sur la voie publique, dans toute la commune, les dépôts d'immondices, pailles, engrais, boues et autres objets insalubres.

2. Les trous des rues seront bouchés pour faciliter autant que possible l'écoulement des eaux pluviales, des eaux grasses et des eaux de fumier.

3. Est interdite la faculté de faire rouir le chanvre et le lin près des lieux habités ; il sera désigné, s'il est possible, d'autres endroits destinés à remplacer les routoirs existants dans les conditions prohibées, en ayant soin de les indiquer au nord des habitations.—Après le rouissage, chaque propriétaire sera tenu de curer son routoir.

4. Il est défendu de laver du linge, des légumes ou tout autre objet dans les bassins et aux abords des fontaines publiques, d'y abreuver les chevaux et autres animaux, d'en troubler l'eau en remuant le fond avec un bâton ou de toute autre manière.

5. Les bassins des fontaines spécialement destinés au lavage du linge, seront vidés et nettoyés tous les jours.

6. Il est défendu de laver du linge dans les abreuvoirs, d'y jeter des ordures, d'y faire baigner des chiens, d'y laisser entrer des oies et des canards, et aussi d'en troubler ou altérer l'eau d'une manière quelconque.

7. Les bords des mares servant d'abreuvoirs devront être tenus avec propreté.

8. Les puits, puisards et égouts particuliers abandonnés ou soupçonnés de méphitisme, et les fosses d'aisances, ne seront curés qu'avec les précautions prescrites ci-après.

9. Les matières extraites des puits, puisards et égouts particuliers méphitisés, et des fosses d'aisances, devront être immédiatement versées dans des tonneaux hermétiquement fermés et portés directement dans des endroits désignés et qui devront être éloignés de 500 mètres au moins de toute habitation. — Les ustensiles qui auront servi au curage devront être lavés.

10. Les bêtes mortes seront enfouies le plus loin possible des habitations et à 100 mètres au moins dans la direction du nord, dans des fosses de 1 mèt. 50 cent. de profondeur. Celles mortes d'épizooties ou de maladies contagieuses seront enfouies à 2 mèt. 60 cent. de profondeur, après que les peaux en auront été tailladées en tous sens.

11. Les bouchers, maréchaux-ferrants et autres ne pourront laisser couler le sang des animaux sur la voie publique; les bouchers, corroyeurs et autres seront tenus d'enlever tous les résidus de matières animales, au fur et à mesure de leur formation, et de les conduire ou transporter au dépôt des immondices.

13. Aucune bête ne sera abattue chez les bouchers, qu'au préalable elle n'ait été visitée par l'autorité municipale et jugée saine. — Tous débits de viandes suspectes et qui pourraient devenir nuisibles sont formellement interdits.

14. Les contraventions, etc.

Fait en mairie, à   , le

Le maire,

2. Autres dispositions à prescrire.

Art. 1ᵉʳ. Les maisons doivent être tenues, tant à l'intérieur qu'à l'extérieur, dans un état constant de propreté, sans lequel la salubrité n'en saurait être assurée.

2. Les maisons devront être pourvues de tuyaux et cuvettes en nombre suffisant pour l'écoulement et la conduite des eaux ménagères. Ces tuyaux et cuvettes devront être constamment en bon état, être lavés et nettoyés assez fréquemment pour ne jamais donner d'odeur.

3. Les eaux ménagères devront avoir un écoulement constant et facile jusqu'à la voie publique, de manière qu'elles ne puissent séjourner ni dans les cours ni dans les allées; les gargouilles, caniveaux, ruisseaux, destinés à l'écoulement de ces eaux, devront être lavés plusieurs fois par jour et entretenus avec soin. Dans le cas où la disposition du terrain ne permettrait pas de donner un écoulement aux eaux sur la rue ou dans un égout, elles devront être reçues dans des puisards pour la construction desquels on se conformera aux dispositions qui seront indiquées ultérieurement pour chaque cas particulier (¹).

4. Les loges de portiers devront être convenablement ventilées.

5. Les cabinets d'aisances devront être disposés et ventilés de manière à ne pas donner d'odeur. Le sol devra être imperméable et tenu dans un état constant de propreté. Les tuyaux de chute devront être maintenus en bon état et ne donner lieu à aucune fuite.

6. Il est défendu de jeter ou de déposer dans les cours, allées et passages, aucune matière pouvant entretenir l'humidité ou donner de la mauvaise odeur. — Partout où les fumiers ne pourront être conservés dans des trous couverts ou sur des points où ils ne compromettraient pas la salubrité, l'enlèvement en devra être opéré chaque jour avec les précautions prescrites par les règlements. Le sol des écuries devra être rendu imperméable dans la partie qui reçoit les urines; les écuries devront être tenues avec la plus grande propreté; les ruisseaux destinés à l'écoulement des urines devront être lavés plusieurs fois par jour.

7. Dans les maisons *louées en garni*, le nombre de lits placés dans les chambres à coucher sera réglé proportionnellement au cube de ces chambres, et de telle sorte qu'il y ait au moins 14 mètres cubes d'air par personne. Les chambres devront en outre être convenablement ventilées.

8. Les locaux qui ne recevraient pas directement l'air de la rue ou d'une cour suffisamment étendue; ceux dont l'humidité ne pourrait être détruite par une aération convenable ne pourront être loués en garni pour le coucher.

9. Indépendamment des dispositions prescrites par les articles qui précèdent, il

---

(¹) L'ordonnance de police du 20 juillet 1838 (V. *Collection des Lois, Décrets et Ordonnances de police*) contient, sur la construction des puisards, des renseignements que les maires feront bien de consulter. V. aussi au *Form. mun*, tom. IV, p. 539 et 540, *Egouts publics*, l'ordonnance du 21 novembre 1811.

sera pris à l'égard des habitations, et sur l'avis du conseil de salubrité, telles autres mesures spéciales qui seraient jugées nécessaires dans l'intérêt de la salubrité et de la santé publique.

10. Il est défendu à l'avenir d'étendre, sur les voies publiques, les chemins vicinaux et autres, les rues du bourg et passages quelconques, classés ou non classés, des pailles, fougères ou autres fourrages destinés à être convertis en fumier.

11. Il est, en outre, défendu d'empiler sur la voie publique ou ses accotements, dans l'intérieur du bourg et devant les maisons d'habitation, les fumiers faits dans les étables qui, de leur nature et par les exhalaisons qu'ils répandent, peuvent nuire à la santé publique.

3. Autre arrêté portant règlement général de police (¹).

Le Maire de la ville de

Vu les lois des 14-22 décembre 1789, 16-24 août 1790, 19-22 juillet 1791 ; — Vu l'art. 471, § 15 du Code pénal ;

Vu la loi du 18 juillet 1837 ; — Vu la délibération du conseil municipal en date du   ;

Considérant que l'un des moyens les plus efficaces d'assurer la salubrité de la ville, est le prompt enlèvement des boues et immondices et l'entretien de la voie publique et des habitations dans un état constant de propreté ; — Considérant que ces résultats ne peuvent être obtenus qu'autant que les habitants se conformeront exactement aux dispositions des règlements et prêteront à l'administration un concours bienveillant et persévérant ; — Considérant que le mode de nettoiement en usage jusqu'à ce jour n'a pas répondu à ce que l'administration en attendait ; — Considérant qu'il importe de réviser les anciens règlements relatifs au nettoiement et à la salubrité, afin de les mettre en harmonie avec les nouvelles mesures adoptées, comme aussi de publier de nouveau les dispositions qui n'ont subi aucun changement, afin de rappeler les habitants à leur exacte observation, — Arrête :

TITRE Iᵉʳ. — Propreté de la voie publique.

CHAPITRE Iᵉʳ. — NETTOIEMENT.

Art. 1ᵉʳ. Il est interdit, à partir du   , de déposer les immondices provenant de l'intérieur des habitations, sur le sol des rues, places, quais, passages et ruelles compris dans l'enceinte de la ville. — Ces immondices seront versées directement par les habitants dans les tombereaux de nettoiement, ou déposées par eux dans des seaux ou caisses placés à l'intérieur des allées ou sur le trottoir, à côté de la porte d'allée. — Lorsque les habitants choisiront ce dernier mode, ils devront faire usage de seaux en métal ou de caisses en bois munies d'une anse, d'une capacité suffisante pour les besoins de la maison, mais qui ne pourra excéder celle de 50 litres. Le contenu de ces seaux ou caisses sera versé dans les tombereaux par les agents du service de nettoiement.

2. Les seaux ou caisses devront être apportés par les habitants au premier son de la cloche qui annoncera le passage des tombereaux, et enlevés dans le délai d'un quart d'heure après le passage.

3. Il est défendu de jeter ou d'entreposer, sur quelque partie que ce soit de la voie publique, des verres cassés, des débris de bouteille ou de vaisselle, des cendres, des mâchefers et généralement aucun objet quelconque qui serait de nature à embarrasser la circulation ou à causer des accidents, soit aux personnes soit aux animaux. Il est également et très-expressément défendu de secouer e' tamiser sur la voie publique les charbons et cendres provenant des poêles.

4. Tous les objets énumérés à l'art. qui précède, devront être recueillis séparé ment par les habitants, sans être mêlés aux balayures, et portés directemen aux tombereaux de nettoiement, qui seront pourvus d'une caisse destinée à le; recevoir.

5. Les habitants du rez-de-chaussée des maisons bordant la voie publique, son tenus de faire râcler, nettoyer et balayer tous les jours, et deux fois par jour s'il en est besoin, les trottoirs existants au-devant de leurs habitations, de fa çon qu'ils soient toujours entretenus en bon état et complétement débarrassé des neiges et glaces et d'aspérités quelconques.

6. Il est défendu d'y jeter ou déposer aucuns débris ou immondices, comm aussi d'y placer aucun objet qui oblige les piétons à se détourner de leur che min. En temps de gelée, il n'y doit jamais être jeté d'eau sous quelque prétext que ce soit.

(¹) Cet arrêté a été pris pour la ville de Grenoble (Isère) à la date du 8 mars 1864

7. Les rigoles qui bordent les trottoirs doivent être également tenues purgées et balayées par les soins des habitants des rez-de-chaussées.

8. Les glaces et neiges et les immondices provenant du nettoiement des trottoirs et des rigoles seront déposées en tas au bord des rigoles mêmes, et non point jetées en avant dans la rue.

9. Défenses sont faites aux étalagistes des divers marchés, aux maraîchers, jardiniers et autres, de jeter sur la voie publique des débris quelconques de viandes, poissons, légumes, fruits, fleurs, plantes et autres objets qu'ils exposent en vente. — Ces débris ou épluchures devront êtres réunis dans des caisses dont chaque étalagiste aura soin d'être pourvu, et qui seront versés tous les jours dans les tombereaux, au moment de leur passage, à la fin de chaque marché. — Il est de nouveau enjoint à chaque étalagiste de balayer, laver et maintenir constamment propre la place qu'il occupe.

10. Il est expressément défendu aux bouchers, charcutiers, tripiers et volaillers, de déposer et verser dans les basses-cours et sur la voie publique les dépouilles, les excréments et le sang des animaux qu'ils tuent. Ces dépouilles, excréments et sang devront, par eux, être versés dans les tombereaux des balayeurs publics, au moment de leur passage.

11. Défenses sont faites et réitérées aux habitants de jeter par les fenêtres, dans les rues et basses-cours, tant de jour que de nuit, aucunes eaux, propres ou sales, urines, matières fécales, gravois et ordures de quelque nature qu'elles puissent être, comme aussi de secouer par les fenêtres les tapis, balais, etc.

12. Il est de nouveau fait défense à toute personne de laver du linge, du fil, des herbages aux fontaines publiques, d'y rincer des tonneaux, bennes et autres vases, comme aussi d'y mener boire des chevaux et bestiaux, en un mot, d'altérer, de quelque manière que ce soit, la limpidité et la pureté des eaux desdites fontaines. — Il est pareillement défendu de laisser sous le jet des fontaines, des seaux, cruches, baquets et autres vases ou récipients; comme aussi d'arrêter, dans les rigoles, le cours des eaux, par des barrages ou par tout autre moyen. — Défense expresse est faite à toute personne de toucher en aucune manière aux appareils des fontaines.

13. Les décombres, gravois dits marrains et autres matériaux provenant des démolitions, devront être enlevés, dans le jour, par les entrepreneurs, maçons, plâtriers et autres qui les auraient fait déposer sur la voie publique, en se conformant d'ailleurs aux règlements de voirie. Les emplacements qui auront été occupés par ces décombres devront toujours être arrosés et balayés avec soin.

14. Les urinoirs fixes seront lavés à grande eau et deux fois par jour, à la diligence du fermier de ces urinoirs. — Les urinoirs mobiles ou baquets seront lavés deux fois par jour aussi, et vidés au moins trois fois par semaine. Cette dernière opération sera toujours faite pendant la nuit. — Il est interdit d'uriner dans les rues, places, promenades, cours, allées, et partout ailleurs qu'aux urinoirs publics.

15. Toute ordure sur les quais, sur les rampes, sur les escaliers qui conduisent à la rivière ou au canal et sur les ouvrages accessoires, est expressément défendue.

16. Il est absolument interdit de jeter dans les égouts les boues ou immondices provenant du balayage, ni aucune matière pouvant encombrer les bouches de ces égouts et arrêter l'écoulement des eaux des rigoles.

17. Défenses sont faites à toute personne de faire des amas de fumiers dans les rues, places, quais et basses-cours. — Tout dépôt de fumier, mis en tas pour être vendu, ne pourra être fait que hors la ville, à 300 mètres au-delà des remparts, et à 50 mètres au moins de tout chemin public.

CHAPITRE II. — ARROSAGE.

18. Pendant tout le temps que dureront les chaleurs, l'arrosage de la voie publique aura lieu à sept heures du matin et à trois heures de l'après-midi. — Il sera fait par l'administration, sur les quais, places et promenades publiques, et par les propriétaires ou locataires au-devant de leurs maisons, boutiques, jardins et autres emplacements, jusqu'à six mètres de distance sur les places et quais, et jusqu'au milieu de la chaussée dans les rues, quelle que soit leur largeur.

19. Il est défendu de se servir, pour l'arrosage de la voie publique, de l'eau des rigoles ou d'eaux sales et insalubres. — Il est également défendu de lancer l'eau sur la voie publique de manière à gêner la circulation ou à éclabousser les passants.

TITRE II. — **Propreté des habitations.**

20. Les habitants de chaque maison sont tenus de maintenir leurs appartements et dépendances dans le plus grand état de propreté. Ils devront, chacun à leur tour, faire balayer, au moins deux fois par semaine, l'allée, l'escalier et la cour dans toute leur étendue.

21. — Aucun dépôt de volailles, pigeons, lapins, porcs, chèvres, etc., ne pourra être toléré dans l'intérieur de la ville, à moins que ces dépôts ne soient établis dans des bâtiments séparés des habitations, de sorte que les voisins ne soient incommodés ni par la mauvaise odeur ni par le bruit. — Les aubergistes et tous ceux qui tiennent des écuries doivent faire nettoyer ces écuries, porter hors de la ville les fumiers qui en proviennent, tous les huit jours en été et tous les quinze jours en hiver.

22. Il est enjoint à tout propriétaire dont la maison ou corps de bâtiment à toute destination sera en état constaté de malpropreté et de dégradation, de faire, selon ce qui sera rapporté de cet état, recrépir, éparvérer, au moins blanchir à la chaux les murs et plafonds d'allée, les murs de la cour et de l'escalier sur toute leur hauteur, de faire réparer ladite cour, de faire établir ou rétablir et d'entretenir dans le meilleur état les tuyaux de descente pour conduire les eaux pluviales, celles des éviers et toutes eaux ménagères jusqu'au pavé, en leur donnant depuis ce pavé, par le rétablissement de bonnes rigoles sur toute la longueur et de chaque côté de l'allée, l'écoulement complet qui est nécessaire. — Tout propriétaire de latrines établies sur les escaliers, dans les allées et cours intérieures, devra les faire laver à grande eau et les nettoyer chaque jour, — les faire fermer par de bonnes portes, qui seront lavées aussi tous les jours, y faire établir des bouchons fermant exactement les orifices, et faire blanchir les murs sur tout leur pourtour avec un double lait de chaux. Il leur est enjoint aussi de visiter leurs fosses et de prendre toutes mesures nécessaires pour qu'il ne s'en échappe aucune émanation.

23. Les directeurs, concierges, portiers et gardiens des établissements publics sont responsables, en ce qui concerne lesdits établissements, de l'exécution des dispositions ci-dessus.

24. Toutes dispositions des règlements existants contraires au présent arrêté, sont formellement abrogées.

25. M. le commissaire central de police et les commissaires et agents sous ses ordres, M. l'architecte-voyer et les employés de son service sont chargés, chacun en ce qui le concerne, d'assurer l'exécution du présent arrêté.

Fait en mairie, à............ le..............   *Le Maire,*

SECOURS AUX BLESSÉS.

EXCÈS DE POUVOIRS.

Salaire. — *Retenue.* — Serait illégal et non obligatoire le règlement municipal qui prescrirait une retenue sur le salaire des ouvriers, pour des secours aux blessés. (*Cass.,* 21 *juill.* 1838, *Desjobert.*)

SENTIERS. V. *Maraudage.*

SÉPULTURES.

POUVOIR DU MAIRE. — RESPECT DU A LA MÉMOIRE DES MORTS.

Les articles 16 et 17 du décret du 13 prairial an XII ayant placé les lieux de sépulture, quels qu'en soient les propriétaires, sous l'autorité, la police et la surveillance des maires, c'est donc à leurs soins et à leur zèle qu'il appartient de veiller à ce qu'il ne se commette aucun désordre dans les lieux de sépulture, et de renouveler, en conséquence, les défenses d'y laisser paître ou divaguer les animaux, d'y faire aucune œuvre servile, d'y commettre aucune indécence, d'y jeter ou conduire des immondices, et d'y rien faire qui soit contraire au respect dû à la mémoire des morts. Ils doivent également défendre aux fossoyeurs et à tous autres d'enlever les draps ou linceuls dans lesquels les morts auront été ensevelis (*Instr. min. int.,* 8 *messidor an XII,* 27 *juin* 1804).

V. *Cimetière, Exhumations.*

SOURCES. V. *Eaux.*

STATIONNEMENT SUR LA VOIE PUBLIQUE. V. *Voitures.*

SUIFS. V. *Abattoirs.* — *Bouchers.*

TANNERIES. — V. *Eaux.*

TAUREAU.

Pouvoir du maire. — Sureté de la voie publique. — Mesures pour prévenir les accidents que pourrait occasionner la divagation des animaux malfaisants.

Formule.

Arrêté portant que les taureaux ombrageux, de moins d'un an, seront pourvus d'un anneau nasal.

Le maire d   ,
Vu les lois des 16-24 août 1790 et 18 juillet 1837;
Considérant que le moyen le plus certain de prévenir les dangers et accidents que peuvent occasionner les taureaux ombrageux consiste dans l'application à ces animaux d'un anneau nasal,

Arrête:

Art. 1er. Les propriétaires de taureaux âgés de moins d'un an, devront, dans un délai d'un mois à partir de la publication du présent arrêté, faire attacher à ces animaux, d'une manière permanente, un anneau nasal.

Cette prescription ne les dispensera pas de l'emploi des autres mesures de précaution prescrites par les arrêtés antérieurs pour la conduite des taureaux aux marchés, à l'abattoir ou à l'abreuvoir.

2. Les contraventions, etc.

Fait en mairie, à   , le

Le maire,

V. *Abattoirs, Animaux.*

TAPIS. V. *Jet.*

TAXE DE LA VIANDE. V. *Bouchers.*

TAXE DU PAIN. V. *Boulangers.*

TEILLAGE DU CHANVRE OU DU LIN. V. *Bruits et tapages.*

TERRAINS MILITAIRES.

Excès de pouvoirs.

Pâturage. — L'autorité municipale est sans droit pour prendre un règlement dans le but d'assurer l'exécution de l'art. 22 de la loi du 8-10 juillet 1791, qui défend de laisser pâturer sur aucun terrain militaire dépendant des fortifications des places de guerre. En conséquence, est illégal et non obligatoire l'arrêté du maire pris à ce sujet. Ce droit n'appartient qu'au ministre de la guerre (*Cass.*, 16 *juin* 1848, *Cœugniet*).

THÉATRE.

§ 1er. — Pouvoir du Maire. — maintien du bon ordre dans les lieux publics.

1. *Affiches.* — Est obligatoire l'arrêté qui défend de placarder des affiches annonçant un spectacle, sans l'obtention du visa du maire (*Cass.*, 3 *janv.* 1834, *Vivien*), ou annonçant des pièces autres que celles du répertoire approuvé (*Cass.*, 10 *déc.* 1841, *Castel*); ou qui défend au directeur d'un théâtre d'annoncer sur ses affiches des pièces autres que celles dont se compose son répertoire (*Cass.*, 10 *déc.* 1841, *Castel*). L'infraction a ce dernier arrêté doit être poursuivie devant le tribunal de police correctionnelle (*Même arrêt*).

2. *Débuts.* — *Acteurs.* — *Réception.* — Est légal et obligatoire l'arrêté qui défend, lors des débuts d'un acteur ou actrice, les clameurs ou interpellations, les sifflets et trépignements (*Cass.*, 6 *août* 1841, *Bossier*); ou de troubler le spectacle par des huées, vociférations, etc., et d'interrompre les acteurs pendant la représentation (*Cass.*, 11 *avril* 1844, *Parlange;* 15 *nov.* 1844, *Roulan.*)

3. *Loges. — Entrepôt d'objets.—Défense.* — Est légal et obligatoire le règlement qui défend aux spectateurs de placer des objets quelconques sur le bord des loges (*Cass.*, 16 *févr.* 1850, *Lebeau*).

4. *Ouverture.—Fermeture. — Heures. — Fixation.* — Est légal et obligatoire l'arrêté qui fixe les heures d'ouverture et de fermeture des théâtres (*Cass.*, 8 *août* 1840, *N.*; 6 *juin* 1856, *Thibaut*).

5. *Pièce. — Interdiction.* — Est obligatoire l'arrêté qui, pour des motifs d'ordre public, suspend la représentation d'une pièce et même ordonne la clôture provisoire du théâtre (*Cass.*, 30 *nov.* 1833, *Vivien*).

6. *Rôle. — Changement. — Interdiction.* — Est légal et obligatoire le règlement qui défend à tout acteur de rien ajouter ou changer à son rôle sans y avoir été autorisé par l'administration municipale (*Cass.*, 4 *avril* 1835, *Vernet*).

7. *Sifflets. — Interdiction.* — Est obligatoire l'arrêté qui défend de siffler dans les théâtres pendant les représentations (*Cass.*, 18 *oct.* 1839, *Huguet*).

8. *Spectateurs. — Observations.* — Est exécutoire le règlement qui enjoint aux spectateurs d'adresser au commissaire de police de service les demandes et observations qu'ils auraient à faire sur l'ordre du spectacle, en évitant de troubler la représentation par des cris et des huées (*Cass.*, 15 *nov.* 1844, *Roulan.*)

§ 2. — FORMULES.

1. Règlement sur l'établissement des salles de spectacle et police intérieure et extérieure des théâtres et spectacles (¹).

Le maire de la ville de.....

Vu les lois des 14-22 décembre 1789, art. 50; 16-24 août 1790, titre II, art. 3, n°ˢ 2 et 3, et art. 4; 19 janvier 1791; 19-22 juillet 1791, titre 1ᵉʳ, art. 46; 26-27 juillet 1791; l'arrêté du gouvernement du 1ᵉʳ germinal an VII, 21 mars 1799; le décret du 21 frimaire an 14; l'ordonnance royale du 8 décembre 1824; la loi du 9 septembre 1835; la loi du 18 juillet 1837, la loi du 30 juillet 1850; le décret du 6 janvier 1864, la circulaire de S. Exc. le ministre de la Maison de l'Empereur et des beaux-arts, du 28 avril 1864, le Code pénal, articles 428, 429 et 471, n° 15;

Considérant que le décret du 6 janvier 1864 supprime les priviléges auxquels l'industrie théâtrale était jusqu'à présent assujettie, et confère à toute personne le droit de faire construire et exploiter un théâtre, à la charge d'une déclaration préalable à l'autorité; — Considérant que le décret réserve, outre la censure théâtrale, l'exécution des lois, décrets, ordonnances et règlements de police de droit commun, et, pour les théâtres subventionnés, celle des clauses et conditions de leurs cahiers des charges envers l'administration; — Voulant refondre en un seul et même règlement les dispositions de l'ancienne réglementation qui intéressent essentiellement la sûreté publique et le bon ordre;

Arrête :

CONSTRUCTION. — *Déclaration préalable.*

Art. 1ᵉʳ. Tout individu voulant faire construire et exploiter un théâtre est tenu d'en faire la déclaration préalable. — Il sera joint à l'appui les plans détaillés, avec coupes, et l'indication du nombre des places calculé par personne, à raison de 0ᵐ80 de profondeur sur 0ᵐ45 de largeur pour les places en location, et 0ᵐ70 sur 0ᵐ45 pour les autres places. — Les travaux ne pourront être commencés que sur notre avis formel, après examen du projet. — Sauf les cas de dérogation que nous nous réservons d'admettre, les salles seront établies, construites et distribuées conformément aux prescriptions suivantes :

Mesures d'isolement.

2. L'édifice peut être isolé ou adossé, au choix du constructeur. En cas d'iso-

____

(¹) Cet arrêté est extrait de l'ordonnance de M. le Préfet de police, du 1ᵉʳ juillet 1864.

lement, il sera laissé sur tous les côtés qui ne seront pas bordés par la voie publique un espace libre ou chemin de ronde qui pourra n'être que de trois mètres de largeur si les maisons voisines n'ont pas de jour sur ledit chemin. Dans le cas contraire, la largeur serait rationnellement augmentée, eu égard notamment à l'importance et aux dispositions de l'édifice. — En cas d'adossement, il sera construit un contre-mur en briques, de 0^m25 au moins d'épaisseur, pour préserver les murs mitoyens. — L'épaisseur de ce contre-mur pourra être augmentée comme la largeur du chemin de ronde ci-dessus et par les mêmes considérations.

Prescriptions concernant la grosse construction, surtout en vue des dangers d'incendie.

3. Les murs intérieurs, les murs qui séparent les loges d'acteurs et le théâtre, le mur d'avant-scène, le mur qui sépare la salle, le vestibule et les escaliers seront en maçonnerie.

4. Les portés de communication entre les loges d'acteurs et le théâtre seront en fer et battantes, de manière à être constamment fermées. — Le mur d'avant-scène qui s'élève au-dessus de la toiture ne pourra être percé que de l'ouverture de la scène et de baies de communication fermées par des portes de fer. — L'ouverture de la scène doit être fermée par un rideau en fil de fer maillé, de 0^m05 au plus de maille, qui intercepte entièrement toute communication entre les parties combustibles du théâtre et de la salle. Ce rideau doit être soutenu par des cordages incombustibles. — Les décorations fixes, dans les parties supérieures de l'ouverture d'avant-scène, doivent toujours être incombustibles.

5. Tous les escaliers, les planchers de la salle et les cloisons des corridors doivent être également en matériaux incombustibles.

6. La calotte de la salle doit être en fer et plâtre, sans boiserie.

Pompes à incendie et leur alimentation.

7. Dans l'une des parties les plus élevées du mur d'avant-scène, et sous les combles, il sera placé un appareil de secours contre l'incendie, avec colonne en charge, au poids de laquelle il sera, au besoin, ajouté une pression hydraulique assez puissante pour fournir un jet d'eau dans les parties les plus élevées du bâtiment. La capacité de l'appareil se déterminera selon l'importance du théâtre.

8. Les pompes doivent être installées au rez-de-chaussée, dans un local séparé du théâtre par des murs en maçonnerie.

9. Elles seront toujours alimentées par les eaux de la ville recueillies dans des réservoirs et par un puits, de manière que chacune des deux conduites puisse suffire au jeu des pompes établies.

10. En dehors des salles de spectacle, il doit être établi des bornes-fontaines alimentées par les eaux de la ville et pouvant servir chacune au débit d'une pompe à incendie; le nombre en est déterminé par l'autorité.

Chauffage et ventilation.

11. La salle ne peut être chauffée que par des bouches de chaleur dont le foyer est dans les caves. — Les bouches s'ouvriront à 0^m30 au-dessus du plancher.

12. Les salles de spectacle doivent être ventilées convenablement; l'air y sera renouvelé au moyen de dispositions que l'autorité appréciera. — Des thermomètres seront placés en vue dans les corridors.

Dispositions relatives à l'établissement d'ateliers au-dessus du théâtre.

13. Aucun atelier ne peut être établi au-dessus du théâtre.

14. Des ateliers ne peuvent être établis au-dessus de la salle que pour les peintres et les tailleurs, et sous la condition que les planchers soient carrelés et lambrissés : dans le cas où l'on établirait des ateliers pour les peintres, la sorbonne, à moins que les combles ne soient en fer et plâtre, doit être enfermée dans des cloisons hourdées et enduites en plâtre, plafonnée, carrelée et fermée par une porte en tôle.

15. Aucune division ne peut être faite dans les combles que pour les ateliers désignés ci-dessus.

Corridors et escaliers de dégagement.

16. La largeur des corridors de dégagement, le nombre et la largeur des escaliers ainsi que des portes de sortie seront proportionnés à l'importance du théâtre. — Toutefois il doit y avoir au moins deux escaliers spécialement destinés au service de la salle et donner issue à l'extérieur.

Magasin de décorations et machines.

17. Tout théâtre doit avoir un magasin de décorations et machines hors de son enceinte, établi dans des conditions convenables et avec notre autorisation.

18. Aucun magasin ou approvisionnement inutile de décorations, machines, accessoires, ne doit être fait sous le théâtre ou sur la scène : leur lieu de dépôt doit toujours être séparé du théâtre par un mur en maçonnerie.

Interdiction pour certaines locations et logements.

19. Il est interdit de louer une boutique ou un magasin dépendant du théâtre à tout commerce ou industrie qui offrirait des dangers exceptionnels d'incendie, notamment par la nature de ses marchandises ou de ses produits. — Les tuyaux de cheminée des boutiques louées, s'ils traversent le théâtre ou ses dépendances, seront en maçonnerie et montés verticalement jusqu'au-dessus du comble. Ces tuyaux seront, en outre, dans la hauteur de la salle, garnis d'une enveloppe en briques.

20. Personne autre que le concierge et le garçon de caisse ne peut occuper de logement dans les salles des théâtres, ni dans aucune partie des bâtiments qui communiquent avec les salles.

EXPLOITATION.
Réception de la salle. — Service d'ordre et de police.

21. L'ouverture d'un théâtre ne peut avoir lieu qu'après qu'il a été constaté par nous que la salle est solidement construite et dans les conditions suffisantes de sûreté, de salubrité et de commodité. — Des modifications apportées ultérieurement dans la construction, dans la division et dans les distributions intérieures nécessiteraient un nouvel examen avant la réouverture.

22. Les agents de l'autorité supérieure devront être mis à même d'exercer dans chaque théâtre une surveillance quotidienne, tant au point de vue de la censure dramatique que dans l'intérêt de l'ordre et de la sécurité publique.

23. Il y aura un bureau pour les officiers de police et un corps de garde.

24. Un commissaire de police est chargé de la surveillance générale de chaque théâtre. — Une place convenable lui sera assignée dans l'intérieur de la salle.

25. Tout individu arrêté, soit à la porte du théâtre, soit à l'intérieur de la salle, doit être conduit devant le commissaire de police, qui statuera.

26. La garde de police est spécialement chargée du maintien de l'ordre et de la libre circulation au dehors du théâtre, ainsi que de l'exécution des consignes relatives aux voitures. — Elle ne pénétrera dans l'intérieur de la salle que dans le cas où la sûreté publique serait compromise, ou sur la réquisition du commissaire de police.

27. Il y aura dans chaque salle de spectacle un service médical.

28. Le service des sapeurs-pompiers s'effectuera conformément à la consigne générale approuvée par nous. — Des cadrans-compteurs, servant à constater les rondes faites pendant la nuit, seront placés dans l'intérieur des théâtres, sur le point que désignera le commandant des sapeurs-pompiers.

Urinoirs.

29. Les directeurs feront établir des urinoirs fixes ou mobiles appropriés aux localités, et dans des conditions de convenance et de salubrité que l'autorité appréciera.

Affichage. — Billets. — Location. — Publication des prix.

30. Les affiches de spectacle ne pourront être apposées que sur les emplacements où cet affichage ne peut nuire à la circulation et en se conformant d'ailleurs aux prescriptions générales de notre arrêté du...

31. Est et demeure prohibée, à moins d'une autorisation et à l'exception de l'affiche du spectacle, toute apposition d'affiche ou inscription d'annonces industrielles et autres à l'intérieur des théâtres, soit sur les rideaux, soit dans les péristyles, escaliers et corridors, soit dans les foyers.

32. Il est expressément défendu aux directeurs de faire annoncer sur leurs affiches la première représentation d'un ouvrage sans avoir préalablement justifié au commissaire de police du quartier de l'approbation du manuscrit par l'autorité.

33. Les affiches obligatoires du spectacle du jour seront imprimées sur papier de format de 0 fr. 05 c. ou 0 f. 10, au gré des directeurs, pourvu que la dimension ne dépasse pas 0^m63 de hauteur sur 0^m43 de largeur.

34. Ces affiches ne pourront être apposées au-dessous de 0^m50, ni à une élévation dépassant 2^m50, à partir du sol.

35. Les changements survenus dans le spectacle du jour ne pourront être annoncés que par des bandes de papier blanc appliquées sur les affiches du jour, avant l'ouverture de la salle au public. — Il est interdit aux directeurs d'annoncer ces changements par de nouvelles affiches imprimées, quelle que soit la couleur du papier.

36. Le tarif du prix des places, pour chaque représentation, devra toujours être indiqué très-ostensiblement sur les affiches, en même temps que la composition des spectacles annoncés. — Un exemplaire sera apposé au bureau du théâtre et à tous autres qui pourraient être établis comme succursales. — Ledit tarif devra être inscrit en tête de chaque feuille de location, pour que le public soit toujours utilement averti de ses variations. — Une fois annoncé, le tarif de chaque représentation ne pourra être modifié.

37. Les directeurs ne doivent émettre aucun billet indiquant plusieurs catégories de places au choix des spectateurs ; réciproquement, ceux-ci ne peuvent s'installer qu'aux places portées sur leurs billets.

38. Ils ne peuvent louer à l'avance que les loges et les places converties en fauteuils ou en stalles ou, dans tous les cas, numérotées. — La location doit cesser avant l'heure de l'introduction du public dans la salle.

39. Les places louées doivent être inscrites sur la feuille de location ; l'étiquette indicative ne peut être placée que sur celles qui figureront sur ladite feuille.

40. Il est enjoint aux directeurs de faire remettre au commissaire de police de service, avant l'introduction du public, un double de la feuille de location.

Entrée. — Police extérieure.

41. La salle devra être livrée au public, et la représentation commencera aux heures indiquées par l'affiche. — Les bureaux de distribution des billets devront être ouverts au moins une demi-heure avant le lever du rideau.

42. Il est défendu d'introduire des spectateurs dans la salle avant l'ouverture des bureaux. — Aucun spectateur n'entrera que par les portes ouvertes au public. — Les files d'attentes seront établies hors de la voie publique.

43. Il est défendu de s'arrêter dans les péristyles et vestibules servant d'entrée aux théâtres et de stationner aux abords de ces établissements.

44. Il ne peut y avoir pour le service public, à l'entrée des théâtres, que des commissionnaires permissionnés par nous et porteurs de leurs insignes réglementaires.

Prohibition de vente de billets ou contremarques sur la voie publique.

45. La vente et l'offre de billets ou contremarques, et le racolage ayant ce trafic pour objet, sont formellement interdits sur la voie publique.

46. Tout individu trouvé vendant ou offrant des billets ou des contremarques sur la voie publique, ou racolant pour en procurer aux passants, sur lieu ou dans une localité quelconque, sera conduit devant le commissaire de police, qui avisera.

Dépôt des armes, cannes et parapluies au vestiaire.

47. Il est défendu d'entrer au parterre et aux amphithéâtres avec des armes, cannes ou parapluies. Un vestiaire destiné à recevoir ces objets en dépôt sera établi dans chaque théâtre, de telle sorte que la circulation ne soit pas gênée. — Un exemplaire du tarif pour le prix de ce dépôt sera affiché au vestiaire.

Police intérieure de la salle et de la sortie.

48. Il est enjoint aux directeurs de faire fermer, pendant le spectacle, les portes de communication de la salle aux coulisses, aux foyers particuliers et aux loges des artistes, où il ne doit être admis aucune personne étrangère au service du théâtre. — Une clef de la porte communiquant de l'intérieur de la salle à la scène sera mise, avant la représentation, à la disposition du commissaire de police de service.

49. Il est défendu de placer des siéges, chaises ou tabourets dans les passages ménagés pour la circulation, notamment des personnes se rendant à l'orchestre, au parterre, aux galeries et aux amphithéâtres.

50. Il est défendu de parler ou de circuler dans les corridors pendant la représentation de manière à troubler le spectacle.

51. Il est également défendu, soit avant, soit après le lever du rideau, de troubler l'ordre en causant du tapage, en faisant entendre des interpellations ou des clameurs.

52. Les spectateurs ne peuvent demander l'exécution d'un chant, morceau de musique ou récit quelconque qui n'est pas annoncé dans les affiches du jour.

53. Nul ne peut avoir le chapeau sur la tête lorsque le rideau est levé.

54. Il est défendu de fumer dans les salles de spectacle et sur la scène.

55. Toutes les fois que dans une représentation on devra faire usage d'armes à feu, le commissaire de police s'assurera qu'elles ne sont chargées qu'à poudre.

56. Il ne peut être annoncé, vendu ou distribué, dans l'intérieur comme à

l'extérieur des salles de spectacle, d'autres écrits que des pièces de théâtre portant l'estampille du ministère, et les programmes de spectacle, journaux et imprimés dont la vente et la distribution ont été dûment autorisées.

57. Les objets perdus par le public et trouvés dans l'intérieur des salles de spectacle par les ouvreuses ou employés du théâtre, qui n'auront pu, pendant la représentation, être remis au commissaire de police de service, devront être déposés le lendemain au bureau du commissaire du quartier où est situé le théâtre.

58. A la fin du spectacle, toutes les portes latérales et autres issues seront ouvertes pour faciliter la sortie du public. — Les battants de ces portes devront s'ouvrir en dehors, et leurs abords, tant à l'intérieur qu'à l'extérieur, seront constamment libres de tout obstacle ou embarras. — Toutes les portes des loges s'ouvriront de l'intérieur et à la volonté des spectateurs.

59. Il est expressément défendu aux directeurs de faire cesser l'éclairage dans l'intérieur de la salle, dans les escaliers, corridors et vestibules, avant l'entière évacuation du théâtre.

60. Des lampes brûlant à l'huile, contenues dans des manchons de verre, allumées depuis l'entrée du public jusqu'à la sortie, seront placées en nombre suffisant, tant dans la salle que dans les corridors et escaliers, pour prévenir une complète obscurité, en cas d'extinction subite du gaz.

Heure de clôture.

61. L'heure de clôture des représentations théâtrales est fixée à MINUIT *précis* en tout-temps. — Dans le cas de représentations extraordinaires ou à bénéfice, il pourra être dérogé à la règle, mais sur la demande expresse que devront nous adresser les directeurs.

Circulation des voitures.

62. Les voitures ne peuvent arriver aux différents théâtres que par les voies désignées dans les consignes. — Il est défendu aux cochers de quitter, sous quelque prétexte que ce soit, les rênes de leurs chevaux pendant que descendent et montent les personnes qui occupent la voiture.

63. Les voitures particulières ou retenues, destinées à attendre jusqu'à la fin du spectacle, doivent aller stationner sur les points désignés.

64. A la sortie du spectacle, les voitures qui auront attendu ne pourront se mettre en mouvement que lorsque la première foule se sera écoulée.

65. Les voitures de place ne chargeront qu'après le défilé des autres voitures.

66. Aucune voiture ne pourra aller qu'au pas et sur une seule file jusqu'à ce qu'elle soit sortie des rues avoisinant le théâtre.

Dispositions générales.

67. Les directeurs des théâtres subventionnés restent soumis envers l'administration aux clauses et conditions de leurs cahiers des charges. En conséquence, la présente ordonnance ne leur est applicable que sous les réserves résultant de leur situation exceptionnelle.

68. Sont astreints, comme par le passé, à notre autorisation préalable, et par conséquent, laissés en dehors de la présente ordonnance, les *cafés-concerts* et *cafés* dits *chantants*, où les exécutions instrumentales ou vocales doivent avoir lieu en habit de ville, sans costume ni travestissement, sans décors et sans mélange de prose, de danse et de pantomime ; les spectacles de curiosités, de physique, de magie ; les panoramas, dioramas, tirs, feux d'artifices, expositions d'animaux, exercices équestres, spectacles forains et autres exhibitions du même genre, qui n'ont ni un emplacement durable, ni une construction solide.

69. Sont et demeurent rapportés les arrêtés précédents en contradiction ou en double emploi avec le présent.

70. Le commissaire de police et la gendarmerie sont chargés d'assurer l'exécution du présent arrêté qui sera et demeurera constamment affiché dans le vestibule du théâtre.

Fait en mairie à..... le..,... 　　　　　　　　　　*Le Maire,*

2. Règlement sur la police des théâtres et spectacles.

Le maire d 　　　　　　,
Vu les lois des 14-22 décembre 1789, art. 50 ; 16-24 août 1790, tit. 11, art. 3, n. 2 et 3, et art. 4 ; 19 janvier 1791, 19-22 juill. 1791, tit. 1, art. 46 ; 26-27 juill. 1791, art. 1 ; l'arrêté du gouvernement du 1" germinal an 7-21 mars 1799 ; le décret du 21 frimaire an 14, l'ordonn. royale du 8 décembre 1824, les lois des 9 sept. 1835 et 18 juillet 1837 ; le décret du 6 janvier 1864 ; le Cod. pén., art. 428, 429, 471, n. 15 ;

Considérant que la loi place au nombre des objets de police confiés à la vigilance et à l'autorité des corps municipaux, le maintien du bon ordre dans les endroits où il se fait de grands rassemblements, tels que les spectacles et autres lieux publics.

Arrête :

TITRE Ier. — POLICE INTÉRIEURE.

§ 1er. *Des obligations à remplir par le directeur et les acteurs.*

Art. 1er. Le spectacle commencera tous les jours à l'heure ci-après indiquée, savoir :

Du 21 septembre au 20 avril, à six heures ;

Du 21 avril au 20 septembre, à six heures et demie.

Dans les six premiers mois, le spectacle devra être terminé à dix heures et demie du soir, et dans les six derniers mois, il pourra se prolonger jusqu'à onze heures, mais point au-delà.

2. La fin du spectacle pourra être retardée d'une heure, en cas de représentation extraordinaire et après autorisation spéciale du maire.

3. Le directeur ne pourra faire distribuer un nombre de billets excédant celui des spectateurs que la salle peut contenir, et il sera tenu de rembourser de suite le prix des billets d'entrée aux personnes qui se retireraient faute de place.

4. Il est expressément défendu au directeur d'augmenter le prix des places sans en avoir obtenu l'autorisation du maire. Il devra en faire la demande trois jours au moins à l'avance.

5. Il est fait défense expresse au directeur d'introduire, sous quelque prétexte que ce soit, dans l'intérieur des salles, aucun spectateur avant l'ouverture des bureaux de distribution de billets ; il est également défendu de laisser entrer aucun spectateur par toute autre porte que celle d'entrée ouverte au public.

6. Il ne pourra être débité, déclamé ou chanté sur la scène autre chose que ce qui aura été annoncé par l'affiche du jour.

Cette défense s'applique au chef d'orchestre pour les airs qu'on lui demanderait de faire jouer.

Il est également interdit aux acteurs et aux chanteurs de se permettre aucune suppression ou addition quelconque dans les rôles qui leur sont confiés, aucun geste ironique ou de menace qui s'adresserait aux spectateurs, de se retirer lorsqu'ils doivent être en scène, de ramasser et de lire aucun billet sur la scène.

7. Le directeur est chargé de maintenir l'ordre et le silence dans les coulisses.

8. Il fera fermer exactement, pendant toute la durée du spectacle, les portes de communication de la salle aux coulisses, aux foyers particuliers et aux loges des acteurs et actrices, lieux où il ne doit être admis aucune personne étrangère au théâtre. Le commissaire de police de service au théâtre pourra seul avoir la clef des portes qui communiquent de la salle aux coulisses.

9. La durée des entr'actes est fixée à cinq minutes, dans les pièces où le rideau ne tombera pas ; à quinze minutes toutes les fois qu'il y aura des changements de costumes ou de décors.

L'intervalle entre deux pièces ne pourra jamais être de plus d'une demi-heure.

Afin d'éviter la confusion ou l'encombrement aux portes de la salle, lors de la sortie qui a lieu pendant les entr'actes, le directeur placera à chaque porte un nombre suffisant de surveillants pour la distribution des *contre-marques*.

10. Un quart d'heure avant la fin du spectacle, le directeur fera ouvrir toutes les portes pour faciliter la sortie des spectateurs.

11. Il est défendu de faire cesser l'éclairage dans la salle et dépendances, avant l'entière évacuation de la salle.

§ 2. *Dispositions concernant les spectateurs.*

12. Il est expressément défendu aux spectateurs d'entrer dans le théâtre avec des armes, des cannes, des bâtons ou des parapluies. Ces objets devront être déposés au vestiaire.

13. Il est formellement interdit d'entrer au spectacle avec des chiens, qu'ils soient ou non menés en laisse, et quelle que soit la partie de la salle où leurs maîtres auraient l'intention de se placer.

14. Il est expressément défendu de troubler ou d'interrompre les représentations par des cris, clameurs, apostrophes injurieuses, huées et sifflets, d'interrompre les acteurs, de causer aucun désordre, d'insulter, menacer, pousser ou frapper qui que ce soit, et enfin, de commettre aucune action contraire à la décence ou aux bonnes mœurs.

Les signes d'approbation ou d'improbation qui occasionneraient du tumulte et deviendraient une cause de désordre, sont formellement interdits.

Dans le cas où une représentation serait troublée ou interrompue par des sifflets trop longtemps prolongés, des cris ou des vociférations, le commissaire de police sommera, au nom de la loi, les spectateurs de laisser continuer la représentation.

Si le calme n'est pas rétabli après cette sommation, la toile sera baissée et le commissaire de police enjoindra alors à tous ceux qui se trouveront dans la salle, de l'évacuer immédiatement.

Dans le cas où cette seconde sommation resterait sans effet, l'évacuation des parties de la salle où existe le tumulte aura lieu par la force armée, et ceux qui apporteraient de la résistance seront arrêtés et mis à la disposition de M. le procureur impérial, à l'effet d'être jugés par les tribunaux, et punis des peines portées en la sect. 4 du chap. 3 du tit. 1er du liv. 3 du Cod. pén., pour résistance, désobéissance, outrages et violences envers les dépositaires de l'autorité et de la force publique.

Après le rétablissement de la tranquillité, la représentation pourra être continuée ainsi qu'elle aura été annoncée par l'affiche du jour.

15. Toutes interpellations quelconques des spectateurs les uns aux autres, des spectateurs au directeur, au régisseur et aux acteurs, soit pendant la représentation, soit dans les entr'actes, sont absolument défendues.

Il est également défendu au directeur, au régisseur et aux acteurs de répondre à aucune interpellation du public, quel qu'en puisse être le motif, à moins d'un ordre particulier de l'autorité.

16. Néanmoins le régisseur pourra se porter sur la scène, après l'autorisation ou l'invitation expresse du commissaire de police, pour donner extraordinairement au public une communication que nécessiterait une circonstance relative aux représentations.

Cette communication sera rédigée par écrit et l'on se bornera à en faire la lecture, sans rien y ajouter ni retrancher.

17. Il est également interdit au directeur ou régisseur de faire lecture au public et de communiquer à qui que ce soit les billets qui pourraient être jetés sur le théâtre, avant de les avoir soumis à l'inspection du maire, s'il est présent, ou, en son absence, à celle de l'adjoint qui le remplace, ou du commissaire chargé de la police.

18. Défenses sont faites aux spectateurs placés dans les loges et galeries, de tourner le dos au public et à ceux qui occupent les rangs des banquettes, de se tenir debout pendant les représentations.

19. Il leur est aussi défendu de s'asseoir sur le bord des loges, de rien jeter sur le théâtre ou dans toute autre partie de la salle, de commettre aucune dégradation, de circuler dans les corridors de manière à troubler l'ordre.

Les dégradations seront réparées aux frais de ceux qui les auront commises, et ce, indépendamment de plus fortes peines, s'il y échet.

20. Les spectateurs garderont le silence pendant la représentation ; ils devront tous, sans exception, se tenir découverts lorsque le rideau sera levé et que les acteurs seront en scène. Le seul officier commandant la garde de police conservera son shako ou son casque.

21. Il est expressément défendu de rien jeter des loges dans la salle ; il est également défendu de rien déposer sur l'appui des loges. Suivant l'usage généralement reçu, il n'y a d'exception que pour les châles des dames.

22. Il est défendu de stationner dans les corridors ou couloirs, surtout dans les entr'actes, de manière à gêner la circulation.

23. Il est défendu :

De répandre, distribuer ou colporter dans la salle de spectacle, dans les corridors et vestibules ou aux abords de ladite salle, sans notre autorisation préalable, des écrits, dessins ou emblèmes imprimés, gravés, lithographiés, authographiés ou à la main.

24. Tout individu quelconque, civil ou militaire, est tenu d'obtempérer à l'invitation que lui fera l'officier de police de demeurer tranquille ou de quitter la salle, ou de se rendre au bureau de police pour y donner les explications qui lui seront demandées.

TITRE II. — POLICE EXTÉRIEURE.

§ 1er. *Dispositions spéciales de police.*

25. Il est défendu de former des rassemblements à la porte de la salle de spectacle, de manière à gêner la circulation publique, d'y faire du bruit, d'y exciter du tumulte et de faire effort pour entrer dans la salle.

Défenses sont faites aux mendiants de s'y présenter ou tenir.

26. Les voitures devront, soit à l'arrivée, soit au départ, suivre l'une des rues ci-après désignées. ....

27. Il est défendu aux cochers de prendre d'autres directions. Il leur est, en outre, ordonné de tenir leurs chevaux au pas, jusqu'à ce qu'ils soient parvenus à la distance de soixante mètres au moins de la salle de spectacle.

28. Il est expressément interdit aux cochers de quitter leur siége et d'abandonner les rênes de leurs chevaux. A défaut de domestiques, les commissionnaires reconnus par la police ouvriront et fermeront les portières.

29. Les jours où il y aura affluence aux bureaux de distribution des billets d'entrée, les personnes qui s'y présenteront devront se placer à la suite les unes des autres, dans l'ordre de leur arrivée, et former une queue qui, de chaque côté, commencera au vestibule du bureau et se prolongera dans la salle d'attente, sous la marquise, et au besoin sur le trottoir.

30. Il est défendu aux personnes qui formeront la queue de quitter leur rang et de chercher à devancer, de quelque manière que ce soit, ceux qui les précèderont.

31. Pendant que les queues existeront, les abonnés et les personnes qui auront des coupons de loges ou de stalles qu'elles auront louées pour la représentation, entreront par l'une des portes donnant sur......

§ 2. *Trafic des billets et contre-marques.*

32. Il est défendu au contrôleur placé à l'entrée de la salle, et aux autres agents de l'administration théâtrale, à l'exception des buralistes-receveurs, de recevoir le prix d'aucune place.

33. Il est défendu d'acheter au bureau ou ailleurs des billets d'entrée pour les revendre, d'en faire aucun emploi ou trafic contraire aux intérêts des pauvres.

Le trafic des contre-marques est également interdit.

34. Tout individu trouvé vendant des billets de spectacle sur la voie publique, aux abords des théâtres, sera traduit devant le commissaire de police de service, lequel dressera procès-verbal de la contravention, saisira les billets dont il sera porteur, et prononcera, en cas de délit, l'arrestation provisoire, ainsi que le renvoi devant les tribunaux compétents.

35. Le même commissaire de police ne devra jamais permettre, aux abords de la salle, la présence d'individus qui, à force d'importunités, se font remettre les contre-marques des spectateurs sortants.

TITRE III. — DISPOSITIONS GÉNÉRALES.

36. Défense est faite à toute personne étrangère au service du théâtre de monter sur le théâtre, de pénétrer dans les loges des acteurs, d'entrer dans l'orchestre pendant la durée du spectacle. Les portes de communication du foyer auxdites loges devront être exactement fermées.

37. Il est interdit de répandre dans la salle des écrits imprimés ou non, de pousser des cris ou de proférer des paroles indécentes ou injurieuses ; les contrevenants à la présente disposition seront à l'instant saisis à la diligence du commissaire de police.

38. Il est expressément défendu, à quelque personne que ce soit, de fumer dans aucune partie de la salle et des corridors, ni au foyer.

Le limonadier chargé du service du foyer, est personnellement responsable, en ce qui le concerne, des infractions à la présente disposition, sous les peines de police.

39. Toute personne est tenue d'obéir provisoirement à l'officier de police. En conséquence, tout contrevenant aux dispositions du présent arrêté sera expulsé de la salle, et, en cas de résistance, déposé de suite dans un lieu de détention provisoire ; il sera traduit ultérieurement devant les tribunaux et poursuivi conformément à l'art. 5 de la loi du 21 août 1790, à l'art. 1ᵉʳ de la loi du 26-27 juillet 1761, et à l'art. 471, nº 15, du Code pénal.

40. Les lois sur la perception du droit des pauvres seront strictement exécutées. Il pourra être fait au directeur, de concert avec le bureau de bienfaisance, un abonnement pour la perception de ce droit.

41. Les contraventions, etc.

Fait en mairie, à   le   .   *Le Maire,*

3. Arrêté relatif aux débuts des artistes.

Le maire d.........,

Vu le règlement relatif à la police du théâtre ; vu la circul. min. du 16 juillet 1856 ;

Considérant que les débuts des artistes sont quelquefois interrompus par des manifestations prématurées qui troublent l'ordre du spectacle, paralysent par une pénible émotion les facultés des débutants et peuvent dégénérer en scènes de tumulte ; — Considérant qu'en vertu du traité passé entre l'administration municipale et le directeur du théâtre, les artistes ont le droit de n'être jugés qu'après trois épreuves successives ; — Considérant qu'un tel jugement ne peut être rendu avec une équité réfléchie, si l'artiste qui en est l'objet n'a pas été écouté jusqu'à la fin de ses débuts avec une attention, un calme et une bienveillance qui encouragent ; — Considérant qu'il appartient à un public éclairé et poli comme celui de........ d'apporter, même dans la manifestation d'un jugement sévère, des formes régulières et courtoises qui, tout en refusant d'accueillir l'artiste, respectent la dignité de sa personne ;

Arrête :

Art. 1ᵉʳ. L'admission ou la chute d'un artiste ne sera définitivement prononcée qu'après trois débuts.

2. Pendant toute la durée des représentations de débuts, le public écoutera paisiblement et sans interrompre. Tout témoignage d'improbation est expressément interdit.

3. A la fin de la troisième épreuve, le public sur la demande qui lui sera adressée par le directeur ou le régisseur, manifestera par *oui* ou par *non* son opinion

sur le débutant. Une commission de neuf membres, nommée par le maire, et qui aura assisté aux débuts, recueillera cette opinion et prononcera définitivement. L'autorité municipale notifiera le jugement de cette commission au directeur, qui devra s'y conformer immédiatement.

Le public sera consulté, non à la fin du spectacle, mais au lever du rideau, pour la pièce qui suivra le dernier début et lorsque les spectateurs auront repris leurs places. L'ordre du spectacle sera réglé en conséquence.

4. Toute contravention, etc.

Fait en mairie, à....... , le......... . *Le Maire,*

TIR A L'OIE.

Pouvoir du Maire. — Ordre public. — Répression de mauvais traitements par la prohibition d'un jeu cruel.

Formule.

Arrêté portant que le jeu appelé Tir à l'Oie ne pourra se faire que sur des animaux morts.

Le maire d   ,

Vu les lois des 16-24 août 1790, 19-22 juillet 1791, 18 juillet 1837 et 2 juillet 1850;

Considérant que le jeu appelé *tir à l'oie*, lequel consiste à attacher à des pieux des volailles vivantes ou autres animaux domestiques contre lesquels on lance des bâtons ou divers projectiles jusqu'à ce qu'ils aient été tués et que la partie du corps par laquelle ils sont retenus ait été coupée, constitue un genre d'amusement qui, lorsqu'il est pratiqué au moyen d'animaux vivants, n'est plus en rapport avec nos mœurs, et qu'il ne peut qu'entretenir des idées de cruauté ;

Arrête :

Art. 1er. A l'avenir, les animaux, de quelque espèce qu'ils soient, destinés au jeu vulgairement nommé *tir à l'oie*, devront avoir été préalablement tués par les moyens ordinaires avant de servir de but aux joueurs.

2. Les contraventions, etc.

Fait en mairie, à   , le   .   *Le Maire,*

TIRS D'ARBALÈTES, DE PISTOLETS, etc. V. *Armes à feu.*

TOURBES (extraction de). V. *Biens communaux.*

TRAVESTISSEMENTS. V. *Masques.*

TROTTOIRS.

§ 1er. — Pouvoir du Maire. — Commodité du passage. — Police de la voie publique.

1. *Etablissement.* — Est obligatoire l'arrêté qui ordonne la construction de trottoirs et en met les frais à la charge des propriétaires riverains, si l'existence de l'usage n'est pas contestée ou a été reconnue par l'autorité administrative supérieure (*Cass.*, 25 *avril* 1856, *Wattinne*).

2. *Démolition.* — Est exécutoire l'arrêté qui ordonne la destruction d'un trottoir d'abord autorisé avec une largeur excessive. (*Cass.*, 22 *août* 1862, *Renaud.*)

3. *Reconstruction.* — Est légal et obligatoire l'arrêté qui défend aux habitants d'une ville de reconstruire les trottoirs de leurs maisons sans avoir obtenu les alignements et profils nécessaires (*Cass.*, 18 *oct.* 1836, *Gontier*).

§ 2. — Formule.

Arrêté sur l'établissement des trottoirs.

Le maire de la commune d

Vu la loi du 11 frim. an 7 ; l'avis du conseil d'Etat du 25 mars 1807 ;

Vu la loi du 7 juin 1845, art. 28, sur la répartition des frais de construction des trottoirs ;

Vu le plan général d'alignement de la ville d   , approuvé par l'ordonnance (ou le décret ou l'arrêté du préfet) du   ;

Sur les rapport et devis de l'architecte voyer ;

Arrête:

Art. 1er. Il sera établi dans un délai de...... mois, des trottoirs dans les rues de......

2. Les trottoirs devront suivre l'inclinaison du pavé, en sorte qu'il n'y ait aucun ressaut. Leurs saillies ne pourront être ni plus considérables ni moindres que les dimensions données dans l'autorisation.

Les parties recreusées pour l'écoulement des eaux (sauf le cas où le recreusement n'aurait que 3 cent. de profondeur), seront recouvertes avec une plaque en fonte ou une grille en fer.

3. Partout où la voie publique aura moins de 8 mètres de largeur, on ne pourra y établir de trottoirs, et dans aucun cas l'espace libre existant entre les deux trottoirs d'une rue ne pourra avoir moins de 6 mètres de largeur.

4. Les trottoirs actuellement établis, qui n'ont pas les formes, dimensions ou conditions fixées, y seront ramenés lors de la première réparation du pavé des rues et places où ils sont posés.

5. L'espace entier du trottoir devra être constamment libre de tout dépôt de marchandises ou autres objets ; le public doit pouvoir y circuler librement comme sur le reste de la voie publique.

6. Conformément à l'usage suivi jusqu'à présent, les frais de construction des trottoirs seront supportés par les propriétaires riverains de la voie publique, chacun en droit-soi.

7. M. l'architecte voyer et M. le commissaire de police sont chargés, etc.

Fait en mairie. à   , le   .   *Le Maire,*

V. *Voie publique*, et le *Form. mun.*, tom. 6, p. 884.

TUYAUX DE DESCENTE. Voy. *Gouttières, Saillies.*

TUYAUX DE POÊLE ET DE CHEMINÉE.

§ 1er. — Pouvoir du Maire. — Sureté et commodité du passage sur la voie publique.

1. *Hauteur.* — Est obligatoire l'arrêté qui fixe la hauteur jusqu'à laquelle doit s'élever un tuyau de poêle (*Cass.*, 14 *mars* 1833, *Berthelin* ; 17 *janv.* 1845, *veuve Bouligny*).

2. *Murs extérieurs.* — *Voie publique.* — Est obligatoire l'arrêté qui défend de pratiquer des tuyaux de cheminées dans l'épaisseur des murs des maisons ayant face sur la voie publique (*Cass.*, 13 *mars* 1852, *Malaret*) ; — Ou qui ordonne que tous les tuyaux de poêle sortant sur la rue seront pourvus d'une cuvette, de manière à empêcher que les eaux de suie ou de rouille tombent sur les passants.

3. *Suppression.* — Est légal et obligatoire l'arrêté qui ordonne la suppression dans un délai déterminé de tous les tuyaux de poêle débouchant sur la voie publique (*Cass.*, 15 *déc.* 1854, *Faye*) ; — Ou leur élévation jusqu'à l'entablement dans le cas où ils n'auraient pas d'issue intérieure (*Cass.*, 6 *avril* 1838, *Villaumez*).

§ 2. — Formule.

Arrêté sur l'établissement des tuyaux de poêle.

Le maire de   .

Vu la loi des 16-24 août 1790, qui dispose, tit. XI, art. 3 : *Les objets de police confiés à la vigilance et à l'autorité des corps municipaux sont : 1° tout ce qui intéresse la sûreté et la commodité du passage dans les rues, quais, places et voies publiques...* ; — Vu les lois des 19 juillet 1791, 16 septembre 1807 et 18 juillet 1837 ;

Considérant que des plaintes trop fondées se sont élevées contre l'insuffisance des règlements locaux sur la police de la voie publique, et en particulier contre la tolérance soufferte jusqu'à ce jour des tuyaux de poêle qui débouchent sur les rues ; — Sur le rapport de l'architecte-voyer de la ville ;

Arrête :

Art. 1er. Aucun tuyau de poêle ne pourra déboucher sur la voie publique.

2. Dans un délai de... mois à partir de la publication du présent arrêté, les tuyaux de poêle et autres qui débouchent actuellement sur la voie publique seront supprimés, s'il est reconnu qu'ils peuvent avoir une issue intérieure. Dans le cas contraire, ils seront élevés jusqu'à l'entablement avec les précautions nécessaires pour assurer leur solidité, pour prévenir tout danger d'incendie et pour empêcher l'eau rousse de tomber sur les passants ; à cet effet, les tuyaux devront être en tôle et retenus par des colliers de fer à scellement espacés de demi-mètre en demi-mètre sur toute la hauteur ; il sera, en outre, établi au-

dessous un récipient ou entonnoir avec tuyau de fer-blanc pour conduire les égouttures jusque sur le pavé de la rue.

3. Les tuyaux de cheminées en maçonnerie et en saillie sur la voie publique seront démolis et supprimés lorsqu'ils seront en mauvais état ou lorsqu'on fera de grosses réparations aux bâtiments auxquels ils sont adossés. — Les tuyaux de cheminée en tôle ou en poterie ne pourront être conservés extérieurement sous aucun prétexte.

4. M. le commissaire de police et M. l'architecte-voyer sont chargés d'assurer l'exécution du présent arrêté.

Fait en mairie, à..... le.....

Le Maire,

Voy. *Alignement, Constructions, Incendie, Saillies, Voie publique,* et le *Form. mun.,* t. 6, p. 882.

URINOIRS. V. *Cabarets,* n° 8.

VAGABONDS.

EXCÈS DE POUVOIRS.

Serait illégal l'arrêté qui déclarerait préventivement vagabond tel ou tel individu (*Cass.,* 12 *juin* 1845, N...).

VAINE PATURE. V. *Parcours.*

VARECH OU GOEMON.

POUVOIR DU MAIRE. — MAINTIEN DE L'ORDRE OU IL SE FAIT DES RASSEMBLEMENTS.

Attributions municipales. — La réglementation de la récolte du varech ou vraich, sart ou goëmon, appartient au préfet (*Ord. d'août* 1681; *Déclar. du roi des* 30 *mai* 1731 *et* 30 *oct.* 1772; *Arrêté du gouvernement du* 18 *thermidor an X,* 6 *août* 1802; *C. E.,* 31 *déc.* 1852, *commune de Réville*); mais l'autorité municipale peut, dans un intérêt d'ordre public, interdire la pêche du goëmon les dimanches et jours de fêtes, et l'arrêté pris par elle à cet égard est obligatoire (*Cass.,* 24 *nov.* 1848, *Ozach et Mercier*).

VASES ET USTENSILES EN CUIVRE OU EN ZINC.

§ 1er. POUVOIR DU MAIRE. — SALUBRITÉ PUBLIQUE. — PRÉCAUTIONS CONTRE LES DANGERS D'EMPOISONNEMENT.

Lavage des vases. — Fontaines. — Est légal et obligatoire l'arrêté municipal qui défend de laver dans les bassins des fontaines publiques des ustensiles de cuivre de toute espèce. (*Cass.,* 4 *août* 1837, *Capra.*)

§ 2. FORMULES.

I. Règlement concernant les vases et ustensiles de cuivre pour les préparations des substances alimentaires et autres objets de consommation.

Le maire de   ,

Vu le § 4 de l'art. 3 du tit. XI de la loi des 16-24 août 1790 et l'art. 20 de la loi des 19-22 juillet 1791; — Les art. 319, 320, 471, n° 15; 475, n° 14; 477, n° 4, du Cod. pén., et les art. 1382, 1383, 1384 du Cod. Nap.;

Considérant que les lois précitées placent en première ligne dans les attributions de l'autorité municipale le soin de veiller à tout ce qui peut tendre à la conservation de la santé et de l'existence des citoyens; — Considérant que l'usage des vases et ustensiles de cuivre, pour la préparation des substances alimentaires ou autres qui entrent dans la consommation, est un des objets qui exigent le plus la surveillance de l'autorité et des officiers de police;

Arrête :

Art. 1er. Il sera fait de fréquentes visites des ustensiles et vases de cuivre dont se servent les marchands de vin, traiteurs, aubergistes, restaurateurs, pâtissiers, confiseurs, charcutiers, bouchers, gargotiers, fruitiers, etc., à l'effet de vérifier l'état de ces ustensiles sous le rapport de la salubrité.

2. Les ustensiles et vases empreints de vert-de-gris seront saisis et envoyés au bureau de police; il sera dressé procès-verbal constatant la saisie.

3. Les ustensiles de cuivre dont l'usage serait dangereux par le mauvais état de l'étamage, seront transportés sur-le-champ, à la diligence de qui de droit, chez le chaudronnier le plus voisin pour être étamés aux frais des propriétaires, lors même qu'ils déclareraient ne pas s'en servir.

En cas de contestation sur l'état de l'étamage, il sera procédé à une expertise, et provisoirement ces ustensiles seront mis sous scellés.

4. Il est défendu aux marchands désignés en l'art. 1er de laisser séjourner dans des vases de cuivre, étamés ou non étamés, aucuns aliments et aucunes préparations, quand même ils seraient enveloppés de linge.

5. Il est défendu aux marchands de vin d'avoir des comptoirs revêtus de lames de plomb; aux débitants de sel et de tabac de se servir de balances de cuivre, et aux nourrisseurs de vaches, crémiers et laitiers, de déposer le lait dans des vases de cuivre.

6. Il est défendu aux raffineurs de sel de se servir de chaudières de cuivre pour le raffinage.

Les marchands de sel en gros ne pourront se servir, pour le mesurage du sel vendu, que d'entonnoirs en bois. Les entonnoirs en cuivre ou en zinc sont proscrits.

7. Il est défendu aux vinaigriers, épiciers, fabricants et marchands de liqueurs, de déposer et de transporter dans des vases de cuivre, de zinc ou de plomb leurs liqueurs, vinaigres et autres acides.

Les robinets fixés aux barils des liquoristes devront être étamés à l'étain fin, ou remplis d'un cylindre d'étain fin dans lequel sera foré le conduit d'écoulement.

Ces robinets devront être en bois lorsqu'ils seront fixés aux barils dans lesquels les vinaigriers, épiciers et autres marchands renferment leur vinaigre.

8. Les lames de plomb, les balances, les vases et ustensiles de cuivre ou de zinc qui seraient trouvés en mauvais état chez les marchands désignés dans les articles précédents seront saisis et envoyés au bureau de police, pour être pris, par rapport à ces objets, telles mesures que de droit pour faire cesser le danger que leur état présente.

9. Il est expressément défendu de laver aux fontaines ou dans les bassins des fontaines publiques aucun vase de cuivre, de zinc ou de plomb, de quelque espèce qu'il soit.

10. Les commissaires de police apporteront la plus grande surveillance pour assurer l'entière exécution des dispositions ci-dessus.

11. Les contraventions au présent règlement seront constatées par des procès-verbaux, et les contrevenants seront traduits par-devant les tribunaux compétents pour s'y voir appliquer les peines portées par la loi, sans préjudice de la responsabilité encourue suivant les art. 1382, 1383 et 1384 du Code Nap.

Fait en mairie, à..... le.....   *Le Maire,*

2. Arrêté portant interdiction d'employer des vases de zinc pour le dessalement de la morue.

Le maire de   .

Vu la loi des 16-24 août 1790 et celle des 19-22 juillet 1791; — Vu les art. 319, 320, 471, § 15; 475, § 14, et 477 du Code pénal; — Vu la loi du 18 juillet 1837, art. 11, § 1;

Attendu que l'emploi des vases de zinc au dessalement de la morue présente des inconvénients pour la santé publique;

   Arrête:

Art. 1er. Il est interdit aux marchands épiciers ou autres qui débitent de la morue d'employer des vases de zinc pour dessaler ces poissons.

2. Un délai de quinze jours est accordé aux débitants qui emploient actuellement des vases de zinc à cette destination, pour les remplacer par des vases de pierre ou de bois.

3. Jusqu'à ce que ce remplacement ait eu lieu, l'eau employée pour dessaler la morue devra être renouvelée au moins trois fois par jour, et la morue elle-même devra être soumise à un lavage dans de l'eau fraîche avant d'être livrée aux consommateurs.

4. Les contraventions au présent arrêté seront poursuivies devant les tribunaux compétents, conformément aux lois. M. le commissaire central de police est chargé d'en assurer l'exécution.

Fait en mairie, à...... le.......   *Le Maire,*

3. Arrêté portant interdiction des sels et des vases de cuivre dans la préparation des conserves alimentaires (¹).

Le maire de   ,

Vu les lois des 16-24 août 1790, titre XI, art. 3, n° 4, 18 juill. 1837 et 27 mars 1851;

(¹) Dans beaucoup de départements, l'interdiction des sels et des vases de cuivre dans la préparation des conserves alimentaires, a fait l'objet d'une mesure générale et résulte d'arrêtés préfectoraux intervenus en 1861; mais ces arrêtés ne nous paraissent pas avoir plus de force légale que ceux qui réglementaient le commerce des engrais, par le motif que, comme ces derniers, ils statuent sur un des objets confiés spécialement par la loi à la vigilance et à l'autorité des corps municipaux, et l'on sait

Vu les instructions de M. le ministre de l'agriculture, du commerce et des travaux publics, en date du 20 décembre 1860;

Arrête :

Art. 1er. Il est interdit aux commerçants et fabricants d'employer des vases ou des sels de cuivre dans la préparation des conserves de fruits et de légumes destinés à l'alimentation.

2. Les contraventions au présent arrêté seront constatées et poursuivies conformément aux lois.

Fait en mairie, à...... le.....   *Le Maire,*

4. Arrêté sur l'étamage, le degré d'alliage du cuivre, etc.

1. Les ustensiles et vases de cuivre ou d'alliage de ce métal, dont se servent les marchands de vin, traiteurs, aubergistes, restaurateurs, pâtissiers, charcutiers, confiseurs, bouchers, fruitiers, épiciers, etc., devront être étamés *à l'étain fin*, et entretenus constamment en bon état d'étamage.

Sont exceptés de cette disposition les vases et ustensiles dits *d'office*, et les balances, lesquels devront être entretenus constamment en bon état de propreté.

2. L'emploi du plomb, du zinc et du fer galvanisé est interdit dans la fabrication des vases destinés à préparer ou à contenir les substances alimentaires et les boissons.

3. Il est défendu de renfermer de l'eau de fleurs d'oranger, ou toutes autres eaux distillées, dans des vases de cuivre, tels que les estagnons de ce métal, à moins que ces vases ou ces estagnons ne soient étamés, à l'intérieur, à l'étain fin.

Il est également interdit de faire usage, dans le même but, de vases de plomb, de zinc ou de fer galvanisé.

4. On ne devra faire usage que d'estagnons neufs, ni bosselés, ni fissurés; ils seront marqués d'une estampille indiquant le nom et l'adresse du fabricant, ainsi que l'année et le mois de l'étamage, et garantissant l'étamage à l'étain fin, sans aucun alliage.

5. Il est expressément défendu de fabriquer des estagnons en cuivre en dehors des conditions indiquées ci-dessus; il est également défendu à tout distillateur ou tout détaillant d'en faire usage.

6. Il est défendu aux marchands de vins et de liqueurs d'avoir des comptoirs revêtus de lames de plomb; aux débitants de sel de se servir de balances de cuivre; aux nourrisseurs de vaches, crémiers, et laitiers, de déposer le lait dans des vases de plomb, de zinc, de fer galvanisé, de cuivre et de ses alliages; aux fabricants d'eaux gazeuses, de bières ou de cidres et aux marchands de vins, de faire passer par des tuyaux ou appareils de cuivre, de plomb ou d'autres métaux pouvant être nuisibles, les eaux gazeuses, la bière, le cidre ou le vin. Toutefois, les vases ou ustensiles de cuivre dont il est question au présent article, pourront être employés s'ils sont étamés.

7. Il est défendu aux raffineurs de sel de se servir de vases et instruments de cuivre, de plomb, de zinc ou de tous autres métaux pouvant être nuisibles.

8. Il est défendu aux vinaigriers, épiciers, marchands de vin, traiteurs et autres, de préparer, de déposer, de transporter, de mesurer et de conserver dans des vases de cuivre et de ses alliages, non étamés, de plomb, de zinc, de fer galvanisé, ou dans des vases faits avec un alliage dans lequel entrerait l'un des métaux désignés ci-dessus, aucuns liquides ou substances alimentaires susceptibles d'être altérés par l'action de ces métaux.

9. La prohibition portée en l'article ci-dessus est applicable aux robinets fixés aux barils dans lesquels les vinaigriers, épiciers et autres marchands renferment le vinaigre.

10. Les vases d'étain employés pour contenir, déposer, préparer ou mesurer les substances alimentaires ou des liquides, ainsi que les lames de même métal qui recouvrent les comptoirs des marchands de vin ou de liqueurs, ne devront contenir, au plus, que 10 p. 0/0 de plomb ou des autres métaux qui se trouvent ordinairement alliés à l'étain du commerce.

11. Les lames métalliques recouvrant les comptoirs des marchands de vins ou de liqueurs, les balances, les vases ou ustensiles en métaux défendus par la pré-

---

que la Cour de cassation ayant décidé qu'aux maires seuls appartenait le droit de réglementer la vente des engrais industriels, (V. *ci-dessus, p. 103-n.*) les préfets ont été invités par le ministre à rapporter les arrêtés qu'ils avaient pris sur cet objet, et à intervenir auprès des maires pour qu'ils fassent cette réglementation. Il se peut donc, si déjà cela n'a pas eu lieu, que la question légale des arrêtés préfectoraux interdisant les sels et vases de cuivre dans la préparation des conserves alimentaires, soit prochainement portée devant la Cour de cassation, où elle recevra certainement une solution conforme à notre opinion. Dans cette prévision, il nous parait urgent de prémunir les consommateurs contre les dangers que peut présenter une préparation ainsi faite. Nous croyons que les maires feront sagement de prendre un arrêté conforme au modèle ci-dessus, alors même qu'il en existerait un émané du préfet.

sente ordonnance, qui seraient trouvés chez les marchands et fabricants désignés dans les articles qui précèdent, seront saisis et envoyés à l'autorité judiciaire, avec les procès-verbaux qui constateront les contraventions.

12. Les étamages prescrits par les articles qui précèdent devront toujours être faits *à l'étain fin*, et être constamment en bon état.

13. Les ustensiles et vases de cuivre ou d'alliage de ce métal, dont l'usage serait dangereux par le mauvais état de l'étamage, seront étamés aux frais des propriétaires, lors même qu'ils déclareraient ne pas s'en servir.

En cas de contestations sur l'état de l'étamage, il sera procédé à une expertise, et, provisoirement, ces ustensiles seront mis sous scellés.

14. Les fabricants et marchands désignés dans le présent arrêté sont personnellement responsables des accidents qui pourraient être la suite de leur contravention aux dispositions qu'il renferme.

15. Il sera fait des visites dans les établissements des fabricants et des marchands, à l'effet de constater si les dispositions prescrites par le présent arrêté sont observées.

16. Les contraventions seront poursuivies, conformément à la loi, devant les tribunaux compétents, sans préjudice des mesures administratives auxquelles elles pourraient donner lieu (¹).

Fait en mairie, à....... le.......   *Le Maire,*

VEAUX.

§ 1ᵉʳ. — POUVOIR DU MAIRE. — SALUBRITÉ DES VIANDES MISES EN VENTE.

1. Age, Poids. — V. *Bouchers,* n° 6.

___

(¹) *Instructions faisant suite à l'ordonnance du Préfet de police du 28 février 1853.*

Il est indispensable de soumettre de nouveau les vases de cuivre à l'étamage, lorsque ce dernier vient à être enlevé sur quelque endroit ; il suffit souvent d'un point peu étendu pour déterminer des accidents. Ce n'est pas seulement en laissant séjourner les aliments dans les vases de cuivre mal étamés que le cuivre peut se mêler à ces aliments et causer des empoisonnements : ce mélange peut se produire même pendant la cuisson de certains aliments, et la précaution de les retirer de ces vases, immédiatement après leur coction, ne produirait qu'une fausse sécurité.

Dans tous les cas, il n'est jamais prudent de laisser séjourner des aliments dans les vases de cuivre, même les mieux étamés ; car il est certains condiments qui peuvent attaquer l'étamage et le cuivre qui est au-dessous ; des accidents ont été déterminés par cette négligence.

Il est surtout fort dangereux de faire bouillir du vinaigre dans des bassines de cuivre, ou de laisser dans ces bassines du vinaigre bouillant, dans le but de donner aux légumes ou fruits que contient cette bassine une belle couleur verte ; il est plus dangereux encore, ainsi que cela se pratique souvent, de faire rougir d'abord la bassine, d'y introduire le vinaigre, et de l'y faire bouillir.

Dans l'un et l'autre cas, il se forme des sels solubles qui s'introduisent dans les produits et qui peuvent déterminer des accidents.

Les observations qui précèdent s'appliquent également aux vases de maillechort et d'argent au second titre. Les substances acides et le sel de cuisine qui sont mêlés aux aliments peuvent les altérer par la formation des composés de cuivre, qui, tous, sont de véritables toxiques.

Le plaqué d'argent lui-même ne doit inspirer de sécurité qu'autant que la couche d'argent est d'une épaisseur convenable et qu'aucun point rouge n'apparaît dans l'intérieur des vases.

Le zinc et le fer galvanisé ne peuvent être employés pour les usages alimentaires, parce que le zinc forme, avec les acides, des sels émétiques dont l'usage est dangereux.

L'étain de bonne qualité peut toujours être employé sans danger pour les usages alimentaires.

L'étain fin est blanc, brillant, lorsqu'il est neuf, et rappelle la couleur de l'argent. Lorsqu'on le ploie, il fait entendre un bruit particulier qu'on appelle *cri de l'étain* ; l'étain allié avec le plomb est gris bleuâtre, et cesse de faire entendre le cri que nous venons d'indiquer, lorsqu'il y a plus de 20 p. 0/0 de plomb.

L'étamage à l'étain fin est blanc, brillant, et a un aspect gras ; l'étamage à 75 p. 0/0 d'étain et 25 p. 0/0 de plomb est moins blanc ; celui à 25 p. 0/0 est bleuâtre.

Pour que l'étamage soit bien fait, il faut que le métal soit répandu sur la pièce à étamer d'une manière égale, et sans une trop grande épaisseur ; le poids de l'étain employé pour une surface assez étendue est très-peu considérable, environ 5 décigrammes par décimètre carré ; on voit que la pureté et le prix de l'étain ne sauraient augmenter d'une manière notable le prix de l'étamage.

§ 2. — FORMULE.

Le maire de   .

Vu la loi des 16-24 août 1790, tit. xi, art. 3 ; — Vu la loi du 18 juillet 1837, art. 11 ;

Considérant qu'il est reconnu que la viande des animaux de boucherie dits *animaux de lait*, au-dessous d'une certaine limite d'âge, est impropre à l'usage alimentaire ; — Considérant que l'hygiène publique et la salubrité exigent que l'administration municipale adopte les mesures en vigueur dans d'autres villes en ce qui concerne :

1° La restriction apportée à l'abatage illimité des veaux, agneaux et chevreaux ; 2° l'interdiction d'introduire des viandes dépecées, par suite de l'impossibilité de reconnaître d'une manière précise si ces viandes ne proviennent pas de bêtes mortes de maladies ; 3° la prohibition d'abattre les porcs dans la saison des chaleurs ;

Arrête :

Art. 1er. Il ne sera admis de veaux à l'abattoir, pour être livrés à la boucherie, qu'autant qu'ils auront atteint un poids minimum de 50 kilog. Cependant, il pourra en être admis du poids de 40 à 50 kilog., si leurs huit dents incisives sont entièrement hors de la gencive. — Il est expressément interdit d'augmenter leur poids en les gorgeant d'eau ou de toute autre manière. Les préposés de l'octroi et de l'abattoir sont autorisés, lorsqu'ils soupçonneront une fraude de ce genre, à prendre toutes mesures pour s'en assurer et faire poursuivre les contrevenants conformément aux lois.

2. Il est interdit de livrer à la boucherie ou de mettre en vente aucuns agneaux ou chevreaux qui n'auront pas au moins six semaines, ou un poids minimum de 10 kilog. pour les agneaux et de 6 kilog. pour les chevreaux.

3. Les bouchers et charcutiers de la ville ne pourront faire abattre des porcs ni vendre de la chair fraîche de porcs que du 1er octobre au 31 mars inclusivement. — Il pourra être accordé par le maire des autorisations spéciales d'abat pour le temps de la foire du........, aux bouchers et charcutiers qui en feront la demande.

Défenses sont faites à tous bouchers et charcutiers d'abattre des porcs ni aucuns animaux atteints de maladie de nature à rendre les viandes malsaines ou de mauvaise qualité. — Après l'abat, les viandes ou portions de viandes qui seront reconnues impropres à l'alimentation humaine, par le commissaire de police assisté de l'inspecteur et d'un vétérinaire désigné à cet effet, seront, lorsque la salubrité exigera leur destruction immédiate, transportées à la voirie pour y être enfouies.

Fait en mairie, à..... le....   *Le Maire,*

V. *Abattoirs, Bouchers.*

VEILLÉES.

EXCÈS DE POUVOIRS.

Réunions privées. — *Réglementation.* — Ne serait pas obligatoire l'arrêté qui étendrait aux réunions privées dites *veillées*, ayant lieu dans des maisons particulières, les dispositions concernant les lieux publics ; en d'autres termes, ces *veillées* ne sont pas soumises à l'autorité de police municipale (*Cass.*, 21 *juin* 1855, *Catin*).

VENDANGES. V. *Ban de vendanges.*

VENTES.

§ 1er. — POUVOIR DU MAIRE. — FIDÉLITÉ DU DÉBIT. — MAINTIEN DE
L'ORDRE SUR LA VOIE PUBLIQUE.

1. *Enchères de nuit.* — *Interdiction.* — Est obligatoire l'arrêté qui ordonne que les ventes aux enchères ou au rabais ne pourront, sous aucun prétexte, être faites ou continuées à la lumière et qu'elles auront lieu en plein jour (*Cass.*, 1er *germ. an* XII, *Everaerts*; 16 *oct.* 1847, *Lenoble*).

2. *Jours fériés.* — *Places publiques.* — *Adjudication.* — *Défense.* — Est légal et obligatoire l'arrêté qui défend aux notaires ou huissiers

de procéder à des adjudications sur les places publiques à certains jours et heures déterminés, notamment les jours fériés pendant les offices religieux. *(Cass., 1ᵉʳ germ. an XII, Everaerts).*

3. *Marchandises neuves. — Vente à cri public. — Défense.* — Est légal et obligatoire l'arrêté qui défend de vendre en détail, à cri public, des marchandises neuves qui ne seraient pas comprises parmi les comestibles d'usage journalier et de difficile conservation (*Cass., 13 mai 1843, Roguier*).

4. *Pesage et mesurage devant l'acheteur.* V. *Marchés,* n° 34.

5. *Mesures légales.* — Est exécutoire l'arrêté qui prescrit que les ventes, même celles faites à la criée, ne pourront être faites qu'à la mesure légale, et interdit toute vente de coupons sans indication de métrage (*Cass., 7 mai 1841, Labrousse*).

6. *Rues. — Exposition.* — Est légal et obligatoire l'arrêté qui défend d'exposer en vente des marchandises dans les rues et places publiques (*Cass., 24 juin 1844, Mascrel*).

7. *Voitures* — Est obligatoire l'arrêté municipal qui défend d'approcher des diligences ou voitures en circulation ou en mouvement pour vendre des fruits, des fleurs ou des marchandises quelconques. (*Cass., 15 avril 1842, Pierret.*)

V. *Marchés,* nᵒˢ 2, 3 et 4.

§ 2. — EXCÈS DE POUVOIRS.

8. *Autorisation préalable.* — Ne serait pas obligatoire la disposition qui interdirait les ventes de marchandises à la criée sans avoir obtenu l'autorisation du tribunal de commerce (*Cass., 28 nov. 1828, Franck*).

9. *Prix fixe.* — Ne serait pas obligatoire l'arrêté qui soumettrait le vendeur à la condition de n'adjuger qu'au prix fixe marqué sur l'objet mis en vente (*Cass., 31 juill. 1849, Marx*); — Ou qui ne tolérerait les ventes à la criée que sous la condition expresse qu'elles seront faites à prix fixe; ou déclarerait prohibée toute vente faite à la criée ou à un autre prix que celui marqué sur l'objet mis en vente (*Cass., 3 déc. 1840, Grombach*).

10. *Jours de vente. — Restriction.* — Excéderait les attributions du maire l'arrêté qui restreindrait la faculté de vendre à l'encan à un certain nombre de jours et à certaines heures (*Cass., 28 août 1841, Liotard*).

11. *Pesage et mesurage.* — Serait illégal et non obligatoire l'arrêté qui étendrait aux ventes faites dans les maisons les dispositions du règlement sur les pesage et mesurage publics (*Cass., 21 août 1829, Guys*).

§ 3. — FORMULES.

V. *Marché.*

VIANDES CORROMPUES.

POUVOIR DU MAIRE. — SALUBRITÉ PUBLIQUE.

1. *Bouchers. — Animaux malades* — Est obligatoire le règlement qui défend aux bouchers d'égorger aucuns animaux affectés de maladie (*Cass., 24 juin 1843, Fourès*).

2. *Viande gâtée.* — Est obligatoire l'arrêté municipal qui défend d'exposer en vente de la viande gâtée atteinte de ladrerie (*Cass., 20 févr. 1829, N....*).

3. *Viande du dehors. — Visite.* — Qui prescrit que toutes les viandes mortes de boucherie apportées du dehors dans la ville soient conduites

directement au marché pour y être vérifiées préalablement à la vente (*Cass.*, 13 *mai* 1841, *Blain*).

Voy. pour le modèle d'arrêté : *Bouchers, Epizooties, Marchés.*

VIDANGEURS. Voy. *Fosses d'aisances.*

VOIE PUBLIQUE. — VOIRIE.

§ 1er. — POUVOIR DU MAIRE. — LIBERTÉ ET SURETÉ DU PASSAGE. — CONSERVATION DU SOL COMMUNAL. — SALUBRITÉ PUBLIQUE.

1. *Voie publique. — Chemin. — Distinction.* — Dans le sens de la loi pénale, il ne faut pas confondre la voie publique avec les chemins publics : — Par *voie publique* il faut entendre les rues, places et carrefours des villes et villages ; les *chemins publics* sont les communications plus ou moins importantes qui conduisent de ville en ville ou qui servent dans le territoire des communes, hors de leur enceinte, à l'exploitation des propriétés rurales (*Cass.*, 20 *juill.* 1809, *Mercier* ; 2 *mai* 1811, *Cluzel* ; 15 *févr.* 1828, *d'Aoust*). Les uns et les autres forment la petite voirie.

2. *Attributions municipales.* — Le pouvoir des maires sur les voies publiques et les chemins publics embrasse tout ce qui intéresse la sûreté et la commodité du passage et la salubrité publique.

Voy. notamment : *Alignement, Balayage, Boues et immondices, Constructions, Dépôts, Eaux, Jets, Saillies, Voitures.*

3. *Passage privé.* — Tant qu'un terrain privé est livré par son propriétaire à la circulation publique, il est nécessairement soumis aux mesures et règlements de police qui touchent la commodité et la sûreté du passage (*Cass.*, 5 *févr.* 1844, *Mélinet*).

4. *Rigoles des rues.* — L'arrêté municipal interdisant de déposer ou de jeter sur la voie publique rien qui puisse porter dommage aux passants, ou des liquides d'aucune espèce pouvant embarrasser ou salir la voie publique, est applicable à la rigole d'une rue, attendu que cette rigole fait partie de la rue et de la voie publique (*Cass.*, 23 *janv.* 1862, *Reynaud*).

5. *Cours des maisons.* — Est légal et obligatoire l'arrêté municipal qui décide qu'une cour est considérée, sous le rapport de la salubrité publique, comme voie publique, et soumet les propriétaires et habitants des maisons intérieures de cette cour aux règlements de police (*Cass.*, 13 *avril* 1839, *Devinck*);

6. *Pavés des rues.* — Est légal l'arrêté qui défend aux habitants d'une ville de toucher au pavé ou sol des rues pour faire des rigoles, réparer les seuils, reconstruire les aqueducs ou pour tout autre motif, sans en avoir demandé et obtenu l'autorisation (*Cass.* 27 *juin* 1823, *Habitants d'Aix*);

7. *Quais. — Dépôts.* — Est légal l'arrêté qui défend de laisser séjourner aucun objet quelconque sur les quais de la ville (*Cass.*, 14 *déc.* 1854, *Prigent*) ;

8. *Arrosage.* — Est légal l'arrêté qui prescrit l'arrosement de la voie publique pendant les grandes chaleurs et défend que l'arrosage soit fait autrement qu'avec de l'eau de source, de puits ou de fontaine.

§ 2. — EXCÈS DE POUVOIRS.

9. *Passage privé.* — Mais l'autorité municipale n'a point de police à exercer sur les rues *non publiques* et ne formant qu'une propriété

privée (*Cass.*, 11 *mai* 1844, *Crumering* ; 14 *déc.* 1844, *Sans*) ; et par rues *non publiques*, il faut entendre celles qui ont été ouvertes par des particuliers sur leurs propriétés et qui sont constamment fermées de manière à ce que le public ne puisse pas y passer (*mêmes arrêts*).

§ 3. — FORMULE.

Le maire de

Vu la loi des 14-22 décembre 1789, art. 50, sur la constitution des municipalités ; — Celle des 16-24 août 1790, tit. XI, art. 3 et 4, sur les attributions des Corps municipaux ; — Celle des 19-22 juillet 1791, tit. 1er, art. 46, sur l'organisation de la police municipale ; — Celle des 28 septembre 6 octobre 1791, sur la police rurale ; — Celle du 16 septembre 1807, art. 52, sur les alignements en matière de petite voirie ; — Celle du 10 brumaire, an 7, sur le timbre ; — Celle du 18 juillet 1837, sur l'organisation et les attributions municipales ;

Considérant qu'aux termes des lois sus-visées, l'autorité municipale est chargée de veiller à tout ce qui intéresse la sûreté et la commodité du passage dans les rues, quais, places, promenades et autres voies publiques urbaines et rurales et d'assurer la salubrité publique ;

Arrête :

§ 1er. — ALIGNEMENTS (V. ce mot, *Constructions et saillies*).

§ 2. — EMBARRAS DE LA VOIE PUBLIQUE.

Art. Ier. Il est expressément défendu d'embarrasser la voie publique et les chemins et sentiers communaux, soit en y déposant ou y laissant, *sans nécessité*, des matériaux, pierres, bois et autres objets généralement *quelconques* ; soit en y laissant séjourner ou stationner des voitures *quelconques*, attelées ou non attelées, chargées ou vides, des charrues ou autres instruments aratoires ; soit, enfin, en empêchant ou en diminuant d'une manière *quelconque* la liberté ou la sûreté du passage.

2. Celui qui aura déposé sur la voie publique urbaine ou rurale des matériaux ou autres choses *quelconques, par nécessité*, sera tenu de placer au-dessus ou à côté une lanterne allumée toute la nuit.

3. Tout dépôt de choses quelconques fait par nécessité sur la voie publique urbaine ou rurale, devra être immédiatement déclaré par celui qui l'aura fait ou par celui au compte duquel il aura eu lieu, au bureau de police à la mairie. Cette disposition s'applique aux dépôts qui seront ci-après indiqués.

§ 3. — EXCAVATIONS.

4. Défense est faite à tous individus de pratiquer ou de faire pratiquer sur le sol des voies publiques de toute espèce aucunes fouilles, excavations ou dégradations, sans en avoir demandé ou obtenu la permission de l'autorité municipale.

5. Il est enjoint à tout individu autorisé à faire des fouilles ou excavations sur la voie publique, d'éclairer convenablement les travaux pendant la nuit au moyen de lanternes allumées placées près desdites fouilles ou excavations.

§ 4. — ÉTABLISSEMENTS DE CHANTIERS ET ÉCHAFAUDAGES.

6. Il est expressément défendu de former aucun chantier ou échafaudage sur la voie publique urbaine ou rurale. Les échafaudages qu'il sera nécessaire de faire pour les constructions, reconstructions ou réparations de maisons, bâtiments ou murs, devront être préalablement autorisés par nous.

7. Tout échafaudage autorisé devra être éclairé toute la nuit par des lanternes allumées placées, à 1m50c de hauteur, à chacune de ses extrémités et de manière à projeter la lumière sur la voie publique.

§ 5. STATIONNEMENTS.

8. Les charlatans, saltimbanques, faiseurs de tours, propriétaires d'animaux, propriétaires ou exploitants de spectacles de toute espèce, chanteurs, musiciens, teneurs de jeux d'adresse et marchands ambulants ne pourront s'établir ou stationner sur la voie publique sans notre autorisation spéciale.

§ 6. — EXPOSITIONS AUX FENÊTRES. — PROJECTIONS D'OBJETS.

9. Défense est faite aux habitants de mettre aucuns vases, pots à fleurs, caisses ou autres objets sur les fenêtres non garnies de balcons ou de barres de support en fer.

10. Défense est faite à tous particuliers de suspendre ou étendre à leurs fenêtres pour les faire égoutter ou sécher, aucunes pièces de linge provenant du

lavage ou savonnage, des étoffes quelconques, et en général tous objets soumis aux préparations du blanchissage, du dégraissage ou de la teinture.

11. Il est défendu à tout individu, propriétaire, locataire ou jouissant à un titre quelconque d'un balcon sur lequel il aurait placé des pots, vases ou caisses de fleurs, de les arroser sur le balcon de manière à ce que l'eau s'égoutte dans la rue.

12. Défense expresse est faite à tout individu de jeter ou de laisser couler sur la voie publique, soit de jour, soit de nuit, aucune eau propre ou sale, aucunes des eaux ménagères, aucune eau de savon provenant du lavage des chambres, appartements ou bâtiments quelconques. Ces eaux devront être conduites ou portées dans les puisards des maisons.

13. Défense est faite à tout individu de laisser couler sur la voie publique aucune eau provenant des fumiers ou des écuries. Ces eaux devront être reçues dans des bassins ou puisards et transportées dans les champs à l'aide de tonneaux.

14. Il est expressément interdit à toute personne de jeter sur la voie publique des pierres, matériaux quelconques ou autres corps durs, des ordures, immondices ou tous autres objets de quelque espèce ou de quelque nature que ce soit. — Cette défense s'applique à tout objet jeté, soit sur les passants, soit contre les maisons, bâtiments et édifices quelconques, soit contre les animaux circulant ou stationnant dans les rues, places et voies publiques, soit contre les baraques, échoppes ou tentes établies avec ou sans notre autorisation.

15. Il est défendu de secouer sur la voie publique, soit à terre, soit par les fenêtres, des tapis et autres objets pouvant salir et incommoder les passants.

§ 7. — PROMENADES.

16. Défenses sont faites de faire passer des voitures, bêtes de trait, de charge ou de monture, des bestiaux ou animaux quelconques dans les parties de la promenade réservées aux piétons ; — De gêner ou obstruer le passage par des étalages ou de toute autre manière ; — D'attacher aux arbres des promenades, soit des cordes pour y étendre du linge ou d'autres objets, soit des chevaux ou autres bestiaux ou animaux ; — De monter sur les arbres ou d'en casser, arracher ou effeuiller les branches, ou de les détériorer d'une manière quelconque, notamment d'y graver des lettres, chiffres ou signes quelconques en enlevant une partie de l'écorce avec quelque instrument que ce soit.

§ 8. — DÉPÔTS DE FUMIERS, BOUES, IMMONDICES OU AUTRES MATIÈRES RÉPANDANT UNE ODEUR DÉSAGRÉABLE.

17. Il est expressément défendu d'établir des trous ou fosses pour y déposer des fumiers, soit sur la voie publique, soit dans les cours ou dépendances des maisons attenantes à la voie publique.

18. Il est également défendu de faire, *sans nécessité*, dans les rues, places, chemins et autres voies publiques aucun dépôt ou amas de fumiers, boues, immondices, pailles, foin, feuilles et autres objets destinés à être convertis en fumier.

19. Défense est faite d'étendre sur les voies publiques urbaines ou rurales des pailles, foins, feuilles ou autres objets pour les faire macérer. Nous nous réservons d'autoriser, sur la demande qui nous en sera faite préalablement, les étendages de paille ayant pour but d'amortir le bruit des voitures, mais seulement devant les maisons où il y aura un malade. La demande devra être appuyée d'un certificat du médecin constatant la nécessité de cet étendage.

§ 9. — BALAYAGE (V. ce mot.)

§ 10. — ARROSAGE DE LA VOIE PUBLIQUE PENDANT LES CHALEURS.

20. Il est ordonné aux habitants de la commune d'arroser la voie publique chacun devant sa maison, boutique, magasin, grange, écurie ou autres bâtiments. Cet arrosage devra être fait deux fois par jour à..... heures du matin aussitôt après le balayage, et à..... heures du soir pendant les chaleurs de l'été.

21. Cet arrosage ne pourra être fait qu'avec de l'eau propre de source, de puits ou de fontaine.

22. Les contraventions au présent arrêté seront constatées et poursuivies conformément aux lois.

Fait en mairie à.... le....   *Le Maire,*

VOITURES.

§ 1er. — POUVOIR DU MAIRE : — SURETÉ ET COMMODITÉ DU PASSAGE SUR

LES VOIES PUBLIQUES, PRÉVENIR LES ACCIDENTS QUI PEUVENT RÉSULTER DE LA MAUVAISE DIRECTION DES CHEVAUX ET VOITURES.

1. *Attributions municipales.* — La disposition du n° 3 de l'art. 475 du Code pénal, qui prescrit aux rouliers, charretiers, conducteurs de voitures quelconques, ou de bêtes de trait ou de charge, de se tenir constamment à portée de leurs chevaux et en état de les guider et conduire est d'ordre public; elle s'applique à toutes les voies publiques indistinctement et régit aussi bien la petite que la grande voirie. Elle a son effet indépendamment et même en l'absence de tout règlement municipal à ce sujet (*Cass.*, 19 *sept.* 1846, *Thiennot-Musine*; 4 *nov.* 1848, *Capelle*; 21 *sept.* 1850, *Castex*; 21 *juin* 1855, *Prouff et Nicolas*; 22 *nov.* 1856, *Courtot*).

Il en est de même de la disposition du n° 4 du même article, qui punit ceux qui auraient fait ou laissé courir les chevaux, bêtes de trait, de charge ou de monture, dans l'intérieur d'un lieu habité, ou violé les règlements contre la rapidité ou la mauvaise direction des voitures (*Cass.*, 8 *août* 1856, *Bachère*).

Il n'est donc pas indispensable pour les maires de prendre un arrêté pour porter un règlement sur cet objet, puisque le fait est défendu par la loi elle-même.

2. *Abandon.* — *Défense.* — Est obligatoire l'arrêté qui interdit l'abandon de voitures attelées ou non attelées sur la voie publique (*Cass.*, 21 *juin* 1855, *Prouff et Nicolas*).

3. *Chargement et déchargement.* — Est obligatoire le règlement qui autorise le stationnement des voitures publiques sur la voie publique pendant le temps du chargement ou du déchargement (*Cass.*, 6 *mai* 1846, *Giraud*); — Mais un tel arrêté ne dispense pas les voituriers de l'obligation qui leur est imposée de se tenir constamment à portée de leurs chevaux et en état de les guider et conduire (*même arrêt*).

4. *Chevaux.* — *Grand trot.* — *Interdiction.* — Est également obligatoire et a pour sanction pénale le n° 4 de l'art. 475 du Code pénal (*Cass.*, 21 *févr.* 1856, *Roux*; 8 *août* 1856, *Bachère*); — L'arrêté qui défend aux conducteurs de voitures quelconques et aux cavaliers de conduire leurs chevaux au grand trot (*Cass.*, 26 *août* 1841, *Durand*; 20 *sept.* 1851, *Noguès*), ou autrement qu'au pas (¹) (*Cass.*, 30 *mai* 1857).

5. *Circulation.* — *Boulevard.* — *Promenades.* — Est légal et obligatoire l'arrêté municipal interdisant le passage des chevaux et voitures sur un boulevard servant de promenade communale. (*Cass.*, 8 *avril* 1862, *Maître*.)

6. *Circulation.* — *Quais.* — Est valable et obligatoire l'arrêté du maire qui interdit aux charrettes ou voitures une partie du quai de la ville, alors que ce quai ferait partie de la grande voirie. (*Cass.*, 27 *avril* 1849, *Durand*.)

7. *Cochers.* — *Charretiers.* — *Conduite des chevaux.* — Est obligatoire et a pour sanction pénale le n° 3 de l'art. 475 du Code pénal (*arrêts précités*) : — L'arrêté qui enjoint aux cochers de rester sur leurs siéges ou de se tenir, lorsqu'ils stationnent, à la tête de leurs chevaux

---

(¹) Un tel arrêté, ni les dispositions de l'art. 475 du Code pénal, ne sont point applicables aux postillons de la malle-poste (*Cass.*, 25 *avril* 1840, *Renaud*; 4 *mai* 1848, *Magny*) ; mais il est applicable à un entrepreneur du service des dépêches (*Cass.*, 20 *sept.* 1845, *Balard*).

(*Cass.*, 5 *mars* 1847, *Bert*) ; — Ou qui défend aux charretiers, rouliers et cochers, de quitter les rênes ou guides de leurs chevaux (*Cass.*, 20 *janv.* 1837, *Planecassagne*; 15 *oct.* 1846, *Lacagne*);—Ou qui prescrit aux rouliers, charretiers et conducteurs de voitures de se tenir constamment à portée de leurs chevaux et en état de les guider et conduire (*Cass.*, 8 *janv.* 1830, *Stauffer* ; 25 *avril* 1844, *Massein*).

8. *Éclairage.* — Est obligatoire et a pour sanction pénale l'art. 471, nº 15, du C. pén., l'arrêté qui prescrit l'éclairage de toute espèce de voitures et charrettes circulant la nuit sur la voie publique (¹) (*Cass.*, 4 *août* 1832, *Michel*; 28 *avril* 1837, *Breton* ; 2 *juin* 1848, *Champaudry*; 8 *févr.* 1856, *Séligman*) ; — Qui prescrit à toutes personnes qui se trouveront dans la nécessité de laisser la nuit des voitures sur la voie publique, de les éclairer pendant toute la nuit (*Cass.*, 19 *août* 1847, *Auclair* ; 11 *sept.* 1851, *Audouard* ; 15 *oct.* 1852, *Voy* ; 29 *déc.* 1853, *Bezol*).

9. *Itinéraire des voitures.* — Est obligatoire et a pour sanction pénale le nº 15 de l'art. 471 du Code pénal, l'arrêté municipal qui règle l'itinéraire des voitures les jours des marchés, foires ou fêtes (*Cass.*, 30 *mai* 1857).

10. *Jours de marchés.* — Est légal et obligatoire l'arrêté qui défend le stationnement des voitures sur la voie publique les jours de marchés (*Cass.*, 23 *mars* 1832, *Gauthier* ; 21 *mai* 1836, *Denier* ; 12 *nov.* 1847, *Bertevas* ; 24 *août* 1850, *Dijoux* ; 11 *sept.* 1851, *Audouard*) ;— Ou devant les portes des habitations (*Cass.*, 9 *févr.* 1832, *Rouard*; 1ᵉʳ *mars* 1851, *Morière*); — Ou après une heure déterminée (*Cass.*, 9 *avril* 1857, *Mendes*).

11. *Mendicité.* — *Interdiction.* —Est obligatoire l'arrêté qui défend de mendier aux portes des voitures, ou d'approcher des diligences ou voitures de poste pour vendre des fruits, des fleurs ou autres marchandises lorsque ces voitures sont en circulation (*Cass.*, 15 *avril* 1842, *Pierret*).

12. *Pisteurs.* — *Interdiction.* — Est légal et obligatoire l'arrêté qui interdit aux loueurs de voitures de se trouver à l'arrivée des diligences dans le but de solliciter les voyageurs à faire usage de leurs voitures (*Cass.*, 3 *avril* 1856, *Schieuse*).

13. *Registre.* — *Voyageurs.* — *Inscriptions.* — Est obligatoire l'arrêté qui astreint les entrepreneurs de voitures publiques à inscrire sur un registre les noms, prénoms, âges, professions et domiciles des voyageurs qu'ils transportent (*Cass.*, 20 *oct.* 1831, *Weglin*).

14. *Siége de côté.* — Est obligatoire l'arrêté qui défend d'adopter un siége sur le côté des voitures pour asseoir le roulier, charretier ou conducteur (*Cass.*, 11 *nov.* 1852, *Siméon*).

15. *Stationnement.* — *Voitures attelées.* — Est obligatoire l'arrêté municipal qui défend le stationnement des voitures attelées sur les rues et autres voies publiques (*Cass.*, 31 *janv.* 1856, *Delobel*); — Ou ne permet le stationnement qu'après en avoir demandé et obtenu l'autorisation (*Cass.*, 21 *déc.* 1838, *Férail*; *C. E.*, 5 *févr.* 1841, *Férail*).

16. *Stationnement.* — *Voitures non attelées.* —L'arrêté municipal qui défend de laisser stationner des voitures non attelées ou de donner

____

(¹) Mais un tel arrêté n'est pas applicable aux malles-postes (*Cass.*, 4 *nov.* 1841, *Aubron*).

à manger aux chevaux sur la voie publique, est pris dans les limites des attributions municipales. (*Cass.*, 17 *sept.* 1841, *Pinel*; 3 *déc.* 1841, *Louazel, Lecoq.*)

17. *Stationnement de nuit.* — Est légal l'arrêté qui défend le stationnement des voitures sur la voie publique pendant la nuit, même dans les lieux où un règlement antérieur l'avait permis pendant le jour (*Cass.*, 12 *nov.* 1847, *Bertevas*; 24 août 1850, *Dijoux*; 11 *sept.* 1851, *Audouard*).

18. *Stationnement.* — *Précautions diverses.* — Est légal et obligatoire l'arrêté qui, dans l'intérêt de la sûreté de la circulation, prescrit d'appuyer sur des cales en bois les voitures laissées en stationnement sur la voie publique, et de les éclairer pendant la nuit. Cet arrêté est applicable même dans les parties de la voie publique qui seraient une dépendance de la grande voirie, et comme telle régie par un arrêté préfectoral qui, d'ailleurs, ne serait en aucune manière en opposition avec les dispositions de l'arrêté municipal (*Cass.*, 28 août 1862, *Letimbre.*)

19. *Stationnement.* — *Lieux.* — Est obligatoire l'arrêté qui fixe les lieux de stationnement des voitures en tout temps (*Jurisp. const.*).

20. *Voie publique.* — *Lavage.* — Est obligatoire l'arrêté municipal qui défend d'étriller ou de panser les chevaux, nettoyer et laver les voitures sur la voie publique. (*Cass.*, 17 *mars* 1855, *Borderie.*)

21. *Voitures publiques.* — *Tarif.* — Est obligatoire le règlement qui fixe le prix des courses des voitures publiques et prescrit que le tarif sera affiché dans l'intérieur de ces voitures (*Cass.*, 21 *déc.* 1838, *Dubosc*).

22. *Voitures-omnibus.* — *Autorisation.* — Est obligatoire l'arrêté municipal qui défend aux voitures-omnibus de circuler dans la ville sans autorisation (*Cass.*, 20 *oct.* 1841, *Berthaud*).

23. *Voitures-omnibus.* — *Circulation à vide.* — *Interdiction.* — Est obligatoire l'arrêté qui interdit aux cochers de place de stationner ou de circuler à vide dans les rues, ou d'aller de rue en rue offrir leurs voitures (*Cass.*, 3 *sept.* 1831, *Fallenot*; 15 *févr.* 1856, *Taix*; 28 *juin* 1856, *Anjouvin*).

24. *Voitures-omnibus.* — *Itinéraire.* — Est légal et obligatoire l'arrêté qui fixe l'itinéraire des voitures dites *omnibus* et l'intervalle qui doit exister entre le départ de chacune d'elles (*Cass.*, 2 *déc.* 1841, *Gazagne*).

25. *Voitures-omnibus.* — *Privilége.* — *Interdictions diverses aux autres entreprises.* — Est obligatoire l'arrêté qui réglemente le mode de stationnement des voitures publiques dans les rues et places; le mode de chargement et de déchargement, le mode d'entrée et de sortie des voitures stationnant dans des locaux particuliers, mais ouverts et attenants à la voie publique (*Cass.*, 8 *mars* 1845, *Castex*).

26. *Voitures-omnibus.* — *Stationnement.* — Est obligatoire l'arrêté qui défend à une entreprise de voitures publiques, faisant le service régulier d'une ligne déterminée, de s'arrêter dans les rues et places pour y prendre ou descendre des voyageurs sans y être spécialement autorisée (*Cass.*, 7 et 14 *juin* 1849, *Faure*); — Ou qui, ayant voulu donner à une entreprise déterminée un droit exclusif de voitures de transport en commun, défend à tous autres entrepreneurs chargés du transport en commun de s'arrêter sur quelque partie que ce soit de la voie publique pour prendre ou décharger des voyageurs (*Cass.*, 10 *oct.*

1835, *Bernard* ; 4 mars 1836, *Entreprise des Algériennes* ; 16 sept. 1841, *Jametel* ; 31 mai 1856, *Grangier* ; 28 juin 1856, *Anjouvin*).

27. *Voitures-omnibus. — Voitures publiques.* — L'autorité municipale est incompétente pour réglementer le service des voitures chargées du transport en commun sur les routes impériales, départementales et les chemins de grande communication pour la partie de ces voies situées en dehors de l'enceinte de la ville, mais elle est compétente pour réglementer ce service sur les voies publiques purement communales, c'est-à-dire dépendant de la petite voirie, et sur les routes de grande voirie dans la traversée des villes (*Cass.*, 15 *févr.* 1856, *Grangier*).

§ 2. — Excès de pouvoirs.

28. *Entrepreneurs. — Bulletins journaliers.* — N'est pas obligatoire l'arrêté municipal qui prescrit aux entrepreneurs de voitures publiques de remettre chaque jour au commissaire de police un bulletin indicatif des voyageurs transportés par leurs voitures (*Cass.*, 27 *avril* 1848, *Mélano*).

29. *Routes impériales ou départementales.* — Excéderait les attributions municipales l'arrêté qui réglementerait le service des voitures chargées du transport en commun sur les routes impériales, départementales et les chemins vicinaux de grande communication en dehors de l'enceinte des villes (*Cass.*, 11 *févr.* 1856, *Grangier* ; 28 *juin* 1856, *Trabout*). — V. ci-dessus n° 27.

30. *Chargement. — Limite.* — Serait illégal l'arrêté qui, à l'instar des lois sur la police du roulage, limiterait le chargement des voitures circulant sur les chemins vicinaux (*Cass.*, 4 *sept.* 1847, *Descamps*).

31. *Cochers. — Age.* — Serait illégal et non obligatoire l'arrêté qui imposerait des conditions de circulation des voitures publiques (spécialement des conditions d'âge des cochers), sur un territoire placé en dehors des attributions de l'autorité municipale (*Cass.*, 4 *janv.* 1862, *Fraize*.)

§ 3. — Formule.

Arrêté sur la circulation des voitures.

Le maire de.....

Vu les lois des 16-24 août 1790, 19-22 juillet 1791 et 18 juillet 1837 sur les attributions municipales ; — Vu les art. 471, n°" 4 et 15, 475, n°" 3 et 4 du Code pénal ;

Considérant que des accidents graves peuvent résulter de l'imprudence et de la négligence des rouliers, voituriers, charretiers, cochers et autres conducteurs de voitures ; qu'il est du droit et du devoir de l'autorité municipale de prescrire les mesures les plus propres à assurer sous ce rapport la sûreté et la liberté de la circulation sur la voie publique ; — Considérant qu'il nous appartient d'assurer le maintien de l'ordre sur la voie publique ; que l'habitude prise par les cochers des voitures de place d'aller de rue en rue offrir leurs voitures et racoler les passants, est une cause fréquente de désordre ;

Arrête :

Art. 1er. Il est enjoint aux rouliers, charretiers et autres conducteurs de voitures de se tenir constamment à portée de leurs chevaux ou bêtes de trait et d'être en état de les guider ou conduire ; de se ranger à droite à l'approche d'une autre voiture, de manière à laisser libre au moins la moitié des routes, rues ou chemins.

2. Il est défendu de confier la garde et la conduite des voitures à tous autres qu'à des individus valides et en état de les diriger.

3. Défenses sont faites à toutes personnes conduisant une voiture de traverser les foires et marchés et en général tous les lieux où il y aurait un rassemblement, autrement qu'au pas, et de ne laisser stationner leurs charrettes ou voitures au lieu du déchargement que le temps nécessaire pour l'opérer. — Pendant le temps

du chargement ou du déchargement d'une voiture attelée, le conducteur devra se tenir ou faire tenir une personne constamment à portée des chevaux et en état de les guider.

4. Il est expressément défendu à tout conducteur de voitures quelconques de traverser la ville ou de parcourir les rues au galop de ses chevaux. Les conducteurs des voitures de place et des entreprises de transport en commun pourront seuls faire marcher leurs chevaux au trot, mais seulement sur les points où la circulation le permettra.

5. Tout cocher ou conducteur de voitures publiques allant au trot, sera tenu de faire ralentir la marche de ses chevaux et de les mettre au pas toutes les fois qu'il aura à traverser une rue coupant ou aboutissant à celle qu'il parcourt ou à tourner dans une rue qui y aboutit.

6. Tout cocher ou conducteur de voitures quelconques devra se tenir constamment sur le côté de la rue à sa droite. — Il lui est expressément défendu de chercher à dépasser les voitures qui le précèdent, si ce n'est sur les points où la largeur de la voie publique le permettra ; mais cette faculté ne s'applique pas au cas où les voitures seraient des véhicules affectés au service du transport en commun.

7. Il est défendu de faire stationner sans nécessité, soit le jour, soit la nuit, sur la voie publique, aucune voiture attelée ou non attelée.

8. Il est défendu aux cochers des voitures de place de parcourir les rues à vide et d'aller de côté et d'autre offrir leurs voitures et racoler les passants.

9. Il est expressément défendu aux cochers de faire stationner leurs voitures sur les points où ce stationnement n'est pas antorisé, de parcourir la voie publique au pas ou en faisant exécuter aux voitures sur la même ligne un mouvement de va-et-vient continuel, tous actes constituant la maraude qui leur est formellement interdite.

10. Aucune voiture dite omnibus ne pourra circuler sur la voie publique et transporter des voyageurs sans préalablement en avoir demandé et obtenu notre autorisation.

11. Les voitures-omnibus ne pourront parcourir que la rue de..... (ou les rues de.....)

12. Aucune voiture-omnibus ne pourra stationner ailleurs que.... (indiquer les lieux de stationnement).

13. Aucune voiture-omnibus ne pourra être mise en circulation sur la ligne qu'elle doit parcourir qu'un quart d'heure après le départ de celle qui la précède dans la même direction.

14. Le prix de la course dans les voitures-omnibus est fixé à....., quelle que soit la distance parcourue par le voyageur. Ce prix sera constamment affiché dans l'intérieur de la voiture dans l'endroit le plus apparent.

15. Défense est faite aux voitures-omnibus de s'arrêter dans les rues autrement que pour y descendre ou prendre des voyageurs. Cet arrêt ne pourra dans aucun cas dépasser le temps strictement nécessaire pour descendre ou monter le voyageur.

16. Aucune voiture, de quelque espèce que ce soit et quelle que soit son affectation, ne pourra circuler pendant la nuit, sur les voies publiques de la commune, sans être munie d'une lanterne ou fallot allumé, qui sera placé à l'avant de la voiture. Les voitures-omnibus devront avoir, en outre, une lanterne allumée placée à l'arrière de la voiture.

17. Toute voiture stationnant par nécessité, sur la voie publique, devra être éclairée pendant la nuit.

18. Défense expresse est faite de laisser stationner sur les voies publiques de l'intérieur de la ville aucune voiture ou charrette chargée de matières combustibles. Ces voitures ou charrettes ne pourront être laissées en dépôt qu'en dehors de la ville et à une distance de 100 mètres au moins de toute habitation.

19. Les contraventions au présent arrêté seront constatées et poursuivies conformément aux lois.

Fait en mairie à.... le.....   *Le Maire,*

FIN DE LA 1re PARTIE.

CODE-FORMULAIRE

DES ARRÊTÉS

DE POLICE MUNICIPALE

DEUXIÈME PARTIE

LÉGISLATION, JURISPRUDENCE ET INSTRUCTIONS
CLASSÉES PAR ORDRE DE DATES

---

1. **Edit sur les attributions du grand voyer, la juridiction en matière de voirie et la police des rues et chemins** (Extrait) (¹).

Décembre 1607.

V. *Alignements, Constructions, Saillies*, pp. 19, 85 et 173.

Henry, etc....

Art. 3. Voulons et nous plaît que lorsque les rues et chemins seront encombrez ou incommodez, nostredict grand voyer ou ses commis enjoignent aux particuliers de faire oster lesdits empeschemens, et sur l'opposition ou différens qui en pourroient résulter, faire condamner lesdits particuliers qui n'auront obey à ses ordonnances trois jours après la signification qui leur en sera faite, jusqu'à la somme de dix livres et au-dessous pour lesdites entreprises par eux faites......

Art. 4. Deffendons à nostredict grand voyer ou ses commis de permettre qu'il soit fait aucunes saillies, avances et pans de bois aux bâtimens neufs, et mesme à ceux où il y en a à présent, de contraindre les réédifier, ny faire ouvrages qui les puissent conforter, conserver et soutenir, ny faire aucun encorbellement en avance pour porter aucun mur, pan de bois ou autres choses en saillie, et porter à faux sur lesdites rues ains faire le tout continuer à plomb, depuis le rez-de-chaussée tout contremont, et pourvoir à ce que les rues s'embellissent et élargissent au mieux que faire se pourra, et en baillant par luy les allignemens, redressera les murs où il y aura ply ou coude, et de tout sera tenu de donner par écrit son procès-verbal de luy signé ou de son greffier, portant l'allignement desdits édifices, de deux toises en deux toises, à ce qu'il n'y soit contrevenu : pour lesquels allignemens nous lui avons ordonné soixante sols parisis par maison, payables par les particuliers qui feront faire lesdites édifications sur ladite voyrie, encore qu'il y eût plusieurs allignemens en icelle, n'estant compté que pour un seul.

Art. 5. Comme aussi nous deffendons à tous nosdits sujets de ladite ville, fauxbourgs, prévosté et vicomté de Paris et autres villes de ce royaume, faire aucun édifice, pan de murs, jambes estriers, encoigneures, caves ny caval, forme ronde en saillie, barrières, contre-fenestre, huis de caves, bornes, pas, marches, siéges, montoirs à cheval, auvens, enseigne, establies, cage de menuiserie, châssis à verre et autres avances sur ladite voyrie, sans le congé et allignement de nostredict grand voyer ou desdits commis. Pourquoy faire nous lui avons at-

---

(¹) Les fonctions de grand voyer sont exercées aujourd'hui par les maires, en ce qui concerne les rues et chemins, en vertu de la loi des 16-24 août 1790, que l'on trouvera plus loin, à sa date.

tribué et attribuons la somme de soixante sols tournois, et après la perfection d'iceux, seront tenus lesdits particuliers d'en avertir ledit grand-voyer ou son commis, afin qu'il récolle lesdits allignemens, et reconnoisse si lesdits ouvriers auront travaillé suivant iceux, sans toutefois payer aucune chose pour ledit récollement et confrontation, et où il se trouveroit qu'ils auroient contrevenu auxdits allignemens, seront lesdits particuliers assignez par devant le prévost de Paris ou son lieutenant, pour voir ordonner que la besongne mal plantée sera abattue et condamnez à telle amende que de raison, applicable comme dessus.

Art. 7. Faisons aussi deffenses à toutes personnes de faire et creuser aucunes caves sous les rues, et pour le regard de ceux qui voudront faire degrez pour monter à leurs maisons par le moyen desquelles les rues estrécissent, faire siéges esdites rues, estail ou auvent, clorre ou fermer aucunes rues, faire planter bornes au coin d'icelles, ès entrées de maisons, poser enseignes nouvelles, ou faire le tout réparer, prennent congé dudit grand voyer ou commis. Pour lesquelles choses faites de neuf, et pour la permission première, nous luy avons attribué et attribuons la somme de trente sols tournois pour la visitation d'icelles, et, pour celles qu'il conviendra seulement réparer ou refaire, la somme de quinze sols tournois, et où aucuns voudroient faire telles entreprises sans lesdites permissions, les pourra faire condamner en ladite amende de dix livres, payable comme dessus, ou plus grande somme, si le cas y échet, et faire abattre lesdites entreprises, le tout au cas que lesdites entreprises incommodent le public, et, pour cet effet, sera tenu le commis dudit grand-voyer se transporter sur les lieux auparavant que donner la permission du congé de faire lesdites entreprises.

Art. 8. Pareillement, avons deffendu et deffendons à tous nosdits sujets de jeter dans les rues eaues ny ordures par les fenestres, de jour ny de nuit, faire préaux ny aucuns jardins en saillie aux hautes fenestres, ny pareillement tenir fiens, terreaux, bois, ny autres choses dans les rues et voyes publiques, plus de vingt-quatre heures, et encore sans incommoder les passans, autrement lui avons permis et permettons de les faire condamner en l'amende comme dessus, auquel voyer ou commis nous enjoignons se transporter par toutes les rues, mesme par les maistresses de quinze jours en quinze jours, afin de commander qu'elles soient délivrées et nettoyées, et que les passans ne puissent recevoir aucunes incommoditez.

Art. 9. Deffendons aussi à toutes personnes de faire des éviers plus haut que rez-de-chaussée, s'ils ne sont couverts jusqu'audit rez-de-chaussée, et mesme sans la permission de nostredict grand voyer, ses lieutenans ou commis.....

Art. 10. Ordonnons à nostredict grand voyer ou commis......

Art. 11. Enjoindra aux sculpteurs, charrons, marchands de bois et tous autres de retirer et mettre à couvert, soit dans leurs maisons ou ailleurs ce qu'ils tiennent d'ordinaire dans les rues, comme pierres, coches, charrettes, chariots, troncs, pièces de bois et autres choses qui peuvent empescher ou incommoder ledit libre passage desdites rues, comme aussi aux teinturiers, foullons, frippiers et tous autres, de ne mettre seicher sur perches de bois, soit ès fenestres de leurs greniers ou autrement sur rues et voyes, aucuns draps, toiles et autres choses qui peuvent incommoder ou offusquer la veue desdites rues, sur les peines que dessus......

Art. 13. Deffendons au commis de nostredict grand voyer, de donner aucune permission de faire des marches dans les rues......

Art. 18. Lesquels lieutenans et commis de nostre grand voyer pourront commettre en chacune ville un maçon ou autre personne capable pour donner les allignements sur rues, dont le nom sera registré en la justice ordinaire......

Si donnons en mandement, etc.

---

2. Ordonnance de la marine (Extrait).

Août 1681.

V. *Varech*, p. 194.

Louis, etc....... Ordonnons et nous plaît ce qui en suit:

LIVRE IV. — TITRE X. — *De la coupe du varech ou vraicq, sar ou goüesmon* (¹).

Art. 1er. Les habitans des paroisses situées sur les côtes de la mer s'assemble-

---

(¹) Voyez sur le même objet, et à leur date, la déclaration du roi du 30 mai 1731, celle du 30 octobre 1772, et l'arrêté du gouvernement du 18 thermidor an 10-6 août 1802.

ront le premier dimanche du mois de janvier de chacune année, à l'issue de la
messe paroissiale, pour régler les jours auxquels devra commencer et finir la
coupe de l'herbe appelée varech ou vraicq, sar ou goüesmon, croissant en mer,
à l'endroit de leur territoire.

2. L'assemblée sera convoquée par les syndics, marguilliers ou trésoriers de
la paroisse, et le résultat en sera publié et affiché à la principale porte de l'église,
à leur diligence.......

3. Faisons défenses aux habitants de couper les vraicqs de nuit et hors les
temps réglés par la délibération de leur communauté, de les cueillir ailleurs que
dans l'étendue des côtes de leurs paroisses, et de les vendre aux forains, ou porter sur d'autres territoires......

4....... 5. Permettons néanmoins à toutes personnes de prendre indifféremment,
en tout temps et en tous lieux, les vraicqs jetés par le flot sur les grèves,
et de les transporter ou bon leur semblera.

**3. Déclaration du roi portant règlement pour les fonctions et droits des offi-
ciers de la voirie (Extrait).**

Du 16 juin 1695.

V. *Alignements, Constructions, Saillies*, pp. 19, 85 et 173.

Louis, etc..... Voulons et nous plaît que......

Faisons défenses à tous particuliers, maçons et ouvriers, de faire démolir,
construire ou réédifier aucuns édifices ou bâtiments, élever aucuns pans de bois,
balcons ou auvens cintrés, établir travaux de maréchaux, poser pieux ou barrières, étaies ou étrésillons, sans avoir pris les alignements et permissions de nosdits trésoriers de France....... (Cette déclaration fixe ensuite les droits qui seront payés pour toutes permissions ou congés pour apposition d'auvents, de pas,
bornes, marches, éviers, siéges, montoirs à cheval, seuils, appuis de boutiques
excédant le corps des murs, portes, huis de caves, fermeture de croisée ou de
soupirail qui ouvrent sur la rue, enseignes, établis, cages, montres, étalages,
comptoirs, plafonds, tableaux, bouchons, châssis à verre, saillans, étaux, dos
d'âne, râteliers, perches, barreaux, échoppes, abat-jours, montants, contrevents
ouvrant en dehors et autres choses faisant avance sur la voie publique; pour les
boutiques et échoppes posées de neuf des savetiers, revendeuses, tripières, bou-
quetières, vendeuses de sel, de morue, salines, et se terminer par cette défense :)

Défendons pareillement à tous nosdits sujets de faire mettre et poser les choses ci-dessus, qu'au préalable ils n'en aient pris desdits commissaires la permission et payé les droits.

**4. Déclaration du roi concernant les maisons et bâtiments de la ville de Paris
étant en état de péril imminent ([1]).**

Du 18 juillet 1729.

V. *Bâtiments en ruine*, p. 38.

Louis, etc....... Nous avons dit et déclaré, disons et déclarons par ces présentes, signées de notre main, voulons et nous plaît, qu'en cas de péril imminent
des maisons et bâtimens de notre bonne ville de Paris, il en soit usé...... en la
forme et manière qui s'ensuit :

Art. 1er. Les commissaires auront une attention particulière, chacun dans leur
quartier, pour être instruits des maisons et bâtimens où il y aurait quelque
péril.

2. Aussitôt qu'ils en auront avis, ils se transporteront sur le lieu, et dresseront
procès-verbal de ce qu'ils y auront remarqué, et qui pourrait être contraire à la
sûreté publique.

([1]) Voyez, sur le même objet, la déclaration du 18 août 1730 ci-après. Ces deux règlements sont encore en vigueur et ont été reconnus applicables à tout l'empire par un
arrêt de la Cour de cassation du 18 août 1833, et précédemment par un arrêt du conseil d'Etat du 19 mars 1823.

Les expertises que ces deux règlements prescrivent pour la démolition des bâtiments
menaçant ruine, sont obligatoires pour les maires; dès lors les arrêtés que ces magistrats
prendraient pour ordonner la démolition des constructions présentant un péril pour
la sécurité publique, sans que cette formalité d'expertise eût été remplie, seraient illégaux *(C. E., 30 janv. 1852)* et pourraient être déférés à l'empereur en son conseil d'Etat
(C. E, 27 mai 1865).

3. Ils feront assigner, sans retardement, à la requête de notre procureur au Châtelet, les propriétaires, au premier jour de l'audience de la police de notre Châtelet de Paris.

4. Les assignations seront données au domicile du propriétaire, s'il est connu et s'il est dans l'étendue de notre bonne ville de Paris ou faubourgs d'icelle, sinon les assignations pourront être données à la maison même où se trouvera le péril, en parlant au principal locataire, ou à quelqu'un des locataires, en cas qu'il n'y en ait point de principal, et vaudront lesdites assignations comme si elles avaient été données au propriétaire.

5. Au jour marqué par l'assignation, le commissaire fera son rapport à l'audience, et si la partie ne comparaît pas, le lieutenant général de police, sur les conclusions d'un de ses avocats, ordonnera, s'il y échoit, que les lieux seront visités par un expert, qui sera par lui nommé d'office.

6. Si la partie comparaît et qu'elle ne dénie point le péril, le lieutenant général de police ordonnera sur lesdites conclusions que la partie sera tenue de faire cesser le péril, dans le temps qui sera par lui prescrit, et sera enjoint audit commissaire d'y veiller.

7. Au cas que la partie soutienne qu'il n'y ait aucun danger, elle aura la faculté de nommer un expert de sa part, pour faire la visite conjointement avec l'expert qui sera nommé par notre procureur au Châtelet; ce qu'elle sera tenue de faire sur-le-champ, sinon sera passé outre à la visite par l'expert seul qui aura été nommé par notredit procureur.

8. La visite sera faite dans le temps qui aura été prescrit par la sentence, en présence de la partie, ou elle dûment appelée au domicile de son procureur, si elle a comparu, sinon au domicile prescrit par l'art. 4 ci-dessus, et ce, soit que la sentence ait été donnée contradictoirement ou par défaut sans qu'il soit nécessaire, même dans le cas de la sentence rendue par défaut, d'attendre l'expiration de la huitaine ; et, en cas qu'il y ait deux experts, et qu'ils se trouveront de différents avis, il en sera nommé un tiers par le lieutenant général de police, à la première audience, partie pareillement présente ou dûment appelée au domicile de son procureur.

9. Sur le vu du rapport de l'expert ou des experts, la partie ouïe à l'audience, ou elle dûment appelée au domicile de son procureur, s'il y en a, ou, s'il n'y en a point, en la forme prescrite par l'art. 4 ci-dessus, et ouï le commissaire en son rapport, ensemble notre avocat en ses conclusions, le lieutenant général de police ordonnera, s'il y a lieu, que dans le temps qui sera par lui prescrit, le propriétaire de la maison sera tenu de faire cesser le péril, et d'y mettre à cet effet des ouvriers, à faute de quoi, ledit temps passé, et sans qu'il soit besoin d'autre jugement, sur le simple rapport du commissaire, portant qu'il n'y a été mis d'ouvriers, il en sera mis de l'ordonnance dudit commissaire, aux frais de la partie, à la diligence du receveur des amendes, qui en avancera les deniers, dont il lui sera délivré, par le lieutenant général de police, exécutoire sur la partie, pour en être remboursé par privilége et préférence à tous autres, sur le prix des matériaux provenant des démolitions, et subsidiairement sur le fonds et superficie des bâtiments desdites maisons.

10. Dans les occasions où le péril serait si urgent que l'on ne pourrait attendre le jour d'audience, ni observer les formalités ci-dessus prescrites, sans risquer quelques accidens fâcheux, en ces cas, les commissaires du Châtelet pourront en faire leur rapport au lieutenant général de police, en son hôtel, et y faire appeler les parties, en la forme prescrite par l'art. 4 ci-dessus, lequel pourra ordonner, par provision, ce qu'il jugera absolument nécessaire pour la sûreté publique.

11. Seront, les sentences et ordonnances rendues à ce sujet, exécutées par provision, nonobstant et sans préjudice de l'appel.

Si donnons en mandement, etc.

---

5. Déclaration du roi concernant les périls imminents des maisons et bâtiments de la ville de Paris (¹).

Du 18 août 1730.

V. *Bâtiments en ruine*, p. 38.

Louis, etc. . . . . Par notre édit du 18 juillet 1729, nous avons établi la forme des procédures qui devait être suivie par les officiers de notre Châtelet de Paris, auxquels les soins de la police sont confiés, au sujet des périls imminens qui pourraient se rencontrer dans les maisons de notre bonne ville et faubourgs de

---

(¹) Voyez la déclaration qui précède et la note.

Paris ; mais comme cette partie de la police, en ce qui regarde seulement les bâtimens ayant face sur rue, est exercée concurremment, tant par notre bureau des finances que par les officiers de la police de notre Châtelet de Paris, nous avons jugé nécessaire de fixer aussi les procédures qui seraient suivies par les officiers du bureau des finances dans les cas qui se trouveraient être de leur compétence, afin que chacun desdits officiers étant assuré de la voie qu'il doit suivre dans une portion si importante de la police de ladite ville, et concourant avec le même zèle au bien public, nos sujets puissent trouver dans ces règles que nous établissons, une sûreté entière contre des accidens qui n'ont été que trop fréquens depuis quelques années.

A ces causes, etc., nous avons dit, déclaré, disons et déclarons par ces présentes, signées de notre main, voulons et nous plaît, qu'en cas de péril imminent des maisons et bâtimens de notre bonne ville de Paris, il en soit usé par les officiers du Châtelet en la forme et manière qui s'ensuit :

Cette déclaration, en douze articles, prescrit pour le bureau des finances, les mêmes formalités que celle du 18 juillet 1729 qui précède, pour les procédures devant le Châtelet.

------

6. Déclaration du roi au sujet des herbes de mer connues sous le nom de varech ou vraich, sart ou goëmon, sur les côtes des provinces de Flandre, pays conquis et reconquis, Boulonnais, Picardie et Normandie (Extrait) ([1]).

Du 30 mai 1731.

V. *Varech*, p. 194.

Louis, etc.

TITRE Ier. — *Des habitans des côtes de la mer des provinces de Flandre, pays conquis et reconquis, Boulonnais, Picardie et Normandie, qui peuvent faire la coupe des herbes connues sous les noms de* varech *ou* vraich, *sart ou goëmon, et de ceux auxquels il est défendu de faire cette coupe.*

(Les prescriptions contenues dans les douze articles de ce titre ayant été abrogées par la déclaration du 30 octobre 1772, que l'on trouvera plus loin à sa date, nous ne les reproduisons pas.)

TITRE II. — *De la manière de faire la coupe des herbes de mer connues sous les noms de* varech *ou* vraich, *sart ou goëmon.*

Art. 1er. Les habitans de chacune des paroisses dénommées dans le titre 1er des présentes, s'assembleront le premier dimanche du mois de janvier de chaque année, à l'issue de la messe paroissiale, pour régler le nombre des jours qu'ils prendront d'entre ceux fixés par ledit titre 1er des présentes, pour faire la coupe des herbes de mer connues sous les noms de *varech ou vraich, sart ou goëmon.*

2. L'assemblée sera convoquée par les syndics, marguilliers ou trésoriers de chaque paroisse. Le résultat en sera publié et affiché à la principale porte de l'église, à leur diligence......

3. Lesdits syndics et marguilliers ou trésoriers remettront au greffe de l'amirauté du ressort, un double du résultat de ladite assemblée, deux jours après qu'elle aura été tenue.

4. (Cet article a été modifié par la déclaration du 30 octobre 1772, ci-après.)

5. Ladite coupe ou récolte ne pourra être faite ni pratiquée dans d'autres temps que ceux fixés par les articles du titre 1er des présentes.....

6. Faisons défenses aux habitans desdites paroisses de couper lesdites herbes pendant la nuit et hors les temps réglés par la délibération de la communauté ; de les cueillir ailleurs que dans l'étendue des côtes de leurs paroisses, et de les vendre aux forains ou porter sur d'autres territoires.....

------

7. Arrêt de règlement du Parlement de Paris concernant la contagion des bestiaux ([2]).

Du 24 mars 1745.

V. *Epizootie*, p. 106.

([1]) Voir à leur date la déclaration du 30 octobre 1772 et l'arrêté du 18 thermidor an 10.

([2]) Voyez sur cet objet important, à leur date, les arrêts du conseil, des 19 juillet 1746, 18 décembre 1774, 30 janvier 1775, 1er novembre 1775 et 16 juillet 1784, l'arrêté du directoire exécutif du 23 messidor an 5-11 juillet 1797, qui généralise les dispositions, pour la plupart locales, desdits règlements ; celui du 27 vendémiaire an 11-19 octobre 1802,

La Cour ordonne :

Art. 1er. Que dans les lieux où la maladie des bœufs, vaches et veaux a commencé de se faire sentir, les officiers, soit du roi, soit des sieurs hauts-justiciers, auxquels la police appartient, chacun dans leur territoire, même les syndics des communautés, en cas d'absence desdits officiers, seront tenus de prendre déclarations exactes des bœufs, vaches et veaux de chaque particulier, et de les faire visiter par personnes à ce intelligentes, deux fois la semaine au moins, le tout sans frais, pour connaître s'il n'y a point de bêtes infectées de la maladie. Enjoint à tous ceux qui ont ou qui auront du bétail malade, de le déclarer incontinent auxdits officiers.... pour être, les bêtes malades, séparées de celles qui seront saines, et mises dans d'autres écuries, étables et lieux. Qu'en cas que le bétail malade puisse être conduit au pâturage, il soit mis à la garde d'un pâtre qui sera choisi par la communauté, et qui ne pourra conduire le bétail que dans les cantons et lieux qui seront indiqués par lesdits officiers, à peine de...... tous dommages et intérêts, dont la communauté demeurera responsable.

2. Fait défenses aux communautés qui ont des droits de parcours ou d'usage sur les territoires voisins, de les exercer dès le moment qu'il y aura dans ladite communauté des bêtes atteintes de maladie, à peine par les habitants des communautés contrevenantes, de répondre solidairement de tous dommages et intérêts et civilement du fait de leur pâtre.

3. Fait pareillement défenses à toutes personnes de conduire des bœufs, vaches ou veaux des bailliages et lieux où la maladie est répandue, pour les vendre dans d'autres bailliages et lieux ; à cet effet, ordonne que lesdits bœufs, vaches et veaux ne puissent être vendus qu'après que ceux qui les conduisent auront préalablement représenté aux juges des lieux où la vente en sera faite, un certificat des officiers du lieu d'où lesdits bœufs, vaches ou veaux auront été amenés, portant qu'il n'y a point de maladie dans ledit lieu sur lesdits bestiaux, ni à trois lieues au moins à la ronde, lequel certificat sera visé par ledit juge, sans frais.....

4. Fait pareillement défenses à toutes personnes, sous les mêmes peines, d'exposer en vente dans les foires et marchés, aucuns bœufs, vaches ou veaux, même aux bouchers de tuer et débiter lesdits bœufs, vaches ou veaux, qu'après qu'ils auront été vus et visités par personnes à ce intelligentes, nommées par lesdits officiers, et ce (à l'égard des bestiaux qui seront exposés en vente dans les foires et marchés) avant que lesdits bestiaux puissent être amenés dans le lieu de la foire ou du marché, pour savoir s'ils ne sont point infectés de maladie, ou même suspects d'en être attaqués; et être, ceux qui se trouveront en cet état, renvoyés sur-le-champ dans les lieux d'où ils auront été amenés ; que les bestiaux qui seront jugés sains, ne puissent être mêlés avec ceux de celui qui les aura achetés, ou d'autres habitants des lieux où ils seront vendus, qu'après en avoir été retenus séparément au moins pendant huit jours.....

5. Ordonne qu'aussitôt que les bêtes infectées seront mortes, les propriétaires et fermiers seront tenus de les enterrer avec leurs peaux, lesdites bêtes préalablement coupées par quartiers, dans des fosses de huit à dix pieds de profondeur pour chaque bête ; de jeter dessus lesdites bêtes de la chaux vive, et de recouvrir exactement ladite fosse jusqu'au niveau du terrain. Enjoint auxdits officiers, et aux syndics en leur absence, de leur faire fournir les charrettes, chevaux, harnois, civières ou traîneaux, même les manouvriers dont ils auront besoin, sans qu'on puisse traîner lesdites bêtes, mais seulement les porter aux fosses dans lesquelles elles seront jetées; le tout à peine de cinquante livres d'amende contre ceux qui auront refusé leurs charrettes, harnois, civières ou traîneaux, ou leurs services pour enterrer promptement lesdites bêtes mortes de maladie. Fait défenses à toutes personnes de laisser dans les bois lesdites bêtes mortes, de les jeter dans les rivières, ni les exposer à la voirie, même de les enterrer dans les écuries, cours, jardins et ailleurs que hors l'enceinte des villes, bourgs et villages, à peine de 500 livres d'amende et de tous dommages et intérêts.

6. Fait défenses à toutes personnes de tirer des fosses les bêtes, soit entières, soit par parties, sous quelque prétexte que ce puisse être, et aux tanneurs et autres d'en vendre ou acheter les peaux.

7. Ordonne.......

8...... 9......

Fait en parlement, etc.

---

qui ordonne la publication du précédent et de l'arrêt du conseil du 16 juillet 1784, dans tous les départements de la France ; et, enfin, l'ordonnance royale du 27 janvier-15 février 1815, qui ordonne la stricte exécution des anciens règlements dans tous les lieux où l'épizootie aura pénétré.

8. Arrêt du conseil d'Etat, qui indique les précautions à prendre contre la maladie épidémique sur les bestiaux (Extrait) (¹).

Du 19 juillet 1746.

V. *Epizootie*, p. 106.

Le roi, en son conseil, a ordonné et ordonne ce qui suit :

Art. 1ᵉʳ. Tous propriétaires de bêtes à cornes, habitans dans les villes ou paroisses de la campagne, dont les bestiaux seront malades ou soupçonnés de maladie, seront tenus d'en avertir dans le moment le principal officier de police de la ville ou le syndic de la paroisse dans laquelle ils habiteront, sous peine de....; à l'effet, par ledit officier de police ou ledit syndic, de faire marquer en sa présence lesdits bestiaux malades ou soupçonnés, avec un fer chaud, d'une marque portant la lettre M, et de constater que lesdites bêtes malades ou soupçonnées de maladie ont été séparées des bestiaux sains, et enfermées dans des endroits d'où elles ne puissent communiquer avec lesdits bestiaux sains de la même ville ou paroisse.

2. Ne pourront, lesdits propriétaires, sous quelque prétexte que ce soit, faire conduire dans les pâturages, ni aux abreuvoirs, lesdits bestiaux, attaqués ou soupçonnés de maladie, et seront tenus de les nourrir dans les lieux où ils auront été renfermés, sous la peine de.....

3. Les syndics des paroisses dans lesquelles il y aura des bestiaux malades ou soupçonnés de maladie, seront tenus..... d'en avertir, dans le jour, le subdélégué du département, et de lui déclarer le nombre de bestiaux qui seront malades ou soupçonnés, et qu'ils auront fait marquer des noms des propriétaires auxquels ils appartiennent, et s'ils en ont été avertis par lesdits propriétaires ou par d'autres particuliers de la même paroisse......

4. Le subdélégué, conformément aux ordres et instructions qu'il aura reçus du sieur intendant de la province, et les officiers dans les villes, tiendront la main, non-seulement pour empêcher que les bestiaux malades ou soupçonnés n'aient aucune communication avec les bestiaux sains de la même ville ou paroisse, mais encore pour empêcher que tous les bestiaux, soit malades, soit soupçonnés, soit sains, du lieu où la maladie se sera manifestée, n'aient aucune communication avec ceux des villes ou paroisses voisines.

5. Fait, S. M., très-expresses inhibitions et défenses aux habitants des villes ou des paroisses de la campagne dans lesquelles la maladie se sera manifestée, de vendre aucun bœuf, vache ou veau, et à tous particuliers des autres paroisses ou étrangères d'en acheter, sous peine de....., tant contre le vendeur que contre l'acheteur.....

6. Fait pareillement, S. M., défenses à tous particuliers, soit propriétaires de bêtes à cornes, ou autres, de conduire aucuns des bestiaux, sains ou malades, des villes ou paroisses de la campagne où la maladie se sera manifestée, dans aucunes foires ou marchés.....

7. Permet, S. M., à tous particuliers qui rencontreront, soit dans les pâturages publics, soit aux abreuvoirs, soit sur les grands chemins, soit aux foires et marchés, des bêtes à cornes marquées de la lettre M, de les conduire devant le plus prochain juge royal ou seigneurial, lequel les fera tuer sur-le-champ en sa présence.

8. Pourront néanmoins, les propriétaires des bêtes à cornes qui auront des bestiaux sains et non soupçonnés de maladie dans un lieu où quelques-uns des bestiaux auront été attaqués, vendre lesdits bestiaux sains et non soupçonnés de maladie aux bouchers qui voudront les acheter, mais à la charge qu'ils seront tués dans les 24 heures de la vente, sans que lesdits bouchers puissent, sous aucun prétexte, les garder plus longtemps.....

9. Seront en outre tenus, lesdits bouchers qui, dans les lieux où il y aura des bestiaux malades ou soupçonnés, achèteront des bestiaux sains, de prendre un certificat des propriétaires desquels ils feront lesdits achats, lequel sera visé de l'officier de police de la ville ou du syndic de la paroisse dans laquelle les achats auront été faits, et contiendra le nombre et la désignation des bestiaux qu'ils auront achetés, et qu'ils n'ont eu aucun symptôme de la maladie ; comme aussi de représenter lesdits certificats à l'officier de police de la ville ou au syndic de la paroisse dans laquelle ils conduiront leurs bestiaux, à l'effet de constater que lesdits bestiaux seront tués dans les vingt-quatre heures du jour de l'achat.......

10...... 11. Les bouchers qui, pour s'approvisionner des bestiaux dont ils auront besoin, en achèteraient dans les lieux où la maladie n'aura point encore pénétré, seront tenus de prendre un certificat de l'officier de police de la ville ou

---

(¹) Voyez l'arrêt de règlement du 24 mars 1745, qui précède, et la note.

du syndic de la paroisse dans laquelle ils feront leurs achats, lequel certificat fera mention de l'état de la paroisse sur le fait de ladite maladie, et du nombre et désignation des bestiaux qu'ils y auront achetés; comme aussi de représenter ledit certificat à l'officier de police de la ville ou au syndic de la paroisse de leur domicile, toutes fois et quantes ils en seront requis, pour justifier que lesdits bestiaux ont été achetés dans les lieux sains, et peuvent être conservés sans danger.....

12. Veut et entend pareillement, S. M., que tous les particuliers et habitans des villes ou des paroisses de la campagne où la maladie n'aura point pénétré, qui voudront conduire ou envoyer des bestiaux aux foires et marchés, pour y être vendus, soient tenus..... de se munir d'un certificat de l'officier de police de ladite ville ou du syndic de ladite paroisse, visé par le curé ou par un des officiers de justice, lequel certificat fera mention de l'état de ladite ville ou paroisse sur le fait de la maladie, et contiendra le nombre et la désignation des bestiaux, et sera ledit certificat représenté aux officiers de police, si aucuns y a, ou aux syndics des paroisses des lieux où se tiendront les foires et marchés, avant l'exposition desdits bestiaux en vente.

13. Fait, S. M., très-expresses inhibitions et défenses auxdits officiers de police et syndics des lieux et communautés où lesdites foires et marchés se tiendront, de permettre l'exposition d'aucuns desdits bestiaux, sans préalablement s'être assurés, par la représentation desdits certificats, du lieu d'où ils viennent et que la maladie n'y a point pénétré.....

---

9. Arrêt du conseil d'Etat, concernant les permissions de construire et les alignements sur les routes entretenues aux frais du roi [1].

Du 27 février 1765.

V. *Alignements, Constructions, Saillies*, pp. 19, 85 et 173.

Le roi étant informé que l'exécution des plans pour les traverses des routes construites par ses ordres, dans les villes, bourgs et villages de quelques généralités, souffre différens retardemens, et est même quelquefois totalement intervertie par des alignemens donnés aux propriétaires de maisons ou autres édifices sur lesdites routes, par des officiers de justice ou prétendus voyers, qui, n'ayant aucune connaissance desdits plans, s'ingèrent, sous différens prétextes, dans l'exercice d'une fonction que le roi ne leur a pas confiée..... Le roi, étant en son conseil, a ordonné et ordonne que, conformément à ce qui se pratique au bureau de finances de la généralité de Paris, dont S. M. a confirmé et confirme l'ordonnance du 24 mars 1754, art. 4 et 12, les alignemens pour constructions ou reconstructions des maisons, édifices ou bâtimens généralement quelconques, en tout ou en partie, étant le long et joignant les routes construites par ses ordres, soit dans les traverses des villes, bourgs et villages, soit en pleine campagne, ainsi que les permissions pour toute espèce d'ouvrage aux faces desdites maisons, édifices et bâtiments, et pour établissement d'échoppes ou choses saillantes le long desdites routes, ne pourront être donnés en aucuns cas par autres que par les trésoriers de France, commissaires de S. M. pour les ponts et chaussées en chaque généralité, ou, à leur défaut et en leur absence, par un autre trésorier de France de ladite généralité qui serait présent sur les lieux et pour ce requis; le tout sans frais, et en se conformant par eux aux plans levés et arrêtés par les ordres de S. M., qui sont ou seront déposés par la suite au greffe du bureau des finances de leur généralité; et dans le cas où les plans ne seraient pas encore déposés audit greffe, veut S. M. qu'avant de donner lesdits alignements ou permissions, lesdits trésoriers de France, commissaires de S. M., ou autres à leur défaut, se fassent remettre un rapport circonstancié de l'état des lieux par l'ingénieur ou l'un des sous-ingénieurs des ponts et chaussées de ladite généralité, et que dudit alignement ou de ladite permission il soit déposé minute au greffe dudit bureau des finances, à laquelle ledit rapport sera et demeurera annexé. Fait S. M. défenses à tous particuliers, propriétaires ou autres, de construire, reconstruire ou réparer aucuns édifices, poser échoppes ou choses saillantes le long desdites routes, sans en avoir obtenu les alignements ou permissions desdits trésoriers de France, commissaires de S. M., ou, dans le cas ci-dessus spécifié, d'un autre trésorier de France dudit bureau des finances, à peine de démolition desdits ouvrages......, et de 300 livres d'amende [2]; et

---

[1] Ce règlement est encore en pleine vigueur et son application est faite tous les jours par les conseils de préfecture, seuls juges des contraventions qui y sont commises.

[2] Le conseil d'Etat ayant plusieurs fois décidé que cette amende ne pouvait être.

contre les maçons, charpentiers et ouvriers, de pareille amende, et même de plus grande peine en cas de récidive......

---

10. Déclaration du roi qui permet à tous riverains des côtes maritimes de cueillir, ramasser et arracher le varech ([1]).

Du 30 octobre 1772.

V. *Varech*, p. 194.

Louis, etc..... Voulons et nous plaît ce qui suit :

Art. 1er. Tous les riverains en général, tant des côtes de la Haute et Basse-Normandie, que de toutes les autres côtes des provinces maritimes de notre royaume, pourront librement, chacun dans l'étendue de leurs paroisses, cueillir et ramasser pour l'engrais de leurs terres les herbes connues sous les noms de *varech* ou *vraicq*, *sar* ou *goëmon*, pendant les mois de janvier, février et mars de chaque année, en observant, par lesdits riverains, les formalités prescrites par les art. 1, 2, 3, 5 et 6 du titre 2 de notre déclaration du 30 mai 1731.

2. Pourront, à l'avenir, lesdites herbes être arrachées avec la main ou autres instruments, nonobstant ce qui est ordonné par l'art. 4, du tit. 2 de notre déclaration de 1731, à laquelle nous avons dérogé et dérogeons à cet égard.

3. Après que lesdits riverains auront fait les provisions de varech nécessaires à l'engrais de leurs terres, dans les temps seulement ci-dessus indiqués, tous lesdits riverains qui voudront fabriquer des soudes pourront cueillir lesdites herbes, et les arracher avec les mains, râteaux et autres instruments, depuis le 1er juillet jusqu'au 1er octobre de chaque année seulement, sans qu'ils puissent être troublés ni inquiétés dans la récolte desdites herbes par les habitants riverains qui ne voudraient pas faire de soudes, ni par quelques autres personnes quelconques, pour quelque cause que ce puisse être.....

4. Les varechs d'échouage, que les flots de la mer jettent sur le rivage, pourront, dans tous les temps et en toute saison, être ramassés par les riverains, pour être employés indistinctement, soit à l'engrais des terres, soit à faire de la soude, ainsi que cela s'est pratiqué jusqu'à présent.

5. Voulons que, dans le cas où les habitans des paroisses qui bordent les côtes maritimes de nos provinces où il croît des varechs, ne voudraient pas s'en servir pour faire de la soude dans les temps permis et indiqués, il soit loisible à tous particuliers, autres que les habitans desdites paroisses, de les arracher, amasser et leur donner toutes les préparations nécessaires pour les convertir en soudes, après avoir fait préalablement constater le refus desdits habitans devant les juges des amirautés dans le ressort desquelles seront situées lesdites paroisses, avec défenses aux habitants et autres personnes quelconques de les troubler et inquiéter.

6. Seront au surplus tenus, lesdits fabricans de soudes, de se conformer, pour le temps de brûler lesdites herbes, à ce qui est prescrit par l'art. 5 du titre commun de notre déclaration de 1731, leur faisons très-expresses inhibitions et défenses d'allumer leurs fourneaux dans les temps où les vents, venant de mer, porteraient les fumées sur les terres. Voulons néanmoins que, dans le cas où les vents qui porteraient d'abord les fumées à la mer venant à changer tout à coup, ils ne pourraient éteindre subitement sans risquer de perdre leurs marchandises, ils puissent continuer de brûler pendant deux heures, ainsi que nous l'avons accordé ci-devant aux habitans du ressort de l'amirauté de Barfleur, par notre arrêt du 7 septembre 1737; et ledit temps passé, ne pourront continuer de brûler, sous quelque cause et prétexte que ce soit, à peine de 300 livres d'amende.

---

11. Arrêt du conseil d'Etat, portant règlement pour la navigation de la rivière de Maine et autres rivières et canaux navigables ([2]).

Du 24 juin 1777.

V. *Eaux*, p. 95.

Le roi......

---

réduite, quelques circonstances atténuantes qui militent en faveur des contrevenants, on doit s'étonner de rencontrer encore des conseils de préfecture qui la réduisent à 16 fr.

([1]) V., sur la pêche du varech, la déclaration du 30 mai 1731 et la note.

([2]) MM. Favard de Langlade (*Rép. de la nouv. législ.*, v° *Cours d'eau*), et Dupin (*C. des bois et charbons*, p. 440), professent que ce règlement est encore en pleine vigueur; il est, en effet, appliqué journellement par les conseils de préfecture.

Art. 1er. Les ordonnances rendues sur le fait de la navigation, notamment celles des eaux et forêts de 1669, et du bureau de la ville de Paris de 1672, et tous autres règlemens sur cette partie, seront exécutés selon leur forme et teneur. S. M. fait, en conséquence, défenses à toutes personnes, de quelque qualité et condition qu'elles soient, de faire aucuns moulins, pertuis, vannes, écluses, arches, bouchis, gors ou pêcheries, ni autres constructions ou autres empêchemens quelconques, sur ou au long des rivières et canaux navigables, à peine de 1,000 livres d'amende et de démolition desdits ouvrages; et où il se trouverait sur la rivière de Marne et autres rivières aucuns desdits ouvrages nuisibles à la navigation, ordonne S. M. aux propriétaires de les enlever et de les détruire dans le délai de deux mois, du jour de la signification du présent arrêt, qui leur sera faite à cet effet; sauf auxdits propriétaires qui auraient fait lesdits établissemens en vertu de titres ou concessions valables et légitimes, prévus par l'ordonnance de 1669, à remettre, dans lesdits deux mois pour tout délai, ès-mains du contrôleur général des finances, les titres et renseignemens relatifs à leur jouissance, pour, sur le vu d'iceux et le rapport qui en sera fait à Sa Majesté, être par elle statué ce qu'il appartiendra, et pourvu à leur indemnité, s'il y échoit.

2. Enjoint S. M. à tous propriétaires riverains de laisser vingt-quatre pieds de largeur pour le halage des bateaux et traits des chevaux le long des bords de ladite rivière de Marne et autres fleuves et rivières navigables, ainsi que sur les îles où il en serait besoin, sans pouvoir planter arbres ni haies, tirer fossé ni clôture plus près desdits bords que de trente pieds.....

3. Ordonne pareillement S. M. à tous riverains, mariniers ou autres, de faire enlever les pierres, terres, bois, pieux, débris de bateaux et autres empêchemens étant de leur fait ou à leur charge dans le lit desdites rivières ou sur leurs bords, à peine de 500 livres d'amende, et d'être, en outre, contraints au paiement des ouvriers qui seront employés auxdits enlèvemens et nettoiemens.....

4. Défend S. M. sous les mêmes peines, à tous riverains et autres, de jeter dans le lit desdites rivières et canaux, ni sur leurs bords, aucuns immondices, pierres, graviers, bois, paille ou fumiers, ni rien qui puisse en embarrasser et attérir le lit, ni d'en affaiblir et changer le cours par aucunes tranchées ou autrement, ainsi que d'y planter aucuns pieux, mettre rouir des chanvres, comme aussi d'y tirer aucunes pierres, terres, sables et autres matériaux, plus près des bords que de six toises.

11. S. M. déclare tous les ponts, chaussées, pertuis, digues, hallandages, pieux, balises et autres ouvrages publics qui sont ou seront par la suite construits pour la sûreté et facilité de la navigation et du halage sur et le long des rivières et canaux navigables ou flottables, faire partie des ouvrages royaux, et les prend, en conséquence, sous sa protection et sauvegarde royale; enjoint S. M. aux maires, syndics, et autres officiers municipaux des communautés riveraines, de veiller et empêcher que lesdits ouvrages ne soient dégradés, détruits ni enlevés, et ordonne que tous ceux qui feraient ou occasionneraient lesdites dégradations ou destructions, seront poursuivis extraordinairement, condamnés en une amende arbitraire, et tenus de réparer les choses endommagées.

---

12. Arrêt de règlement du Parlement de Paris, sur le glanage (¹).

Du 7 juin 1779.

V. *Glanage*, p. 121.

La Cour fait défenses à ceux à qui il est permis et toléré de glaner, de se ser-

---

(¹) Il existe sur le même objet un grand nombre de dispositions réglementaires, notamment une ordonnance de saint Louis, l'édit du 2 novembre 1554, l'arrêt de règlement du Parlement de Paris, du 16 juillet 1652; celui du Parlement de Rouen, du 20 juillet 1741, celui du Parlement de Flandre, du 25 juin 1778; celui du Parlement de Toulouse, du 25 juin 1779; celui du Parlement de Dijon, du 22 avril 1780, et celui du Parlement de Paris, du 16 février 1784. Toutes ces dispositions sont conçues dans le même esprit, rédigées à peu près dans les mêmes termes, et contiennent les mêmes défenses. Mais la loi des 28 septembre-6 octobre 1791, tit. 2, art. 21, et l'art. 471, n° 10, du Cod. pén., qui se sont aussi occupés du glanage, n'ayant pas reproduit certaines défenses contenues dans les arrêts de règlement, telles que celles qui, après avoir fait du glanage le patrimoine des pauvres et des vieillards, défendent aux fermiers et laboureurs d'en frauder les malheureux, de vendre le droit de glaner, etc., et celles qui interdisent aux glaneurs de se servir d'instruments de fer, s'ensuit-il que ces dispositions soient abrogées? Nous ne le pensons pas. Toutefois, la question pouvant être controversée, MM. les maires peuvent les faire revivre par un arrêté de police; ils ont à ce sujet reçu de la loi un pouvoir suffisant.

vir, pour glaner dans les prairies et dans les terres ensemencées en luzerne, trè-
fle, bourgogne, sainfoin et autres herbes de cette nature, de râteaux ayant des
dents de fer, ni d'aucuns autres instruments semblables, et où il peut y avoir
du fer.....; fait, en outre, défenses d'entrer dans les prés clos de haies vives
ou fermés de barrières, pour y glaner, sans le consentement des propriétaires ou
fermiers; fait pareillement défenses à toutes les personnes en état de travailler et
de gagner leur vie, pendant le temps de la moisson, de glaner....; ordonne qu'il
ne sera permis qu'aux vieillards, estropiés, petits enfants et autres personnes
invalides de glaner.....

13. Arrêt de règlement du Parlement de Paris, sur le glanage (¹).

Du 11 juillet 1782.

V. *Glanage*, p. 121.

La Cour fait défenses à tous laboureurs, fermiers et propriétaires, de vendre,
sous quelque prétexte et pour quelque cause que ce soit, le droit de glaner dans
leurs champs; d'en éloigner ceux à qui il est permis par les règlements de glaner, et de les empêcher par la violence ou autrement de glaner; de donner aucune préférence aux femmes et enfants des moissonneurs....; ordonne, au surplus, que l'arrêt du 7 juin 1779 sera exécuté.....

14. Déclaration du roi, concernant les alignements et ouvertures de rues, à Paris.

Du 10 avril 1783.

V. *Alignements, Constructions, Saillies*, pp. 19, 85 et 173.

Cette déclaration étant spéciale à Paris, nous ne la reproduisons pas ici.

15. Arrêt du conseil d'Etat, concernant les maladies des animaux, et spéciale-ment la morve (²).

Du 16 juillet 1784.

V. *Epizootie*, p. 106.

Le roi.....

Art. 1er. Toutes personnes, de quelques qualité et conditions qu'elles soient,
qui auront des chevaux et bestiaux atteints ou soupçonnés de la morve ou de
toute autre maladie contagieuse, telles que le charbon, la gâle, la clavelée, le far-
cin et la rage, seront tenues, à peine de 500 livres d'amende, d'en faire sur-le-
champ leur déclaration aux maires, échevins ou syndics des villes, bourgs et
paroisses de leur résidence, pour être, lesdits chevaux et bestiaux, vus et visités
sans délai, en la présence desdits officiers, par les experts vétérinaires les plus
prochains, lesquels se transporteront à cet effet dans les écuries, étables et bergeries, pour reconnaître et constater exactement l'état des chevaux et animaux qui
leur auront été déclarés.

2. Autorise, S. M., les sieurs intendants et commissaires départis dans les différentes provinces du royaume, de nommer autant d'experts qu'ils le jugeront à
propos pour lesdites visites, choisis par préférence parmi les élèves des écoles
vétérinaires; à leur défaut, parmi les maréchaux ou autres, qui auront les certificats d'étude et de capacité du directeur de l'école vétérinaire, ou qui auront
subi un examen sur les demandes qui leur seront faites en présence dudit sieur
commissaire, par deux artistes vétérinaires du département.

3. Seront tenus, lesdits experts, de prêter leur ministère toutes fois et quand
ils en seront requis par les officiers de maréchaussée, subdélégués, officiers municipaux et syndics, pour examiner les chevaux et bestiaux suspects; comme
aussi de se transporter à cet effet dans les marchés publics et dans les écuries des
maîtres de poste, des entrepreneurs de messageries ou roulage et loueurs de
chevaux, même aussi dans les écuries, bergeries et étables des particuliers, sur
les déclarations et dénonciations de mal contagieux qui auraient été faites à leur
égard, en se faisant toutefois, audit cas, autoriser par le juge du lieu, et accompagner d'un officier municipal ou du syndic de la paroisse. Fait défenses, S. M.,
à toutes personnes de refuser l'entrée de leurs écuries, étables et bergeries auxdits experts ainsi assistés, et d'apporter aucun obstacle à ce qu'il soit procédé,

---

(¹) Voyez l'arrêt de règlement qui précède et la note.
(²) Voyez l'arrêt du Parlement, du 24 mars 1745, et la note.

conformément à ce que dessus, auxdites visites, dont il sera dressé procès-verbal, lors duquel, en cas de difficultés, les parties intéressées pourront faire tels dires et réquisitions qu'elles aviseront, et il y sera statué provisoirement et sans aucun délai par le juge qui aura autorisé la visite.

4. Défenses sont faites à tous maréchaux, bergers et autres, de traiter aucun animal atteint de la maladie contagieuse et pestilentielle sans en avoir fait la déclaration aux officiers municipaux et syndics de leur résidence, lesquels en rendront compte sur-le-champ au subdélégué, qui fera appliquer sans délai sur le front de la bête malade un cachet en cire verte portant ces mots : *Animal suspect*, pour, dès cet instant, être, les chevaux ou autres animaux qui auront été ainsi marqués, conduits et enfermés dans des lieux séparés et isolés. Fait pareillement défense, S. M., à toutes personnes de les laisser communiquer avec d'autres animaux, ni de les laisser vaguer dans des pâturages communs : le tout sous la même peine d'amende.

5. Les chevaux qui auront été attaqués de la morve, et les autres bestiaux dont la maladie contagieuse aura été reconnue incurable par les experts, seront abattus sans délai, ensuite ouverts par lesdits experts, lesquels appelleront à l'abatage et ouverture desdits animaux un officier municipal ou syndic qui en dressera procès-verbal, pour être envoyé audit sieur commissaire départi ou à son subdélégué ; et ce procès-verbal contiendra en détail le caractère de la maladie de l'animal, et les précautions pour éviter la contagion.

6. Les chevaux et bestiaux morts et abattus pour cause de morve ou de toute autre maladie contagieuse pestilentielle, seront enterrés (chairs et ossemens) dans des fosses de dix pieds de profondeur, qui ne pourront être ouvertes plus près de cent toises de toute habitation, et les peaux en seront tailladées ; les écuries dans lesquelles auront séjourné des chevaux morveux, ainsi que les étables et bergeries qui auront servi aux animaux attaqués de maladies contagieuses, seront, à la diligence des officiers municipaux et experts, aérées et purifiées ; lesdits lieux ne pourront être occupés par aucuns autres animaux que lorsqu'ils auront été purifiés, et qu'il se sera écoulé un temps suffisant pour en ôter l'infection ; les équipages, harnais, colliers, seront brûlés ou échaudés, conformément à ce qui sera prescrit par le procès-verbal d'abatage, qui aura été dressé, et dont sera laissé copie, pour, par les propriétaires ou autres, s'y conformer, ainsi qu'à toutes les précautions qui auront été indiquées par les experts, à l'effet d'éviter la contagion, le tout sous la même peine de 500 livres d'amende.

7. Fait S. M., défenses, sous les mêmes peines, à tous marchands de chevaux et autres, de détourner, sous quelque prétexte que ce soit, vendre ou exposer en vente, dans les foires et marchés ou partout ailleurs, des chevaux et bestiaux atteints ou suspectés de morve ou de maladies contagieuses, et aux hôteliers, cabaretiers, laboureurs et autres, de recevoir dans leurs écuries ou étables ordinaires, aucuns chevaux ou animaux soupçonnés de semblables maladies, auquel cas ils seront tenus d'en faire aussitôt la déclaration ci-dessus prescrite.

8....... 11. Seront tenus, le maires et échevins dans les villes, et les syndics dans les campagnes, d'informer, au premier avis qu'ils en auront, les intendants et leurs subdélégués, des maladies contagieuses ou épizootiques qui se manifesteront dans l'étendue de leur arrondissement, à peine d'être rendus personnellement responsables de tous dommages qui pourraient résulter de leur négligence.

---

16. Arrêt de règlement du Parlement de Paris, qui fait défense de sonner les cloches en temps d'orage (Extrait) (¹).

Du 24 juillet 1784.

V. *Cloches*, p. 82.

....

La Cour fait défenses aux marguilliers et bedeaux des paroisses, et à tous au-

---

(¹) Ce règlement, qui contient une disposition de bonne police, est-il encore en vigueur ? Dans son *Corps de droit criminel*, t. 1, p. 702, M. Mars se prononce pour l'affirmative ; mais ne peut-on pas dire, pour la négative, qu'il est remplacé par l'art. 48 du concordat du 18 germinal an 10, 8 avril 1802, portant : « L'évêque se concertera avec le préfet pour régler la manière d'appeler les fidèles au service divin par le son des cloches ; on ne pourra *les sonner pour toute autre cause, sans la permission de la police locale.* »

Il est constant que partout où ce règlement a été publié depuis la loi du 18 germinal an 10, il y est exécutoire, parce que ses dispositions ne sont pas en contradiction avec les principes garantis par la législation actuelle ; mais pour que le doute ne soit plus possible sur la défense qu'il contient, nous engageons les maires à faire de cette défense l'objet d'un nouvel arrêté de police.

tres, de sonner ou de faire sonner les cloches dans les temps d'orage, à peine de dix livres d'amende contre chacun des contrevenans, et de 50 livres en cas de récidive, même de plus grande peine s'il y échet.....

---

17. Arrêt de règlement du Parlement de Paris, concernant le pâturage des oies et des dindes (¹).

Du 20 juin 1785.

V. *Oies, Parcours*, pp. 159 et 159.

La Cour ordonne que...... les habitans des paroisses situées dans l'étendue des bailliages et siéges royaux du ressort de la Cour où les habitans élèvent et nourrissent des oies et des dindes...... ne pourront les mener pâturer que dans les cantons qui seront désignés à cet effet par les juges des lieux, sur l'indication qui en aura été faite par les syndics des paroisses.....; ordonne que les oies et les dindes qui seront trouvés pâturant dans les blés ou dans les pâturages autres que les pâturages qui auront été destinés pour la pâture desdits animaux, seront prises, enlevées et mises en fourrière.....

---

18. Arrêt du conseil d'Etat, qui défend d'employer à la préparation des graines destinées aux semences de l'opium, de l'arsenic, du cobalt et des substances capables de nuire à la santé (²).

Du 26 mai 1786.

V. *Récoltes*, p. 171.

Le roi, étant en son conseil, a fait et fait inhibitions et défenses d'employer à la préparation des grains destinés aux semences aucune recette où il entre de l'orpiment, de l'arsenic, du cobalt, du vert-de-gris ou toute autre espèce de substance capable de nuire à la santé, à peine de 300 livres d'amende, même de plus grande peine s'il y échet.

---

19. Loi portant abolition du régime féodal.

Des 4 août-3 novembre 1789.

V. *Pigeons*, p. 166.

(¹) Dans sa *Collection complète des lois, édits, etc.*, t. 5, pag. 361, M. Walker a mis sur cet arrêt la note suivante, dont nous adoptons l'esprit, sous certaines réserves.

» Cet arrêt reproduit et généralise les dispositions de ceux des 21 mars 1782 et 9 décembre 1783, qui étaient spéciaux, l'un au Haut-Poitou, et l'autre au bailliage de Montfort-l'Amaury.

» Si le Code rural des 28 septembre-6 octobre 1791 ne contient rien de relatif au pâturage des oies et des dindes, il ne faut pas conclure de son silence que le présent arrêt soit abrogé, car il prescrit une règle de bonne police rurale dont l'observation, aujourd'hui comme alors, importe à l'intérêt public.

» Chacun ayant aujourd'hui la disposition absolue de sa propriété, personne n'est tenu d'y souffrir le pâturage des oies et des dindes appartenant à autrui, et peut, d'autre part, y faire pâturer tel nombre de ces volailles qu'il lui convient.

» Ce n'est donc qu'en ce qui concerne le pâturage des oies et des dindes sur les pâtis communaux que le présent arrêt peut être exécuté. Il appartient au maire (a) de fixer le nombre de ces volailles que chaque habitant pourra y envoyer, et, en cas de contravention, les peines spéciales que l'arrêt prononce devraient être appliquées. »

(²) Dans son *Dictionnaire de police*, introd., p. CXXVIII, M. Trébuchet enseigne que cet arrêt est resté en vigueur; M. Walker, en le rapportant dans sa *Collection des lois, édits, etc.*, restés en vigueur, t. 5, p. 411-n., déclare partager cette opinion, qui est aussi la nôtre, par le motif que la défense contenue dans cet arrêt n'est contraire à aucune loi, pas même au principe de la liberté de l'agriculture, qui doit fléchir, dans le cas présent, devant l'intérêt public.

Nous ferons remarquer que quelques préfets, dans l'intérêt de la santé publique, ont pris des arrêtés qui contiennent la même défense dans l'opération du chaulage des grains de semences.

(a) Il y a là évidemment une erreur. Ce droit de fixer le nombre des oies et des dindes que chaque habitant pourra envoyer au pâturage dans les communaux n'appartient pas au maire mais au conseil municipal.

En ce qui concerne la peine applicable aux contrevenants à l'arrêté du conseil municipal, ce n'est point celle prononcée par l'arrêt de règlement, mais bien celle édictée par l'article 471 du Code pénal.

Art. 2. Le droit exclusif des fuies et colombiers est aboli ; les pigeons seront enfermés aux époques fixées par les communautés (¹) ; et durant ce temps, ils seront regardés comme gibier, et chacun aura le droit de les tuer sur son terrain.

---

20. Loi sur la constitution des municipalités.

Du 14 décembre 1789.

Art. 1ᵉʳ. Les municipalités actuellement subsistant en chaque ville, bourg, paroisse ou communauté, sous le titre *d'hôtels-de-ville, mairies, échevinats, consulats*, et généralement sous quelque titre et qualification que ce soit, sont supprimées et abolies......

4. Le chef de tout corps municipal portera le nom de *maire*.

49. Les corps municipaux auront deux espèces de fonctions à remplir : les unes propres au pouvoir municipal ; les autres, propres à l'administration générale de l'Etat, et déléguées par elle aux municipalités.

50. Les fonctions propres au pouvoir municipal, sous la surveillance et l'inspection des assemblées administratives, sont : ...... ; — De faire jouir les habitans des avantages d'une bonne police, notamment de la propreté, de la salubrité, de la sûreté et de la tranquillité dans les rues, lieux et édifices publics.

52. Pour l'exercice des fonctions propres ou déléguées aux corps municipaux, ils auront le droit de requérir les secours nécessaires des gardes nationales et autres forces publiques.

60. Si un citoyen croit être personnellement lésé par quelque acte du corps municipal, il pourra exposer ses sujets de plainte à l'administration ou au directoire du département (²), qui y fera droit sur l'avis de l'administration de district (³), qui sera chargée de vérifier les faits.

---

21. Loi qui assujettit tous les citoyens au logement des gens de guerre.

Du 23 janvier-7 avril 1790.

V. *Logements militaires*, p. 138.

Tous les citoyens sans exception sont et devront être soumis au logement des gens de guerre, jusqu'à ce qu'il ait été pourvu à un nouvel ordre de choses.

---

22. Loi sur l'organisation judiciaire.

Du 16-24 août 1790.

TITRE XI. — DES JUGES EN MATIÈRE DE POLICE.

Art. 1ᵉʳ. Les corps municipaux veilleront et tiendront la main, dans l'étendue de chaque municipalité, à l'exécution des lois et des règlements de police, et connaîtront du contentieux auquel cette exécution pourra donner lieu (⁴).

3. Les objets de police confiés à la vigilance et à l'autorité des corps municipaux, sont :

1° Tout ce qui intéresse la sûreté et la commodité du passage dans les rues, quais, places et voies publiques ; ce qui comprend le nettoiement, l'illumination, l'enlèvement des encombrements, la démolition ou la réparation des bâtimeuts menaçant ruine, l'interdiction de rien exposer aux fenêtres ou autres parties des bâtiments qui puisse nuire par sa chute, et celle de rien jeter qui puisse blesser ou endommager les passants, ou causer des exhalaisons nuisibles ;

2° Le soin de réprimer et punir les délits contre la tranquillité publique, tels que les rixes et disputes accompagnées d'ameutements dans les rues, le tumulte excité dans les lieux d'assemblée publique, les bruits et attroupements nocturnes qui troublent le repos des citoyens ;

3° Le maintien du bon ordre dans les endroits où il se fait de grands rassemblements d'hommes, tels que les foires, marchés, réjouissances et cérémonies publiques, spectacles, jeux, cafés, églises et autres lieux publics ;

(¹) Aujourd'hui les maires.
(²) Le préfet.
(³) Le sous-préfet.
(⁴) En ce qui concerne le contentieux auquel les règlements de police peuvent donner lieu, voyez le Code d'instruction criminelle, Livre IIᵉ, chap. 1ᵉʳ, et Code pénal, art. 471, N° 15.

4° L'inspection sur la fidélité du débit des denrées qui se vendent au poids, *au mètre* (¹) ou à la mesure, et sur la salubrité des comestibles exposés en vente publique ;

5° Le soin de prévenir, par les précautions convenables, et celui de faire cesser, par la distribution des secours nécessaires, les accidents et fléaux calamiteux, tels que les incendies, les épidémies, les épizooties, en provoquant aussi, dans ces deux derniers cas, l'autorité des administrations de département et de district (²) ;

6° Le soin d'obvier ou de remédier aux événements fâcheux qui pourraient être occasionnés par les insensés ou les furieux laissés en liberté, et par la divagation des animaux malfaisants ou féroces.

7. Les officiers municipaux sont spécialement chargés de dissiper les attroupements et émeutes populaires, conformément aux dispositions de la loi martiale, et responsables de leur négligence dans cette partie de leur service.

---

23. Loi relative aux spectacles.

Du 13-19 janvier 1791.

V. *Théâtre*, p. 183.

Art. 1er. Tout citoyen pourra élever un théâtre public, et y faire représenter des pièces de tous les genres, en faisant, préalablement à l'établissement de son théâtre, sa déclaration à la municipalité des lieux (³).

6. Les entrepreneurs ou les membres des différents théâtres seront, à raison de leur état, sous l'inspection des municipalités ; ils ne recevront des ordres que des officiers municipaux, qui..... ne pourront rien enjoindre aux comédiens que conformément aux lois et aux règlements de police.

7. Il n'y aura au spectacle qu'une garde extérieure, dont les troupes de ligne ne seront point chargées, si ce n'est dans le cas où les officiers municipaux leur en feraient la réquisition formelle. Il y aura toujours un ou plusieurs officiers civils dans l'intérieur des salles, et la garde n'y pénétrera que dans le cas où la sûreté publique serait compromise, et sur la réquisition expresse de l'officier civil, lequel se conformera aux lois et règlements de police. Tout citoyen sera tenu d'obéir provisoirement à l'officier civil.

---

24. Loi concernant la conservation et le classement des places de guerre et postes militaires, la police des fortifications et autres objets y relatifs.

Du 8-10 juillet 1791.

V. *Logements militaires*, p. 138.

TITRE V.—DU LOGEMENT DES TROUPES.

Art. 4. Dans les places de guerre, postes militaires et villes de garnison habituelle de l'intérieur, il sera fait, par les officiers municipaux, un recensement de tous les logements et établissements qu'ils peuvent fournir sans fouler les habitants, à l'effet d'y avoir recours au besoin et momentanément, soit dans le cas de passage des troupes, soit dans les circonstances extraordinaires, lorsque les établissements militaires ne suffisent pas.

5. Lorsqu'il y aura nécessité de loger chez les habitants les troupes qui devront tenir garnison, si leur séjour doit s'étendre à la durée d'un mois, les seuls logements des sous-officiers et soldats, et les écuries pour les chevaux, seront fournis en nature. A l'égard des officiers, ils ne pourront prétendre à des billets de logement pour plus de trois nuits ; et, ce terme expiré, ils se logeront de gré à gré chez les habitants, au moyen de la somme qui leur sera payée suivant leur grade, ainsi qu'il sera décrété par l'assemblée nationale.

6. Les municipalités veilleront à ce que les habitants n'abusent point, dans le prix des loyers, du besoin de logement où se trouveront les officiers.

7. Toutes les fois qu'il sera pourvu à l'établissement du logement d'une troupe, excepté le cas de passage, le logement des sous-officiers et soldats, et les fournitures d'écuries pour les chevaux, seront faits au complet et non à l'effectif.

(¹) Le texte porte, *à l'aune*.

(²) Du préfet et celle du sous-préfet.

(³) Abrogé par la loi du 25 pluviôse an 4, par l'art. 1 du décret du 8 juin 1806, par l'art. 3 du décret du 29 juillet 1807 et par le règlement du 19 août 1814, cet article vient d'être remis en vigueur par le décret du 6 janvier 1864, que l'on trouvera plus loin, à sa date.

8. Faute de bâtiments affectés au logement des troupes destinées à tenir garnison dans un lieu quelconque, il y sera pourvu, autant que faire se pourra, en établissant lesdites troupes dans des maisons vides et convenables, et il y sera, en outre, fourni, aux troupes à cheval, des écuries suffisantes pour leurs chevaux. Ces maisons et écuries seront choisies et louées par les commissaires des guerres, qui seront autorisés à requérir les soins et l'intervention des municipalités, pour leur faciliter l'établissement des logements dont ils seront chargés. De plus, les agents militaires désignés à cet effet par les règlements, feront, en présence d'un ou de plusieurs officiers municipaux, la reconnaissance des maisons et écuries qui seront louées, afin de constater l'état dans lequel elles se trouveront, et afin de pouvoir, au départ des troupes, estimer, s'il y a lieu, les indemnités dues aux propriétaires, pour les dégradations qu'auraient éprouvées lesdites maisons et écuries.

9. Dans le cas de marche ordinaire, de mouvements imprévus, et dans tous ceux où il ne pourra être fourni aux troupes des logements isolés, tels qu'ils ont été indiqués dans l'art. 8 précédent, les troupes seront logées chez les habitants sans distinction de personnes, quelles que soient leurs fonctions et leur qualité, à l'exception des dépositaires de caisses pour le service public, lesquels ne seront point obligés de fournir de logement dans les maisons qui renferment lesdites caisses, mais seront tenus d'y suppléer, soit en fournissant des logements en nature chez d'autres habitants, avec lesquels ils s'arrangeront à cet effet, soit par une contribution proportionnée à leurs facultés, et agréée par les municipalités. La même exception aura lieu, et à la même condition, en faveur des veuves et des filles ; et les municipalités veilleront à ce que la charge du logement ne tombe pas toujours sur les mêmes individus, et que chacun y soit soumis à son tour.

15. Les officiers, dans leur garnison ou résidence, et les employés de l'armée dans leur résidence, ne logeront point les gens de guerre dans le logement militaire qui leur sera fourni en nature ; et lorsqu'ils recevront leur logement en argent, ils ne seront tenus de fournir le logement aux troupes qu'autant que celui qu'ils occuperont excédera la proportion affectée à leur grade ou à leur emploi. Quant aux officiers en garnison dans le lieu de leur habitation ordinaire, ils seront tenus à fournir le logement dans leur domicile propre, comme tous les autres habitants.

---

25. Loi relative à l'organisation d'une police municipale et correctionnelle.

Du 19-22 juillet 1791.

V. *Aubergistes, Cabarets, Logeurs*, pp. 27, 60 et 140.

TITRE Ier.—POLICE MUNICIPALE.

Dispositions générales d'ordre public.

Art. 5. Dans les villes et dans les campagnes, les aubergistes, maîtres d'hôtels garnis et logeurs, seront tenus d'inscrire de suite et sans aucun blanc, sur un registre en papier timbré et paraphé par un officier municipal ou un commissaire de police, les noms, qualités, domicile habituel, dates d'entrée et de sortie de tous ceux qui coucheront chez eux, même une seule nuit ; de représenter ce registre tous les quinze jours, et, en outre, toutes les fois qu'ils en seront requis, soit aux officiers municipaux, soit aux officiers de police, ou aux citoyens commis par la municipalité (¹).

8. Nul officier municipal, commissaire ou officier de police municipale, ne pourra entrer dans les maisons des citoyens, si ce n'est pour la.... vérification des registres des logeurs ; pour l'exécution des lois sur les contributions directes, ou en vertu des ordonnances, contraintes et jugements dont ils seront porteurs, ou enfin sur le cri des citoyens, invoquant, de l'intérieur d'une maison, le secours de la force publique.

9. A l'égard des lieux où tout le monde est admis indistinctement, tels que cafés, cabarets, boutiques et autres, les officiers de police pourront toujours y entrer, soit pour prendre connaissance des désordres ou contraventions aux règlements, soit pour vérifier les poids et mesures, le titre des matières d'or et d'argent, la salubrité des comestibles et médicaments.

10. Ils pourront aussi entrer en tout temps dans les maisons où l'on donne

---

(¹) V. l'art. 9 de l'arrêté du 2 germinal an 4, qui enjoint aux commissaires de police et agents municipaux de tenir la main à l'exécution de cette disposition, et l'art. 475, n° 2, du Code pénal, qui la renouvelle, et punit les contraventions qui y sont commises, de 6 à 10 fr. d'amende.

habituellement à jouer des jeux de hasard, mais seulement sur la désignation qui leur en aurait été donnée par deux citoyens domiciliés.

Ils pourront également entrer en tout temps dans les lieux notoirement livrés à la débauche.

16. Ceux qui, par imprudence ou par la rapidité de leurs chevaux, auront blessé quelqu'un dans les rues ou voies publiques, seront, indépendamment des indemnités, condamnés à huit jours de détention et à une amende égale à la totalité de leur contribution mobilière, sans que l'amende puisse être au-dessous de 300 livres (¹). S'il y a eu fracture de membres ou si, d'après les certificats des gens de l'art, la blessure est telle qu'elle ne puisse se guérir en moins de quinze jours, les délinquants seront renvoyés à la police correctionnelle (²).

20. En cas d'exposition en vente de comestibles gâtés, corrompus ou nuisibles, ils seront confisqués et détruits, et le délinquant condamné à une amende du tiers de sa contribution mobilière, laquelle amende ne pourra être moindre de trois livres (³).

30. La taxe des subsistances ne pourra, provisoirement, avoir lieu dans aucune ville ou commune du royaume que sur le pain et la viande de boucherie, sans qu'il soit permis, en aucun cas, de l'étendre sur le vin, sur le blé, les autres grains, ni aucune espèce de denrées, et ce, sous peine de destitution des officiers municipaux (⁴).

31. Les réclamations élevées par les marchands, relativement aux taxes, ne seront, en aucun cas, du ressort des *tribunaux*; elles seront portées devant le *préfet* qui prononcera sans appel. Les réclamations des particuliers contre les marchands qui vendraient au-dessus de la taxe, seront portées et jugées au tribunal de police, sauf l'appel au *tribunal de police correctionnelle* (⁵).

46. Aucun tribunal de police municipale, ni aucun corps municipal ne pourra faire de règlements : le corps municipal pourra, sous le nom et l'intitulé de *délibération*, et sauf la réformation, s'il y a lieu, par l'administration du département, sur l'avis de celle du district, faire des arrêtés sur les objets qui suivent : — 1° Lorsqu'il s'agira d'ordonner les précautions locales sur les objets confiés à sa vigilance et à son autorité, par les articles 3 et 4 du titre XI de la loi du 16 août, sur l'*organisation judiciaire*; — 2° De publier de nouveau les lois et règlements de police, ou de rappeler les citoyens à leur observation (⁶).

26. Loi relative aux spectacles.

Du 19 juillet-6 août 1791.

V. *Théâtre*, p. 183.

Art. 1ᵉʳ. Conformément aux dispositions des articles 3 et 4 du décret du 16 janvier dernier (⁷) concernant les spectacles, les ouvrages des auteurs vivants, même ceux qui étaient représentés avant cette époque, soit qu'ils fussent ou

---

(¹) Cette disposition est abrogée et remplacée aujourd'hui par les n°ˢ 3 et 4 de l'art. 475 du Code pénal que l'on trouvera plus loin.

(²) Le délit prévu par le deuxième paragraphe de cet article est punissable aujourd'hui des peines portées par les articles 319 et 320 du Code pénal.

(³) Cet article a été remplacé d'abord par l'article 605 du Code du 3 brumaire an 4, puis par le n° 14 de l'article 475 du Code pénal; mais toutes ces dispositions sont aujourd'hui abrogées et remplacées par la loi du 27 mars 1851 relative à la répression des fraudes dans la vente des marchandises. On trouvera cette loi à sa date.

(⁴) Au moment où nous écrivons ces lignes cet article est encore en vigueur; mais il est probable qu'il ne tardera pas à être abrogé, le système de transition inauguré par le décret du 22 juin 1863 ayant démontré l'inutilité de la taxe et la nécessité de la liberté complète de la boulangerie.

(⁵) Le deuxième paragraphe de cet article a pour sanction pénale le n° 6 de l'article 479 du Code pénal.

(⁶) L'attribution faite par cet article au Corps municipal est passée dans les mains du maire seul par la loi du 18 juillet 1837.

(⁷) Voici la teneur de ces deux articles :

3. Les ouvrages des auteurs vivants ne pourront être représentés sur aucun théâtre public, dans toute l'étendue de la France, sans le consentement formel et par écrit des auteurs, sous peine de confiscation du produit total des représentations au profit des auteurs.

4. La disposition de l'article 3 s'applique aux ouvrages déjà représentés, quels que soient les anciens règlements; néanmoins les actes qui auraient été passés entre des comédiens et des auteurs vivants, ou des auteurs morts depuis moins de cinq ans, seront exécutés.

non gravés ou imprimés, ne pourront être représentés sur aucun théâtre public dans toute l'étendue du royaume, sans le consentement formel et par écrit des auteurs, ou sans celui de leurs héritiers ou cessionnaires, pour les ouvrages des auteurs morts depuis moins de cinq ans, sous peine de confiscation du produit total des représentations au profit de l'auteur ou de ses héritiers ou cessionnaires.

2. La convention entre les auteurs et les entrepreneurs de spectacles sera parfaitement libre, et les officiers municipaux, ni aucun autre fonctionnaire public ne pourra taxer lesdits ouvrages, ni modérer ou augmenter le prix convenu, et la rétribution des auteurs, convenue entre eux ou leurs ayans cause et les entrepreneurs de spectables, ne pourra être ni saisie ni arrêtée par les créanciers des entrepreneurs du spectacle.

---

27. Décret concernant les biens et usages ruraux, et la police rurale.

Du 28 septembre-6 octobre 1791.

V. *Incendie, Vaine pâture*, pp. 120 et 194.

TITRE Ier. — DES BIENS ET DES USAGES RURAUX.

SECTION IV.—*Des troupeaux, des clôtures, du parcours et de la vaine pâture.*

Art. 1er. Tout propriétaire est libre d'avoir chez lui telle quantité et telle espèce de troupeaux qu'il croit utiles à la culture et à l'exploitation de ses terres, et de les y faire pâturer exclusivement, sauf ce qui sera réglé ci-après, relativement au parcours et à la vaine pâture.

2. La servitude réciproque de paroisse à paroisse, connue sous le nom de *parcours*, et qui entraîne avec elle le droit de vaine pâture, continuera provisoirement d'avoir lieu avec les restrictions déterminées à la présente section, lorsque cette servitude sera fondée sur un titre ou sur une possession autorisée par les lois et les coutumes : à tous autres égards, elle est abolie.

3. Le droit de vaine pâture dans une paroisse, accompagné ou non de la servitude de parcours, ne pourra exister que dans les lieux où il est fondé sur un titre particulier, ou autorisé par la loi ou par un usage local immémorial, et à la charge que la vaine pâture n'y sera exercée que conformément aux règles et usages locaux qui ne contrarieront point les réserves portées dans les articles suivants de la présente section.

5. Le droit de parcours et le droit simple de vaine pâture ne pourront, en aucun cas, empêcher les propriétaires de clore leurs héritages ; et tout le temps qu'un héritage sera clos de la manière qui sera déterminée par l'article suivant, il ne pourra être assujetti ni à l'un ni à l'autre droit ci-dessus.

6. L'héritage sera réputé clos lorsqu'il sera entouré d'un mur de quatre pieds de hauteur, avec barrière ou porte, ou lorsqu'il sera exactement fermé et entouré de palissades ou de treillages, ou d'une haie vive, ou d'une haie sèche, faite avec des pieux ou cordelée avec des branches, ou de toute autre manière de faire les haies en usage dans chaque localité, ou, enfin, d'un fossé de quatre pieds de large au moins à l'ouverture, et de deux pieds de profondeur.

7. La clôture affranchira de même du droit de vaine pâture réciproque ou non réciproque entre particuliers, si ce droit n'est pas fondé sur un titre. Toutes lois et tous usages contraires sont abolis.

8. Entre particuliers, tout droit de vaine pâture fondé sur un titre, même dans les bois, sera rachetable à dire d'experts, suivant l'avantage que pourrait en retirer celui qui avait ce droit s'il n'était pas réciproque, ou eu égard au désavantage qu'un des propriétaires aurait à perdre la réciprocité, si elle existait ; le tout sans préjudice au droit de cantonnement, tant pour les particuliers que pour les communautés.

9. Dans aucun cas et dans aucun temps, le droit de parcours ni celui de vaine pâture ne pourront s'exercer sur les prairies artificielles et ne pourront avoir lieu sur aucune terre ensemencée ou couverte de quelque production que ce soit, qu'après la récolte.

10. Partout où les prairies naturelles sont sujettes au parcours ou à la vaine pâture, ils n'auront lieu provisoirement que dans le temps autorisé par les lois et coutumes, et jamais tant que la première herbe ne sera pas récoltée.

11. Le droit dont jouit tout propriétaire de clore ses héritages, a lieu, même par rapport aux prairies, dans les paroisses où, sans titre de propriété et seulement par l'usage, elles deviennent communes à tous les habitants, soit immédiatement après la récolte de la première herbe, soit dans tout autre temps déterminé.

12. Dans les pays de parcours ou de vaine pâture, soumis à l'usage du troupeau en commun, tout propriétaire ou fermier pourra renoncer à cette communauté, et faire garder, par troupeau séparé, un nombre de têtes de bétail proportionné à l'étendue des terres qu'il exploitera dans la paroisse.

13. La quantité de bétail, proportionnellement à l'étendue du terrain, sera fixée dans chaque paroisse à tant de bêtes par arpent, d'après les règlements et usages locaux ; et, à défaut de documents positifs à cet égard, il y sera pourvu par le conseil général de la commune.

14. Néanmoins, tout chef de famille domicilié, qui ne sera ni propriétaire ni fermier d'aucun des terrains sujets au parcours ou à la vaine pâture, et le propriétaire ou fermier à qui la modicité de son exploitation n'assurerait pas l'avantage qui va être déterminé, pourront mettre sur lesdits terrains, soit par troupeau séparé, soit par troupeau en commun, jusqu'au nombre de six bêtes à laine et d'une vache avec son veau, sans préjudicier aux droits desdites personnes sur les terres communales, s'il y en a dans la paroisse, et sans entendre rien innover aux lois, coutumes ou usages locaux et de temps immémorial, qui leur accorderaient un plus grand avantage.

15. Les propriétaires ou fermiers exploitant des terres sur les paroisses sujettes au parcours ou à la vaine pâture, et dans lesquelles ils ne seraient pas domiciliés, auront le même droit de mettre dans le troupeau commun, ou de faire garder par troupeau séparé, une quantité de têtes de bétail proportionnée à l'étendue de leur exploitation, et suivant les dispositions de l'art. 13 de la présente section ; mais, dans aucun cas, ces propriétaires ou fermiers ne pourront céder leurs droits à d'autres.

16. Quand un propriétaire d'un pays de parcours ou de vaine pâture aura clos une partie de sa propriété, le nombre de têtes de bétail qu'il pourra continuer d'envoyer dans le troupeau commun, ou par troupeau séparé, sur les terres particulières des habitants de la communauté, sera restreint proportionnellement et suivant les dispositions de l'art. 13 de la présente section.

17. La communauté dont le droit de parcours sur une paroisse voisine sera restreinte par des clôtures faites de la manière déterminée à l'art. 6 de cette section, ne pourra prétendre, à cet égard, à aucune espèce d'indemnité, même dans le cas où son droit serait fondé sur un titre ; mais cette communauté aura le droit de renoncer à la faculté réciproque qui résultait de celui de parcours entre elle et la paroisse voisine : ce qui aura également lieu si le droit de parcours s'exerçait sur la propriété d'un particulier.

18. ...... Si quelques sections de paroisse se trouvent réunies à des paroisses soumises à des usages différents des leurs, soit relativement au parcours ou à la vaine pâture, soit relativement au troupeau en commun, la plus petite partie dans la réunion suivra la loi de la plus grande, et les corps administratifs décideront des contestations qui naîtraient à ce sujet (¹). Cependant, si une propriété n'était point enclavée dans les autres, et qu'elle ne gênât point le droit provisoire de parcours ou de vaine pâture auquel elle n'était point soumise, elle serait exceptée de cette règle.

19. Aussitôt qu'un propriétaire aura un troupeau malade, il sera tenu d'en faire la déclaration à la municipalité : elle assignera sur le terrain du parcours ou de la vaine pâture, si l'un ou l'autre existe dans la paroisse, un espace où le troupeau malade pourra pâturer exclusivement, et le chemin qu'il devra suivre pour se rendre au pâturage. Si ce n'est point un pays de parcours ou de vaine pâture, le propriétaire sera tenu de ne point faire sortir de ses héritages son troupeau malade.

Section V. — Des récoltes.

V. Ban de vendange, p. 35.

Art. 1er. La municipalité pourvoira à faire serrer la récolte d'un cultivateur absent, infirme ou accidentellement hors d'état de le faire lui-même, et qui réclamera ce secours ; elle aura soin que cet acte de fraternité et de protection de la loi soit exécuté aux moindres frais. Les ouvriers seront payés sur la récolte de ce cultivateur. — Chaque propriétaire sera libre de faire sa récolte, de quelque nature qu'elle soit, avec tout instrument et au moment qui lui conviendra, pourvu qu'il ne cause aucun dommage aux propriétaires voisins. Cependant, dans les pays où le ban de vendange est en usage, il pourra être fait à cet égard un règlement chaque année par le maire de la commune, mais seulement pour les vignes non closes. Les réclamations qui pourraient être faites contre ce règlement seront portées au préfet, qui y statuera, sur l'avis du sous-préfet.

(¹) La contestation sur un droit de parcours entre des communes doit être portée devant les tribunaux ordinaires, s'il s'agit d'appliquer des règlements anciens ; mais s'il s'agit de faire des modifications ou des changements aux règlements anciens, la matière est administrative. (C. E., 22 juill. 1818.)

TITRE II. — DE LA POLICE RURALE.

V. *Incendie, Rondes de nuit*, pp. 126 et 171.

Art. 9. Les officiers municipaux veilleront généralement à la tranquillité, à la salubrité et à la sûreté des campagnes ; ils seront tenus particulièrement de faire, au moins une fois par an, la visite des fours et cheminées de toutes maisons et de tous bâtiments éloignés de moins de cent toises d'autres habitations : ces visites seront préalablement annoncées huit jours à l'avance.— Après la visite, ils ordonneront la réparation ou la démolition des fours et cheminées qui se trouveront dans un état de délabrement qui pourrait occasionner un incendie ou d'autres accidents.

10. Toute personne qui aura allumé du feu dans les champs, plus près de cinquante toises des maisons, bois, bruyères, vergers, haies, meules de grains, de pailles ou de foin, sera condamnée à une amende égale à la valeur de 12 journées de travail, et paiera en outre le dommage que le feu aura occasionné. Le délinquant pourra de plus, suivant les circonstances, être condamné à la détention de la police municipale (¹).

13. Les bestiaux morts seront enfouis dans la journée à quatre pieds de profondeur par le propriétaire, et dans son terrain, ou voiturés à l'endroit désigné par la municipalité, pour y être également enfouis, sous peine par le délinquant de payer une amende de la valeur d'une journée de travail et les frais de transport et d'enfouissement.

21. Les glaneurs, râteleurs et grappilleurs, dans les lieux où les usages de glaner, de râteler ou de grappiller sont reçus, n'entreront dans les champs, prés et vignes récoltés et ouverts, qu'après l'enlèvement entier des fruits... Le glanage, le râtelage et le grappillage sont interdits dans tout enclos rural, tel qu'il est défini à l'art. 6 de la sect. 4 du tit. 1er du présent décret.

22. Dans les lieux de parcours ou de vaine pâture, comme dans ceux où ces usages ne sont point établis, les pâtres et les bergers ne pourront mener les troupeaux d'aucune espèce dans les champs moissonnés et ouverts que deux jours après la récolte entière.

---

28. Décret relatif au logement et casernement des troupes et des fonctionnaires et militaires.

Du 23 mai 1792-18 janvier 1793.

V. *Logements militaires*, p. 138.

Art. 1er. Tous les articles du règlement présenté par le ministre de la guerre, et annexés au présent décret, sont approuvés.

RÈGLEMENT SUR LE LOGEMENT ET CASERNEMENT DES TROUPES, ANNEXÉ AU PRÉSENT DÉCRET.

Dispositions générales.

Art. 2. Les officiers et les fonctionnaires militaires recevront le logement en argent, lorsqu'ils seront en détachement ou en cantonnement, sauf à indemniser, ainsi qu'il sera dit ci-après, les habitants chez qui ils auront été logés par billets des officiers municipaux.

3. Les sous-officiers, les soldats, les charretiers des équipages attachés au service de l'armée, et les autres employés dont le logement devra être établi comme celui du soldat, seront, dans les villes de garnison, logés aux bâtiments militaires, ou bien dans les maisons propres à ces usages, qui pourront être louées par les commissaires des guerres, avec l'intervention des officiers municipaux, s'il en était besoin. — A défaut et en cas d'insuffisance des bâtiments militaires ou des maisons qui y suppléeront, les sous-officiers, soldats et autres seront logés chez l'habitant. — Leur logement sera également établi chez l'habitant, lorsqu'ils seront en détachement ou cantonnement dans les villes, bourgs ou villages ; mais, dans tous les cas, l'habitant recevra une indemnité pour chacun des sous-officiers, soldats et autres qu'il aura logés.

4. Lorsqu'il ne se trouvera pas dans les villes de garnison une suffisante quantité de lits pour le casernement des sous-officiers et soldats dans les bâtiments

---

(¹) Modifié par l'article 148 du Code forestier, ainsi conçu : « Il est défendu de porter ou allumer du feu dans l'intérieur et à la distance de 200 mètres des bois et forêts, sous peine d'une amende de vingt à cent francs, sans préjudice, en cas d'incendie, des peines portées par le Code pénal et de tous dommages-intérêts, s'il y a lieu. »

militaires ou maisons vides qui seront louées pour y suppléer, les lits qui y deviendront nécessaires seront fournis par les habitants, à qui il sera payé une indemnité pour chaque lit et l'ustensile qui en dépend.

5. Lorsqu'il aura été nécessaire de faire fournir par les habitants des écuries pour les chevaux des officiers et de la troupe, les habitants en seront indemnisés par le département de la guerre, en ce qui concernera les chevaux des officiers et soldats des régiments et ceux de équipages. — Quant aux chevaux des autres officiers et des fonctionnaires militaires, l'indemnité sera payée directement par ces officiers ou fonctionnaires, au moyen du logement qu'ils recevront en argent.

6. Les magasins dont les troupes détachées et cantonnées pourront avoir besoin, seront fournis par les habitants, à qui le loyer en sera payé pour le temps qu'ils auront été occupés.

7. Les dispositions ci-dessus ne concernent point les officiers et soldats des troupes de passage, non plus que les charretiers des équipages et autres employés qui marcheront sur les revues des routes; en conséquence, les habitants continueront à leur fournir, sans indemnité, le logement et les écuries dont ils auront besoin.

8. Pour mettre les municipalités à portée de toujours connaître si les logements, magasins, lits et ustensiles qui pourront leur être demandés dans les villes de garnison, sont proportionnés aux besoins réels du service, il sera remis par les commissaires des guerres aux officiers municipaux, un état détaillé des logements et magasins que les bâtiments renferment, et des lits qui y seront destinés.

Du logement chez l'habitant.

Art. 10. Dans tous les cas où les troupes devront être logées chez l'habitant, les commissaires des guerres (¹) donneront avis aux municipalités du jour de leur arrivée et du temps de leur séjour, lorsqu'il sera fixé. Le commandant de la troupe préviendra, d'ailleurs, les commissaires des guerres, et informera les officiers municipaux du moment de leur arrivée, ainsi que de celui de leur départ. Ces officiers municipaux délivreront ensuite, sur la représentation de la revue de la route, les billets de logement, en observant de réunir, autant qu'il sera possible, dans le même quartier tous les hommes d'une même compagnie, afin d'en faciliter le rassemblement. — Les chevaux des troupes à cheval devront être également établis, autant que faire se pourra, dans des écuries à portée du logement de chaque compagnie. Les officiers municipaux donneront connaissance au commandant de la place et aux commissaires des guerres de l'assiette du logement.

11. Dans l'établissement du logement chez l'habitant, les officiers municipaux ne feront distinction de personne, quelles que soient leurs fonctions et leurs qualités, à l'exception des dépositaires des caisses pour le service public, lesquels ne seront point obligés de fournir de logement dans les maisons qui renferment lesdites caisses, mais seront tenus d'y suppléer en fournissant des logements en nature chez d'autres habitants, avec lesquels ils s'arrangeront pour cet effet. La même exception aura lieu, avec pareille condition, en faveur des veuves et des filles, et les municipalités veilleront à ce que la charge du logement ne tombe pas toujours sur les mêmes individus, et que chacun y soit soumis à son tour.

12. Les officiers et autres fonctionnaires militaires, dans leur garnison ou résidence, ne logeront point les gens de guerre dans le logement militaire qui leur sera fourni en nature, et lorsqu'ils recevront le logement en argent, ils ne seront tenus de fournir le logement aux troupes qu'autant que celui qu'ils occuperont excédera la proportion affectée à leur grade et à leur emploi. — Quant aux officiers en garnison dans le lieu de leur habitation ordinaire, ils seront tenus de fournir le logement dans leur domicile propre, comme tous les autres habitants.

13. Le logement des troupes ne pourra être établi chez l'habitant qu'à raison de l'effectif présent.

14. Les logements qui seront fournis par les habitants, seront composés à raison des différents grades, ainsi qu'il suit : — 1° Le logement d'un général d'armée sera du nombre de chambres garnies dont il aura besoin, tant pour lui, ses secrétaires, que pour ses domestiques, d'une cuisine et des écuries nécessaires à ses chevaux; — 2° Celui d'un lieutenant général (²) sera de quatre chambres et un cabinet garnis, tant pour lui que pour ses secrétaires; d'une cuisine, des chambres et lits suffisants pour coucher, de deux en deux, six domestiques; —

_____

(¹) Sous-intendants militaires.
(²) Général de division.

3° Celui d'un maréchal-de-camp (¹), de trois chambres et un cabinet garnis, tant pour lui que pour son secrétaire; d'une cuisine, des chambres et lits suffisants pour coucher de deux en deux quatre domestiques; — 4° Celui d'un colonel, de trois chambres garnies, d'une cuisine, des chambres et lits suffisants pour coucher trois domestiques;—5° Celui d'un lieutenant colonel, de deux chambres garnies, d'une cuisine, d'une chambre garnie d'un lit pour deux domestiques; — 6° Celui d'un quartier-maître trésorier sera de deux chambres garnies dont une sans lit, et d'une autre chambre avec un lit pour son domestique;—7° Celui d'un capitaine, adjudant-major, chirurgien-major et aumônier sera d'une chambre avec un lit, et d'une autre chambre avec un lit pour son domestique; — 8° Les lieutenants et sous-lieutenants seront logés deux à deux dans des chambres à deux lits, en leur donnant une chambre avec un lit pour leurs domestiques; — 9° Les adjudants généraux et leurs aides-de-camp seront logés suivant leurs grades; — 10° Les lieutenants-colonels et capitaines du corps du génie, et les officiers de l'artillerie non attachés au régiment, auront en sus du logement affecté à leur grade, une chambre claire, garnie, sans lit; quant aux lieutenants du corps du génie, ils auront le logement de capitaine; — 11° Le logement du commissaire ordonnateur employé en chef (²), sera composé du nombre de chambres garnies dont il aura besoin, tant pour lui et ses secrétaires que pour ses domestiques et sa cuisine. — Celui de chaque commissaire ordonnateur sera de trois chambres et un cabinet garnis, tant pour lui que pour son secrétaire: d'une cuisine, de chambres et lits suffisants pour coucher de deux en deux, quatre domestiques. — Celui de chaque commissaire-auditeur sera de trois chambres garnies, d'une cuisine, de chambres et lits suffisants pour trois domestiques.— Celui de chaque commissaire des guerres sera de deux chambres garnies, d'une cuisine et d'une chambre à un lit pour ses domestiques. — Celui de chaque aide-commissaire sera d'une chambre garnie, et d'une autre chambre avec un lit de domestiques; — 12° Les habitants fourniront aux sous-officiers et soldats un lit pour deux hommes effectifs, excepté les adjudants, tambours et trompettes-majors, les sergents-majors et les maréchaux-des-logis en chef, qui seront couchés seuls, ainsi que les conducteurs principaux des charrois; quant aux ouvriers et charretiers des équipages et autres employés ils coucheront deux à deux; — 13° Les écuries seront fournies à raison de trois pieds et demi par cheval effectif. Le nombre des chevaux n'excèdera pas celui qui sera prescrit par les règlements.

15. En cas de guerre ou de rassemblement, il sera fourni aux officiers de tous grades et de toutes armes les logements nécessaires pour le nombre de domestiques et de chevaux qui leur sera particulièrement attribué par le règlement du service de campagne.

16. Les personnes employées aux différents services des troupes qui, en cas de guerre, de rassemblement ou de marche, devront avoir un logement différent de celui des sous-officiers et soldats, seront fournies du nombre de chambres, de cuisines et écuries dont elles pourront avoir respectivement besoin, selon leurs fonctions, ainsi qu'il sera réglé par les commissaires ordonnateurs.

17. Les lits qui seront fournis par les habitants, dans les logements des officiers, serons garnis d'une housse, d'une paillasse, de deux matelas, ou d'un seul avec un lit de plumes, d'un traversin, de deux couvertures, d'une paire de draps, changés tous les quinze jours pendant l'été, et de trois en trois semaines pendant l'hiver. Chaque chambre à lit sera meublée d'une table, de chaises, d'une armoire ou commode, fermant à clef; d'un porte-manteau, d'un pot à l'eau avec sa cuvette et de deux serviettes par semaine. — Quant aux autres chambres qui seront accordées aux officiers, et qui ne doivent point être garnies de lits, elles seront meublées de tables, chaises, chandeliers et autres ustensiles nécessaires. Chaque lit de domestique sera composé comme celui du soldat.

18. Les lits qui seront fournis par les habitants aux sous-officiers, soldats et autres, seront garnis d'une paillasse, d'un matelas ou bien d'un lit de plume, suivant les facultés; d'une couverture de laine, d'un traversin, d'une paire de draps, changés tous les mois pendant l'hiver, et de trois en trois semaines pendant l'été; il y aura dans la chambre deux chaises ou un banc.

19. Les ustensiles de cuisine ne seront fournis par l'habitant aux officiers généraux, à ceux de l'état-major et aux commissaires des guerres que lorsqu'ils seront en marche avec les troupes; ils s'en pourvoiront à leurs dépens dans les lieux de cantonnement et de rassemblement; dans aucun cas, les hôtes ne seront tenus de leur fournir le bois et le linge de table. — A l'égard des officiers, sous-officiers et soldats des régiments qui ne feront que passer, leurs hôtes leur donneront, indépendamment des autres ustensiles dont ils auraient besoin pour leur

---

(¹) Général de brigade.
(²) Intendant divisionnaire en chef.

cuisine, place au feu et à la lumière. Les troupes en cantonnement, détachement ou garnison, ne pourront prétendre de place au feu et à la chandelle, attendu qu'elles recevront, dans ce cas, du département de la guerre, le chauffage en nature ou en argent.

20. Les hôtes ne seront jamais délogés de la chambre ou du lit où ils auront coutume de coucher; ils ne pourront néanmoins, sous ce prétexte, se soustraire à la charge du logement, selon leurs facultés.

21. Les officiers municipaux ne pourront, dans tous les cas où les habitants doivent loger les troupes et les employés à leurs différents services, refuser d'établir leurs logements ainsi qu'il est prescrit, et de faire fournir dans les casernes les lits nécessaires, en cas d'insuffisance de ceux à la disposition du département de la guerre.

22. Les troupes seront responsables des dégâts et dommages qu'elles auraient faits dans leurs logements; en conséquence, lors de leur départ, elles seront tenues de faire réparer, à leurs dépens, ou de payer les dégradations faites à leurs logements et aux fournitures.

23. Les habitants qui auront à se plaindre de quelques dommages ou dégâts occasionnés par les troupes, devront faire leur réclamation avant leur départ, soit au commandant du régiment ou des détachements, soit aux commissaires des guerres ou aux officiers municipaux, afin qu'il y soit fait droit; et à défaut de se présenter avant le départ de la troupe, ou une heure au plus tard après, ils ne seront plus reçus dans leurs demandes; en conséquence, le commandant du corps chargera un officier de rester après le départ du régiment, pour recevoir les plaintes, s'il y en a, et y faire droit, si elles sont fondées.

24. Les officiers municipaux donneront aux régiments ou détachements qui auront logé chez l'habitant, un certificat qui constatera qu'il n'est parvenu aucune plainte de la part des personnes qui auront fourni le logement, ou bien que le corps a satisfait aux réclamations qui ont été faites. La municipalité ne pourra refuser ce certificat de bien vivre, si, une heure après le départ, il n'est parvenu aucune plainte de la part des habitants.

25. Dans les places de guerre, postes militaires, villes de garnison habituelle, et dans tous les lieux où passent les troupes, il sera fait par les officiers municipaux un recensement de tous les logements et établissements qu'ils peuvent fournir sans fouler les habitants, à l'effet d'y avoir recours au besoin et momentanément, soit dans le cas de passage de troupes et de mouvements imprévus, soit dans les circonstances extraordinaires, lorsque les établissements militaires ne suffiront pas, ou qu'il sera nécessaire d'y faire établir des lits.

26. Lorsqu'il y aura nécessité, dans les villes de garnison ordinaire, de loger chez les habitants les troupes, si leur séjour doit s'étendre à la durée d'un mois, les officiers ne pourront prétendre à des billets de logement pour plus de trois nuits; ce terme expiré, ils se logeront de gré à gré; mais ils indemniseront leur hôte pour le temps qu'il les aura logés, nul officier ne devant être logé sans donner d'indemnité, que lorsqu'il marchera avec les troupes. — Les municipalités veilleront à ce que les habitants n'abusent point, dans le prix des loyers, du besoin de logement où se trouveront les officiers.

---

29. Décret d'ordre du jour, portant que tous les citoyens ont droit à la sépulture dans les cimetières publics, quelles que soient leurs opinions religieuses (¹).

Du 12 frimaire an 2-2 décembre 1793.

V. *Cimetières*, p. 78.

La convention nationale, après avoir entendu le rapport du comité de législation sur la pétition du sieur Rogeau, membre de la commune de Warlay-Baillon, district d'Amiens, dans laquelle il expose qu'un attroupement considérable de femmes a empêché l'inhumation d'une protestante, franche aristocrate, dans le cimetière de cette commune, et demande des mesures pour empêcher le renouvellement de pareilles scènes; que chaque citoyen exerce librement le culte qu'il adopte; qu'il y ait, autant que faire se pourra, un lieu particulier de sépulture pour chaque secte;

Considérant qu'aucune loi n'autorise à refuser la sépulture dans les cimetières puplics aux citoyens décédés, quelles que soient leurs opinions religieuse et l'exercice de leur culte, passe à l'ordre du jour.

(¹) Voyez, à sa date, le décret du 23 prairial an 12-12 juin 1804, sur la police des sépultures, et les notes.

30. Décret contenant des mesures répressives de tout pillage de grains, farine ou subsistances (¹).

Du 16 prairial an 3-4 juin 1795.

Art. 1ᵉʳ. Lorsqu'il sera commis des pillages de grains, farines ou subsistances, sur le territoire d'une commune, la municipalité qui n'aura pas prévenu ou dissipé les attroupements, et tous les habitants de la commune qui n'auront pas désigné les auteurs, fauteurs ou complices du délit, seront solidairement responsables de la restitution des objets pillés, ainsi que des dommages-intérêts dus aux propriétaires.....

---

31. Loi sur la police intérieure des communes (²).

Du 10 vendémiaire an 4-2 octobre 1795.

V. *Rondes de nuit*, p. 171.

TITRE Iᵉʳ.

Tous citoyens habitant la même commune sont garants civilement des attentats commis sur le territoire de la commune, soit envers les personnes, soit contre les propriétés.

TITRE IV. — DES ESPÈCES DE DÉLITS DONT LES COMMUNES SONT CIVILEMENT RESPONSABLES.

Art. 1ᵉʳ. Chaque commune est responsable des délits commis à force ouverte ou par violence, sur son territoire, par des attroupements ou rassemblements armés ou non armés, soit envers les personnes, soit contre les propriétés nationales ou privées, ainsi que des dommages-intérêts auxquels ils donneront lieu.

2. Dans le cas où les habitants de la commune auraient pris part aux délits commis sur son territoire par les attroupements ou rassemblements, cette commune sera tenue de payer à la République une amende égale au montant de la réparation principale.

3. Si les attroupements ou rassemblements ont été formés d'habitants de plusieurs communes, toutes seront responsables des délits qu'ils auront commis, et contribuables tant à la réparation et dommages-intérêts qu'au paiement de l'amende.

4. Les habitants de la commune ou des communes contribuables, qui prétendraient n'avoir pris aucune part aux délits, et contre lesquels il ne s'élèverait aucune preuve de complicité ou participation aux attroupements, pourront exercer leur recours contre les auteurs et complices des délits.

5. Dans les cas où les rassemblements auraient été formés d'individus étrangers à la commune sur le territoire de laquelle les délits ont été commis et où la commune aurait pris toutes les mesures qui étaient en son pouvoir à l'effet de les prévenir et d'en faire connaître les auteurs, elle demeurera déchargée de toute responsabilité.

6. Lorsque, par suite de rassemblements ou attroupements, un individu domicilié ou non sur une commune, y aura été pillé, maltraité ou homicidé, tous les habitants seront tenus de lui payer, ou, en cas de mort, à sa veuve et enfants, des dommages-intérêts.

7. Lorsque des ponts auront été rompus, des routes coupées ou interceptées par des abatis d'arbres ou autrement, dans une commune, la municipalité ou l'administration municipale du canton les fera réparer sans délai aux frais de la commune, sauf son recours contre les auteurs du délit.

8. Cette responsabilité de la commune n'aura pas lieu dans le cas où elle justifierait avoir résisté à la destruction des ponts et des routes, ou bien avoir pris toutes les mesures qui étaient en son pouvoir pour prévenir l'événement, et encore dans le cas où elle désignerait les auteurs, provocateurs et complices du délit, tous étrangers à la commune.

(¹) Voyez ci-après la loi du 10 vendémiaire an 4-20 octobre 1795, concernant la police et la responsabilité des communes, et voyez aussi les articles 440, 441 et 442 du Code pénal.

(²) Cette loi est encore obligatoire; elle n'a pas été abrogée par les dispositions générales du Code Napoléon sur la responsabilité civile, ni par aucune loi ultérieure (*Cass.*, 24 avril 1821, *Clément*; 5 mars 1839, *ville de Lyon*; *Cour d'Orléans*, 30 juin 1849 et 9 août 1850, *Labbé et Quinart*). Elle s'applique aux grandes et aux petites communes, considérées dans leur totalité. (*C. E.*, 13 prairial an 8.)

9. Lorsque, dans une commune, des cultivateurs tiendront leurs voitures démontées, ou n'exécuteront pas les réquisitions qui en seront faites légalement pour transports et charrois, les habitants de la commune sont responsables des dommages-intérêts en résultant.

10. Si, dans une commune, des cultivateurs à part de fruits, refusent de livrer, aux termes du bail, la portion due aux propriétaires, tous les habitants de cette commune sont tenus de dommages-intérêts.

11. Dans les cas énoncés aux articles 9 et 10, les habitants de la commune exerceront leurs recours contre les cultivateurs qui auront donné lieu aux dommages-intérêts.

12. Lorsqu'un adjudicataire de domaines nationaux aura été contraint à force ouverte, par suite de rassemblements ou attroupements, de payer tout ou partie du prix de son adjudication à autres que dans la caisse des domaines et revenus nationaux ; — lorsqu'un fermier ou locataire aura également été contraint de payer tout ou partie du prix de son bail à autres que le propriétaire , — dans ces cas, les habitants de la commune où les délits auront été commis, seront tenus de dommages-intérêts en résultant, sauf leur recours contre les auteurs et complices des délits.

TITRE V. — DES DOMMAGES-INTÉRÊTS ET RÉPARATIONS CIVILES.

Art. 1er. Lorsque, par suite de rassemblements ou attroupements, un citoyen aura été contraint de payer, lorsqu'il aura été volé ou pillé sur le territoire d'une commune, tous les habitants de la commune seront tenus de la restitution, en même nature, des objets pillés et choses enlevées par force, ou d'en payer le prix sur le pied du double de leur valeur, au cours du jour où le pillage aura été commis.

2. Lorsqu'un délit de la nature de ceux exprimés aux articles précédents aura été commis sur une commune, les officiers municipaux ou l'agent municipal seront tenus de le faire constater sommairement dans les vingt-quatre heures, et d'en adresser procès-verbal, sous trois jours au plus tard, au commissaire du pouvoir exécutif, près le tribunal civil du département. Les officiers de police de sûreté n'en seront pas moins tenus de remplir, à cet égard, les obligations que la loi leur prescrit.

3. Le commissaire du pouvoir exécutif près l'administration du département dans le territoire duquel il aura été commis des délits à force ouverte ou par violence, sur des propriétés nationales, en poursuivra la réparation et les dommages-intérêts devant le tribunal civil du département.

4. Les dommages-intérêts dont les communes sont tenues aux termes des articles précédents, seront fixés par le tribunal civil du département, sur le vu des procès-verbaux et autres pièces constatant les voies de fait, excès et délits.

5. Le tribunal civil du département réglera le montant de la réparation et des dommages-intérêts, dans la décade, au plus tard, qui suivra l'envoi des procès-verbaux.

6. Les dommages-intérêts ne pourront jamais être moindres que la valeur entière des objets pillés ou choses enlevées.

7. Le jugement du tribunal civil portant fixation des dommages-intérêts, sera envoyé, dans les vingt-quatre heures, par le commissaire du pouvoir exécutif, à l'administration départementale, qui sera tenue de l'envoyer, sous trois jours, à la municipalité ou à l'administration municipale du canton.

8. La municipalité ou l'administration municipale sera tenue de verser le montant des dommages-intérêts à la caisse du département, dans le délai d'une décade : à cet effet, elle fera contribuer les vingt plus forts contribuables résidants dans la commune (1).

9. La répartition et la perception pour le remboursement des sommes avancées seront faites sur tous les habitants de la commune, par la municipalité ou l'administration municipale du canton, d'après le tableau des domiciliés, et à raison des facultés de chaque habitant (2).

---

(1) Les dispositions de cet article, qui obligent les vingt plus forts contribuables à faire, dans le délai de dix jours, l'avance du montant des dommages-intérêts, ont cessé depuis longtemps d'être en vigueur. Dès 1824, le comité de l'intérieur du conseil d'Etat reconnaissait, par un avis du 25 janvier, qu'on ne pourrait les appliquer sans violer les art. 28 et 32 de la loi de finances, du 28 avril 1816, et les art. 39 et suivants de celle du 15 mai 1818, qui ont réglé le mode d'après lequel les impositions extraordinaires doivent être assises et recouvrées dans les communes. Depuis, la loi du 18 juillet 1837 est venue confirmer cette jurisprudence et consacrer l'abrogation des articles 8 et 9 du tit. 5 de la loi du 10 vendémiaire an 4. L'administration ne saurait recourir à cette dernière loi, quant à ce, sans commettre un excès de pouvoir.

(2) Le paiement des condamnations, en vertu de la loi du 10 vendémiaire an 4, doit

10. Dans le cas de réclamation de la part d'un ou de plusieurs contribuables, l'administration départementale statuera sur la demande en réduction.

11. A défaut de paiement dans la décade, l'administration départementale requerra une force armée suffisante, et l'établira dans les communes contribuables avec un commissaire, pour opérer le versement de la contribution.

12. Les frais de commissaire de département et de séjour de la force armée, seront ajoutés au montant des contributions prononcées et supportées par les communes contribuables.

---

32. Loi dite Code des délits et des peines.

Du 3 brumaire an 4-25 octobre 1795.

V. *Chevaux*, pag. 70.

LIVRE III. — DES PEINES.

TITRE Ier. — *Des peines de simple police* (¹).

Art. 605. Seront punis des peines de simple police, — 1°..... 4° Ceux qui laissent divaguer des insensés ou furieux, ou des animaux malfaisants ou nuisibles (²):..... 8° Les auteurs de..... voies de fait et violences légères, pourvu qu'ils n'aient blessé ni frappé personne (³).....; 9° Les personnes coupables des délits mentionnés dans le titre II de la loi du 28 septembre 1791, sur la police rurale, lesquelles, d'après ses dispositions, étaient dans le cas d'être jugées par voie de police municipale (⁴).

---

33. Loi qui ordonne l'échenillage des arbres.

Du 26 ventôse an 4-16 mars 1796.

V. *Echenillage*, p. 100.

Art. 1er. Dans la décade de la publication de la présente loi, tous propriétaires, fermiers, locataires ou autres, faisant valoir leurs propres héritages ou ceux d'autrui, seront tenus, chacun en droit soi, d'écheniller ou faire écheniller les arbres étant sur lesdits héritages, à peine d'amende qui ne pourra être moindre de trois journées de travail, et plus forte de dix (⁵).

2. Ils sont tenus, sous les mêmes peines, de brûler sur-le-champ les bourses et toiles qui sont tirées des arbres, haies ou buissons, et ce dans un lieu où il n'y aura aucun danger de communication de feu, soit pour les bois, arbres et bruyères, soit pour les maisons et bâtiments.

3. Les administrations de département feront écheniller, dans le même délai, les arbres étant sur les domaines nationaux non affermés.

4. Les agents et adjoints des communes sont tenus de surveiller l'exécution de la présente loi dans leurs arrondissements respectifs; ils sont responsables des négligences qui y sont découvertes.

5. Les commissaires du Directoire exécutif près les municipalités, sont tenus, dans la deuxième décade de la publication, de visiter tous les terrains garnis

---

être assuré au moyen d'une imposition extraordinaire. Mais cette imposition doit-elle porter sur tous les contribuables de la commune ou seulement sur ceux qui y sont domiciliés? Nous croyons que la loi a voulu atteindre, non pas l'être moral, mais les domiciliés qui laissent commettre les violences, et qu'elle entend que ceux-ci indemnisent personnellement les victimes.

(¹) Voyez, sur la nomenclature et le caractère des peines de simple police, le livre IV, articles 464 et suivants du Code pénal.

(²) Cette disposition est abrogée et remplacée par le n° 7 de l'article 475 du Code pénal.

(³) Cette disposition est toujours en vigueur, et les contraventions qu'elle prévoit sont punissables par l'article 606 du Code des délits et des peines d'une amende de la valeur de une à trois journées de travail ou d'un à trois jours d'emprisonnement.

(⁴) Les contraventions prévues par ce numéro sont aujourd'hui passibles d'une amende minimum de trois journées de travail ou de trois jours d'emprisonnement, aux termes de l'article 2 de la loi du 23 thermidor an 4-10 août 1796.

(⁵) Voyez le n° 8 de l'art. 471 du Code pénal de 1810, qui punit d'une amende de 1 à 5 francs ceux qui auront contrevenu aux lois et règlements sur l'échenillage des arbres. Cet article abroge, quant à la pénalité, la disposition finale de l'art. 1er de la loi du 26 ventôse an 4.

d'arbres, d'arbustes, haies ou buissons, pour s'assurer que l'échenillage aura
été fait exactement, et d'en rendre compte au ministre chargé de cette partie.

6. Dans les années suivantes, l'échenillage sera fait avant le 1er ventôse.

7. Dans le cas où quelques propriétaires ou fermiers auraient négligé de le
faire pour cette époque, les agents ou adjoints le feront faire aux dépens de ceux
qui l'auront négligé, par des ouvriers qu'ils choisiront; l'exécutoire des dépens
leur sera délivré par le juge de paix, sur les quittances des ouvriers, contre
lesdits propriétaires et locataires, et sans que ce paiement puisse les dispenser
de l'amende.

8. La présente loi sera publiée le 1er pluviôse (20 janvier) de chaque année, à
la diligence des agents des communes, sur le réquisitoire du commissaire du Directoire exécutif.

**34. Arrêté du Directoire exécutif, contenant des mesures relatives à l'exécu-
tion des lois.**

Du 2 germinal an 4-22 mars 1796.

V. *Aubergistes, Logeurs,* pp. 27 et 140.

Art. 9. Les commissaires de police et les agents municipaux, chacun dans leur
arrondissement, tiendront la main à la sévère exécution de l'art. 5 du tit. 1er de
la loi des 19-22 juillet 1791, relatif au registre à tenir, dans les villes et dans les
campagnes, par les aubergistes, maîtres de maisons garnies et logeurs, pour
l'inscription des noms, prénoms, professions et domiciles habituels, dates d'entrée et de sortie de tous ceux qui coucheraient chez eux, même une seule nuit.
Ils se feront représenter ce registre tous les quinze jours, et plus souvent s'ils le
jugent nécessaire.....

----

35. Loi relative à la répression des délits ruraux et forestiers.

Du 23 thermidor an 4-10 août 1796.

Art. 1er. Les procès-verbaux des gardes champêtres et forestiers ne seront
pas soumis à la formalité de l'enregistrement (¹) : les gardes champêtres seront
seulement tenus d'en affirmer la sincérité, dans les vingt-quatre heures, devant
le juge de paix ou l'un de ses assesseurs.

2. La peine d'une amende de la valeur d'une journée de travail ou d'un jour
d'emprisonnement, fixée comme la moindre par l'article 606 du Code des délits
et des peines, ne pourra, pour tout délit rural et forestier, être au-dessous de
trois journées de travail ou de trois jours d'emprisonnement (²).

3. Les lois rendues sur la police rurale seront, au surplus, exécutées.

**36. Arrêté du Directoire exécutif, qui ordonne l'exécution de mesures destinées
à prévenir la contagion des maladies épizootiques.**

Du 27 messidor an 5-15 juillet 1797.

V. *Animaux, Epizootie,* pp. 25 et 106.

CIRCULAIRE DU MINISTRE DE L'INTÉRIEUR AUX ADMINISTRATIONS CENTRALES ET
MUNICIPALES.

Paris, le 23 messidor an 5-11 juillet 1797.

Il règne, sur les bêtes à cornes des départements du Nord et de l'Est, une épizootie meurtrière qui s'est annoncée d'abord par des symptômes peu alarmants.
Je n'en ai pas été plutôt instruit, que j'ai envoyé de Paris des artistes vétérinaires éclairés pour en prendre connaissance........ Cet objet étant de la plus
grande importance, et les moyens de police étant les seuls capables d'empêcher

----

(¹) Cette disposition est abrogée, en ce qui concerne les procès-verbaux des gardes
forestiers, par l'article 170 du Code forestier des 21 mai-31 juillet 1827, qui soumet ces
procès-verbaux à l'enregistrement.

(²) Cette pénalité est remplacée aujourd'hui par celle portée dans le Code forestier
ci-dessus cité pour tous les délits forestiers ; elle est encore en vigueur pour les délits
ruraux.

la communication, j'ai cru qu'il était de mon devoir de rappeler l'esprit des lois et règlements, rendus en pareilles circonstances, et qui n'ont point été abrogés ; je n'ai eu qu'à concilier les dispositions de ces lois avec l'ordre constitutionnel........

Mesures de police pour arrêter la communication.

Tout propriétaire ou détenteur de bêtes à cornes, à quelque titre que ce soit, qui aura une ou plusieurs bêtes malades ou suspectes, sera obligé, sous peine de 500 fr. d'amende, d'en avertir sur-le-champ l'agent de sa commune, qui les fera visiter par l'expert le plus prochain ou par celui qui aura été désigné par le département ou le canton. (*Arr. du Parl., du 24 mars 1745 ; arr. du cons., du 19 juill. 1746, art. 3 ; arr. du cons., du 16 juill. 1784, art. 1.*)

Lorsque, d'après le rapport de l'expert, il sera constaté qu'une ou plusieurs bêtes seront malades, l'agent veillera à ce que ces animaux soient séparés des autres et ne communiquent avec aucun animal de la commune. Les propriétaires, sous quelque prétexte que ce soit, ne pourront les faire conduire dans les pâturages ni aux abreuvoirs communs, et ils seront tenus de les nourrir dans des lieux renfermés, sous peine de 100 fr. d'amende. (*Arr. du cons., du 19 juill. 1746, art. 2.*)

L'agent en informera, dans le jour, le commissaire du Directoire exécutif du canton, auquel il indiquera le nom du propriétaire et le nombre des bêtes malades. Le commissaire du Directoire exécutif fera part du tout à l'administration centrale du département. (*Arr. du cons., du 19 juill. 1746.*)

Aussitôt qu'il sera prouvé à l'agent que l'épizootie existe dans une commune, il en instruira tous les propriétaires de bestiaux de la commune, par une affiche posée aux lieux où se placent les actes de l'autorité publique, laquelle affiche enjoindra auxdits propriétaires de déclarer à l'agent le nombre de bêtes à cornes qu'ils possèdent, avec désignation d'âge, de taille, de poil, etc. Copie de ces déclarations sera envoyée au commissaire du directoire exécutif près l'administration municipale du canton, et par celui-ci à l'administration centrale du département. (*Arr. du cons., du 19 juill. 1746, art. 4.*)

En même temps, l'agent municipal fera marquer sous ses yeux toutes les bêtes à cornes de sa commune avec un fer chaud représentant la lettre M. Quand l'administration centrale du département sera assurée que l'épizootie n'a plus lieu dans son ressort, elle ordonnera une contre-marque telle qu'elle jugera à propos, afin que les bêtes puissent aller et être vendues partout sans qu'on ait rien à en craindre. (*Arr. du cons., du 19 juill. 1746, et du 16 juill. 1784.*)

Afin d'éviter toute communication des bestiaux de pays infectés avec ceux de pays qui ne le sont pas, il sera fait de temps en temps des visites chez les propriétaires de bestiaux dans les communes infectées, pour s'assurer qu'aucun animal n'en a été distrait. (*Arr. du Parl., du 24 mars 1745, art. 1er.*)

Si, au mépris des dispositions précédentes, quelqu'un se permet de vendre ou d'acheter aucune bête marquée dans un pays infecté, pour la conduire dans un marché ou une foire, ou même chez un particulier de pays non infecté, il sera puni de 500 fr. d'amende. Les propriétaires de bêtes, qui les feront conduire par leurs domestiques ou autres personnes dans les marchés ou foires, ou chez les particuliers de pays non infectés, seront responsables du fait de ces conducteurs. (*Art. 5 et 6 de l'arr. du cons., du 19 juill. 1746.*)

Il est enjoint à tout fonctionnaire public qui trouvera sur les chemins ou dans les foires ou marchés des bêtes à cornes marquées de la lettre M, de les conduire devant le juge de paix, lequel les fera tuer sur-le-champ en sa présence. (*Art. 7 de l'arr. du cons., du 19 juill. 1746.*)

Pourront néanmoins, les propriétaires des bêtes saines en pays infectés, en faire tuer chez eux ou en vendre aux bouchers de leur commune, mais aux conditions suivantes : — 1° Il faudra que l'expert ait constaté que ces bêtes ne sont point malades ; — 2° Le boucher n'entrera point dans l'étable ; — 3° Le boucher tuera les bêtes dans les vingt-quatre heures ; — 4° Le propriétaire ne pourra s'en dessaisir et le boucher les tuer, qu'ils n'en aient la permission par écrit de l'agent, qui en fera mention sur son état. Toute contravention à cet égard sera punie de 200 fr. d'amende, le propriétaire et le boucher demeurant solidaires. (*Art. 8 de l'arr. du cons., du 19 juill. 1746.*)

Il est ordonné de tenir, dans les lieux infectés, tous les chiens à l'attache, et de tuer tous ceux que l'on trouverait divagants. (*Loi du 19 juill. 1791.*)

Tout fonctionnaire public qui donnera des certificats et attestations contraires à la vérité, sera condamné en 1,000 fr. d'amende, même poursuivi extraordinairement. (*Art. 14 de l'arr. du 24 mars 1745.*)

Dans tous les cas où les amendes pour les objets relatifs à l'épizootie, seront appliquées, aucun juge ne pourra les remettre ni les modérer ; les jugements qui interviendront en conséquence seront exécutés par provision, et les délinquants, au surplus, soumis aux lois de la police correctionnelle. (*Art. 7 et 8 de l'arrêt du Parlem. de* 1745 ; *art.* 15 *de celui du cons. de* 1746, *et art.* 12 *de celui de* 1784.)

Aussitôt qu'une bête sera morte, au lieu de la traîner, on la transportera à l'endroit où elle doit être enterrée, qui sera, autant que possible, au moins à cinquante toises des habitations ; on la jettera seule dans une fosse de huit pieds de profondeur, avec toute sa peau, tailladée en plusieurs parties, et on la recouvrira de toute la terre sortie de la fosse. Dans le cas où le propriétaire n'aurait pas la facilité d'en faire le transport, l'agent municipal en requerra un autre, et même les manouvriers nécessaires, à peine de 50 fr. contre les refusants. Dans les lieux où il y a des chevaux, on préférera de faire traîner par eux les voitures chargées de bêtes mortes, lesquelles voitures seront lavées à l'eau chaude après le transport. Il est défendu de les jeter dans les bois, dans les rivières ou à la voirie et de les enterrer dans les étables, cours et jardins, sous peine de 300 fr. d'amende et de tous dommages et intérêts. (*Art.* 5 *de l'arr. du Parl. de* 1745, *et art.* 6 *de celui du cons. de* 1784.)

Enfin, les corps administratifs, conformément au décret du 28 septembre-6 octobre 1791, emploieront tous les moyens de prévenir et d'arrêter l'épizootie, et, en conséquence, le gouvernement compte sur leur zèle pour faire des patrouilles, mettre la plus grande célérité dans l'exécution des lois, et ne rien épargner, soit pour préserver leur pays de la contagion, soit pour en arrêter les progrès. Lorsque l'épizootie sera déclarée dans leur ressort, ils sont chargés d'en informer les administrations des départements voisins, et je leur recommande très-expressément de m'en faire part sur-le-champ, ainsi que des progrès que pourra faire la maladie. — Ce n'est qu'en suivant avec une rigueur très-scrupuleuse les mesures que j'ai indiquées, qu'il sera possible de prévenir, dans la plupart des départements, et d'arrêter, dans ceux qui sont infectés, les effets d'une contagion ruineuse pour l'agriculture en général et pour les propriétaires.

Vu la lettre ci-dessus, écrite par le ministre de l'intérieur aux administrations centrales et municipales, sur les mesures à prendre pour prévenir la contagion des maladies épizootiques..... Le directoire exécutif arrête que ladite lettre sera imprimée au Bulletin des Lois, charge les administrations de veiller à l'exécution des mesures et dispositions contenues dans ladite lettre.

------

37. Arrêté du Directoire exécutif, contenant des mesures pour assurer le libre cours des rivières et canaux navigables et flottables.

Du 19 ventôse an 6-9 mars 1798.

V. *Eaux*, p. 95.

Art. 9. Il est enjoint aux administrations centrales et municipales, et aux commissaires du Directoire exécutif établis près d'elles, de veiller avec la plus sévère exactitude à ce qu'il ne soit établi, par la suite, aucun pont, aucune chaussée permanente ou mobile, aucune écluse ou usine, aucun bâtardeau, moulin, digue ou autre obstacle quelconque au libre cours des eaux dans les rivières navigables et flottables, dans les canaux d'irrigation ou de desséchements généraux, sans en avoir préalablement obtenu la permission de l'administration centrale, qui ne pourra l'accorder que de l'autorisation expresse du Directoire exécutif.

10. Ils veilleront pareillement à ce que nul ne détourne le cours des eaux des rivières et canaux navigables ou flottables, et n'y fasse des prises d'eau ou saignées pour l'irrigation des terres, qu'après y avoir été autorisé par l'administration centrale, et sans pouvoir excéder le niveau qui aura été déterminé.

12. Il est défendu aux administrations municipales de consentir à aucun établissement de ce genre dans les canaux de desséchement, d'irrigation ou de navigation, appartenant aux communes, sans l'autorisation formelle et préalable des administrations centrales.

------

38. Loi sur le timbre.

Du 13 brumaire an 7-3 novembre 1798. (Extrait.)

V. *Alignements, Constructions, Saillies,* pp. 19, 85 et 173.

Art. 12. Sont assujettis au droit du timbre établi en raison de la dimension, tous les papiers à employer pour les actes et écritures, soit publics, soit privés, savoir :

1°...... — Les pétitions et mémoires, même en forme de lettres, présentés au Directoire exécutif, aux ministres, à toutes autorités constituées, aux commissaires de la trésorerie nationale, à ceux de la comptabilité nationale, aux directeurs de la liquidation générale, et aux administrations ou établissements publics.

---

39. Arrêté du Directoire exécutif, qui prescrit des mesures pour prévenir l'incendie des salles de spectacle.

Du 1ᵉʳ germinal an 7–21 mars 1799.

V. *Théâtre*, p. 183.

Art. 1ᵉʳ. Le dépôt des machines et décorations pour les théâtres, dans toutes les communes de la république où il en existe, sera fait dans un magasin séparé de la salle de spectacle.

2. Les directeurs et entrepreneurs de spectacles seront tenus de disposer dans la salle un réservoir toujours plein d'eau, et au moins une pompe continuellement en état d'être employée.

3. Ils seront obligés de solder, en tout temps, des pompiers exercés, de manière qu'il s'en trouve toujours en nombre suffisant pour le service, au besoin.

4. Un pompier sera constamment en sentinelle dans l'intérieur de la salle.

5. Un poste de garde sera placé à chaque théâtre, de manière qu'un factionnaire, relevé toutes les heures, puisse continuellement veiller avec un pompier dans l'intérieur, hors le temps des représentations.

6. A la fin des spectacles, le concierge, accompagné d'un chien de ronde, visitera toutes les parties de la salle pour s'assurer que personne n'est resté caché dans l'intérieur, et qu'il ne subsiste aucun indice qui puisse faire craindre un incendie.

7. Cette visite, après le spectacle, se fera en présence d'un administrateur municipal ou d'un commissaire de police, qui la constatera sur un registre tenu à cet effet par le concierge.

8. Les dépôts de machines et décorations, la surveillance et le service pour les salles de spectacle, déterminés par le présent arrêté, seront établis, sans délai, par le bureau central dans les communes au-dessus de cent mille âmes, et dans les autres communes, par les administrations municipales.

9. Tout théâtre dans lequel les précautions et formalités ci-dessus prescrites auront été négligées ou omises un seul jour, sera fermé à l'instant.

---

40. Loi concernant la division du territoire français et l'administration.

Du 28 pluviôse an 8–17 février 1800.

TITRE II.

§ 3. — Municipalités.

Art. 12. Dans les villes, bourgs et autres lieux pour lesquels il y a maintenant un agent municipal et un adjoint, et dont la population n'excédera pas 2,500 habitants, il y aura un maire et un adjoint; dans les villes et bourgs de 2,500 à 5,000 habitants, un maire et deux adjoints; dans les villes de 5,000 habitants à 10,000, un maire, deux adjoints et un commissaire de police; dans les villes dont la population excèdera 10,000 habitants, outre le maire, deux adjoints et un commissaire de police, il y aura un adjoint par 20,000 habitants et un commissaire de police par 10,000 habitants (¹).

13. Les maires et les adjoints rempliront les fonctions administratives exercées maintenant par l'agent municipal et l'adjoint; relativement à la police et à l'état civil, ils rempliront les fonctions exercées maintenant par les administrations de canton, les agents municipaux et adjoints.

---

41. Arrêté qui détermine les fonctions du préfet de police de Paris (²).

Du 12 messidor an 8–1ᵉʳ juillet 1800.

Les consuls de la république, sur le rapport du ministre de la police, le conseil d'Etat entendu, arrêtent:

(¹) V. l'art. 3 de la loi du 5 mai 1855, qui a modifié cette disposition en ce qui concerne le nombre des adjoints.

(²) L'extrait que nous donnons de cet arrêté peut être considéré comme contenant la nomenclature des attributions dévolues aux maires sur les mêmes matières.

Sect. Iʳᵉ.—Dispositions générales.

Art. 1ᵉʳ. Le préfet de police exercera ses fonctions, ainsi qu'elles sont déterminées ci-après, sous l'autorité immédiate des ministres, et correspondra directement avec eux pour les objets qui dépendent de leurs départements respectifs.

2. Le préfet de police pourra publier de nouveau les lois et règlements de police, et rendre les ordonnances tendant à en assurer l'exécution.

Sect. II. — Police générale.

7. *Maisons publiques.*—Il fera exécuter les lois et règlements de police concernant les hôtels garnis et les logeurs.

8. Il se conformera, pour ce qui regarde la police des maisons de jeu, à ce qui est prescrit par la loi du 19-22 juillet 1791.

9. En conformité de la même loi du 19-22 juillet 1791, il fera surveiller les maisons de débauche, ceux qui y résideront ou s'y trouveront.

10. *Attroupements.*— Il prendra les mesures propres à prévenir ou dissiper les attroupements, les coalitions d'ouvriers pour cesser leur travail ou enchérir le prix des journées, les réunions tumultueuses ou menaçant la tranquillité publique.

12. *Police des théâtres.* — Il aura la police des théâtres en tout ce qui touche la sûreté des personnes, les précautions à prendre pour prévenir les accidents, et assurer le maintien de la tranquillité et du bon ordre, tant au dedans qu'au dehors.

Sect. III. — Police municipale.

Petite voirie.

21. Le préfet de police sera chargé de tout ce qui a rapport à la petite voirie, sauf le recours du ministre de l'intérieur contre ses décisions. — Il aura, à cet effet, sous ses ordres, un commissaire chargé de surveiller, permettre ou défendre l'ouverture des boutiques, étaux de boucherie et de charcuterie, l'établissement des auvents ou constructions du même genre qui prennent sur la voie publique, l'établissement des échoppes ou étalages mobiles.—D'ordonner la démolition ou réparation des bâtiments menaçant ruine.

Liberté et sûreté de la voie publique.

22. Le préfet de police procurera la liberté et la sûreté de la voie publique, et sera chargé, à cet effet, d'empêcher que personne n'y commette de dégradations; de la faire éclairer, de faire surveiller le balayage auquel les habitants sont tenus devant leurs maisons, et de le faire faire aux frais de la ville dans les places et la circonférence des jardins et édifices publics; de faire sabler s'il survient des verglas, et de déblayer au dégel, les ponts et lieux glissants des rues; d'empêcher qu'on n'expose rien sur les toits ou fenêtres qui puisse blesser les passants en tombant; — Il fera observer les règlements sur l'établissement des conduits pour les eaux de pluie et les gouttières; — Il empêchera qu'on n'y laisse vaguer des furieux, des insensés, des animaux malfaisants ou dangereux; qu'on ne blesse les citoyens par la marche trop rapide des chevaux ou des voitures; qu'on n'obstrue la libre circulation, en arrêtant ou déchargeant des voitures et marchandises devant les maisons, dans les rues étroites ou de toute autre manière. — Le préfet de police fera effectuer l'enlèvement des boues, matières malsaines, neiges, glaces, décombres, vase sur les bords de la rivière après les crues des eaux. — Il fera faire les arrosements dans la ville, dans les lieux et dans la saison convenables.

Salubrité de la cité.

23. Il assurera la salubrité de la ville, en prenant des mesures pour prévenir et arrêter les épidémies, les épizooties, les maladies contagieuses; en faisant observer les règlements de police sur les inhumations; en faisant enfouir les cadavres d'animaux morts, surveiller les fosses vétérinaires: la construction, entretien et vidange des fosses d'aisances; en faisant arrêter, visiter les animaux suspects de mal contagieux, et mettre à mort ceux qui en seront atteints; en surveillant les échaudoirs, fondoirs, salles de dissection, et la basse geôle; en empêchant d'établir, dans l'intérieur de Paris, des ateliers, manufactures, laboratoires ou maisons de santé, qui doivent être hors de l'enceinte des villes, selon les lois et règlements; en empêchant qu'on ne jette ou dépose dans les rues aucune substance malsaine; en faisant saisir ou détruire dans les halles, marchés et boutiques, chez les bouchers, boulangers, marchands de vin, brasseurs, limonadiers, épiciers-droguistes, apothicaires, ou tous autres, les comestibles ou médicaments gâtés, corrompus ou nuisibles.

Incendies, débordements, accidents sur la rivière.

24. Il sera chargé de prendre les mesures propres à prévenir ou arrêter les incendies.—Il donnera les ordres aux pompiers, requerra les ouvriers charpentiers, couvreurs, requerra la force publique et en déterminera l'emploi. — Il aura la surveillance du corps des pompiers ; le placement et la distribution des corps de garde et magasins des pompes, réservoirs, tonneaux, sceaux à incendies, machines et ustensiles de tout genre destinés à les arrêter. — En cas de débordements et débâcles, il ordonnera les mesures de précaution, telles que déménagement des maisons menacées, rupture de glaces, garage de bateaux.—Il sera chargé de faire administrer les secours aux noyés. Il déterminera, à cet effet, le placement des boîtes fumigatoires et autres moyens de secours. — Il accordera et fera payer les gratifications et récompenses promises par les lois et règlements à ceux qui retirent les noyés de l'eau.

Police de la bourse et du change.

25. Il aura la police de la bourse et des lieux publics où se réunissent les agents de change, courtiers, échangeurs, et ceux qui négocient et trafiquent sur les effets publics.

Sûreté du commerce.

26. Il procurera la sûreté du commerce en faisant faire des visites chez les fabricants et les marchands pour vérifier les balances, poids et mesures, et faire saisir ceux qui ne seront pas exacts ou étalonnés ; en faisant inspecter les magasins, boutiques et ateliers des orfèvres et bijoutiers, pour assurer la marque des matières d'or et d'argent, et l'exécution des lois sur la garantie. — Indépendamment de ses fonctions ordinaires sur les poids et mesures, le préfet de police fera exécuter les lois qui prescrivent l'emploi de nouveaux poids et mesures.

Taxes et mercuriales.

27. Il fera observer les taxes légalement faites et publiées.

28. Il fera tenir le registre des mercuriales et constater le cours des denrées de première nécessité.

Libre circulation des subsistances.

29. Il assurera la libre circulation des subsistances, suivant les lois.

Patentes.

30. Il exigera la représentation des patentes des marchands forains.—Il pourra se faire représenter les patentes des marchands domiciliés.

Marchandises prohibées.

31. Il fera saisir les marchandises prohibées par les lois.

Surveillance des places et lieux publics.

32. Il fera surveiller spécialement les foires, marchés, halles, places publiques, et les marchands forains, colporteurs, revendeurs, portefaix, commissionnaires ; la rivière, les chemins de halage, les ports, chantiers, quais, berges, gares, estacades, les coches, galiotes, les établissements qui sont sur la rivière, pour les blanchisseries, le laminage ou autres travaux, les magasins de charbons, les passages d'eau, bacs, batelets, les bains publics, les écoles de natation, et les mariniers, ouvriers, arrimeurs, chargeurs, déchargeurs, tireurs de bois, pêcheurs et blanchisseurs ; les abreuvoirs, puisoirs, fontaines, pompes et les porteurs d'eau ; les places où se tiennent les voitures publiques pour la ville et pour la campagne, et les cochers, postillons, charretiers, brouetteurs, porteurs de chaise, porte-fallots ; les encans et maisons de prêt ou monts-de-piété, et les fripiers, brocanteurs, prêteurs sur gages ; le bureau des nourrices, les nourrices et les meneurs.

Approvisionnements.

33. Il fera inspecter les marchés, ports et lieux d'arrivage des comestibles, boissons et denrées, dans l'intérieur de la ville.......

Protection et préservation des monuments et édifices publics.

34. Il fera veiller à ce que personne n'altère ou dégrade les monuments et édifices publics appartenant à la nation ou à la cité. — Il indiquera au préfet du département et requerra les réparations, changements ou constructions qu'il croira nécessaires à la sûreté ou salubrité des prisons et maisons de détention qui seront sous sa surveillance ; — Il requerra aussi, quand il y aura lieu, les réparations et l'entretien des corps de garde de la force armée sédentaire, des corps de garde des pompiers, des pompes, machines et ustensiles ; des halles et marchés, des voiries et égouts, des fontaines, regards, aqueducs, conduits,

pompes à feu et autres; des murs de clôture; des carrières dans la ville et hors les murs; des ports, quais, abreuvoirs, bords, francs-bords, puisoirs, gares, estacades, et des établissements et machines placés près de la rivière, pour porter secours aux noyés; de la bourse; des temples ou églises destinés aux cultes..........

---

42. Arrêté qui détermine les fonctions des commissaires généraux de police.
(Extrait (¹).)

Du 5 brumaire an 9-27 octobre 1800.

V. *Filles publiques, Logeurs,* pp. 112, 140.

§ 2. — *Police générale.*

Art. 6. Ils (*les commissaires de police*) feront exécuter les lois et règlements de police concernant les hôtels garnis et les logeurs.

7. Ils se conformeront, pour ce qui regarde la police des maisons de jeu, à ce qui est prescrit par la loi du 22 juillet 1791.

8. En conformité de la même loi du 22 juillet 1791, ils feront surveiller les maisons de débauche, ceux qui y résideront ou s'y trouveront.

9. Ils prendront les mesures propres à prévenir ou dissiper les attroupements........

11. Ils auront la police des théâtres, en ce qui touche la sûreté des personnes, les précautions à prendre pour prévenir les accidents et assurer le maintien de la tranquillité et du bon ordre, tant au dedans qu'au dehors.

§ 3. — *Police municipale.*

Petite voirie.

16. Les commissaires généraux de police seront chargés de tout ce qui a rapport à la petite voirie, sauf le recours au préfet du département, contre leurs décisions.

Ils désigneront, à cet effet, un des officiers municipaux ou commissaires de police, chargés de surveiller, permettre ou défendre l'ouverture des boutiques, étaux de boucherie et de charcuterie; l'établissement des auvents ou constructions du même genre qui prennent sur la voie publique; l'établissement des échoppes ou étalages mobiles; d'ordonner la démolition ou réparation des bâtiments menaçant ruine. Ces permissions seront sujettes au *visa* des commissaires généraux de police.

Liberté et sûreté de la voie publique.

17. Ils procureront la liberté et la sûreté de la voie publique, et seront chargés, à cet effet, d'empêcher que personne n'y commette de dégradation; de la faire éclairer; de faire surveiller le balayage auquel les habitants sont tenus devant leurs maisons, et de le faire faire, aux frais de la ville, dans les places et circonférences de jardins et édifices publics; de faire sabler s'il survient du verglas, et de déblayer au dégel, les ponts et lieux glissants des rues; d'empêcher qu'on n'expose rien sur les toits ou fenêtres qui puisse blesser les passants en tombant; ils feront observer les règlements sur l'établissement des conduits pour les eaux de pluie et les gouttières; ils empêcheront qu'on y laisse vaguer des furieux, des insensés, des animaux malfaisants ou dangereux; qu'on ne blesse les citoyens par la marche trop rapide des chevaux ou des voitures; qu'on obstrue la libre circulation en arrêtant ou déchargeant des voitures et marchandises devant les maisons, dans les rues étroites, ou de toute autre manière.

Les commissaires généraux de police feront effectuer l'enlèvement des boues, matières malsaines, neiges, glaces, décombres, vases sur les bords des rivières après la crue des eaux.

Ils feront faire les arrosements dans la ville, dans les lieux et dans la saison convenables.

Salubrité de la cité.

18. Ils assureront la salubrité de la ville, en prenant des mesures pour prévenir et arrêter les épidémies, les épizooties, les maladies contagieuses; en faisant observer les règlements de police sur les inhumations; en faisant enfouir les cadavres d'animaux morts, surveiller les fosses vétérinaires, la construction, entretien et vidange des fosses d'aisance; en faisant arrêter, visiter les animaux suspects de mal contagieux, et mettre à mort ceux qui en seront atteints; en surveillant les échaudoirs, fondoirs, salles de dissection; en empêchant d'établir dans l'intérieur de la ville, des ateliers, manufactures, laboratoires ou maisons

---

(¹) Voyez à sa date, n° 57, le décret du 23 fructidor an 13-10 septembre 1805.

de santé, qui doivent être hors de l'enceinte des villes, selon les lois et règlements ; en empêchant qu'on ne jette ou dépose dans les rues aucune substance malsaine ; en faisant saisir ou détruire dans les halles, marchés et boutiques, chez les bouchers, boulangers, marchands de vin, brasseurs, limonadiers, épiciers-droguistes, apothicaires, ou tous autres, les comestibles ou médicaments gâtés, corrompus ou nuisibles.

Incendie, débordements, accidents sur les rivières.

19. Ils seront chargés de prendre les mesures propres à prévenir ou arrêter les incendies ; ils donneront des ordres aux pompiers, requerront les ouvriers charpentiers, couvreurs, requerront la force publique et en détermineront l'emploi ; ils auront la surveillance du corps des pompiers, le placement et la distribution des corps-de-garde et magasins des pompes, réservoirs, tonneaux, seaux à incendies, machines et ustensiles de tous genres, destinés à les arrêter.

En cas de débordements et débâcles, ils ordonneront les mesures de précaution, telles que déménagement des maisons menacées, rupture de glaces, garage de bateaux.

Ils seront chargés de faire administrer les secours aux noyés ; ils détermineront, à cet effet, le placement des boîtes fumigatoires et autres moyens de secours ; ils accorderont et feront payer les gratifications et récompenses promises par les lois et règlements à ceux qui retirent les noyés de l'eau.

Police de la bourse et du change.

20. Ils auront la police de la bourse et des lieux publics où se réunissent les agents de change, courtiers, changeurs et ceux qui négocient et trafiquent sur les effets publics.

Sûreté du commerce.

21. Ils procureront la sûreté du commerce en faisant faire des visites chez les fabricants et les marchands, pour vérifier les balances, poids et mesures, et pour faire saisir ceux qui ne seraient pas exacts ou étalonnés.

En faisant inspecter les magasins, boutiques et ateliers des orfèvres et bijoutiers, pour assurer la marque des matières d'or et d'argent, et l'exécution des lois sur la garantie.

Indépendamment de leurs fonctions ordinaires sur les poids et mesures, les commissaires généraux de police feront exécuter les lois qui prescrivent l'emploi de nouveaux poids et mesures.

Patentes.

22. Ils exigeront la représentation des patentes des marchands forains ; ils pourront se faire représenter les patentes des marchands domiciliés.

Taxes et mercuriales.

23. Ils feront observer les taxes légalement faites et publiées.

24. Ils feront tenir les mercuriales et constater le cours des denrées de première nécessité.

25. Ils assureront la libre circulation des subsistances, suivant les lois.

Marchandises prohibées.

26. Ils feront saisir les marchandises prohibées par les lois.

Surveillance des places et lieux publics.

27. Ils feront surveiller spécialement les foires, marchés, halles, places publiques et les marchands forains, colporteurs, revendeurs, portefaix, commissionnaires.

Les rivières, les chemins de halage, chantiers, quais, berges, gares, estacades, les caches, galiotes ; les établissements qui sont sur les rivières, pour les blanchisseries, le laminage ou autres travaux, les magasins de charbons ; les passages d'eau, bacs, batelets, les bains publics, les écoles de natation et les mariniers, ouvriers, arrimeurs, chargeurs, déchargeurs, tireurs de bois, pêcheurs et blanchisseurs ;

Les abreuvoirs, puisoirs, fontaines, pompes, et les porteurs d'eau ;

Les places où se tiennent les voitures publiques pour la ville ou pour la campagne, et les cochers, postillons, charretiers, brouetteurs, porteurs de chaise, porte-fallots ;

Les encans et maisons de prêt ou monts-de-piété, et les fripiers, brocanteurs, prêteurs sur gage......

Approvisionnements.

29. Ils feront inspecter les marchés, ports et lieux d'arrivage des comestibles, boissons et denrées, dans l'intérieur de la ville........

Protection et préservation des monuments et édifices publics.

30. Ils feront veiller à ce que personne n'altère ou dégrade les monuments et édifices publics appartenant à la nation ou à la cité......

---

43. Arrêté relatif à l'établissement de bureaux de pesage, mesurage et jaugeage publics (¹).

Du 7 brumaire an 9-29 octobre 1800.

V. *Marchés, Pesage, mesurage et jaugeage*, pp. 143, 144.

Art. 1er. Dans toutes les villes où le besoin l'exigera, il sera établi par le préfet, sur la demande des maires et adjoints, approuvée par le sous-préfet, des bureaux de pesage, mesurage et jaugeage publics, où tous les citoyens pourront faire peser, mesurer et jauger leurs marchandises, moyennant une rétribution juste et modérée qui, en exécution de l'art. 21 de la loi du 15-28 mars 1790, sera proposée par les conseils généraux des municipalités et fixée au conseil d'Etat, sur l'avis des sous-préfets et préfets.

2. Nul ne pourra exercer les fonctions de peseur, mesureur, et jaugeur, sans prêter le serment de bien et fidèlement remplir ses devoirs : ce serment sera reçu par le président du tribunal de commerce, ou devant le juge de police du lieu.

3. Dans les lieux où il ne sera pas nécessaire d'établir des bureaux publics, les fonctions de peseur, mesureur et jaugeur seront confiées, par le préfet, à des citoyens d'une probité et d'une capacité reconnues, lesquels prêteront le serment.

4. Aucune autre personne que lesdits employés ou préposés ne pourra exercer, dans l'enceinte des marchés, halles et ports, la profession de peseur, mesureur ou jaugeur, à peine de confiscation des instruments destinés au mesurage.

5. L'enceinte desdits marchés, halles et ports sera déterminée et désignée d'une manière apparente par l'administration municipale, sous l'approbation du sous-préfet.

6. Les citoyens à qui les bureaux ou les fonctions de peseurs ou mesureurs publics seront confiés, seront obligés de tenir les marchés, halles et ports garnis d'instruments nécessaires à l'exercice de leur état, et d'employés en nombre suffisant ; faute de quoi il y sera pourvu à leurs frais par la police, et ils seront destitués. Ils ne pourront employer que des poids et mesures dûment étalonnés, certifiés, et portant l'inscription de leur valeur.

7. Il sera délivré aux citoyens qui le demanderont, par les peseurs et mesureurs publics, un bulletin qui constatera le résultat de leur opération.

8. L'infidélité dans les poids employés au pesage public sera punie, par voie de police correctionnelle, des peines prononcées par les lois contre les marchands qui vendent à faux poids ou à fausse mesure.

---

44. Arrêté relatif à la désignation des villes où devront être établies des bourses de commerce, à l'organisation et à la police de ces bourses. — (Extrait.)

Du 29 germinal an 9-19 avril 1801.

TITRE V. — DE LA POLICE QUI S'EXERCERA A LA BOURSE ET SUR LES AGENTS DE CHANGE ET COURTIERS.

Art. 14. La police de la bourse appartiendra, à Paris, au préfet de police ; à Marseille, Lyon et Bordeaux, aux commissaires généraux de police ; dans les autres villes, aux maires. Ils désigneront un des commissaires de police, ou un des adjoints, pour être présent à la bourse et en exercer la police pendant sa tenue.

19. Le préfet de police de Paris, sauf l'approbation du ministre de l'intérieur ; les commissaires généraux de police et les maires, sauf l'approbation du préfet du département, pourront faire les règlements locaux qu'ils jugeront nécessaires pour la police de la bourse.

(¹) V. ci-après, à sa date, la loi du 29 floréal an 10-19 mai 1802.

45. Articles organiques de la convention.

Du 26 messidor an 9-15 juill. 1801.

V. *Cultes*, p. 90.

Art. 6. Il y aura recours au conseil d'Etat, dans tous les cas d'abus de la part des supérieurs et autres personnes ecclésiastiques. — Les cas d'abus sont l'usurpation ou l'excès de pouvoir, la contravention aux lois et règlements de *l'empire*, l'infraction des règles consacrées par les canons reçus en France, l'attentat aux libertés, franchises et coutumes de l'église gallicane, et toute entreprise ou tout procédé qui, dans l'exercice du culte, peut compromettre l'honneur du citoyen, troubler arbitrairement leur conscience, dégénérer contre eux en oppression, ou en injures, ou en scandale public.

7. Il y a pareillement recours au conseil d'Etat s'il est porté atteinte à l'exercice public du culte et à la liberté que les lois et les règlements garantissent à ses ministres.

8. Le recours compétera à toute personne intéressée. A défaut de plainte particulière, il sera exercé d'office par les préfets. — Le fonctionnaire public, l'ecclésiastique ou la personne qui voudra exercer ce recours, adressera un Mémoire détaillé et signé au conseiller d'Etat chargé de toutes les affaires concernant les cultes (¹), lequel sera tenu de prendre, dans le plus court délai, tous les renseignements convenables ; et, sur son rapport, l'affaire sera suivie et définitivement terminée dans la forme administrative, ou renvoyée, selon l'exigence des cas, aux autorités compétentes.

---

46. Loi du 18 germinal an 10, qui déclare loi de l'Etat la convention du 26 messidor an 9. (Extrait.)

V. *Cloches*, p. 82.

Art. 48. L'évêque se concertera avec le préfet pour régler la manière d'appeler les fidèles au service divin par le son des cloches. On ne pourra les sonner pour toute autre cause, sans la permission de la police locale.

---

47. Loi relative à l'établissement des bureaux de pesage, mesurage et jaugeage (²).

Du 29 floréal an 10-19 mai 1802.

V. *Marchés, Pesage, mesurage et jaugeage*, pp. 143, 144.

Art. 1er. Il sera établi dans les communes qui en seront jugées susceptibles par le gouvernement, des bureaux de pesage, mesurage et jaugeage publics. Nul ne sera contraint de s'en servir, si ce n'est en cas de contestation.

2. Les tarifs des droits à percevoir dans ces bureaux et les règlements y relatifs, seront proposés par les conseils des communes, adressés aux sous-préfets et aux préfets, qui donneront leur avis, et soumis au gouvernement qui-les approuvera, s'il y a lieu, en la forme usitée pour les règlements d'administration publique.

3. Un dixième des produits nets des droits servira à compléter l'acquittement des frais de vérification des poids et mesures, et le traitement des agents préposés à cette vérification.

4. Le surplus des produits sera employé aux dépenses des communes et des hospices exclusivement, et ce, suivant les règles prescrites pour les octrois de bienfaisance.

---

48. Arrêté concernant la pêche en goëmon ou varech. (Extrait.)

Du 18 thermidor an 10-6 août 1802.

V. *Varech*, p. 194.

Art. 2. Les préfets pourront déterminer, par des règlements conformes aux lois (³), tout ce qui est relatif à la pêche en goëmon et varech.

(¹) Aujourd'hui au ministre de la justice et des cultes.
(²) Voy. l'arrêté du 7 brumaire an 9, n° 43.
(³) Voy, ces lois, à leur date, 30 mai 1731 et 30 octobre 1772.

49. Loi contenant organisation des écoles de pharmacie. (Extrait.)

Du 21 germinal an 11-11 avril 1803.

TITRE IV. — DE LA POLICE DE LA PHARMACIE.

Art. 32. Les pharmaciens ne pourront livrer et débiter des préparations médicinales ou drogues composées quelconques, que d'après la prescription qui en sera faite par des docteurs en médecine ou en chirurgie, ou par des officiers de santé, et sur leur signature. Ils ne pourront vendre aucun remède secret; ils se conformeront, pour les préparations et compositions qu'ils devront exécuter et tenir dans leurs officines, aux formules insérées et décrites dans les Dispensaires ou Formulaires qui ont été rédigés ou le seront dans la suite par les écoles de médecine. Ils ne pourront faire, dans les mêmes lieux ou officines, aucun autre commerce ou débit que celui des drogues et préparations médicinales (¹).

33. Les épiciers et droguistes ne pourront vendre aucune composition ou préparation pharmaceutique, sous peine de 500 fr. d'amende (²). Ils pourront continuer de faire le commerce en gros des drogues simples, sans pouvoir néanmoins en débiter aucune au poids médicinal.

36. Tout débit au poids médicinal, toute distribution de drogues et préparations médicamenteuses sur des théâtres ou étalages, dans les places publiques, foires et marchés, toute annonce et affiche imprimée qui indiquerait des remèdes secrets, sous quelque dénomination qu'ils soient présentés, sont sévèrement prohibés........

37. Nul ne pourra vendre, à l'avenir, des plantes ou des parties de plantes médicinales indigènes, fraîches ou sèches, ni exercer la profession d'herboriste, sans avoir subi auparavant, dans une des écoles de pharmacie, ou par-devant un jury de médecine, un examen qui prouve qu'il connaît exactement les plantes médicinales....... Il sera délivré aux herboristes un certificat d'examen par l'école ou le jury par lesquels ils seront examinés, et ce certificat devra être enregistré à la municipalité du lieu où ils s'établiront.

---

50. Loi relative au curage des canaux et rivières non navigables, et à l'entretien des digues qui y correspondent.

Du 14 floréal an 11-4 mai 1803.

V. *Eaux*, p. 95.

Art. 1. Il sera pourvu au curage des canaux et rivières non navigables (³), et à l'entretien des digues et ouvrages d'art qui y correspondent, de la manière prescrite par les anciens règlements, ou d'après les usages locaux (⁴).

2. Lorsque l'application des règlements ou l'exécution du mode consacré par l'usage, éprouvera des difficultés, ou lorsque des changements survenus exigeront des dispositions nouvelles, il y sera pourvu par le gouvernement dans un règlement d'administration publique, rendu sur la proposition du préfet du département, de manière que la quotité de contribution de chaque imposé soit

---

(¹) La loi du 21 germinal an 11 n'ayant déterminé aucune peine contre l'infraction à la défense contenue dans ce dernier paragraphe, la Cour de cassation a jugé, le 4 juillet 1828, que les tribunaux ne peuvent suppléer au silence de la loi, et prononcer de peines contre le pharmacien qui fait, dans son officine, un autre commerce que celui des drogues ou préparations médicinales.

(²) Les épiciers-droguistes sont en contravention à cette disposition, lorsqu'ils exposent dans leurs boutiques ou arrière-boutiques, les compositions ou préparations pharmaceutiques dont la vente leur est interdite. (*Cass. 13 févr. 1824, 9 oct. 1824 et 7 déc. 1861.*)

Le quinquina en poudre est considéré comme une préparation pharmaceutique dont la vente est interdite aux droguistes et épiciers. (*Cass., 9 sept. 1813.*) — Nous pensons que l'on doit considérer comme compositions ou préparations pharmaceutiques dont la vente est interdite aux épiciers, toutes celles dont la formule est insérée au Codex.

(³) Le mot *rivière* doit être entendu dans le sens de cours d'eau permanent. (C. E., 28 déc. 1858.)

(⁴) Les anciens usages ou les anciens règlements locaux doivent être suivis et appliqués tant qu'ils n'ont pas été remplacés par un usage contraire ou un règlement d'administration publique, rendu en vertu et en exécution de l'art. 3 de la loi du 14 floréal an 11 (C. E., 4 *juill.* 1827, 28 *déc.* 1849, 16 *avril* 1851, 14 *mai* 1852); mais pour établir un usage en matière de curage, il ne suffit pas d'invoquer un seul curage.

toujours relative au degré d'intérêt qu'il aura aux travaux qui devront s'effectuer ([1]).

3. Les rôles de répartition des sommes nécessaires au paiement des travaux d'entretien, réparation ou reconstruction, seront dressés sous la surveillance du préfet, rendus exécutoires par lui, et le recouvrement s'en opérera de la même manière que celui des contributions publiques.

4. Toutes les contestations relatives au recouvrement de ces rôles, aux réclamations des individus imposés et à la confection des travaux, seront portées devant le conseil de préfecture, sauf le recours au gouvernement, qui décidera en conseil d'Etat.

---

51. Arrêté du ministre de l'intérieur, qui permet des quêtes dans les églises.

Du 5 prairial an 11-25 mai 1803.

'V. *Quêtes*, p. 169.

Art. 1er. Les administrateurs des hospices et des bureaux de bienfaisance, organisés dans chaque arrondissement, sont autorisés à faire quêter dans tous les temples consacrés à l'exercice des cérémonies religieuses, et à confier la quête, soit aux filles de charité vouées au service des pauvres et des malades, soit à telles autres dames qu'ils le jugeront convenable ([2]).

2. Ils sont pareillement autorisés à faire placer dans tous les temples, ainsi que dans les édifices affectés à la tenue des séances des corps civils, militaires et judiciaires, dans tous les établissements d'humanité, auprès des caisses publiques, et dans tous les autres lieux où l'on peut être excité à faire la charité, des troncs destinés à recevoir les aumônes et les dons que la bienfaisance individuelle voudrait y déposer.

3. Tous les trois mois, les bureaux de charité feront aussi procéder, dans leurs arrondissements respectifs, à des collectes.

4. Le produit des quêtes, des troncs et des collectes sera remis dans la caisse de ces institutions, et employé à leurs besoins, suivant et conformément aux lois. Les préfets en transmettront l'état tous les trois mois au ministre de l'intérieur.

5. Dans les arrondissements où l'établissement des bureaux de bienfaisance et des bureaux auxiliaires n'a point encore eu lieu, les préfets, conformément aux instructions du 28 vendémiaire an 10, s'occuperont sans délai de leurs organisations, et soumettront à la confirmation du ministre les arrêtés qu'ils croiront devoir prendre.

---

52. Décret sur les sépultures ([3]).

Du 23 prairial an 12-12 juin 1804.

V. *Cimetière*, p. 78.

TITRE Ier. — DES SÉPULTURES ET DES LIEUX QUI LEUR SONT CONSACRÉS.

Art. 1er. Aucune inhumation n'aura lieu dans les églises, temples, synagogues, hôpitaux, chapelles publiques et généralement dans aucun des édifices clos et fermés, où les citoyens se réunissent pour la célébration de leurs cultes, ni dans l'enceinte des villes et bourgs.

2. Il y aura, hors de chacune de ces villes ou bourgs, à la distance de 35 à 40 mètres au moins de leur enceinte, des terrains spécialement consacrés à l'inhumation des morts.

3. Les terrains les plus élevés et exposés au nord seront choisis de préférence ; ils seront clos de murs de deux mètres au moins d'élévation. On y fera des plantations, en prenant les précautions convenables pour ne point gêner la circulation de l'air.

4. Chaque inhumation aura lieu dans une fosse séparée ; chaque fosse qui sera ouverte aura un mètre cinq décimètres à deux mètres de profondeur sur huit décimètres de largeur, et sera ensuite remplie de terre bien foulée.

([1]) Le décret du 25 mars 1852, sur la décentralisation, n'a point conféré aux préfets le pouvoir de modifier les usages locaux en matière de curage des cours d'eau non navigables. Ce droit n'appartient qu'au gouvernement qui, lui-même, n'est autorisé à statuer qu'à défaut de règlements antérieurs, ou bien encore si les changements survenus exigent des dispositions nouvelles.

([2]) Cette disposition se trouve confirmée par l'art. 75 du décret du 30 décembre 1809.

([3]) Voy. l'ordonnance du 6 décembre 1843, ci-après, à sa date.

5. Les fosses seront distantes les unes des autres de trois à quatre décimètres sur les côtés, et de trois à cinq décimètres à la tête et aux pieds.

6. Pour éviter le danger qu'entraîne le renouvellement trop rapproché des fosses, l'ouverture des fosses pour de nouvelles sépultures n'aura lieu que de cinq années en cinq années ; en conséquence, les terrains destinés à former les lieux de sépulture seront cinq fois plus étendus que l'espace nécessaire pour y déposer le nombre présumé des morts qui peuvent y être enterrés chaque année.

TITRE II. — DE L'ÉTABLISSEMENT DE NOUVEAUX CIMETIÈRES.

7. Les communes qui seront obligées, en vertu des art. 1 et 2 du tit. 1er, d'abandonner les cimetières actuels, et de s'en procurer de nouveaux hors de l'enceinte de leurs habitations, pourront, sans autre autorisation que celle qui leur est accordée par la déclaration du 10 mars 1776 (1), acquérir les terrains qui leur seront nécessaires, en remplissant les formes voulues par l'arrêté du 7 germinal an 9 (2).

8. Aussitôt que les nouveaux emplacements seront disposés à recevoir les inhumations, les cimetières existants seront fermés, et resteront dans l'état où ils se trouveront, sans que l'on puisse en faire usage pendant cinq ans.

9. A partir de cette époque, les terrains servant maintenant de cimetière pourront être affermés par les communes auxquelles ils appartiennent ; mais à la condition qu'ils ne seront qu'ensemencés ou plantés, sans qu'il puisse y être fait aucune fouille ou fondations pour des constructions de bâtiment, jusqu'à ce qu'il en soit autrement ordonné (3).

TITRE III.—DES CONCESSIONS DE TERRAINS DANS LES CIMETIÈRES.

10. Lorsque l'étendue des lieux consacrés aux inhumations le permettra, il pourra y être fait des concessions de terrains aux personnes qui désireront y posséder une place distincte et séparée pour y fonder leur sépulture et celle de leurs parents ou successeurs (4), et y construire des caveaux, monuments ou tombeaux.

11. Les concessions ne seront néanmoins accordées qu'à ceux qui offriront de faire des fondations ou donations en faveur des pauvres et des hôpitaux, indépendamment d'une somme qui sera donnée à la commune, et lorsque ces fondations auront été autorisées par le gouvernement dans les formes accoutumées, sur l'avis des conseils municipaux et la proposition des préfets.

12. Il n'est point dérogé, par les deux articles précédents, aux droits qu'a chaque particulier, sans besoin d'autorisation, de faire placer sur la fosse de son parent ou de son ami, une pierre sépulcrale ou autre signe indicatif de sépulture, ainsi qu'il a été pratiqué jusqu'à présent.

13. Les maires pourront également, sur l'avis des administrations des hôpitaux, permettre que l'on construise, dans l'enceinte des hôpitaux, des monuments pour les fondateurs et bienfaiteurs de ces établissements, lorsqu'ils en auront déposé le désir dans leurs actes de donation, de fondation ou de dernière volonté.

---

(1) Cette déclaration porte : Art. 8. « Permettons aux villes et communautés qui seront tenues de porter ailleurs leurs cimetières, d'acquérir les terrains nécessaires pour lesdits cimetières, dérogeant à cet effet, en tant que de besoin, à l'édit du mois d'août 1749 ; voulons que lesdites villes et communautés soient dispensées, pour lesdites acquisitions, de tous droits d'indemnité ou d'amortissement, dont nous leur faisons pareillement remise, à condition toutefois, et non autrement, que les terrains ainsi acquis ne seront employés à aucun autre usage.......

(2) Ces formes, que les instructions postérieures ont motifiées, consistent dans la production des pièces suivantes :

1° La délibération du conseil municipal ; 2° une information *de commodo et incommodo*, faite dans les formes accoutumées (ces formes font l'objet de la circulaire ministérielle du 20 août 1825), en vertu d'ordres du sous-préfet ; 3° la délibération du conseil municipal sur les oppositions et observations produites à l'enquête ; 4° un plan des lieux ; 5° un rapport des hommes de l'art sur les inconvénients que présente le cimetière qu'il s'agit de transférer ; 6° l'avis du sous-préfet.

(3) Une disposition antérieure, celle de l'art. 9 de la loi du 15 mars 1791, porte : «Les cimetières ne pourront être mis dans le commerce que dix ans après les dernières inhumations. »

(4) Par l'expression *successeurs* il faut entendre les héritiers qui, n'étant pas parents, succèdent au défunt en vertu de dispositions testamentaires, et non pas les personnes qui remplacent le concessionnaire dans les fonctions publiques dont il était revêtu, ou dans des biens, par voie d'acquisition, car elles peuvent lui être complétement étrangères. (*Déc. min.*, n° 87, de 1856.)

14. Toute personne pourra être enterrée sur sa propriété, pourvu que ladite propriété soit hors et à la distance prescrite de l'enceinte des villes et bourgs (¹).

TITRE IV. — DE LA POLICE DES LIEUX DE SÉPULTURE.

15. Dans les communes où l'on professe plusieurs cultes, chaque culte doit avoir un lieu d'inhumation particulier, et, dans le cas où il n'y aurait qu'un seul cimetière, on le partagera par des murs, haies ou fossés, en autant de parties qu'il y a de cultes différents, avec une entrée particulière pour chacun, et en proportionnant cet espace au nombre d'habitants de chaque culte (²).

16. Les lieux de sépulture, soit qu'ils appartiennent aux communes, soit qu'ils appartiennent aux particuliers, seront soumis à l'autorité, police et surveillance des administrations municipales (³).

17. Les autorités locales sont spécialement chargées de maintenir l'exécution des lois et règlements qui prohibent les exhumations non autorisées, et d'empêcher qu'il ne se commette dans les lieux de sépulture aucun désordre, ou qu'on s'y permette aucun acte contraire au respect dû à la mémoire des morts.

TITRE V. — DES POMPES FUNÈBRES.

18. Les cérémonies précédemment usitées pour les convois, suivant les différents cultes, seront rétablies, et il sera libre aux familles d'en régler la dépense selon leurs moyens et facultés ; mais hors de l'enceinte des églises et lieux de sépulture, les cérémonies religieuses ne seront permises que dans les communes où l'on ne professe qu'un seul culte, conformément à l'art. 45 de la loi du 18 germinal an 10.

19. Lorsque le ministre d'un culte, sous quelque prétexte que ce soit, se permettra de refuser son ministère pour l'inhumation d'un corps, l'autorité civile, soit d'office, soit sur la réquisition de la famille, commettra un autre ministre du même culte pour remplir ces fonctions ; dans tous les cas, l'autorité civile est chargée de faire porter, présenter, déposer, et inhumer les corps.

20. Les frais et rétributions à payer aux ministres des cultes et autres individus attachés aux églises et temples, tant pour leur assistance aux convois que pour les services requis par les familles, seront réglés par le gouvernement, sur l'avis des évêques, des consistoires et des préfets, et sur la proposition du conseiller d'Etat chargé des affaires concernant les cultes. Il ne sera rien alloué pour leur assistance à l'inhumation des individus inscrits aux rôles des indigents.

(¹) Cet article donne au propriétaire seul, et non à sa famille, le droit de se faire inhumer dans sa propriété ; encore faut-il que, pour user de cette faculté, la propriété soit d'une certaine étendue et à la distance prescrite. (*Déc. min.*, n° 64, *de* 1861.)

Le droit de police et de surveillance des lieux de sépulture, conféré par l'art. 16 du décret du 23 prairial an 12, à l'autorité municipale, implique le pouvoir d'interdire l'inhumation dans tout autre lieu que le cimetière commun. La défense prononcée à cet égard par le maire est de plein droit obligatoire, sous les peines de simple police. (*Cass.*, 14 *avril* 1838, *Périssel.*)

Le maire a le droit d'ordonner le murage des portes d'un cimetière appartenant à un particulier, et cet arrêté, qui est obligatoire par le seul fait de sa publication, a pour sanction pénale le n° 15 de l'art. 471 du Code pénal. (*Cass.*, 28 *déc.* 1839, *Ducros.*)

(²) Les administrations locales peuvent, en tenant compte des habitudes du pays et de la disposition des esprits, consacrer un endroit spécial du cimetière commun à l'enterrement des personnes étrangères au culte catholique et des enfants morts sans baptême, attendu que cette séparation n'a, au fond, rien d'injurieux et de blessant pour ceux auxquels elle s'applique ; mais cette mesure ne saurait être étendue à une autre classe de personnes, telles que les suicidés, les duellistes, les morts civilement, etc. En un mot, toute autre séparation que celle qui serait fondée sur la différence des religions entre les individus défunts est formellement interdite ; telle est, à cet égard, la jurisprudence bien fixée des deux ministères de l'intérieur et des cultes. (*Déc. min.*, n° 66, *de* 1857.)

On ne saurait contraindre les sectateurs d'un culte indépendant à enterrer leurs morts dans la partie du cimetière qui est considérée comme une espèce de voirie, et imprime à ceux qui y sont déposés un caractère de délaissement et de flétrissure. Mais les cultes non reconnus n'ont pas le droit d'obtenir pour chacun d'eux un cimetière spécial ou un emplacement distinct dans les cimetières communaux ; seulement, comme les autres cultes seraient fondés à les exclure, l'administration municipale, chargée de la police des inhumations, doit leur assigner un cimetière ou un emplacement qui, au lieu d'être distinct, comme pour les cultes reconnus, sera affecté à toutes les communions non reconnues indistinctement. (*Déc. min.*, n° 67, *de* 1857.)

(³) Voyez les notes sous l'art. 14.

21. Le mode le plus convenable pour le transport des corps sera réglé suivant les localités, par les maires, sauf l'approbation des préfets.

22. Les fabriques des églises et les consistoires, jouissent seuls du droit de fournir les voitures, tentures, ornements, et de faire généralement toutes les fournitures quelconques nécessaires pour les enterrements, et pour la dépense ou la pompe des funérailles. — Les fabriques et consistoires pourront faire exercer ou affermer ce droit, d'après l'approbation des autorités civiles, sous la surveillance desquels ils sont placés (¹).

23. L'emploi de sommes provenant de l'exercice ou de l'affermage de ce droit sera consacré à l'entretien des églises, des lieux d'inhumation, et au paiement des desservants : cet emploi sera réglé et réparti sur la proposition du conseiller d'État chargé des affaires concernant les cultes, et d'après l'avis des évêques et des préfets.

24. Il est expressément défendu à toutes autres personnes, quelles que soient leurs fonctions, d'exercer le droit susmentionné, sous telle peine qu'il appartiendra, sans préjudice des droits résultant des marchés existants, et qui ont été passés entre quelques entrepreneurs et les préfets ou autres autorités civiles, relativement aux convois et pompes funèbres (²).

25. Les frais à payer par les successions des personnes décédées, pour les billets d'enterrement, le prix des tentures, les bières et le transport des corps, seront fixés par un tarif proposé par les administrations municipales, et arrêté par les préfets.

26. Dans les villages et autres lieux où le droit précité ne pourra être exercé par les fabriques, les autorités locales y pourvoiront, sauf l'approbation des préfets.

---

53. Circulaire du ministre de l'intérieur sur la police des inhumations. (Extrait.)

Du 8 messidor an 12-27 juin 1804.

V. *Cimetière*, p. 78.

La police des inhumations et des lieux de sépulture fut, dans tous les temps et chez tous les peuples, un des objets qui fixèrent spécialement l'attention des chefs de l'État.

En France, elle manqua longtemps d'une législation positive. Les Parlements s'en sont cependant souvent occupés ; mais ils trouvèrent dans les préjugés et les prétentions des différents corps, un obstacle continuel à l'exécution de leurs arrêts. La salubrité continua donc de rester compromise, et l'intérêt des vivants sacrifié à la crainte de compromettre la dignité des tombeaux. Les inconvénients qui en résultèrent parvinrent bientôt à leur comble, des plaintes s'élevèrent de toutes parts, et de l'excès du mal intervint l'arrêt du 21 mai 1765 qui servit de base à la loi générale, rendue le 10 mars 1776.

Les dispositions que contient cette loi prévoyante et sage n'ayant pas été, depuis, complétement exécutées, ou n'embrassant pas encore d'une manière assez formelle toutes les mesures que la salubrité pouvait exiger, le gouvernement a pensé que, dans les circonstances actuelles, il convenait de fixer les devoirs et les soins à remplir par les administrations locales.

. Tel est le but du décret du 23 prairial dernier.

. L'art. 1er de ce décret prohibe impérativement l'inhumation dans tous les édifices clos et fermés où les citoyens se réunissent pour la célébration de leurs cultes ; il veut aussi que, désormais, aucune inhumation ne puisse être faite dans l'intérieur des villes et des bourgs.

Je vous recommande particulièrement de surveiller l'exécution de ces dispositions ; elles sont depuis longtemps réclamées par l'humanité et la religion.

Pour en faire apprécier la sagesse et la nécessité aux autorités qui vous sont subordonnées, vous n'aurez sans doute besoin que de leur rappeler que, parmi les causes influentes des épidémies qui, chaque année, désolent diverses parties du territoire, on place au premier rang l'usage abusif et encore existant dans plusieurs lieux, d'inhumer dans les temples et dans l'intérieur des villes et bourgs, et ce, parce que, s'il est vrai de dire que les temples ne sont jamais assez aérés pour des lieux de sépulture, il est constant aussi que les villes et les bourgs présentent rarement les moyens de donner aux cimetières une étendue convenable, et que, d'ailleurs, la hauteur des maisons est un obstacle continuel à la circulation de l'air.

En conséquence de cette prohibition et des dispositions des art. 2 et 3, vous

---

(¹-²) Voyez le décret du 10 février 1806, portant que ces dispositions ne sont pas applicables aux personnes qui professent, en France, la religion juive. — Voyez aussi le décret du 18 mai 1806 et les notes, pag. 254.

avez à prendre des mesures pour la suppression des cimetières qui peuvent encore exister dans l'intérieur de quelques villes ou de quelques bourgs de votre département, et pour que désormais des terrains situés hors de leur enceinte et à la distance prescrite par le décret, restent spécialement consacrés à l'inhumation des morts.

Les lieux les plus élevés et exposés au nord doivent être préférés, afin qu'en aucun temps les vapeurs infectes ne puissent y séjourner.

L'usage des plantations a souvent été suivi de quelques inconvénients. Cependant le décret ne les prohibe pas ; mais il exige que des précautions convenables soient prises pour ne point gêner la circulation de l'air.

L'art. 4 mérite aussi de fixer toute votre attention, en ce que les dispositions qu'il prescrit ont pour but de faire cesser l'usage inconvenant et dangereux où l'on est dans plusieurs lieux de jeter les morts dans une fosse commune.

Dans d'autres lieux où cet usage n'existe pas, on est tombé dans un autre inconvénient, celui de tenir les fosses trop rapprochées les unes des autres.

Ailleurs, on ne connaît point assez les dangers qu'entraîne le renouvellement trop précipité des fosses.

Les art. 5 et 6 indiquent les règles qu'il convient désormais d'observer à cet égard ; c'est à vous d'en prescrire rigoureusement l'exécution.

Par l'art. 7, le gouvernement, voulant faciliter aux communes qui seront obligées d'abandonner les cimetières actuels, les moyens de s'en procurer de nouveaux hors de l'enceinte de leurs habitations, remet en vigueur une partie de l'art. 8 de la déclaration du 10 mars 1776, qui leur permet d'acquérir les terrains nécessaires, et déroge, à cet effet, aux dispositions de l'édit de 1749, qui défendait aux gens de main-morte de faire aucune acquisition d'immeubles, sans y avoir été préalablement autorisées par lettres-patentes, dûment enregistrées dans les Cours de Parlement.

Ainsi, désormais les acquisitions de terrains pour l'usage des cimetières pourront être faites sans l'intervention d'une loi particulière ; il suffira d'un décret rendu dans les formes prescrites par l'arrêté du 7 germinal an 9, relatif aux baux à longues années.

Quant aux art. 8 et 9, leurs dispositions sont de rigueur, et elles se lient trop aux règles générales de la salubrité publique, pour que l'exécution puisse en être négligée. Le danger, d'ailleurs, de remettre dans le commerce les cimetières dont la suppression aura été ordonnée, avant l'époque fixée par le gouvernement, comme aussi d'y faire, même après l'expiration de cette époque, aucune fouille ou fondation pour des constructions de bâtiments, jusqu'à ce qu'il en soit autrement ordonné, est trop évident pour croire qu'il puisse jamais être nécessaire de rappeler les autorités locales à l'exécution de ces dispositions prévoyantes.

J'ajouterai à ces réflexions, que, quoique le décret ne parle que des villes et des bourgs pour la prohibition des inhumations dans leur enceinte, les autres dispositions que je viens de rappeler, tant pour l'étendue des cimetières que pour les règles à suivre, quant à la distance, à la profondeur et au renouvellement des fosses, n'en sont pas moins applicables à tous les lieux consacrés à l'usage des sépultures.

Conformément aux art. 10 et 11, des concessions de terrain dans les lieux consacrés aux inhumations, pourront être faites aux personnes qui voudront y fonder leur sépulture ; mais indépendamment de la somme à payer à la commune pour raison de cette concession, le gouvernement a voulu que cette faveur ne fut accordée qu'à ceux qui offriront des donations en faveur des pauvres ou des hôpitaux, et qu'après que les donations offertes auront été autorisées par le gouvernement, dans les formes accoutumées.

Les pauvres et les hôpitaux peuvent trouver dans ces concessions un accroissement important à leurs revenus annuels ; mais, quel que soit l'intérêt que leur situation inspire, il importe néanmoins de ne pas étendre les concessions de manière à rendre ensuite insuffisants pour leur destination les lieux de sépulture ; il importe surtout de veiller à ce que les tombeaux qui pourront être élevés sur les portions de terrain concédées, ne puissent en rien nuire à la circulation de l'air.

Dans diverses circonstances, des bienfaiteurs de ces mêmes établissements ont témoigné le désir d'être inhumés dans leur intérieur. J'en ai rendu compte au gouvernement : il n'a point voulu d'exception à la règle générale ; mais, pour honorer leur mémoire, il a permis, par l'art. 13, que des monuments leur soient construits dans les hôpitaux qu'ils ont enrichis de leurs bienfaits, lorsqu'ils en auront déposé le désir dans leurs actes de donation ou de dernière volonté.

Un propriétaire peut user de sa propriété de la manière qu'il juge à propos ; mais il ne faut pas que ce droit puisse être nuisible à personne, et encore moins compromettre la salubrité. Ainsi, le gouvernement, en laissant à chacun la faculté de se faire inhumer sur sa propriété, a dû, dans sa sollicitude pour le bien général, en restreindre et limiter l'exercice. Tel est, à cet égard, le double but qu'il s'est proposé par les dispositions de l'art. 14.

La profession des différents cultes dans une même commune a souvent donné lieu, quant aux inhumations, à des querelles et discussions religieuses. Pour en empêcher le retour, le gouvernement a pensé que, dans ces communes, chaque culte devait avoir un lieu d'inhumation particulier; il en a fait, en conséquence, l'objet de l'art. 15 du décret.

Il a de plus, ordonné, dans le cas où il n'y aurait qu'un seul cimetière, qu'il fût partagé par des murs, haies ou fossés, en autant de parties qu'il y a de cultes différents, avec une entrée particulière.

Quant aux art. 16 et 17, ils ont pour but de soumettre les lieux de sépulture, quels qu'en soient les propriétaires, à l'autorité, à la police et à la surveillance des administrations municipales.

C'est donc à leurs soins et à leur zèle qu'il appartient de veiller à ce qu'il ne se commette aucun désordre dans les lieux de sépulture, et de renouveler, en conséquence, les défenses d'y laisser paître ou divaguer les animaux, d'y faire aucune œuvre servile, d'y commettre aucune indécence, d'y jeter ou conduire des immondices et d'y rien faire qui soit contraire au respect dû à la mémoire des morts. Elles auront également à renouveler aux fossoyeurs et à tous autres les défenses d'enlever les draps ou linceuls dans lesquels les morts auront été ensevelis.

Les exhumations non autorisées, et les enlèvements des corps des cimetières, devront, en outre, fixer spécialement leur surveillance.....

---

54. Circulaire du ministre de l'intérieur, sur les lieux de sépulture et la police des inhumations.

Du 26 thermidor an 12-14 août 1804.

V. *Cimetière*, p. 78.

L'art. 2 du décret du 23 prairial an 12 veut que l'on transfère les cimetières hors de l'enceinte des villes ou bourgs, et l'art. 7 prévient que les acquisitions ou échanges nécessaires pour l'exécution de cette translation seront approuvés par le gouvernement. Pour l'exécution de l'art. 8, il serait peut-être nécessaire de bien définir ce que l'on doit entendre par les noms de *ville* et de *bourg*; mais, dans l'incertitude où vous pourrez être pour l'application de ces titres, je vous engage à ne considérer provisoirement comme telles que les communes qui sont ou qui peuvent être fermées par des portes ou des barrières établies sur les routes ou chemins qui y conduisent. Quant à celles qui sont ouvertes de toutes parts, quoique réunissant un grand nombre de maisons en masse, au milieu desquelles il y aurait un cimetière, vous voudrez bien me rendre compte de leur étendue, et me donner vos observations sur leur position, avant de leur appliquer le décret.

Vous remarquerez que le gouvernement n'a pas entendu que l'art. 2 s'appliquât aux communes rurales; mais je dois vous faire observer que le principe établi par la déclaration du 10 mars 1776 est général: on en doit conclure que la disposition du décret n'est pas, à la vérité, obligatoire pour des communes rurales, mais que toutes les fois qu'elles pourront l'exécuter, il est à propos qu'elles le fassent.

Il est surtout important que toutes les communes dont le cimetière se trouve placé autour de l'église, s'occupent de chercher un autre terrain pour les inhumations, conformément aux règles établies par le décret.

L'art. 10 de ce décret porte que : *Toute personne pourra être enterrée sur sa propriété et à la distance prescrite de l'enceinte des villes ou bourgs.* Les citoyens ont encore la faculté, dont ne parle pas le décret, de faire transférer, d'un département dans un autre, le corps de leurs parents ou amis.

L'exercice de ce droit naturel, qui doit être précédé des opérations nécessaires pour empêcher la putréfaction de ces corps, réclame des mesures administratives contre l'abus qu'on pourrait en faire, en les soustrayant, par ce moyen, à la surveillance de l'autorité publique. Lors de la déclaration du décès à l'officier public de la commune où il a eu lieu, on doit donc faire mention dans l'acte des intentions, soit du décédé, soit de ses parents ou amis. L'officier public doit, en outre, dresser procès-verbal de l'état du corps, au moment où on l'enlève, ou à l'instant où on l'enferme dans la bière; il délivre ensuite un passeport motivé au conducteur du corps, et il adresse directement au maire du lieu où il doit être déposé, et ce, aux frais des parents ou amis du décédé, une expédition de l'acte de décès et du procès-verbal de l'état du corps, afin que le maire de cette dernière commune veille à l'exécution du décret (¹).

L'art. 19 prévoit le cas où un ministre d'un culte refuserait son ministère pour l'inhumation d'un corps. Vous voudrez bien aussi avertir les maires que, lorsqu'ils ne pourront, dans ce cas, commettre un autre ministre, ils devront procéder à l'inhumation dans le délai prescrit par la loi, cet acte étant purement civil.

Il convient aussi de les prévenir que si la fabrique refusait de fournir les objets mis à sa disposition par l'art. 22, ils ont le droit de prononcer provisoirement sur la difficulté, en faveur des parents des décédés, pour maintenir dans ce service toute la décence qu'exige l'inhumation des corps.

Enfin, vous voudrez bien rappeler aux maires, dans l'instruction que vous leur donnerez pour l'exécution du décret, que, d'après l'art. 77 du Cod. Nap., aucune inhumation ne doit être faite qu'en vertu d'une autorisation donnée par eux sur papier libre, et qu'ils ne doivent la donner qu'après être allés vérifier le décès et avoir constaté s'il n'est pas l'effet d'une cause extraordinaire. Il est aussi, dans tous les cas, indispensable que les parents ou amis du décédé fassent inscrire sur les registres de l'état civil un acte de déclaration du décès.

Vous remarquerez qu'il résulte de l'article précité du Cod. Nap., une défense implicite aux ministres des cultes, d'inhumer aucun corps sans la permission écrite du maire de la commune.

----

55. Avis du conseil d'Etat sur le jour à compter duquel les décrets impériaux sont obligatoires (²).

Du 25 prairial an 13–14 juin 1805.

Le conseil d'Etat, qui, d'après le renvoi fait par Sa Majesté Impériale, a entendu le rapport de la section de législation sur celui du grand juge ministre de la justice, tendant à faire décider de quel jour les décrets impériaux sont obligatoires ; — Considérant que la proposition et la discussion publique des lois ont permis de déterminer, dans l'art. 1er du Code civil, un délai après lequel leur promulgation, étant présumée connue dans chaque département, elles y deviennent successivement obligatoires ; — Que les décrets impériaux, étant préparés et rendus avec moins de publicité, ils ne peuvent pas être frappés de la même présomption de connaissance, et qu'en effet ils n'ont pas été compris dans la disposition de l'art. 1er du Code ; — Qu'il faut donc, pour qu'ils deviennent obligatoires, une connaissance réelle qui résulte de leur publication ou de tout autre acte ayant le même effet, — Est d'avis que les décrets impériaux insérés au Bulletin des lois sont obligatoires dans chaque département du jour auquel le Bulletin a été distribué au chef-lieu, conformément à l'art. 12 de la loi du 12 vendémiaire an 4 (³) ; — Et que, quant à ceux qui ne sont point insérés au Bulletin, ou qui n'y sont indiqués que par leur titre, ils sont obligatoires du jour qu'il en est donné connaissance aux personnes qu'ils concernent, par publication, affiche, notification ou signification, ou envois faits ou ordonnés par les fonctionnaires publics chargés de l'exécution.

----

56. Décret relatif aux autorisations des officiers de l'état civil pour les inhumations.

Du 4 thermidor an 13–23 juillet 1805.

V. *Cimetière*, *Sépultures*, pp. 78 et 182.

(¹) V. à leur date, au sujet du transport des corps, les circulaires du ministre de l'intérieur, des 10 mars 1856, 28 janvier 1857 et 8 août 1859, ainsi que la décision ministérielle, n° 66, de 1858.

(²) Bien que cet avis ne concerne que les *décrets impériaux*, il est certain qu'il peut être pris pour règle dans la question obligatoire des *arrêtés de police municipale*, parce qu'il y a entre ceux-ci et les premiers une parfaite similitude de principes.

(³) Voici le texte de cet article :

« Néanmoins, les lois et actes du corps législatif obligeront, dans l'étendue de chaque département, du jour auquel le Bulletin officiel où ils seront contenus sera distribué au chef-lieu du département. — Ce jour sera constaté par un registre où les administrateurs de chaque département certifieront l'arrivée de chaque numéro. »

Il est défendu à tous maires, adjoints et membres d'administrations municipales, de souffrir le transport, présentation, dépôt, inhumation des corps, ni l'ouverture des lieux de sépulture, à toutes fabriques d'églises et de consistoires ou autres, ayant droit de faire les fournitures requises pour les funérailles, de livrer lesdites fournitures ; à tous curés, desservants et pasteurs, d'aller lever aucuns corps, ou de les accompagner hors des églises et temples, qu'il ne leur apparaisse de l'autorisation donnée par l'officier de l'état civil, pour l'inhumation, à peine d'être poursuivis comme contrevenant aux lois (¹).

---

57. Décret sur les commissaires généraux de police (²). (Extrait.)

Du 23 fructidor an 13-10 septembre 1805.

V. *Filles publiques*, p. 112.

Art. 2. Ils (les commissaires généraux de police) exercent, sous l'autorité du préfet, les fonctions de police locale qui leur sont attribuées par les articles suivants; toutes autres demeureront dévolues aux maires et officiers municipaux, qui les rempliront conformément aux lois et règlements, notamment à celui du 5 brumaire an 9 (³), sous l'autorité des sous-préfets et préfets, et sauf le recours aux tribunaux pour la police municipale judiciaire.

3. Les commissaires généraux de police pourront publier de nouveau les lois et règlements de police en activité, et rendre des ordonnances pour en assurer l'exécution, avec l'approbation du préfet du département.

9. Ils surveilleront l'exécution des lois et règlements de police concernant les hôtels garnis et les logeurs, sans préjudice de l'exercice en concurrence de la police municipale.

11. Ils porteront une attention particulière aux églises, et veilleront à ce que l'ordre, la décence et le respect convenables dus aux saints lieux, soient observés. Ils feront arrêter tout individu qui troublerait la liberté et la publicité du culte.

---

58. Décret sur la police des théâtres. (Extrait.)

Du 21 frimaire an 14-12 décembre 1805.

V. *Théâtre*, p. 183.

Art. 2. Les maires sont chargés de la police des théâtres, et du maintien de l'ordre et de la sûreté.

---

59. Circulaire du ministre de l'intérieur aux préfets, sur les inconvénients qui résultent de l'usage trop fréquent des cloches pendant les épidémies.

Du 24 janvier 1806.

V. *Cloches*, pp. 82 et 83.

Il m'a été adressé des représentations sur les dangers qui peuvent résulter pour les malades, dans les cas d'épidémies, de l'usage où l'on est, dans la plupart des communes, d'annoncer par le son des cloches l'agonie des mourants et la mort de ceux qui ont succombé ; je suis même instruit qu'on a attribué généralement à cette cause les effets meurtriers qui ravageaient, il y a quelque temps, un bourg de 3,000 habitants, dont le sixième de la population a péri, malgré les secours de l'art.

L'expérience prouve effectivement que les affections morales et surtout les idées tristes, exercent une influence puissante sur l'imagination des malades. D'après cela, il n'est pas douteux que le son trop fréquent des cloches, les chants

---

(¹) V. l'art. 358 du Code pénal, qui punit les infractions aux dispositions de ce décret. Toutefois, le fait, de la part d'un ministre du culte, de procéder à une inhumation sans autorisation préalable de l'officier de l'état civil, au mépris de la défense portée dans le décret du 4 thermidor an 13, a seulement le caractère d'une contravention passible des peines de police prononcées par le n° 15 de l'art. 471 du Cod. pén.

(²) Bien que les commissaires généraux de police aient été supprimés, nous donnons néanmoins un extrait du décret du 23 fructidor an 13, parce que leurs attributions sont passées dans les mains des maires, et aussi parce que l'art. 2 de ce décret faisait passer dans les attributions des maires toutes les dispositions de police de l'arrêté du 5 brumaire an 9.

(³) V. ce décret à sa date.

funèbres qui se font entendre dans les rues, et tout appareil lugubre qui frappe les sens, ne peuvent qu'inspirer des frayeurs très-dangereuses, troubler la marche des maladies durant une épidémie, et quelquefois les rendre mortelles.

Je crois devoir vous inviter, en conséquence, à vous concerter avec l'évêque de votre département, conformément à l'art. 48 de la loi du 18 germinal an 10, à l'effet d'obvier aux dangers dont il s'agit, et de faire suspendre, au besoin, dans les cas d'épidémies meurtrières, tout usage ou cérémonie funéraire qui pourrait effrayer les malades et aggraver leur état.

Le ministre des cultes, avec qui je me suis entendu à cet effet, m'a assuré d'avance de tout l'empressement des évêques à seconder des mesures qui auront pour but le soulagement de l'humanité souffrante, et qui se concilieront aisément avec le respect dû aux pratiques religieuses.

---

60. Décret concernant le service dans les églises et les convois funèbres.

Du 18 mai 1806.

V. *Cimetière, Sépultures*, pp. 78 et 182.

TITRE Ier. — RÈGLES GÉNÉRALES POUR LES ÉGLISES.

Art. 1er. Les églises sont ouvertes gratuitement au public ; en conséquence, il est expressément défendu de rien percevoir dans les églises et à leur entrée de plus que le prix des chaises, sous quelque prétexte que ce soit.

2. Les fabriques pourront louer des bancs et des chaises, suivant le tarif qui a été ou sera arrêté, et les chapelles de gré à gré.

3. Le tarif du prix des chaises sera arrêté par l'évêque et le préfet, et cette fixation sera toujours la même, quelles que soient les cérémonies qui auront lieu dans l'église.

TITRE II. — SERVICE POUR LES MORTS DANS LES ÉGLISES.

4. Dans toutes les églises, les curés, desservants et vicaires feront gratuitement le service exigé pour les morts indigents ; l'indigence sera constatée par un certificat de la municipalité.

5. Si l'église est tendue pour recevoir un convoi funèbre, et qu'on présente ensuite le corps d'un indigent, il est défendu de détendre jusqu'à ce que le service de ce mort soit fini.

6. Les règlements déjà dressés et ceux qui le seront à l'avenir par les évêques, sur cette matière, seront soumis, par notre ministre des cultes, à notre approbation.

7. Les fabriques feront par elles-mêmes ou feront faire par entreprise aux enchères, toutes les fournitures nécessaires au service des morts dans l'intérieur de l'église, et toutes celles qui sont relatives à la pompe des convois, sans préjudice aux droits des entrepreneurs qui ont des marchés existants (¹).—Elles dresseront, à cet effet, des tarifs et des tableaux gradués par classe ; ils seront communiqués aux conseils municipaux et aux préfets, pour y donner leur avis, et seront soumis, par notre ministre des cultes, pour chaque ville, à notre approbation. Notre ministre de l'intérieur nous transmettra pareillement, à cet égard, les avis des conseils municipaux et des préfets.

8. Dans les grandes villes, toutes les fabriques se réuniront pour ne former qu'une seule entreprise.

(¹) Les fabriques seules, investies du droit de faire les fournitures nécessaires pour les funérailles, ont par cela même le privilége exclusif de fournir les billets d'enterrement ; dès lors, elles peuvent transmettre ce privilége aux entrepreneurs de pompes funèbres, auxquels elles concèdent le droit de faire lesdites fournitures. (*Dalloz*, 1862, 2e part., p. 83. *Roquencourt.*)

Elles ont également le droit exclusif de fournir les cercueils destinés à recevoir les corps à inhumer et ceux exhumés, alors même que l'exhumation devrait être suivie du transport des corps au-delà des limites du département où a lieu cette exhumation ; mais, dans ce cas, les fabriques perdent leur privilége pour le transport. (*Dalloz*, 1859, 1, 467. *Ballard.*)

Le droit exclusif des fabriques de faire les fournitures nécessaires pour la pompe et la décence des funérailles s'étend même aux cérémonies funèbres, commandées et payées par l'Etat, en l'honneur des hauts fonctionnaires, et cela qu'il s'agisse d'un service commémoratif ou d'une inhumation. (C. E., 18 *mars* 1858. *Pector, C. les fabriq. des églises de Paris et l'Etat.*)

TITRE III. — Du transport des corps.

9. Dans les communes où il n'existe pas d'entreprise et de marché pour les sépultures, le mode du transport des corps sera réglé par les préfets et les conseils municipaux. Le transport des indigents sera fait gratuitement.

10. Dans les communes populeuses, où l'éloignement des cimetières rend le transport coûteux, et où il est fait avec des voitures, les autorités municipales, de concert avec les fabriques, feront adjuger aux enchères l'entreprise de ce transport, des travaux nécessaires à l'inhumation et de l'entretien des cimetières.

11. Le transport des morts indigents sera fait décemment et gratuitement. Tout autre transport sera assujetti à une taxe fixe. Les familles qui voudront quelque pompe traiteront avec l'entrepreneur, suivant un tarif qui sera dressé à cet effet. — Les règlements et marchés qui fixeront cette taxe et le tarif, seront délibérés par les conseils municipaux, et soumis ensuite, avec l'avis du préfet, par notre ministre de l'intérieur, à notre approbation.

12. Il est interdit, dans ces règlements et marchés, d'exiger aucune surtaxe pour les présentations et stations à l'église, toute personne ayant également le droit d'y être présentée.

13. Il est défendu d'établir aucun dépositoire dans l'enceinte des villes.

14. Les fournitures précitées dans l'art. 11, dans les villes où les fabriques ne fournissent pas elles-mêmes, seront données ou en régie intéressée, ou en entreprise, à un seul régisseur ou entrepreneur. Le cahier des charges sera proposé par le conseil municipal, d'après l'avis de l'évêque, et arrêté définitivement par le préfet.

15. Les adjudications seront faites selon le mode établi par les lois et règlements pour tous les travaux publics. — En cas de contestation entre les autorités civiles, les entrepreneurs et les fabriques sur les marchés existants, il y sera statué sur les rapports de notre ministre de l'intérieur et des cultes.

---

61. Circulaire du ministre de l'intérieur aux préfets, sur la divagation des chevaux entiers.

Du 22 août 1806.

V. *Chevaux*, pp. 70 et 71.

Le ministre de l'intérieur, à qui il a été porté, de plusieurs côtés, des plaintes sur les inconvénients graves et de plus d'un genre, qui résultent de l'usage adopté par un grand nombre de cultivateurs, de laisser divaguer des chevaux entiers, sans aucune précaution, tant dans les pâturages que sur les chemins, appelle spécialement l'attention des préfets sur cet objet, et sur les moyens de prévenir et de réprimer la divagation des chevaux entiers.

---

62. Décret portant organisation des officiers de ports de commerce.

Du 10 mars 1807.

V. *Eaux, Incendie, Ports*, pp. 95, 128 et 168.

TITRE II. — Fonctions des officiers de ports de commerce.

Art. 10. Les officiers de port seront tenus d'entretenir la sûreté et la propreté dans les ports et rades où ils sont préposés, et de maintenir l'ordre, à l'entrée, au départ et dans le mouvement des bâtiments de commerce.

11. A cet effet, ils assigneront à chaque bâtiment la place qui convient à ses opérations, l'y feront amarrer solidement, et surveilleront les lestages et délestages, de manière à ce qu'ils soient faits avec les précautions prescrites pour empêcher les encombrements ou les dépôts hors des lieux à ce destinés.

12. Ils veilleront à la sûreté de tous les bâtiments flottants, prescriront les mesures qui peuvent la garantir, et dirigeront les secours à porter aux navires naufragés ou en danger.

13. Ils feront observer, sur les quais, places ou chantiers aboutissant ou attenant aux ports, les règlements établis pour y entretenir la propreté, et assurer la liberté et la facilité des mouvements du commerce.

14. Ils exerceront une surveillance assidue sur tous les faits tendant à compromettre l'entretien et la conservation des quais, cales, bassins, jetées, écluses, havres, et, en général, de tous les établissements maritimes.

15. Ils dresseront des procès-verbaux contre ceux qui, dans les différentes cir-

constances ci-dessus exprimées, se seraient rendus coupables de quelques délits, et l'application des peines et amendes prononcées par les règlements, sera poursuivie à leur diligence, soit auprès des conseils de préfecture, soit auprès des tribunaux.

16. Les capitaines, lieutenants et maîtres de port, seront pareillement tenus de maintenir la police parmi les pilotes, dans les ports où il n'existe pas d'officiers spécialement préposés à la direction du pilotage, et, dans ce cas, ils requerront les pilotes lamaneurs pour la conduite des bâtiments à la mer, les dragueurs, gabariers et autres dont le service serait nécessaire au port, et assigneront entre eux les jours de service.

17. Ils feront sonder, suivant l'exigence des localités, et autant de fois qu'il sera nécessaire, les rivières navigables, près de l'embouchure desquelles ils se trouveront placés, et tiendront registre des sondes.

18. Ils assisteront au lancement à la mer des bâtiments de commerce, feront toutes les dispositions nécessaires pour que ces manœuvres ne causent aucun accident, et ne soient point gênées par les objets environnants.

19. Ils seront tenus d'obtempérer aux réquisitions qui leur seront adressées par les ingénieurs civils et militaires, pour la conservation des ouvrages qui se font dans les ports, ou pour la police des travaux de la mer; ils se conformeront, pour le surplus de leurs fonctions, à ce qui est prescrit au liv. 4, tit. 2, de l'ordonnance de 1681 (¹).

TITRE III. — Rapports des officiers de police des ports avec les autorités supérieures.

20. Les officiers de port seront soumis à l'autorité respective des ministres des départements de la marine et de l'intérieur.

21. Ils sont soumis à l'administration de la marine et placés sous les ordres des préfets maritimes, commandants des ports et hâvres, et commissaires de marine, pour tout ce qui touche la conservation des bâtiments de l'Etat, la liberté de leurs mouvements, l'arrivée, départ ou séjour dans les ports de tous les objets d'apt provisionnement ou d'armement destinés à la marine militaire.

22. Ils seront tenus, en conséquence, de faire immédiatement à l'administration de la marine, le rapport des événements de mer, des mouvements des bâtiments de guerre, et de tous les faits survenus à leur connaissance, et qui pourraient intéresser la marine de l'Etat.

23. Pour toutes les autres fonctions qui leur sont attribuées par le présent décret, ils sont soumis à l'administration de l'intérieur, et placés sous les ordres des maires, sous-préfets ou préfets.

---

63. Avis du conseil d'Etat, sur l'entretien du pavé des villes dans les rues non grandes routes.

Du 25 mars 1807.

V. *Pavage des rues*, p. 164.

(¹)   *Liv. 4, tit. 2, de l'ordonnance de la marine, du mois d'août 1681.*

Art. 1ᵉʳ. Le maître de quai prêtera serment entre les mains du lieutenant, et fera enregistrer sa commission au greffe de l'amirauté du lieu de son établissement.

2. Il aura soin de faire ranger et amarrer les vaisseaux dans le port, veillera à tout ce qui concerne la police des quais, ports et hâvres, et fera donner, pour raison de ce, toutes les assignations nécessaires.

3. Sera tenu, au défaut du capitaine de port, lorsqu'il y aura de nos vaisseaux dans le hâvre, de faire les rondes nécessaires autour des bassins, et de coucher toutes les nuits à bord de l'amiral.

4. Empêchera qu'il soit fait, de jour ou de nuit, aucun feu dans les navires, barques et bateaux, et autres bâtiments marchands, ancrés ou amarrés dans le port, quand il y aura de nos vaisseaux.

5. Indiquera les lieux propres pour chauffer les bâtiments, goudronner les cordages, travailler aux radoubs et calfats, et pour lester et délester les vaisseaux, et il aura soin de poser et entretenir les feux, balises, tonnes ou bouées, aux endroits nécessaires, suivant l'usage ou la disposition des lieux.

6. Lui enjoignons de visiter, une fois le mois, et toutes les fois qu'il y aura eu tempête les passages ordinaires des vaisseaux, pour reconnaître si les fonds n'ont point changé, et d'en faire son rapport à l'amirauté, à peine de 50 liv. d'amende pour la première fois, et de destitution en cas de récidive.

7. Il pourra couper, en cas de nécessité, les amarres que les maîtres ou autres étant dans les vaisseaux, refuseront de larguer, après les injonctions verbales qu'il leur en aura faites et réitérées.

Le conseil d'Etat, qui, d'après le renvoi ordonné par Sa Majesté l'empereur et roi, a entendu le rapport de la section de l'intérieur sur celui du ministre de ce département, en date du 21 janvier dernier, par lequel le ministre demande qu'il soit statué sur la question de savoir « si, dans toutes les communes, le pavé des » rues *non grandes routes* doit être mis à la charge des propriétaires des mai- » sons qui les bordent, lorsque l'usage l'a ainsi établi, et si l'art. 4 de la loi du » 11 frimaire an 7 n'y apporte pas d'obstacle. » — Estime que la loi du 11 frimaire an 7, en distinguant la partie du pavé des villes à la charge de l'Etat, de celle à la charge des villes, n'a point entendu régler de quelle manière cette dépense se- rait acquittée dans chaque ville, et qu'on doit continuer de suivre, à ce sujet, l'usage établi pour chaque localité, jusqu'à ce qu'il ait été statué par un règle- ment général sur cette partie de la police publique,—En conséquence, que, dans les villes où les revenus ordinaires ne suffisent pas à l'établissement, restaura- tion ou entretien du pavé, les préfets peuvent en autoriser la dépense à la charge des propriétaires, ainsi qu'il s'est pratiqué avant la loi du 11 frimaire an 7.

---

64. Loi relative au desséchement des marais. (Extrait.)

Du 16 septembre 1807.

V. *Alignements, Constructions, Saillies*, pp. 19, 85 et 173.

TITRE XI. — DES INDEMNITÉS AUX PROPRIÉTAIRES, POUR OCCUPATION DE TERRAIN.

Art. 52. Dans les villes, les alignements pour l'ouverture des nouvelles rues, pour l'élargissement des anciennes, qui ne font point partie d'une grande route, ou pour tout autre objet d'utilité publique, seront donnés par les maires, con- formément au plan dont les projets auront été adressés aux préfets, transmis, avec leur avis, au ministre de l'intérieur, et arrêtés en conseil d'Etat ([1]). — En cas de réclamation des tiers intéressés, il sera de même statué en conseil d'Etat, sur le rapport du ministre de l'intérieur ([2]).

---

65. Décret qui fixe une distance pour les constructions dans le voisinage des cimetières hors des communes.

Du 7 mars 1808.

V. *Cimetière, Salubrité*, pp. 78 et 178.

Art. 1er. Nul ne pourra, sans autorisation, élever aucune habitation, ni creuser aucun puits, à moins de cent mètres des nouveaux cimetières transférés hors des communes en vertu des lois et règlements ([3]).

2. Les bâtiments existants ne pourront également être restaurés ni augmentés

---

([1]) Les plans d'alignements sont maintenant approuvés par les préfets. (*Décr. du* 25 *mars* 1852.)

([2]) Les réclamations contre les arrêtés rendus par les maires pour prescrire les ali- gnements, ne doivent pas être déférés aux conseils de préfecture. (*C. E.*, 21 *mai* 1823, et un grand nombre d'autres arrêts.) Ces arrêtés doivent être déférés aux préfets, et par appel des arrêtés des préfets au ministre de l'intérieur. (*C. E.*, jurisprudence con- stante.) L'autorité judiciaire est incompétente pour connaître de ces arrêtés.(*C. E.*, 14 *juillet* 1830.)

([3]) Cette défense s'applique, non pas seulement aux constructions destinées à l'habi- tation de jour et de nuit, mais à tout bâtiment dans lequel se rencontre le fait de la pré- sence habituelle quoique non permanente de l'homme, notamment à un hangar à usage d'atelier (*Cass.*, 10 juillet 1863, Joubert), à des celliers et caves pour un commerce de vins dans une localité dont ce commerce constitue l'industrie principale (*Cass.*, 27 avril 1861, *Bartel*).

Elle est également applicable aux constructions élevées dans la zone de servitude des cimetières établis hors des villes antérieurement au décret du 23 prairial an 12 (*Cass., arr. préc. Bartel.*)

Le seul fait du déplacement du mur d'enceinte d'une ville, et de son rapprochement du cimetière, n'a pas pour conséquence de faire cesser sur les terrains nouvellement ajoutés à la ville, la servitude de *non œdificandi*, qui grève la zone de cent mètres autour du cimetière; cet affranchissement ne peut être édicté que par une loi (*Cass., arr. préc., Bartel*).

sans autorisation ([1]). — Les puits pourront, après visite contradictoire d'experts, être comblés, en vertu d'ordonnance du préfet du département, sur la demande de la police locale.

---

66. Circulaire du ministre de l'intérieur aux préfets, relative aux incendies.

Du 1er mars 1810.

V. *Incendie*, p. 126.

Un objet important appelle toute la sollicitude de l'administration, je veux parler des incendies. Chaque année, les ravages qui en résultent se renouvellent; des quartiers de ville, des villages entiers sont détruits, et l'exemple de ces désastres ne rend pas plus prévoyant pour l'avenir ([2]). Leur cause est, en général, le vice de construction des bâtiments, le défaut de surveillance des autorités locales; leurs progrès proviennent du défaut de moyens prompts et faciles pour arrêter l'activité du feu.

Dans plusieurs départements, on s'est efforcé de les prévenir et d'y remédier; mais les mesures qu'on avait prescrites sortaient des bornes du pouvoir administratif, ou ne pouvaient s'appliquer à tous les lieux.

Il est nécessaire qu'un règlement d'administration publique, émané de l'autorité suprême, fasse disparaître les causes, remédie aux effets, et trace aux fonctionnaires et aux particuliers, les devoirs qu'ils auront à remplir. Je me propose de soumettre au gouvernement un projet sur cette matière; mais, auparavant, je veux m'entourer de lumières qui me guident dans le choix des moyens uniformes et préservatifs à employer dans toutes les localités ([3]).

Des règles ont été prescrites pour la construction des bâtiments dans les villes, par des règlements généraux ou particuliers; il a été défendu d'établir des bois de charpente dans le manteau ou sous le foyer des cheminées. Je désire que vous m'adressiez ces règlements; à défaut de ces règlements, que vous me fassiez connaître ce qui se pratique.

Dans les campagnes, les couvertures de maisons en chaume ou en bois occasionnent trop fréquemment des incendies, il serait essentiel d'y suppléer; mais ce changement ne pourrait s'opérer successivement qu'autant que, dans les lieux ou à peu de distance, on fabriquerait de la tuile, ou qu'il s'y trouverait toute autre matière qui pourrait en tenir lieu, et dont le prix serait proportionné aux facultés des propriétaires des communes rurales. Je désire que vous me donniez des renseignements précis et vos vues à ce sujet.

Dans quelques villes, des compagnies de pompiers sont formées; elles sont aidées par des habitants qui, par leur état, sont appelés, avec elles, à porter du secours. Ces établissements utiles diffèrent dans plusieurs endroits, ou ne concordent pas, dans toutes leurs parties, avec les lois actuelles; il conviendrait de les modifier pour les rendre réguliers et communs à toutes les villes et bourgs.

([1]) Cette défense ne fait pas obstacle à ce que des bâtiments distincts et indépendants soient élevés sur ces mêmes terrains, sauf à examiner s'ils appartiennent à la classe de ceux pour la construction desquels l'autorisation préalable de l'administration est exigée. (*Cass., arr. préc.*, 27 avril 1861, *Bartel.*)
Nous ferons remarquer que l'alignement délivré par le préfet ou par le maire, pour construire le long d'une voie publique dépendant de la grande voirie, ne peut, après que le propriétaire a commencé à en faire usage, être retiré à celui-ci en considération de ce que le terrain serait situé à moins de 100 mètres d'un cimetière voisin, sous prétexte que l'autorisation de bâtir ne vaudrait, à cet égard, qu'autant que le préfet y aurait spécialement déclaré que les constructions pourraient être élevées malgré ce voisinage. (*C. E.*, 5 avril 1862. *Guy, Dupont, Chaponnet et Parot.*)

([2]) Ne dirait-on pas que cette lettre de 1810 a été écrite seulement vers la fin de l'année 1864! c'est-à-dire qu'il y a toujours, malgré les fréquents et terribles exemples, même imprévoyance, même négligence.

([3]) Il est vraiment très-regrettable que cette pensée du ministre n'ait pas reçu d'exécution, et qu'une *loi*, et non un règlement d'administration publique, n'ait pas statué sur une matière laissée au pouvoir discrétionnaire des maires, et, par cela même, négligée dans beaucoup de communes, réglementée insuffisamment dans d'autres. Depuis quinze ans, il nous a été donné de juger la question de police que soulève la fréquence des incendies, et nous ne pouvons que déplorer bien sincèrement la négligence de certains maires à prescrire des mesures que la prudence commande impérieusement. Une telle loi est possible, facile; on a aujourd'hui tous les éléments nécessaires pour la faire; elle est d'une urgence telle, que chacun se demande comment il se fait qu'elle n'ait pas encore été rendue! Puissions-nous être entendus et ne pas avoir à déplorer de nouveau des incendies comme ceux signalés en 1864!!

Veuillez me communiquer les règlements qui y ont rapport ou qui les ont déterminés, m'adresser vos observations sur l'application de la mesure à toutes les villes, me donner l'aperçu approximatif des dépenses qu'elle occasionnerait, m'indiquer les fonds qui pourraient y être affectés.

Ce qui serait pratiqué dans les villes pourrait être mis en usage dans les communes rurales. Il importerait que, dans les chefs-lieux de canton, il y eût une quantité déterminée de pompes et des pompiers qui seraient choisis parmi les habitants ; dans les autres communes du canton il y aurait une pompe. Les communes, au premier signal, seraient obligées de conduire leur pompe au lieu où un incendie se serait manifesté et de se prêter un mutuel secours. Les dépenses pour chacune ne seraient pas considérables ; et si la caisse communale n'offrait pas de fonds suffisants, les propriétaires, excités par leur intérêt personnel, se prêteraient, sans doute, à se cotiser volontairement pour y subvenir. Je désire que vous me proposiez des moyens d'exécution pour ce projet.

En attendant qu'un règlement général ait été adopté, je ne saurais trop vous engager à faire faire périodiquement, par les officiers de police, la visite des fours, forges, etc., à recommander de faire ramoner les cheminées, au moins deux fois dans l'hiver et une fois dans l'été, et de faire poursuivre les contrevenants devant les tribunaux de police ou correctionnels, suivant les cas, conformément à la loi du 22 juillet 1791.

Chaque propriétaire pourrait être tenu à avoir chez lui un seau à incendie, qu'il serait obligé de prêter. Cette mesure a été prise dans plusieurs communes, et l'on en a éprouvé d'heureux effets.

J'attends de votre sollicitude tous les renseignements relatifs à cette partie importante de la sûreté publique ; j'aurai grand soin de m'en faire rendre compte, et de puiser dans votre réponse tout ce qui pourra faire partie d'un règlement général.

---

67. Loi concernant les mines, les minières et les carrières (¹). (Extrait.)

Du 21 avril 1810.

V. *Carrières*, p. 66.

TITRE VIII. — § 1ᵉʳ. DES CARRIÈRES.

Art. 81. L'exploitation des carrières à ciel ouvert a lieu sans permission, sous la simple surveillance de la police, et avec l'observation des lois ou règlements généraux ou locaux (²).

---

68. Décret relatif aux manufactures et ateliers qui répandent une odeur insalubre ou incommode (³). (Extrait.)

Du 15 octobre 1810.

V. *Établissements dangereux*, p. 107.

Art. 1ᵉʳ. À compter de la publication du présent décret, les manufactures et ateliers qui répandent une odeur insalubre ou incommode, ne pourront être formés sans une permission de l'autorité administrative : ces établissements seront divisés en trois classes : la première comprendra ceux qui doivent être éloignés des habitations particulières ; la seconde, les manufactures et ateliers dont l'éloignement des habitations n'est pas rigoureusement nécessaire, mais dont il importe néanmoins de ne permettre la formation qu'après avoir acquis la certitude que les opérations qu'on y pratique sont exécutées de manière à ne pas incommoder les propriétaires du voisinage, ni à leur causer des dommages ; dans la troisième classe, seront placés les établissements qui peuvent rester sans inconvénient auprès des habitations, mais doivent rester soumis à la surveillance de la police.

(¹) V. le règlement ci-après du 22 mars 1813, et ceux indiqués dans la note.

(²) Cette disposition n'a point abrogé l'art. 5 de l'arrêt du conseil, du 5 avril 1772, qui défend d'ouvrir aucune carrière à moins de 30 toises (58 mèt. 62 cent.) de distance du bord extérieur des routes (C. E., 27 oct 1837.)

Les contraventions aux arrêtés réglant l'exploitation des carrières à ciel ouvert, ne sont passibles que des peines de simple police, portées par l'art. 471, n° 15, du Cod. pén., et non de celles portées par la loi du 21 avril 1810. (*Cass.*, 29 août 1845. *Cheron.*)

(³) V., à leur date, les ordonnances des 15 février 1815, 1ᵉʳ mars 1825, 22 novembre 1826 et 15 octobre 1828.

Art. 2..... Les permissions pour l'exploitation des établissements placés dans la dernière classe seront délivrées par les sous-préfets, qui prendront préalablement l'avis des maires.

Art. 8. Les manufactures et ateliers ou établissements portés dans la troisième classe ne pourront se former que sur la permission du préfet de police, à Paris, et sur celle du maire dans les autres villes......

---

69. Décret contenant des dispositions de police, relatives à l'exploitation des mines. (Extrait.)

Du 5 janvier 1813.

V. *Carrières*, p. 66.

TITRE II.—DISPOSITIONS TENDANT A PRÉVENIR LES ACCIDENTS.

Art. 3. Lorsque la sûreté des exploitations ou celle des ouvriers pourra être compromise par quelque cause que ce soit, les propriétaires seront tenus d'avertir l'autorité locale de l'état de la mine qui sera menacée, et l'ingénieur des mines, aussitôt qu'il en aura connaissance, fera son rapport au préfet, et proposera la mesure qu'il croira propre à faire cesser les causes du danger.

5. Lorsqu'un ingénieur, en visitant une exploitation, reconnaîtra une cause de danger imminent, il fera, sous sa responsabilité, les réquisitions nécessaires aux autorités locales, pour qu'il y soit pourvu sur-le-champ d'après les dispositions qu'il jugera convenables, ainsi qu'il est pratiqué en matière de voirie, lors du péril imminent de la chute d'un édifice.

10. Les actes administratifs concernant la police des mines et minières dont il a été fait mention dans les articles précédents seront notifiés aux exploitants, afin qu'ils s'y conforment dans les délais prescrits ; à défaut de quoi les contraventions seront constatées par procès-verbaux des ingénieurs des mines, conducteurs, maires, autres officiers de police, gardes-mines.

TITRE III.—MESURES A PRENDRE EN CAS D'ACCIDENTS ARRIVÉS DANS LES MINES, MINIÈRES, USINES ET ATELIERS.

11. En cas d'accidents survenus dans une mine, minière, usines et ateliers qui en dépendent, soit par éboulement, par inondation, par le feu, par asphyxie, par rupture des machines, engins, câbles, chaînes, paniers, soit par émanations nuisibles, soit par toute autre cause, et qui auraient occasionné la mort ou des blessures graves à un ou plusieurs ouvriers, les exploitants, directeurs, maîtres mineurs et autres préposés sont tenus d'en donner connaissance aussitôt au maire de la commune et à l'ingénieur des mines, et, en cas d'absence, au conducteur.

12. La même obligation leur est imposée dans le cas où l'accident compromettrait la sûreté des travaux, celle des mines ou des propriétés de la surface, et l'approvisionnement des consommateurs.

13. Dans tous les cas, l'ingénieur des mines se transportera sur les lieux : il dressera procès-verbal de l'accident, séparément ou concurremment avec les maires et autres officiers de police ; il en constatera les causes, et transmettra le tout au préfet du département. — En cas d'absence, les ingénieurs seront remplacés par les élèves conducteurs et gardes-mines assermentés devant les tribunaux. Si les uns et les autres sont absents, les maires ou autres officiers de police nommeront les experts à ce connaissant, pour visiter l'exploitation et mentionner leurs dires dans un procès-verbal.

14. Dès que le maire et autres officiers de police auront été avertis, soit par les exploitants, soit par la voix publique, d'un accident arrivé dans une mine ou usine, ils en préviendront immédiatement les autorités supérieures : ils prendront, conjointement avec l'ingénieur des mines, toutes les mesures convenables pour faire cesser le danger et en prévenir la suite ; ils pourront, comme dans le cas de péril imminent, faire des réquisitions d'outils, chevaux, hommes, et donneront les ordres nécessaires. L'exécution des travaux aura lieu sous la direction de l'ingénieur ou des conducteurs, et, en cas d'absence, sous la direction des experts délégués à cet effet par l'autorité locale.

17. Les exploitants et directeurs des mines voisines de celles où il serait arrivé un accident, fourniront tous les moyens de secours dont ils pourront disposer, soit en hommes, soit de toute autre manière, sauf le recours pour leur indemnité, s'il y a lieu, contre qui de droit.

18. Il est expressément prescrit aux maires et autres officiers de police de se faire représenter les corps des ouvriers qui auraient péri par accident dans une exploitation, et de ne permettre leur inhumation qu'après que le procès-verbal de l'accident aura été dressé conformément à l'art. 81 du Cod. Nap., et sous les peines portées dans les art. 358 et 359 du Cod. pén.

19. Lorsqu'il y aura impossibilité de parvenir jusqu'au lieu où se trouvent les corps des ouvriers qui auront péri dans les travaux, les exploitants, directeurs et autres ayants cause seront tenus de faire constater cette circonstance par le maire ou autre officier public, qui en dressera procès-verbal, et le transmettra au procureur impérial, à la diligence duquel, et sur l'autorisation du tribunal, cet acte sera annexé au registre de l'état civil.

20. Les dépenses qu'exigeront les secours donnés aux blessés, noyés ou asphyxiés, et la réparation des travaux, seront à la charge des exploitants.

21. De quelque manière que soit arrivé un accident, les ingénieurs des mines, maires et autres officiers de police transmettront immédiatement leurs procès-verbaux aux sous-préfets et aux procureurs impériaux. Les procès-verbaux devront être signés et déposés dans les délais prescrits.

---

70. Décret contenant règlement général sur l'exploitation des carrières plâtrières, glaisières, sablonnières, marnières et crayères dans le département de la Seine et de Seine-et-Oise ([1]).

Du 22 mars 1813.

V. *Carrières*, p. 66.

Art. 1er. Le règlement général concernant l'exploitation dans le département de la Seine et de Seine-et-Oise, des carrières, plâtrières, glaisières, sablonnières, marnières et crayères, lequel demeure annexé au présent décret, est approuvé.

2. Les dispositions dudit règlement pourront être rendues applicables dans toutes les localités où le nombre et l'importance des carrières exploitées en rendront l'exécution nécessaire, et ce, en vertu d'une décision spéciale de notre ministre de l'intérieur ([2]), sur la demande des préfets, et le rapport du directeur général des mines.

3. Les fonctions attribuées dans le règlement à l'inspecteur général des carrières de Paris, pour le département de la Seine, seront remplies, dans le département de Seine-et-Oise, par l'ingénieur en chef des mines en mission dans ce département, à l'exception néanmoins des carrières situées dans les communes de Saint-Cloud, Sèvres et Meudon, lesquelles sont placées sous la surveillance de l'inspecteur général des carrières du département de la Seine, à cause des maisons impériales.

RÈGLEMENT GÉNÉRAL CONCERNANT L'EXPLOITATION, DANS LES DÉPARTEMENTS DE LA SEINE ET DE SEINE-ET-OISE, DES CARRIÈRES, PLATRIÈRES, GLAISIÈRES, SABLONNIÈRES, MARNIÈRES ET CRAYÈRES.

TITRE Ier. — DES OBLIGATIONS ET FORMALITÉS A REMPLIR PAR LES EXPLOITANTS.

SECTION Ire. — *Formalités préliminaires à l'exploitation.*

Art. 1er. Nul ne pourra, à peine d'amende, ouvrir de carrières, plâtrières, glaisières, sablonnières, marnières ou crayères, pour les exploiter, ni dans son

---

([1]) V. au Bulletin des lois, les ordonnances et décrets portant règlement sur l'exploitation des carrières dans les départements indiqués ci-dessous :

O. 23 juin 1823...... Ardoises d'Angers.	D. 10 novembre 1855.. Manche.
O. 28 janvier 1834..... Ardennes.	D. 15 septembre 1858.. Marne (Haute).
D. 18 mars 1863...... Ariége.	O. 7 mai 1840......... Nièvre.
O. 25 février 1838.....} Calvados.	D. 29 septembre 1856.. Orne.
D. 26 décembre 1855..}	D. 15 septembre 1858.. Pas-de-Calais.
D. 5 janvier 1859...... Charente.	D. 15 juin 1861........ Rhin (Haut).
D. 2 août 1854....... Côte-d'Or.	O. 30 juillet 1838. Commune de St-Même.
D. 30 mai 1863........ Doubs.	D. 30 juillet 1857...... Sarthe.
O. 21 mai 1837........ Finistère.	D. 7 mars 1863........ Savoie.
D. 2 septembre 1862... Garonne (Haute).	D. 7 mars 1863........ Savoie (Haute).
O. 2 décembre 1844... Gironde.	D. 4 juillet 1813....... Seine.
O. 7 mai 1840......... Ille-et-Vilaine.	D. 4 juillet 1813.......} Seine-et-Oise.
D. 14 juillet 1859...... Indre-et-Loire.	O. 21 oct. 17 déc. 1814.}
D. 22 novembre 1861.. Isère.	D. 15 février 1853..... Seine-inférieure.
D. 8 avril 1857........ Loire (Haute).	D. 5 janvier 1859...... Vaucluse.
O. 4 janvier 1823.....} Loir-et-Cher.	O. 21 mai 1837........ Vienne.
O. 8 juin 1839........}	D. 22 novembre 1861.. Vosges.
D. 10 juillet 1862...... Maine-et-Loire.	

([2]) Aujourd'hui le ministre de l'agriculture, du commerce et des travaux publics.

propre terrain, ni dans un terrain par lui tenu à titre précaire, sans en avoir demandé et obtenu la permission.

2. Tout exploitant qui se proposera d'entreprendre une extraction quelconque, sera tenu d'adresser au sous-préfet de l'arrondissement dans lequel se trouvera situé le terrain à exploiter, sa demande en double expédition, dont une sur papier timbré. — Il devra énoncer, dans sa pétition, ses nom, prénoms et demeure, la commune et la désignation particulière du lieu où il se propose de fouiller, l'étendue du terrain à exploiter, la nature de la masse, son épaisseur et la profondeur à laquelle elle se trouve ; enfin, le mode d'exploitation qu'il entendra suivre et employer.

3. A sa pétition, le demandeur joindra, aussi en double expédition, un plan du terrain à exploiter, fait sur l'échelle d'un deux cent seizième des dimensions linéaires (¹), et maillé de dix en dix millimètres ; le titre, un extrait du titre de la propriété du terrain, ou le traité par lequel il aura acquis le droit d'exploitation ; enfin, pour faire connaître ses facultés pécuniaires, une copie certifiée des articles le concernant, dans les matrices des rôles des diverses contributions directes auxquelles il est imposé.

4. Le sous-préfet, après avoir consulté le maire de la commune du demandeur et celui de la commune où doit être établie l'exploitation, donnera son avis sur la personne et sur les avantages ou les inconvénients de l'exploitation projetée. Cet avis sera adressé au préfet du département, avec la pétition et les titres du demandeur, dans le délai d'un mois au plus tard, à dater du jour de l'enregistrement à la sous-préfecture.

5. La pétition, les plans, les titres, déclarations et avis des autorités locales, après avoir été enregistrés à la préfecture, seront envoyés à l'inspecteur général des carrières, lequel reconnaîtra ou fera reconnaître par l'un des inspecteurs particuliers, — 1° L'existence, la nature et la manière d'être de la masse à exploiter ; — 2° Si le mode d'exploitation proposé est convenable à l'état de la masse ou aux dispositions locales, ou s'il y a lieu d'en prescrire un autre plus avantageux ; — 3° Si l'étendue du terrain est suffisante pour y asseoir une exploitation utile, sans nuire aux propriétés ou aux exploitations voisines ; — 4° Enfin, les lieux où doivent être faites les ouvertures, en conservant la distance des chemins, aqueducs, tuyaux de conduite et habitations, prescrite par les règlements.

6. Sur le vu des autorités locales et du rapport de l'inspecteur général des carrières, le préfet statuera. Les permissions accordées seront publiées et affichées dans les communes respectives. Ces affiches et publications seront faites à la diligence des maires et adjoints des communes intéressées.

7. A cet effet, des ampliations des autorisations accordées seront adressées au sous-préfet de l'arrondissement dans lequel se fera l'exploitation, ainsi qu'à l'inspecteur général des carrières.

8. Il sera tenu, tant à la préfecture que dans le bureau de l'inspecteur général, un registre desdites autorisations, par ordre de dates et de nombres ; il sera formé une série générale de ces numéros, qui seront indiqués dans les autorisations.

9. Les droits de timbre des expéditions et ampliations, et le droit d'enregistrement, seront à la charge de l'impétrant.

10. Les droits résultant des permissions accordées en conformité des articles précédents ne pourront être cédés ni transportés, soit par celui à qui lesdites permissions auront été accordées, soit par ses ayants cause, sans une autorisation spéciale du préfet. Les héritiers seront tenus à faire, devant le préfet, la déclaration de l'intention où ils sont de continuer ou de cesser l'exploitation.

11. A défaut de s'être mis en règle à cet égard, en observant les formalités prescrites ci-dessus, les héritiers ou cessionnaires seront regardés comme exploitant sans permission, et, en conséquence, traités comme étant en contravention.

SECT. II. — *Règles à suivre pendant l'exploitation.*

12. Avant de commencer ses travaux, l'exploitant autorisé devra, à peine d'amende, placer dans un lieu apparent, à l'ouverture de l'exploitation projetée, une plaque en tôle, attachée sur un poteau, portant le nom de la commune d'où dépend le terrain à exploiter, le sien propre et le numéro sous lequel est enregistrée sa permission.

13. L'exploitant sera tenu de se conformer aux instructions concernant la sûreté publique, qui lui seront transmises, soit par l'inspecteur général, soit par les inspecteurs particuliers des carrières : ces instructions seront visées préalablement par le préfet du département.

(¹) Cette échelle est prescrite depuis longtemps pour les plans des carrières. Il est [néc]essaire de la conserver pour pouvoir accorder exactement les nouveaux plans à ceux [qui] existent déjà, au nombre d'environ quinze cents.

14. Il ne pourra aussi, sous peine d'amende, changer le mode d'exploitation qui lui aura été prescrit, sans en avoir préalablement demandé et obtenu l'autorisation, dans les formes indiquées, section première, pour les permissions d'exploiter.

15. Il sera tenu de faire connaître, au commencement de chaque année, par un plan de ses travaux, dressé sur la même échelle que le plan de surface mentionné dans l'art. 3, les augmentations de sa carrière pendant l'année précédente.

16. L'exploitant sera tenu de faciliter auxdits inspecteurs tous les moyens de visiter et de reconnaître ses travaux : il devra même les accompagner toutes les fois qu'il en sera requis. Lesdits inspecteurs pourront, au surplus, en cas de besoin, requérir main-forte auprès des autorités constituées, pour qu'il leur soit prêté assistance dans l'exercice de leurs fonctions, pour l'exécution ou le maintien des règlements.

17. L'inspecteur général et les inspecteurs particuliers veilleront, dans leurs tournées à ce que les exploitants n'aient ou n'emploient que des ouvriers porteurs de livrets, conformément à la loi du 22 germinal an 11 et à l'arrêté du gouvernement du 22 frimaire an 13.

18. L'exploitant est personnellement responsable du fait de ses employés et ouvriers.

SECT. III. — *Formalités à remplir en cas de suspension ou cessation de l'exploitation.*

19. Nul exploitant ne pourra, à peine d'amende et de responsabilité de tous accidents, interrompre ou suspendre son exploitation , sans en avoir donné avis à l'inspecteur général des carrières, et obtenu l'agrément du préfet.

20. Durant l'interruption ou la suspension d'une exploitation, et jusqu'à ce qu'il ait été statué sur sa reprise, l'entrée en sera muraillée et fermée par des portes garnies de serrures ou de cadenas ; les puits seront couverts de madriers et barricades suffisants et arrêtés de manière à garantir de tous accidents, et ce sous les peines portées par l'art. 19.

21. Nul exploitant ne pourra, de même sous peine d'amende et de responsabilité, abandonner définitivement ses travaux, en combler les trous ou puits, en enlever les échelles, ni en fermer les galeries de lavage, sans en avoir au préalable demandé et obtenu la permission.

22. La demande d'abandon ou de comblement devra être adressée au préfet du département, pour être ensuite, par lui, renvoyée à l'inspecteur général des carrières, qui constatera ou fera constater par un procès-verbal : — 1° L'état des travaux avant l'abandon ; — 2° Si l'exploitation a été bien faite ;— 3° Si quelques parties ne périclitent pas, cas auquel il ordonnerait les travaux nécessaires, aux frais de l'exploitant ; — 4° Enfin, si la fermeture de la carrière ne présente aucun danger.

23. L'inspecteur général se fera remettre un plan de l'état de la carrière, et enverra le tout, avec son rapport, au préfet, qui statuera.

24. Il sera adressé au sous-préfet de l'arrondissement, ainsi qu'à l'inspecteur général des carrières , des ampliations de l'arrêté qui sera intervenu : une expédition en sera aussi délivrée à l'impétrant.

25. Dans le cas où l'exploitation interrompue ou abandonnée sans permission serait au compte d'un exploitant à titre précaire, le propriétaire deviendra responsable des événements, comme si l'interruption ou abandon était son propre fait : il sera, en conséquence, tenu de faire sauter par les mines et sous les ordres des préposés de l'inspection , les parties menaçantes.

26. A défaut par le propriétaire de se conformer aux ordres donnés à cet égard, le préfet, sur l'avis de l'inspecteur général, ordonnera le comblement de la carrière ; et les frais de cette opération du montant desquels il sera décerné une ordonnance exécutoire contre le propriétaire, seront payés, en cas de refus, comme les contributions publiques.

SECT. IV. — *Cas d'interdiction des exploitations.*

27. Toute exploitation, d'après quelque mode qu'elle s'opère, dont l'état actuel présenterait des dangers auxquels on ne pourrait opposer des précautions suffisantes, sera interdite et condamnée, alors muraillée et abattue, s'il est nécessaire.

28. L'affaissement ou le comblement des carrières condamnées sera exécuté, au refus des propriétaires, par les préposés de l'inspection , aux frais des exploitants, indépendamment des indemnités de droit, s'ils ont excavé sous la propriété d'autrui, ou à des distances défendues par les règlements.

SECT. V. — *Des expertises.*

29. Les dispositions du titre 9 de la loi du 21 avril 1810, et particulièrement celles relatives au choix des experts et aux plans à produire pour les experti-

ses, seront toujours appliquées dans les expertises relatives aux carrières des départements de la Seine et de Seine-et-Oise.

TITRE II. — DES PEINES A ENCOURIR EN CAS DE CONTRAVENTION.

SECT. Ire. — *Des amendes.*

30. Les amendes à prononcer dans les cas prévus par le présent règlement ne pourront excéder 150 fr. pour la première fois, ni être moindres de 50 fr. : elles seront doublées en cas de récidive.

31. Lesdites amendes seront prononcées en conseil de préfecture, sur le rapport de l'inspecteur général des carrières, sans préjudice des dommages-intérêts envers qui de droit.

32. Le produit net de ces amendes sera versé par la régie des domaines dans la caisse du receveur général du département, aux travaux extraordinaires que nécessiteront les exploitations, soit pour les améliorations, les recherches, les sondages, etc., soit pour la cuisson de la chaux et du plâtre, par les nouveaux procédés, soit pour la construction des fourneaux d'essai et l'achat des combustibles.

SECT. II. — *De l'annulation des permissions.*

33. Lorsqu'un exploitant, après trois contraventions, sera convaincu d'un nouveau délit, la permission lui sera retirée.

34. Il y aura également lieu à retirer la permission pour cessation de travaux pendant un an, sans autorisation ou force majeure.

35. La permission sera retirée par arrêté du préfet, sur le rapport de l'inspecteur général des carrières. Cet arrêté sera exécuté de suite à la diligence des maires et adjoints, et de la gendarmerie aux frais des permissionnaires.

36. Dans le cas de permission retirée, il sera procédé à la visite de l'exploitation, ainsi qu'il est déterminé aux art. 22, 27 et 28, afin qu'une nouvelle permission soit donnée, s'il y a lieu.

TITRE III. — DISPOSITIONS GÉNÉRALES.

37. Toutes les permissions accordées antérieurement au présent règlement seront, par les impétrants, représentées à l'inspecteur général des carrières qui les visera et les fera inscrire dans leur ordre de série, au fur et à mesure du visa, sur le registre général dont il est parlé art. 8. Celui-ci les adressera au préfet du département, pour être revêtues des mêmes formalités.

38. Cette vérification se fera dans le délai de trois mois.

39. Les délais expirés, toute exploitation dont le propriétaire n'aura pas fait viser sa permission, ou ne justifiera pas avoir fait les demandes nécessaires pour obtenir ce visa, sera suspendu.

40. A cet effet, une visite générale des exploitations sera faite après ce délai, pour constater l'exécution des mesures ci-dessus prescrites.

41. Les procès-verbaux de visite seront adressés au préfet du département, avec un état indicatif des exploitations dont les permissions anciennes n'auront pas subi la formalité de la révision.

42. Tout propriétaire de carrière anciennement exploitée et présentement abandonnée, sera tenu de déclarer au secrétariat de la préfecture, dans le délai de deux mois, la situation de ses travaux, et depuis quel temps ils sont abandonnés, afin que, sur sa déclaration, il puisse être pris telle mesure qu'il appartiendra.

43. Toute contravention à l'article précédent, par négligence ou retard dans la déclaration, qui sera constatée par un inspecteur de carrières, sera punie par une amende, conformément aux dispositions de la sect. Ire ci-dessus.

44. Les dispositions contenues au présent règlement général de l'administration, sont applicables à toute nature de matière exploitable, soit pierre, plâtre, glaise, sable, marne et craie, dans les divers modes d'exploitation, seront l'objet d'autant de règlements particuliers, et ne s'appliqueront pas aux carrières qui sont à ciel ouvert.

---

71. Loi relative à la célébration des fêtes et dimanches.

Du 18 novembre 1814.

V. *Jours fériés*, p. 136.

Art. 1er. Les travaux ordinaires seront interrompus les dimanches et jours de fêtes reconnus par la loi de l'Etat.

2. En conséquence, il est défendu, lesdits jours, — 1° aux marchands d'étaler et de vendre, les ais et volets des boutiques ouverts; — 2° Aux colporteurs et étalagistes, de colporter et d'exposer en vente leurs marchandises dans les rues

et places publiques ; — 3° Aux artisans et ouvriers, de travailler extérieurement et d'ouvrir leurs ateliers ; — 4° Aux charretiers et voituriers employés à des services locaux de faire des chargements dans les lieux publics de leur domicile.

3. Dans les villes où la population est au-dessus de cinq mille âmes, ainsi que dans les bourgs et villages, il est défendu aux cabaretiers, marchands de vin, débitants de boissons, traiteurs, limonadiers, maîtres de paume et billard, de tenir leurs maisons ouvertes, et d'y donner à boire et à jouer lesdits jours pendant le temps de l'office.

4. Les contraventions aux dispositions ci-dessus seront constatées par procès-verbaux des maires et adjoints, ou des commissaires de police.

5. Elles seront jugées par les tribunaux de police simple, et punies d'une amende qui, pour la première fois, ne pourra pas excéder 5 fr.

6. En cas de récidive, les contrevenants pourront être condamnés au *maximum* des peines de police (¹).

7. Les défenses précédentes ne sont pas applicables, — 1° Aux marchands de comestibles de toute nature, sauf cependant l'exécution de l'art. 3 ; — 2° A tout ce qui tient au service de santé : — 3° Aux postes, messageries et voitures publiques ; — 4° Aux voituriers de commerce par terre et par eau, et aux voyageurs ; — 5° Aux usines dont le service ne pourrait être interrompu sans dommage ; — 6° Aux ventes usitées dans les foires et fêtes dites *patronales*, et au débit des menues marchandises dans les communes rurales, hors le temps du service divin ; — 7° Aux chargements des navires marchands et autres bâtiments du commerce maritime.

8. Sont également exceptés des défenses ci-dessus, les meuniers et les ouvriers employés, — 1° A la moisson et autres récoltes ; — 2° Aux travaux urgents de l'agriculture, — 3° Aux constructions et réparations motivées par un péril imminent, à la charge, dans ces deux derniers cas, d'en demander la permission à l'autorité municipale.

9. L'autorité administrative pourra étendre les exceptions ci-dessus aux usages locaux.

10. Les lois et règlements de police antérieurs, relatifs à l'observation des dimanches et fêtes sont et demeurent abrogés.

---

72. Ordonnance du roi contenant règlement sur les manufactures, établissements et ateliers qui répandent une odeur insalubre ou incommode. (Extrait.)

Du 15 janvier 1815.

V. *Établissement insalubres*, p. 107.

Art. 3. Les permissions nécessaires pour la formation des établissements compris dans la troisième classe, seront délivrés, dans les départements, conformément aux art. 2 et 8 du décret du 15 octobre 1810, par les sous-préfets, après avoir pris préalablement l'avis des maires et de la police locale.

---

73. Ordonnance contenant des mesures pour prévenir la contagion des maladies épizootiques.

Des 27 janvier-15 février 1815.

V. *Épizooties*, p. 106.

Art. 1er. Dans tous les lieux où a pénétré l'épizootie, et dans ceux où elle pénétrera par la suite, les préfets continueront de faire exécuter strictement les dispositions des arrêts des 10 avril 1714, 24 mars 1745, 19 juillet 1746, 18 décembre 1774, 30 janvier 1775 et 16 juillet 1784, et de l'arrêté du Directoire exécutif, du 27 messidor an 5, concernant les épizooties (²).

2. Sur la demande des autorités administratives, les gardes nationales, la gendarmerie, les gardes champêtres, et, au besoin, les troupes de ligne, seront employées pour assurer l'exécution des dispositions rappelées, et indiquées dans le précédent article, et notamment pour former des cordons et empêcher la communication des animaux suspects avec les animaux sains.

3. Dans les départements où la maladie n'a pas encore pénétré, les préfets

---

(¹) Ce *maximum* est de 15 fr. d'amende et 5 jours de prison.
(²) V. ces dispositions législatives à leur date, et notamment l'arrêté du 27 messidor an 5.

ordonneront la visite des étables aussi souvent qu'ils le jugeront utile ; ils exerceront une surveillance active, et feront les dispositions nécessaires pour que l'on puisse exécuter sur-le-champ, et partout où besoin sera, toutes les mesures propres à arrêter les progrès de l'épizootie, si elle venait à se manifester.

4. A la première apparition de symptômes de contagion dans une commune, il y sera envoyé des vétérinaires chargés de visiter les bestiaux, et de reconnaître ceux qui doivent être abattus, aux termes des règlements cités en l'art. 1er (¹). L'abatage aura lieu sans délai, sur l'ordre des maires ou des commissaires délégués par les préfets.

5. Il sera dressé des procès-verbaux à l'effet de constater le nombre, l'espèce et la valeur des animaux qui ont été ou qui seront abattus pour arrêter les progrès de la contagion. Les extraits de ces procès-verbaux seront transmis par les préfets à notre ministre de l'agriculture et du commerce, qui fera établir l'état des indemnités auxquelles les propriétaires de ces animaux auront droit, d'après les bases déterminées par les arrêts du conseil, des 10 décembre 1774 et 30 janvier 1775.

---

74. Circulaire du ministre de l'intérieur aux préfets sur les moyens de prévenir les incendies.

Du 14 décembre 1815.

V. *Incendies, Rondes de nuit*, pp. 126, 171.

Les incendies deviennent très-fréquents : le manque de précautions en cause une partie, mais il en est beaucoup qu'on ne peut attribuer qu'à la malveillance : vous pouvez les prévenir, ou les rendre moins funestes, en faisant exercer une surveillance continue et bien dirigée. C'est sur les communes rurales que j'appelle spécialement votre attention.

Dans les villes, les incendies sont plus rares, et ils sont plus facilement arrêtés, parce que la garde nationale qui est de service pendant la nuit, empêche les tentatives criminelles, et donne l'alarme dès que le feu se manifeste. Les secours arrivent promptement, et ils sont administrés avec intelligence, surtout lorsqu'il existe des corps de pompiers, organisés conformément à l'instruction qui vous a été adressée le 6 février de cette année.

Mais il est bien difficile d'empêcher les ravages des incendies dans les campagnes, où les secours sont lents et incomplets ; c'est alors à prévenir ces accidents qu'il faut principalement s'attacher.

Je vous recommande de renouveler, si vous ne l'avez déjà fait, la publication des règlements généraux et locaux qui défendent d'allumer des feux dans les champs et dans les rues, ou qui prescrivent le ramonage des cheminées et la visite des fours. Cependant, ces précautions seraient insuffisantes, si l'on n'y joignait une mesure dont l'expérience a démontré l'utilité. Elle consiste à établir, dans les communes rurales, des rondes de nuit composées de trois ou quatre personnes, qui, en parcourant le territoire, peuvent faire manquer les tentatives des incendiaires, ou appeler du secours à l'instant même où le feu prend à une habitation.

Ce service est facile à organiser, et il emploie trop peu d'hommes pour devenir onéreux. Les imposés au rôle des contributions directes seront appelés, à tour de rôle, à former la ronde, sous la conduite du maire, de l'adjoint, ou d'un conseiller municipal. Ainsi les citoyens qui ont le plus d'intérêt à la conservation des propriétés seront chargés de veiller à la sûreté commune ; ils contribueront en même temps à empêcher les vols, ou à en faire découvrir les auteurs, et ils maintiendront la police intérieure des communes.

Quoique la surveillance exercée par les rondes de nuit soit indépendante de celle qui est spécialement attribuée à la gendarmerie et aux gardes champêtres, on peut cependant coordonner les deux services de manière qu'ils s'appuient mutuellement et qu'ils concourent au même but. Je laisse à votre prudence à choisir les mesures d'exécution qui s'accordent le mieux avec les circonstances et les localités ; mais je désire que vous me fassiez connaître successivement les ordres que vous aurez donnés, et leurs résultats.

---

75. Loi sur les finances. (Extrait).

Du 28 avril 1816.

V. *Affichage*, p. 18.

(¹) Pour l'exécution de cette disposition, il est nécessaire que les maires informent les sous-préfets aussitôt que des symptômes se sont manifestés.

Art. 65. Toutes les affiches, quel qu'en soit l'objet, seront sur papier timbré...
Conformément à la loi du 28 juillet 1791; ce papier ne pourra être de couleur
blanche..... Le prix de la feuille portant 25 décim. carrés de superficie sera de
10 c. ; celui de la demi-feuille, de 5 c.

---

76. Loi sur les finances. (Extrait.)

Du 15 mai 1818.

V. *Affichage*, p. 18.

Art. 76...... La disposition de l'art. 77 de la loi du 25 mars 1817, qui défend
de se servir, pour les affiches, de papier de couleur blanche, et qui prononce une
amende de 100 fr. contre l'imprimeur, en cas de contravention, est et demeure
maintenue.

---

77. Circulaire du ministre de l'intérieur aux préfets relative aux règlements de police pour les ouvriers et gens de peine.

Du 5 juillet 1818.

V. *Marchés*, n° 52, p. 151.

Dans un grand nombre de villes, l'autorité municipale a cru nécessaire, pour
le bon ordre, de donner des règlements à certaines classes d'ouvriers et gens de
peine au service du commerce et du public. La plupart de ces professions
(celle de portefaix, par exemple) sont exemptes du droit de patente, la loi ayant
voulu les rendre accessibles à tout le monde ; mais cela même peut exiger une
surveillance plus spéciale sur ceux qui s'y livrent.

De plus, l'exercice de ces professions suppose fréquemment des réunions de
ceux qui s'y adonnent sur la voie publique, dont la sûreté et la liberté doivent
être garanties par la police municipale. La loi du 24 août 1790 lui a donné, pour
attribution directe, l'autorité sur ce qui intéresse la sûreté, la commodité des
rues et places, le maintien du bon ordre dans les foires, marchés, lieux publics,
et partout où il se fait des rassemblements d'hommes ; ainsi que l'inspection
sur la fidélité dans le débit des denrées et sur la salubrité des comestibles exposés en vente. L'article 29 du titre 1er de la loi du 22 juillet 1791 déclare maintenus, malgré la suppression des corporations et inspections, les règlements de
sûreté publique applicables à l'exercice de certaines industries ; et l'article 46
reconnaît, à l'administration municipale, « le droit, soit de publier de nou-
» veau les lois et règlements de police existants et de rappeler les citoyens à
» leur observation, soit d'ordonner les précautions locales sur les objets con-
» fiés à sa vigilance et à son autorité. » Les maires, chargés de la police par
l'article 13 de la loi du 28 pluviôse an 8, ont recueilli ces attributions et ces
droits ; et c'est sur ces fondements qu'ils ont pu rendre des ordonnances au
sujet de certaines classes d'ouvriers.

Mais plusieurs d'entre eux ont étendu cette faculté au-delà des bornes légales :
ils ont voulu rétablir, en quelque sorte, des corporations abolies par la législation de 1791 ; ils ont rendu difficile l'admission des travailleurs, ou établi des
conditions arbitraires. En publiant de nouveau les anciens règlements, on n'a
pas toujours distingué ceux qui sont, ou directement abrogés par quelque loi
survenue depuis, ou évidemment en contradiction avec la législation moderne :
souvent on a renouvelé des clauses pénales qui ne s'accordent pas avec le Code
actuel, ou l'on en a prononcé de nouvelles, ce qu'aucune autorité locale n'est en
droit de faire.

Ces erreurs, causées par un zèle louable dans son principe, auraient été réparées à mesure, si ces sortes de règlements avaient été mis sous les yeux de
l'autorité supérieure ; mais plusieurs préfets ont supposé que des dispositions
de simple police ne sortaient pas du cercle de la compétence municipale, et ils
les ont approuvées ou tolérées, sans consulter et sans rendre compte. Chaque exemple en ce genre a servi à en autoriser un grand nombre d'autres plus ou moins
analogues. Dès lors, il s'est établi, non cette variété de règles que les besoins et
les habitudes de chaque pays peuvent demander ou justifier, mais une véritable
confusion qui a excité de fréquentes plaintes. En effet, les restrictions arbitraires portent atteinte, et à l'industrie, dont l'exercice, sous les conditions déterminées par les lois, doit être libre d'un bout d'un royaume à l'autre, pour tous
les Français, et au droit que chacun a de travailler dans sa propre commune et
de pourvoir par là aux besoins de son existence.

Ces plaintes seules ont fait connaître un grand nombre d'ordonnances ou
règlements qui auraient dû être adressés au ministère de l'intérieur, et qui n'y
sont jamais parvenus.

Il conviendrait cependant que ces sortes d'actes y fussent déposés, quand ce ne serait que comme des documents nécessaires pour le Gouvernement, qui, devant protection aux individus et à l'industrie, comme à l'ordre public, a besoin de vérifier, dans l'occasion, ce que les autorités locales ont cru pouvoir ordonner pour concilier ces intérêts.

Mais le Gouvernement est obligé, plus directement encore, de veiller à ce que les précautions prises dans chaque localité ne contrarient pas les lois générales ; et, sous ce rapport, son examen et son autorisation sont indispensables.

Il importe de remarquer que la loi de 1791 ne voulait pas même que les actes municipaux relatifs à la police, pussent porter le nom de règlement. Celui de délibération qu'elle permettait, ne convient plus à une ordonnance qui émane aujourd'hui d'un maire seul ; mais cette observation suffit pour avertir que des règles permanentes, limitant ou dirigeant l'industrie des citoyens, ne doivent pas être imposés dans une commune, sans le concours et l'approbation de l'autorité supérieure.

Les maires doivent remarquer, en particulier, que ce n'est pas à eux, mais au tribunal de simple police, c'est-à-dire aux juges de paix, que le Code d'instruction criminelle, article 139, défère le jugement des contraventions commises dans les communes chefs-lieux de canton. Les règlements dans lesquels on trouve que les maires s'attribuent le droit de juger et de prononcer des peines, soit judiciaires, soit administratives, sont donc en opposition avec la loi, et leur exécution rendrait passible des peines portées par l'art. 131 du Code pénal contre l'empiétement sur l'autorité des tribunaux.

Enfin, je n'ignore point que, dans certaines occasions, quelques autorités municipales ont cru pouvoir admettre les contrevenants à une composition, en exigeant d'eux, en faveur des pauvres ou autrement, des amendes ou aumônes prétendues volontaires ; c'est un abus d'autorité que la bonne intention évidente ne suffirait pas toujours pour empêcher de qualifier de concussion (¹).

Je vous prie de faire rechercher les ordonnances de police ou règlements des maires, relatifs aux professions d'ouvriers et gens de peine, qui peuvent avoir été publiés dans votre département et y être en vigueur, sans avoir reçu l'approbation ministérielle. Vous voudrez bien m'en faire passer des copies, à mesure qu'ils vous parviendront. Pour ceux qui auraient été autorisés par le ministre dans un temps quelconque, il suffira de m'en indiquer la date et l'objet.

(¹) Le crime de concussion est prévu par l'article 174 du Code pénal, lequel porte :

« Art. 174. Tous fonctionnaires, tous officiers publics, leurs commis ou préposés,
» tous percepteurs des droits, taxes, contributions, deniers, revenus publics ou com-
» munaux, et leurs commis ou préposés qui se seront rendus coupables du crime de con-
» cussion, en ordonnant de percevoir ou en exigeant ou recevant ce qu'ils savaient
» n'être pas dû, ou excéder ce qui était dû pour droits, taxes, contributions, deniers
» ou revenus, ou pour salaires ou traitements, seront punis, savoir : les fonctionnai-
» res ou les officiers publics, de la peine de la réclusion ; et leurs commis ou préposés,
» d'un emprisonnement de deux ans au moins et de cinq ans au plus. — Les coupa-
» bles seront de plus condamnés à une amende dont le *maximum* sera le quart des
» restitutions et des dommages-intérêts, et le *minimum*, le douzième. »

Le crime de concussion de la part des fonctionnaires publics ne consiste pas seulement à *exiger*, mais aussi à *recevoir* ce qu'ils savent n'être pas dû. Ce crime peut exister quoique la perception illicite n'ait point tourné au profit de celui qui l'a faite.

Il ne faut pas confondre le crime de *concussion* avec celui de *corruption* qui, dans l'ancien droit, se confondaient. Il existe entre ces deux infractions une différence essentielle que le Code pénal de 1810 a consacrée. Il y a *corruption* lorsque le fonctionnaire public agit dans la limite de ses attributions. La *concussion*, au contraire, est une exaction de la part du fonctionnaire envers ceux qui dépendent de son autorité. Ainsi, par exemple, le garde champêtre qui *exige* d'un délinquant une somme d'argent pour ne pas faire à celui-ci un procès-verbal commet le crime de *concussion* : il commet le crime de *corruption* lorsqu'il *agrée* l'offre qui lui est faite d'une somme d'argent pour ne pas rédiger ou pour supprimer un procès-verbal rédigé contre celui qui a fait l'offre.

Le maire qui *exige* d'un délinquant une somme d'argent pour que celui-ci ne soit pas traduit devant le tribunal compétent agit hors de ses attributions légales ; il commet une exaction envers cet homme qui est sous sa dépendance ; il commet le crime de concussion. Si, au lieu d'*exiger*, il *agrée* l'offre d'une somme d'argent, il y a *corruption* punissable par l'art. 177 du Code pénal.

Les manœuvres frauduleuses employées par un fonctionnaire public dans l'exercice de ses fonctions pour parvenir à un fait de concussion ou de corruption ne peuvent dénaturer ce crime et ne le faire considérer que comme une escroquerie. (*Cass.*, 16 *septembre* 1820.)

Et, pour l'avenir, je vous prie de ne munir de votre approbation aucun règlement de cette nature, sans me l'avoir communiqué, et sans avoir reçu mon autorisation.

------

78. Circulaire du ministre de l'intérieur au sujet des contraventions en matière de police simple.

Du 28 juillet 1818.

Le ministre de l'intérieur aux préfets,

Je dois appeler votre attention sur un abus que j'ai eu l'occasion de remarquer dans l'administration de quelques mairies, et qui ne peut être toléré.

Des individus, surpris en contravention à des règlements de police, au lieu d'être poursuivis dans les formes légales, sont contraints à des transactions pécuniaires, par forme d'amende, au profit des hospices, et échappent, par ce moyen, aux condamnations judiciaires qu'ils ont encourues.

Je sais que les maires, en admettant ces conventions illicites, n'ont eu en vue que d'accroître les ressources communales pour secourir les pauvres malades, d'épargner à des contrevenants pères de famille les frais de poursuites judiciaires, et de les soustraire à la honte d'une condamnation publique.

Mais ces considérations ne peuvent les justifier et ne les garantiraient pas des peines portées par l'art. 131 du Cod. pén., contre les administrateurs qui entreprendraient sur les fonctions judiciaires (¹).

En vain les maires objecteraient-ils qu'institués, par le Code d'instruction criminelle, juges en matière de simple police, ils ont le droit de prononcer ces amendes; ce serait une erreur de penser que des rétributions illégales sont assimilées à des amendes qui ne peuvent être appliquées que par jugement, et dont le montant doit, d'ailleurs, être versé dans la caisse du domaine, et non dans celle d'un hospice.

D'un autre côté, il n'est pas vrai que les maires soient juges de police dans tous les lieux où il y en a d'établis. Le Code d'instruction criminelle pose, à cet égard, un principe et des règles qui indiquent aux maires leurs devoirs comme administrateurs ou comme juges, et qu'il me paraît important de remettre sous leurs yeux.

Aux termes de ce Code, la connaissance des contraventions, en matière de police, appartient aux juges de paix : elle est dévolue aussi, concurremment avec eux, aux maires qui les représentent, mais seulement dans les communes où le juge de paix ne réside pas, et dans les cas spécifiés par l'article 166 du Code.

Ainsi, dans les chefs-lieux de canton, les maires n'exercent que les fonctions d'administrateurs municipaux et celles d'officiers de police judiciaire ; dans les autres communes, en leur qualité de juge de police, ils ne prononcent que sur les contraventions commises par des personnes surprises en flagrant délit, par celles qui résident sur le lieu, ou qui y sont présentes, et lorsque les témoins y sont aussi résidants ou présents; enfin, lorsque la partie réclamante ne demande pour ses dommages-intérêts qu'une somme qui n'excède pas 15 francs.

Hors de ces cas, le juge de paix est investi exclusivement du pouvoir de statuer sur les contraventions, et, dans les unes comme dans les autres, les formalités prescrites par le Code, tit. 1ᵉʳ, liv. 2, pour l'instruction et le jugement, doivent être exactement observées.

Telle est la distinction établie par cette loi entre les attributions des maires des chefs-lieux de canton et celles des maires dans les autres communes. Il résulte de ces dispositions : 1° que les premiers ne sont que des officiers de police judiciaire; qu'ils ne peuvent se dispenser de remettre au juge de paix les procès-verbaux dressés pour contravention aux règlements de police ; qu'ils ne peuvent se permettre de ne pas donner suite à ces procès-verbaux, et de transiger avec les délinquants, sans encourir la peine portée par l'art. 131 du Code pénal; 2° que les maires des communes autres que les chefs-lieux de canton manqueraient à leurs devoirs s'ils exigeaient, sans jugement et par forme de transaction, des personnes traduites devant eux pour contraventions spécifiées dans l'art. 166 du Code d'instruction criminelle, des sommes au profit des hospices ou de leurs communes.

Rappeler le vœu de la loi aux maires, c'est m'assurer que, dans aucune circonstance et par quelque motif que ce soit, ils ne s'en écarteront, et que vous n'aurez pas à leur reprocher les abus qui m'ont été signalés.

(¹) Voyez la note mise à la circulaire qui précède.

79. Circulaire du ministre de l'intérieur au sujet des mesures à prendre contre la ladrerie des porcs.

Du 16 septembre 1819.

V. *Viandes corrompues*, p. 199.

Parmi les porcs livrés par le commerce à la consommation, il se trouve un certain nombre de ces animaux qui sont atteints de la maladie connue sous le nom de *ladrerie.*

D'après les expériences qui ont été faites, il paraît que la viande du porc ladre, sans être absolument malsaine, a tous les caractères d'un aliment plus ou moins détérioré ou avarié, et qu'il peut devenir dangereux d'en faire un usage habituel : ainsi, l'administration doit faire tous ses efforts pour parvenir à détruire la maladie dont il s'agit.

La vente de la viande de porc ladre est interdite à la halle de Paris, et c'est une mesure qu'il serait à désirer de voir mettre en usage sur tous les marchés, parce que les propriétaires auraient intérêt à n'avoir que des porcs sains, ne pouvant trouver à les vendre malades. Mais l'autorité administrative doit, au moins dans l'intérêt public, faire visiter par des vétérinaires les porcs amenés sur les marchés, et ne permettre la vente de ceux qui seraient reconnus affectés de ladrerie, que dans un lieu désigné à cet effet, de manière que les acheteurs et consommateurs ne soient pas exposés à être trompés (¹).

Je désire qu'en outre vous chargiez un ou plusieurs vétérinaires instruits d'étudier la maladie, dans les parties de votre département où elle se montre le plus communément, et de vous adresser leurs observations sur les causes qui disposent les porcs à la ladrerie, ou qui la développent. Ces observations vous mettront à même de rédiger et de répandre, parmi les propriétaires et les cultivateurs, une instruction sur les moyens de prévenir la maladie dont il s'agit; car il paraît certain qu'elle est incurable, excepté chez les jeunes animaux. Ce dernier fait n'a même pas été constaté par des expériences assez nombreuses.

Je vous invite également à appeler, dans la même instruction, l'attention des cultivateurs sur les avantages qui résulteraient pour eux, sous le rapport de leurs intérêts, et même de leur santé, de châtrer ou de détruire les verrats et les truies employés à la reproduction, lorsque ces animaux sont atteints de ladrerie, puisque cette maladie est héréditaire et organique, comme paraissent le prouver les expériences dont elle a été l'objet jusqu'à ce jour.

---

80. Circulaire du ministre de l'intérieur aux préfets sur la police des conducteurs d'animaux malfaisants.

Du 21 février 1822.

V. *Animaux*, p. 23.

Plusieurs de vos collègues ont signalé, à diverses époques, les conducteurs d'ours comme des hommes dangereux, sur lesquels il convient d'exercer une active surveillance. Ces individus ont souvent commis des vols, et même des délits plus graves encore, sur des routes peu fréquentées ou dans les campagnes isolées. Des faits récents me paraissent imposer à l'autorité l'obligation de prescrire, dans toute l'étendue du royaume, des mesures propres à contenir, autant que possible, ceux d'entre eux qui auraient des intentions malveillantes. Je désire, en conséquence, que vous preniez et que vous fassiez publier dans toutes les communes de votre département, un arrêté portant injonction aux conducteurs d'ours, ou de tous autres animaux malfaisants, de suivre les grands chemins sans jamais s'en écarter, avec défense d'aller dans les bourgs et hameaux, d'entrer dans les bois et de se trouver sur les routes avant le lever et après le coucher du soleil.

Vous rappellerez dans le préambule de cet arrêté :

Les articles 3 et 5, titre XI, de la loi du 16-24 août 1790, sur l'organisation judiciaire ;

L'article 46, titre Ier, de la loi du 22 juillet 1791 sur l'organisation de la police municipale et correctionnelle ;

L'article 125 de la loi du 17 avril 1798 ;

L'article 179 de l'ordonnance royale du 29 octobre 1820, sur l'organisation et le service de la gendarmerie ;

Les articles 276, 475, 478, 479 et 482 du Code pénal ;

Vous mentionnerez la présente circulaire ;

(¹) Voyez ci-après la circulaire ministérielle du 22 décembre 1825.

Vous prescrirez aux maires, aux commissaires de police, aux gardes champêtres et forestiers et à la gendarmerie, de tenir sévèrement la main à l'exécution dudit arrêté, de constater les contraventions par des procès-verbaux réguliers et d'arrêter les contrevenants qui devront être immédiatement traduits devant le tribunal de *simple police*.

Enfin, vous ordonnerez qu'en cas de vols, violences, mendicité avec menaces, ou autres circonstances aggravantes, les conducteurs de bêtes féroces soient mis à la disposition du procureur du Roi de l'arrondissement, pour être poursuivis correctionnellement ou criminellement, suivant la nature des délits dont ils seront prévenus.

---

81. **Ordonnance du roi qui déclare applicable à toutes les villes et communes du royaume les dispositions des articles 9 et 11 du décret du 4 février 1805, relatif au numérotage des maisons de la ville de Paris.**

Du 25 avril 1823.

Louis, etc.

Art. 1ᵉʳ. Les dispositions des articles 9 et 11 du décret du 4 février 1805 (¹), relatif au numérotage de la ville de Paris, sont déclarés applicables à toutes les villes et communes du royaume où la même opération sera jugée nécessaire (²).

---

82. **Circulaire du conseiller d'Etat, directeur de l'administration des communes, des hospices, etc., aux préfets, au sujet du numérotage des maisons dans les villes.**

Du 13 mai 1823.

Le nouveau recensement des portes et fenêtres, ordonné par l'administration des finances, a mis les autorités locales dans le cas d'apporter un soin particulier au numérotage des maisons, et de le compléter dans tous les lieux où cette mesure a été reconnue praticable et utile.

Il s'agissait de fixer définitivement le mode de répartition des frais qui en résultent.

Diverses questions s'étant élevées à cet égard, le ministre a cru devoir les soumettre à Sa Majesté, comme portant sur un objet d'amélioration nouveau, qui n'avait pas sa règle tracée dans les anciens usages, et sur lequel il n'existe aucune disposition générale.

Le règlement particulier à la ville de Paris, établi par le décret du 4 février 1805, ayant paru fondé sur une juste appréciation des divers intérêts qu'embrasse la mesure, Sa Majesté a, par une ordonnance du 23 avril dernier, déclaré les dispositions des articles 9 et 11 de ce décret applicables à toutes les villes et communes du royaume où le numérotage sera jugé nécessaire.

Il en résulte que le numérotage doit être exécuté à l'huile, et, pour la première fois, à la charge de la commune; mais que l'entretien des numéros demeure aux frais des propriétaires, et qu'en conséquence ceux-ci peuvent les faire exécuter comme bon leur semblera, en se conformant, toutefois, aux règlements locaux sur la couleur du chiffre et la hauteur du placement.

Il s'ensuit aussi que, lorsqu'un propriétaire fera reconstruire une maison ou changera la façade d'un bâtiment numéroté à la charge de l'administration, il devra rétablir à ses frais le même numéro sur la nouvelle façade.

Ces obligations pourront être utilement rappelées dans les permissions de voirie, selon ce qui se pratique à Paris en pareil cas.

Au reste, les motifs énoncés dans l'ordonnance expliquent assez les principes de modération et d'équité qui ont servi de base à ces dispositions, pour qu'il soit inutile de leur donner ici un nouveau développement.

(¹) Décret relatif au numérotage des maisons de la ville de Paris rendu le 15 pluviôse an 13, 4 février 1805, sur le rapport du ministre de l'intérieur, le conseil d'Etat entendu.

Art. 9. Le numérotage sera exécuté à l'huile, et, pour la première fois à la charge de la commune de Paris.

11. L'entretien du numérotage est à la charge des propriétaires; ils pourront, en conséquence, les faire exécuter à leurs frais d'une manière plus durable, soit en tôle vernissée, soit en faïence ou terre à poêle émaillée, en se conformant cependant aux autres dispositions du présent décret, sur la couleur des numéros et la hauteur à laquelle ils doivent être placés.

(²) Voyez ci-après la circulaire du 13 mai 1823.

J'ai lieu d'espérer qu'également appréciés par les propriétaires et les administrations municipales, ils ne leur laisseront aucun doute sur la légitimité de la charge et du mode de répartition dont il s'agit et que l'autorité pourra désormais terminer ou régulariser sans obstacle l'opération qui en est l'objet.

S'il arrivait, toutefois, que la nécessité du numérotage et la possibilité de son application dans certaines localités fournissent matière à contestation, vous auriez soin d'en référer au ministre, en m'adressant, avec vos propositions motivées, les délibérations du conseil municipal et l'avis de l'architecte de la ville, afin qu'il pût y être statué comme il appartiendrait par Son Excellence.

---

83. Règlement sur l'administration du service des lits militaires, et sur le logement des troupes chez les habitants. (Extrait.)

Du 20 juillet 1824.

V. *Logements militaires*, p. 138.

TITRE II. — Du LOGEMENT CHEZ L'HABITANT.

Art. 100. Conformément aux dispositions des lois des 10 juillet 1791 et 23 mai 1792, le logement est fourni en nature chez l'habitant :

1° Aux militaires de tous grades et de toutes armes, et autres considérés comme tels, marchant en corps, en détachement, isolément, ou allant en congé de semestre, munis de feuilles de route qui leur attribuent cette prestation ;

2° Aux hommes de troupe et sans troupe, en station dans les places ou cantonnements dans lesquels il n'y a pas de bâtiments militaires, ou lorsque les bâtiments militaires qui y existent sont reconnus insuffisants, ou se trouvent dépourvus de fournitures de coucher.

101. Lorsqu'un corps ou détachement arrive dans une place pour y tenir garnison, la troupe est considérée comme étant encore en marche, et logée chez l'habitant pour une nuit ou deux au plus.

102. Le logement chez l'habitant comprend les écuries pour les chevaux, et les remises ou emplacements pour les voitures ou les bagages.

103. Les maires font fournir le logement chez l'habitant, sur la présentation de feuilles de route pour les militaires en marche, et sur les demandes des sous-intendants pour les troupes en station.

104. Les lits fournis par les habitants aux sous-officiers et soldats doivent, autant que possible, être composés comme ceux des casernes, et il doit y avoir dans la chambre deux chaises et un banc.

105. Le logement fourni par l'habitant aux troupes en station est considéré comme une prestation en nature faite pour le compte du ministère de la guerre, et donne droit au paiement des indemnités fixées par l'art. 53 de la loi du 23 mai 1794,

Savoir :

Pour le logement d'un adjudant ou de tout sous-officier ayant droit de coucher seul, 15 cent. par nuit, ci 15   c.

Pour le logement de tout militaire couchant à deux, 7 cent. et demi par nuit et par homme, ci 07   1/2

Pour le logement dans les écuries, 5 cent. par nuit et par cheval 05   c.

106. Lorsque les habitants fournissent dans des bâtiments militaires non meublés des lits complets pour le coucher de la troupe, ils reçoivent du département de la guerre, pour tout le temps de l'occupation de ces lits, une indemnité qui est fixée par le même art. 53 cité ci-dessus, à 18 c. par lit et par nuit.

107. Les officiers, à leur arrivée en garnison ou en cantonnement, ne peuvent prétendre à des billets de logement pour plus de trois nuits ; ils sont tenus de se loger ensuite de gré à gré et à leurs frais.

Les maires doivent veiller à ce que les habitants n'abusent pas dans le prix des loyers, du besoin de logement où se trouvent les officiers.

108. Les militaires logés chez l'habitant sont responsables des dommages et des dégradations qu'ils auraient occasionnés dans leur logement. Les dégâts sont constatés par l'autorité locale, qui fait ses diligences auprès de l'intendant militaire pour en obtenir le remboursement.

109. Les réclamations des habitants ne sont admises que lorsqu'elles ont été présentées avant le départ des militaires, ou au plus tard une heure après, soit au sous-intendant militaire, s'il s'en trouve un dans la place, soit aux commandants des corps ou détachements, soit, dans le cas où il serait constaté que ceux-ci sont déjà partis, au maire du lieu, qui constate que la réclamation a été faite en temps opportun.

110. Dans le cas prévu en l'art. 108, les mandats de paiement sont délivrés au nom des maires, qui, après en avoir reçu le montant, sont chargés de tenir compte aux habitants des sommes qui leur reviennent.

CHAP. I*r*. — DE LA DISTRIBUTION DU LOGEMENT CHEZ L'HABITANT.

SECT. I*re*. — *Troupes en marche.*

111. Les maires des gîtes d'étapes sont tenus de faire fournir, sur la présentation des feuilles de route, le logement chez l'habitant aux corps et aux détachements de troupes en marche, et aux militaires voyageant isolément.

Les sous-intendants militaires doivent, autant que possible, donner à l'avance avis aux maires des époques d'arrivée et de séjour des corps et détachements, afin que les billets de logement puissent être préparés.

112. L'officier ou le sous-officier qui précède la troupe ne doit pas s'immiscer dans le choix des logements. Il donne au maire tous les renseignements nécessaires pour établir le logement dans l'ordre de bataille.

113. Lorsque les troupes en marche ne peuvent être logées en totalité dans le gîte d'étape désigné sur la feuille de route, les maires doivent, autant que possible, placer les détachements en avant ou à la hauteur de ce gîte, afin de leur éviter des marches inutiles.

114. Dans le cas prévu par l'article précédent, les maires envoient au-devant de la colonne, et jusqu'au lieu marqué pour la séparation de la troupe, des guides qui sont chargés de conduire les détachements dans les gîtes annexés.

115. Des guides sont pareillement fournis au départ d'une troupe répartie dans les cantonnements, lorsqu'ils sont jugés nécessaires et demandés par le commandant, pour diriger les détachements par la route la plus courte et la plus commode sur le point où ils doivent rejoindre la colonne dans la direction du nouveau gîte.

116. Les soldats ou cavaliers ne doivent être logés dans des fermes ou maisons isolées, qu'autant qu'elles peuvent recevoir une compagnie entière, ou une fraction régulière de compagnie, avec un officier ou un sous-officier. Les chevaux sont placés dans des écuries à portée du logement de chaque escadron. L'habitant fournit aux gardes d'écurie la lumière nécessaire pour la surveillance des chevaux pendant la nuit.

117. Les maires désignent pour le logement des chefs d'ordinaire des maisons dont les habitants peuvent fournir les ustensiles nécessaires, ainsi que la place suffisante pour faire la cuisine pour huit ou seize hommes, et pour qu'ils puissent y manger; sauf à faire alterner les habitants, ou à leur accorder en compensation de cette charge une diminution relative au logement militaire.

118. Le maire remet les billets à l'officier chargé du logement, en paquets séparés pour chaque escadron ou compagnie, de manière que les officiers, sous-officiers et soldats qui la composent, soient, autant que possible, logés dans le même village ou bourg, ou dans le même quartier, afin d'en faciliter le rassemblement et la surveillance.

119. L'officier chargé du logement, ou l'adjudant, fait la distribution des billets, conformément à l'ordonnance sur le service intérieur des corps.

120. Après la distribution des logements, un officier de la troupe et l'un des membres du conseil municipal doivent rester à la mairie pour recevoir les réclamations des habitants et des militaires, et pour y faire droit s'il y a lieu.

121. Les logements et les objets d'ameublement à fournir aux officiers par les habitants, doivent être composés, autant que possible, pour les différents grades, conformément aux dispositions des art. 14 et 17 de la loi du 23 mai 1792, ainsi qu'il suit :

1° Le logement d'un maréchal de France ou d'un général commandant en chef, est composé du nombre de chambres dont il a besoin, tant pour lui que pour ses secrétaires et pour ses domestiques, d'une cuisine, et des écuries nécessaires à ses chevaux ;

2° Celui d'un lieutenant-général, de quatre chambres et d'un cabinet garnis, tant pour lui que pour ses secrétaires, d'une cuisine, des chambres et lits suffisants pour coucher de deux en deux six domestiques ;

3° Celui d'un maréchal-de-camp, de trois chambres et d'un cabinet garnis, tant pour lui que pour son secrétaire, d'une cuisine, des chambres et lits suffisants pour coucher de deux en deux quatre domestiques ;

4° Celui d'un colonel, de trois chambres garnies, d'une cuisine, des chambres et lits suffisants pour coucher trois domestiques ;

5° Celui d'un lieutenant-colonel, d'un chef de bataillon ou d'escadron, ou major, de deux chambres garnies, d'une cuisine et d'une chambre garnie d'un lit pour deux domestiques ;

6° Celui d'un trésorier ou d'un officier payeur, de deux chambres dont une sans lit, et d'une autre chambre avec lit pour son domestique ;

7° Celui d'un capitaine, d'un adjudant-major, d'un chirurgien-major et d'un aumônier, d'une chambre avec un lit et d'une autre chambre avec lit pour son domestique ;

8° Les lieutenants et sous-lieutenants seront logés de deux à deux dans des chambres à deux lits, en leur donnant une chambre avec un lit pour leurs domestiques ;

9° Les colonels, lieutenants-colonels, chefs de bataillon et capitaines du génie, ainsi que les officiers d'artillerie non attachés aux régiments, ont en sus du logement affecté à leur grade, une chambre claire, garnie, sans lit ; quant aux lieutenants du corps du génie, ils ont le logement de capitaine ;

10° Le logement de l'intendant militaire en chef est composé du nombre de chambres garnies dont il a besoin, tant pour lui et ses secrétaires que pour ses domestiques et sa cuisine ;

11° Celui de chaque intendant militaire est de trois chambres et un cabinet garnis, tant pour lui que pour son secrétaire, d'une cuisine, de chambres et lits suffisants pour coucher de deux en deux quatre domestiques ;

12° Celui de chaque sous-intendant militaire et de chaque sous-intendant adjoint, est de deux chambres garnies, d'une cuisine et d'une chambre à un lit pour ses domestiques ;

13° Les écuries sont fournies à raison de 1 mèt. 166 millim. par cheval effectif ; le nombre des chevaux n'excèdera pas celui prescrit par les règlements.

Ameublements.

122. Les lits qui sont fournis par les habitants dans les logements des officiers, sont garnis d'une housse, d'une paillasse, de deux matelas ou d'un seul avec un lit de plumes, d'un traversin, de deux couvertures et d'une paire de draps.

Chaque chambre à lit est meublée d'une table, de chaises, d'une armoire ou commode fermant à clef, d'un porte-manteau, d'un pot à l'eau avec sa cuvette, et de deux serviettes par semaine.

Quant aux autres chambres qui sont accordées aux officiers, et qui ne doivent point être garnies de lits, elles sont meublées de tables, chaises, chandeliers et autres ustensiles nécessaires.

Chaque lit de domestique est composé comme celui du soldat.

Les habitants doivent fournir un lit pour deux caporaux, brigadiers et soldats, de même que pour deux sergents, maréchaux-des-logis et fourriers ; mais ces derniers ne doivent, dans aucun cas, coucher aves les soldats ni avec des sous-officiers d'un autre corps.

Il sera délivré un lit pour chaque adjudant, tambour et trompette-major, sergent-major et maréchal-des-logis en chef, qui doivent coucher seuls.

123. L'habitant prête aux officiers, sous-officiers et soldats les ustensiles de cuisine et de table, et leur doit place au feu et à la chandelle.

124. Les habitants ne doivent jamais être délogés de la chambre ni des lits où ils ont coutume de coucher ; ils ne peuvent néanmoins, sous ce prétexte, se soustraire à la charge du logement selon leurs facultés.

125. Dans les gîtes qui ne sont pas lieux de garnison, la garde de police est établie à la mairie ou dans tout autre local à proximité, reconnu propre à servir de corps de garde et désigné par le maire, qui y fait fournir le chauffage, la lumière et les ustensiles nécessaires.

126. Il est fourni aux troupes en marche, pour le dépôt de leurs bagages, un local à proximité du corps de garde de police.

127. Le logement des troupes en marche est une charge communale qui ne donne lieu au paiement d'aucune indemnité, ni pour la troupe, ni pour les officiers.

SECT. II. — *Troupes en station.*

128. Lorsqu'un corps de troupes en station doit être logé chez l'habitant, le sous-intendant ou l'autorité qui le supplée en fait par écrit la demande au maire de la commune, en lui indiquant le nombre d'officiers, de sous-officiers, de soldats et de chevaux à loger, ainsi que les emplacements nécessaires pour les magasins du corps.

129. Les sous-intendants militaires communiquent les états de logements militaires et de leur ameublement aux maires de chaque ville, afin que ceux-ci puissent connaître si les demandes de logement chez l'habitant, qui leur sont faites, sont proportionnées au besoin du service.

Les états certifiés par le sous-intendant et par l'officier du génie, font foi.

130. Dans le cas prévu par l'art. 128, il est procédé pour la distribution du logement chez l'habitant aux troupes en station, suivant les règles prescrites dans la section précédente pour les troupes en marche.

131. Le maire fait réserver quelques logements dans l'arrondissement de chaque compagnie, pour les hommes absents qui peuvent rentrer au corps.

132. Les billets de logement pour les hommes arrivant après l'établissement de la troupe, sont délivrés sur la présentation des feuilles de route ou des billets de sortie de l'hôpital, et sur l'invitation du commandant du corps.

133. Le commandant de la troupe doit faire connaître au maire les logements qui deviennent vacants par le départ des hommes allant aux hôpitaux, en congé ou en détachement.

134. Les troupes en cantonnement, en détachement ou en garnison, ne peuvent exiger de place au feu chez l'habitant, attendu qu'elles reçoivent alors les prestations de chauffage. Les habitants ne sont point tenus de leur fournir les ustensiles de cuisine; mais ils doivent donner une chambre à cheminée où les soldats puissent faire cuire leurs aliments.

CHAP. II. — DE LA DÉPENSE RÉSULTANT DES INDEMNITÉS DUES AUX HABITANTS POUR LE LOGEMENT DES TROUPES EN STATION.

135. Les indemnités dues aux habitants, conformément aux dispositions des art. 105 et 106, pour le logement des militaires en station ou pour prêt de lits complets dans les bâtiments militaires, leur sont payées par l'entremise des maires de leurs communes respectives.

136. A cet effet, le maire de chaque commune dresse en trois expéditions, à l'expiration de chaque trimestre, un état de dépense indiquant, suivant le cas, l'effectif en hommes et en chevaux des corps ou détachements qui ont été logés chez l'habitant, ou le nombre de lits complets que les habitants ont prêtés, et le nombre des journées d'occupation, depuis le jour de l'arrivée de la troupe jusqu'à celui du départ exclusivement. Cependant, lorsque le logement n'aura pas été fourni pour plus de trois nuits, la troupe sera considérée comme étant en marche, et l'habitant n'aura pas droit à l'indemnité.

137. Les trois expéditions des états de dépense, accompagnées des certificats des commandants des corps ou détachements, et émargées de la signature de chacun des habitants qui ont fourni le logement, sont remises dans le courant du premier mois qui suit le trimestre expiré, au sous-intendant, qui, après les avoir vérifiées et arrêtées, remet au maire une des expéditions et adresse les deux autres, avec les pièces justificatives, à l'intendant de la division, qui, après les avoir vérifiées et arrêtées définitivement, en règle le décompte, et le transmet au ministre, afin d'obtenir les fonds nécessaires. Aussitôt après que ces fonds ont été mis à la disposition de l'intendant, il délivre ses mandats de paiements au nom des maires, et joint à l'appui l'expédition de chacun des états qui lui ont été renvoyés par le ministre.

---

84. Ordonnance relative à l'organisation des théâtres dans les départements.

Du 8 décembre 1824.

V. *Théâtre*, p. 183.

NOTA. — Le décret du 6 janvier 1864 ayant proclamé la liberté des théâtres et affranchi les directeurs des entraves que leur imposaient les dispositions de la législation antérieure, à l'exception de celles concernant l'ordre, la sécurité et la salubrité publics, la police et la fermeture des théâtres et la redevance au profit des pauvres, nous ne reproduisons ici que l'article 14 de l'ordonnance du 8 décembre 1824 qui est le seul restant en vigueur.

« Art. 14. Les maires veilleront, *dans l'intérêt des pauvres*, à ce qu'il ne soit accordé d'entrée gratuite qu'à ceux des agents de l'autorité dont la présence est jugée indispensable pour le maintien de l'ordre et de la sûreté publique. »

---

85. Circulaire du ministre de l'intérieur aux préfets sur la police à exercer sur les aérostats garnis d'artifices (¹).

Du 2 septembre 1825.

V. *Aérostats*, p. 17.

De graves accidents ont souvent été occasionnés par des aérostats garnis d'artifice.

Déjà mon prédécesseur avait défendu l'enlèvement de ces sortes de ballons, et généralement de tous ceux auxquels serait adapté un foyer quelconque d'artifice, d'esprit de vin ou de toute autre matière.

Je vous prie de renouveler cette défense dans toute l'étendue de votre département, et de tenir la main à ce que partout l'autorité locale s'y conforme exactement.

(¹) Voyez à sa date la circulaire du 7 octobre 1853 sur le même objet.

86. Instructions du ministre de l'intérieur aux préfets au sujet des règlements de police sur la boucherie et la charcuterie.

Du 22 décembre 1825.

V. *Bouchers*, p. 41.

J'ai eu lieu de reconnaître, soit par des réclamations qui m'ont été adressées, soit par l'instruction de diverses affaires soumises à ma décision, que les règlements de police concernant la boucherie et la charcuterie offraient souvent, dans leurs dispositions, de graves irrégularités. Cette observation me détermine à vous donner, à ce sujet, des instructions particulières.

Une circulaire du 2 juillet 1818 (¹), relative au service des ouvriers et gens de peine, vous a déjà tracé, d'une manière précise, les principes de la législation sur les attributions et les droits de l'autorité municipale, en matière de règlements de police ; elle a même signalé une grande partie des inconvénients qui pouvaient résulter de l'oubli ou de l'inobservation de ces principes. Je me contenterai donc, quant à ce premier point, de recommander à toute votre attention les dispositions de ladite circulaire.

A l'égard des règlements spécialement relatifs à la boucherie et à la charcuterie, j'ai eu l'occasion de juger, d'après ceux qui sont parvenus à ma connaissance, qu'en général les actes de cette espèce contenaient des mesures dont les unes étaient évidemment en opposition avec la législation, tandis que les autres, excédant la compétence municipale, ne pourraient, s'il y avait lieu, être établies qu'en vertu d'une ordonnance de Sa Majesté ou même d'une loi.

Au nombre des premières, j'ai remarqué :

1° La concentration du débit de la viande dans les boucheries publiques et la défense d'en exposer et vendre dans des étaux particuliers ;

2° La perception, dans ces établissements, de droits illégaux, et cette perception quelquefois affermée sous des clauses non moins illégales ;

3° La limitation du nombre des individus qui exercent la profession de boucher ou de charcutier ;

4° L'interdiction de l'entrée des viandes dépecées dans la ville, et par conséquent de toute concurrence du commerce extérieur avec celui de l'intérieur ;

5° La défense d'étaler et de vendre de certaines viandes à des époques déterminées, dans le cours de l'année ;

6° L'obligation imposée aux bouchers et charcutiers des communes voisines d'une ville, de venir à l'abattoir public de cette même ville, pour y abattre leurs bestiaux et porcs ;

7° L'établissement de dispositions pénales nouvelles, ou le renouvellement d'anciennes qui ne s'accordent point avec le Code pénal, etc.

Parmi les secondes, je signalerai :

8° L'organisation des bouchers et charcutiers en syndicat ;

9° L'imposition de cautionnements pécuniaires, pour garantie de leur service ;

10° L'obligation, pour exercer leur état, de se munir d'une permission du maire, et de faire preuve de capacité ;

11° Celle de n'en quitter l'exercice que trois ou six mois après en avoir fait la déclaration à ce magistrat ;

12° La défense d'abattre les bestiaux et porcs ailleurs que dans un abattoir public et commun, et la suppression ou fermeture des tueries particulières ;

13° L'interdiction des fonderies de suif, des ateliers de triperie, des bergeries, toits à porcs, etc., appartenant aux bouchers, fondeurs, tripiers ou autres particuliers, et l'obligation de fondre les suifs, de préparer les issues des bestiaux, et d'héberger les animaux dans l'abattoir public ;

14° La fixation de droits pour l'abatage des bestiaux et porcs à la tuerie publique, etc.

La plupart des mesures que je viens d'indiquer me semblent avoir été empruntées d'anciens règlements de police, et adoptées souvent sans que l'on ait pris garde qu'elles étaient devenues caduques par l'effet de lois postérieures. J'ai eu lieu de remarquer en même temps que l'exécution en avait été tolérée à l'insu de l'administration supérieure ; qu'elles avaient leur force du long usage d'une telle tolérance ; qu'elles étaient aussi, pour beaucoup d'autres localités, un exemple et une sorte d'autorité ; que généralement enfin les communes s'étaient empressées d'autant plus d'adopter de pareilles dispositions, qu'elles y avaient trouvé les moyens, soit de former, soit d'accroître ou de garantir leurs revenus particuliers.

Quelque sollicitude que doivent exciter les intérêts privés des communes, on ne saurait cependant justifier par un tel motif l'ordre de choses irrégulier que

---

(¹) Cette circulaire est du 3 juillet et non pas du 2.

je viens de signaler dans les actes de l'autorité municipale. Il est d'autres intérêts généraux, non moins précieux, non moins importants, que l'administration supérieure ne doit point perdre de vue, et qui même appellent toute sa protection.

Vous jugerez facilement que de semblables mesures, adoptées à l'égard de commerces qui se lient étroitement aux intérêts de l'agriculture, seraient de nature à réagir défavorablement sur une des branches les plus intéressantes de cette source de la prospérité nationale, et à contrarier, par leurs résultats, la marche que le Gouvernement suit avec persévérance et fermeté, pour favoriser la consommation et l'industrie agricole.

D'après des considérations si puissantes, il conviendra que vous fassiez la recherche des règlements de police pour la boucherie et la charcuterie, qui maintenant peuvent être en vigueur dans les diverses localités de votre département, et qu'à l'égard de ceux desdits actes qui contiendraient des mesures de la nature de celles que je viens de spécifier, vous avisiez, le plus promptement qu'il sera possible, au moyen de les faire réformer ou régulariser.

Mon intention au surplus est que, dans cette circonstance, il soit opéré partout d'après des bases uniformes. Afin donc de vous diriger dans les dispositions à prendre ou dans les instructions à donner, je crois devoir exposer ici les principes de la jurisprudence de l'administration supérieure, sur les différentes matières dont il s'agit :

1° La loi du 19 mars 1790, qui affranchit les professions industrielles de toutes entraves, notamment en ce qui concerne l'exposition de la vente de leurs produits, assure aux bouchers, comme à tous les marchands domiciliés, le droit d'étaler et de vendre leurs denrées à domicile. Dans un tel état de choses, toute disposition qui tendrait à concentrer exclusivement le débit dans un local public et commun, porterait atteinte au droit dont il s'agit : de plus, ce serait une mesure préjudiciable aux consommateurs qu'elle priverait de la commodité de pourvoir à leurs besoins, suivant l'exigence des temps et des lieux. Il est d'ailleurs à considérer que, pour maintenir l'interdiction du débit à domicile, on finirait par être obligé de recourir à des moyens de surveillance odieux et vexatoires pour toutes les classes de citoyens. Enfin, l'intérêt de l'agriculture exige impérieusement qu'il y ait, dans tous les commerces qui écoulent ses produits, une concurrence aussi complète qu'il est possible de l'établir, sans diminuer l'effet des précautions employées par la police pour garantir la salubrité des denrées. A l'égard de ce dernier point, l'intervention de l'autorité doit se borner à exiger que les viandes étalées et débitées au domicile des bouchers et charcutiers, le soient dans des étaux convenablement disposés et appropriés suivant les règles de la police sanitaire. Elle est toujours à même d'exercer là, comme à la boucherie publique, sa surveillance sur les viandes. D'après tous ces motifs, les établissements publics, destinés au commerce de la boucherie, peuvent continuer d'être affectés au même service ; mais leur usage doit être seulement facultatif et non obligatoire ;

2° Des établissements, dans lesquels s'effectue exclusivement la vente de la viande, ont dû nécessairement devenir, pour la commune, la source de revenus spéciaux : aussi, dans beaucoup de localités où il existe de ces sortes de boucheries closes, les autorités ont-elles établi des taxes au moyen desquelles les bouchers obtiennent la permission d'y tenir des étaux. Quelques communes, dans la vue de se procurer une rentrée plus facile de ces sortes de produits, en ont affermé la perception, en imposant aux fermiers une redevance annuelle, et quelquefois en la garantissant de toute concurrence ; mais, la création de semblables taxes est tout-à-fait illégale, en ce qu'elles constituent une espèce d'impôt qui n'est point au nombre de ceux qu'autorisent les lois ; d'un autre côté, il est à considérer que la clause de la garantie de toute concurrence concéderait un privilége qui porterait atteinte à la liberté industrielle et nuirait aux intérêts du trésor, en bornant le nombre des redevables de l'impôt des patentes. J'ajouterai que les intérêts de l'agriculture se trouveraient aussi gravement compromis par ces perceptions, si elles étaient trop fortes, ainsi que par les clauses sous lesquelles elles sont exécutées. En effet, l'établissement sur un produit agricole, d'une surtaxe additionnelle à sa valeur naturelle, et la limitation de la concurrence pour son débit, tendent toujours à en élever le prix, à diminuer l'activité de la vente, et enfin à restreindre la consommation. Ces principes trouvent aussi leur application dans la fixation des droits d'octroi.

C'est encore ici le cas de signaler, comme non autorisée par les lois, la perception d'un droit de languéyage des porcs, lequel a été imposé comme obligatoire dans quelques règlements de police. L'expérience et l'opinion des personnes expertes en cette matière ont fait reconnaître que la viande des porcs atteints de ladrerie (maladie dont le languéyage tend à constater la présence, afin de garantir de ses effets) n'est pas toujours un aliment dangereux, et qu'elle ne pourrait être nuisible que lorsque le mal est porté à un degré extrême d'intensité. On doit donc laisser à l'intérêt privé des commerçants le soin de faire opérer le languéyage et de juger des circonstances où il y a lieu d'y recourir pour les porcs qu'ils destinent à la consommation. Seulement, il est du devoir de l'autorité de surveiller l'abatage des porcs, et de s'assurer, par une inspection particulière, de l'état de santé des animaux livrés à cette opération ;

3° La concentration du débit de la viande dans les boucheries communes a dû nécessairement produire la limitation du nombre des bouchers. En beaucoup de localités, l'intérêt privé des individus en possession d'exercer sous l'empire d'un tel privilége, a pu provoquer cette mesure qui leur était avantageuse; mais, en l'adoptant, avec trop de facilité peut-être, les maires n'ont pas fait assez attention à cette dernière circonstance ; ils n'ont pas pesé toutes les conséquences de semblables restrictions sous le rapport de l'intérêt général ; ils ne se sont pas surtout pénétrés de cette vérité que la réduction d'une profession dans les limites déterminées est une règle évidemment en opposition avec la loi du 17 mai 1791, qui a garanti à chacun le libre exercice de son industrie, et qui l'a soumis à la seule condition du payement de la patente. Je pourrais ajouter que de pareilles mesures restrictives, ayant pour effet de retenir l'essor et l'activité du commerce, sont de nature à décourager, à arrêter même la production, et à faire diminuer les engrais.

A l'occasion de la limitation du nombre des bouchers, je dois signaler aussi une mesure que j'ai remarquée dans quelques règlements de police et qui me paraît également provenir d'erreur sur les principes : c'est la défense aux bouchers de cumuler leur profession avec celle de traiteur, aubergiste ou autres analogues. La législation ne défend pas cette cumulation; car, suivant l'article 24 de la loi du 1er brumaire an 7, toute personne peut exercer diverses branches de commerce ou d'industrie, pourvu qu'elle soit munie de la patente qui donne lieu au plus fort droit ;

4° L'interdiction de tout concours de commerce extérieur de boucherie et charcuterie à l'approvisionnement des marchés des villes, est encore une mesure qui ne saurait trouver de justification dans aucune des parties de la législation actuelle ; elle aurait pour résultat d'isoler les villes de l'intérêt général, et de créer un esprit de localité qui repousserait l'action légitime de la liberté industrielle. L'administration supérieure a toujours jugé que l'introduction des denrées préparées au dehors avec plus d'économie, et par conséquent susceptibles d'être livrées à l'intérieur à des prix modérés, ne pouvait que favoriser l'approvisionnement et la consommation; que d'ailleurs, cette introduction était fort utile, en ce qu'elle sert de contre-poids aux prétentions trop élevées ou trop exigeantes des bouchers de l'intérieur, pour la fixation du prix de la viande. Aussi a-t-elle eu grand soin de faire admettre en termes formels, dans les règlements, que les bouchers et charcutiers forains auraient, concurremment avec les mêmes commerçants domiciliés, la faculté de vendre sur les marchés publics de la ville et aux jours où ils se tiennent. Cette concurrence, ainsi restreinte aux jours de marchés, satisfait tous les intérêts, sans préjudicier à aucun ; elle n'empêche pas d'ailleurs l'action de l'autorité, puisque celle-ci est toujours à même de surveiller, dans les marchés, l'état et la qualité des viandes mises en vente; mais il convient d'observer que, pour obtenir les résultats efficaces qu'on a droit d'attendre du concours des forains, il importe que la fixation du nombre des jours par semaine où le débit peut avoir lieu, soit en harmonie avec les habitudes locales et proportionnée aux besoins de la consommation ;

5° Dans plusieurs localités, les règlements de police interdisent la vente de quelques espèces de viandes, à des époques déterminées de l'année : une telle mesure paraît généralement motivée sur de vieilles opinions qui ont attribué à ces denrées une qualité dangereuse, en certain temps et en certaines circonstances : par exemple, lors du part des bestiaux, ou bien dans la saison où l'engrais serait fait avec des matières susceptibles d'altérer la saveur des chairs. Il a été reconnu que ces opinions s'appuyaient sur des préventions nullement justifiées ; qu'au demeurant la défense en question est excessive, et que l'autorité municipale n'a pas le droit de la prescrire; on a, d'ailleurs, considéré que le retour des saisons et des périodes où la vente est prohibée peut souvent être précoce ou retardée, et que la fixation de pareilles époques est sujette par conséquent à des variations ; sous ce rapport, la disposition donnerait lieu à un arbitraire qui pourrait influer très-défavorablement sur la production. L'intérêt de la salubrité, allégué pour la justifier, doit trouver une garantie suffisante dans la surveillance que la police est obligée d'exercer, soit dans l'abattoir, soit sur les marchés, pour s'assurer de la bonne qualité des comestibles offerts à la consommation ; aucun intérêt ne se trouvera froissé, tant que cette surveillance se contentera d'exercer son action légale. De plus, la liberté de vendre en tout temps de l'année a, dans le cas dont il s'agit, l'avantage de préserver des inconvénients qui résultent des ventes clandestines, presque toujours inévitables, quelque soin qu'on apporte à les prévenir : car la denrée frappée d'interdiction,

si elle existe, ne manquera pas d'être consommée, soit ostensiblement, soit en
cachette ; au lieu que, si on la vend publiquement, la police a toujours les
moyens de s'assurer de l'état de salubrité ou d'insalubrité de cette même denrée ;

6° Les maires de quelques villes qui possèdent des abattoirs publics ont obligé les bouchers et charcutiers des communes de la banlieue à venir abattre
leurs bestiaux à la tuerie commune ; on a même fait dépendre, de l'accomplissement de cette obligation, la concession de la faculté de vendre sur les marchés
de l'intérieur. J'ai signalé plus haut, au sujet de cette faculté, la propension des
villes à s'isoler de l'intérêt général : ici c'est ce même intérêt qu'on veut associer à l'intérêt local ; mais l'administration supérieure a jugé qu'une telle mesure serait contraire au droit commun et aux règles de l'équité. En effet, elle
forcerait des commerçants qui payent leur quote-part de contribution dans le
lieu où se trouve leur domicile, à contribuer encore aux revenus communaux
d'une ville qui n'est pas le siége habituel de leur commerce : aussi, dans tous
les règlements approuvés par ladite administration, a-t-on établi formellement
que l'usage des abattoirs publics des villes devait être facultatif et non obligatoire pour les bouchers et charcutiers du dehors, et que ceux-ci pouvaient tenir
des abattoirs et des étaux au lieu de leur domicile sous l'approbation de l'autorité locale ;

7° Plusieurs règlements de police se font remarquer par l'établissement de
dispositions pénales nouvelles, ou par la remise en vigueur d'anciennes dispositions du même genre qui ne s'accordent point avec le Code pénal. Du nombre de ces peines sont l'interdiction de la profession, quoiqu'on ne trouve dans
la législation aucune trace d'une peine semblable; la confiscation des denrées,
disposition que les lois admettent seulement pour des contraventions de douane
ou d'octroi, ou bien dans le cas où il y a nécessité d'opérer la destruction de
substances dangereuses et insalubres; enfin, des amendes pécuniaires dont le
taux est bien supérieur à celui qu'a fixé le Code pour les amendes en matière
de contravention de police. Toutes ces mesures présentent un caractère d'illé-
gitimité, ne peuvent être consacrées dans un règlement administratif : d'ailleurs, l'autorité ne saurait trouver d'appui, près les tribunaux, pour en faire
prononcer l'application. De pareilles dispositions sont donc tout à la fois caduques et superflues ;

8°, 9°, 10°, 11°. Il est quelques localités assez importantes par leur population,
où l'on a cru pouvoir emprunter aux règlements généraux sur la boulangerie,
certaines dispositions spéciales, telles que l'organisation des bouchers et charcutiers en syndicat, l'imposition de cautionnements pécuniaires, pour garantie
du service, l'obligation de se munir d'une permission du maire et de faire
preuve de capacité, celle de ne quitter l'état qu'après une déclaration faite six
mois à l'avance, etc. ; ces dispositions ont été insérées par les maires, dans des
arrêtés relatifs à la police de la boucherie, et même on ne les a pas toujours
soumises à l'approbation de l'autorité supérieure. Cependant, il est facile de
juger que de telles mesures sortent du cercle des attributions municipales, et
qu'elles appartiennent tout-à-fait au domaine de l'autorité souveraine. L'administration supérieure est donc seule compétente pour en apprécier l'opportu-
nité ; et, lorsqu'il y a lieu de les établir, ce ne peut être que par des règlements
de haute administration.

Mais, à l'égard du commerce de la boucherie, le Gouvernement a admis pour
principe que l'approvisionnement de la viande est, en général, moins essentiel
que celui du pain, qu'il ne se lie pas à des circonstances aussi difficiles, enfin
qu'il n'est pas sujet à des accidents aussi graves ni à d'aussi dangereuses collisions. En effet, l'expérience démontre que la diminution la plus faible ou la
moindre interruption dans l'approvisionnement et la fabrication en pain font
naître des inquiétudes, des alarmes, des ferments d'agitation capables de troubler l'ordre et la tranquilité du pays. D'un autre côté, l'on a considéré que si l'intérêt de la salubrité publique exige qu'on surveille l'exercice de la profession
de boucher, il ne commande rien au-delà de cette surveillance; qu'il serait contraire aux lois en vigueur sur les professions industrielles et commerçantes,
d'exiger de ceux qui veulent embrasser un tel état, des permissions, des preuves
de capacité, des cautionnements, etc.

Tels sont les motifs d'après lesquels on a jugé qu'il n'y avait pas lieu d'étendre (au moins d'une manière générale et sans une extrême circonspection), au
commerce de la boucherie, les règlements auxquels on a cru devoir soumettre
la profession de boulanger. Aussi jusqu'à présent le Gouvernement s'est-il con-
tenté d'appliquer à un très-petit nombre de villes quelques-unes de ces dispositions. J'ajouterai même que, si l'immense population de la capitale, si l'organisation des marchés de Sceaux et de Poissy, dans lesquels elle se pourvoit, eût
pu exiger, pour l'approvisionnement en viande, des règles spéciales, les mêmes
circonstances, jointes à des considérations aussi impérieuses, n'existant pas

dans les autres localités de la France, on ne saurait réclamer pour celles-ci l'établissement de pareilles dispositions.

Enfin, il faut remarquer qu'à Paris même le système du syndicat de la boucherie a été reconnu incompatible avec celui de la libre concurrence, et que l'ordonnance du 12 janvier 1825 l'a fait cesser, parce qu'on avait jugé qu'une telle institution, de nature à influer d'une manière très-défavorable sur la production et la consommation habituelles, n'était pas absolument nécessaire pour l'approvisionnement et le bien du service ;

12° Toutefois, le Gouvernement a reconnu que, si la législation actuelle assure la liberté desdites professions, elle accorde aussi à la police municipale la faculté de faire (en vertu des pouvoirs à elle confiés par les lois du 24 août 1790 et du 22 juillet 1791), des règlements à l'effet de garantir la sûreté et la salubrité publiques. C'est ainsi qu'on a pu, par des actes de haute administration, sanctionner les arrêtés municipaux qui, pour un grand nombre de villes, ont concentré l'abatage des bestiaux dans des abattoirs publics et communs ; mais ces sortes d'établissements, que les lois autorisent et que l'utilité publique recommande, ont besoin d'être institués par des ordonnances spéciales de Sa Majesté , dans les villes qui précédemment s'en trouvaient privées, ou bien être confirmés, par des actes de même nature, dans celles où il en existait depuis un certain temps. Les ordonnances dont il s'agit ne sont rendues d'ailleurs que sur une délibération *ad hoc* du Conseil municipal.

Comme la concentration de l'abatage des bestiaux et porcs, dans un local commun, entraîne nécessairement la suppression des tueries ou échaudoirs particuliers exploités par les bouchers et charcutiers, et que, par conséquent, elle exige, de la part de ces commerçants, le sacrifice d'une portion de leur liberté industrielle, il convient, en tout état de cause, de s'assurer qu'un tel sacrifice est commandé par des motifs graves et impérieux. A cet effet , il est nécessaire que la délibération du Conseil municipal contienne des renseignements positifs sur la population de la localité, sur le nombre des bouchers et charcutiers en exercice, sur celui des tueries ou échaudoirs particuliers, enfin sur la quantité de bestiaux de chaque espèce abattus annuellement pour la consommation. Il faut encore que le vote du Conseil, bien motivé à cet égard, soit accompagné d'une enquête de *commodo et incommodo*, conformément aux dispositions prescrites par le décret du 15 octobre 1810 et par l'ordonnance du 14 janvier 1815 , concernant les ateliers insalubres ou incommodes.

A ces instructions, j'ajouterai que l'abatage des porcs offrant, sous le rapport de la sûreté publique, de moins graves inconvénients que celui des gros bestiaux, il a paru juste et dans l'intérêt de l'agriculture, de conserver aux propriétaires la faculté d'abattre chez eux, dans des lieux clos et séparés de la voie publique, les porcs destinés au service de leurs maisons ;

13° Quelques autorités locales ne se sont pas contentées de prescrire par des règlements de police la concentration de l'abatage des bestiaux et porcs dans les tueries publiques et communes, elles ont étendu l'usage exclusif de ces sortes d'établissements à la fonte des suifs, à la préparation des issues, à la resserre des animaux, et elles ont ordonné la fermeture des fonderies de suif, triperies et porcheries particulières. C'est toujours simultanément l'intérêt de la sûreté et de la salubrité publiques, et celui du fisc communal, qui dictent aux autorités de pareilles mesures ; mais ici encore se trouve un excès de pouvoir dérivant de la fausse interprétation des droits et attributions dévolues à l'autorité municipale. Les divers établissements particuliers dont il s'agit ayant été classés par les décret et ordonnance précités (sur les ateliers insalubres ou incommodes) , au nombre de ceux qui sont susceptibles d'être autorisés moyennant l'accomplissement de certaines formalités, il en résulte que leur interdiction serait une disposition évidemment contraire à la liberté industrielle, et qu'elle porterait atteinte aux droits acquis, en vertu d'autorisations légales, par les propriétaires desdites exploitations. Il a d'ailleurs été reconnu que ces sortes d'établissements n'offraient pas, sous le rapport de la sûreté et de la salubrité, les mêmes inconvénients que les abattoirs : aussi l'administration supérieure a-t-elle jugé qu'il serait trop rigoureux d'interdire ceux qui ont été formés avec des permissions régulières. L'autorité locale doit donc, pour cet objet, borner l'exercice de sa surveillance, à s'assurer que les suifs sont fondus, les tripes préparées et les porcs hébergés ou resserrés dans des établissements légalement autorisés.

Seulement, comme en certaines circonstances, les fonderies de suif par la position où elles se trouvent, peuvent présenter des inconvénients sous le rapport du danger d'incendie , l'administration a pensé que dans les grandes villes où les abattoirs municipaux sont organisés de manière à pouvoir y opérer la fonte de ces matières, il serait convenable, à l'avenir, de ne point autoriser de nouvelles usines particulières de ce genre, sauf à laisser subsister celles qui déjà se trouveraient régulièrement établies ;

14° En adoptant le système de la concentration de l'abatage des bestiaux (sys-

tème auquel l'administration supérieure ne peut en général que donner une entière adhésion, à cause des avantages qui en résultent pour la sûreté et la salubrité publiques), presque toujours les communes se chargent de fournir, à cet effet, les locaux nécessaires. Or, il est juste qu'elles retirent un droit de location du terrain prêté par elles à chaque boucher ou charcutier : c'est l'origine et la justification des taxes relatives audit abatage. Mais j'ai remarqué que les distributions n'étaient pas toujours établies d'une manière régulière et conforme à leur objet. D'abord, les tarifs de ces droits doivent être votés par les conseils municipaux et approuvés par l'administration supérieure. En second lieu, il est à désirer que les principes adoptés pour la fixation des droits de place dans les halles et marchés s'appliquent aux droits à payer pour l'abatage des bestiaux, et que ceux-ci, autant que possible, soient réglés d'après la superficie de l'emplacement. Enfin, dans le règlement des droits dont il s'agit, il convient aussi de prendre en considération les intérêts de l'agriculture et du commerce. A ce sujet, je ne puis mieux faire que de rappeler, en terminant, les dispositions de la loi du 11 frimaire an 7, qui, la première, a consacré le principe des taxes communales. Elle recommande « d'avoir égard à ce que le tarif et les produits en
» soient, le plus qu'il se pourra, proportionnés au montant des sommes recon-
» nues rigoureusement nécessaires ; à ce que le mode de perception entraîne le
» moins de frais possible, et le moins de gêne qu'il se pourra pour la liberté du
» commerce ; enfin, aux exceptions et franchises qui peuvent être jugées néces-
» saires au commerce de la commune et à raison de sa position. »

Tels sont les principes d'après lesquels vous devrez procéder aux réformes ou régularisations prescrites par ces instructions, en ce qui concerne les règlements de police sur la boucherie et la charcuterie. Au fur et à mesure que vos recherches vous auront donné connaissance de quelques-uns de ces règlements, et que vous en aurez fait l'objet d'un examen attentif, vous voudriez bien me rendre un compte exact du résultat de vos investigations. Je me flatte qu'en cette circonstance vous seconderez, autant qu'il dépendra de vous, les vues du Gouvernement ; vos lumières et votre zèle contribueront, je l'espère, au succès des efforts de sa constante sollicitude en faveur de l'agriculture et de la consommation.

---

87. Avis du conseil d'Etat sur les alignements.

Du 1er février 1826.

V. *Alignements, Constructions*, pp. 19, 85.

Les membres du conseil du roi composant le comité qui, d'après le renvoi ordonné par S. Exc. le ministre secrétaire d'Etat de l'intérieur, ont pris connaissance de deux nouveaux rapports tendant à la solution de plusieurs questions de voirie urbaine ;

Vu leur avis du 10 août 1825, et les édits, arrêts, lois et règlements qui y sont visés ;

Vu leurs avis des 21 novembre 1821, 29 octobre 1823, 3 décembre 1824, et 2, 9 et 16 février et 10 août 1825 ;

Sur la première question du rapport du 16 mai 1825, relatif aux alignements arrêtés en exécution de la loi du 16 septembre 1807 :

« Quand, d'après un alignement qui a pour effet de redresser une rue si-
» nueuse, le côté qui avance se rebâtit avant le côté opposé soumis à recule-
» ment, s'il en résulte un rétrécissement nuisible à la circulation, peut-on obli-
» ger le propriétaire qui doit avancer, à retarder ses travaux ou à bâtir sur un
» alignement provisoire ? »

Considérant que le but de tout alignement est, en rectifiant la voie publique, de rendre la circulation plus sûre et plus facile ;

Considérant que ce serait aller contre ce but que de permettre à un propriétaire d'avancer avant que le bâtiment opposé ait reculé, de manière à causer un rétrécissement qui rendît le passage dangereux ou seulement difficile ;

Considérant que l'intérêt général s'oppose donc à ce que de l'adoption d'un plan d'alignement il résulte, pour un particulier, aucun droit de forcer une ville à lui céder, suivant sa propre convenance, une portion des rues ou places, pour y faire des constructions qui nuiraient à la circulation ;

Considérant que, bien que des propriétaires puissent avoir quelquefois à souffrir du retard qu'ils éprouvent à obtenir l'alignement, ils sont toujours maîtres de consolider des maisons placées en arrière de l'alignement ou de les reconstruire sur leurs anciens vestiges, puisque, quand la portion de la voie en avant de leur propriété pourra leur être livrée et qu'ils devront l'acquérir aux termes de l'article 53 de la loi du 16 septembre 1807, ils ne seront tenus qu'à se clore dans l'alignement, sans être obligés jamais à avancer leurs bâtiments ;

Considérant qu'une marche contraire pourrait, en certains cas, non-seulement compromettre la circulation, mais l'intercepter entièrement si, d'après le plan d'alignement adopté, la propriété située dans la partie concave de la rue devait avancer de toute la largeur de cette même rue avant que la propriété située en face eût opéré le reculement auquel, de son côté, elle serait soumise;

Que, dans cette dernière hypothèse même, l'intérêt privé du riverain opposé ne ferait pas moins obstacle que l'intérêt public à ce que l'alignement fût ainsi donné;

Considérant, toutefois que, dans les plans d'alignements des villes, il est sage d'éviter autant que possible, des projets de nature à donner lieu à de pareilles difficultés, ou qu'il importe du moins, dans les ordonnances d'approbation, d'insérer les réserves nécessaires pour qu'il soit bien entendu que l'alignement avançant sur la voie publique ne sera accordé que lorsque l'alignement aura été pris par la propriété obligée au reculement.

Sur la deuxième question:

« Si, faute de fonds libres, on ne peut payer immédiatement la valeur d'un » terrain qu'un propriétaire doit céder en reconstruisant sa maison, peut-on, » nonobstant le défaut d'indemnité préalable, contraindre ce propriétaire à » prendre le nouvel alignement? »

Considérant que le défaut de ressources actuelles de la part d'une ville ne peut avoir pour résultat de permettre qu'on y fasse des reconstructions contraires à un bon système d'alignement ou des réparations qui éloignent le moment où il recevra les améliorations reconnues nécessaires;

Considérant que l'on ne doit pas confondre les droits d'un propriétaire soumis à reculement et dont la maison va être reconstruite, avec ceux d'un propriétaire dont l'expropriation serait requise pour cause d'utilité publique;

Que, dans tous les cas, le premier ne peut pas prétendre à une autre garantie qu'à celle que l'article 20, § 2, de la loi du 8 mars 1810 (¹), assure au second, quand des circonstances empêchent le paiement actuel de tout ou partie de l'indemnité.

Sur la troisième question:

« Les contestations qui s'élèvent entre particuliers, à l'occasion d'un aligne- » ment arrêté en exécution de la loi du 16 septembre 1807, sont-elles du res- » sort de l'autorité administrative? »

Considérant que, s'il s'agit de difficultés relatives à l'interprétation de l'alignement, c'est à l'autorité administrative qu'elles doivent être déférées pour être jugées dans les formes de l'article 52 de la loi du 16 septembre 1807, mais que la connaissance des questions de propriété qui peuvent s'y trouver mêlées doit toujours être réservée aux tribunaux.

Sur la quatrième question:

« Parmi les difficultés, quelles sont celles qui se présentent le plus souvent » et dans quel sens doivent-elles être résolues? »

Et sur les hypothèses présentées dans les développements qui la suivent:

Considérant qu'il est impossible de prévoir et de décider ainsi *à priori* les différentes contestations que fait naître souvent l'application des alignements donnés par l'administration;

Qu'on peut poser seulement, en principe général, que l'administration est dans l'obligation de ménager dans leur solution les intérêts opposés en respectant tous les droits acquis;

Considérant qu'il faut bien distinguer entre le droit qu'un alignement accordé à un particulier lui donne le droit de se clore sur la voie publique dont une partie lui est concédée, et le droit d'élever sur cet alignement des constructions qui porteraient atteinte aux propriétés voisines;

Que les villes ne pouvant transmettre de droits que ceux qu'elles ont elles-mêmes, cèdent les parties du sol des rues et places avec les servitudes dont elles peuvent être frappées et dont les tribunaux ordinaires sont les seuls juges compétents.

Sur la cinquième question:

« Quelles sortes de réparations peuvent être permises à l'égard des édifices » atteints par les alignements? »

Considérant que les règles à suivre dans des cas semblables ont été plusieurs fois exposées par le comité de l'intérieur et notamment dans son avis du 2 février 1825, sur un projet de règlement pour la voirie de Bordeaux, et qu'il ne peut que s'y référer;

(¹) Cette loi relative aux expropriations était celle alors en vigueur; elle a été remplacée par celle du 28 juillet 1833, qui, elle-même, a été remplacée par celle du 3 mai 1841. Lors donc que l'on invoque dans cet avis la loi de 1810, il faut lire « loi du 3 mai 1841 » puisque cet avis fait encore la règle de l'administration.

Que, quant aux difficultés particulières prévues dans le rapport, on doit répéter ce qui a été dit plus haut sur la troisième question, qu'on ne saurait les décider d'une manière abstraite et qu'il est nécessaire d'attendre qu'elles se présentent dans l'application, parce que leur solution peut dépendre de circonstances diverses qu'un examen approfondi fait apprécier et qui sont déterminantes dans l'espèce.

Sur la sixième question :

« Les bâtiments qui sont dans le cas d'avancer sur la voie publique, d'après » les nouveaux alignements, sont-ils tenus aux mêmes prohibitions que ceux « qui doivent reculer? »

Considérant que l'obligation que l'article 53 de la loi du 16 septembre 1807 impose à un propriétaire qui pourrait recevoir la faculté de s'avancer sur la voie publique, de payer la valeur du terrain qui lui sera cédé, n'entraîne pas l'obligation de bâtir sur ce terrain dans l'alignement des constructions voisines;

Que ce propriétaire peut seulement être forcé à se clore sur la voie publique et dans cet alignement pour faire disparaître des irrégularités ou des renfoncements dangereux;

Considérant que, dès lors, l'administration n'a aucun intérêt à empêcher un propriétaire de bâtiments placés en arrière de l'alignement de les consolider et de les reconstruire même sur leurs anciens vestiges, ainsi que le comité de l'intérieur l'a établi dans son avis du 2 février 1825, cité plus haut.

Sur la septième question :

« Comment doit-il être procédé pour les rues des communes rurales ? »

Considérant que le comité de l'intérieur a d'avance répondu à cette question dans plusieurs de ses avis et notamment par l'avis adopté le 10 août 1825, dans lequel il a établi que le droit de donner des alignements appartenait aux maires des bourgs et villages, comme à ceux des villes, quoique la loi du 16 septembre 1807 n'ait parlé que des alignements des villes, et que les maires n'ont pas, en matière de petite voirie, des pouvoirs ni des obligations moins étendus que les autorités anciennement chargées de ce soin, et qu'ils dérivent pour eux du devoir que leur impose la loi des 16-24 août 1790 d'assurer la liberté et la commodité du passage sur la voie publique.

Sur la première question du rapport du 27 juin 1825, relatif aux contraventions en matière de petite voirie :

« Doit-on considérer comme contravention l'omission de la demande d'une » permission pour bâtir sur la voie publique lors même que l'alignement n'est » point changé? »

Considérant que l'arrêt du conseil du 27 février 1765, confirmé par l'art. 29, § 2, de la loi des 19-22 juillet 1791, fait défense aux habitants, locataires ou autres, ayant maisons ou héritages le long des rues, grandes routes, dans tout le royaume, de construire, reconstruire, soit en entier, soit en partie, aucun bâtiment sans en avoir pris l'alignement;

Considérant qu'il en résulte pour les maires le droit d'exiger, non pas qu'on leur demande une permission pour exécuter des réparations ou des constructions sur la voie publique, mais qu'on leur fasse la déclaration de ces travaux pour qu'ils puissent, au besoin, tracer l'alignement ou prescrire les précautions reconnues nécessaires dans l'intérêt de la sûreté publique et de la libre circulation;

Considérant, toutefois que, dans les communes où ce règlement n'a pas été suivi jusqu'ici ou serait tombé en désuétude, il serait bon de prescrire aux maires de prendre un arrêté pour en faire une obligation à tous les propriétaires, avant de requérir contre ceux qui y contreviendraient les peines de police établies par le Code pénal.

Sur la deuxième question :

« La condamnation prononcée dans le cas de la question précédente emporte- » t-elle de droit la démolition par le seul fait de l'omission de la demande de » permis? »

Considérant que cette question a été examinée dans leur avis du 29 octobre 1823, aussi bien que celle qui suit et qui forme la troisième question de ce rapport :

« La destruction des travaux exécutés en contravention aux alignements « ou aux permissions peut-elle être effectuée d'office sur l'ordre des maires? »

Considérant qu'ils ne peuvent que se référer à cet avis qu'on annonce avoir reçu l'approbation ministérielle.

Sur la quatrième question :

« Les projets de simple embellissement peuvent-ils donner lieu à l'expropria- » tion suivant la loi du 8 mars 1810? »

Considérant qu'il appartient à l'autorité royale de déclarer l'utilité publique de travaux auxquels elle reconnaît ce caractère, sans que la loi lui impose aucune limite;

Considérant qu'il serait sans utilité et qu'il ne serait peut-être pas sans inconvénient d'adopter d'avance des règles à cet égard, et que c'est sur chaque espèce seulement et d'après les circonstances qu'elle présente qu'on peut prendre une détermination.

Sur la cinquième question :

« Quelles sont les dispositions de la loi du 16 septembre 1807 que la loi du » 8 mars 1810 a rapportées en ce qui touche les plans d'alignements des villes ?»

Considérant que la loi du 8 mars 1810 n'a disposé que relativement à l'expropriation des terrains et des bâtiments nécessaires à l'exécution immédiate des travaux publics dont l'utilité a été reconnue et déclarée par le Gouvernement ;

Que, sous ce rapport, mais sous ce rapport seulement, elle a modifié les articles de la loi du 16 septembre 1807, qui fixaient la marche à suivre pour déterminer la valeur de ces propriétés et qu'elle a renvoyé aux tribunaux à y statuer ;

Considérant que, d'ailleurs, la loi du 8 mars 1810 n'a rien dit du plan d'alignement des villes et de leur exécution ;

Qu'il en résulte que toutes les fois qu'il est procédé par voie d'alignement et qu'on attend, pour obliger un propriétaire à reculer ses constructions, qu'il les fasse volontairement démolir ou qu'il y soit forcé pour cause de vétusté, la loi du 16 septembre 1807 doit recevoir son application, et que c'est conformément aux articles 56, 57 de cette loi que le prix du terrain cédé à la voie publique doit être fixé.

Sur les sixième et septième questions :

« Les bâtiments susceptibles d'être pris en entier, pour l'exécution des ali- » gnements dans les villes, doivent-ils être acquis conformément à la loi du 16 » septembre 1807 ou à celle du 8 mars 1810 ? »

« Les bâtiments nécessaires à l'ouverture des rues nouvelles, peuvent-ils » être acquis conformément à la loi de 1807, ou doivent-ils l'être d'après celle » de 1810 ? »

Considérant qu'il faut distinguer ici, comme on l'a fait plus haut, entre des travaux exécutés immédiatement en vertu d'une déclaration d'utilité publique, ou ceux qui ont lieu successivement et par voie d'alignement ;

Que, dans le premier cas, la loi du 8 mars 1810 est seule applicable, qu'il s'agisse d'acquérir une portion seulement ou la totalité d'une propriété particulière ; que dans le second cas, on doit procéder d'après la loi du 16 septembre 1807, qu'il s'agisse pour une ville de rendre à la voie publique la totalité ou une portion seulement de la propriété atteinte par l'alignement et dans l'état de vétusté où la volonté de celui qui la possède (ce qui ne peut guère alors se supposer) amène la démolition ;

Considérant que, pour l'ouverture d'une rue nouvelle, il est impossible de procéder par voie d'alignement, mais que toutes les fois qu'il s'agit d'un percement nouveau à travers des propriétés particulières, il doit y avoir recours à la loi du 8 mars 1810,

Sont d'avis :

1° Que l'existence d'un plan d'alignement ne confère aucun droit à un propriétaire d'exiger que l'alignement lui soit donné, pour avancer, suivant sa convenance, sur la portion de la voie publique située en avant de sa propriété, avant que le riverain opposé ait lui-même reculé ses constructions ;

2° Que le défaut de ressources de la part d'une ville pour payer immédiatement le terrain qu'un propriétaire doit céder à la voie publique, lorsqu'il fait une reconstruction, ne saurait empêcher que l'autorité municipale le force à prendre le nouvel alignement ;

3° Que les difficultés qui s'élèvent entre particuliers à l'occasion d'un alignement, sont du ressort de l'autorité administrative, s'il s'agit d'interpréter l'alignement, et du ressort des tribunaux si elles sont relatives à des questions de propriété que son application fasse naître ;

4° Qu'on ne saurait prévoir et résoudre d'avance les difficultés auxquelles l'alignement donne lieu le plus souvent ;

5° Que les réparations qui peuvent être interdites aux bâtiments soumis au reculement sont tous les travaux de consolidation, à partir des fondations et jusqu'aux cordons du premier étage ;

6° Que, quant aux bâtiments situés en retraite de l'alignement, il n'y a pas lieu de les frapper d'aucune prohibition semblable, mais seulement d'exiger des propriétaires placés dans cette situation de payer la valeur du terrain sur lequel ils pourraient recevoir la faculté d'avancer et de se clore dans l'alignement des constructions voisines, s'ils ne veulent pas avancer leurs bâtiments ;

7° Qu'il y a lieu de procéder pour les alignements dans les communes rurales comme pour les alignements des villes, et que c'est aux maires qu'il appartient de les donner, sauf recours à l'autorité supérieure (¹);

8° Que c'est une contravention que d'exécuter des constructions ou des réparations à des bâtiments situés sur la voie publique, sans en avoir fait sa déclaration au maire et en avoir reçu, au besoin, l'alignement, mais que, dans les communes où ce règlement n'a jamais été appliqué, ou est tombé en désuétude, il serait bon que les maires le remissent en vigueur par un arrêté de police (²);

9° Que la condamnation prononcée par le tribunal contre un propriétaire qui aurait construit ou réparé, sans faire sa déclaration, ne peut entraîner la démolition que si le bâtiment construit ou réparé se trouve en avant de l'alignement légalement arrêté, et que c'est au tribunal de prononcer cette démolition, sauf le cas où la construction nouvelle menacerait la sûreté publique ou entraverait la circulation au point de forcer le maire à en ordonner d'office la destruction, et que, dans ce dernier cas, c'est encore au tribunal à ordonner, sur la demande du maire, le paiement des frais de cette opération ;

10° Que la loi du 8 mars 1810 qui confère à l'autorité royale le droit de déclarer l'utilité publique des travaux ayant ce caractère, n'impose aucune limite à ce droit, et qu'il est inutile de faire d'avance des règles à cet égard ;

11° Que la loi du 8 mars 1810 n'a rapporté aucune des dispositions de la loi du 16 septembre 1807, en ce qui touche les plans d'alignement des villes ;

12° Que, quant aux bâtiments atteints dans leur entier par un alignement, il peut être procédé, soit par voie d'alignement, si on veut attendre l'époque de reconstruction, soit par voie d'expropriation, si on veut exécuter les travaux sans retard ; que l'un ou l'autre de ces modes suit l'application de la loi du 16 septembre 1807, ou de la loi du 8 mars 1810, mais que, pour les acquisitions nécessaires à l'ouverture d'une rue nouvelle, il ne peut être procédé qu'en se conformant à la loi du 8 mars 1810 (remplacée aujourd'hui par celle du 3 mai 1841).

------

88. Loi sur les afficheurs et crieurs publics.

Du 10 décembre 1830.

V. *Affichage, Afficheurs*, p. 18.

Art. 1ᵉʳ. Aucun écrit, soit à la main, soit imprimé, gravé ou lithographié, contenant des nouvelles politiques ou traitant d'objets politiques, ne pourra être affiché ou placardé dans les rues, places ou autres lieux publics. Sont exceptés de la présente disposition les actes de l'autorité publique.

2. (Remplacé par l'article 1ᵉʳ de la loi du 16 février 1834. V. ci-après à cette date).

3. Les journaux, feuilles quotidiennes ou périodiques, les jugements et autres actes d'une autorité constituée, ne pourront être annoncés dans les rues, places et autres lieux publics, autrement que par leur titre.

Aucun autre écrit imprimé, lithographié, gravé ou à la main ne pourra être crié sur la voie publique qu'après que le crieur ou le distributeur aura fait connaître à l'autorité municipale le titre sous lequel il veut l'annoncer et qu'après avoir remis à cette autorité un exemplaire de cet écrit.

4. La vente ou la distribution de faux extraits de journaux, jugements et actes de l'autorité publique, est défendue, et sera punie des peines ci-après.

(Les articles 5 à 8 s'occupent des peines ; nous ne les reproduisons pas ici).

9. La loi du 5 nivôse an V, relative aux crieurs publics, et l'article 290 du Code pénal sont abrogés.

------

89. Loi contre les attroupements (extrait).

Du 10 avril 1831.

V. *Compagnonnage*, p. 84.

(¹) Les réclamations contre les arrêtés rendus par les maires pour prescrire des alignements ne doivent pas être portées devant les conseils de préfecture *(jurisprudence constante)*. Ces arrêtés doivent être déférés aux préfets, et, par appel des décisions des préfets, au ministre de l'intérieur (C. E., *9 et 16 juin 1824, et 12 avril 1832)* et du ministre au conseil d'Etat.

(²) La Cour de cassation avant proclamé que l'édit de décembre 1607 (voyez cet édit à sa date), était le droit public en matière de construction le long de la voie publique, et cet édit portant défense de construire ou réparer sans avoir préalablement demandé et obtenu l'alignement, cet arrêté de police n'est pas absolument indispensable ; toutefois, les maires feront très-bien de le prendre.

Art. 1er. Toutes personnes qui formeront des attroupements sur les places ou sur la voie publique, seront tenues de se disperser à la première sommation des préfets, sous-préfets, maires, adjoints de maire, ou de tous magistrats et officiers civils chargés de la police judiciaire, autres que les gardes champêtres ou forestiers.

Si l'attroupement ne se disperse pas, les sommations seront renouvelées trois fois. Chacune d'elles sera précédée d'un roulement de tambour ou d'un son de trompe. Si les trois sommations sont demeurées inutiles, il pourra être fait emploi de la force, conformément à la loi du 3 août 1791.

Les maires et adjoints de Paris ont le droit de requérir la force publique et de faire les sommations.

Les magistrats chargés de faire lesdites sommations seront décorés d'une écharpe tricolore.

---

90. Circulaire du ministre du commerce et des travaux publics aux préfets au sujet du logement des militaires [1].

Du 28 juin 1832.

V. *Logements militaires*, p. 138.

Je crois devoir appeler votre attention sur un abus qui m'est signalé par l'autorité militaire, et auquel il importe de remédier, dans l'intérêt de la santé publique.

Dans les villes situées sur le passage des troupes, beaucoup de citoyens, au lieu de donner des lits aux soldats qui se présentent chez eux, munis de billets de logement, préfèrent les envoyer chez des *logeurs*, auxquels ils payent une certaine rétribution. Ces logeurs tiennent, en général, leurs maisons dans la plus grande malpropreté ; ils ne lavent jamais les couvertures ni les paillasses, ne mettent point les matelas à l'air, et placent souvent quarante soldats, l'un après l'autre, dans les mêmes draps. Il en résulte, entre autres inconvénients, que beaucoups de militaires, en sortant de ces espèces de repaires, contractent diverses maladies plus ou moins graves que les médecins des hôpitaux attribuent uniquement à cette cause.

Je vous recommande de faire surveiller particulièrement les auberges où on loge les soldats en route. C'est aux maires qu'il appartient de prescrire les mesures nécessaires pour s'assurer de quelle manière sont tenues ces maisons, pour obliger les logeurs à faire laver de temps en temps les couvertures et les paillasses, à exposer les matelas à l'air, à fournir des draps propres à chaque soldat qu'on leur envoie.

---

91. Circulaire du ministre du commerce et des travaux publics aux préfets au sujet du rouissage du chanvre.

Du 7 juillet 1832.

V. *Rouissage*, p. 172.

..... Je dois vous signaler particulièrement le rouissage du chanvre, opération qui altère et corrompt les eaux, et dont les émanations sont généralement regardées comme pernicieuses.

Divers moyens ont été proposés pour remplacer le rouissage ; mais, il paraît qu'aucun de ces procédés n'est devenu d'un usage général, en sorte que les inconvénients dont je viens de parler subsistent encore dans tous les départements où le chanvre est cultivé.

Vous n'ignorez pas que le rouissage en grand a été compris dans la première classe des établissements insalubres par le décret du 15 octobre 1810, confirmé par l'ordonnance du 5 novembre 1826. Ces établissements ne pouvant être formés qu'après une enquête de *commodo et incommodo*, j'ai lieu de croire qu'ils sont placés convenablement ; ils doivent être cependant l'objet d'une surveillance particulière, et si quelques-uns d'eux présentaient un danger réel pour la santé publique, il faudrait provoquer, pour leur suppression, les mesures autorisées par les règlements.

Mais, dans le plus grand nombre de localités, le rouissage s'opère en petit ; le cultivateur fait lui-même rouir le chanvre qu'il a récolté, soit sur le pré, soit dans les rivières, ruisseaux ou fossés qui avoisinent sa demeure.

---

[1] V. à leur date les circulaires des 18 août 1845, 24 juin 1849, 29 août 1849 et 14 février 1852 sur le même objet.

Il n'est pas possible d'interdire complétement une préparation sans laquelle on ne pourrait tirer parti d'un produit si nécessaire à notre industrie; mais, en choisissant l'emplacement, il convient de prendre certaines précautions qui peuvent, sinon détruire, au moins atténuer les inconvénients de cette opération. Ainsi, l'on doit rouir et laver le chanvre aussi loin qu'il est possible des lieux habités et dans les eaux courantes. Les conseils ou commissions de salubrité d'arrondissement ou de canton pourraient être consultés utilement sur les moyens de rendre le rouissage moins malsain, moyens qui peuvent varier selon la nature des lieux et les usages du pays; c'est ensuite à l'autorité municipale, éclairée par ces avis, qu'il appartient de faire des règlements qui obligent les habitants à se soumettre aux dispositions qu'elle aura jugé convenable de prendre dans l'intérêt de la santé publique.

---

92. Loi sur les crieurs publics.

Du 16 février 1834.

V. *Affichage, Afficheurs, Colportage*, pp. 18 et 84.

Art. 1er. Nul ne pourra exercer, même temporairement, la profession de crieur, de vendeur, ou de distributeur, sur la voie publique, d'écrits, dessins, ou emblêmes imprimés, lithographiés, autographiés, moulés, gravés ou à la main, sans autorisation préalable de l'autorité municipale. — Cette autorisation pourra être retirée. — Les dispositions ci-dessus sont applicables aux chanteurs sur la voie publique (¹).

2. Toute contravention à la disposition ci-dessus sera punie d'un emprisonnement de six jours à deux mois pour la première fois, et de deux mois à un an en cas de récidive. Les contrevenants seront traduits devant les tribunaux correctionnels, qui pourront, dans tous les cas, appliquer les dispositions de l'article 463 du Code pénal.

---

93. Loi sur les associations.

Du 10 avril 1834.

V. *Compagnonnage*, p. 84.

Art. 1er. Les dispositions de l'article 291 du Code pénal (²) sont applicables aux associations de plus de vingt personnes, alors même que ces associations seraient partagées en sections d'un nombre moindre, et qu'elles ne se réuniraient pas tous les jours et à des jours marqués. — L'autorisation donnée par le Gouvernement est toujours révocable.

2. Quiconque fait partie d'une association non autorisée sera puni de deux mois à un an d'emprisonnement, et de cinquante francs à mille francs d'amende. — En cas de récidive, les peines pourront être portées au double. — Le condamné pourra, dans ce dernier cas, être placé sous la surveillance de la haute

---

(¹) Une circulaire du ministre de l'intérieur en date du 13 décembre 1853, que l'on trouvera plus loin à sa date, invite les préfets à prendre un arrêté qui consacrera entre autres mesures l'injonction à « tout individu qui voudra se livrer à la profession » de saltimbanque, bateleur, escamoteur, joueur d'orgues, musicien ambulant ou » *chanteur*, devra en faire la demande au préfet. » Les arrêtés pris par les préfets en vertu de cette circulaire nous paraissent entachés d'excès de pouvoirs en ce qui concerne seulement les *chanteurs* qui, aux termes de la loi du 16 février 1834, ne sont tenus que de se munir de l'autorisation de l'autorité municipale, et non pas de celle du préfet. S'il appartient au ministre de prescrire des mesures pour l'exécution d'une loi, il ne peut cependant pas modifier celle-ci; or, les arrêtés qu'il a prescrit de prendre méconnaissent manifestement le dernier alinéa de l'article 1er de la loi ci-dessus, sont évidemment en opposition avec lui, et contiennent, par cela même, un excès de pouvoirs.

En ce qui concerne les crieurs, vendeurs ou distributeurs, voyez aussi l'article 6 de la loi du 27 juillet 1849, l'article 10 de la loi du 16 juillet 1850, et l'article 22 du décret-loi du 17 février 1852.

(²) Nulle association de plus de vingt personnes, dont le but sera de se réunir tous les jours où à certains jours marqués pour s'occuper d'objets religieux, littéraires, politiques ou autres, ne pourra se former qu'avec l'agrément du Gouvernement, et sous les conditions qu'il plaira à l'autorité publique d'imposer à la société. — Dans le nombre des personnes indiqué par le présent article, ne sont pas comprises celles domiciliées dans la maison où l'association se réunit (*Code pénal, art. 291.*)

police pendant un temps qui n'excèdera pas le double du maximum de la peine. — L'article 463 du Code pénal pourra être appliqué dans tous les cas.

3. Seront considérés comme complices et punis comme tels, ceux qui auront prêté ou loué sciemment leur maison ou appartement pour une ou plusieurs réunions d'une association non autorisée.

4. Les attentats contre la sûreté de l'Etat, commis par les associations ci-dessus mentionnées, pourront être déférés à la jurisprudence de la chambre des pairs ([1]). — Les délits politiques commis par lesdites associations seront déférés au jury. — Les infractions à la présente loi et à l'article 291 du Code pénal seront déférées aux tribunaux correctionnels.

5. Les dispositions du Code pénal, auxquelles il n'est pas dérogé par la présente loi, continueront de recevoir leur exécution.

---

94. Loi sur les crimes, délits et contraventions de la presse et des autres moyens de publication. (Extrait) ([2]).

Du 9 septembre 1835.

V. *Affichage, Afficheurs, Colportage,* pp. 18, 84.

Art. 20. Aucun dessin, aucunes gravures, lithographies, médailles et estampes, aucun emblème, de quelque nature et espèce qu'ils soient, ne pourront être publiés, exposés ou mis en vente sans l'autorisation préalable du ministre de l'intérieur, à Paris, et des préfets dans les departements.

En cas de contravention, les dessins, gravures, lithographies, médailles, estampes ou emblèmes pourront être confisqués, et le publicateur sera condamné, par les tribunaux correctionnels, à un emprisonnement d'un mois à un an, et à une amende de cent francs à mille francs, sans préjudice des poursuites auxquelles pourraient donner lieu la publication, l'exposition et la mise en vente desdits objets.

---

95. Loi qui prohibe les loteries.

Du 21 mars 1836.

V. *Jeux,* p. 135.

Art. 1er Les loteries de toute espèce sont prohibées.

2. Sont réputées loteries et interdites comme telles : les ventes d'immeubles, de meubles ou de marchandises effectuées par la voie du sort, ou auxquelles auraient été réunies des primes ou autres bénéfices dus au hasard, et généralement toutes opérations offertes au public pour faire naître l'espérance d'un gain qui serait acquis par la voie du sort.

3. La contravention à ces prohibitions sera punie des peines portées à l'article 410 du Code pénal. S'il s'agit de loteries d'immeubles, la confiscation prononcée par ledit article sera remplacée, à l'égard du propriétaire de l'immeuble mis en loterie, par une amende qui pourra s'élever jusqu'à la valeur estimative de cet immeuble. En cas de seconde ou ultérieure condamnation, l'emprisonnement et l'amende portés en l'article 410 pourront être élevés au double du maximum. Il pourra, dans tous les cas, être fait application de l'article 463 du Code pénal.

4. Ces peines seront encourues par les auteurs, entrepreneurs ou agents des loteries françaises ou étrangères, ou des opérations qui leur sont assimilées. — Ceux qui auront colporté ou distribué des billets, ceux qui, par des avis, annonces, affiches, ou par tout autre moyen de publication auront fait connaître l'existence de ces loteries ou facilité l'émission des billets, seront punis des peines portées en l'article 411 du Code pénal ; il sera fait application, s'il y a lieu, des deux dernières dispositions de l'article précédent.

5. Sont exceptées des dispositions des articles 1 et 2 ci-dessus, les loteries d'objets mobiliers exclusivement destinées à des actes de bienfaisance ou à l'encouragement des arts, lorsqu'elles auront été autorisées dans les formes qui seront déterminées par des règlements d'administration publique.

([1]) Aujourd'hui, à la juridiction de la haute cour de justice.
([2]) Voyez à sa date l'article 22 du décret du 17 février 1852, qui répète l'article ci-dessus.

96. Loi portant fixation du budget des recettes sur l'exercice 1837 (extrait).

Des 18-22 juillet 1836.

V. *Jeux*, p. 135.

Art. 10....... A dater du 1ᵉʳ janvier 1838, les jeux publics sont prohibés.

---

97. Loi sur l'administration municipale (extrait).

Du 18 juillet 1837.

TITRE II.

Chapitre Iᵉʳ. — Des attributions des maires.

Art. 9. Le maire est chargé, sous l'autorité de l'administration supérieure :

1° De la publication et de l'exécution des lois et règlements ;

2° Des fonctions spéciales qui lui sont attribuées par les lois ;

3° De l'exécution des mesures de sûreté générale.

10. Le maire est chargé, sous la surveillance de l'administration supérieure :

1° De la police municipale, de la police rurale et de la voirie municipale, et de pourvoir à l'exécution des actes de l'autorité supérieure qui y sont relatifs ;

2° De la conservation et de l'administration des propriétés de la commune, et de faire en conséquence tous actes conservatoires de ses droits ;

3° De la gestion des revenus, de la surveillance des établissements communaux et de la comptabilité communale ;

4° De la proposition du budget et de l'ordonnancement des dépenses ;

5° De la direction des travaux communaux ;

6° De souscrire les marchés, de passer les baux des biens et les adjudications des travaux communaux, dans les formes établies par les lois et règlements ;

7° De souscrire, dans les mêmes formes, les actes de vente, échange, partage, acceptation de dons ou legs, acquisition, transaction, lorsque ces actes ont été autorisés conformément à la présente loi ;

8° De représenter la commune en justice, soit en demandant, soit en défendant.

11. Le maire prend des arrêtés à l'effet :

1° D'ordonner les mesures locales sur les objets confiés par les lois à sa vigilance et à son autorité ;

2° De publier de nouveau les lois et règlements de police et de rappeler les citoyens à leur observation.

Les arrêtés pris par le maire sont immédiatement adressés au sous-préfet. Le préfet peut les annuler ou en suspendre l'exécution.

Ceux de ces arrêtés qui portent règlement permanent ne seront exécutoires qu'un mois après la remise de l'ampliation constatée par les récépissés donnés par le sous-préfet (¹).

Chapitre II. — Des attributions des conseils municipaux.

17. Les conseils municipaux règlent par leurs délibérations les objets suivants :

1° Le mode d'administration des biens communaux ;

2°.... 3° Le mode de jouissance et la répartition des pâturages et fruits communaux, autres que les bois, ainsi que les conditions à imposer aux parties prenantes ;

3° Les affouages, en se conformant aux lois forestières.

18. Expédition de toute délibération sur un des objets énoncés en l'article précédent est immédiatement adressée par le maire au sous-préfet, qui en délivre ou fait délivrer récépissé. La délibération est exécutoire si, dans les trente jours qui suivent la date du récépissé, le préfet ne l'a pas annulée, soit d'office, pour violation d'une disposition de loi ou d'un règlement d'administration publique, soit sur la réclamation de toute partie intéressée.

Toutefois. le préfet peut suspendre l'exécution de la délibération pendant un autre délai de trente jours.

19. Le conseil municipal délibère sur les objets suivants :

8°....... Le parcours et la vaine pâture.

20. Les délibérations des conseils municipaux sur les objets énoncés à l'article précédent sont adressées au sous-préfet.

Elles sont exécutoires sur l'approbation du préfet, sauf les cas où l'approbation par le ministre compétent, ou par *décret*, est prescrite par les lois ou par les règlements d'administration publique.

(¹) Voir sur cet article les circulaires des 6 et 28 septembre 1837, et l'instruction du 1ᵉʳ juillet 1840.

98. Circulaire du ministre de l'intérieur sur l'exécution des articles 11 et 18 de la loi du 18 juillet 1837 sur l'administration municipale (¹).

Du 6 septembre 1857.

Le ministre de l'intérieur aux préfets,

Parmi les dispositions de la loi du 18 juillet dernier sur l'administration municipale, dont vous avez à assurer l'exécution, il en est deux sur lesquelles il m'a paru nécessaire d'appeler votre attention particulière. Je veux parler des articles 11 et 18, qui donnent aux arrêtés des maires portant règlement permanent, et aux délibérations des conseils municipaux, dans certains cas, force exécutoire, si ces arrêtés ou ces délibérations n'ont pas été annulés par les préfets dans le délai d'un mois à dater de la remise de ces actes au sous-préfet, constatée par le récépissé de ce fonctionnaire.

Vous concevez l'importance extrême qu'il y a pour le bon ordre de l'administration générale et pour l'utilité particulière des communes, à ce que vous ne laissiez pas écouler ce délai sans avoir fait un examen attentif des arrêtés et délibérations dont il s'agit, de manière à vous assurer qu'ils ne contiennent rien qui doive en arrêter l'exécution. L'administration préfectorale encourrait, en effet, une grave responsabilité, si, faute de vigilance, elle avait laissé exécuter, dans une commune, une mesure contraire aux lois ou aux intérêts qu'elle est appelée à protéger.

Je vous invite donc à éveiller, sur ce point, la sollicitude des sous-préfets, pour qu'ils ne négligent pas de vous transmettre immédiatement les actes de la nature de ceux auxquels s'applique l'espèce de mise en demeure établie par les articles 11 et 18 de la loi du 18 juillet.

Ce dernier article vous autorise à suspendre, pendant un nouveau mois, l'exécution des délibérations prises par les conseils municipaux, en vertu de l'article 17 : ce qui vous assure deux mois pour examiner les mesures arrêtées par ces conseils, et annuler, s'il y a lieu, les délibérations ; mais je n'ai pas besoin de vous faire remarquer que vous ne devriez vous ménager ce délai que dans les circonstances graves. Un usage trop fréquent de cette faculté entraînerait des retards toujours préjudiciables aux affaires, retards qu'il a été dans l'esprit général de la loi de prévenir.

Il ne faut pas perdre de vue que la promptitude des décisions est une des conditions essentielles de toute bonne administration, et je ne saurais trop vous recommander, en ce qui concerne notamment les nouvelles attributions que la loi du 18 juillet vous confère, de n'apporter que le moindre délai possible à l'expédition des affaires.

---

99. Décision ministérielle sur la vaine pâture.

Du 18 septembre 1857.

V. Oies, *Parcours*, pp. 158 et 159.

Lorsqu'il est reconnu que le libre pâturage des volailles sur le territoire d'une commune est nuisible à l'agriculture, le maire peut interdire ce pâturage sur les terrains communaux et sur toutes les propriétés privées soumises à la vaine pâture, et assigner un cantonnement particulier aux troupeaux de volailles. — La réclamation qui serait faite contre ce règlement doit être rejetée, lorsque les réclamants n'établissent pas l'insuffisance du cantonnement.

---

100. Circulaire du ministre de l'intérieur aux préfets sur l'exécution de la loi du 18 juillet 1837 sur l'administration municipale (²) (extrait).

Du 28 septembre 1857.

La loi du 18 juillet 1837 sur l'administration municipale, en donnant aux maires et aux conseils municipaux de nouveaux droits, leur a imposé de nouveaux devoirs. J'ai cru qu'il était utile d'appeler votre attention sur les uns et sur les autres.

Indépendamment des attributions qui leur étaient dévolues par les précédents règlements, et que la nouvelle loi confirme, les administrations municipales

---

(¹) Voir ci-après à sa date la circulaire du 28 septembre 1837 et l'instruction du 1ᵉʳ juillet 1840.

(²) Voir ci-après à sa date l'instruction du 1ᵉʳ juillet 1840.

vont se trouver appelées à exercer une action plus libre et plus étendue sur certains objets d'intérêt communal.

Ainsi, le droit des maires de prendre des arrêtés de police exécutoires par eux-mêmes, et sans l'approbation préalable de l'autorité supérieure, est plus formellement reconnu qu'il ne l'avait été jusqu'ici. Seulement, pour ceux de ces arrêtés qui portent règlement permanent, l'exécution en est suspendue pendant un mois, afin que le préfet puisse les annuler, s'ils présentaient quelques dispositions contraires aux lois ou au bon ordre des services publics.

Les maires, je n'en saurais douter, comprendront tout ce qu'une pareille attribution a de grave et quelle responsabilité elle peut faire peser sur eux. Le soin de la police municipale qui, en des temps ordinaires, a déjà une grande importance, peut, dans certaines circonstances, devenir tout à coup une véritable magistrature politique, qui impose de grands et sérieux devoirs à ceux qui s'en trouvent investis.

Je n'ai pas besoin de vous dire que c'est surtout aussi dans de telles conjonctures que devrait s'exercer votre vigilance, et que vous devriez user, au besoin, du droit d'annulation qui vous est réservé par l'article 11 de la loi, et que je vous ai déjà signalé par ma circulaire du 6 de ce mois.

---

101. Décision ministérielle relative au cantonnement par le conseil municipal des troupeaux envoyés à la vaine pâture.

Du 4 octobre 1837.

V. *Parcours*, p, 159.

Les attributions conférées aux corps municipaux par la loi du 6 octobre 1791, relativement à l'exercice du parcours et de la vaine pâture, ne s'étendent pas jusqu'à leur permettre de cantonner les propriétaires de troupeaux, nonobstant l'opposition de ces derniers, lorsque ce mode n'est prescrit ni par l'usage ni par des titres particuliers. Le seul cas prévu par l'article 19, section 4, de la même loi, où l'autorité municipale puisse ordonner d'office le cantonnement, est celui de la maladie d'un troupeau qui pourrait compromettre la santé des autres bestiaux. Mais alors ce n'est qu'une simple mesure de police, temporaire comme le danger, et non pas un règlement permanent d'intérêt général.

C'est donc avec raison que le préfet refuse d'approuver une délibération du conseil municipal qui assigne ce cantonnement.

Mais, d'un autre côté, si un propriétaire abusait de son droit en envoyant à la vaine pâture un troupeau plus nombreux que ne le comporterait l'étendue de son exploitation, l'administration municipale serait fondée à le poursuivre pour contravention au règlement local, sauf l'action civile qui pourrait naître incidemment s'il s'élevait des contestations sur l'étendue et la nature des terres comprises dans l'exploitation de ce propriétaire.

---

102. Décision ministérielle relative aux gouttières saillantes.

Du 25 octobre 1837.

V. *Gouttières, Saillies*, pp. 124. 173.

Les tuiles qui rejettent les eaux pluviales des toits des maisons sur la voie publique sont assimilées aux gouttières saillantes et doivent être supprimées comme celles-ci. Il y a lieu, dès lors, de rejeter les réclamations formées devant le ministre de l'intérieur, contre un arrêté préfectoral qui avait approuvé un arrêté municipal prescrivant cette suppression.

---

103. Circulaire du ministre de l'intérieur sur l'utilité d'un registre spécial pour les arrêtés de police des maires.

Du 5 janvier 1838.

M. le Préfet, l'exécution de l'article 28 de la loi du 18 juillet dernier qui exige que les délibérations des conseils municipaux soient consignées sur un registre spécial, a donné occasion d'examiner s'il ne serait pas utile d'étendre cette mesure aux arrêtés des maires, et d'adopter également, pour les actes de ces fonctionnaires, la tenue d'un registre, de dimensions uniformes pour chaque commune, en tête duquel serait placé un modèle ou cadre de rédaction que le maire pourrait consulter au besoin.

La loi, il est vrai, n'a rien prescrit à cet égard, mais on ne peut s'empêcher de reconnaître qu'une semblable mesure, en facilitant la conservation des arrêtés des maires, tendrait à assurer le bon ordre et la régularité du service de l'administration municipale.

Déjà elle a été appliquée, avec succès, dans quelques départements, sur la proposition de MM. les préfets, et j'ai pensé qu'elle pourrait être généralisée avec avantage.

Toutefois, il ne faut pas perdre de vue que le surcroît de dépense qui en résultera pour les communes, si faible qu'il soit, ne saurait leur être imposé à titre de charge obligatoire, parce que la loi du 18 juillet 1837 ne reconnaît ce caractère qu'aux dépenses qui sont énumérées dans l'article 30 de cette loi.

C'est donc par la voie de la persuasion que vous devez intervenir, M. le Préfet, pour amener les administrations municipales de votre département à consentir à ce léger sacrifice, dans leur propre intérêt bien entendu.

Si, comme tout doit le faire présumer, vos représentations à cet égard obtiennent un résultat favorable, les frais dont il s'agit seront, de même que ceux de la fourniture des registres des conseils municipaux, classés parmi les dépenses payables à titre de cotisations municipales, conformément aux prescriptions des circulaires des 25 novembre 1836 et 17 janvier dernier.

---

104. Décision ministérielle relative au pouvoir des maires sur l'exploitation des vidanges des fosses d'aisances.

Du 21 juin 1838.

V. *Fosses d'aisances*, p. 115.

Cette décision, qui ne se trouve pas au bulletin officiel du ministère de l'intérieur, est citée dans une lettre, du 29 mars 1839, adressée à M. le préfet de la Charente-Inférieure. Elle annule un règlement du maire de la ville de..... qui, en réglant le service du curage des fosses d'aisances, attribuait l'exploitation à un seul entrepreneur exclusivement. Cette décision est fondée uniquement sur l'illégalité du privilége accordé à un seul entrepreneur.

On trouvera plus loin, à sa date, une lettre du ministre de l'intérieur, du 13 mars 1839, sur le même sujet, qui confirme les motifs de cette décision.

---

105. Circulaire du ministre de l'intérieur sur l'observation des fêtes et dimanches.

Du 2 août 1838.

V. *Jours fériés*, p. 136.

M. le Préfet, la cour de cassation vient d'être saisie de la question de savoir si la loi du 18 novembre 1814, relative à la célébration des fêtes et dimanches, avait été abrogée par la charte de 1830. La cour suprême a reconnu et proclamé le maintien de cette loi.

La décision dont il s'agit mérite une sérieuse attention. L'interpréter dans un sens absolu, pour en conclure que l'exécution stricte et rigoureuse de la loi sur la célébration des fêtes et dimanches est maintenant indispensable, pourrait donner lieu à de graves inconvénients. Vous savez que, même sous le précédent Gouvernement, l'exécution de la loi du 18 novembre était susceptible de modification. L'article 9 conférait à l'autorité administrative le pouvoir d'étendre aux usages locaux les exceptions introduites par le législateur pour des cas déterminés et dans des vues d'intérêt général. A plus forte raison encore doit-on user actuellement d'une semblable latitude. C'est en interprétant sainement et largement les dispositions de l'article 9 que l'autorité parviendra à concilier le respect qu'on doit à la loi avec le soin de ne pas apporter d'entraves trop sévères aux nécessités industrielles et commerciales de certaines localités.

Je vous engage donc, M. le Préfet, à adresser, s'il y a lieu, dans votre département, des instructions basées sur les observations ci-dessus. Vous recommanderez surtout qu'aucun arrêté concernant la célébration des fêtes et dimanches, ainsi que les défenses et restrictions qui en seraient la conséquence, ne soit publié ni exécuté avant d'avoir été revêtu de votre approbation; et cette approbation vous ne devrez l'accorder que quand vous aurez la conviction que les mesures proposées sont l'expression du vœu de la saine majorité des habitants, et, de plus, lorsque, en raison de la situation de certains établissements, elles auront pour but direct d'assurer le paisible exercice des cultes reconnus par la loi.

106. Ordonnance du Roi concernant les délibérations prises par les conseils municipaux sur un des objets énoncés dans l'article 17 de la loi du 18 juillet 1837.

Du 18 décembre 1858.

Art. 1er. Toutes les fois que les conseils municipaux auront pris une délibération réglant l'un des objets énoncés dans l'article 17 de la loi du 18 juillet 1837 ('), le maire devra, avant de la soumettre au sous-préfet, avertir les habitants, par la voie des annonces et publications usitées dans la commune, qu'ils peuvent se présenter à la commune pour prendre connaissance de ladite délibération, conformément à l'article 25 de la loi du 21 mars 1831 (²).

2. L'accomplissement de cette formalité devra être constaté par un certificat du maire, qui sera joint à la délibération transmise au sous-préfet.

---

107. Lettre du ministre de l'intérieur contenant des instructions au sujet des règlements municipaux sur le service des vidanges.

Du 13 mars 1859.

V. *Fosses d'aisances*, p. 115.

Les maires peuvent, en principe, prescrire toutes les précautions nécessaires dans l'intérêt de la salubrité et même de la commodité des habitants, relativement aux curages des fosses d'aisances. Mais ce droit de police qu'ils tiennent de l'article 3, titre XI, de la loi du 24 août 1790, et de l'article 11 de la loi du 18 juillet 1837, ne s'étend pas jusqu'à pouvoir interdire à quelques-uns la profession d'entrepreneur des vidanges, pour en attribuer le bénéfice exclusif à quelques autres. Ce serait violer les lois qui, en abolissant les priviléges et corporations de métiers, ont assuré à tous le libre exercice de l'industrie, sous la seule condition de ne point nuire à la sûreté et à la commodité publiques.

L'autorité supérieure a eu récemment l'occasion d'appliquer ces principes, en annulant, pour excès de pouvoirs, des règlements municipaux dans différentes villes qui établissaient un semblable privilège. D'un autre côté, la cour de cassation, saisie, par voie de recours, de la connaissance des jugements de police intervenus sur de prétendues contraventions aux mêmes règlements, a déclaré qu'en créant un monopole pour l'exploitation de cette industrie, les maires avaient agi en dehors de leurs attributions légales, et contrairement à l'article 7 de la loi des 2-17 mars 1791, et que par conséquent la violation des dispositions par eux prescrites ne saurait constituer ni crime, ni délit, ni contravention.

Les préfets doivent prendre cette jurisprudence pour règle de leurs déterminations, lorsqu'ils seront à même d'apprécier le mérite d'arrêtés pris sur cet objet par les maires.

---

108. Décision ministérielle sur une réclamation relative à l'exercice de la vaine pâture.

Lettre du 16 avril 1859.

V. *Parcours*, p. 159.

Divers membres du conseil municipal de la commune de..... ont demandé l'annulation d'un arrêté préfectoral relatif à l'exercice de la vaine pâture dans cette commune, alléguant que, dans ledit arrêté, les terrains clos seulement seraient exceptés du pâturage, tandis que le conseil municipal avait exprimé le vœu que les terrains complantés en betteraves fussent également exclus.

La loi du 6 octobre 1791 n'accordant aux conseils municipaux que le droit de déterminer le nombre de bestiaux qui seront envoyés à la vaine pâture et non point celui de désigner les terres qui seront soumises à cette servitude ou qui en seront affranchies, et la loi n'ayant excepté, d'ailleurs, de la vaine pâture que les prairies artificielles, le préfet a pensé qu'il n'y avait pas lieu d'annuler son arrêté attaqué.

(') V. cette loi à sa date.

(²) « Art. 25..... Il ne pourra être refusé à aucun des citoyens contribuables de la commune communication, sans déplacement, des délibérations des conseils municipaux. »

Cette disposition, qui ne s'appliquait qu'aux contribuables de la commune, a été reproduite dans l'article 22 de la loi du 5 mai 1855, où elle forme le cinquième paragraphe, avec plus d'extension, car elle comprend *tout habitant ou contribuable.*

M. le ministre partage cette opinion, et a décidé, en conséquence, qu'il ne serait pas donné suite à la demande des pétitionnaires que le préfet devra instruire de cette détermination en leur en expliquant les motifs.

---

109. Ordonnance relative à la vérification des poids et mesures. (Extrait).

Du 17 avril 1839.

V. *Pesage, Mesurage et Jaugeage*, p. 164.

TITRE II.

De la vérification.

Art. 20. La vérification périodique pourra être faite aux siéges des mairies dans les localités où, conformément aux usages du commerce et sur la proposition des préfets, notre ministre des travaux publics, de l'agriculture et du commerce jugerait cette opération d'une plus facile exécution, sans, toutefois, que cette mesure puisse être obligatoire pour les assujettis, et sauf le droit d'exercice à domicile.

Les vérificateurs peuvent toujours faire, soit d'office, soit sur la réquisition des maires et du procureur impérial, soit sur l'ordre du préfet et des sous-préfets, des visites extraordinaires et inopinées chez les assujettis.

TITRE III.

De l'inspection sur le débit des marchandises qui se vendent au poids et à la mesure.

28. L'inspection du débit des marchandises qui se vendent au poids ou à la mesure est confiée spécialement à la vigilance et à l'autorité des préfets, sous-préfets, maires, adjoints et commissaires de police.

29. Les maires, adjoints, commissaires et inspecteurs de police feront, dans leurs arrondissements respectifs, et plusieurs fois dans l'année, dans les boutiques et magasins, dans les places publiques, foires et marchés. des visites à l'effet de s'assurer de l'exactitude et du fidèle usage des poids et mesures.—Ils surveilleront les bureaux publics de pesage et de mesurage dépendant de l'administration municipale. — Ils s'assureront que les poids et mesures portent les marques et poinçons de vérification, et que depuis la vérification constatée par ces marques, ces instruments n'ont point souffert de variations, soit accidentelles, soit frauduleuses.

30. Ils visiteront fréquemment les romaines, les balances et tous les autres instruments de pesage; ils s'assureront de leur justesse et de la liberté de leurs mouvements, et constateront les infractions.

31. Les maires et officiers de police veilleront à la fidélité dans le débit des marchandises qui, étant fabriquées au moule ou à la forme, se vendent à la pièce ou au paquet comme correspondant à un poids déterminé. Néanmoins, les formes ou moules propres aux fabrications de ce genre ne seront jamais réputés instruments de pesage ni assujettis à la vérification.

32. Les vases ou futailles servant de récipient aux boissons, liquides ou autres matières, ne seront pas réputées mesures de capacité ou de pesanteur. — Il sera pourvu à ce que, dans le débit en détail, les boissons et autres liquides ne soient pas vendus à raison d'une certaine mesure présumée, sans avoir été mesurés effectivement.

TITRE IV.

Des infractions et du mode de les constater.

37. Si les vérificateurs trouvent des mesures qui, par leur état d'oxydation, puissent nuire à la santé des citoyens, ils en donnent avis aux maires et aux commissaires de police.

38. Les assujettis sont tenus d'ouvrir leurs magasins, boutiques et ateliers, et de ne pas quitter leur domicile, après que, par un ban publié dans la forme ordinaire, le maire aura fait connaître, au moins deux jours à l'avance, le jour de la vérification. — Ils sont tenus de se prêter aux exercices toutes les fois qu'ont lieu les visites prévues par les articles 19 et 20.

---

110. Instructions sur la police des chemins ruraux. (Extrait).

Du 16 novembre 1839.

V. *Voie publique*, p. 200.

Il est un genre d'obstacle qui nuit souvent à la liberté du passage sur les chemins ruraux : c'est celui résultant de l'excroissance des haies et des ar-

bres plantés le long de ces chemins ; et les maires ont toujours le droit comme
le devoir d'y pourvoir, car cela rentre dans la série des mesures que la loi des
16-24 août 1790 les autorise *à prendre pour assurer la sûreté et la commodité du passage
sur les voies publiques*. L'autorité administrative doit régler la distance du bord
des chemins vicinaux à laquelle les haies et les arbres doivent être plantés, en
vertu de la loi du 21 mars 1836 ; mais pour les chemins ruraux, il existe des
usages et même des règlements de police qui doivent être maintenus ; en conséquence, si les racines des plantations faites le long des chemins ruraux anticipent sur le sol de ces chemins de manière à gêner la circulation, ou même à
restreindre graduellement leur largeur, les maires peuvent et doivent prendre
un arrêté pour ordonner le recepage de ces racines. De même, si le branchage
des haies ou des arbres, en s'avançant au-dessus des chemins ruraux, fait obstacle au libre passage des voitures, les maires doivent en ordonner l'élagage :
le refus d'obtempérer à ces arrêtés serait constaté par procès-verbal, et déféré
au tribunal de simple police. Je rappellerai ici qu'il s'agirait d'un arrêté permanent qui serait soumis, pour être exécutoire, aux formes prescrites par l'article 11 de la loi du 18 juillet 1837.

---

111. Instructions sur l'exécution de l'article 11 de la loi du 19 juillet 1837.

Du 1er juillet 1840.

V. *suprà* les circulaires des 6 et 28 septembre 1837.

Monsieur le Préfet, l'article 11 de la loi du 18 juillet 1837 a confirmé au fond,
en le modifiant dans la forme, le droit de contrôle et de révision que la législation antérieure avait attribué aux préfets sur les arrêtés des maires. L'application de ce droit et les limites dans lesquelles il doit être exercé ont donné lieu
à quelques questions de principe sur lesquels j'ai cru devoir, avant de les résoudre, prendre l'avis du conseil d'Etat. Cet avis vient de m'être donné ; j'en
ai adopté les conclusions, et il m'a paru qu'il pouvait être utile de réunir,
dans une instruction générale, les solutions que m'avaient demandées quelques préfets.

Pour faire une exacte application de l'article de loi qui nous occupe, il faut
d'abord remarquer qu'il a virtuellement divisé les arrêtés des maires en deux
catégories distinctes ; les uns, qui portent règlement permanent, c'est-à-dire
qui statuent d'une manière générale sur quelqu'une des matières comprises
dans les attributions de l'autorité municipale, comme serait, par exemple, un
arrêté sur la tenue des foires et marchés, sur la police des lieux publics, etc.,
les autres qui n'ont pas ce caractère d'intérêt général mais qui statuent seulement sur les demandes individuelles des citoyens, comme serait l'autorisation
de construire ou de réparer un bâtiment situé le long de la voie publique,
l'autorisation d'ouvrir un bal public, ou de faire telle autre chose pour laquelle
la permission du maire est nécessaire, etc. Après avoir rappelé cette distinction essentielle à faire entre les arrêtés des maires, je vais énumérer successivement les différentes questions qui m'ont été soumises :

1° Il a été demandé d'abord si les préfets devaient apposer un visa approbatif sur les arrêtés municipaux qui leur étaient soumis ?

Pour résoudre cette question, il suffit de se reporter au texte de l'article de
loi dont nous nous occupons, et nous reconnaîtrons que les arrêtés des maires
ont force et autorité par eux-mêmes et qu'ils n'ont besoin pour être exécutés
d'aucune approbation des préfets. La loi nouvelle, comme la législation antérieure, n'attribue aux préfets qu'un droit de contrôle et de révision sur les
arrêtés des maires ; tous les arrêtés que prennent les maires, sur quelque objet
qu'ils portent et quelque peu d'importance qu'ils aient, sont soumis nécessairement à ce contrôle ; tous doivent être adressés au préfet, et le maire qui négligerait de remplir cette obligation contreviendrait à une injonction formelle de
la loi. Mais si le préfet n'use pas du droit d'annuler, ou s'il ne suspend pas
l'exécution, les arrêtés des maires sont exécutoires de plein droit, savoir : ceux
qui statuent sur un intérêt individuel, du moment où le récépissé en a été délivré par le sous-préfet, et ceux qui portent règlement permanent, un mois après
la remise de l'ampliation constatée par le récépissé du sous-préfet.

En règle générale, les préfets ne doivent donc pas apposer sur les arrêtés des
maires un visa approbatif que la loi n'exige pas d'eux, et qui pourrait les gêner
plus tard dans l'exercice du droit d'annulation dont ils sont investis, en ce
qu'ils sembleraient alors se mettre en contradiction avec l'approbation d'abord
exprimée. Toutefois, il est des circonstances dans lesquelles une approbation
du préfet peut donner plus de force morale aux arrêtés des maires, en témoi-
gnant de l'adhésion et du concours de l'autorité supérieure, et comme aucune
disposition de la loi ne s'oppose à ce que les préfets donnent une telle approba-

tion, si elle leur est demandée, je ne vois pas d'empêchement à ce qu'ils l'accordent lorsque l'intérêt public paraît l'exiger.

2° Il a été demandé si, pour les arrêtés d'intérêt individuel, il y avait un délai passé lequel les préfets ne pouvaient plus les suspendre ou les annuler.

Le texte même de l'article de loi que nous examinons répond pleinement à cette question. Les arrêtés des maires doivent tous, et sans aucune exception, être envoyés aux sous-préfets aussitôt qu'ils sont rendus, et il en est donné récépissé. Ceux de ces arrêtés qui ne portent pas règlement permanent, c'est-à-dire ceux qui statuent sur des cas individuels, n'étant soumis par la loi à aucun délai pour leur mise à exécution, sont exécutoires de plein droit dès que le récépissé en a été donné ; mais aussi le préfet peut les annuler à quelque époque que ce soit, car cette attribution lui est conférée d'une manière générale, absolue et sans restriction de temps. Il est entendu, toutefois, que les faits accomplis pendant que ces arrêtés étaient exécutoires sont légalement accomplis, et que l'annulation de l'arrêté n'entraîne pas la nullité de ce qui a été fait précédemment en vertu de cet acte.

3° Une question analogue a été faite relativement aux arrêtés des maires portant règlement permanent : il a été demandé si les préfets avaient perdu le droit d'annuler ces actes ou d'en suspendre l'exécution, lorsqu'ils avaient laissé écouler, sans user de ce droit, un mois après la remise de l'ampliation.

Le doute manifesté sur ce point, Monsieur le Préfet, ne peut provenir que de ce qu'on n'a pas bien saisi la corrélation qui existe entre le troisième et le quatrième paragraphe de l'article de loi que nous examinons.

Comme je viens de le dire, tous les arrêtés des maires, quels qu'ils soient, doivent être adressés en ampliation au préfet par l'intermédiaire du sous-préfet qui en délivre récépissé. Ceux de ces arrêtés qui portent règlement permanent, c'est-à-dire qui sont d'intérêt général, ne sont pas, comme les autres, exécutoires de plein droit. Du moment que le récépissé de l'ampliation a été délivré, un mois est accordé à l'autorité supérieure pour examiner si l'arrêté soumis à sa révision est ou n'est pas conforme à la législation sur la matière, si les dispositions en sont bonnes et utiles, ou si leur exécution n'aurait pas des inconvénients qui auraient pu échapper à l'auteur de cet acte, et pendant ce délai d'un mois, le maire ne pourrait, sans contrevenir à la loi, mettre son arrêté à exécution. Mais de ce que les arrêtés portant règlement permanent, sont soumis ainsi à un examen plus prolongé que les autres, ils n'en restent pas moins sous l'empire de la disposition générale contenue dans le troisième paragraphe de l'article de loi qui dit : *Le préfet peut les annuler ou en suspendre l'exécution.* Cette disposition est faite en termes absolus ; elle s'applique, par sa généralité, aux arrêtés portant règlement permanent comme aux autres.

Ainsi donc, si le délai d'un mois ne suffit pas au préfet pour bien apprécier la légalité ou l'utilité de l'acte soumis à son contrôle, il pourrait, avant l'expiration de ce délai, suspendre l'exécution de cet acte, car la loi n'a apporté aucune restriction de délai au droit de suspension donné à l'autorité supérieure. Si le préfet laisse écouler le délai d'un mois sans avoir notifié au maire l'annulation ou la suspension de l'arrêté, cet acte devient alors exécutoire de plein droit ; mais le préfet n'en demeure pas moins investi du droit absolu que lui donne le troisième paragraphe de l'article de loi, d'annuler l'arrêté ou d'en suspendre l'exécution, à quelque époque que ce soit et pendant quelque temps qu'il ait déjà été exécuté ; le préfet ne serait même pas empêché dans son droit d'annulation ou de suspension par l'approbation qu'il aurait d'abord donnée à l'arrêté, car, il n'a pu se dépouiller, par cette approbation, du droit absolu et permanent que lui donne la loi ; seulement, et comme je l'ai déjà dit, les faits accomplis sous l'empire de l'arrêté, pendant qu'il avait une existence légale, ne sont pas atteints par l'annulation ou la suspension de cet acte.

On comprend, du reste, que telle a bien dû être la pensée du législateur; lorsqu'il rédigeait l'article 11 de la loi du 18 juillet 1837.

En effet, il se peut que, dans des cas rares sans doute, mais qui peuvent se présenter, le délai d'un mois ne suffise pas au préfet pour apprécier toutes les parties d'un règlement municipal fort étendu, et qui, par exemple, aurait pour objet de rappeler des dispositions d'une législation ancienne qui pourrait ne plus être en harmonie avec notre législation actuelle ; il fallait, dès lors, que le préfet eût la possibilité d'empêcher l'exécution de ce règlement jusqu'à ce qu'il eût reconnu la légalité de tous ses articles, et il fallait pour cela qu'il pût prolonger le délai d'examen en prononçant la suspension de l'exécution du règlement. De même, il se peut qu'un règlement municipal qui, à l'examen, avait paru bon et utile, suscite, lorsqu'il est mis à exécution, des difficultés qui n'avaient pu d'abord être prévues. Il était donc indispensable que le préfet pût, à quelque époque que ce fût, annuler cet acte ou en suspendre l'exécution, soit sur les réclamations qu'il recevrait, soit même d'office et sur la connaissance qu'il acquerrait des inconvénients auxquels donne lieu l'exécution de l'acte municipal.

Après cette explication sur l'étendue de votre droit de contrôle à l'égard des arrêtés des maires, je n'ai pas besoin de vous inviter, Monsieur le Préfet, à apporter toujours le plus grand soin à l'examen préalable de tous les règlements permanents qui vous sont soumis, afin d'en reconnaître d'abord les défectuosités et de n'être pas réduit ensuite à les frapper d'annulation, lorsque déjà ils sont en cours d'exécution. Cette détermination tardive pourrait, en effet, exposer l'autorité supérieure au reproche de n'avoir pas apporté assez de soins à l'examen d'un acte dont on avait tout un mois pour apprécier la portée ; elle pourrait même être quelquefois pénible pour le maire, dont l'acte se trouve ainsi atteint après qu'il a reçu publicité et exécution. Toutefois, ni l'une ni l'autre de ces considérations ne devrait vous arrêter si l'annulation devenait nécessaire, et vous devez bien vous pénétrer de cette idée, que l'article 11 de la loi du 18 juillet 1837 n'a pas eu pour objet de créer en faveur de l'autorité supérieure une simple prérogative, mais qu'elle a mis entre ses mains un droit destiné à protéger l'ordre public et les citoyens contre les erreurs possibles de l'autorité inférieure, et que cette mission crée, pour les préfets, un devoir permanent avec lequel il ne leur serait pas permis de transiger par de simples considérations personnelles.

4° Le droit d'annuler les arrêtés des maires donne-t-il aux préfets le droit de les modifier, c'est-à-dire d'en annuler seulement une partie, en laissant à quelques articles leur force exécutoire, ou bien l'annulation doit-elle frapper l'acte dans son ensemble ?

C'est ce qui a été demandé également, et à l'appui de la première opinion, il a été dit qu'un arrêté de maire pouvait renfermer des dispositions bonnes et utiles et d'autres qui ne pouvaient être maintenues. Il paraissait donc fâcheux d'empêcher l'exécution de la partie de l'arrêté qui présente de l'utilité, par cela qu'il contient quelques défectuosités, et on en concluait que le préfet pouvait, par une annulation partielle, amender ce que l'arrêté aurait de défectueux.

Quelque avantage que pût présenter cette manière de procéder, il faut reconnaître, Monsieur le Préfet, que le silence de la loi la rend inadmissible. L'article 11 donne au préfet le droit *d'annuler* ou de *suspendre* ; il ne lui donne pas celui de *modifier*.

En n'accordant pas à l'autorité supérieure cette dernière faculté, le législateur a craint, sans doute, que des modifications apportées aux arrêtés municipaux n'allassent jusqu'à en changer l'esprit, à les rendre autres que ce qu'ils devraient être dans l'intention du magistrat qui les a rédigés. Le droit d'annulation suffisait à l'intérêt public, et le concert qui doit exister entre le préfet et les maires donne toujours la certitude de voir disparaître, des arrêtés municipaux, les dispositions qui devraient apporter à leur exécution un empêchement absolu. En effet, pendant le délai d'examen d'un arrêté portant règlement permanent, le préfet doit signaler au maire les dispositions de cet acte qui, se trouvant en opposition avec la législation ou l'intérêt public, feraient obstacle à ce que force exécutoire y fût laissée ; il peut indiquer au maire quelles modifications, quelles suppressions devraient y être faites. Il n'est pas douteux que ces avertissements auront presque toujours pour résultat d'amener le maire à modifier son premier travail ; s'il en était autrement, le droit d'annulation reste entier, et il devrait être exercé. L'annulation pourrait même être motivée, afin d'établir d'une manière claire et patente l'obligation dans laquelle s'est trouvée l'autorité supérieure de remplir le devoir que la loi lui impose.

5° La disposition de l'article 11 qui donne au préfet un délai d'un mois pour l'examen des arrêtés de maire portant règlement permanent, a donné lieu également, Monsieur le Préfet, à une question grave. Il a été demandé si, lorsqu'un arrêté paraît bon et utile, le préfet peut en autoriser l'exécution immédiate, en déclarant qu'il n'usera pas du droit d'annuler ou de suspendre ; ou bien si le délai d'un mois indiqué par la loi est tellement obligatoire qu'il doive nécessairement s'écouler avant que cet arrêté soit obligatoire pour les citoyens ?

Pour résoudre cette question, Monsieur le Préfet, il faut rechercher quel est l'esprit de la disposition dont nous nous occupons ; et on reconnaîtra que le délai d'un mois laissé par la loi aux préfets pour user de leur droit d'annulation n'a été établi qu'afin de donner à ces magistrats la possibilité d'un mûr examen, et de leur permettre de statuer en parfaite connaissance de cause ; mais il est bien évident que ce délai n'a pas été établi dans l'intérêt des tiers, sans quoi des formes auraient été consacrées par la loi dans cet intérêt ; ainsi, par exemple, si le délai eût dû être toujours observé, la loi eût prescrit de constater sur l'arrêté même porté à la connaissance du public la date de la remise de l'ampliation à la sous-préfecture, afin d'établir que le délai d'un mois était expiré. Le législateur n'a pas prescrit cette mention, parce qu'en donnant à l'autorité supérieure, dans l'intérêt public, un délai d'examen, il ne créait pas un droit pour l'intérêt privé ; or, dès qu'il est reconnu que le délai d'un mois n'a été établi que dans l'intérêt public, il est évident que l'autorité supérieure peut, dans ce même intérêt public, renoncer à se prévaloir de ce délai.

Il ne peut donc y avoir aucun obstacle à ce que les préfets autorisent l'exécution immédiate d'un arrêté municipal portant règlement permanent, en l'approuvant avant l'expiration du délai d'un mois de la remise de l'ampliation. Si cette faculté n'existait pas, si, dans certaines circonstances graves et urgentes, il fallait nécessairement attendre un mois avant de pouvoir mettre un arrêté à exécution, il pourrait y avoir dommage public, et telle n'a pu être l'intention du législateur (¹).

6° Il a été demandé enfin si, en l'absence d'un arrêté muncipal sur une matière qui a besoin d'être réglementée, le préfet peut prendre cet arrêté lui-même.

La solution de cette question, Monsieur le Préfet, ne se trouve pas dans l'appréciation du seul article 11 de la loi du 18 juillet 1837; pour l'obtenir, il faut combiner les dispositions de cet article avec celles de l'article 15. Il est incontestable, en effet, que la loi du 18 juillet 1837 a laissé entre les mains des maires les pouvoirs propres dont les lois des 14 décembre 1789 et 19 juillet 1791 les avaient investis, et les préfets ne peuvent, en thèse générale, se substituer aux maires, en prenant des arrêtés sur les matières qui rentrent dans les attributions de l'autorité municipale; mais si cette autorité reste inactive, malgré la réquisition de l'autorité supérieure, celle-ci peut et doit agir, comme lui en donne le droit l'article 15 de la loi du 18 juillet 1837. L'arrêté que prendra le préfet, dans ces limites, *pour assurer l'exécution d'une disposition de loi* (²), sera donc parfaitement légal et obligatoire pour les citoyens, comme l'aurait été l'arrêté municipal qu'il est destiné à remplacer.

Je vous invite, Monsieur le Préfet, à donner votre plus sérieuse attention à toutes les dispositions de la présente circulaire et à en faire la règle de vos actes, pour l'exécution de cette partie de la loi du 18 juillet 1837. Si des difficultés imprévues se présentaient, vous m'en référeriez, et je m'empresserais d'y aviser.

---

112. Instruction du ministre de l'intérieur sur la marche à suivre pour la formation des tarifs de droits de voirie.

Du 2 avril 1841.

V. *Saillies*, p. 173.

Monsieur le Préfet, la loi du 18 juillet 1837 sur l'administration municipale fait figurer (art. 31, n° 8), parmi les recettes des communes, le produit des droits de voirie, dont le tarif a été arrêté, aux termes de l'article 43, par ordonnance du Roi rendue dans la forme des règlements d'administration publique.

Une difficulté s'est élevée sur le sens de cette disposition : il s'agissait de savoir si elle devait être entendue comme s'appliquant à toutes les parties de la voie publique, dans l'enceinte des villes ou communes d'une certaine popula-

---

(¹) Nous l'avons dit, page 3, n° 7, cette théorie administrative sur le délai d'exécution des arrêtés municipaux n'a point été encore admise par la Cour de cassation, et comme, en définitive, la question est essentiellement du ressort judiciaire, nous ne pouvons que conseiller aux maires d'attendre le délai fixé par la loi pour faire exécuter leurs arrêtés portant règlement permanent.

(²) Nous soulignons à dessein ces sept mots qui révèlent toute la pensée de l'administration. Cette pensée n'est point, comme pourrait le faire supposer l'invocation du droit conféré au préfet par l'article 15 de la loi du 18 juillet 1837, que les préfets ont le pouvoir de se substituer aux maires dans les arrêtés que ceux-ci peuvent prendre en vertu de l'article 11, mais bien de restreindre l'intervention des préfets dans les cas qui font l'objet des articles 9 et 10. En effet, l'article 15 porte « dans le cas où le maire refuserait ou négligerait de faire un des actes *qui lui sont prescrits par la loi,* le préfet, après l'en avoir requis, pourra y procéder d'office par lui-même ou par un délégué spécial. » Or, aucune des lois constitutives du pouvoir de police des maires ne dit que le maire est tenu de prescrire telle et telle chose dans telle ou telle circonstance, dans tel ou tel cas, pour tel ou tel objet, qu'elles placent dans ses attributions; elles ne lui donnent que la faculté de le faire, et ne lui en imposent pas l'obligation. A notre avis donc, tout arrêté pris par le préfet pour réglementer l'un des objets propres au pouvoir des maires, est illégal, comme tel non obligatoire pour les tribunaux; nous avons pour appuyer notre opinion les deux arrêts de la Cour de cassation des 28 août 1862 et 6 novembre 1863, cités dans la note de la page 103.

tion agglomérée, sans distinction des rues classées comme grandes routes de celles qui appartiennent à la voirie urbaine.

Mais, outre que la loi n'a fait en ce point ni distinction ni réserve, la discussion que cette disposition a soulevée dans la Chambre des députés ne saurait laisser subsister le plus léger doute sur l'intention du législateur, dont la pensée n'a pu être d'établir une exception qui, d'ailleurs, serait contraire, non-seulement au principe de l'égale répartition des charges publiques, mais aux simples règles de l'équité, en ce qu'elles porteraient précisément sur les rues qui sont, en général, les plus larges, les plus centrales, les plus commerçantes, et où, conséquemment, les propriétés ont le plus de valeur.

Aussi le Conseil d'Etat n'a-t-il point hésité à reconnaître qu'en principe les droits de voirie devaient être perçus au profit de la caisse municipale, dans l'intérieur des villes ou communes, sans égard à la classification des voies publiques, soit comme traverses, soit comme rues communales.

Ces droits, vous le savez, Monsieur le Préfet, s'appliquent à la délivrance des alignements et permission de bâtir ou réparer, et s'étendent à toutes les saillies fixes ou mobiles que les propriétaires sont autorisés à établir en dehors de la ligne d'aplomb de leurs édifices. Or, il importe de ne pas confondre en ceci deux attributions essentiellement distinctes : à savoir, le droit de réglementer l'usage de la voie publique, et celui de percevoir les taxes ; car, si la loi attribue ce produit aux villes, sans égard à la propriété du sol, cela ne change rien aux règles de compétence établies quant à l'administration et au régime de la voie publique en elle-même.

De là, Monsieur le Préfet, la nécessité de procéder, pour la désignation des objets qui peuvent donner lieu à la perception du droit, suivant la distinction que présentent les deux espèces de voies dont il est question. Ainsi pour les rues qui font partie des routes royales et départementales, c'est à vous qu'il appartient de déterminer, par un arrêté spécial et sur l'avis de M. l'Ingénieur en chef des ponts et chaussées, la dimension des saillies que vous croirez pouvoir autoriser sans inconvénients pour la circulation (¹). De son coté, le maire prendra, comme règlement permanent, et en exécution de l'article 11 de la loi du 18 juillet 1837, un arrêté semblable pour les rues qui appartiennent à la voirie urbaine, et sur le vu des deux arrêtés ayant force exécutoire, le conseil municipal, appelé à délibérer sur l'assiette et la quotité des droits, proposera un tarif que vous aurez à me transmettre avec votre avis pour être soumis au Conseil d'Etat (²) et sanctionné, s'il y a lieu, par le Roi dans la forme prescrite par l'article 43 précité de la loi municipale.

Vous pourriez, d'ailleurs, Monsieur le Préfet, vous guider dans vos propositions sur l'ordonnance royale du 24 décembre 1823, concernant les saillies à Paris, qui est insérée au *Bulletin des lois* (7ᵉ série, tome 18, bulletin 651).

Il est à présumer, en effet, que les dispositions adoptées à cet égard pour la capitale, où les besoins de la circulation sont plus impérieux que partout ailleurs, seraient, dans la plupart des cas, susceptibles de recevoir une utile application.

Je crois, au reste, superflu d'ajouter, Monsieur le Préfet, qu'en ce qui concerne la création de cette perception, vous ne devez intervenir que par voie de conseil et que vous n'avez rien à prescrire d'une manière impérative. Tout dépend ici des besoins et de la situation financière des communes auxquelles doit être laissée l'initiative à cet égard. Mais il est utile d'éclairer les administrations municipales sur ce moyen que leur offre la loi d'accroître leurs ressources sans recourir à celle des centimes additionnels que tous vos efforts doivent tendre à restreindre dans les plus étroites limites.

Quant au mode d'exécution, je n'y aperçois aucune difficulté sérieuse. Rien ne s'oppose, en effet, à ce que MM. les maires fassent percevoir les droits sur les rues de grande voirie, bien qu'ils ne soient pas appelés à délivrer les permissions. Il suffirait, pour en assurer le versement à la caisse municipale, d'obliger, par la permission même, les propriétaires ou constructeurs à rapporter la quittance de la taxe fixée par ce tarif ; ce serait à l'administration municipale à surveiller attentivement l'exécution des mesures qui auraient été arrêtées de concert entre elle et vous à ce sujet et à poursuivre les recouvrements par toutes les voies de droit.

Veuillez, Monsieur le Préfet, porter la présente instruction, qui a reçu l'assentiment de M. le Ministre des travaux publics, en ce qui concerne son admi-

---

(¹) Des arrêtés pris par les préfets en 1858 ont fixé la dimension des saillies. Ces arrêtés, outre leur publication par affiches, ont été insérés dans le recueil des actes administratifs des préfectures.

(²) Le tarif des droits de voirie est aujourd'hui approuvé par le préfet en vertu des décrets des 25 mars 1852 et 13 avril 1861.

nistration, à la connaissance de MM. les sous-préfets et maires de votre département, et me tenir informé des dispositions que vous aurez prises en conséquence des prescriptions qu'elle renferme.

---

113. Loi sur l'expropriation pour cause d'utilité publique (extrait).

Du 5 mai 1841.

V. *Affichage*, p. 18.

Art. 5. Le plan desdites propriétés particulières, indicatif des noms de chaque propriétaire, tels qu'ils sont inscrits sur la matrice des rôles, reste déposé pendant huit jours à la mairie de la commune où les propriétés sont situées, afin que chacun puisse en prendre connaissance.

6. Le délai fixé à l'article précédent ne court qu'à dater de l'avertissement, qui est donné collectivement aux parties intéressées, de prendre communication du plan déposé à la mairie. — Cet avertissement est publié à son de trompe ou de caisse dans la commune, et affiché tant à la principale porte de l'église du lieu qu'à celle de la maison commune. — Il est en outre inséré dans l'un des journaux publiés dans l'arrondissement, ou, s'il n'en existe aucun, dans l'un des journaux du département.

---

11. Lettre du Ministre de l'intérieur au préfet des Vosges relative à la vaine pâture sur les prairies naturelles.

Du 28 mai 1841.

V. *Parcours*, n° 17, p. 162.

Plusieurs maires et des comices agricoles ayant exprimé l'opinion que les prairies naturelles non closes sont affranchies de la vaine pâture *en tout temps*, M. le préfet des Vosges a fait observer que cette doctrine semblerait trouver un appui dans un arrêt de la Cour de cassation du 6 octobre 1837. Toutefois, ce fonctionnaire reconnaît que la loi du 6 octobre 1791 établit une règle opposée, puisqu'elle permet expressément la vaine pâture dans les prairies naturelles, après la récolte des premières herbes, partout où ces prairies sont sujettes à cette servitude.

Le ministre a répondu :

Il est impossible, en effet, de méconnaître l'existence de cette règle, et dès lors on doit la suivre dans toutes les localités où elle est applicable, c'est-à-dire dans les communes où il était d'usage, avant la loi précitée, d'envoyer les bestiaux à la vaine pâture sur les prairies naturelles. L'administration pourrait d'autant moins innover, en semblable matière, par voie réglementaire, qu'au fond l'exercice de la vaine pâture constitue un droit de servitude à la fois active et passive entre les propriétaires réciproquemment, et que les tribunaux civils sont seuls compétents pour statuer sur les contestations qui peuvent s'élever sur l'exercice et sur l'étendue de ce droit. Si l'arrêt de la Cour de cassation, rappelé ci-dessus, semble avoir décidé dans un autre sens, c'est qu'apparemment l'espèce qu'il a jugée présentait des circonstances particulières de nature à justifier cette décision. Quoi qu'il en soit, l'administration ne saurait s'arrêter à des décisions isolées, lorsqu'une disposition générale de la loi lui trace clairement la règle à suivre.

---

115. Lettre du Ministre de l'intérieur au préfet de l'Aube sur l'établissement de cantonnements (extrait).

Du 31 août 1841.

V. *Epizootie, Parcours*, pp. 106, 159.

En principe, d'après les dispositions de la loi du 6 octobre 1791, la mesure du cantonnement ne peut être prescrite que dans le cas d'épizootie, parce qu'il importe alors, dans l'intérêt général, de séquestrer le troupeau malade dont le contact pourrait être dangereux pour les autres bestiaux. Mais hors ce cas, et si d'ailleurs le cantonnement des troupeaux particuliers ne constitue pas un ancien usage de la nature de ceux que le Code rural a maintenus d'une manière générale quoique implicite, les conseils municipaux ne peuvent pas assigner des cantons séparés aux propriétaires qui font garder leurs troupeaux par des bergers particuliers. Ces derniers ont le droit de parcourir tous les terrains soumis à la vaine pâture et livrés au troupeau commun.

116. Instructions relatives à l'examen des arrêtés municipaux portant règlement permanent.

Du 26 octobre 1841.

Monsieur le Préfet, aux termes de l'article 11 de la loi du 18 juillet 1837, les arrêtés pris par les maires sur les objets confiés par les lois à leur vigilance et à leur autorité ne sont exécutoires, *lorsqu'ils portent règlement permanent*, qu'un mois après la remise de l'ampliation au sous-préfet. Ce délai a été accordé à l'autorité supérieure afin qu'elle puisse examiner avec maturité des actes qui doivent devenir obligatoires pour la généralité des citoyens d'une commune et dont les dispositions ont besoin d'être conférées non-seulement avec les textes de loi sur lesquels elles s'appuient, mais encore avec les arrêts et décisions qui font jurisprudence sur la matière. Aussi, et comme l'a expliqué la circulaire du 1er juillet 1840, si le délai d'un mois était insuffisant pour cet examen préliminaire, les préfets pourraient-ils user de la faculté que leur accorde l'article 11 précité, et suspendre la mise à exécution de l'arrêté municipal soumis à leur contrôle.

Mais il est de ces actes, Monsieur le Préfet, dont l'importance et la portée ne sont pas simplement locales ; il en est qui, bien qu'exécutoires dans les seules limites de la commune, exercent indirectement leur influence sur des localités voisines, comme, par exemple les arrêtés sur la police des marchés ; il en est de même qui peuvent intéresser jusqu'à un certain point la sûreté générale, ceux qui règlent la police des lieux publics.

Dans ces différents cas et dans d'autres analogues, il est désirable que l'examen de ces arrêtés permanents n'ait pas seulement lieu dans le département, comme s'il s'agissait d'une simple mesure locale ; il serait utile que l'autorité centrale fût mise à portée de reconnaître si des modifications ne devraient pas être apportées à ces arrêtés, soit pour les mettre en concordance avec ceux de même nature qui s'exécutent dans les départements voisins, soit pour prévenir les inconvénients qui pourraient naître, sous le rapport de la tranquillité publique, de mesures qui auraient été trop légèrement autorisées.

Toutes les fois, donc, qu'un des maires de votre département soumettra à votre contrôle un arrêté *portant règlement permanent* sur quelque matière que ce soit, veuillez bien, Monsieur le Préfet, m'en adresser immédiatement une copie. J'examinerai cet acte aussitôt, et je vous ferai connaître mon opinion sur les dispositions qu'il contient. J'aurai soin que ma réponse vous parvienne toujours avant l'expiration du délai d'un mois qui vous est accordé par la loi.

Vous apprécierez, j'en suis convaincu, Monsieur le Préfet, l'utilité du concours de l'administration centrale dans le contrôle des arrêtés municipaux dont il s'agit. Vous comprenez, d'ailleurs, que la mesure que je vous prescris ici ne fait pas obstacle à ce que, dans des cas urgents dont vous seriez juge, vous usiez, comme par le passé, de la faculté d'autoriser la mise à exécution immédiate d'un arrêté municipal ordonnant des mesures qui ne pourraient souffrir de délai ; la circulaire précitée du 1er juillet 1840 n'est pas modifiée à cet égard. Toutefois, dans ce cas, vous m'adresseriez aussitôt une copie de l'acte que vous auriez approuvé en me faisant connaître les motifs qui vous ont déterminé à en autoriser l'exécution d'urgence.

Je vous prie, Monsieur le Préfet, de m'accuser réception de la présente circulaire.

---

117. Jurisprudence ministérielle sur l'organisation des ouvriers pour le service des ports, des halles et des marchés.

1842, n° 1.

V. *Marchés*, n°s 52, 57, 62, 63, p. 151, 152 et 153.

La loi du 2-17 mars 1791 a supprimé les jurandes et maîtrises. Elle déclare qu'il sera libre à toute personne de faire tel négoce, ou d'exercer telle profession, art ou métier qu'elle trouvera bon, à charge par elle de se pourvoir d'une patente.

Sont exceptées de l'obligation de se pourvoir de patentes certaines catégories de citoyens parmi lesquelles elle range les *apprentis, compagnons* et *ouvriers à gages.*

La loi du 14-17 juin de la même année a été plus loin ; elle a posé en principe la liberté du commerce et de l'industrie, et, par l'article 1er, elle a aboli toutes espèces de corporations d'arts et métiers. Cet article porte :

« L'anéantissement de toutes espèces de corporation des citoyens du même
» état et profession étant une des bases fondamentales de la constitution fran-

» çaise, il est défendu de les rétablir de fait, *sous quelque prétexte et sous quelque* » *forme que ce soit.* »

Ce texte est formel, impératif, absolu, et les prohibitions écrites dans les articles suivants de la même loi ne laissent aucun doute sur les intentions du législateur.

Aussi n'est-ce pas en vertu des lois précitées que l'autorité municipale a cru pouvoir créer des compagnies pour le service des halles et des ports; elle a fondé le droit qu'elle s'est attribué de réglementer cet objet de police sur l'article 3, paragraphe 3, titre XI de la loi du 16-24 août 1790, qui met au rang des objets de police confiés à la vigilance et à l'autorité des corps municipaux :

« Le maintien du bon ordre dans les endroits où il se fait de grands ressem- » blements d'hommes, tels que les foires, marchés, réjouissances et cérémonies » publiques, spectacles, jeux, cafés, églises et autres lieux publics. »

Les règlements qu'elle a faits en exécution de cet article de loi ont été sanctionnés, à différentes reprises, par la Cour de cassation, notamment par ses arrêts des 16 avril 1819, 12 avril 1822, 1er mai 1823 et 11 septembre 1840.

A cause de son importance, on rapportera ici le texte de l'arrêt du 1er mai 1823 qui a résolu affirmativement la question de savoir si l'autorité municipale pouvait, sans porter atteinte à la liberté du commerce et de l'industrie, établir un tarif à l'effet de fixer la quotité du salaire des ouvriers pour les travaux auxquels ils se livrent dans les ports. Cet arrêt est conçu en ces termes :

« Lorsque, afin de faire cesser les contestations entre les négociants et les » crocheteurs, relativement à la quotité du salaire de ceux-ci, pour les travaux » auxquels ils se livrent dans les ports, et désirant aussi y établir l'ordre, un » arrêté municipal crée une compagnie de crocheteurs *chargés exclusivement* » d'exercer les fonctions de portefaix, cet arrêté rentre dans les attributions » de l'autorité municipale, et les contraventions doivent être punies des peines » de simple police, encore que l'arrêté ne prononce lui-même aucune peine. »

Mais des doutes se sont élevés sur le sens et la portée des autres dispositions de cet arrêt, et quelques maires se sont mépris sur les termes dont il se sert :

« Une compagnie de crocheteurs, *chargés exclusivement* d'exercer les fonctions » de portefaix. »

Ils ont pensé que, par ces expressions, l'arrêt établissait qu'un nombre déterminé de crocheteurs seraient chargés, *à l'exclusion de tous autres*, d'exercer les fonctions de portefaix. Tel n'est pas évidemment le sens que la Cour de cassation a attaché à ces mots. Elle a déclaré légale et rien de plus, une organisation faite en vue de faire cesser des contestations qui pourraient entraîner de graves désordres; *mais elle n'a pas entendu reconnaître à l'autorité municipale le droit de limiter le nombre des crocheteurs qu'elle incorporerait dans les compagnies dont il s'agit.* Ainsi, d'après les considérations qui paraissent avoir dicté cet arrêt, rien ne s'opposerait à ce que le maire créât une compagnie d'ouvriers pour faire le service d'un port, d'une halle ou d'un marché, par exemple; mais il excéderait ses attributions si son arrêté portait limitation du nombre de portefaix dont elle devrait être composée.

M. le Ministre de l'intérieur, adoptant la jurisprudence consacrée par la Cour de cassation, a reconnu qu'il appartenait à l'autorité municipale de prescrire des mesures d'ordre et de police, en ce qui concerne le service des portefaix employés aux travaux sur les ports et dans les halles.

Mais les maires, en usant du droit que leur confère la loi du 16-24 août 1790, méconnaîtraient le système de stricte légalité qui fait la base de notre Gouvernement constitutionnel, s'ils rétablissaient de fait des corporations qui ont été explicitement abolies par les lois de 1791; ces fonctionnaires les feraient revivre, à coup sûr, s'ils limitaient le nombre des ouvriers qui pourraient être admis dans ces compagnies privilégiées; s'ils interdisaient la concurrence à ceux qui n'en feraient pas partie et s'ils apportaient ainsi des entraves au libre exercice de leur industrie. Elever cette barrière, établir cette distinction entre les ouvriers qui offriraient leurs services au commerce et au public, ce serait aller contre le vœu du législateur, et l'on chercherait en vain dans la loi des moyens de coërcition pour assurer l'exécution de pareils règlements.

Il n'en est pas ainsi, lorsqu'un maire, en vue de faire cesser ou de prévenir les contestations entre les négociants et les crocheteurs, crée une compagnie d'ouvriers chargés d'exercer les fonctions de portefaix, et fixe, par son arrêté, la quotité de leur salaire; mais le tarif doit fixer *seulement le maximum* des salaires à leur payer, pour les divers travaux qu'ils exécutent, soit dans le port, soit à la halle, soit au marché; car on ne peut empêcher les ouvriers de travailler à un prix réduit. Le même règlement peut obliger les habitants et les étrangers à n'employer pour le chargement ou déchargement de leurs effets, denrées, marchandises ou approvisionnements que les portefaix, sans préjudice du droit d'employer à ce travail *leurs domestiques*, ouvriers ou gens de service. Cette doctrine a été confirmée par l'arrêt rendu le 11 septembre 1840 par la Cour de Cassation, à l'occasion de la ville de Mâcon.

En résumé, il résulte clairement de la législation et de la jurisprudence qu'on vient de rappeler, qu'un règlement municipal qui limiterait le nombre d'ouvriers dont serait composée une compagnie organisée pour le service du port, etc., qui les placerait sous la conduite d'un chef nommé par eux ou par le maire, qui établirait un système de comptabilité et une caisse commune destinée à recevoir les profits des ouvriers admis dans ladite compagnie et qui prononcerait des pénalités qu'il n'appartient pas à l'autorité administrative de créer; qu'un tel règlement n'aboutirait à rien moins qu'à rétablir de fait une corporation dont l'existence serait incompatible avec la lettre et l'esprit des lois du 17 mars et du 17 juin 1791; que cet acte les violerait ouvertement et qu'il serait considéré, avec raison, comme portant une grave atteinte au principe de liberté qui est la base des institutions qui nous régissent.

---

118. Lettre du Ministre de l'intérieur relative aux afficheurs publics (extrait).

Du 2 février 1842.

V. *Affichage, Afficheurs*, p. 18.

Le maire de la ville de..... avait conféré par arrêté de police, à un individu spécialement désigné, le droit exclusif d'apposer, sans distinction, les affiches, annonces et placards.

Ce règlement a dû être réformé.

Sans doute, les maires ont le droit de confier à un afficheur spécial l'apposition des actes de l'autorité publique; mais, quant à l'apposition des actes émanant de particuliers, elle peut être faite par tout individu qui exerce légalement la profession d'afficheur. Interdire cette faculté aux particuliers, constituer un monopole au profit d'un afficheur qui leur serait, en quelque sorte, imposé, ce serait se mettre en contradiction flagrante avec la loi du 10 décembre 1830 sur les afficheurs et crieurs publics. Il résulte, en effet, de l'article 2 de cette loi, que la profession d'afficheur et de crieur public est libre, et qu'il est permis à tout individu de l'exercer, même temporairement, sous la seule condition d'en faire la déclaration devant l'autorité municipale et d'indiquer son domicile.

---

119. Instruction au sujet du mode d'approbation des règlements municipaux sur l'exercice du parcours et de la vaine pâture.

Du 12 juillet 1842.

V. *Parcours, Vaine pâture*, p. 159.

Monsieur le Préfet, par suite de ma circulaire du 26 octobre 1841, relative aux arrêtés pris par les maires, en vertu de l'article 11 de la loi du 18 juillet 1837 et portant règlement permanent de police municipale, plusieurs préfets ont cru devoir me transmettre purement et simplement des arrêtés de maires et des délibérations municipales touchant l'exercice du parcours et de la vaine pâture.

Cependant, cet objet n'est pas compris dans les attributions conférées aux maires par l'article 11 de la loi du 18 juillet 1837. Il est régi par l'article 19, d'après lequel les conseils municipaux délibèrent seulement sur le parcours et la vaine pâture, et par l'article 20, d'où il résulte que les délibérations prises sur les objets énoncés en l'article 19 ne sont exécutoires qu'après l'approbation préalable, soit des préfets, soit des ministres, soit du Roi, suivant le cas dont il s'agit. D'un autre côté, aucune loi ni aucun règlement d'administration publique n'ayant soumis à l'approbation du Roi ou à celle du ministre les délibérations municipales relatives au parcours et à la vaine pâture, il s'ensuit que c'est aux préfets qu'il appartient de les rendre exécutoires lorsqu'ils les jugent susceptibles d'être approuvées.

Vous devez donc, Monsieur le Préfet, en semblable matière, examiner les délibérations qui vous sont soumises et statuer directement.

C'est seulement dans le cas où vous auriez des doutes sur la légalité des mesures votées par les conseils municipaux que vous pourriez m'en référer. Encore, dans cette hypothèse, au lieu de me transmettre purement et simplement les délibérations municipales, vous devriez expliquer les motifs qui vous auraient empêché de statuer.

---

120. Jurisprudence ministérielle et judiciaire sur la question suivante :

Les officiers de police judiciaire et les agents de l'autorité peuvent-ils s'introduire, la nuit, dans les lieux publics lorsque ceux-ci ne sont pas ouverts au public ? — Non.

avril 1843.

V. *Aubergistes, Bals, Cabarets et Cafés, Théâtres*, pp. 27, 33, 60, 183.

Plusieurs maires, dans leurs arrêtés, s'étaient attribué à eux-mêmes et avaient attribué à leurs adjoints ou aux commissaires de police, le droit de pénétrer, à toute heure du jour et de la nuit, dans les établissements publics.

Cette disposition leur a été signalée comme un excès de pouvoirs et comme contraire à une jurisprudence constante et bien établie.

En effet, trois arrêts de la Cour de cassation, en date des 19 novembre 1829, 7 mars 1839 et 12 novembre 1840, ont formellement décidé que si, aux termes de l'article 9 de la loi du 19-22 juillet 1791 ('), les officiers municipaux et les commissaires de police sont autorisés à pénétrer *toujours* dans les lieux où tout le monde est admis indistinctement, cet article doit être entendu en ce sens que la visite de ces lieux n'est permise, la nuit, que pendant le temps où ils sont ouverts et jusqu'à l'heure fixée pour leur fermeture.

---

121. Ordonnance relative aux cimetières,

Du 6 décembre 1843.

V. *Cimetière*, p. 78.

TITRE Iᵉʳ. — *De la translation des cimetières.*

Art. 1ᵉʳ. Les dispositions des titres Iᵉʳ et II du décret du 23 prairial an 12 qui prescrivent la translation des cimetières hors dès villes et bourgs, pourront être appliquées à toutes les communes du royaume.

2. La translation du cimetière, lorsqu'elle deviendra nécessaire, sera ordonnée par un arrêté du préfet, le conseil municipal de la commune entendu. — Le préfet déterminera également le nouvel emplacement du cimetière, sur l'avis du conseil municipal, et après enquête de *commodo et incommodo*.

TITRE II. — *Des concessions de terrains dans les cimetières pour fondation de sépultures privées.*

3. Les concessions de terrains dans les cimetières communaux pour fondation de sépultures privées, seront, à l'avenir, divisées en trois classes :

1° Concessions perpétuelles ;
2° Concessions trentenaires ;
3° Concessions temporaires.

Aucune concession ne peut avoir lieu qu'au moyen du versement d'un capital, dont deux tiers au profit de la commune et un tiers au profit des pauvres ou des établissements de bienfaisance.

Les concessions trentenaires seront renouvelables indéfiniment à l'expiration de chaque période de trente ans, moyennant une nouvelle redevance qui ne pourra dépasser le taux de la première.

A défaut du paiement de cette nouvelle redevance, le terrain concédé fera retour à la commune, mais il ne pourra cependant être repris par elle que deux années révolues après l'expiration de la période pour laquelle il avait été concédé, et, dans l'intervalle de ces deux années, les concessionnaires ou leurs ayants cause pourront user de leur droit de renouvellement.

Les concessions temporaires seront faites pour quinze ans au plus et ne pourront être renouvelées.

4. Le terrain nécessaire aux séparations et passages établis autour des concessions devra être fourni par la commune.

5. En cas de translation d'un cimetière, les concessionnaires ont droit d'obtenir, dans le nouveau cimetière, un emplacement égal en superficie au terrain qui leur avait été concédé, et les restes qui y avaient été inhumés seront transportés aux frais de la commune.

TITRE III. — *De la police des cimetières.*

6. Aucune inscription ne pourra être placée sur les pierres tumulaires ou monuments funèbres, sans avoir été préalablement soumise à l'approbation du maire.

TITRE IV. — *Dispositions transitoires.*

7. Des tarifs, présentant des prix gradués pour les trois classes de concessions

---

(') Voyez cet article, p. 234.

énoncées en l'article 3, seront proposés par les conseils municipaux des communes et approuvés par arrêtés des préfets (¹).

Les tarifs proposés pour les communes dont les revenus dépassent cent mille francs seront soumis à notre approbation (²).

8. Les dispositions du présent règlement ne sont pas applicables aux cimetières de la ville de Paris.

---

122. Instruction sur l'exécution du règlement qui précède (extrait).

Du 50 décembre 1843.

V. *Cimetière*, p. 78.

Police des cimetières. — Inscriptions soumises à l'examen préalable du maire.

L'article 6, titre 3, veut qu'aucune inscription ne soit placée sur les tombes et monuments funèbres sans avoir été préalablement soumise à l'approbation du maire. C'est l'application généralisée d'une règle de jurisprudence établie par une ordonnance rendue au contentieux à la date du 7 janvier 1842 (Alban-Deshéberts, commune de Bretteville). Déjà, et en vertu de l'article 16 du décret du 23 prairial an 12, l'autorité municipale était investie d'un droit absolu de police et de surveillance sur les cimetières qui emportait implicitement celui de *prévenir* les atteintes à la morale publique ou religieuse, à l'ordre et aux lois, qui pourraient résulter des inscriptions de cette nature.

Il faut reconnaître avec le conseil d'Etat qu'en pareille matière la plus grande latitude doit être laissée au pouvoir municipal. Une inscription même inoffensive, par cela seul qu'elle pourrait servir de prétexte à des désordres et devenir une occasion de scandale et de trouble, doit pouvoir être interdite : c'est au maire qu'il appartient de juger s'il doit la permettre ou la défendre ; ce qu'il importe de considérer avant tout, ce sont les conséquences qui pourraient résulter de l'autorisation réclamée, et si, abstraction faite de toute intention, les paroles gravées sur une tombe ne seraient pas de nature à provoquer des manifestations contraires au bon ordre et au respect dû aux lieux de sépulture ; conséquences que l'autorité municipale est seule en état d'apprécier.

---

123. Circulaire du Ministre de la justice et des cultes relative aux réunions religieuses des protestants disséminés sur divers points du territoire.

Du 28 février 1844.

V. *Cultes*, p. 90.

Monsieur le Préfet, les protestants disséminés sur divers points du territoire, au milieu des populations catholiques, sont, en quelques lieux, en trop petit nombre pour qu'il soit possible de leur donner, aux frais de l'Etat, des pasteurs spéciaux, et souvent ils résident si loin des temples consacrés à l'exercice de leur culte, qu'ils ne peuvent s'y rendre même à de longs intervalles.

Cependant ils ont le désir de se réunir pour prier en commun, sous la direction d'un ministre choisi accepté et salarié par eux, ou sous la présidence d'un ancien, selon les règles de leur discipline.

Ces réunions ont lieu sans obstacle dans la plupart des communes qu'habitent des populations protestantes. Dans quelques-unes, néanmoins, surgissent parfois des difficultés qu'il importe de prévenir.

Le principe de la liberté religieuse doit être largement entendu. On ne saurait, sans de très-graves motifs, en restreindre l'application quand elle est réclamée de bonne foi par des citoyens pratiquant l'un des cultes reconnus en France.

Je ne doute pas que, partageant les vœux et les intentions du Gouvernement, les administrations municipales ne donnent tous leurs soins au maintien de cette liberté garantie par nos lois ; mais il suffit que quelques faits exceptionnels aient été portés à ma connaissance pour que je me fasse un devoir de retracer leurs obligations à cet égard.

Appelées aux termes de l'article 294 du Code pénal à donner leur assentiment lorsque les protestants veulent se réunir dans une maison particulière pour y prier, elles doivent se montrer animées des plus bienveillantes dispositions. Elles s'assureront, toutefois, que le lieu choisi présente toutes les garanties

---

(¹-²) Le décret du 13 avril 1861 a placé l'approbation de ces tarifs dans les attributions des sous-préfets, lorsque les prix qui y sont portés ne sont pas inférieurs à ceux qui ont été fixés par l'arrêté que les préfets ont dû prendre en exécution de ce décret.

désirables de décence, de sûreté et de salubrité, et que les délégués de l'administration y trouveront toujours un accès libre et facile.

Se souvenant, d'ailleurs, que chacun jouit de la faculté de professer sa religion et obtient pour son culte une protection égale, elles veilleront à ce que l'exercice du droit des uns ne porte aucune atteinte à la liberté des autres.

La situation respective des lieux affectés aux assemblées ou aux réunions religieuses sera telle que les pratiques d'un culte ne gênent point les pratiques d'un autre. Toutes les occasions de collisions ou de simples rivalités seront prévenues avec soin.

Telles sont, Monsieur le Préfet, les règles auxquelles l'administration centrale n'a pas cessé d'être fidèle quand son intervention a été réclamée. Les autorités municipales devront y conformer leur action. Je vous invite à leur transmettre des instructions précises en ce sens, et à en surveiller l'exécution.

---

124. Circulaire du Ministre de l'intérieur sur la nécessité de soumettre les maisons de logement destinées aux militaires à une surveillance active et continue de la part de l'autorité locale ([1]).

Du 15 mars 1845.

V. *Logements militaires*, p. 138.

Monsieur le Préfet, depuis longtemps la sollicitude de l'administration est vivement préoccupée des inconvénients graves que présente la marche généralement suivie en ce qui concerne le logement des militaires, lorsqu'ils voyagent en corps ou isolément.

Dans le plus grand nombre des communes, il est passé en usage d'envoyer ces militaires chez des logeurs de profession, dans des maisons ordinairement mal tenues sous le rapport de la propreté, et quelquefois suspectes au point de vue des bonnes mœurs.

Il en résulte que ces militaires se trouvent ainsi exposés à contracter, dans ces logis, des maladies dangereuses et des habitudes préjudiciables au maintien de la discipline et du bon ordre.

Les nombreux rapports qu'a reçus à ce sujet M. le Ministre de la guerre, et dont il m'a donné connaissance à plusieurs reprises, ne permettent d'élever aucun doute sur l'existence de ce fâcheux état de choses dans diverses communes, et je n'hésite point à en attribuer la cause principale au défaut de surveillance de la part des autorités municipales à l'égard des maisons garnies dont il s'agit, non moins qu'à la tolérance avec laquelle les Maires. autorisent les habitants à envoyer les militaires loger dans ces maisons, au lieu d'exiger d'eux qu'ils fournissent le logement dans leur propre domicile, ainsi que le veut la loi.

Il importe de mettre promptement un terme aux inconvénients qui me sont signalés, et il est du devoir de l'autorité supérieure de prescrire et de faire exécuter toutes les dispositions qui, sous le rapport du logement des militaires, doivent compléter et rendre efficace l'ensemble des mesures que ma circulaire du 23 mai 1843 a recommandées à votre surveillance dans l'intérêt de l'armée et des populations.

Je reconnais, Monsieur le Préfet, que, par suite des modifications que le temps a apportées à notre état social, il serait extrêmement difficile de revenir aujourd'hui à la stricte exécution des lois de 1790 et de 1792.

Il ne faut pas perdre de vue cependant que si, par l'effet d'une tolérance que comportent les habitudes actuelles, les charges qu'imposent ces lois ont été successivement modérées dans leur application, elles n'en conservent pas moins encore toute leur force en principe, aucune disposition nouvelle n'étant venue modifier ou abroger leurs prescriptions formelles.

Or, aux termes de la loi du 23 janvier 1790, tous les citoyens, sans aucune exception, sont soumis au logement des gens de guerre, et sont tenus de fournis personnellement ce logement en nature.

Quant à celle du 23 mai 1792, qui est intervenue exclusivement pour réglementer la prescription posée dans la loi de 1790, elle s'est bornée (art. 11) à dispenser certaines classes de personnes nominativement désignées (telles que les dépositaires de caisses pour le service public, les veuves et les filles) de fournir le logement militaire dans leur propre domicile, sous la condition toutefois d'y *suppléer en fournissant ce logement en nature chez d'autres habitants avec lesquels ces personnes doivent s'entendre à cet effet.*

Ainsi donc, ce principe subsiste encore aujourd'hui tout entier, à savoir : qu'à l'exception des personnes comprises dans les trois catégories ci-dessus dé-

---

([1]) Voyez la circulaire du 18 août 1845, n° 129.

signées, tous les citoyens, quelle que soit leur profession, sont indistinctement astreints à l'obligation de loger les militaires dans leur domicile personnel.

Dans le plus grand nombre des communes, l'usage et la force des choses en ont fait abandonner la stricte exécution, et l'on a cessé d'exiger de chaque citoyen qu'il héberge les militaires chez lui.

Bien plus, au lieu de se borner à autoriser le citoyen qui se trouverait dans l'impossibilité de fournir le logement dans son domicile personnel à y suppléer en procurant à ses frais le logement chez un autre habitant, suivant la permission accordée par la loi aux dépositaires des caisses publiques, aux veuves et aux filles, les maires ont poussé la tolérance jusqu'à laisser aux habitants la faculté d'envoyer à leur gré les militaires loger dans des maisons exclusivement destinées à recevoir des étrangers.

Il en est résulté qu'insensiblement les garnis se sont substitués, pour le logement des gens de guerre, au foyer domestique des citoyens, et que cette substitution qui, en tout état de cause, n'aurait jamais dû être permise qu'à titre d'exception, est devenue aujourd'hui une sorte de règle consacrée par l'usage.

C'est à cette tolérance excessive des maires et quelquefois à un défaut d'attention de leur part à l'égard du choix et de la bonne tenue de ces maisons de logement ou garnis, qu'il faut sans nul doute attribuer les fâcheux résultats qui me sont signalés par M. le ministre de la guerre comme portant un grave préjudice aux mœurs et à la santé des militaires.

Déjà, dans plusieurs villes importantes, la sollicitude de l'autorité s'est occupée activement des moyens de remédier à ces abus, et de mettre certaines conditions à la faculté accordée aux citoyens de ne pas loger, dans leur propre domicile, les militaires de passage.

De toutes les propositions qui ont été formulées en vue d'atteindre ce but, il en est une qui m'a paru susceptible de vous être indiquée particulièrement, attendu qu'elle concilierait parfaitement, dans son exécution pratique, les nécessités résultant de l'obligation du logement des gens de guerre imposée par la loi à tous les habitants, et les convenances particulières de chaque citoyen pris individuellement.

Elle consisterait, soit à établir des casernes de passage, soit à approprier à cet effet des maisons qui seraient sans destination, pour lesquelles les habitants fourniraient des lits à deux places ; ce qui dispenserait à l'avenir les habitants de loger chez eux les militaires voyageant en corps ou isolément, et aurait surtout pour avantage de faire cesser les graves inconvénients du logement chez les logeurs de profession.

Cette mesure a déjà reçu une utile application à Lyon, à Nantes et à Tours, et il est vivement à désirer que l'exemple en soit suivi dans les villes et localités importantes dont les ressources pécuniaires permettent de la mettre en pratique.

Il n'entre point dans mon intention de fixer ici les règles à suivre pour l'établissement des casernes dont il s'agit, attendu que la solution de cette question doit être subordonnée à l'appréciation par l'autorité civile des moyens à l'aide desquels ce résultat est susceptible d'être obtenu.

Ainsi, à Lyon, le conseil municipal ayant arrêté en principe qu'une somme serait prélevée sur les produits de l'octroi, pour assurer aux frais de la ville les logements des militaires de passage voyageant isolément ou par détachement, un traité est intervenu entre le maire et un entrepreneur pour régler les conditions d'après lesquelles une ancienne caserne se trouve aujourd'hui attribuée au logement de ces militaires.

A Tours, le conseil municipal a affecté, à l'établissement d'une caserne dite *de passage*, un bâtiment appartenant à la ville, et dépendant d'un ancien couvent sans destination. Les frais d'appropriation et de mobilier, établis et fixés d'après un devis, ont été laissés à la charge de l'entrepreneur, qui a pris cet immeuble à bail pendant dix-huit années. La clause obligatoire du bail est de tenir toujours prêts jusqu'à deux cent cinquante lits dans cette caserne, avec tous les ustensiles ordinaires aux casernes de l'Etat.

Quant aux avantages assurés à l'adjudicataire, ils consistent dans les produits des billets de logement à la charge des habitants qui consentent un abonnement volontaire, ou qui veulent faire conduire à la caserne dont il s'agit les militaires qui leur sont adressés, en payant le prix du billet.

Dans ce but, les habitants ont été divisés en sept classes de logement, de manière à fixer pour chacune de ces classes un abonnement annuel et spécial, lequel varie depuis 30 fr. jusqu'à 2 fr. L'abonnement au billet, isolément considéré, a été fixé à 1 fr. 20 c. pour tous les habitants.

Cette mesure a produit ce résultat efficace qu'un grand nombre de citoyens se sont abonnés, et qu'il en est peu qui ne fassent conduire les militaires à la caserne de passage.

Du reste, l'établissement, qui suffit à tous les besoins de l'armée et à ceux des habitants, est placé sous la surveillance active et continue de l'autorité militaire et administrative ; el, depuis 1839, époque où il a été créé, il n'a pas été signalé un seul fait qui laissât à désirer sous le rapport tant de la santé des soldats que de la bonne discipline et de la moralité publique.

Il en est de même pour la ville de Nantes ; seulement, la caserne qui est plus considérable, puisqu'elle renferme quatre cents lits, au lieu d'être établie dans un bâtiment dépendant de la commune, est installée dans une partie de maison appartenant à un particulier, lequel s'est rendu adjudicataire pendant dix ans de l'établissement de cette caserne, aux mêmes conditions que celles qui ont été fixées à Tours.

Quant aux communes moins importantes qui sont classées comme gîtes d'étape, ou qui peuvent être appelées à recevoir des militaires en marche, on ne peut espérer, sans doute, d'y trouver des ressources suffisantes pour suppléer, à l'aide de l'établissement de casernes de passage, à la prestation du logement que les habitants sont personnellement tenus de fournir en nature.

Il faut, dès lors, se renfermer nécessairement dans les prescriptions de l'article 11 de la loi réglementaire de 1792 ; et c'est là, Monsieur le Préfet, qu'il convient de porter toute votre attention, afin de remédier aux abus que je vous ai signalés plus haut comme résultant de la tolérance excessive avec laquelle les maires concèdent aux habitants la faculté d'envoyer à leur gré les militaires loger dans les garnis ou auberges, lorsqu'ils ne jugent pas à propos de les héberger chez eux.

La force des choses a fait admettre, je le sais, la possibilité de procurer ce logement en nature dans une hôtellerie, et l'on peut se fonder à cet égard sur ce que, d'après un droit généralement établi, l'autorité municipale a le pouvoir de placer à l'auberge, aux frais des habitants, les militaires auxquels le billet de logement a été fourni.

Mais cette interprétation de la loi ne préjudicie en rien au principe qu'à l'exception des personnes comprises dans l'article 11 de la loi du 23 mai 1792 (dépositaires de caisses publiques, filles et veuves), tous les citoyens, quelle que soit leur profession, sont indistinctement astreints à l'obligation de loger les militaires dans leur domicile personnel ; elle doit être considérée au point de vue des droits et prérogatives attachés à l'exercice de l'autorité municipale, attendu que le devoir de cette autorité est d'assurer avant tout l'exécution de la loi, et que, par conséquent, à défaut du logement personnel chez l'habitant, par suite d'une impossibilité constatée, il lui appartient de prescrire telles dispositions qu'elle juge convenables pour que les militaires soient logés.

Dès lors, il entre spécialement dans les attributions des maires, en vertu du pouvoir dont il sont revêtus, de désigner nominativement, par un arrêté spécial de police, les auberges ou hôtelleries qu'ils jugeraient propres à recevoir les militaires que les habitants ne seraient pas en mesure de loger dans leur domicile personnel ; de considérer et de poursuivre comme refus de logement l'envoi des militaires chez des logeurs autres que ceux qui auraient été désignés.

L'accomplissement de ce droit incontestable des maires de choisir des maisons qui offriraient toutes les garanties désirables sous le rapport des mœurs et de la propreté, produirait déjà par lui-même un avantage heureux dans l'intérêt des militaires ; mais ce qu'il importerait surtout de leur recommander, Monsieur le Préfet, ce serait d'exercer dans ces maisons une surveillance active et continue.

Ils ont, du reste, à leur disposition tous les moyens nécessaires pour entretenir constamment à cet égard une police vigilante, et pour remédier aux inconvénients et aux abus qui viendraient à se produire.

------

125. Jurisprudence ministérielle au sujet du droit de l'administration en matière de glanage et de râtelage.

Mars 1845.

V. *Glanage*, p. 121.

Dans les lieux ou l'usage de glaner et de râteler existe, le seul droit de l'administration consiste à réglementer cet usage de manière à ce qu'il ne dégénère pas en abus et ne donne pas naissance à des délits.

Les lois de 1789 et 1790, et celle du 28 septembre 1791, qui se sont occupées de cette matière, n'ont pas fait autre chose. L'administration ne peut évidemment faire plus que n'ont fait ces lois.

126. Jurisprudence ministérielle au sujet des dépôts faits sur les chemins ruraux.

Mars 1845.

V. *Dépôts de matériaux*, p. 92.

L'article 471 du Code pénal porte qu'il est défendu d'embarrasser la voie publique en y déposant ou y laissant, *sans nécessité*, des matériaux, etc. Il suffit donc, aux termes de cet article, qu'un dépôt ait un caractère évident de nécessité pour qu'il ne puisse être prohibé ni soumis à aucune restriction par l'autorité municipale. Or, la disposition d'un arrêté de police par laquelle un maire défend de faire aucun dépôt sur des chemins ruraux sans une autorisation préalable de l'autorité municipale, aurait ce caractère restrictif, et les tribunaux refuseraient certainement de lui donner une sanction pénale. Le maire devra donc mettre dans son arrêté les mots : *Sans nécessité*, au lieu de *sans autorisation préalable*.

---

127. Jurisprudence ministérielle au sujet de la prescription faite aux habitants, par un arrêté de police, de se pourvoir de seaux à incendie.

Mars 1845.

V. *Incendie*, p. 126.

Un maire peut-il prendre un arrêté, à l'effet d'enjoindre à un certain nombre des habitants d'une commune de se pourvoir, à leurs frais, du nombre de seaux à incendie qui a été attribué à chacun d'eux sur une liste dressée par le maire avec le concours d'une commission prise dans le sein du conseil municipal ?

Non.

Les maires ont sans doute le droit et il est de leur devoir de prendre des mesures pour arrêter et prévenir les incendies. Ils peuvent, lorsqu'un incendie éclate, requérir l'assistance de tous les citoyens; mais leur autorité ne peut s'étendre jusqu'à les obliger, dans le même but, à faire une dépense qu'ils n'auraient pas consentie. L'achat des pompes à incendie et de leurs accessoires est une dépense purement municipale à laquelle les citoyens pourraient sans doute être appelés à concourir par des souscriptions volontaires, mais qu'aucune disposition législative ne permet de leur imposer.

---

128. Loi concernant la répartition des frais de construction des trottoirs.

Du 7 juin 1845.

V. *Trottoirs*, p. 192.

Art. 1er. Dans les rues et places dont les plans d'alignements ont été arrêtés par ordonnances royales, et où, sur la demande des conseils municipaux, l'établissement de trottoirs sera reconnu d'utilité publique, la dépense de construction des trottoirs sera répartie entre les communes et les propriétaires riverains, dans les proportions et après l'accomplissement des formalités déterminées par les articles suivants.

2. La délibération du conseil municipal qui provoquera la déclaration d'utilité publique désignera en même temps les rues et places où les trottoirs seront établis, arrêtera les devis des travaux selon les matériaux entre lesquels les propriétaires auront été autorisés à faire un choix, et répartira la dépense entre la commune et les propriétaires. La portion à la charge de la commune ne pourra être inférieure à la moitié de la dépense totale. — Il sera procédé à une enquête de *commodo et incommodo*. — Une ordonnance du Roi statuera définitivement, tant sur l'utilité publique que sur les autres objets compris dans la délibération du conseil municipal.

3. La portion de la dépense à la charge des propriétaires sera recouvrée dans la forme déterminée par l'article 28 de la loi de finances du 25 juin 1841.

4. Il n'est pas dérogé aux usages en vertu desquels les frais de construction des trottoirs seraient à la charge des propriétaires riverains, soit en totalité, soit dans une proportion supérieure à la moitié de la dépense totale.

---

129. Circulaire du Ministre de l'intérieur au sujet du mode de couchage qui doit être affecté aux militaires dans les casernes de passage, auberges, hôtelleries, etc.

Du 18 août 1845.

V. *Logements militaires*, p. 138.

Monsieur le Préfet, la circulaire que je vous ai adressée le 15 mars dernier (¹), relativement aux avantages qui résulteraient de l'établissement de casernes de passage dans les villes principales, pour le logement des militaires voyageant en corps ou isolément, fait mention, pour le mobilier de ces casernes, de lits à une ou deux places complets.

Vous avez pu remarquer aussi que les deux arrêtés des maires de Lyon et de Nantes, dont j'ai cru devoir annexer copie à ma circulaire précitée, comme exemple à suivre pour l'établissement de casernes de passage dont il s'agit, prescrivent : le premier, l'obligation de munir la caserne de lits à deux places ; le second, de lits à une seule place.

Les habitants n'étant rigoureusement tenus, aux termes de l'article 14 de la loi du 23 mai 1792, de fournir aux sous-officiers et soldats qu'un lit pour deux hommes, il serait difficile de les obliger à fournir des lits à une seule place ; et j'ai dû, en présence du texte de la loi, m'abstenir de poser une règle absolue sous ce rapport.

Mais des réflexions qui m'ont été adressées par M. le ministre de la guerre m'ont amené à reconnaître que, s'il était légalement impossible d'exiger des habitants qu'ils fournissent chez eux le couchage aux militaires dans des lits à une seule place, sans leur imposer une gêne trop onéreuse, il peut, il doit même en être tout autrement quand il s'agit du logement des gens de guerre, en dehors du domicile des citoyens, soit dans les casernes de passage, soit dans les hôtelleries ou auberges désignés pour recevoir cette destination.

Il convient, en effet, de remarquer que le mode de couchage dans les lits à deux places n'est plus en rapport avec nos mœurs et nos usages ; qu'il n'est pas sans inconvénient pour la santé des militaires, et qu'il se trouve partout proscrit dans les casernes de l'Etat.

Cette seule considération suffirait pour démontrer la nécessité d'arriver à l'établissement de lits à une seule place dans les maisons qui doivent être affectées au logement des militaires, si l'administration n'était pas, d'ailleurs, en droit de l'exiger.

L'exécution pratique de ce mode de couchage ne saurait, en effet, rencontrer aucune objection sérieuse dans le cas dont il s'agit. D'une part, il ne dépasse pas la limite des efforts que les habitants des villes peuvent s'imposer volontairement pour se débarrasser du logement militaire dans leur domicile personnel ; et, d'autre part, rien ne s'oppose à ce que cette condition soit stipulée comme l'une des clauses essentielles du marché qu'il y aurait lieu de passer avec des entrepreneurs pour le logement dans les casernes de passage établies à leurs frais, et à ce que l'on fasse de cette obligation, aux hôteliers ou aubergistes, une condition indispensable de la préférence qui leur serait accordée, puisqu'en définitive elle ne serait qu'une juste compensation des bénéfices résultant pour eux de leur entreprise.

Je vous invite donc, Monsieur le Préfet, à adresser des instructions motivées à MM. les maires de votre département, sur la nécessité d'apporter toute leur sollicitude dans l'accomplissement de la mesure spéciale que je signale à votre attention.

Vous aurez également à veiller de votre côté à ce que les arrêtés qu'ils auraient jugé convenable de prendre en matière de logement militaire, et qui doivent être préalablement soumis à votre examen, soient rédigés en conformité du but exposé dans la présente lettre, dont je vous prie de m'accuser réception.

Recevez, etc.

---

130. Circulaire du Ministre de l'intérieur relative à la publication légale des arrêtés des préfets et des ordonnances royales d'intérêt local (¹).

Du 19 décembre 1846.

Monsieur le Préfet, une circulaire de l'un de mes prédécesseurs, en date du 21 septembre 1815, a prescrit la création, dans chaque département, d'un Bulletin ou Mémorial qui doit contenir toutes les circulaires et instructions que les préfets ont à adresser aux maires sur les différentes parties des services administratifs, ainsi que tous les arrêtés d'intérêt général qu'ils sont dans le cas de prendre ; mais il avait été formellement dit, dans la même circulaire, que tous les arrêtés d'intérêt général devaient, outre leur insertion au Mémorial, continuer à être portés à la connaissance des citoyens par la voie d'affiche et de publication.

(¹) Voyez cette circulaire à sa date, n° 124.
(¹) V. à sa date l'avis du conseil d'Etat du 25 prairial an 13-14 juin 1805, n° 55.

Cette règle, Monsieur le Préfet, a été perdue de vue dans quelques départements où l'on se borne à insérer les arrêtés au *Mémorial administratif*, dans l'opinion, sans doute, que ce mode de publication suffit pour qu'ils soient légalement considérés comme ayant été portés à la connaissance des citoyens.

Cette erreur de doctrine vient d'être signalée par deux arrêts de la Cour de cassation, desquels il résulte que les arrêtés des préfets ne deviennent obligatoires pour les citoyens et que les infractions à leurs dispositions ne peuvent emporter l'application d'aucune peine, qu'autant que ces actes ont été publiés dans chaque localité par les moyens en usage.

Il importe, vous le comprendrez, Monsieur le Préfet, que les actes de l'autorité administrative ne puissent pas ainsi se trouver frappés de nullité par l'effet d'un simple vice de forme ; il importe que les arrêtés que vous êtes dans le cas de prendre deviennent légalement obligatoires pour les citoyens, et puissent recevoir des tribunaux la sanction pénale qui doit en assurer l'exécution.

Toutes les fois, donc, que vous aurez à prendre un arrêté d'intérêt général imposant des obligations aux citoyens ou contenant des dispositions prohibitives de certains actes, vous devrez, Monsieur le Préfet, non-seulement faire insérer cet arrêté dans votre *Mémorial*, mais encore le faire imprimer en placard pour être affiché et publié dans toutes les communes du département. Vous prescrirez en même temps aux maires de constater cette publication par un certificat qui devra être inscrit au registre des actes de la mairie, afin qu'il puisse en être justifié au besoin.

Si votre arrêté ne devait pas recevoir d'exécution dans tout le département et qu'il fût spécial à une seule commune, il ne serait pas nécessaire que vous le fissiez imprimer en placard, mais en le transmettant au maire de la commune, vous inviteriez ce fonctionnaire à le porter à la connaissance des citoyens par la voie des publications, ainsi que le veut l'article 9 de la loi du 18 juillet 1837 sur l'administration municipale. Le maire pourrait, suivant l'importance de la localité, ou faire imprimer votre arrêté en placard, ou en faire transcrire une ou plusieurs copies à la main, dans la même forme, et il en constaterait la publication et l'affiche par un certificat inséré au registre.

Cette dernière règle, Monsieur le Préfet, doit être appliquée aux ordonnances royales d'intérêt local qui ne s'insèrent pas au *Bulletin des lois*, comme sont celles qui portent homologation des plans d'alignement des villes ou communes, et celles qui autorisent certaines perceptions, soit d'octroi, soit de péages ou de droits de voirie. La Cour de cassation a également déclaré plusieurs fois, et récemment encore, qu'en raison de la non insertion de ces ordonnances au *Bulletin des lois*, elles ne devenaient obligatoires, pour les citoyens et pour les tribunaux, que par la publication qui devait en être faite dans la commune. Vous donnerez donc des instructions dans ce sens aux maires, toutes les fois que vous aurez à leur transmettre une ordonnance royale d'intérêt local.

Je vous invite, Monsieur le Préfet, à m'accuser réception de la présente circulaire, à la suite de laquelle vous trouverez les arrêts dont il s'agit.

Recevez, etc.

ARRÊTS DE LA COUR DE CASSATION (CHAMBRE CRIMINELLE) RELATIFS A LA PROMULGATION DES ARRÊTÉS DES PRÉFETS.

1° Du 5 juillet 1845.

Vu les articles 1er, titre XI de la loi du 24 août 1790, et 471, paragraphe 15, du Code pénal ;

Attendu que tout règlement administratif dont l'infraction emporte l'application d'une peine, n'a force d'exécution que par la connaissance qui en est légalement donnée à ceux auxquels est imposée l'obligation de s'y conformer ;

Que c'est là une maxime constante de notre droit public, spécialement consacrée par les articles précités de la loi du 24 août 1790 et du Code pénal ;

Attendu que cette connaissance ne saurait résulter de la seule insertion desdits règlements au Bulletin des actes de la préfecture ;

Que ce Bulletin, fondé par une circulaire de l'administration centrale, en date du 23 septembre 1815, et destiné uniquement à faciliter les rapports des préfets avec les divers fonctionnaires placés sous leurs ordres, n'a, aux termes mêmes de l'acte de son institution, d'effet, quant aux administrés, que si, par suite de sa transmission à ces fonctionnaires, les arrêtés d'intérêt général qu'il renferme, reçoivent, dans chaque localité, par les voies en usage, la publication qui peut seule leur conférer un caractère obligatoire ;

Attendu que, dans l'espèce, le jugement dont est appel avait formellement déclaré, en fait, que l'arrêté du préfet de..... portant interdiction de chasser en temps de neige, n'avait pas été publié dans la commune de..... sur le territoire de laquelle avait eu lieu l'acte de chasse objet de la poursuite ;

Que le tribunal supérieur de..... n'a nullement contredit cette déclaration ;

Qu'il s'est borné à décider, en droit, que les arrêtés administratifs étaient, en ce qui concerne leur publication, régis par les dispositions des articles 1 et 3 du Code civil, et de l'ordonnance du 27 novembre 1816 ;

Attendu qu'en confondant ainsi avec les lois et ordonnances auxquelles ces textes se rapportent limitativement, les règlements locaux que les principes de la matière et la loi du 24 août 1790, combinée avec l'article 471 du Code pénal, ont rangés sous l'empire de prescriptions spéciales, le jugement a méconnu ces principes et violé ces articles,

Casse, etc.

2° Du 28 novembre 1845.

Sur le moyen pris de ce que l'arrêté qui prononçait la clôture de la chasse dans le département de..... n'aurait pas été légalement publié :

Attendu que le prévenu a soutenu que cette publication n'avait pas eu lieu, puisque l'arrêté avait été seulement inséré dans un recueil intitulé : *Mémorial administratif*, qui est envoyé aux maires des communes ;

Attendu que l'arrêt attaqué, sans établir en fait qu'une publication légale de l'arrêté aurait eu lieu, se borne à déclarer en droit que la loi n'ayant prescrit aucun mode particulier de publication pour les arrêtés relatifs à la chasse, a laissé une complète latitude aux préfets à cet égard, et que, dans le département de..... cette publication s'effectue au moyen de l'insertion des arrêtés dans le recueil intitulé : *Mémorial administratif*, qui est envoyé à tous les maires du département, puis déposé à la mairie, où chacun peut en prendre connaissance ;

Attendu que ce Mémorial, fondé d'après les circulaires de l'administration centrale, et destiné uniquement à faciliter les rapports des préfets avec les divers fonctionnaires placés sous leurs ordres, ne constitue point, par le seul envoi qui en est fait aux maires, la publication légale qui, aux termes des articles 1er, titre XI, de la loi du 24 août 1790, et 471, § 15, du Code pénal, est nécessaire, pour que les infractions aux règlements administratifs puissent emporter l'application d'une peine ;

Attendu, dès lors, qu'il n'existe pas dans l'espèce une publication légale des arrêtés des préfets, relatifs à la clôture de la chasse, et que la poursuite relative à une infraction à ces arrêtés qu'aurait commise le sieur..... manquait de base légale,

Casse, etc.

---

131. Circulaire du Ministre de l'intérieur aux préfets sur l'exécution de la loi du 18 novembre 1814, relative à la célébration des fêtes et dimanches (¹).

Du 30 mars 1849.

V. *Jours fériés*, p. 136.

Monsieur le Préfet, on m'a demandé si la loi du 18 novembre 1814 relative à la célébration des fêtes et dimanches, devait encore recevoir son application : cette question a été soulevée à l'occasion d'une circulaire en date du 24 mars 1848, émanée de l'un de mes prédécesseurs, et au sujet de laquelle quelques difficultés s'élèvent au point de vue de la légalité. J'ai cru devoir en référer à M. le garde des sceaux, ministre de la justice, et c'est d'accord avec lui que je viens fixer les doutes qui pourraient s'élever dans votre esprit sur une question grave qui touche de près au principe de la liberté des cultes.

La loi du 18 novembre 1814 n'a jamais été expressément rapportée. On a soutenu, après la révolution de 1830, qu'elle était implicitement abrogée par l'article 5 de la charte, mais la Cour de cassation a repoussé ce système, et par plusieurs arrêts, dont le dernier est à la date du 6 décembre 1845, elle a décidé que les dispositions de cette loi n'avaient pas cessé d'être en vigueur. Cependant, malgré cette jurisprudence, la loi est demeurée presque partout sans exécution, et les défenseurs de la liberté religieuse, refusant de lui reconnaître le caractère purement civil que ces auteurs prétendaient avoir voulu lui donner, ont toujours protesté contre les entraves qu'elle imposait à cette liberté. La révolution de 1848 a achevé d'enlever la force à une loi déjà si mal observée sous les gouvernements précédents ; les principes de liberté religieuse qu'elle a de nouveau proclamés, et qu'elle a consacrés d'une manière encore plus absolue, me paraissent en opposition avec ceux qui servent de base à cette loi de 1814, et il

---

(¹) Cette circulaire n'est pas au *Bulletin officiel du ministère de l'intérieur* ; on la trouvera au *Répertoire administratif des maires et des conseillers municipaux*, année 1849, p. 86.

serait, je crois, contraire à l'esprit de la constitution, d'en exiger aujourd'hui l'exécution.

Ces principes établis, le pouvoir municipal n'en conserve pas moins le droit d'interdire, pendant les exercices du culte, les réunions ou manifestations qui troubleraient ces exercices; c'est un droit de police dont les maires ne sauraient être privés sans inconvénient pour l'ordre public. Sous ce rapport donc, les instructions qui ont été transmises dans tous les départements, le 24 mars 1848, par le ministre de l'intérieur, membre du gouvernement provisoire, doivent être modifiées dans un sens plus conforme à la liberté des cultes et aux droits du pouvoir municipal. — J'ajoute qu'il ne faut pas encourager le travail du dimanche par l'exemple qui serait donné dans l'exécution des travaux publics. Un jour de repos par semaine est un élément de santé et de moralité.

Agréez, etc.

---

132. Jurisprudence administrative. — Processions et cérémonies du culte (¹).

V. *Cultes*, p. 90.

Une lettre du ministre de l'intérieur, en date du 3 mai 1849, rappelle la règle constamment suivie jusqu'à ce jour, au sujet des processions et des cérémonies du culte, par les gouvernements qui se sont succédé depuis la conclusion du concordat.

Dans les questions de cette nature, il faut prendre conseil de la loi et des nécessités de l'ordre.

L'article 7 de la constitution dispose que chacun professe librement sa religion et reçoit de l'Etat, pour l'exercice de son culte, une égale protection.

Aux termes de l'article 45 de la loi du 18 germinal an X et de la circulaire du 30 germinal an XI, partout où il existe une église consistoriale protestante, les processions ne sauraient avoir lieu. Si, néanmoins, l'usage contraire s'était établi, et si les citoyens qui professent les cultes dissidents ne réclamaient pas, on pourrait continuer d'user de la même tolérance.

En résumé, prohibition de droit des cérémonies extérieures du culte dans les communes où se trouve placée une église consistoriale protestante; tolérance, nonobstant les dispositions de cet article, là où les vœux des populations la réclament; faculté à l'autorité d'interdire, par mesure de police, partout où l'on peut craindre des troubles.

Telles étaient, en substance, les instructions que M. Portalis adressait aux préfets dès l'année même où le concordat fut signé.

Ces principes ont servi de règle depuis l'époque du consulat jusqu'à nos jours : l'an passé, ils ont été rappelés à tous les préfets par une circulaire ministérielle en date du 21 juin 1848.

Partout où des avis sérieux indiqueraient que les processions devraient être l'occasion ou le prétexte d'actes scandaleux ou de désordres qu'il serait à propos d'éviter, dans l'intérêt de la tranquillité et par respect pour le culte, les cérémonies religieuses ne devraient point avoir lieu en dehors des églises ou des temples. Cette interdiction ne devrait point avoir un caractère de permanence : d'un autre côté, les préfets éviteraient, s'il était possible, de la prononcer d'autorité, et ils se concerteraient officieusement à cet égard avec l'évêque du diocèse. Agir dans un esprit de conciliation, et s'attacher à éviter toute perturbation et tout conflit en matière religieuse, tel est le principe que les fonctionnaires ont à observer.

---

133. Extraits de deux lettres du ministre de l'intérieur contenant des considérations de principes sur la prestation des logements militaires (²).

Des 24 juin et 29 août 1849.

V. *Logements militaires*, p. 138.

..... Quant au point de savoir si, en droit, le maire a agi dans les limites de la légalité en envoyant d'office chez des aubergistes loger les militaires auxquels des habitants ont refusé de fournir le logement, l'affirmation ne saurait faire l'objet d'un doute. En effet, les lois des 7 avril 1790, 10 juillet 1791 et 23 mai 1792, disposant que le logement des militaires en marche, en cantonnement et en station est obligatoire pour tous les citoyens, sauf les exceptions portées à l'article 11 de la loi du 23 mai 1792, donnent, non-seulement le droit, mais encore imposent à l'au-

---

(¹) V. *Répertoire administratif*, année 1850, p. 35.
(²) V. *Répertoire administratif*, année 1851, p. 67.

torité municipale le devoir d'assurer, de la part des habitants, la prestation des logements militaires, et il s'ensuit nécessairement que, lorsqu'un citoyen ne veut pas recevoir les militaires munis de billets de logement à son nom et régulièrement délivrés, cette même autorité peut, afin d'éviter des délais ou une résistance qui nécessiterait l'emploi de la force, se borner à constater ce refus et désigner une autre maison où ces militaires seront logés aux frais de celui qui devait primitivement les recevoir.

..... Ni les lois des 7 avril 1790 et 10 juillet 1791, qui mettent à la charge des habitants le logement des militaires voyageant par étapes, ni la loi du 23 mai 1792, réglementaire de l'exécution des deux lois précitées, ne contiennent de dispositions coërcitives contre ceux qui se refuseraient de se soumettre à cette obligation. Ce silence provient de ce que le refus ne pouvait être présumé, attendu qu'il s'agit d'une prestation en nature dont aucun habitant *en état de la fournir* ne doit être exempté, et que les seules exceptions admises par les lois précitées ne le sont qu'à la charge de fournir un logement ailleurs que chez l'exempté ou une contribution équivalente et agréée par l'administration. — Cependant, contre les prévisions des législateurs, de nombreux cas de refus se sont produits, auxquels il a fallu nécessairement pourvoir d'office dans l'intérêt du prompt et régulier accomplissement du service des logements militaires. — D'abord, on crut devoir établir comme règle que, lorsque l'habitant ne voudrait ni loger ni suppléer au logement par une contribution, le maire enverrait à l'auberge, pour le compte du refusant, les militaires non reçus, et que l'arrêté du maire qui, en prescrivant cette mesure, fixerait le prix de la journée du logement, deviendrait un titre au moyen duquel l'aubergiste pourrait poursuivre, par les voies judiciaires, le paiement de ce qui lui serait dû. — Bien que cette marche ait été suivie pendant un grand nombre d'années et qu'elle n'ait soulevé que de très-rares contestations, on s'aperçut néanmoins qu'elle comportait au fond un très-grave inconvénient, celui de ne trouver aucun appui auprès des tribunaux qui, à raison du silence de la loi, pouvaient refuser de statuer.

D'un autre côté, il paraissait difficile de soutenir, dans l'état actuel de la législation, que l'autorité municipale, par cela seul que le soin d'assurer l'exécution des lois relativement à la prestation du logement militaire lui est exclusivement confiée, eût le pouvoir nécessaire pour vaincre la résistance qu'elle rencontrerait de la part des habitants, encore bien qu'un avis du conseil d'Etat, approuvé le 25 thermidor an 12, lui eût reconnu ce pouvoir en dehors de l'intervention des tribunaux. Cet avis porte, en effet, que les administrateurs auxquels les lois ont attribué, pour les matières qui y sont désignées, le droit de prononcer des condamnations, sont de véritables juges dont les actes doivent produire les mêmes résultats et obtenir la même exécution que ceux des tribunaux ordinaires. — Mais quoique l'application de cet avis ne semblât pas susceptible d'être contestée, quant à la spécialité de la matière et à l'attribution exclusive que les lois en ont faite à l'autorité municipale, on dut s'arrêter devant cette considération que, ce droit n'étant pas expressément écrit dans la loi, il était douteux qu'il pût être légalement exercé par l'autorité dont il s'agit, celle-ci, par la nature même de sa constitution, n'étant chargée en définitive que de faire exécuter les lois en matière d'administration. — Cependant, plusieurs difficultés s'étant présentées successivement dans différentes localités, des habitants refusèrent de rembourser le prix de logement fourni par des aubergistes à des militaires que les maires leur avaient envoyés d'office. On sentit alors la nécessité de provoquer une décision de principes qui pût servir de règle pour la marche à suivre en vue d'assurer le remboursement des dépenses dont il s'agit.

L'affaire fut donc soumise de nouveau à un examen approfondi, et c'est sur le rapport que le ministre du commerce et des travaux publics jugea devoir adresser au conseil d'Etat qu'est intervenu, le 22 février 1833, un avis du comité de l'intérieur qui n'a cessé, jusqu'à présent, de faire la règle de l'administration. Cet avis établit, dans son paragraphe 3, « qu'en cas de contestation sur le paie-
» ment des frais qui résultent du logement fourni par l'aubergiste au compte
» de l'habitant, qui, ayant été désigné pour loger un militaire, aurait refusé de
» le recevoir, le maire arrête le montant de ces frais, et que le juge de paix, sur
» la présentation de cet état et de la réquisition du maire, doit délivrer l'exécu-
» toire qui en assure le paiement. »

Le comité du conseil d'Etat s'est, du reste, fondé pour indiquer cette marche, sur ce qu'il résulte d'anciennes instructions qu'elle a été constamment observée et qu'il a été généralement admis et reconnu que les juges de paix ne pouvaient refuser l'exécutoire qui leur était demandé par les maires sans avoir à examiner l'origine et la réalité de la dépense dont le remboursement était réclamé. — On a objecté que la régularité voudrait, qu'en cas de contestation, le débiteur fût cité devant la justice de paix, suivant le droit commun, et l'on a contesté au maire le droit de requérir dans l'espèce l'exécutoire, cette procédure exceptionnelle n'étant autorisée que lorsque la loi l'a textuellement permise. Or, ajoute-t-on, les lois sur les logements militaires sont muettes à cet égard, et quel que soit l'intérêt d'ordre public qui s'attache à la question, il ne peut permettre à un juge de paix d'autoriser une mesure extra-légale. — Sans vouloir contester, au point de vue du principe, la question de droit qui est soulevée, je me bornerai seulement à faire observer qu'en cherchant à établir que la difficulté doit être jugée suivant les règles ordinaires, alors que les lois des 7 avril 1790, 10 juillet 1791 et 22 mai 1792 doivent être considérées, eu égard à l'époque où elles sont intervenues et à l'objet qu'elles se sont proposé, comme des lois tout-à-fait exceptionnelles, M. le juge de paix du canton de L..... procède évidemment par voie d'interprétation ; il ne fait autre chose, pour un cas particulier non prévu par le législateur, que ce que l'administration a cru devoir faire pour l'application générale et régulière de ces mêmes lois, dans un grand nombre de cas sur lesquels elles ont gardé le silence et qui affecte l'intérêt public à un degré bien autrement important.

Toute la question se réduit, selon moi, au point de savoir si, en l'absence de prescriptions formelles et précises, et en attendant qu'une nouvelle législation soit venue définivement régler tout ce qui concerne la prestation du logement militaire, il n'est pas plus avantageux de suivre la marche indiquée par l'avis du comité de l'intérieur, comme étant à la fois plus conforme à la nature du pouvoir spécial conféré à l'autorité municipale en matière de logements militaires, plus expéditive dans les moyens et moins coûteuse dans les résultats. — La voie de la procédure ordinaire entraînerait forcément des lenteurs qui ne pourraient que tourner au préjudice de l'ordre public, profondément intéressé à ce que les lois sur les logements militaires reçoivent une prompte exécution. Bien que je ne mette point en doute un seul instant que MM. les juges de paix ne fissent toujours droit aux justes réclamations qui leur seraient présentées, il n'en résulterait pas moins cette conséquence fâcheuse que, la prestation du logement pouvant donner lieu désormais à des litiges, l'autorité municipale serait sans force pour assurer l'accomplissement immédiat de ce service. — Il y aurait de plus une autre question à examiner, celle de savoir si la procédure ordinaire n'aurait point pour effet de porter atteinte au droit exclusif que les lois précitées confèrent à l'autorité municipale en matière de logement militaire, et de placer en quelque sorte cette autorité dans la position fâcheuse de voir ses actes contrôlés dans leur origine comme dans leur application. — Comme, en définitive, le droit de contraindre au paiement demeure entièrement réservé aux juges de paix en cas de contestation de la part du débiteur, il me semble que le mode de procéder ci-dessus exposé est le seul qui puisse concilier le mieux, dans la situation actuelle des choses, les nécessités de droit commun avec les exigences que comporte la législation exceptionnelle des lois de 1790 et de 1791.

J'ajouterai, du reste, que plusieurs fois déjà, et notamment par un arrêt du 12 août 1842, la Cour de cassation a eu occasion de consacrer en principe les droits incontestables de l'autorité municipale en matière de logement militaire. L'avis émis le 22 février 1833 par le comité de l'intérieur du conseil d'Etat se trouve confirmé par un autre arrêt de la Cour de cassation en date du 23 avril 1842, portant : « que, d'après les instructions et un droit généralement établi, » l'autorité municipale, indépendamment de toutes poursuites ultérieures relatives à la contravention, peut placer à l'auberge les militaires auxquels un » billet de logement avait été fourni, et ce aux frais du contrevenant, *en faisant* » *décerner contre lui exécutoire par le juge de paix du canton.* (Bull. de cass., part. crim., n° 101.) »

Les conclusions de cet avis de M. le ministre de l'intérieur ont été adoptées par M. le garde des sceaux, qui, en répondant à la question posée par un juge de paix dans l'espèce dont il s'agit, a déclaré qu'il lui paraissait convenable de se référer aux précédents administratifs et judiciaires et de maintenir un mode généralement adopté sans difficulté, sauf aux tribunaux à prononcer si les parties croyaient devoir contester la légalité de ce mode (¹).

(¹) La question de droit reste tout entière de l'aveu même de M. le garde des sceaux qui termine par la réserve faite au profit des tribunaux si le mode suivi était contesté par les parties. Or, nous nous demandons ce qu'est une jurisprudence basée seulement sur l'usage? Selon nous, elle ne peut que susciter bien des difficultés à l'autorité municipale, puisqu'à chaque instant la question de droit peut être soulevée, si l'on continue le mode préconisé par l'instruction qui précède. Mais que l'autorité municipale se rassure ; son pouvoir ne peut recevoir aucune atteinte ; elle aura toujours, dans la législation, le droit d'envoyer les militaires à l'auberge au compte du refusant, et elle n'a pas besoin de l'exécutoire du juge de paix pour assurer à l'aubergiste le paiement des frais de logement. En effet, elle n'aura qu'à suivre le moyen employé par nous dans deux circonstances où la question de légalité de cet exécutoire aurait indubitablement

134. Loi sur la presse. (Extrait.)

Du 27 juillet 1849.

V. *Colportage*, p. 84.

Art. 6. Tous distributeurs ou colporteurs de livres, écrits, brochures, gravures et lithographies, devront être pourvus d'une autorisation qui leur sera délivrée, pour le département de la Seine, par le préfet de police, et, pour les autres départements, par les préfets. — Ces autorisations pourront toujours être retirées par les autorités qui les auront délivrées. — Les contrevenants seront condamnés, par les tribunaux correctionnels, à un emprisonnement d'un mois à six mois et à une amende de vingt-cinq francs à cinq cents francs, sans préjudice des poursuites qui pourraient être dirigées pour crimes et délits, soit contre les auteurs ou éditeurs de ces écrits, soit contre les distributeurs ou colporteurs eux-mêmes.

---

135. Loi qui modifie les articles 414, 415, et 416 du Code pénal.

Du 27 novembre 1849.

Cette loi ayant été elle-même modifiée par celle du 25 mai 1864, que l'on trouvera à sa date, nous ne la reproduisons pas ici.

---

136. Loi relative à l'assainissement des logements insalubres.

Du 13 — 22 avril 1850.

V. *Logements insalubres*, p. 137.

Art. 1er. Dans toute commune où le conseil municipal l'aura déclaré nécessaire

---

été posée, le refus du logement n'avait certainement pas eu d'autre but. Pour arriver à ce paiement, voici ce que nous nous sommes dit, et ce que le juge de paix a sanctionné par un jugement :

L'article 471, n° 15, du Code pénal punit d'une amende de un franc à cinq francs « ceux qui auront contrevenu aux règlements légalement faits par l'autorité administrative, et ceux qui ne se seront pas conformés aux règlements ou arrêtés publiés » par l'autorité municipale en vertu des articles 3 et 4, titre XI, de la loi des 16-24 » août 1790, et de l'article 46, titre Ier, de la loi des 19-29 juillet 1791. »

Par arrêts des 13 août 1842 et 12 septembre 1846, la Cour de cassation a proclamé que l'arrêté municipal qui répartit entre les citoyens la charge du logement des troupes en marche était obligatoire. Ces arrêts n'existeraient-ils pas, que les maires tiennent des articles 9, 10 et 11 de la loi du 18 juillet 1837 le pouvoir d'assurer, sous l'autorité de l'administration supérieure, l'exécution des lois. Or, procurer le logement chez l'habitant à des militaires en marche, en cantonnement ou en station, c'est assurer l'exécution des lois des 7 avril 1790, 10 juillet 1791 et 23 mai 1792. Donc, celui qui refuse d'exécuter les ordres de l'autorité municipale, en refusant de loger les militaires qui lui sont envoyés, commet une contravention que le tribunal de simple police est chargé de punir et de réprimer.

Aux termes de l'article 1382 du Code Napoléon « tout fait quelconque de l'homme » qui cause à autrui un dommage, oblige celui par la faute duquel il est arrivé à le ré- » parer. »

Le refus par un habitant de loger les militaires oblige l'autorité municipale à les loger chez un autre ; celui-ci se trouve surchargé par cette prestation forcée : il en éprouve conséquemment un dommage que le refusant est tenu de réparer en l'indemnisant.

Or, l'article 161 du Code d'instruction criminelle impose au tribunal l'obligation de statuer par le même jugement qui convainc le prévenu de contravention, sur les demandes en restitution et en dommages-intérêts.

Il n'y a donc qu'à faire l'application de ces articles, et c'est ce qui a été fait dans les deux circonstances auxquelles nous faisions allusion plus haut : les citations devant le tribunal de police ont été faites à la requête des aubergistes qui avaient logé aux lieu et place des refusants ; nous sommes intervenus comme ministère public (*sous-préfet*) pour la répression des contraventions qui avaient été constatées par des procès-verbaux réguliers ; le juge de police a condamné les refusants à l'amende pour la contravention et à une somme pour dommages-intérêts envers les parties civiles, et les refusants se sont tenus pour convaincus que le droit de l'autorité municipale ne pouvait, dans l'espèce, être mis en question, et nous n'avons plus eu à nous occuper de semblables refus, parce qu'il ne s'en est plus produit. (*Note de la Réd.*)

par une délibération spéciale, il nommera une commission chargée de rechercher et d'indiquer les mesures indispensables d'assainissement des logements et dépendances insalubres mis en location ou occupés par d'autres que le propriétaire, l'usufruitier ou l'usager. — Sont réputés insalubres les logements qui se trouvent dans des conditions de nature à porter atteinte à la vie ou à la santé de leurs habitants.

2. La Commission se composera de neuf membres au plus et de cinq au moins. — En feront nécessairement partie un médecin et un architecte ou tout autre homme de l'art, ainsi qu'un membre du bureau de bienfaisance et du conseil des prud'hommes, si ces institutions existent dans la commune. — La présidence appartient au maire ou à l'adjoint. — Le médecin et l'architecte pourront être choisis hors de la commune. — La Commission se renouvelle tous les deux ans par tiers ; les membres sortants sont indéfiniment rééligibles. — A Paris, la Commission se compose de douze membres (¹).

3. La Commission visitera les lieux signalés comme insalubres. Elle déterminera l'état d'insalubrité et en indiquera les causes, ainsi que les moyens d'y remédier. Elle désignera les logements qui ne seraient pas susceptibles d'assainissement.

4. Les rapports de la Commission seront déposés au secrétariat de la mairie, et les parties intéressées mises en demeure d'en prendre communication et de produire leurs observations dans le délai d'un mois.

5. A l'expiration de ce délai, les rapports et observations seront soumis au conseil municipal qui déterminera : — 1° les travaux d'assainissement et les lieux où ils devront être entièrement ou partiellement exécutés, ainsi que les délais de leur achèvement; — 2° Les habitations qui ne sont pas susceptibles d'assainissement.

6. Un recours est ouvert aux intéressés contre ces décisions devant le conseil de préfecture, dans le délai d'un mois à dater de la notification de l'arrêté municipal. Ce recours sera suspensif.

7. En vertu de la décision du conseil municipal, ou de celle du conseil de préfecture, en cas de recours, s'il a été reconnu que les causes d'insalubrité sont dépendantes du fait du propriétaire ou de l'usufruitier, l'autorité municipale lui enjoindra, par mesure d'ordre et de police, d'exécuter les travaux jugés nécessaires.

8. Les ouvertures pratiquées pour l'exécution des travaux d'assainissement seront exemptées, pendant trois ans, de la contribution des portes et fenêtres.

9. En cas d'inexécution, dans les délais déterminés, des travaux jugés nécessaires, et si le logement continue d'être occupé par un tiers, le propriétaire ou l'usufruitier sera passible d'une amende de seize francs à cent francs. Si les travaux n'ont pas été exécutés dans l'année qui aura suivi la condamnation et si le logement insalubre a continué d'être occupé par un tiers, le propriétaire ou l'usufruitier sera passible d'un amende égale à la valeur des travaux, et pouvant être élevée au double.

10. S'il est reconnu que le logement n'est pas susceptible d'assainissement, et que les causes d'insalubrité sont dépendantes de l'habitation elle-même, l'autorité municipale pourra, dans le délai qu'elle fixera, en interdire provisoirement la location à titre d'habitation. — L'interdiction absolue ne pourra être prononcée que par le conseil de préfecture, et, dans ce cas, il y aura recours de sa décision devant le conseil d'Etat. — Le propriétaire ou l'usufruitier qui aura contrevenu à l'interdiction prononcée sera condamné à une amende de seize francs à cent francs, et, en cas de récidive dans l'année, à une amende égale au double de la valeur locative du logement interdit.

11. Lorsque, par suite de l'exécution de la présente loi, il y aura lieu à résiliation des baux, cette résiliation n'emportera en faveur du locataire aucuns dommages-intérêts.

12. L'article 463 du Code pénal sera applicable à toutes les contraventions ci-dessus indiquées.

13. Lorsque l'insalubrité est le résultat de causes extérieures et permanentes, ou lorsque ces causes ne peuvent être détruites que par des travaux d'ensemble, la commune pourra acquérir, suivant les formes et après l'accomplissement des formalités prescrites par la loi du 3 mai 1841, la totalité des propriétés com-

---

(¹) Sont substituées au dernier paragraphe de l'article 2 de la loi du 13 avril 1850, les dispositions suivantes : Dans les communes dont la population dépasse cinquante mille âmes, le conseil municipal pourra, soit nommer plusieurs commissions, soit porter, jusqu'à vingt le nombre des membres de la Commission existante. A Paris, le nombre des membres pourra être porté jusqu'à trente. (Loi du 25 mai 1864, article unique).

prises dans le périmètre des travaux. — Les portions de ces propriétés qui, après l'assainissement opéré, resteraient en dehors des alignements arrêtés pour les nouvelles constructions, pourront être revendues aux enchères publiques, sans que, dans ce cas, les anciens propriétaires ou leurs ayants droit puissent demander l'application des articles 60 et 61 de la loi du 3 mai 1841.

14. Les amendes prononcées en vertu de la présente loi seront attribuées en entier au bureau ou établissement de bienfaisance de la localité où sont situées les habitations à raison desquelles ces amendes auront été encourues.

---

137. Circulaire du ministre de l'instruction publique et des cultes sur les mesures à prendre pour faire cesser l'abus des affiches apposées sur les murs et les portes des églises. (Extrait).

Du 25 juin 1850.

V. *Affichage, Afficheur*, p. 18.

. . . .

En règle générale, les affiches ne doivent pas être apposées sur les murs et les portes des églises. Elles occasionnent des dégradations qu'il importe de prévenir dans l'intérêt des édifices religieux et des fabriques chargées de leur entretien ; elles entravent la circulation par les rassemblements et les attroupements de personnes qu'elles attirent ; enfin, elles donnent lieu à des conversations bruyantes, à des discussions plus ou moins vives, qui troublent le prêtre et les fidèles dans l'exercice du culte. Il en résulte même quelquefois des désordres qui portent atteinte au principe de la liberté des cultes, que la constitution garantit à tous les citoyens.

Le moyen le plus sûr d'obvier à ces graves inconvénients, qui ont motivé les plaintes que j'ai reçues, c'est de ne plus permettre qu'à l'avenir les affiches soient placardées sur les murs et les portes des églises. On peut choisir, soit la mairie, soit tout autre local disponible, pour y afficher les actes de l'autorité publique. Dans les communes où il n'existe pas de bâtiment affecté à la mairie, s'il n'y a point un autre endroit plus favorable à la publicité, il sera facile d'élever à peu de frais, sur la place même de l'église, un poteau ou pilier sur lequel on placera un tableau destiné à recevoir les affiches.

L'article 11 de la loi du 18-22 mai 1791 confie aux maires le soin de désigner les lieux où sont posées les affiches des lois et des actes de l'autorité publique. Cette désignation doit être faite par un arrêté régulièrement publié. Si, malgré vos avertissements, un maire de votre département persistait à indiquer l'église paroissiale, vous auriez le droit, Monsieur le Préfet, de réformer l'arrêté qu'il aurait pris à cet effet ; mais je ne doute pas que les autorités municipales reconnaîtront combien les communes sont intéressées à conserver intactes toutes les parties de leurs édifices religieux et à maintenir le respect qui leur est dû à tant de titres.

Toutefois, Monsieur le Préfet, la règle générale que je viens de vous rappeler n'est pas sans exceptions. Aux termes des articles 6, 15 et 21 de la loi du 3 mai 1841, les actes relatifs à l'expropriation pour cause d'utilité publique doivent être affichés à la principale porte de l'église. L'article 6 du décret du 7 août 1848 prescrit, en outre, d'afficher sur la porte de l'église la liste des jurés pour chaque commune (¹).

Sans doute, dans ces deux cas, les dispositions formelles de la législation continueront d'être observées ; il est utile, néanmoins, d'en déterminer le mode d'exécution.

Vous remarquerez, d'abord, que les actes relatifs à l'expropriation pous cause d'utilité publique et la liste des jurés ne peuvent être mis sur les murs des églises ; ces documents doivent seulement être affichés sur la partie extérieure *de la principale porte de l'église*. Il conviendra d'y attacher un cadre ou tableau destiné à les recevoir, et placé de manière à ce que la circulation ne soit pas entravée. . . . .

---

138. Loi relative aux mauvais traitements exercés envers les animaux domestiques.

Du 2 juillet 1850.

V. *Animaux, Tir à l'oie*, pp. 23 note et 192.

(¹) Ce décret ayant été abrogé par l'art. 20 de la loi du 4 juin 1853, cette dernière disposition n'est plus applicable ; en conséquence, il n'y a plus lieu d'afficher que les actes relatifs à l'expropriation pour cause d'utilité publique.

Article unique. — Seront punis d'une amende de cinq francs à quinze francs, et pourront l'être d'un à cinq jours de prison, ceux qui auront exercé publiquement et abusivement de mauvais traitements envers les animaux domestiques. — La peine de la prison sera toujours appliquée en cas de récidive. — L'article 463 du Code pénal sera toujours applicable.

---

139. Loi sur le cautionnement des journaux, la signature des articles et le timbre des écrits périodiques et non périodiques. (Extrait.)

Du 16 juillet 1850.

V. *Affichage, Afficheur,* p. 18.

Art. 10. Pendant les vingt jours qui précéderont les élections, les circulaires et professions de foi signées des candidats pourront, après dépôt au parquet du procureur de la république, être affichées et distribuées sans autorisation de l'autorité municipale.

---

140. Loi sur la police des Théâtres (¹).

Du 30 juillet 1850.

V. *Théâtres,* p. 183.

Art. 1ᵉʳ. Jusqu'à ce qu'une loi générale qui devra être présentée dans le délai d'une année, ait définitivement statué sur la police des théâtres, aucun ouvrage dramatique ne pourra être représenté sans l'autorisation préalable du ministre de l'intérieur à Paris, et du préfet dans les départements. — Cette autorisation pourra toujours être retirée pour des motifs d'ordre public.

2. Toute contravention aux dispositions qui précèdent est punie, par les tribunaux correctionnels, d'une amende de cent francs à mille francs, sans préjudice des poursuites auxquelles pourraient donner lieu les pièces représentées.

---

141. Loi tendant à la répression plus efficace de certaines fraudes dans la vente des marchandises.

Du 27 mars 1851.

V. *Marchés,* p. 143.

Art. 1ᵉʳ. Seront punis des peines portées en l'art. 423 du Code pénal, — 1° ceux qui falsifieront des substances ou denrées alimentaires ou médicamenteuses destinées à être vendues ; 2° ceux qui vendront ou mettront en vente des substances ou denrées alimentaires ou médicamenteuses qu'ils sauront être falsifiées ou corrompues ; 3° ceux qui auront trompé ou tenté de tromper, sur la quantité des choses livrées, les personnes auxquelles ils vendent ou achètent, soit par l'usage de faux poids ou de fausses mesures, ou d'instruments inexacts servant au pesage ou mesurage, soit par des manœuvres ou procédés tendant à fausser l'opération du pesage ou du mesurage, ou à augmenter frauduleusement le poids ou le volume de la marchandise, même avant cette opération, soit, enfin, par des indications frauduleuses tendant à faire croire à un pesage ou mesurage antérieur et exact.

2. Si, dans les cas prévus par l'article 423 du Code pénal ou par l'article 1ᵉʳ de la présente loi, il s'agit d'une marchandise contenant des mixtions nuisibles à la santé, l'amende sera de cinquante à cinq cents francs, à moins que le quart des restitutions et dommages-intérêts n'excède cette dernière somme ; l'emprisonnement sera de trois mois à deux ans. — Le présent article sera applicable même au cas où la falsification nuisible serait connue de l'acheteur ou consommateur.

3. Seront punis d'une amende de seize francs à vingt-cinq francs, et d'un emprisonnement de six à dix jours, ou de l'une de ces deux peines seulement, suivant la circonstance, ceux qui, sans motifs légitimes, auront dans leurs magasins, boutiques, ateliers ou maisons de commerce, ou dans les halles, foires ou marchés, soit des poids ou mesures faux, ou autres appareils inexacts servant au pesage ou au mesurage, soit des substances alimentaires ou médicamenteuses qu'ils sauront être falsifiées ou corrompues. — Si la substance falsifiée est nuisible à la santé, l'amende pourra être portée à cinquante francs, et l'emprisonnement à quinze jours.

(¹) La loi du 30 juillet 1851 a prorogé la présente loi jusqu'au 31 décembre 1852. —Voy., pour la législation actuelle, les décrets des 30 déc. 1852 et 6 janv. 1864, art. 3.

4. Lorsque le prévenu convaincu de contravention à la présente loi ou à l'article 423 du Code pénal, aura, dans les cinq années qui ont précédé le délit, été condamné pour infraction à la présente loi ou à l'article 423, la peine pourra être élevée jusqu'au double du maximum ; l'amende prononcée par l'article 423 et par les art. 1 et 2 de la présente loi pourra même être portée jusqu'à mille francs, si la moitié des restitutions et dommages-intérêts n'excède pas cette somme ; le tout sans préjudice de l'application, s'il y a lieu, des articles 57 et 58 du Code pénal.

5. Les objets dont la vente, usage ou possession constitue le délit, seront confisqués, conformément à l'article 423 et aux articles 477 et 481 du Code pénal. — S'ils sont propres à un usage alimentaire ou médical, le tribunal pourra les mettre à la disposition de l'administration pour être attribués aux établissements de bienfaisance. — S'ils sont impropres à cet usage ou nuisibles, les objets seront détruits ou répandus aux frais du condamné. Le tribunal pourra ordonner que la destruction ou effusion aura lieu devant l'établissement ou le domicile du condamné.

6. Le tribunal pourra ordonner l'affiche du jugement dans les lieux qu'il désignera, et son insertion intégrale ou par extrait dans tous les journaux qu'il désignera, le tout aux frais du condamné.

7. L'article 463 du Code pénal sera applicable aux délits prévus par la présente loi.

8. Les deux tiers du produit des amendes sont attribués aux communes dans lesquelles les délits auront été constatés.

9. Sont abrogés les articles 475, n° 14, et 479, n° 5, du Code pénal.

---

142. Loi sur la garde nationale. (Extrait) (¹).

Du 13 juin 1851.

V. *Rondes de nuit*, p. 171.

Art. 107. La garde nationale doit fournir des détachements, 1° en cas d'insuffisance de la gendarmerie et de la troupe de ligne, pour escorter, d'une ville à l'autre, les convois de poudre, de fonds ou d'effets appartenant à l'État, et pour la conduite des accusés, des condamnés et autres prisonniers ; 2° pour porter secours aux communes, arrondissements et départements voisins qui seraient troublés ou menacés par des émeutes, des séditions, ou par des associations de malfaiteurs ; 3° pour porter secours d'un lieu dans un autre pour le maintien ou le rétablissement de l'ordre et de la paix publique.

108..... En cas d'urgence et sur la demande écrite du maire d'une commune en danger, les maires des communes limitrophes, sans distinction de département, peuvent requérir un détachement de la garde nationale de marcher immédiatement sur le point menacé, sauf à rendre compte, dans le plus bref délai, du mouvement et des motifs à l'autorité supérieure. — Dans tous les cas, l'autorité militaire ne prend le commandement des détachements de la garde nationale que sur la réquisition de l'autorité administrative.

109. L'acte en vertu duquel..... la garde nationale est appelée à faire un service de détachement, fixe le nombre des hommes requis.

110. Lors de l'appel fait conformément aux articles précédents, le maire, assisté du commandant de la garde nationale de chaque commune, désigne parmi les hommes inscrits sur le contrôle du service ordinaire, ceux qui devront faire partie du détachement, en commençant par les célibataires et les moins âgés.

---

143. Loi relative à l'agglomération lyonnaise.

Du 19 juin 1851.

Art. 1ᵉʳ. A dater de la promulgation de la présente loi, le préfet du Rhône remplira, dans les communes de Lyon, la Guillotière, la Croix-Rousse, Vaise, Caluire, Oullins et Sainte-Foy, les fonctions de préfet de police, telles qu'elles sont réglées par les dispositions actuellement en vigueur de l'arrêté des consuls du 12 messidor an 8.

2. Toutefois, les maires desdites communes resteront chargés, sous la surveillance du préfet et sans préjudice des attributions tant générales que spéciales qui leur sont conférées par les lois, de tout ce qui concerne l'établissement, l'entretien et la conservation des édifices communaux, cimetières, promenades, places, rues et voies publiques ne dépendant pas de la grande voirie,

---

(¹) V. ci-après le décret du 11 janvier 1852.

l'éclairage, le balayage, les arrosements, la solidité et la salubrité des constructions privées, les mesures relatives aux incendies, les secours aux noyés, la fixation des mercuriales, l'établissement et la réparation des fontaines, aqueducs, pompes et égouts, les adjudications, marchés et baux.

Les agents placés sous la surveillance des maires pourront être assermentés. Ils prêteront serment devant le tribunal civil de l'arrondissement dans lequel ils exerceront leurs fonctions.

3. Le préfet du Rhône remplira dans les communes de Villeurbanne, Vaux, Bron et Venissieux, du département de l'Isère ; dans celles de Rilleux et de Miribel du département de l'Ain, les fonctions qui ont été déférées au préfet de police par le décret du 3 brumaire an 9, à l'exception de celles réservées à l'autorité municipale par l'article précédent.

4. Les attributions réservées aux maires dans les communes énumérées dans les articles 1 et 3 de la présente loi, seront déterminées par un règlement d'administration publique. Le même règlement fixera la proportion d'après laquelle lesdites communes participeront aux dépenses restant à leur charge.

5. Il est créé dans le département du Rhône deux secrétaires généraux, l'un pour l'administration, l'autre pour la police.

---

144. Décret qui détermine les attributions réservées aux maires dans les communes énumérées dans la loi du 19 juin 1851, relative à l'agglomération lyonnaise.

Du 4 septembre 1851.

Art. 1er. Les maires de Lyon, la Guillotière, la Croix-Rousse, Vaise, Caluire, Oullins et Sainte-Foy, continueront d'être chargés des attributions suivantes :

2. Ils surveillent, permettent ou défendent l'établissement des boutiques, étaux, auvents ou constructions du même genre qui prennent sur la voie publique ; l'établissement des échoppes ou étalages mobiles. — Ils prennent, conformément aux lois et règlements, les arrêtés relatifs au nombre et à la durée des marchés, aux places où ils se tiennent et aux lieux d'arrivage des denrées. — Ils surveillent les marchés dans l'intérêt de la perception des droits et de la salubrité des denrées. — Ils surveillent les établissements sur les rivières, les bains publics, les écoles de natation et les abreuvoirs.

Ils sont chargés, s'il y a lieu, — de pourvoir à l'éclairage de la voie publique ; — de faire surveiller le balayage auquel les habitants sont tenus devant leurs maisons, et de le faire opérer aux frais de la commune dans les places et la circonférence des jardins et édifices publics ; — de prescrire les arrosements dans la commune, dans les lieux et la saison convenables ; — de faire sabler, s'il survient des verglas, et de déblayer, au dégel, les ponts et lieux glissant des rues ; — de faire effectuer l'enlèvement des boues, matières malsaines, neiges, glaces, décombres, vases sur les bords de la rivière, après la crue des eaux.

Ils sont également chargés, dans l'intérêt de la salubrité des communes, de faire observer les lois et règlements sur les inhumations, de surveiller la construction, l'entretien et la vidange des fosses d'aisance, et d'empêcher qu'on ne jette sur la voie publique aucune substance malsaine.

3. Ils sont chargés d'ordonner la démolition ou réparation des bâtiments menaçant ruine, et de prendre les mesures propres à assurer la salubrité des habitations.

4. Ils veillent à ce qu'il ne soit fait aucune entreprise sur les aqueducs, égouts, puisards, pompes et fontaines ; — ils assurent le libre écoulement des eaux ménagères et autres. — Ils font observer les règlements sur l'établissement des conduits pour les eaux de pluies et les gouttières.

5. Ils veillent à ce que personne ne dégrade la voie publique et les monuments ou édifices communaux.

6. Ils sont chargés de prendre les mesures propres à prévenir ou arrêter les incendies. — Ils requièrent, à cet effet, la force publique et en déterminent l'emploi ; ils donnent des ordres aux pompiers, requièrent les ouvriers charpentiers, couvreurs et autres. Ils ont la surveillance des corps de pompiers, le placement et la distribution des corps de garde et magasins de pompes, réservoirs, tonneaux, seaux à incendie, machines et ustensiles de tout genre destinés à arrêter les incendies. — Ils concourent aux mesures de précautions en cas de débordement ou de débâcles.

7. Ils sont chargés de faire administrer les secours aux noyés. — Ils déterminent, à cet effet, le placement des boîtes fumigatoires et autres moyens de secours. — Ils accordent et font payer les gratifications et récompenses promises à ceux qui retirent les noyés de l'eau.

8. Ils font constater le cours des diverses denrées, fixent et rédigent les mercuriales et font observer les taxes légalement faites et publiées.

9. Les communes subviendront aux services dont les maires cessent d'être chargés dans la proportion des sommes qui y étaient antérieurement employées.....

10. Les maires, adjoints et commissaires de police des communes de Villeurbanne, Vaux, Bron et Vénissieux, du département de l'Isère, Rillieux et Miribel, du département de l'Ain, sont placés sous les ordres du préfet du Rhône pour toutes les attributions énumérées en l'arrêté des consuls du 3 brumaire an 9, et non comprises parmi les attributions réservées aux maires par les articles précédents.

---

145. Décret sur les cafés, cabarets et débits de boissons.

Du 29 décembre 1851.

V. *Aubergistes, Cabarets et Cafés*, pp. 26, 60.

Art. 1er. Aucun café, cabaret ou autre débit de boissons à consommer sur place, ne pourra être ouvert, à l'avenir, sans la permission préalable de l'autorité administrative (¹).

2. La fermeture des établissements désignés en l'article 1er qui existent actuellement, ou qui seront autorisés à l'avenir, pourra être ordonnée, par arrêté du préfet, soit après une condamnation pour contravention aux lois et règlements qui concernent ces professions, soit par mesure de sûreté publique.

3. Tout individu qui ouvrira un café, cabaret ou débit de boissons à consommer sur place, sans autorisation préalable ou contrairement à un arrêté de fermeture pris en vertu de l'article précédent, sera poursuivi devant les tribunaux correctionnels et puni d'une amende de vingt-cinq à cinq cents francs et d'un emprisonnement de six jours à six mois. — L'établissement sera fermé immédiatement.

4. Le ministre de l'intérieur est chargé de l'exécution du présent décret.

---

146. Décret-loi sur la garde nationale. (Extrait.)

Du 11 janvier 1852.

V. *Rondes de nuit*, p. 171.

Art. 5. La garde nationale est placée sous l'autorité des maires, des sous-préfets, des préfets et du ministre de l'intérieur. — Lorsque, d'après les ordres du préfet ou du sous-préfet, la garde nationale de plusieurs communes est réunie, soit au chef-lieu du canton, soit dans toute autre commune, elle est sous l'autorité du maire de la commune où a lieu la réunion. — Sont exceptés les cas, déterminés par les lois, où la garde nationale est appelée à faire un service militaire et où elle est mise sous les ordres de l'autorité militaire.

6. Les citoyens ne peuvent prendre les armes, ni se rassembler comme gardes nationaux, avec ou sans uniforme, sans l'ordre des chefs immédiats, et ceux-ci ne peuvent donner cet ordre sans une réquisition de l'autorité civile.

19. Le règlement relatif au service ordinaire, aux revues, exercices et prises d'armes, est arrêté, — pour le département de la Seine, par le ministre de l'intérieur, sur la proposition du commandant supérieur; — pour les villes et communes des autres départements, par le maire, sur la proposition du commandant de la garde nationale et sous l'approbation du sous-préfet. — Les chefs pourront, en se conformant à ce règlement, et sans réquisition particulière, mais après en avoir prévenu l'autorité municipale, faire toutes les dispositions et donner tous les ordres relatifs aux services ordinaires, aux revues et aux exercices. — Dans les villes de guerre, la garde nationale ne peut prendre les armes ni sortir des barrières qu'après que le maire en a informé par écrit le commandant de place. — Le tout sans préjudice de ce qui est réglé par les lois spéciales à l'état de guerre et à l'état de siège dans les places.

---

147. Circulaire du ministre de l'intérieur sur la surveillance à exercer sur les auberges ou hôtelleries affectées, dans les communes gîtes d'étapes, au logement des militaires voyageant en corps ou isolément.

Du 14 février 1852.

V. *Logements militaires*, p. 138.

(¹) Les dispositions de cet article ne sont pas applicables aux auberges, restaurants, cantines et à tous autres établissements dans lesquels on donne à manger et à boire aux voyageurs ou pensionnaires; mais sous la condition expresse qu'ils ne donnent pas à boire sans donner à manger.

Monsieur le Préfet, M. le ministre de la guerre me fait connaître que les jeunes soldats qui, depuis quelque temps, arrivent au dépôt, sont fréquemment atteints de maladies psoriques (la gale) qu'ils ont, pour la plupart, contractées pendant la route chez les logeurs où l'on a l'habitude de les envoyer.

Cet état de choses dénote de la part des autorités municipales une regrettable indifférence pour l'accomplissement d'un de leurs devoirs les plus essentiels.

A plusieurs reprises, mes prédécesseurs ont signalé les graves inconvénients qui résultent de cette fâcheuse tolérance accordée aux habitants qui ne peuvent héberger chez eux les militaires voyageant en corps ou isolément, de les envoyer chez des aubergistes ou des logeurs de profession dont les maisons sont mal tenues.

En vue de remédier à cet état de choses, qui a nécessairement pour effet d'exposer les militaires à contracter dans ces logis des maladies graves, ils n'ont cessé d'insister sur la nécessité d'obtenir des administrations municipales, pour qu'elles établissent pour les militaires des logements où une surveillance active puisse être facilement exercée, ou tout au moins que les maisons particulières tenues par les logeurs de profession soient souvent visitées.

Je vous rappelle notamment, à ce sujet, la circulaire du 15 mars 1845, qui avait pour but d'atteindre à ce résultat, soit en recommandant d'autoriser le plus possible, dans toutes les villes ou communes gîtes d'étapes, l'établissement de casernes de passage, garnies de lits à une place, où les habitants seraient tenus de fournir aux militaires le logement qu'ils ne pourraient leur procurer dans leur domicile personnel, soit en exigeant des maires, là où l'établissement de ces casernes serait reconnu impraticable, qu'ils désignent nominativement, par un arrêté de police, les auberges ou hôtelleries qu'ils jugeraient propres à recevoir ces mêmes militaires, en ayant soin de ne choisir que les maisons qui offriraient toutes les garanties désirables, et qui seraient, d'ailleurs, soumises à une surveillance continue.

Les plaintes que m'adresse M. le ministre de la guerre me font un devoir, Monsieur le Préfet, d'appeler toute votre attention sur la nécessité de prévenir le retour des faits qu'il me signale.

Je ne puis donc que vous recommander avec les plus vives instances d'exiger des maires de toutes les communes de votre département, que les logements destinés à recevoir les militaires, tels que casernes de passage, auberges ou hôtelleries, soient soumis à des investigations fréquentes faites par les commissaires de police, la gendarmerie et les hommes de l'art, dans le but de s'assurer des conditions hygiéniques que présentent les chambres destinées au logement des militaires, ainsi que de la propreté des fournitures de literie et surtout des draps.

Vous voudrez bien me rendre compte des dispositions que vous aurez prises en exécution de la présente, dont je vous prie de m'accuser réception.

---

148. Décret-loi organique sur la presse. (Extrait.)
Du 17 février 1852.

Art. 22. Aucuns dessins, aucunes gravures, lithographies, médailles, estampes ou emblèmes, de quelque nature et espèce qu'ils soient, ne pourront être publiés, exposés ou mis en vente sans autorisation préalable du ministre de la police à Paris ou des préfets dans les départements.

En cas de contravention, les dessins, gravures, lithographies, médailles, estampes ou emblèmes pourront être confisqués, et ceux qui les auront publiés seront condamnés à un emprisonnement d'un mois à un an et à une amende de cent francs à mille francs.

---

149. Décret sur les bureaux de placement.
Du 25 mars 1852.

V. *Bureaux de placement*, p. 59.

Art. 1er. A l'avenir, nul ne pourra tenir un bureau de placement, sous quelque titre et pour quelques professions, places ou emplois que ce soit, sans une permission spéciale délivrée par l'autorité municipale, et qui ne pourra être accordée qu'à des personnes d'une moralité reconnue. — Les possesseurs actuels de bureaux de placement ont un délai de trois mois pour se pourvoir de ladite permission.

2. La demande afin de permission doit contenir les conditions auxquelles le requérant se propose d'exercer son industrie. — Il est tenu de se conformer à ces conditions et aux dispositions réglementaires qui seraient prises en vertu de l'article 3.

3. L'autorité municipale surveille les bureaux de placement pour y assurer le maintien de l'ordre et la loyauté de la gestion. — Elle prend les arrêtés nécessaires à cet effet et règle le tarif des droits qui pourront être perçus par le gérant.

4. Toute contravention à l'art. 1er, au second paragraphe de l'art. 2 ou aux règlements faits en vertu de l'article 3, sera punie d'une amende d'un franc à quinze francs et d'un emprisonnement de cinq jours au plus, ou de l'une de ces deux peines seulement. — Le maximum des deux peines sera toujours appliqué au contrevenant, lorsqu'il aura été prononcé contre lui, dans les douze mois précédents, une première condamnation pour contravention au présent décret ou aux règlements de police précités. — Ces peines sont indépendantes des restitutions et dommages-intérêts auxquels pourraient donner lieu les faits imputables au gérant. — L'article 463 du Code pénal est applicable aux contraventions indiquées ci-dessus.

5. L'autorité municipale peut retirer la permission. — 1° aux individus qui auraient encouru ou viendraient à encourir une des condamnations prévues par l'art. 15, paragraphes 1er, 3, 4, 5, 6, 14 et 15, et par l'art. 16 du décret du 2 février 1852 (¹) ; — 2° aux individus qui auraient été ou seraient condamnés pour coalition ; 3° à ceux qui seraient condamnés à l'emprisonnement pour contravention au présent décret ou aux arrêtés pris en vertu de l'art. 3.

6. Les pouvoirs ci-dessus conférés à l'autorité municipale seront exercés par le préfet de police pour Paris et le ressort de sa préfecture, et par le préfet du Rhône pour Lyon et les autres communes dans lesquelles il remplit les fonctions qui lui sont attribuées par la loi du 24 juin 1851.

7. Les retraits de permissions et les règlements émanés de l'autorité municipale en vertu des dispositions qui précèdent, ne sont exécutoires qu'après l'approbation du préfet.

<hr>

150. Décret sur les rues de Paris.

Du 26 mars 1852.

Art. 1er. Les rues de Paris continueront d'être soumises au régime de la grande voirie.

2. Dans tout projet d'expropriation pour l'élargissement, le redressement ou la formation des rues de Paris, l'administration aura la faculté de comprendre la totalité des immeubles atteints, lorsqu'elle jugera que les parties restantes ne sont pas d'une étendue ou d'une forme qui permette d'y élever des constructions salubres. — Elle pourra pareillement comprendre dans l'expropriation des immeubles en dehors des alignements, lorsque leur acquisition sera nécessaire pour la suppression d'anciennes voies publiques jugées inutiles. — Les parcelles de terrains acquises en dehors des alignements et non susceptibles de recevoir des constructions salubres, seront réunies aux propriétés contiguës, soit à l'amiable, soit par l'expropriation de ces propriétés, conformément à l'article 53 de la loi du 16 septembre 1807. — La fixation du prix de ces terrains sera faite suivant les mêmes formes et devant la même juridiction que celle des expropriations ordinaires. — L'article 58 de la loi du 3 mai 1841 est applicable à tous les actes et contrats relatifs aux terrains acquis pour la voie publique par simple mesure de voirie.

3. A l'avenir, l'étude de tout plan d'alignement de rue devra nécessairement comprendre le nivellement ; celui-ci sera soumis à toutes les formalités qui régissent l'alignement. — Tout constructeur de maisons, avant de se mettre à l'œuvre, devra demander l'alignement et le nivellement de la voie publique au-devant de son terrain et de s'y conformer.

4. Il devra pareillement adresser à l'administration un plan et des coupes cotés des constructions qu'il projette, et se soumettre aux prescriptions qui lui seront faites dans l'intérêt de la sûreté publique et de la salubrité. — Vingt jours après le dépôt de ces plans et coupes au secrétariat de la préfecture de la Seine, le constructeur pourra commencer ses travaux d'après son plan, s'il ne lui a été notifié aucune injonction. — Une coupe géologique des fouilles pour fondation de bâtiment sera dressée par tout architecte constructeur et remise à la préfecture de la Seine.

5. La façade des maisons sera constamment tenue en bon état de propreté. Elles seront grattées, repeintes ou badigeonnées, au moins une fois tous les dix ans, sur l'injonction qui sera faite aux propriétaires par l'autorité municipale. — Les contrevenants seront passibles d'une amende qui ne pourra excéder cent francs.

<hr>

(¹) Voyez ces dispositions législatives complétées dans notre *Code formulaire électoral politique,* pp. 6, 7 et 8, n°ˢ 44 et 48.

6. Toute construction nouvelle dans une rue pourvue d'égouts devra être disposée de manière à y conduire ses eaux pluviales et ménagères. — La même disposition sera prise pour toute maison ancienne en cas de grosses réparations, et, en tout cas, avant dix ans.

7. Il sera statué par un décret ultérieur, rendu dans les formes des règlements d'administration publique, en ce qui concerne la hauteur des maisons, des combles et des lucarnes.

8. Les propriétaires riverains des voies publiques empierrées supporteront les frais de premier établissement des travaux, d'après les règles qui existent à l'égard des propriétaires riverains des rues pavées.

9. Les dispositions du présent décret pourront être appliquées à toutes les villes qui en feront la demande, par des décrets spéciaux rendus dans la forme des règlements d'administration publique.

---

151. Note du Moniteur universel.

Du 9 juin 1852.

V. *Jours fériés*, p. 136.

Quelques journaux ont attribué au Gouvernement le projet de proposer une loi pour interdire le travail et même la vente les dimanches et autres jours fériés. Jamais le Gouvernement n'a eu cette pensée. Il désire que la loi religieuse soit respectée; il a prescrit aux entrepreneurs des travaux qu'il fait exécuter de ne pas y employer les ouvriers pendant les jours que la religion consacre au repos: mais là s'arrêtent son devoir et son droit; il n'appartient au pouvoir civil d'intervenir, que par l'exemple qu'il donne, dans une affaire de conscience.

---

152. Circulaire du ministre de l'intérieur sur l'exécution du décret du 26 mars 1852, relatif aux rues de Paris.

Du 16 juin 1852.

Monsieur le Préfet, un décret du 26 mars 1852, relatif aux rues de Paris....., a modifié ou complété les règles suivies jusqu'à ce jour en matière de voirie urbaine. Quelques-unes de ces dispositions ont une très-grande importance au point de vue de la salubrité et de la sécurité publiques. Aux termes des articles 2, 4 et 5, l'administration municipale est investie du droit nouveau de poursuivre l'expropriation des portions de terrains riveraines de la voie publique, dont la forme ou l'étendue ne permettrait pas d'y élever des constructions salubres, de contrôler le mode de construction des maisons nouvelles et de veiller à ce que les façades des anciennes soient constamment tenues en bon état de propreté. Enfin, le dernier paragraphe de l'article 2 tranche une question qui donnait souvent lieu à des difficultés entre l'administration des finances et les communes; il prononce l'exemption des droits de timbre et d'enregistrement pour tous les actes et contrats relatifs aux terrains acquis pour la voie publique par simple mesure de voirie.

Ce sont là, Monsieur le Préfet, de notables améliorations dont la voirie urbaine peut retirer d'excellents résultats. Mais les bienfaits qu'on est en droit d'en attendre eussent été incomplets si l'application eût dû en être restreinte à la ville de Paris, aussi l'article 9 porte : « Les dispositions du présent décret pourront être appliquées à toutes les villes qui en feront la demande, par des décrets spéciaux rendus dans la forme des règlements d'administration publique. »

Bien que cet article ne fasse aucune exception, vous remarquerez cependant, Monsieur le Préfet, que les articles 1 et 7 ne sont applicables qu'à la ville de Paris. La capitale est, en effet, la seule ville dont toutes les rues soient soumises au régime de la grande voirie; elle est aussi la seule pour laquelle il soit nécessaire de faire rendre un décret qui statue en ce qui concerne la hauteur des maisons, les combles et les lucarnes. Dans toutes les autres villes, l'autorité municipale a qualité à cet effet, ainsi qu'il résulte de la jurisprudence de la Cour de cassation.

Je vous invite, Monsieur le Préfet, à appeler sur le décret du 26 mars 1852, l'attention toute particulière des conseils municipaux des villes de votre département qui sont pourvues d'un plan d'alignement, et à les mettre à même d'examiner s'il leur convient d'en réclamer l'application.

En cas de vote favorable, vous ferez procéder à une enquête dans les formes tracées par l'ordonnance du 23 août 1835. Le conseil municipal discutera les réclamations consignées ou annexées au procès-verbal, et vous m'adresserez ensuite les pièces de l'affaire avec votre avis.

Recevez, etc.

153. Loi portant fixation du budget général des dépenses et des recettes de l exercice de 1853. (Extrait.)

Du 8 juillet 1852.

V. *Affichage, Afficheurs*, p. 18.

Art. 30. A partir du 1er août 1852, toute affiche inscrite dans un lieu public, sur les murs, sur une construction quelconque, ou même sur toile au moyen de la peinture ou de tout autre procédé, donnera lieu à un droit d'affichage fixé à cinquante cent. pour les affiches d'un mètre carré et au-dessous, et à un franc pour celles d'une dimension supérieure. — Un règlement d'administration publique déterminera le mode d'exécution du présent article (¹). Toute infraction à la présente disposition, et toute contravention au règlement à intervenir, pourront être punies d'une amende de cent à cinq cents francs, ainsi que des peines portées à l'article 464 du Code pénal.

---

154. Circulaire du ministre de la police générale relative aux mesures à prendre contre les chiens errants.

Du 12 juillet 1852.

V. *Chiens*, p. 72.

Monsieur le Préfet, les accidents occasionnés par la morsure des chiens enragés se reproduisent d'une manière déplorable et répandent à juste titre l'inquiétude dans les populations. — Au nombre des causes qui multiplient ces accidents, il convient sans doute de placer en première ligne l'imprudence des habitants, qui contribue trop souvent à rendre inefficaces les prescriptions administratives; mais peut-être aussi les agents préposés à la surveillance de la voirie n'apportent-ils pas toujours, dans l'accomplissement de leurs devoirs, toute l'énergie et toute la vigilance désirables. — Le nombre des chiens qu'on laisse vaguer sur la voie publique augmente tous les jours dans une proportion effrayante ; cette situation impose aux magistrats chargés de la police une responsabilité dont il est nécessaire qu'ils se préoccupent de manière à ne laisser aucune prise à des plaintes fondées.

Il ne suffit pas de publier chaque année, ainsi qu'on a coutume de le faire pendant les fortes chaleurs, les anciennes ordonnances de police qui réglementent les précautions à prendre en pareille matière. Si l'on veut que ces dispositions soient reconnues efficaces, il est essentiel de veiller constamment à ce qu'elles soient exécutées avec une utile sévérité. et rien ne doit être négligé pour vaincre sur ce point l'insouciance des populations, auxquelles il arrive trop souvent d'y contrevenir au détriment de leur propre sécurité. — Il est utile de rappeler aux habitants « que les personnes qui laissent vaguer des chiens sont responsables des accidents que ces animaux peuvent causer, même lorsque l'animal est égaré ou échappé (art. 1385 du Code Napoléon) ; que, suivant l'article 15 du titre 1er de la loi du 22 juillet 1791, ces personnes sont passibles d'une amende et de dommages-intérêts envers ceux que leurs chiens auraient pu léser; que les individus qui laissent courir des chiens après les passants s'exposent à une amende de six à dix francs, aux termes de l'article 475 du Code pénal, lors même qu'il n'est arrivé ni mal ni dommages; » — Qu'enfin, les maires, « après avoir recommandé par un arrêté publié et affiché de tenir les chiens à l'attache, et de ne les laisser sortir que pourvus d'une muselière, peuvent faire tuer ceux qui seraient trouvés errants. » (Loi du 22 juillet 1791.)

Il ne faut que traverser nos villes ou parcourir nos campagnes pour reconnaître que ces règlements sont généralement inobservés. Dans les rues, sur les chemins publics, la plupart des chiens errent sans être muselés ni tenus en laisse, ni porteurs d'un collier sur lequel doit toujours être inscrit le nom du propriétaire. Ainsi s'explique la multiplicité des accidents qui viennent, chaque année, porter la terreur dans les familles. On ne saurait trop se hâter de remédier rigoureusement à des abus aussi funestes, et d'autant plus déplorables, que, dans les classes ignorantes, un trop grand nombre d'individus se montrent disposés à entraver le service des agents de l'autorité, et à s'opposer eux-mêmes à l'abatage ou à l'enlèvement des chiens vaguant sur la voie publique.

Des mesures sévères et promptes doivent être prises pour la destruction immédiate des chiens qu'on laisserait errer dans les rues ou sur les chemins, sans les avoir muselés et mis dans l'impuissance de nuire. Le dépôt sur la voie publique de substances empoisonnées présente des inconvénients graves, et ce moyen ne doit être employé que dans les grandes villes, mais les maires de toutes les communes peuvent faire conduire en fourrière les chiens trouvés en

---

(¹) V. le décret du 25 août 1852 ci-après rendu en exécution de cet article.

contravention et faire abattre ceux qui, au bout de quelques jours, ne seraient pas réclamés. — Aucune considération ne doit faire fléchir l'autorité lorsqu'il s'agit de la sécurité et de la vie des citoyens; c'est un devoir impérieux, et vous ne reculerez pas devant son accomplissement. — Je vous prie de me rendre compte des mesures de précaution que vous aurez prises et des résultats que vous aurez obtenus.

---

155. Décret portant règlement sur l'affichage.

Du 25 août 1852.

V. *Affichage, Afficheurs*, p. 18.

Art. 1er. Tout individu qui voudra, au moyen de la peinture ou de tout autre procédé, inscrire des affiches dans un lieu public, sur les murs, sur une construction quelconque ou même sur toile, sera tenu préalablement de payer le droit d'affichage établi par l'article 30 de la loi du 8 juillet 1852, et d'obtenir de l'autorité municipale dans les départements, et à Paris du préfet de police, l'autorisation ou permis d'afficher. — Le paiement du droit se fera au bureau d'enregistrement dans l'arrondissement duquel se trouvent les communes où les affiches devront être placées. — Dans le département de la Seine, il se fera à un ou plusieurs bureaux d'enregistrement désignés à cet effet.

2. Le droit sera perçu sur la présentation, pour chaque commune, d'une déclaration en double minute datée et signée, contenant : 1° le texte de l'affiche ; 2° les noms, prénoms, professions et domiciles de ceux dans l'intérêt desquels l'affiche doit être inscrite et de l'entrepreneur de l'affichage ; 3° la dimension de l'affiche ; 4° le nombre total des exemplaires à inscrire ; 5° la désignation précise des rues et places où chaque exemplaire devra être inscrit ; 6° et le nombre des exemplaires à inscrire dans chacun de ces emplacements. — Un double de la déclaration restera au bureau pour servir de contrôle à la perception ; l'autre, revêtu de la quittance du receveur de l'enregistrement, sera rendu au déclarant. — Les droits régulièrement perçus ne seront point restituables, lors même que par le fait des tiers l'affichage ne pourrait avoir lieu. — Mais ces droits seront restitués si l'autorisation d'afficher est refusée par l'administration.

3. L'autorité municipale ou le préfet de police ne délivrera le permis d'affichage qu'au vu et sur le dépôt de la déclaration portant quittance dont il est parlé dans l'article précédent, et sans préjudice des droits des tiers. — Chaque permis sera enregistré, sur un registre spécial, par ordre de date et de numéro. — Le numéro du permis devra être lisiblement indiqué au bas de chaque exemplaire de l'affiche qui devra porter, en outre, son numéro d'ordre.

4. Aucun exemplaire de l'affiche ne pourra être d'une dimension supérieure à celle pour laquelle le droit aura été payé.

5. Les contraventions à l'article 30 de la loi du 8 juillet 1852 et aux dispositions du présent règlement seront constatées par des procès-verbaux rapportés, soit par les préposés de l'administration de l'enregistrement et des domaines, soit par les commissaires, gendarmes, gardes champêtres et tous les autres agents de la force publique.

6. Il sera accordé, à titre d'indemnité, aux gendarmes, gardes champêtres et autres agents de la force publique qui auront constaté les contraventions, un quart des amendes payées par les contrevenants.

7. Les poursuites seront faites à la requête du ministère public et portées devant le tribunal de police correctionnelle dans l'arrondissement duquel la contravention aura été commise.

8. Les contraventions à l'article 1er, au dernier alinéa de l'article 3 et à l'article 4 du présent règlement, seront passibles des peines portées par l'article 30 de la loi du 8 juillet 1852. — Il sera dû une amende pour chaque exemplaire d'affiche inscrit sans paiement du droit ou d'une dimension supérieure à celle pour laquelle le droit aura été payé, et pour chaque exemplaire posé dans un emplacement autre que celui indiqué par la déclaration. — Dans tous les cas, les contrevenants devront rembourser les droits dont le trésor aura été frustré.

9. Ces droits, amendes et frais seront recouvrés par l'administration de l'enregistrement et des domaines.

10. Les individus qui auront fait inscrire des affiches sur les murs antérieurement au 1er août 1852 auront un délai de deux mois, à compter de la même époque, pour acquitter le droit d'affichage et se faire délivrer un permis, en se conformant aux dispositions du présent règlement. — Ce délai expiré, l'administration aura la faculté de faire supprimer lesdites affiches.

---

156. Circulaire du ministre de la police générale, relative à la police des cafés-concerts.

Du 6 avril 1853.

V. *Cabarets et cafés*, p. 60.

M. le préfet,— Votre attention a déjà été éveillée sur les cafés chantants ou cafés-concerts. — Ces établissements tendent incessamment à se multiplier. — Par leur nature, ils doivent être l'objet d'une surveillance spéciale, indépendamment des obligations auxquelles ils sont soumis par les règlements de police sur les lieux publics.—Je crois donc devoir vous donner, à cet égard, quelques instructions spéciales.—Les cafés-concerts devant être classés au nombre des débits de boissons, tombent sous l'application du décret du 29 décembre 1851, et ne peuvent, dès lors, être ouverts, nonobstant leur spécialité, qu'en vertu de l'autorisation préfectorale, qui est toujours révocable. Le tarif des objets de consommation et le programme du concert du jour seront ostensiblement affichés dans l'intérieur de l'établissement. Tout chant contraire à l'ordre ou à la morale doit y être sévèrement interdit. Ne devra être toléré à l'orchestre l'usage d'aucun instrument bruyant, de nature à troubler le repos public. - Un double du programme du concert devra être remis, vingt-quatre heures au moins à l'avance, à M. le commissaire de police, qui pourra, s'il y a lieu, le communiquer aux personnes qui justifieraient d'un intérêt sérieux à en prendre connaissance. Aucune modification ne pourra être apportée à ce programme sans en rendre compte, avant l'ouverture du concert, à M. le commissaire de police.

Je vous prie, M. le préfet, de veiller à la stricte exécution de ces instructions, d'après lesquelles devront être formulées les autorisations que vous serez dans le cas d'accorder aux propriétaires ou entrepreneurs de cafés concerts, dans votre département, sans préjudice de toutes autres obligations résultant des règlements sur la police des lieux publics.

Recevez, etc.

---

157. Circulaire du ministre de l'intérieur, relative à la teneur des affiches des théâtres départementaux.

Du 10 juillet 1853.

V. *Théâtres*, 183.

M. le préfet, — Des abus nombreux se sont introduits dans l'annonce des spectacles par les affiches placardées dans les villes ayant un théâtre. Les directeurs, pour piquer la curiosité publique, changent ou dénaturent les titres des ouvrages, ou bien y ajoutent des annonces souvent inconvenantes sur la nature de l'esprit de l'ouvrage, sur la mise en scène, sur les droits des acteurs à la bienveillance des spectateurs. Toutes ces infractions aux instructions ministérielles offrent des inconvénients que l'administration doit faire cesser. Je vous invite donc à donner des ordres très-précis aux sous-préfets, aux maires et commissaires de police de votre département, pour que, à dater du 1er août, les affiches de théâtre n'annoncent au public que les titres des ouvrages dramatiques portés sur les brochures visées au ministère de l'intérieur ou sur les Répertoires, et pour que, sous aucun prétexte, ces titres ne puissent être *dénaturés* ou *doubles*.

Je vous prie de m'accuser réception de cette circulaire, et de me faire connaître les mesures que vous prendrez pour assurer l'exécution des instructions qu'elle contient.

Recevez, etc.

---

158. Circulaire du ministre de l'intérieur, relative aux aérostats [1].

Du 7 octobre 1853.

V. *Aérostats*, p 17.

M. le préfet, depuis quelque temps les journaux des départements mentionnent fréquemment des incendies occasionnés par les Montgolfières. — Je crois devoir appeler votre attention sur les dangers de ces sortes d'aérostats, et vous inviter à prohiber d'une manière absolue l'usage des Montgolfières à réchaud suspendu au-dessous de l'orifice du ballon. Cette interdiction, déjà portée par l'ordonnance de police du 21 août 1819, est suffisamment justifiée par les sinistres que je viens de rappeler. Je vous prie de donner des instructions dans ce sens à MM. les sous-préfets et maires de votre département.

Quant aux ascensions en ballons à gaz comprimé, autant il importe de ne point mettre obstacle aux expériences qui peuvent avoir pour résultat d'étendre le domaine légitime de la science, autant il est du devoir de l'administration de soumettre les ascensions aérostatiques à des mesures de précautions et de prudence,

---

[1] V. à sa date la circulaire du 2 sept. 1825.

afin de concilier la sécurité des personnes et les intérêts sérieux de la science. — Ainsi vous ne tolérerez aucune ascension aérostatique dont feraient partie des femmes ou des mineurs, à moins que les individus de cette catégorie n'exercent la profession d'aéronautes et n'accompagnent leur père ou leur mari; — Vous interdirez toute ascension où figureraient des animaux d'un poids considérable; — Vous prohiberez, en un mot, tout ce qui, sans nécessité, pourrait mettre en péril la vie des individus qui se livrent aux expériences aérostatiques.

Je sais qu'il faut faire une part raisonnable aux intérêts de la science, et que l'art ces aéronautes, comme toutes les découvertes dont l'humanité se glorifie, ne peut se développer et se perfectionner qu'au prix de certains périls que les hommes dévoués affrontent ou savent surmonter. Il ne s'agit donc pas de prohiber les nouveautés de ce genre, qui peuvent amener un progrès sérieux ou faciliter la solution de certains problèmes. Le devoir de l'administration consiste seulement à soumettre ces expériences à des conditions de sécurité et d'ordre propres à mettre obstacle aux tentatives et aux fantaisies déraisonnables et inutiles qui seraient susceptibles de donner lieu à de fâcheux événements. C'est dans ce sens que je vous prie d'interpréter mes instructions.

Recevez, etc.

---

159. Décision ministérielle, relative à l'exposition en vente dans les halles et marchés.

Janvier 1854.

V. *Marchés*, n° 40, p. 149.

Un conseil municipal prend une délibération d'après laquelle les préposés de la commune pourraient obliger les marchands forains à faire leurs étalages sur les rues et places publiques désignées par l'autorité municipale, sans pouvoir les établir dans des propriétés particulières.

Des particuliers, habitués à louer ces propriétés aux marchands forains les jours de foire et de marché, réclament.

Quid?

Aux termes de l'avis émis le 16 mars 1831 par le comité de l'intérieur et du commerce, « un règlement qui prescrit aux marchands de se rendre directement sur le marché porte une véritable atteinte au droit qu'a tout citoyen qui a acquitté les impôts légitimement exigés, de se transporter avec ses provisions partout où il lui conviendra. »

Par application du principe contenu dans cet avis, il conviendrait d'annuler toute délibération qui serait de nature, comme celle précitée, à entraver la liberté du commerce et de l'industrie.

En effet, le pouvoir municipal, en matière de foires et marchés, se borne à maintenir le bon ordre et à assurer une libre circulation sur la voie publique, à vérifier la fidélité du débit des denrées et de la salubrité des comestibles.

---

160. Note du Moniteur universel.

Du 6 juillet 1854.

V. *Jours fériés*, p. 136.

Quelques personnes ont attribué au gouvernement une intervention active dans la question de l'observation du dimanche. Jamais le gouvernement n'a eu cette pensée; il désire que la loi religieuse soit observée; il en donne partout l'exemple; mais il ne veut et ne doit pas faire plus : c'est là pour chacun une question de libre conscience qui n'admet ni contrainte ni intimidation.

---

161. Loi sur l'organisation municipale. (Extrait.)

Du 5 mai 1855.

V. *Armes*, p. 25.

Art. 50. Dans les communes chefs-lieux de département, dont la population excède 40,000 âmes, le préfet remplit les fonctions de préfet de police, telles qu'elles sont réglées par les dispositions actuellement en vigueur de l'arrêté des consuls du 12 messidor an VIII.

Toutefois, les maires desdites communes restent chargés, sous la surveillance du préfet, et sans préjudice des attributions, tant générales que spéciales, qui leur sont conférées par les lois :

1° De tout ce qui concerne l'établissement, l'entretien, la conservation des édifices communaux, cimetières, promenades, places, rues et voies publiques ne dépendant pas de la grande voirie ; l'établissement et la réparation des fontaines, aqueducs, pompes et égouts ;

2° De la police municipale en tout ce qui a rapport à la sûreté et à la liberté du passage sur la voie publique, à l'éclairage, au balayage, aux arrosements, à la solidité et à la salubrité des constructions privées ;

Aux mesures propres à prévenir et à arrêter les accidents et fléaux calamiteux, tels que les incendies, les épidémies, les épizooties, les débordements ;

Aux secours à donner aux noyés ;

A l'inspection de la salubrité des denrées, boissons, comestibles et autres marchandises mises en vente publique, et de la fidélité de leur débit ;

3° De la fixation des mercuriales ;

4° Des adjudications, marchés et baux (¹).

---

162. **Circulaire du ministre de l'agriculture, du commerce et des travaux publics, relative à la fidélité dans le débit des chandelles et des bougies.**

Du 14 mai 1855.

V. *Chandelles*, p. 68.

M. le préfet, la répression des fraudes qui se sont introduites dans la vente des chandelles et des bougies a donné lieu, depuis quelque temps, à des difficultés sérieuses. La diversité des coutumes locales, en ce qui concerne le poids net des paquets de chandelles et de bougies, après avoir favorisé les abus, en rend l'appréciation très-délicate. La jurisprudence des maires et officiers de police chargés de constater les délits, varie, en outre, comme les usages. Il en est résulté, d'une part, que les fabricants et détaillants de chandelles et de bougies n'ont pas été astreints, dans toutes les parties de la France, à des obligations identiques, et d'autre part, que les abus, dans certains endroits, pourraient demeurer impunis en même temps que des condamnations seraient ailleurs prononcées pour mise en vente de produits confectionnés conformément aux règles en vigueur aux lieux de fabrication.

Cet état de choses a provoqué de nombreuses plaintes, dont la plupart ont paru dignes d'obtenir satisfaction. Mon département a considéré que cette satisfaction serait incomplète si les mesures prises par l'autorité publique, en exécution des lois, pour assurer la fidélité de la vente des chandelles et des bougies n'étaient combinées partout d'une manière uniforme, susceptible à la fois de procurer une juste sécurité au commerce loyal, de respecter la liberté et les convenances de la consommation, et d'atteindre les fraudes dans la vente. A cette fin, il a été préparé un projet de règlement que mon prédécesseur a soumis aux chambres de commerce et aux chambres consultatives des arts et manufactures par sa circulaire du 21 octobre 1863, et qui vous a été communiqué par une autre circulaire du 29 du même mois.

L'enquête ouverte sur le projet dont il s'agit a été favorable aux vues de mon département. Les dispositions proposées ont rencontré, dans ce qu'elles avaient d'essentiel, un assentiment à peu près unanime. Toutefois, les observations qui ont été présentées sur quelques points m'ont donné lieu de penser que l'économie du projet pourrait être utilement simplifiée. L'étude définitive de la question m'a conduit, en outre, à croire que la mesure à intervenir, ramenée, au fond, à des termes plus sommaires, devait, par suite, revêtir une forme moins solennelle. Au lieu de la consacrer par un décret, j'estime qu'il suffit de la mettre en vigueur par voie d'arrêtés municipaux.

J'ai l'honneur, en conséquence, de vous adresser un modèle d'arrêté que je vous prie de porter à la connaissance des maires de votre département.

Vous les inviterez à prendre, chacun dans sa commune, un arrêté qui reproduise purement et simplement ce modèle. Comme la jurisprudence administrative doit être désormais fixée dans le sens que j'indique, vous aurez soin, à l'avenir, d'annuler, en vertu de l'art. 11 de la loi du 1837, tout arrêté municipal sur la matière qui s'écarterait en quoi que ce soit du type ci-annexé, et de prendre, au besoin, en vous conformant à l'art. 15 de la même loi, un arrêté pour les communes dont les maires, après mise en demeure, auraient négligé de le faire. Je vous recommande particulièrement, M. le préfet, de vous conformer à ces prescriptions.

Ainsi la réglementation relative à la vente des chandelles et des bougies deviendra uniforme ; elle ne prêtera à aucune difficulté d'interprétation, car elle sera précise et peu compliquée ; elle se réduira à deux dispositions, savoir :

(¹) Nous ferons remarquer que, dans les villes de 40,000 âmes, les maires ne sont plus chargés de la police des théâtres, de celle des maisons publiques et de l'exécution des lois sur les fêtes nationales.

1° Que les chandelles et bougies ne pourront être vendues qu'au poids net ;

2° Que les paquets devront porter sur l'enveloppe, en caractères d'un centimètre au moins de hauteur, une inscription indicative de leur poids net, enveloppe non comprise, précédée des mots : *Poids net.*

Ces dispositions, j'en ai la confiance, permettront d'atteindre au triple but que, dans cette matière, ainsi que je l'ai dit plus haut, il paraissait convenable de se proposer.

Le commerce loyal jouira d'une parfaite sécurité. En effet, il saura quelle obligation lui incombe. Cette obligation unique et la même dans toutes les parties de la France, bien définie et facile à remplir, le mettra, par son accomplissement, à l'abri de toutes poursuites. Lorsque les paquets de chandelles et de bougies porteront une suscription indicative de leur poids net, et que ce poids sera réellement conforme à la suscription, ni les fabricants ni les détaillants ne pourront encourir de reproches, alors même que, d'après l'usage de la localité où les paquets seront mis en vente, leur poids net devrait être différent. L'usage, en pareille matière, constitue une sorte de convention tacite, mais à laquelle il est parfaitement licite de déroger par des conventions expresses. L'indication apparente du poids net équivaut à une convention expresse, puisqu'elle emporte déclaration de la quantité que le marchand entend vendre et que l'acheteur consent à acquérir en pleine connaissance de cause. L'usage, quel qu'il soit, ne saurait donc être opposé ici à une suscription sincère. Ainsi, le commerce se trouvera en possession d'un moyen efficace de justifier de sa probité, et il verra disparaître les dangers dont, en l'état actuel des choses, il a été ou s'est cru menacé.

La liberté et les convenances de la consommation seront respectées. En effet, le poids net des paquets de chandelles et de bougies pourra varier, selon les localités, au gré des usages. Le consommateur aura donc toujours la faculté de prendre les produits qu'il préfère et dont il a l'habitude. Il obtiendra que la fabrication et le débit de la marchandise suivent ses goûts sans aucun empêchement légal. Il sera seulement pourvu d'une facilité nouvelle pour s'assurer si la quantité que l'on prétend lui vendre est bien celle qu'il veut acheter.

La constatation des fraudes sera certaine. En effet, elle résultera du rapprochement opéré par les agents chargés de surveiller la fidélité du débit, entre le poids net mentionné sur la suscription des paquets et le poids net de la marchandise renfermée dans ces paquets. Les deux termes de la comparaison seront invariables et ne donneront, en conséquence, lieu à aucune contestation. Le désaccord de ces deux termes rendra la mauvaise foi évidente et dénoncera infailliblement, sans leur laisser d'excuses, toutes combinaisons destinées à tromper le public.

Les contraventions qui résulteraient du défaut d'inscription indicative du poids net sur les paquets de chandelles et de bougies, nonobstant les prescriptions des arrêtés municipaux, devront être poursuivies ; en outre, le défaut d'inscription devra toujours être considéré comme présomption de l'intention de tromper le public. En conséquence, lorsqu'il résultera de la vérification des paquets dénués d'inscription que leur poids est inférieur au *maximum* du poids des paquets pourvus d'inscription et mis en vente dans la localité, il sera indispensable de dénoncer le fait à l'autorité judiciaire pour l'application, s'il y a lieu, de la loi du 27 mars 1851, art. 1ᵉʳ, § 3.

Je ne doute pas, M. le préfet, que les instructions contenues dans la présente circulaire ne suffisent pour mettre un terme aux embarras auxquels a donné lieu la répression de la fraude dans la vente des chandelles et bougies, tout en rendant cette répression certaine. Je vous invite à tenir la main à ce qu'elles soient observées, et je vous prie de m'en accuser réception (¹).

Recevez, etc.

---

163. Circulaire du ministre de l'agriculture, du commerce et des travaux publics aux préfets, relative à la police de la navigation des canaux.

Du 21 juin 1855.

V. *Abreuvoirs, Eaux,* pp. 16 et 95.

(¹) Cette circulaire est suivie du modèle de l'arrêté que nous avons donné, p. 69.

Dans beaucoup de localités, si ce n'est dans toutes, des consommateurs sont dans l'habitude d'acheter une seule chandelle de celles dites de 6 ou de 8 (ce qui signifie de six chandelles ou de huit chandelles pesant ensemble 500 gr.) et les marchands se sont demandé comment ils pouvaient contenter les consommateurs sans enfreindre l'arrêté municipal. Rien n'est plus simple, il suffit de faire un paquet d'une chandelle et d'indiquer son poids net sur l'enveloppe.

A cette circulaire, que nous ne reproduisons pas ici, était joint un modèle de règlement de police des canaux, que MM. les préfets ont dû prendre. Nous en extrayons seulement le titre VI, qui intéresse la généralité des citoyens.

Art. 1er. Il est défendu :

1° De jeter ou déposer dans le canal ou sur ses dépendances des immondices, pierres, graviers, bois, paille ou fumiers, ni rien qui puisse en embarrasser ou atterrir le lit : d'y planter aucuns pieux, d'y mettre rouir du chanvre ou du lin, comme aussi d'extraire des pierres, terres, sables et autres matériaux plus près des bords que douze mètres (art. 4 de l'arr. du 24 juin 1777);—2° De détériorer, soit les digues ou ouvrages d'art, soit les plantations ou récoltes (art. 11 de l'arr. du 24 juin 1777) ; — 3° De suivre, avec des bestiaux ou des chevaux autres que ceux employés au halage, les levées du canal ou des rigoles et autres parties des francs-bords qui ne sont pas grevées de servitudes de passage; — 4° D'y laisser pâturer des chevaux ou toute autre espèce de bétail ; — 5° D'y chasser ;—6° D'y pêcher autrement qu'à la ligne volante.

2. Il est défendu aux mariniers et autres :

1° D'embarrasser les ports ou gares qui leur sont affectés, de laisser vaguer les soupentes de leurs traits de bateaux , de garer leurs bateaux ou radeaux du côté du halage (art. 8 de l'arr. du 24 juin 1777) ; – 2° D'amarrer les bateaux, trains ou radeaux sur les banquettes plus près de l'arête du canal que trois mètres ; — 3° D'attacher aucun cordage aux arbres plantés sur les banquettes ou les francs-bords, et de tenir les cordages élevés au-dessus des banquettes, de manière à gêner ou interrompre le passage ; — 4° De se servir de harpons , gaffes, bâtons ferrés et autres engins en usage sur les rivières, qui pourraient endommager les maçonneries, portes d'écluses et autres ouvrages d'art.

3. Les riverains, mariniers ou autres devront faire enlever, dans le plus bref délai possible, les pierres, terres, bois, pieux, débris de bateaux et autres empêchements étant de leur fait ou à leur charge dans le lit du canal ou sur les bords. Faute de quoi, il y sera pourvu à leurs frais, sans préjudice de l'amende encourue pour la contravention (art. 3 de l'arr. du 24 juin 1777).

4. Dans les traversées des villes, bourgs et villages, et dans les ports publics, nul ne pourra réparer les constructions sises le long et joignant le canal, ou en élever de nouvelles, qu'après y avoir été autorisé et en se conformant aux alignements qui lui seront donnés par l'administration.

5. Tout propriétaire qui, en dehors des villes, bourgs et villages et des ports publics, voudra élever des constructions ou faire des plantations sur ses terrains le long du canal, ne pourra commencer lesdites constructions ou plantations avant que, sur sa demande, le préfet ait fait reconnaître et tracer contradictoirement la limite du domaine public. — Aucune plantation ne pourra, d'ailleurs, conformément à l'art. 671 du Cod. Nap., être faite qu'à une distance de deux mètres de la ligne séparative du domaine public et des propriétés particulières, pour les arbres à haute tige, et à la distance d'un demi-mètre, pour les autres arbres et les haies vives.

6. Nul ne pourra circuler, soit à cheval, soit en voiture, sur les digues du canal, qu'en vertu de l'autorisation de l'ingénieur en chef, qui ne pourra être accordée que dans l'intérêt d'un service public. — Les employés à cheval des contributions indirectes et des douanes dans l'exercice de leurs fonctions, sont seuls dispensés de cette autorisation.

7. Ne pourront être établis qu'en vertu d'une autorisation, toujours révocable, de l'administration, et sous les conditions qu'elle aura déterminées :—1° Les ouvertures ou sorties sur les digues et francs-bords du canal ou des rigoles; — 2° Les lavoirs ou abreuvoirs; — 3° Les prises d'eau sur le canal ;—4° Les égouts dirigés vers le canal; — 5° Les ports privés ; — 6° Les grues, chèvres et autres appareils pour l'embarquement ou le débarquement des marchandises; — 7° Et tous autres avantages qui s'étendraient sur le domaine du canal.

8. Les particuliers peuvent, sur le rapport des ingénieurs et de l'administration des contributions indirectes, obtenir l'autorisation, sous des conditions déterminées, d'avoir des barques pour leur usage et pour l'exploitation de leurs propriétés ; mais il leur est interdit, sous les peines de droit, d'appliquer ces barques au transport des passagers d'une rive à l'autre, avec ou sans rétribution.— Ces barques devront d'ailleurs être garées de manière à ne gêner ni la navigation ni le halage.

---

164. Circulaire du ministre de l'agriculture, du commerce et des travaux publics aux préfets, sur les mesures de police à prescrire dans les bains de mer. (Extrait.)

Du 24 juin 1855.

V. *Mer*, p. 157.

.... Dans les nombreuses localités où il n'existe pas de bains de mer organisés, mais où un certain nombre de personnes se réunissent pour se baigner, les mesures propres à prévenir les accidents doivent être l'objet de la sollicitude de MM. les maires. Indépendamment de la surveillance particulière qu'ils ont à exercer sur les points du rivage dans l'intérêt de l'ordre public et des mœurs, ils ne doivent pas permettre l'établissement de cabanes ou de tentes sur la plage pour l'usage des baigneurs, sans que les propriétaires de ces abris s'engagent à y entretenir les moyens et appareils de sauvetage déterminés par l'autorité, et sans qu'un marinier exercé à l'art de la natation soit toujours présent lorsque les baigneurs sont réunis.

Je vous prie, M. le préfet, d'adresser, sur ce point si important pour la sûreté publique, des recommandations spéciales aux autorités municipales, et de tenir la main à ce qu'il y soit fait droit.

Recevez, etc.

---

165. Lettre du ministre de l'agriculture et des travaux publics au sujet du règlement général pour la police de chaque port. (Extrait.)

Du 12 juillet 1855.

V. *Ports*, 168.

Un règlement sur la police des ports maritimes de commerce attribue aux officiers de port, en certaines occasions, un pouvoir discrétionnaire dont il a paru indispensable qu'ils conservassent l'exercice sous leur propre responsabilité. Ils sont investis du droit presque exclusif d'assurer l'exécution de ce règlement. Un petit nombre de restrictions ont cependant été apportées à cette autorité étendue.

Ainsi l'intervention directe des maires est admise pour faire enlever d'office les marchandises infectes dont le séjour sur les quais pourrait présenter quelques dangers. L'exécution de ces mesures, qui intéressent la sûreté (¹) publique, est l'une des attributions de l'autorité municipale.

---

166. Décision ministérielle, relative aux tarifs et règlements des abattoirs.

1855.

V. *Abattoirs*, p. 12.

Il n'y a pas lieu d'approuver une disposition qui interdirait le débit dans une ville, de viandes autres que celles provenant de bestiaux tués à l'abattoir. — En effet, le droit de surveillance sur les comestibles, dont l'autorité municipale est investie dans l'intérêt de la salubrité publique, ne saurait s'étendre jusqu'à une exclusion inconciliable avec les principes de liberté commerciale, consacrés par notre législation. On ne peut donc qu'inviter l'administration municipale à renfermer son action répressive, en pareille matière, dans les limites d'une simple surveillance, telle qu'elle est autorisée par les règlements.

---

167. Décision du ministre de l'intérieur au sujet des attributions des autorités municipales en ce qui concerne la police des gares des chemins de fer.

Du 7 janvier 1856 (²).

Une difficulté s'est présentée en dernier lieu sur l'étendue des attributions de police dont les maires sont investis dans la partie du territoire communal occupée par les gares des chemins de fer et leurs abords. Il a été demandé notamment s'il appartenait aux maires de régler l'ordonnance des fêtes et cérémonies publiques qui pouvaient avoir lieu dans l'intérieur de la gare, et si, soit dans ce cas particulier, soit pour toutes les mesures de police, ses ordres devraient être exécutés par les soins du commissaire de surveillance administrative ou par ceux du commissaire de police ordinaire.

Ces questions ont été résolues de la manière suivante :

Aucune loi n'a soustrait à l'action de l'administration générale ou de l'administration municipale les portions de territoire occupées par les chemins de fer ou leurs abords, le ministre de l'intérieur, les préfets et les maires y exerceront tous les pouvoirs de police qui leur appartiennent dans toute l'étendue de l'empire, du département ou de la commune. Mais ce service des chemins de fer a des nécessités d'exploitation qui lui sont propres. L'exécution du contrat intervenu entre l'Etat et les Compagnies doit être garantie ; la sûreté des voyageurs est pro-

---

(¹) *Et la salubrité*, aurait-on dû dire.

(²) C'est par erreur que dans le *Bulletin officiel du ministère de l'intérieur*, l'on a donné la date du 7 janvier 1855 à cette décision.

tégée par une législation particulière et exige une police spéciale. A ces divers points de vue, le ministre des travaux publics, les ingénieurs, les commissaires de surveillance administrative exercent une action qui ne saurait se confondre avec celle du département de l'intérieur et des fonctionnaires qui en dépendent.

En se basant sur ces principes, la solution des questions posées sera toujours facile pour tout ce qui concerne la police municipale ; les attributions du maire ne s'arrêtent pas aux limites de l'enceinte du chemin de fer, mais il n'a pas à intervenir dans ce qui concerne la police spéciale de l'exploitation. Dans les affaires qui peuvent présenter un caractère mixte, les mesures qu'il prescrit ne peuvent être en opposition avec celles de l'administration des chemins de fer, et, à cet égard, les arrêtés émanés du ministre des travaux publics, ou pris avec son approbation, indiqueront à l'autorité municipale le point où cesse sa compétence. La circonstance exceptionnelle d'une cérémonie publique, se passant dans l'intérieur d'une gare, est évidemment de celles où il y a lieu de faire une juste part des pouvoirs de la police municipale et des nécessités de l'exploitation.

Aussi, bien que l'ordonnancement de la cérémonie doive lui être réservé, le maire fera-t-il bien de concerter avec l'administration du chemin de fer les dispositions à prendre.

Quant à la question de savoir si c'est au commissaire de surveillance administrative ou au commissaire de police ordinaire que le maire doit adresser ses réquisitions, il n'est pas douteux qu'elle ne doive être résolue dans le sens de la seconde alternative.

Les commissaires de surveillance administrative sont précisément institués pour assurer l'exécution des mesures qui sont en dehors des attributions du pouvoir municipal. Il est vrai que, dans un intérêt général, ces fonctionnaires ont reçu, avec le titre d'officiers de police judiciaire, la mission de constater et de poursuivre les crimes, délits et contraventions de droit commun ; mais ils n'exercent cette mission que concurremment avec les commissaires de police ordinaire, et le ministre des travaux publics, dans une circulaire du 1er juin 1855, leur a même enjoint de s'abstenir lorsque le commissaire de police était présent. A plus forte raison lorsqu'il s'agit d'un service d'ordre et de sûreté, est-ce au fonctionnaire chargé de la police municipale qu'il appartient de veiller à l'exécution des mesures arrêtées par le maire dans les limites de sa compétence.

---

168. Décision ministérielle, relative à la désignation des places dans les foires et marchés.

1856, n° 61.

V. *Marchés*, n° 46, p. 150.

D'après la jurisprudence administrative, la désignation des places aux foires et marchés, rentre dans les attributions du maire. Mais des doutes se sont élevés sur le point de savoir si ce principe doit être entendu purement et simplement en ce sens qu'il appartient aux maires de désigner les emplacements affectés, dans les marchés, à telle ou telle nature de marchandises, ou bien s'il n'est pas susceptible d'une application plus large, et consistant dans la désignation des places individuelles.

Lorsque le tarif des droits à percevoir, a dit le ministre de l'intérieur, ne détermine pas les emplacements affectés aux divers genres de marchandises, il appartient au maire, en vertu des pouvoirs de police qui lui sont confiés par la loi, de faire cette désignation, afin d'assurer le bon ordre dans le marché, de faciliter l'inspection sur la fidélité du débit et la salubrité des denrées. Mais, à moins de stipulations expresses à cet égard, le maire ne saurait assigner, pour tous les jours de marché, la place réservée exclusivement à chaque marchand, sans porter atteinte aux droits du fermier et s'immiscer dans l'exécution même des clauses du bail. Au surplus, les difficultés qui s'élèvent entre les communes et les adjudicataires de droits de place sur le sens des dispositions du cahier des charges, sont, comme en matière d'octroi, du ressort du préfet en conseil de préfecture, sauf recours au *conseil d'Etat* (¹).

---

169. Décision ministérielle sur la signification à donner au mot *successeurs* contenu dans l'art. 10 du décret du 23 prairial an 12, sur les sépultures.

1856, n° 87.

V. *Cimetières*, p. 78.

Cette décision a été rapportée par nous dans la note n° 4 de la p. 247. Nous ne la reproduisons pas ici.

(¹) Voy. un décret au contentieux du 8 avril 1852.

170. Instruction du ministre de l'intérieur au sujet du transport des corps.

Du 10 mars 1856.

V. *Cimetière*, p. 78.

M. le préfet, le décret du 23 prairial an 12, qui règle la police des sépultures, ne renferme aucune disposition expresse en ce qui concerne le transport des corps d'un département dans un autre. Une circulaire, émanée du ministre de l'intérieur, du 26 thermidor an 12 [1], avait eu pour objet de combler cette lacune au moyen des prescriptions suivantes : « Les citoyens ont la faculté, dont ne parle pas le décret, de faire transférer d'un département dans un autre les corps de leurs parents ou amis. L'exercice de ce droit naturel, qui doit être précédé des formalités nécessaires pour empêcher la putréfaction de ces corps, réclame des mesures administratives contre l'abus qu'on pourrait en faire en les soustrayant par ce moyen à la surveillance de l'autorité publique. Lors de la déclaration du décès à l'officier public de la commune où il a eu lieu, on doit donc faire mention dans l'acte, des intentions, soit du décédé, soit de ses parents ou amis. L'officier public doit, en outre, dresser procès-verbal de l'état du corps au moment où on l'enlève ou à l'instant où on l'enferme dans la bière. Il délivre ensuite un passeport motivé au conducteur du corps, et il adresse directement au maire du lieu où il doit être déposé, et ce, aux frais des parents ou amis du décédé, une expédition de l'acte de décès et du procès-verbal de l'état du corps, afin que le maire de cette dernière commune veille à l'exécution du décret. »

Ces dispositions, il faut le dire, étaient encore incomplètes ; elles s'appliquaient seulement au transport des corps, qui devait avoir lieu immédiatement après le décès, et ne contenaient aucune prescription pour les cas assez fréquents où il s'agit d'exhumer un corps déjà mis en terre pour le réinhumer dans un autre lieu.

L'on avait mis en doute, d'un autre côté, la légalité du droit donné au maire de prendre une décision qui devait être exécutée, non-seulement en dehors de sa commune, mais même dans un autre département. L'expérience avait fait reconnaître, enfin, que, dans les communes rurales surtout, les autorités municipales n'étaient pas toujours en position de prescrire utilement les mesures de précaution exigées dans l'intérêt de la salubrité publique.

Par suite de ces diverses considérations, les prescriptions de la circulaire du 26 thermidor an 12, bien que n'ayant jamais été rapportées d'une manière expresse, ont été modifiées dans la pratique. Elles ont subi, en fait, des changements dont l'expérience a démontré l'utilité. Il m'a paru opportun de donner la consécration officielle à ces modifications, et de résumer, en même temps, de la manière suivante l'ensemble des dispositions qui régissent la matière.

L'exhumation d'un cadavre, quelle que soit sa destination, ne peut avoir lieu qu'en vertu d'une autorisation spéciale du maire.

Le transport d'un cadavre d'un lieu à un autre dans l'étendue de la même commune, doit être autorisé par le maire.

Le transport d'une commune à une autre dans le même arrondissement, doit être autorisé par le sous-préfet [2].

Le transport d'un arrondissement dans un autre du même département, doit être autorisé par le préfet.

Enfin, le transport d'un département dans un autre département, doit être autorisé par le ministre de l'intérieur [3].

Lorsque le corps d'une personne décédée hors de France est présenté à la frontière de terre, c'est au préfet du département-frontière qu'il appartient d'autoriser le transport du corps dans l'étendue de sa juridiction ; mais s'il s'agit de transporter le corps dans un autre département ou de lui faire traverser la France, l'autorisation du ministre de l'intérieur est nécessaire.

Toutefois, dans les cas d'urgence, et lorsqu'ils auront la conviction qu'un retard serait de nature à offrir des inconvénients, les préfets pourront accorder exceptionnellement l'autorisation de transporter le corps ; mais alors ils auront le soin de prévenir immédiatement ceux de leurs collègues que la translation devra intéresser, et d'en rendre compte au ministre de l'intérieur par un rapport spécial indiquant les motifs qui n'auront pas permis d'attendre ses ordres.

La décision du ministre de l'intérieur devra toujours être réclamée lorsqu'il s'agira de laisser entrer en France, par la frontière de terre, ou de laisser passer d'un département dans un autre les corps des personnes décédées dans les pays où régnera une maladie contagieuse, et, dans ce cas, MM. les préfets, en provo-

---

[1] V. cette circulaire à sa date, p. 251.

[2] En cas d'urgence, les sous-préfets peuvent autoriser le transport d'un corps dans une commune de l'arrondissement limitrophe. (*Instr. du 28 janv. 1857.*)

[3] Les préfets autorisent maintenant le transport des corps d'un département dans un autre et même à l'étranger. (*Décret du 15 avril 1861, art. 1, n° 15.*)

quant l'autorisation du ministre, devront joindre à leur rapport l'avis du conseil de salubrité.

Les autorisations accordées dans les limites ci-dessus indiquées ne changent rien, du reste, aux mesures prescrites dans l'intérêt de la salubrité publique. Les précautions d'usage à prendre pour l'enlèvement des corps durant le trajet ou à l'arrivée, conformément à la circulaire du 26 thermidor an 12, doivent toujours être observées. — Recevez, etc.

---

171. Circulaire du ministre de l'agriculture, du commerce et des travaux publics, contenant des instructions au sujet du coloriage des liqueurs, bonbons, etc., et à l'emploi de papiers coloriés.

Du 26 juin 1856.

V. *Bonbons*, p. 40.

M. le préfet. par une circulaire du 16 décembre 1839, un de nos prédécesseurs a invité les préfectures à faire prendre respectivement dans les communes de leur ressort, et conformément à un modèle uniforme, des arrêtés municipaux ayant pour objet d'interdire dans le commerce de la sucrerie et des liqueurs, l'emploi de certaines substances minérales dont l'usage avait démontré les inconvénients et même les dangers Mais il est permis de penser que ces instructions n'ont pas été exécutées partout avec le soin et la persévérance nécessaires, puisque des accidents regrettables d'intoxication, déterminés par des préparations de la nature de celles dont il vient d'être question, sont encore signalés. D'autre part, il a été reconnu que les papiers qui servent à envelopper les sucreries et les substances alimentaires présentent eux-mêmes des dangers d'intoxication lorsqu'ils ont été préparés et coloriés au moyen de certains ingrédients minéraux ou végétaux.

Dans cette situation, il importe à l'intérêt de la santé publique de renouveler, en les complétant et en les modifiant sur quelques points, les mesures dont la circulaire précitée du 16 décembre 1839 avait recommandé l'adoption. Déjà la préfecture de police a rendu obligatoires, pour l'étendue de son ressort, de nouvelles dispositions en ce sens ; et, de mon côté, je viens, suivant les propositions du comité consultatif d'hygiène publique, vous inviter à prendre vous-même (¹) et à faire exécuter dans votre département, un arrêté dont je vous envoie le modèle, suivi d'instructions en forme d'avis qui seront à notifier aux épiciers, charcutiers et autres débitants de comestibles, aussi bien qu'aux distillateurs et confiseurs.

Recevez, etc.

Le ministre de l'agriculture, du commerce
et des travaux publics,
Signé E. ROUHER.

MODÈLE D'ARRÊTÉ.

Nous.....

Considérant qu'il se fait un débit considérable de liqueurs, bonbons, dragées et pastillages coloriés ;

Que pour colorier ces marchandises, on emploie fréquemment des substances minérales qui sont vénéneuses, et que cette imprudence a donné lieu à des accidents graves ;

Que les mêmes accidents sont résultés de la succion des papiers blancs lissés ou coloriés avec des substances minérales, telles que le blanc de plomb, l'oxyde de cuivre, le jaune de chrôme, le vert de schecle ou de schweinfurt, le vert métis, dans lesquels les sucreries sont enveloppées ou coulées ;

(¹) Par suite de cette invitation, les préfets ont pris un arrêté conforme au modèle faisant suite à cette circulaire ; mais cet arrêté soulève une question de compétence qui n'a pas encore été portée devant la Cour de cassation, et qui, nous le pensons, y recevra une solution identique à celle qu'ont reçue les arrêtés préfectoraux relatifs au commerce des engrais, c'est-à-dire, que les préfets n'ont reçu d'aucune loi le pouvoir d'inspection sur la fidélité du débit des denrées ou sur la salubrité des comestibles exposés en vente publique, que la loi des 16-24 août 1790 a confiée spécialement à la vigilance et à l'autorité des maires, et que, dès lors, leurs arrêtés ne sont pas obligatoires. Nous savons très-bien que, en relevant l'illégalité des arrêtés préfectoraux, nous blesserons certaines croyances, certaines susceptibilités ; mais nous pensons mieux servir la chose publique en disant la vérité, qu'en flattant le penchant des préfectures à se substituer aux maires dans l'exercice de la police municipale.

L'arrêté, dont on trouvera le modèle à la suite de cette circulaire, vise cinq lois qui ne donnent point aux préfets le pouvoir de réglementation de la matière ; il n'a donc pas de base légale s'il est pris par les préfets, tandis que, pris par les maires, il est obligatoire, les lois visées leur donnant le pouvoir d'inspection sur la salubrité des comestibles, et, par suite, le droit de prendre des arrêtés dans ce but.

Vu : 1° la loi des 16-24 août 1790 et celle du 22 juillet 1791 ;
2° Le Code du 3 brumaire an 4 ;
3° Les art. 319, 320, 471, § 15, du Cod. pén. (¹) ;
4° La loi du 18 juillet 1837 ;

Arrêtons ce qui suit:

Art. 1er. Il est expressément défendu de se servir d'aucunes substances minérales, le bleu de Prusse, l'outre-mer, les ocres et la craie exceptés, pour colorier les liqueurs, bonbons, dragées, pastillages et toute espèce de sucreries ou pâtisseries.

Il est également défendu d'employer, pour colorier les liqueurs, les bonbons, etc., des substances végétales nuisibles à la santé, notamment la gomme-gutte et l'aconit napel.

2. Il est défendu d'envelopper ou de couler des sucreries dans des papiers lissés ou coloriés avec des substances minérales, le bleu de Prusse, l'outre-mer, les ocres ou la craie exceptés.

Il est également défendu de placer des bonbons dans des boîtes garnies, à l''intérieur, de papier colorié par des substances prohibées, et de les recouvrir de découpures faites avec ces papiers.

3. Les confiseurs, épiciers ou autres marchands qui vendent des liqueurs, bonbons ou pastillages coloriés, devront les livrer enveloppés dans un papier portant une étiquette indiquant leurs noms, profession et demeure.

4. Il est expressément défendu aux épiciers, charcutiers et autres débitants de comestibles, d'envelopper aucune substance alimentaire avec des papiers coloriés au moyen de substances vénéneuses, notamment avec celles dont l'usage est interdit aux confiseurs, pastilleurs, etc., par les articles 1 et 2 du présent arrêté.

5. Les fabricants et marchands seront personnellement responsables des accidents qui pourraient être la suite de leur contravention aux dispositions du présent arrêté.

6. Il sera fait des visites chez les fabricants et détaillants, à l'effet de constater si les dispositions prescrites par le présent arrêté sont observées.

7. Les contraventions seront poursuivies, conformément à la loi, devant les tribunaux compétents.

8. Les commissaires de police et l'inspecteur des halles et marchés sont chargés de l'exécution du présent arrêté.

Fait en mairie, à   , le   .

Le Maire,

---

173. Instruction du ministre de l'intérieur, relative aux débuts des artistes dans les théâtres des villes de 40,000 âmes.

Du 16 juillet 1856.

V. *Théâtres*, p. 183.

M. le préfet, aux termes de l'art. 50 de la loi municipale du 5 mai 1855, qui détermine les pouvoirs de police des préfets, dans les villes chefs-lieux de département dont la population excède 40,000 âmes, les maires restent chargés de la conservation des édifices communaux, etc., et des adjudications, marchés et baux.

Ainsi, il appartient aux maires de veiller à la conservation des salles de spectacles, de traiter avec les directeurs, et de faire toutes les stipulations relatives aux engagements, aux débuts des artistes, et à leur remplacement lorsqu'ils n'obtiennent pas l'agrément du public. D'autre part, les préfets ont évidemment dans leurs attributions les mesures qui doivent assurer le maintien de l'ordre et de la décence à l'extérieur et à l'intérieur des théâtres. S'appuyant sur ce principe, quelques préfets ont revendiqué le droit de former les commissions chargées, pendant les représentations de débuts, de statuer sur l'admission ou le rejet des artistes.

Cette prétention n'est pas fondée.

Les dispositions à prendre pour constater et pour apprécier les manifestations du public, ne sont pas, il est vrai, sans un lien assez étroit avec les mesures d'ordre et de police intérieure de la salle ; cependant, elles se rattachent plus spécialement, par leur objet, à l'exécution des traités conclus avec les directeurs de théâtres. C'est donc au maire que doit être laissé le soin de désigner les membres des commissions, qui, au moyen de scrutin ou par toute autre voie, déclarent l'admission ou le rejet des articles. C'est le même magistrat qui a le droit de présider ces commissions personnellement ou par un délégué.

(¹) Le modèle visait aussi le § 14 de l'art. 475 et l'art. 477 du Cod. pén. ; mais ce § 14 est abrogé par la loi du 27 mars 1851, et ne peut plus être invoqué ni visé puisqu'il n'existe plus. Il en est de même du § 4 de l'art. 477.

174. Circulaire du ministre de l'agriculture, du commerce et des travaux publics, relative à la prohibition de bouteilles portant l'indication d'une contenance décimale.

Du 10 novembre 1856.

V. *Bouteilles*, p. 57.

M. le préfet, des observations me sont parvenues de divers points, relativement aux bouteilles servant à la vente des boissons. Ainsi que l'ont pensé plusieurs de vos collègues, l'usage, pour la vente des liquides, de bouteilles portant l'inscription de litre, demi-litre, etc., ne saurait être toléré.

En fermant les yeux sur un fait de cette nature, l'administration semblerait, en effet, reconnaître un caractère légal à des vases dont la contenance est toujours incertaine, et qui, n'étant pas des mesures métriques, doivent être, au contraire, interdites d'une manière absolue, en vertu des art. 3 et 4 de la loi du 4 juillet 1837 et des art. 12 et 35 de l'ordonnance du 17 avril 1839 (¹).

Quant aux bouteilles ordinaires sans indication de contenance, elles peuvent continuer d'être employées comme récipient, conformément à l'art. 32 de l'ordonnance précitée ; mais il importe que les consommateurs soient avertis qu'ils ne sont pas obligés de les accepter pour une contenance déterminée.

En conséquence, un arrêté destiné à être rendu public, et dont l'affichage pourrait même être déclaré obligatoire dans les débits, me paraîtrait devoir être pris par vous, afin de prescrire aux débitants de boissons : 1° de faire disparaître de leurs établissements, dans un délai déterminé et sous peine de saisie qui serait suivie de poursuites, toute bouteille portant, par une marque quelconque, l'indication d'une contenance décimale ; 2° de mesurer *effectivement*, dans les mesures légales dont ils seront tenus de se pourvoir, toute *quantité décimale* de boissons qui leur serait demandée par l'acheteur.

Je vous serai obligé, M. le préfet, de me faire parvenir copie de l'arrêté que vous publierez par suite des instructions qui précèdent.

---

175. Décision ministérielle au sujet d'une question de glanage.

N° 27 de 1857.

V. *Glanage*, p. 121.

Le maire de C..... a pris un arrêté pour interdire aux cultivateurs, dans l'intérêt des glaneurs, le râtelage pendant les deux jours qui suivent l'enlèvement de la récolte.

Le préfet du département a demandé si cet arrêté était susceptible d'être revêtu de son approbation. Cette question a été résolue de la manière suivante :

Aux termes de l'art. 2 de la section 5, titre 1ᵉʳ de la loi du 6 octobre 1791, chaque propriétaire est libre de faire sa récolte avec tout instrument et au moment qui lui convient, pourvu qu'il ne cause aucun dommage aux propriétaires voisins. D'un autre côté, l'art. 21 du titre 2 de la même loi dispose que les glaneurs ne peuvent entrer dans les champs qu'après l'enlèvement entier des fruits.

En présence de ces dispositions, il semble que les cultivateurs ont le droit de recourir au râtelage pour compléter l'enlèvement de leurs récoltes, et qu'un simple règlement de police ne saurait s'opposer à l'exercice de ce droit, lorsqu'il n'y a pas d'usage local qui le prohibe ou le restreigne.

(¹) Voici le texte de ces dispositions législatives :

Loi du 4 juillet 1837.

Art. 3. A partir du 1ᵉʳ janvier 1840, tous poids et mesures autres que les poids et mesures établis par les lois du 18 germinal an 3 et 19 frimaire an 8, constitutives du système métrique décimal, seront interdits sous les peines portées par l'article 479 du Code pénal.

4. Ceux qui auront des poids et mesures autres que les poids et mesures ci-dessus reconnus, dans leurs magasins, boutiques, ateliers ou maisons de commerce, ou dans les halles, foires et marchés, seront punis, comme ceux qui les emploieront, conformément à l'art. 479 du Code pénal.

Ordonnance du 17 avril 1839.

Art. 12. La forme des poids et mesures servant à peser ou à mesurer les matières de commerce, sera déterminée par des règlements d'administration publique, ainsi que les matières avec lesquelles ces poids et mesures seront fabriqués.

Art. 35. Les vérificateurs saisissent tous les poids et mesures autres que ceux maintenus par la loi du 4 juillet 1837. — Ils saisissent également tous les poids, mesures, instruments de pesage et mesurage, altérés ou défectueux, ou qui ne seraient pas revêtus des marques légales de la vérification. — Ils déposent à la mairie les objets saisis, toutes les fois que cela est possible.

176. Décision ministérielle relative à la police du cimetière.

N° 45 de 1857.

V. *Cimetière*, p. 78.

Toutes les fois que le cimetière d'une commune est situé sur son propre territoire, le droit d'y exercer la police appartient entièrement et exclusivement au maire. Si la commune n'a point de dépendances rurales, ou si son territoire n'offre aucun emplacement convenable pour l'établissement de son cimetière, il n'y a point d'obstacle légal à ce que ce cimetière soit établi sur le territoire d'une commune voisine. Mais, dans ce cas, le droit de police attribué au maire de la commune propriétaire du sol du cimetière est restreint à ce qui concerne les inhumations. A celui de la commune du lieu reste dévolue la juridiction de police municipale comme sur les autres parties du territoire communal dont cet emplacement ne cesse pas de faire partie, c'est-à-dire, qu'en cas de désordre, de tumulte, de vol ou de tout autre délit ou crime qui pourrait s'y commettre, c'est à ce dernier magistrat d'intervenir, de verbaliser et de provoquer les poursuites nécessaires.

---

177. Circulaire du ministre de l'intérieur, sur les principes professés par le gouvernement en matière électorale (Extrait) (¹).

Du 30 mai 1857.

V. *Affiches*, p. 18.

..... On a, dans ces derniers temps, calomnié notre législation sur la distribution des bulletins de vote ; les règles en sont cependant simples et libérales : pendant les vingt jours qui précèdent l'élection, tout candidat qui aura soumis à la formalité du dépôt légal un exemplaire signé de lui, de ses circulaires, profession de foi ou bulletin de vote, pourra, sans qu'il soit besoin d'aucune autorisation, les faire afficher et distribuer en pleine liberté.

---

178. Décision ministérielle au sujet d'un arrêté municipal relatif aux concessions d'eau.

N° 83 de 1857.

V. *Eaux*, p. 99.

Une Compagnie a traité avec la ville de M....., et s'est engagée à amener dans la localité une certaine quantité d'eau de rivière.

L'arrêté pris par le maire pour l'exécution de ce traité contenait les dispositions suivantes :

« Il est interdit de puiser de l'eau aux fontaines appartenant à la ville, pour la vendre au public.

« Il est également défendu de faire le commerce d'eau dans la commune en concurrence avec la Compagnie. »

Le préfet du département ayant conçu des doutes sur la légalité de ces dispositions, les a soumises au ministre de l'intérieur, qui a répondu ainsi qu'il suit :

Le premier paragraphe n'est susceptible d'aucune objection. Il est incontestable, en effet, que la ville a le droit de régler l'usage des eaux amenées aux fontaines, et d'empêcher que les habitants n'en prennent au-delà de leurs besoins pour en tirer parti.

Mais il n'en est pas de même du second paragraphe, qui tend à interdire, d'une manière absolue le commerce de l'eau dans la commune, pour en assurer le monopole à une Compagnie.

Une semblable disposition est inconciliable avec les lois qui ont proclamé la liberté du commerce et de l'industrie, et il doit être bien entendu, au contraire, que tout particulier qui aurait des eaux à sa disposition reste maître de faire concurrence à la Compagnie concessionnaire, sous la seule condition de se soumettre aux mesures que l'autorité municipale jugerait convenable de prendre dans l'intérêt de la police et de la salubrité.

(¹) Nous ne reproduisons de cette circulaire, que nous avons donnée *in extenso* dans notre *Code-Formulaire électoral politique*, pp. 117 et 118, que ce qui se rapporte à l'affichage des circulaires et professions de foi.

179. Décret sur la boucherie de Paris.

Du 24 février 1858.

V. *Bouchers*, p. 41.

Art. 1er. L'ordonnance du 18 octobre 1829, relative à l'exercice de la profession de boucher dans Paris, est abrogée.

2. Tout individu qui veut exercer, à Paris, la profession de boucher, doit préalablement faire, à la préfecture de police, une déclaration où il fait connaître la rue ou la place et le numéro de la maison ou des maisons où la boucherie et ses dépendances doivent être établies. Cette déclaration doit être renouvelée chaque fois que la boucherie change de propriétaire ou de locaux.

3. La viande est inspectée à l'abattoir et à l'entrée dans Paris, conformément aux règlements de police, sans préjudice de tous autres droits appartenant à l'administration pour assurer la fidélité du débit et la salubrité des viandes vendues dans les étaux ou sur les marchés.

4. Le colportage en quête d'acheteurs des viandes de boucherie est interdit dans Paris.

5. Il sera institué sur les marchés à bestiaux autorisés pour l'approvisionnement de Paris, des facteurs dont la gestion sera garantie par un cautionnement et dont les fonctions consisteront à recevoir en consignation les animaux sur pied, et à les vendre, soit à l'amiable, soit à la criée, et aux conditions indiquées par le propriétaire. L'emploi de ces facteurs sera facultatif.

6. Tout propriétaire d'animaux jouit, comme les bouchers, du droit de faire abattre son bétail dans les abattoirs généraux, d'y faire vendre à l'amiable la viande provenant de ces animaux, de la faire enlever pour l'extérieur en franchise du droit d'octroi, ou de l'envoyer sur les marchés intérieurs de la ville, affectés à la criée des viandes abattues.

7. Les bouchers forains seront admis, concurremment avec les bouchers établis à Paris, à vendre ou faire vendre en détail sur les marchés publics, en se conformant aux règlements de police.

8. La caisse de Poissy est supprimée. — Les cautionnements des bouchers actuellement versés dans la caisse de Poissy leur seront restitués dans le délai de deux mois à partir du jour où cette caisse aura cessé de fonctionner.

9. Les dépenses relatives à l'inspection de la boucherie et au service des abattoirs généraux seront supportées par la ville de Paris.

10. Les dispositions des décrets, ordonnances et règlements sur la boucherie de Paris, non contraires au présent décret, continueront à recevoir leur exécution.

11. Le présent décret sera exécutoire à dater du 31 mars prochain.

Notre ministre secrétaire d'Etat au département de l'agriculture, du commerce et des travaux publics, est chargé de l'exécution du présent décret, qui sera inséré au *Bulletin des lois*.

---

180. Décision ministérielle concertée entre les ministres de l'intérieur et des cultes, portant qu'une fabrique n'a pas le droit de réglementer, sur un terrain qui lui appartient, le stationnement des marchands forains, et de percevoir à son profit une taxe pour cet objet.

N° 55 de 1858.

V. *Marchés*, n° 125, p. 147.

Les droits de place et de stationnement sont rangés par l'art. 31 de la loi du 18 juillet 1837, au nombre des recettes ordinaires des communes. L'initiative des tarifs et règlements pour la perception de ces taxes appartient exclusivement à l'autorité municipale, en vertu des art. 10, 11 et 19 de la même loi.

---

181. Décision ministérielle relative à la vaine pâture.

N° 65 de 1858.

V. *Parcours, Vaine pâture*, p. 159.

Dans un règlement sur la vaine pâture, le conseil municipal ne doit pas fixer arbitrairement le nombre de bêtes à laine qui pourront être envoyées au troupeau commun et assigner ensuite aux propriétaires qui voudront faire garder leurs moutons séparément, un maximum de bêtes par hectare. L'administration municipale doit déterminer simplement, d'après la possibilité des terres et conformément à l'art. 13 de la loi du 6 octobre 1791, le nombre de bêtes que chaque propriétaire ou fermier aura la faculté d'envoyer au parcours par hectare qu'il livre lui-même à la vaine pâture. Le propriétaire reste libre ensuite, en vertu de l'art. 12 de la même loi, de faire garder séparément la quantité de bétail qui lui est assignée, et cette quantité ne doit pas varier, qu'il use ou non du troupeau commun.

---

182. Décision ministérielle au sujet de la surveillance du transport des corps des exhumés.

N° 66 de 1858.

V. *Cimetières*, p. 78.

Un préfet a consulté le ministre sur le point de savoir :

1° Si le maire peut, non-seulement dans la commune qu'il administre, mais au-delà de ses limites, surveiller le transport des corps exhumés du cimetière ;

2° S'il a la faculté de confier cette surveillance à un employé de la mairie, et si celui-ci ne pourrait pas exiger de la famille du défunt une indemnité.

Réponse :

Le maire a, sans aucun doute, le droit de surveiller dans toute l'étendue de sa commune le transport des corps. Mais ce droit dérivant du pouvoir de police qui ne lui appartient, d'après l'esprit des lois et règlements, que dans la localité où il remplit ses fonctions, il ne saurait l'exercer sur un autre territoire. Rien, au surplus, ne s'oppose à ce qu'il en fasse usage, dans son ressort, au moyen d'un agent de l'administration municipale ; mais la famille du défunt ne peut être tenue de payer une indemnité à cet auxiliaire dont elle n'a pas réclamé le concours, et qui accomplit un service de la nature de ceux à raison desquels il doit être rémunéré par la commune (¹).

---

183. Décision ministérielle relative au pesage et mesurage publics.

N° 15 de 1859.

V. *Marchés*, n° 49, p. 150.

Les droits de pesage, mesurage et jaugeage sont établis à R........ depuis 1808. L'administration municipale prétend que le droit de mesurage doit être perçu dans le port sur le charbon de terre, lors même qu'il ne s'élève aucune difficulté entre les parties intéressées et qu'elles ne réclament pas l'intervention du mesureur public.

Le préfet du département a demandé si cette prétention était admissible.

Réponse :

La négative ne saurait être douteuse. Aux termes de l'art. 2 du décret du 27 brumaire an 7, lorsqu'il existe un ou plusieurs préposés pour le pesage, mesurage et jaugeage publics dans l'enceinte des marchés, halles et ports, aucune autre personne ne peut y exercer la profession de peseur, mesureur et jaugeur ; mais d'après l'art. 1er de la loi du 29 floréal an 10, nul ne saurait être contraint de se servir du pesage, mesurage et jaugeage publics, si ce n'est en cas de contestation. D'où il suit que, sauf cette hypothèse, le recours au peseur, mesureur ou jaugeur public est purement facultatif pour les commerçants comme pour les acheteurs.

(¹) Tant que cette décision sera en vigueur, nul doute que l'agent de l'administration municipale puisse recevoir une indemnité quelconque à raison du service commandé par le maire ; mais l'administration de l'intérieur nous a tant habitués à son esprit de justice, que nous ne doutons pas un instant que cette décision sera modifiée, parce que, s'il est vrai que le service dont il s'agit est fait dans l'intérêt de la salubrité publique, il n'est pas moins vrai qu'il est rendu nécessaire presque toujours par des convenances personnelles si ce n'est pas vanité, et tout ce que les personnes rendent nécessaire pour satisfaire leur désir ou leur amour-propre, doit donner lieu au paiement d'une indemnité au profit de celui qu'elles dérangent de son service habituel. Longtemps pareille décision a été appliquée aux commissaires de police qui assistaient aux exhumations. Mais la jurisprudence a changé sur ce point, et aujourd'hui ces magistrats ont droit à une indemnité qui est fixée par un tarif arrêté par le maire et approuvé par le préfet ; un jour viendra, nous n'en doutons pas, où l'administration du département de l'intérieur reconnaîtra la justesse du principe d'indemnité dans le cas qui a donné lieu à la solution ci-dessus.

484. Instructions relatives aux tuyaux et vases métalliques destinés aux usages alimentaires.

Du 14 juillet 1859.

V. *Vases et ustensiles de cuivre ou de zinc*, p. 194.

M. le préfet, par une circulaire du 28 septembre 1853, vous avez été invité à interdire l'emploi de tuyaux en plomb, cuivre ou zinc, pour le transvasement des boissons.

D'autres instructions ministérielles, particulièrement applicables aux départements où se fabriquent les eaux de fleurs d'oranger, ont déterminé les conditions que doivent présenter les estagnons destinés au transport de cette marchandise.

Mais il peut se faire que, depuis lors, ces dispositions aient été perdues de vue dans certaines localités.

D'une autre part, l'usage fréquent d'ustensiles et de vases métalliques, dans les habitudes alimentaires, m'a été signalé comme dangereux.

Afin de prévenir, autant que possible, les accidents, et après avoir pris l'avis du comité consultatif d'hygiène publique, j'ai pensé qu'il serait utile de vous communiquer les dispositions du tit. III d'une ordonnance de police, du 28 févr. 1853 (¹), qui est en vigueur à Paris, et l'instruction préfectorale qui s'y rapporte.

Je vous prie, M. le préfet, de vouloir bien, après avoir pris connaissance de ces deux documents, examiner, d'après la situation des choses dans votre département, s'il n'y aurait pas lieu d'y introduire, soit d'une manière générale, soit pour certaines localités, la totalité ou une partie des dispositions précitées. Vous agiriez, suivant le cas, par voie d'arrêté préfectoral ou par voie d'instruction à MM. les maires.

J'appelle votre attention toute spéciale sur l'objet de la présente circulaire, et je vous prie de vouloir bien, en m'en accusant réception, me faire connaître la suite qui lui aura été donnée dans votre département.

---

185. Circulaire du ministre de l'intérieur relative aux mesures de salubrité à prendre dans les cas d'exhumations et de transport de corps.

Du 8 août 1859.

V. *Cimetières*, p. 78.

M. le préfet, des instructions émanées de mes prédécesseurs, notamment la circulaire du 10 mars 1850 et celle du 29 février 1856, ont déterminé les formalités à remplir pour obtenir l'autorisation de transporter un corps d'un lieu dans un autre.

L'opération du transport ne doit être effectuée que lorsque l'autorité a constaté l'entier accomplissement des mesures de précautions réclamées en pareil cas par le soin de la salubrité publique.

Aux termes de la circulaire ministérielle du 26 thermidor an 12, « l'exercice du droit que les citoyens ont de faire transporter d'un département dans un autre le corps de leurs parents et amis, doit être précédé des opérations nécessaires pour empêcher la putréfaction de ces corps, etc. »

Ces prescriptions n'ont pas toujours été observées, et il est arrivé que des corps, déjà en putréfaction, répandaient une odeur infecte pendant le trajet et dans la maison où ils étaient déposés.

Pour prévenir ce genre d'inconvénient, qui a donné lieu à des réclamations fondées, il devient nécessaire de préciser et de spécifier les mesures de précaution et de salubrité qui, aux termes des instructions antérieures, devront être exigées pour le transport des corps :

1° La translation du corps d'un individu récemment décédé ne pourra être effectuée hors du département où a eu lieu le décès, que dans un cercueil en bois de chêne, dont les compartiments auront quatre centimètres d'épaisseur, seront fixés avec des clous à vis, et maintenus par trois frettes en fer serrées à écrou ;

2° Quand le trajet à parcourir excédera deux cents kilomètres, le corps devra être placé dans un cercueil en plomb, renfermé lui-même dans une bière en chêne. Le cercueil en plomb sera alors confectionné avec des feuilles de plomb laminé de deux millimètres au moins d'épaisseur et solidement soudées entre elles.

(¹) Le modèle d'*arrêté* que nous avons donné, pag. 194, reproduit textuellement les dispositions du titre III de cette ordonnance.

Le cercueil de plomb pourra également être exigé, même pour des distances moindres, toutes les fois que des circonstances exceptionnelles rendront cette mesure nécessaire ;

3° Dans tous les cas, le fond du cercueil contenant le corps devra être rempli par une couche de six centim. d'un mélange pulvérulent, composé d'une partie de poudre de tan et de deux parties de charbon de bois pulvérisé. Le corps devra ensuite être entièrement couvert de cette même poudre, avant la fermeture du cercueil.

Je vous invite, M. le préfet, à veiller avec soin à ce que ces prescriptions soient ponctuellement observées, et à adresser à cet effet des instructions formelles à qui de droit.

Les autorisations de transport ne seront accordées qu'après l'accomplissement des formalités que je viens de rappeler.

---

186. Décision ministérielle relative à la sonnerie des cloches.

N° 78 de 1859.

V. *Cloches*, p. 82.

Les cloches des églises sont spécialement consacrées au service religieux ; mais aux termes d'un avis du conseil d'Etat, rendu le 17 juin 1840, sur le rapport de M. le ministre de la justice et des cultes, les maires peuvent en disposer pour usages civils, en se concertant préalablement avec le curé ou desservant ; et, dans le cas de péril commun, tels que ceux d'incendie, ou dans les circonstances pour lesquelles des dispositions de loi ou de règlement ordonnent des sonneries. Si le curé ou desservant se refusait d'obtempérer aux réquisitions du maire, celui-ci aurait le droit de faire sonner les cloches de sa propre autorité.

---

187. Avis du ministre de l'intérieur au sujet de la nomination par le maire, d'un *écoreur* ou facteur préposé à la vente du poisson (¹).

Septembre 1859.

V. *Poissons*, nᵒˢ 2 et 5, p. 167.

Pour l'intelligence de cet avis, nous ferons remarquer, avec l'arrêt du conseil d'Etat, que, par un arrêté du 25 mars 1858, le préfet du Calvados a approuvé le tarif des droits de place à percevoir sur la plage de la commune de Grand-Camp, pour la vente du poisson, lequel tarif avait été voté par une délibération du conseil municipal du 24 novembre 1857.

Pour l'exécution de cet arrêté, le maire de Grand-Camp a pris, le 16 avril 1858, un arrêté interdisant la vente du poisson dans tous les lieux autres que ceux qu'il désignait à cet effet, et établissant un facteur ou *écoreur*, commissionné par l'autorité municipale, pour la vente du poisson, en ordonnant que le produit de toutes les ventes devrait passer uniquement par les mains dudit facteur.

Ces deux arrêtés ayant été déférés au conseil d'Etat, M. le ministre de l'intérieur a été consulté sur le mérite du pourvoi. Voici son avis :

« Les requérants soutiennent que l'arrêté du 25 mars 1858 est entaché d'excès de pouvoirs :

» 1° En ce que les droits de place et de stationnement dont il a autorisé la perception ne pourraient pas être légalement établis sur le rivage de la mer ;

» 2° En ce que, d'ailleurs, le préfet n'aurait pas été compétent pour accorder une autorisation de cette nature ;

» 3° En ce que les droits dont il s'agit porteraient exclusivement sur le poisson mis en vente et serait contraire au libre exercice de la pêche maritime.

» Ils prétendent également que le maire de Grand-Camp, en créant, par son arrêté du 15 avril 1858, un *écoreur* ou facteur préposé à la vente du poisson, a violé les lois qui réservent au législateur le droit de créer des offices, et qui proclament la liberté pour toute personne d'exercer telle profession qu'elle juge bon.

» Aux termes de l'art. 31, n° 7, de la loi du 18 juill. 1837, les recettes ordinaires des communes, M. le président, se composent notamment du produit des permis de stationnement et des locations sur la voie publique, les ports, rivières et autres lieux publics. Or, ces dernières expressions sont générales ; elles compren-

---

(¹) Cet avis a été donné dans une affaire soumise au conseil d'Etat, et qui a donné lieu au décret au contentieux du 22 septembre 1859, n° 30,005, *Corbin*. — V. le Recueil des arrêts du conseil d'Etat, année 1859, p. 652.

nent les dépendances de la grande et de la petite voirie, les quais et les grèves de la mer. Il semble donc que le moyen du pourvoi, tiré de ce que la commune de Grand-Camp ne pouvait être autorisée à percevoir des droits de stationnement sur le rivage dépendant de son territoire, est dénué de fondement. D'un autre côté, les droits dont la perception a lieu sur cette plage paraissent avoir été fixés, non pas à raison du poisson mis en vente, mais à raison de l'emplacement qu'il occupe. On ne saurait, en outre, les considérer comme portant atteinte au libre exercice de la pêche maritime, car ils sont peu élevés et ils ne s'opposent pas à la vente du poisson ailleurs que sur la plage. Le grief des requérants, à ce sujet, est donc inadmissible. Il en est de même de celui qui concerne la nomination de l'*écoreur*, cette nomination étant une simple mesure de police qui rentrait dans les attributions du maire, en vertu des dispositions de la loi des 16-24 août 1790, tit. xi, art. 3. — Toutefois, ce fonctionnaire a excédé ses pouvoirs en ne se conformant pas à l'arrêté préfectoral du 25 mars, et notamment en rendant obligatoire l'emploi de l'*écoreur*, comme intermédiaire, pour la vente à la criée du poisson. Sous ce rapport, l'arrêté municipal du 15 avril 1858 ne saurait être maintenu.

» Quant à l'autorisation nécessaire pour l'établissement des droits de la nature de ceux dont il s'agit, elle ne pouvait émaner du préfet. Il est vrai que le décret du 25 mars 1852 (tabl. A, n° 34), a spécialement décentralisé les tarifs de droits de place dans les halles et marchés; mais il a réservé d'une manière générale la décision de toutes les affaires susceptibles d'affecter directement l'intérêt de l'État (art. 1). Or, la création des droits de place ou de stationnement sur les rivières, les quais, les ports, grèves ou rivages de la mer, présente ce caractère. Elle pourrait, en effet, entraîner de graves inconvénients, soit pour la navigation ou la circulation, soit pour la liberté du commerce ou pour les revenus du trésor. D'où il suit qu'une décision ministérielle était indispensable, dans l'espèce, comme elle l'aurait été avant le décret précité. C'est, au surplus, en ce sens que la question soulevée au sujet de difficultés semblables, à diverses reprises, a été résolue, il y a plusieurs années, de concert entre les départements de l'intérieur, de l'agriculture, du commerce et des travaux public. M. le préfet a donc, sur ce point, excédé les limites de ses attributions.

» En conséquence, M. le président, je crois devoir conclure à l'annulation des deux arrêtés attaqués. »

Nous ferons remarquer que ces deux arrêtés ont été annulés pour excès de pouvoirs, par le décret du 22 septembre 1859.

---

188. Circulaire du ministre de l'intérieur au sujet de la prohibition des affiches annonçant des remèdes secrets ou non secrets.

Du 18 novembre 1859.

V. *Affiches*, p. 18.

M. le préfet, l'art. 36 de la loi du 21 germinal an xi prohibe toute annonce et affiche imprimée, indiquant les remèdes secrets, et la loi du 29 pluviôse an xiii punit les contrevenants d'une amende de 25 fr. à 500 fr.; elle prononce, en outre, la peine de l'emprisonnement, en cas de récidive.

Aucune loi n'interdit l'annonce, par voie d'affiches, des remèdes non secrets : cependant les annonces ou placards de ce genre peuvent blesser les convenances et la morale publiques, et il importe de prendre, en pareille matière, des mesures pour prévenir les abus qui ont plus d'une fois soulevé de justes réclamations. A défaut de disposition spéciale écrite dans la loi, l'administration est toujours armée de pouvoirs qui lui permettent de remédier aux inconvénients que je vous signale. La Cour de cassation, en effet, par divers arrêts en date des 3 janvier et 13 février 1834, et 13 novembre 1847, a jugé que la loi du 10 décembre 1830, sur les afficheurs et les crieurs publics, n'est relative qu'aux écrits *contenant des nouvelles politiques ou traitant d'objets politiques*, et qu'elle n'a nullement restreint ou modifié le pouvoir attribué à l'autorité municipale, par les lois des 14 décembre 1789, 16-24 août 1790 et 19-22 juillet 1791, de subordonner à son autorisation préalable l'affichage de tout placard ou annonce relatif à des objets autres que la politique ou les actes de l'autorité publique.

Vous aurez donc, M. le préfet, à rappeler à MM. les maires de votre département les dispositions des lois des 21 germinal an xi et 29 pluviôse an xiii, prohibant toute annonce ou toute affiche relative à des remèdes secrets. Et quant aux remèdes non secrets, vous inviterez les administrations municipales à veiller à ce qu'ils ne soient jamais annoncés par voie d'affiches, chaque fois que la publicité donnée aux placards de cette nature paraîtrait devoir présenter des inconvénients au point de vue de la morale ou des convenances. Dans ce but, il importera que MM. les maires exigent que les affiches relatives à la vente des remèdes non secrets soient toujours soumises à leur examen préalable.

Il est bien entendu que si vous jugez nécessaire de prendre vous-même des mesures dans le sens de ces instructions, votre droit, à cet égard, demeure complétement réservé.

---

189. Décision ministérielle relative au pouvoir des maires en ce qui concerne les étalages.

N° 21 de 1860.

V. *Étalages, Marchés*, pp. 107, 143.

Le droit de place doit être uniquement basé sur l'étendue superficielle du terrain occupé par le marchand, abstraction faite du plus ou moins de hauteur de son étalage, sauf au maire à limiter cette hauteur par mesure de police, de manière à assurer la sécurité de la circulation.

Si les bancs et tables sont établis par la commune, il doit être bien entendu que l'usage en est purement facultatif pour les marchands, et que ceux-ci restent les maîtres de disposer de leur emplacement et d'établir leurs marchandises comme bon leur semble.

---

190. Décision ministérielle relative aux droits des marchands de construire eux-mêmes leurs baraques ou échoppes.

N° 27 de 1860.

V. *Marchés*, n° 37, p. 148.

L'administration municipale de C...... a soumis à l'approbation du préfet du département un traité passé avec le sieur L......, entrepreneur de charpente, pour la construction de baraques qui servent aux marchands ambulants lors de la foire. Après avoir fixé le prix que le sieur L...... pourra retirer de la location des baraques et des planches destinées à l'établissement d'échoppes, le traité porte que les marchands qui voudront élever eux-mêmes de semblables constructions avec leurs propres matériaux ou en louer ailleurs, paieront à l'entrepreneur la moitié du prix du tarif.

Cette clause n'a pas paru admissible au préfet du département; toutefois il a soumis la question au ministre de l'intérieur qui l'a résolue en ces termes :

« Il est certain que la ville de C..... ne peut exiger des marchands qui viennent vendre à la foire que les prix de location de l'emplacement mis à leur disposition. Quant aux boutiques ou échoppes qui leur sont nécessaires, l'administration municipale ne saurait, sans porter atteinte à la liberté de l'industrie, en affermer la construction à un entrepreneur, ou du moins obliger les marchands, même d'une manière indirecte, à s'adresser à celui-ci.

» Le préfet doit donc refuser son approbation au traité jusqu'à ce que l'administration municipale en ait retranché toutes les dispositions qui tendraient à méconnaître le droit des marchands de construire eux-mêmes, s'ils le préfèrent, leurs baraques ou échoppes, sous la seule condition de se conformer aux prescriptions qui pourront leur être faites dans l'intérêt de la police et de la circulation. »

---

191. Décision ministérielle contenant interprétation de l'art. 14 du décret du 23 prairial an XII.

N° 51 de 1860.

V. *Cimetières*, p. 78.

Le conseil municipal de Saint-N..... a voté un tarif pour les concessions de terrain dans le cimetière communal, et sa délibération a été revêtue de la sanction préfectorale.

Pour se soustraire à l'application de ce nouveau règlement, quatre propriétaires, qui ont des membres de leur famille inhumés dans le cimetière, se sont rendus acquéreurs d'un terrain sur lequel ils demandent à faire transporter les restes de leurs parents, en s'appuyant sur l'article 14 du décret du 26 prairial an XII.

Le ministre de l'intérieur a été consulté sur le mérite de cette demande.

Réponse :

« L'art. 14 du décret de l'an XII, qui porte que « toute personne pourra être » enterrée sur sa propriété, pourvu que celle-ci soit à la distance prescrite de » l'enceinte des villes et bourgs, » n'est applicable qu'au cas où un particulier, propriétaire d'un immeuble plus ou moins considérable, désire en affecter une partie à sa sépulture et à celle de ses proches parents. Il n'en est pas ainsi dans l'espèce, puisqu'il s'agit d'une collection d'individus appartenant à des familles différentes, qui ont acquis un terrain dans le but spécial d'y établir une sorte de cimetière privé et de se soustraire à la règle générale. Ces particuliers se prévaudraient donc à tort de l'exception rappelée ci-dessus, et l'administration municipale de Saint-M....... ne doit pas hésiter à leur refuser l'autorisation qu'ils ont demandée.

---

192. Décision ministérielle relative à l'usage de la cloche du beffroi de l'hôtel-de-ville.

N° 53 de 1860.

V. *Cloches*, p. 82.

Le conseil municipal de la ville de M..... a soumis à l'approbation du préfet une délibération d'après laquelle les habitants seraient admis, en acquittant une taxe de 25 ou de 40 fr., suivant les cas, à faire sonner la cloche du beffroi de l'hôtel-de-ville pour annoncer les événements qui intéressent les familles, tels que baptêmes, mariages, décès, etc.

Le préfet était disposé à penser qu'il y aurait des inconvénients réels à affecter ainsi une cloche communale à des usages purement privés, et que ce serait, en outre, créer une sorte de concurrence aux fabriques qui sont autorisées à faire sonner les cloches des églises pour célébrer les cérémonies religieuses auxquelles donnent lieu les mêmes événements.

Toutefois, le préfet a cru devoir soumettre la question au ministre avant de statuer sur la délibération du conseil municipal de M.....

La manière de voir de ce fonctionnaire au sujet de la mesure projetée par le conseil municipal a été partagée par S. Exc., et il a été invité à y refuser son approbation.

---

193. Décision ministérielle relative aux droits des bouchers d'une commune de mettre en vente des viandes de bestiaux abattus ailleurs que dans l'abattoir (¹).

N° 5 de 1861.

V. *Abattoirs, Bouchers*, pp. 12, 41.

Le maire de C..... a soumis au préfet un arrêté réglementaire de l'abattoir, d'après lequel il serait interdit, d'une manière absolue, aux bouchers de C.... d'exposer en vente des viandes provenant de bestiaux abattus ailleurs que dans l'établissement précité.

Le préfet a refusé d'approuver cet arrêté en donnant principalement pour motif que si, à la vérité, aux termes de l'ordonnance du 15 avril 1838, la mise en activité de tout abattoir entraîne de plein droit la suppression des tueries particulières existant sur le territoire de la commune, cette ordonnance ne contient aucune prohibition relativement aux tueries situées en dehors de ce territoire. Rien, dès lors, ne lui a paru s'opposer à ce que les bouchers domiciliés fissent abattre à l'extérieur les bestiaux qu'ils destinent à l'étal, et on ne saurait, dans son opinion, les en empêcher, sans apporter des entraves à la liberté du commerce, au détriment des consommateurs.

Le maire de C...... insistant pour obtenir l'approbation de son arrêté, le préfet a cru devoir en référer au ministre de l'intérieur, qui a partagé sa manière de voir.

« Il n'y a aucun obstacle légal, a répondu Son Excellence, à ce qu'un boucher fasse entrer dans la commune où se trouve un abattoir, pour les débiter à son domicile, moyennant l'acquittement du droit d'octroi, les viandes des animaux qui auraient été abattus au dehors. La mesure proposée par le maire de C.... est contraire au texte et à l'esprit de l'ordonnance précitée, et semblerait avoir pour but d'accroître les ressources communales, sans un avantage bien démontré pour la salubrité publique. »

---

194. Décision ministérielle sur l'interprétation à donner à l'art. 14 du décret du 23 prairial an 12.

N° 13 de 1861.

V. *Cimetières*, p. 78.

(¹) V. ci-après la décision reproduite sous le n° 197.

Le sieur O.... s'est plaint de ce que le maire de B.... aurait refusé, sans de justes motifs, de l'autoriser à faire transporter dans le cimetière de la commune les restes de la dame A...., son aïeule, inhumée en 1853 dans l'ancien lieu de sépulture de B....

D'après les renseignements fournis par le préfet du département, la translation en question devait s'effectuer, non pas dans le cimetière nouvellement ouvert, mais dans une parcelle de terrain y attenant, d'une contenance de 42 centiares, et que le sieur O.... avait achetée depuis quelques mois seulement pour y établir une sépulture de famille et échapper ainsi au tarif de concession dans le cimetière communal, tout en s'en procurant les avantages.

Dans cette situation, l'administration supérieure a été d'avis que le réclamant ne pouvait invoquer le bénéfice de l'art. 14 du décret du 23 prairial an 12, aux termes duquel toute personne peut, *par exception à la règle générale*, être enterrée dans sa propriété réunissant les conditions exigées pour les cimetières publics. C'est, dès lors, avec raison, a-t-on ajouté, que M. le maire de B.... a refusé au sieur O.... l'autorisation qu'il sollicitait.

Le conseil d'Etat, jugeant au contentieux, a maintenu cette jurisprudence et décidé que l'autorisation préalable de l'administration était toujours nécessaire pour l'établissement d'une sépulture de famille dans une propriété privée.

---

195. Décision ministérielle relative à la suppression d'un passage existant dans le cimetière (¹).

N° 16 de 1861.

V. *Cimetières*, p. 78.

Il existe dans le cimetière de C.....-L....., une porte dont l'origine ne peut être déterminée, et qui sert de passage aux habitants d'une ferme voisine pour aller à l'église. Le propriétaire actuel ne possède aucun titre qui lui donne le droit de passer par cette porte ; mais comme le passage existe de temps immémorial, il se croit fondé à réclamer le bénéfice de la prescription.

Dans cet état de choses, le préfet du département a consulté sur le point de savoir si une prétention semblable était admissible, ou si, au contraire, l'administration municipale avait le droit de supprimer, par mesure de police, un passage dont l'existence est contraire aux prescriptions du décret du 23 prairial an 12.

Réponse :

Aux termes de l'art. 2226 du Code Napoléon, la prescription ne peut pas être invoquée à l'égard des choses qui ne sont pas dans le commerce, et c'est là une disposition évidemment applicable aux lieux d'inhumation. Dès lors, quelle que soit la porte par laquelle les habitants de la ferme voisine du cimetière de C....-L.... aient commencé à le traverser pour se rendre à l'église, le cimetière ne saurait, en l'absence de titre, être considéré comme grevé à leur profit d'une servitude de passage, et rien ne paraît s'opposer à ce que l'administration municipale, dans un intérêt de convenance et de police facile à comprendre, supprime la porte affectée à leur usage (²).

---

196. Décision ministérielle sur une question relative aux poids publics.

N° 27 de 1862.

V. *Marchés*, n° 49, p. 150.

On a consulté le ministre sur les questions suivantes :

1° Lorsqu'il existe un poids public dans une commune, tout individu est-il libre de se servir, sur l'emplacement du marché, de poids dont il dispose et qui sont conformes au système légal ?

2° Les anciens arrêtés municipaux, portant interdiction du pesage ainsi pratiqué, doivent-ils être considérés comme obligatoires ?

(¹) Cette décision est appuyée par un arrêt de la Cour de Cassation, en date du 23 juin 1863 (Hue), qui a déclaré légal et obligatoire un arrêté du maire de la commune de Viry-Châtillon, qui, sur le modèle que nous avions donné, enjoignait à Mᵐᵉ veuve Hue de murer à ses frais la porte qui faisait communiquer sa propriété avec le cimetière communal.

(²) L'on peut encore invoquer, pour supprimer ce passage, les art. 688, 689 et 691 du Code Napoléon, aux termes desquels les servitudes discontinues, apparentes ou non apparentes, ne peuvent s'établir que par titres.

Réponse :

Aux termes de l'art. 4 de l'arrêté du 7 brumaire an 9, aucune autre personne que le préposé au poids public n'a le droit d'exercer la profession de peseur dans l'enceinte des marchés, halles et ports. Mais d'après l'art. 1er de la loi du 29 germinal an 10, nul ne saurait être contraint à se servir du poids public si ce n'est en cas de contestation. D'où il suit que, sauf cette hypothèse, le recours au pesage public est purement facultatif, et que chacun, dans l'enceinte ou hors de l'enceinte des marchés, halles et ports, peut peser les marchandises qu'il achète ou qu'il vend avec les poids qui sont à sa disposition et qui remplissent les conditions légales.

Quant aux arrêtés municipaux qui auraient été pris pour interdire l'exercice de cette faculté, quelle que fût leur date, ils ne sauraient être obligatoires sous l'empire des dispositions précitées de la loi du 29 germinal an 10 [1].

---

197. Décision ministérielle relative à l'établissement d'un droit d'inspection sur les viandes venant du dehors [2].

N° 29 de 1862.

V. *Abattoirs, Bouchers*, p. 12.

Le maire de C..... a exposé que toutes les viandes consommées dans la ville pourraient échapper aux droits d'abattage si on ne soumettait pas à une taxe équivalente celles qui sont apportées du dehors. Ce fonctionnaire désirait, en conséquence, que l'administration municipale pût créer un droit d'inspection, ou du moins interdire le débit en ville des viandes provenant d'animaux qui n'auraient pas été tués à l'abattoir. Il n'a pas été possible d'accéder à ce désir.

Motifs :

D'après la jurisprudence consacrée par plusieurs avis du conseil d'État, l'usage des abattoirs est entièrement facultatif pour les bouchers et charcutiers forains, et on ne peut soumettre ceux qui ne s'en servent pas au paiement des droits d'abattage ou de taxes équivalentes. L'usage des abattoirs est également facultatif pour les bouchers et charcutiers de la ville, sous la condition d'abattre au dehors, d'introduire la viande par quartiers et d'acquitter les droits d'octroi. On ne saurait, par conséquent, leur imposer, pas plus qu'aux forains, un droit d'inspection qui ne représenterait pas un service rendu, et dont la création, d'ailleurs, n'est autorisée par aucune loi.

D'un autre côté, la surveillance qu'il appartient à l'autorité municipale d'exercer sur les comestibles, en vertu de son pouvoir de police, ne lui permettrait pas d'interdire la vente des viandes ne provenant pas d'animaux qui auraient été tués à l'abattoir ; une semblable mesure serait inconciliable avec les principes de liberté commerciale qui dominent dans notre législation.

---

198. Décision ministérielle relative aux ventes à la criée dans les marchés.

N° 7 de 1863.

V. *Marchés*, n° 36, p. 148.

---

[1] Nous adhérons pleinement à cette doctrine, qui est en tous points conforme aux principes. En effet, le pouvoir municipal a pu être exercé avec plénitude par le pouvoir législatif qui lui est supérieur. Si donc celui-ci a rendu une disposition contraire aux prescriptions édictées par le premier, ces dernières dispositions ont abrogé les premières et doivent seules faire règle. Si, au contraire, le pouvoir municipal a rendu un règlement autorisant des dispositions contraires à celles du pouvoir qui lui est supérieur, elles ne peuvent avoir aucune valeur légale, parce qu'il n'appartient pas aux maires de prescrire autre chose que ce que veut la loi.

[2] Cette décision nous paraît le complément en même temps que la confirmation de celle reproduite sous le n° 193. Refusé dans ce qu'il voulait dès le principe, le maire de C...... a voulu quand même atteindre d'un droit la vente de la viande d'animaux abattus ailleurs qu'à l'abattoir, et ne pouvant y arriver par son arrêté interdisant la vente de cette espèce de viande, il a cru pouvoir l'atteindre par un droit d'inspection. La décision ci-dessus reproduite a dû lui faire comprendre qu'avant un intérêt purement communal, S. Exc. le ministre de l'intérieur faisait passer l'intérêt général des consommateurs, que protégeait, d'ailleurs, la législation actuelle. Si, dans un livre de la nature de celui-ci, il ne nous est pas donné de blâmer, il nous est du moins permis de déplorer de pareilles tendances chez les administrateurs municipaux ; c'est là, ce nous semble, être d'une époque qui rappelle trop les pouvoirs que s'attribuaient les petits seigneurs, à basse justice, de nos plus humbles hameaux.

Lorsque le marché existe déjà, l'établissement du nouveau mode de vente est une mesure qui rentre dans les pouvoirs de l'autorité municipale et qui peut être réalisée par un simple arrêté du maire. Seulement il doit être bien entendu que l'usage du mode de vente à la criée doit être facultatif et que les approvisionneurs doivent rester libres de vendre par eux-mêmes et à l'amiable les denrées qu'ils apportent sur les marchés. La seule obligation que l'on puisse imposer, et cela en vue de l'ordre public, est que dans le cas où les expéditeurs veulent faire vendre leurs marchandises à la criée, ils emploient alors le ministère des agents désignés à cet effet par l'autorité et placés sous sa surveillance.

---

199. Décret qui accorde la liberté de la boulangerie (¹).

Du 22 juin 1863.

V. *Boulangers*, pp. 49-55.

Art. 1er. Sont abrogées, à dater du 1er septembre 1863, les dispositions de décrets, ordonnances ou règlements généraux ayant pour objet de limiter le nombre des boulangers, de les placer sous l'autorité des syndicats, de les soumettre aux formalités des autorisations préalables pour la fondation ou la fermeture de leurs établissements, de leur imposer des réserves de farines ou de grains, des dépôts de garantie ou des cautionnements en argent, de réglementer la fabrication, le transport ou la vente du pain, autres que les dispositions relatives à la salubrité et à la fidélité du débit du pain mis en vente.

Art. 2. Les décrets des 27 décembre et 7 janvier 1854, relatifs à la caisse de service de la boulangerie du département de la Seine, seront modifiés et mis en harmonie avec les dispositions du présent décret.

---

200. Circulaire du ministre de l'agriculture, du commerce et des travaux publics, relative à la vente et à l'apport du pain dans les communes par les marchands forains.

Du 3 août 1863.

V. *Boulangers*, pp. 49-55.

M. le préfet, au nombre des questions qui se rattachent à l'exécution du décret du 22 juin dernier, sur la boulangerie, une des plus importantes est celle de l'apport et de la vente du pain dans les villes par les boulangers forains.

Avec le système de liberté qui va être appliqué à partir du 1er septembre prochain, le commerce de la boulangerie foraine devient un des éléments essentiels du régime nouveau. Il est, en effet, appelé à contribuer d'une manière efficace au développement, dans la vente du pain, d'une concurrence qui, seule, peut produire, au point de vue de la qualité et du prix de la denrée, des résultats favorables aux intérêts des consommateurs.

Les règlements concernant la boulangerie foraine devront donc être combinés désormais de manière à lui accorder toutes les facilités nécessaires pour l'approvisionnement des villes. Dans ce but, il importe, non-seulement que la vente sur les marchés publics puisse se faire en toute liberté et puisse prendre toute l'extension désirable, mais aussi que l'apport et la vente du pain à domicile, la formation des dépôts et l'établissement de boutiques en ville par les boulangers du dehors n'éprouvent aucune entrave.

Je vous prie donc, M. le préfet, de vouloir bien adresser à MM. les maires les instructions nécessaires pour qu'ils entrent dans cette voie, soit en rapportant les règlements et dispositions de police municipale qui apporteraient dans leurs communes des restrictions au commerce des boulangers forains, soit en donnant à ces industriels un accès plus large sur les marchés publics.

Je vous serai obligé de me rendre compte très-exactement de toutes les mesures qui seront prises à cet égard.

---

201. Circulaire du ministre de l'agriculture, du commerce et des travaux publics, sur la taxe officieuse de la boulangerie.

Du 22 août 1863.

V. *Boulangers*, p. 49-55.

(¹) Ce décret a été rendu sur un rapport de M. le ministre de l'agriculture, du commerce et des travaux publics. Ce rapport, que l'on trouvera au *Répertoire administratif*, année 1863, p. 244 et suivantes, explique le sens et la portée de la nouvelle législation.

M. le préfet, la pensée qui a inspiré le décret du 22 juin dernier, par lequel la liberté de la boulangerie a été proclamée à partir du 1ᵉʳ septembre prochain, conduit logiquement, dans un temps plus ou moins éloigné, à l'abolition complète de la taxe du pain. Toutefois, ce décret, loin de consacrer cette abolition immédiate, a réservé le droit de fixer le prix du pain, droit qui appartient aux maires en vertu de la loi des 19-22 juillet 1791, et qui ne pouvait leur être enlevé que par une loi.

Il a été seulement décidé qu'on procéderait à une expérience qui fût de nature, sans rien brusquer ni compromettre, à faire juger les résultats à attendre, en ce qui concerne le prix du pain, du régime de la libre concurrence.

C'est à cette expérience, intéressante à tous égards, que je viens vous inviter à vous associer. Jamais les circonstances n'ont été plus favorables. La récolte est très-abondante, et l'on n'a pas à craindre qu'une entente entre les boulangers, avant que la concurrence n'ait pu s'organiser, ne produise dans le prix du pain une élévation anormale de nature à porter l'inquiétude dans les esprits.

Le rapport qui précède le décret du 22 juin dernier vous a fait connaître, M. le préfet, les bases du régime de transition entre la réglementation et la liberté que le gouvernement désire voir expérimenter.

Le prix de la vente du pain des diverses qualités sera libre. Un acte de l'autorité publique prescrira aux boulangers, désormais libres, de s'établir en nombre illimité et sans autorisation préalable, d'afficher ostensiblement dans les lieux de vente le prix qu'il leur conviendra de fixer. Ces indications seront régulièrement relevées et permettront de publier les noms des boulangers vendant au-dessous du cours qui eût été fixé sous le régime de la taxe officielle.

Il est à croire que la connaissance seule du fait que l'autorité continue à établir le chiffre auquel devrait ressortir le prix du pain, d'après le cours des farines, et qu'elle est prête à rétablir la taxe en cas d'abus, contribuera à rassurer le public. Elle exercera, en outre, sur le commerce de la boulangerie une pression suffisante pour l'empêcher de chercher à retirer des avantages excessifs d'une liberté qui, dans les premiers temps, ne trouvera peut-être pas un contre-poids nécessaire dans une concurrence incomplètement organisée.

Dans le rapport à S. M. l'Empereur, qui a précédé le décret du 28 juin, mon prédécesseur a annoncé que la taxe officieuse serait elle-même rendue publique. Tout en affectant le principe de cette publicité qui a été considérée comme formant une partie intégrante du régime de transition dit *taxe officieuse*, il faut se garder de l'exagérer, sous peine de manquer, en le dépassant, le but que le gouvernement de l'Empereur s'est proposé.

Il est évident, en effet, que si on donnait à la taxe officieuse une publicité analogue, par sa solennité et sa périodicité, à celle que reçoit aujourd'hui la taxe officielle, on exercerait, par ce seul fait, sur les boulangers une contrainte morale à laquelle aucun peut-être ne chercherait à se soustraire. Il y aurait à craindre que, dans cette situation fausse et incertaine, la concurrence qui est la condition nécessaire de la liberté hésitât à se produire et fût étouffée dans son germe.

Sans donc vouloir ici, M. le préfet, vous tracer des règles étroites pour l'application de cette portion du régime de la taxe officieuse, application qui devra varier suivant les localités et les circonstances, j'insiste auprès de vous pour que les divers modes adoptés pour la publicité accidentelle à donner à la taxe officieuse ne soient pas de nature à faire obstacle au développement normal du régime de la liberté et à vicier dans son principe une expérience dont votre esprit éclairé ne saurait méconnaître ni l'importance ni la délicatesse.

Je vous prie, M. le préfet, de vouloir bien engager les maires des communes soumises aujourd'hui au régime de la taxe, à entrer dans la voie que je viens d'indiquer. Je ne doute pas que, quelles que soient leurs opinions personnelles sur les systèmes de réglementation ou de liberté en matière de boulangerie, ils ne se montrent disposés à s'associer aux vues du gouvernement de l'Empereur pour l'expérience qu'il s'agit de faire et qui a obtenu l'assentiment de Sa Majesté.

---

202. Circulaire du ministre de l'intérieur relative aux mesures à prendre contre la propagation des mouches vénimeuses.

Du 22 août 1863.

V. *Animaux*, p. 24.

M. le préfet, le public paraît se préoccuper du grand nombre d'accidents causés par la piqûre des mouches vénimeuses. Les hommes de science croient que ces mouches puisent le venin qu'elles inoculent, soit sur les cadavres des bestiaux morts du charbon, soit même sur les cadavres quelconques d'animaux arrivés à l'état de putréfaction. Dans tous les cas, il paraît certain que les habitudes trop générales de négligence dans les campagnes contribuent à accroître les chances de danger.

Ainsi il est arrivé quelquefois que des cadavres de chevaux morts du charbon soient restés des semaines entières exposés dans des prairies constamment parcourues par de nombreux bestiaux. On a pu remarquer également que les destructeurs de taupes, et en général tous les paysans qui tuent un animal nuisible, ne manquent pas de pendre à une branche d'arbre ou d'arbrisseau les cadavres où les mouches vont bientôt puiser un venin dangereux.

J'appelle spécialement votre attention, M. le préfet, sur la nécessité de prescrire à MM. les maires de votre département de prendre à cet effet les mesures de précaution et de répression (¹). Il serait, d'ailleurs, désirable que les arrêtés préfectoraux ou municipaux, rendus dans ce but, reçussent une assez grande publicité et fussent insérés, le cas échéant, au *Moniteur des Communes* qui, étant affiché dans toutes les mairies, est un puissant moyen de répandre dans les campagnes les avis utiles et de provoquer l'attention des classes rurales sur les objets qui importent à l'intérêt général.

Je vous prie, M. le préfet, de me faire connaître quelle suite vous aurez jugé possible de donner à la présente communication.

---

203. Décision ministérielle au sujet d'un dépositoire établi dans le cimetière.

N° 41 de 1863.

V. *Cimetières*, p. 78.

Le conseil municipal de R..... a reconnu qu'il y avait des inconvénients à laisser les familles qui se proposent d'établir des sépultures particulières dans le cimetière communal, déposer provisoirement des corps, soit dans des caveaux appartenant à d'autres familles, soit dans la partie du cimetière réservée pour les fosses communes. Il a décidé, en conséquence, qu'à l'avenir ces corps ne pourraient plus être placés que dans un caveau spécial construit aux frais de la ville, et il a voté le tarif des droits que les familles auraient à payer pour la location de ce caveau.

Avant d'approuver la délibération du conseil municipal de R....., le préfet a consulté l'administration centrale sur le point de savoir si le nouveau règlement qu'elle a pour objet ne présente rien d'illicite.

Réponse :

Il n'est pas douteux que l'autorité municipale a le droit d'exiger, dans l'intérêt de la police, de la décence et de la salubrité, que les corps dont l'inhumation définitive doit être ajournée plus ou moins longtemps, soient déposés dans un local spécialement approprié à cette destination. D'un autre côté, la ville ne saurait être tenue de mettre gratuitement ce local à la disposition des familles, et il est naturel que celles qui voudront en faire usage payent un prix de location fixé par un tarif régulièrement approuvé.

Rien ne paraît donc s'opposer à ce que le préfet du département donne suite aux propositions du conseil municipal de R.....

---

204. Décision ministérielle au sujet d'une saisie ordonnée par un arrêté municipal.

N° 60 de 1863.

V. *Pesage, mesurage et jaugeage*, p. 164.

Un arrêté municipal, pris par le maire de N....., a ordonné la saisie des instruments employés par le sieur Th...... dans le port de la ville, pour le pesage et le mesurage des grains entre les vendeurs et les acheteurs. Le préfet du département a consulté sur la légalité de cet arrêté.

Aux termes de l'arrêté des consuls du 7 brumaire an 9, lorsqu'il existe des préposés ayant un caractère public pour le pesage et le mesurage, dans l'enceinte des ports et marchés, aucune autre personne ne peut y exercer la profession de peseur ou mesureur, à peine de confiscation des instruments destinés au pesage et mesurage. Or, d'après l'instruction, des agents spéciaux sont institués comme peseurs et mesureurs publics dans le port de N..... Le sieur Th.....

(¹) Voyez l'article 13 de la loi du 28 septembre-6 octobre 1791, page 228, qui prescrit l'enfouissement des animaux morts. Les maires doivent veiller à ce que cet article soit exécuté, et rédiger un procès-verbal contre ceux qui ne s'y conforment pas.

n'avait donc pas le droit d'y procéder habituellement, ainsi qu'il le faisait, au pesage et au mesurage des grains entre les vendeurs et les acheteurs. Mais les tribunaux seraient seuls compétents pour prononcer la confiscation édictée par l'arrêté consulaire de l'an 9, et il semble qu'aucune disposition de loi n'autorisait M. le maire, dans l'espèce, à faire saisir, préalablement à l'application de cette peine, les instruments de pesage et de mesurage.

---

205. Circulaire du ministre de l'agriculture, du commerce et des travaux publics, relative à la boulangerie.

Du 10 novembre 1863.

V. *Boulangers,* p. 49-55.

M. le préfet, j'ai reçu, en exécution des instructions que j'avais données, des renseignements nombreux au sujet des mesures prises pour l'exécution du décret du 22 juin 1863 sur la boulangerie, et notamment pour la substitution de la taxe officieuse à la taxe officielle. Plusieurs de ces mesures ayant donné lieu à des objections et à des critiques qui ont fait l'objet d'une correspondance particulière avec diverses préfectures, il me paraît utile aujourd'hui de réunir les observations relatives aux questions qui se reproduisent le plus habituellement, et d'en faire la matière d'une circulaire générale destinée à diriger les administrations locales dans la voie nouvelle ouverte par l'adoption du régime de la liberté, ou à les y faire rentrer si elles s'en écartaient. Tel est le but des instructions contenues dans la présente dépêche.

Si, en général, pour l'exécution de la réforme dont la boulangerie a été l'objet, les autorités locales se sont montrées disposées à s'associer aux vues libérales du gouvernement, j'ai remarqué cependant chez elles, dans quelques circonstances, une tendance à se préoccuper plutôt des inconvénients du régime nouveau et à les exagérer, qu'à en admettre et à en constater les avantages.

Cette disposition d'esprit, qui résulte d'opinions personnelles préconçues et surtout d'habitudes de réglementation contractées de longue date et difficiles, par cela même, à faire disparaître, doit être combattue par les moyens de persuasion que donne aux préfets leur légitime influence sur les administrations municipales. Mais, en ce qui concerne spécialement les mesures relatives à la taxe, il est très-essentiel que cette influence ne s'exerce que par voie de conseils, et l'on doit éviter avec soin toute injonction qui pourrait avoir un caractère impératif. Il importe de ne pas perdre de vue, en effet, que le droit de taxer le pain, attribué aux maires par la loi des 19-22 juillet 1791, ne leur a pas été enlevé, et qu'il s'agit seulement, quant à présent, de faire une expérience consistant à suspendre l'exercice de ce droit, afin de pouvoir apprécier les résultats de la liberté complète accordée à la boulangerie, même en ce qui concerne la fixation du prix du pain.

Mais, tout en reconnaissant que les maires ne sont pas dessaisis de leur droit, il faut leur faire bien comprendre aussi que, pour être réellement concluante, l'expérience dont il s'agit doit être faite sur une grande échelle; qu'il doit y être procédé, autant que possible, partout simultanément et sans restrictions qui en dénatureraient le caractère et les effets. Il est essentiel, en outre, que ces administrateurs se rendent bien compte que l'essai auquel ils s'associent ne peut pas donner immédiatement des résultats sur lesquels on puisse baser une opinion définitive, et que cet essai devra s'être prolongé pendant un temps assez long avant qu'il soit possible d'en tirer des arguments de quelque valeur pour ou contre le système nouveau.

A ce sujet, j'ai remarqué qu'un certain nombre d'administrations locales se sont montrées vivement préoccupées de ce que l'application du régime actuel n'avait pas eu pour effet immédiat d'amener une diminution dans le prix du pain, et de ce que le résultat contraire s'était même produit dans un grand nombre de cas. Mais ce fait n'était-il pas à peu près inévitable ? Dans quelques localités, la taxe officielle, basée souvent sur des tarifs établis depuis fort longtemps déjà, ne faisait peut-être qu'une part insuffisante aux frais de fabrication et aux bénéfices légitimes des boulangers, et ceux-ci étaient obligés de chercher une compensation dans les avantages et souvent même dans les abus du monopole. Il n'est pas surprenant que, ce monopole leur étant enlevé, ils cherchent à retrouver autrement la rémunération que semblait leur refuser la fixation officielle du prix du pain par l'administration municipale. Plus souvent encore, il devait arriver aussi que certains d'entre ces industriels, passant d'un régime de réglementation très-rigoureux à un état de liberté complète, tenteraient d'exploiter à leur profit exclusif la situation nouvelle qui leur était faite. Mais il n'en est pas moins évident, et ce fait a déjà été signalé sur un grand nombre de points, qu'avec le temps la concurrence fera justice des prétentions exagérées qui auraient pu se manifester, et que les prix arriveront peu à peu, et d'autant plus promptement que la confiance sera plus grande dans le maintien du régime de la liberté, à se fixer d'eux-mêmes à un niveau normal et régulier.

D'ailleurs, il est un point sur lequel il convient d'appeler l'attention toute particulière des administrations locales, c'est que la réforme radicale opérée par le gouvernement dans le régime auquel était soumis le commerce de la boulangerie, n'a pas été seulement motivée par l'espérance fondée de produire, à l'aide de la concurrence, une diminution du prix du pain. Le gouvernement s'est, en outre, proposé pour but de replacer le commerce de la boulangerie sous l'empire des règles du droit commun et de mettre fin à une organisation exceptionnelle dont les faits démontraient toute l'inefficacité, bien qu'elle fît peser cependant sur l'autorité qui l'avait établie une responsabilité regrettable.

Une augmentation, probablement passagère d'ailleurs, dans le prix du pain, ne doit donc pas être, pour les administrations locales, un motif de découragement et les engager à renoncer, dès le début, à une expérience qui, je le répète, ne peut être significative qu'autant qu'elle se prolongera suffisamment. Du reste, les variations mêmes que peut subir le prix du pain sous la seule action de la libre initiative des boulangers, sont les éléments essentiels de cette expérience, dont les résultats seraient complètement faussés si elle était arrêtée prématurément. C'est dans cet ordre d'idées qu'il faut agir auprès de MM. les maires, en leur faisant bien remarquer que ce serait seulement pour des circonstances extraordinaires et pour le cas où de graves considérations d'ordre public pourraient en faire une nécessité absolue, qu'ils devraient se réserver de faire usage du droit de taxe qui leur appartient encore en vertu de la loi de 1791. Et il leur est d'autant plus facile de se conformer à cette recommandation, que les conjonctures actuelles sont éminemment favorables et que l'abondance de la dernière récolte et la modicité du prix des grains ne peuvent laisser aux populations aucune inquiétude sur l'usage que la boulangerie peut faire aujourd'hui de sa liberté.

D'après les instructions que je vous ai transmises, notamment par une circulaire du 22 août dernier, l'expérience à faire de la suppression provisoire de la taxe officielle du pain comportait, comme élément principal, une taxe officieuse qui permettrait à l'autorité de se rendre compte des différences pouvant exister entre les prix de vente des boulangers et le prix qui aurait dû être fixé par l'administration sous l'empire de la taxe officielle. Mais beaucoup d'administrations municipales se sont méprises sur l'usage qu'elles devaient faire de cette taxe. En vue de maintenir les prétentions des boulangers dans de justes limites, elles ont cru devoir publier, d'une manière périodique et régulière, et quelquefois d'une manière permanente, les prix résultant de la taxe officieuse. J'ai dû rappeler, à ce sujet, dans plusieurs circonstances, que, dans la pensée du gouvernement, cette taxe ne devait être qu'un moyen *intérieur* de contrôle pour l'administration ; qu'en la portant régulièrement à la connaissance du public, on arriverait à lui faire produire à peu près les mêmes résultats que la taxe officielle, puisque, tout en n'étant pas obligatoire en droit, elle le deviendrait presque toujours en fait; que c'était à la fois décourager la concurrence, exercer une véritable contrainte morale sur les boulangers et les empêcher d'apporter dans leur commerce des améliorations utiles, sous le rapport de la qualité et de la variété des produits et de la diminution du prix de revient; que c'était, enfin, faire obstacle à ce que l'expérience de la liberté fût aussi complète et aussi concluante que possible. Dans le cas où ces observations n'auraient pas encore été transmises à celles des autorités locales qui auraient cru devoir faire publier la taxe officieuse ou la porter, par tout autre moyen, à la connaissance du public, vous devrez leur signaler les inconvénients de ce mode de procéder et les engager à se servir seulement de la taxe officieuse comme d'un document administratif destiné à servir de terme de comparaison, et dont l'application devrait être tenue en réserve pour des circonstances exceptionnelles et pour des nécessités évidentes.

L'établissement d'une taxe officieuse, pour que l'autorité municipale pût contrôler l'usage que les boulangers feraient de la liberté de fixer leur prix de vente, appelait comme corollaire indispensable l'obligation pour les boulangers d'afficher ces prix de vente dans leurs boutiques, et cette disposition a été formulée et acceptée à peu près partout. Quelques doutes se sont élevés cependant au sujet de cette mesure que certaines administrations municipales étaient disposées à considérer, soit comme portant atteinte au régime de liberté sous lequel le commerce de la boulangerie est actuellement placé, soit comme offrant l'inconvénient de permettre aux boulangers d'établir un prix uniforme, par suite de la connaissance qu'ils auraient des prétentions de leurs confrères. Sans doute, on resterait plus complètement dans l'esprit du régime libéral inauguré par le décret du 22 juin, si aucune obligation de ce genre n'était imposée aux boulangers. Mais il ne faut pas perdre de vue que la suppression de la taxe officielle est seulement, quant à présent, l'objet d'une expérience : qu'il faut laisser aux autorités locales le moyen de constater les résultats de cette expérience ; que, d'ailleurs, ces autorités conservent toujours le droit de revenir à la taxe officielle, et qu'en prescrivant l'affichage des prix de vente du boulanger, elles peuvent être considérées comme faisant un usage partiel de ce droit. Du reste, il importe que cette obligation de l'affichage ne soit entourée d'aucune autre formalité gênante pour le boulanger. Ainsi, l'on ne doit pas admettre que l'administration municipale exige, comme quelques maires l'avaient fait, la déclaration par les boulangers à l'autorité de leurs prix de vente et des variations qu'ils leur font subir. C'est aux administrations locales à s'enquérir par leurs agents des prix de vente affichés par les boulangers.

En dehors des observations qui précèdent et qui s'appliquaient particulièrement aux mesures prises en ce qui concerne la taxe du pain, j'ai dû, dans quelques occasions, critiquer diverses dispositions adoptées par les autorités municipales, et qui présentaient un caractère réglementaire en désaccord avec le régime établi pour la boulangerie par le décret du 22 juin 1863. En pareille matière, on ne doit pas se borner, comme pour ce qui se rapporte à la taxe du pain, à procéder par voie de conseils et de persuasion ; mais il importe de rappeler, au besoin, les administrations municipales à une application complète et bien entendue des principes que l'adoption du régime nouveau a définitivement fait prévaloir. Il ne s'agit pas, en effet, sur ce point, d'une expérience à faire, et la liberté accordée au commerce de la boulangerie est une réforme économique dont il convient d'assurer l'entière exécution et de développer toutes les conséquences.

Quelques maires avaient cru pouvoir rendre obligatoire la vente du pain au poids. J'ai dû faire remarquer, à ce sujet, qu'en se plaçant au point de vue de la liberté des transactions, qui est la base du décret du 22 juin, on ne voyait pas à quel titre l'administration interviendrait pour imposer plutôt tel mode de vente que tel autre, et pourquoi, en rendant la vente au poids obligatoire, on défendrait par cela même d'acheter un pain d'après son volume ou sa forme, comme cela se fait pour d'autres marchandises ? Il convient de faire disparaître toute prescription qui aurait pour résultat d'entraver directement ou indirectement, sous ce rapport, la liberté des vendeurs et celle des acheteurs, et la seule disposition qu'il serait possible d'admettre, en ce qui concerne le pesage du pain, devrait se borner à établir que toutes les fois que le pain serait vendu au poids, il serait procédé à un pesage effectif si l'acheteur le demandait. De cette façon, les boulangers et le public conservent toujours la faculté de recourir au mode de vente qui leur convient le mieux, et il n'est pas à craindre que les consommateurs puissent avoir à souffrir de cette situation, car les boulangers seront toujours intéressés à satisfaire le public, afin de conserver ou d'acquérir une clientèle en se pliant à ses volontés.

Toute mesure ayant pour objet d'exiger des boulangers une déclaration du local où ils veulent exercer leur commerce, doit être également écartée comme inutile et comme pouvant offrir des inconvénients sérieux au point de vue de l'application complète du principe de la liberté professionnelle. La visite du local, sous le rapport de la salubrité, a pu paraître indispensable pour certaines professions ; mais elle ne l'est pas pour le commerce de la boulangerie. En ce qui concerne la surveillance à exercer sur la fidélité du débit et sur la salubrité du pain mis en vente, la mesure n'aurait pas plus d'utilité ; les autorités locales savent parfaitement où sont situés les établissements de boulangerie, et il n'y aurait aucune raison pour assujettir ceux qui exercent ce commerce à une formalité qui n'est pas exigée des autres individus exerçant le commerce des denrées alimentaires et soumis cependant à une surveillance semblable. Quant aux précautions intéressant la sécurité publique, au point de vue des dangers d'incendie, les boulangers sont soumis aux obligations générales imposées à toutes personnes dont la profession nécessite l'emploi de fours. Mais, ces formalités remplies, on ne peut exiger aucune déclaration qui aurait l'inconvénient de présenter quelque analogie avec les autorisations ou permissions que les boulangers devaient obtenir de l'autorité sous le régime réglementaire [1].

---

[1] Notre article *Boulangers*, p. 49, était imprimé quand a paru cette circulaire. En donnant les formules de règlements, extraites des divers arrêtés parvenus alors à notre connaissance, nous avons dû considérer toutes leurs prescriptions comme parfaitement valables et conformes aux vues du gouvernement, puisque ceux qui nous servaient de modèles avaient reçu les approbations nécessaires. Nous prions nos lecteurs de remarquer qu'il n'en est pas ainsi, et que divers articles doivent être supprimés.

De ce nombre sont :

L'article 3 de la formule 1°, page 55 ;

J'ai dû m'élever également contre les dispositions qui ont pour objet de prescrire que les pains soient de bonne qualité et qu'ils aient le degré de cuisson convenable. Sous un régime de liberté, l'intervention de l'administration municipale n'a point à s'exercer à ce point de vue; c'est aux consommateur à ne pas acheter la denrée qui leur paraîtrait défectueuse et qui ne serait point fabriquée suivant leur goût; et, quant au boulanger, la perte de sa clientèle serait sa punition naturelle et légitime, s'il fournissait du mauvais pain.

Des considérations analogues doivent faire repousser toute mesure par laquelle l'autorité voudrait s'immiscer dans les détails de la fabrication du pain, sous le rapport du mélange des farines et des substances diverses qui pourraient être employées à la panification. C'est encore un des caractères essentiels du régime nouveau que les boulangers puissent agir en toute liberté et en s'inspirant des goûts et des préférences de leurs clients, ce qui est pour eux, je le répète, le véritable et le seul moyen d'exercer avec succès une industrie désormais accessible à tous. Les fraudes que certains d'entre eux, mal éclairés sur leurs véritables intérêts, pourraient commettre en pareille matière, seraient, d'ailleurs, soumises pour leur répression aux règles du droit commun, applicables aux tromperies sur la nature des marchandises vendues. La loi du 27 mars 1851 punit ces tromperies; elle punit aussi ceux qui mettent en vente des denrées falsifiées ou corrompues, et le devoir de l'autorité municipale serait de faire saisir les pains qui contiendraient des substances nuisibles à la santé et de faire poursuivre les délinquants; mais il ne lui appartient nullement de chercher à obtenir, par voie de règlement, que le pain soit de bonne qualité, qu'il ait un degré de cuisson déterminé, ou que sa fabrication ait lieu dans telles ou telles conditions.

Une autre mesure que certaines administrations avaient cru pouvoir imposer ou plutôt maintenir, et dont le caractère réglementaire est incompatible avec le régime de la liberté, c'est l'obligation pour les boulangers d'apposer une marque sur leurs pains et de déposer entre les mains de l'autorité une empreinte de cette marque. Quelle raison pourrait-il y avoir de contraindre le boulanger plus que tout autre débitant de denrées alimentaires à marquer le produit qu'il vend ? La surveillance sur la fidélité du débit et sur la salubrité du pain peut s'exercer, comme pour les autres denrées, sans qu'il soit nécessaire de recourir à une prescription qui est une gêne pour les boulangers et qui présenterait nécessairement des difficultés d'exécution dans un commerce absolument libre.

Toutes les fois, M. le préfet, que des dispositions semblables à celles dont je viens de vous entretenir ou qui présenteraient avec elles quelque analogie, soit par l'intention qui les aurait dictées, soit par les résultats qu'elles pourraient produire, viendront à être prises par des magistrats municipaux de votre département, vous ne devrez rien négliger pour rectifier les idées de ces administrateurs quant à l'étendue de leurs droits, et pour faire disparaître toute mesure qui tendrait à fausser l'application du régime de la liberté au commerce de la boulangerie. Vous chercherez à obtenir, par tous les moyens d'influence dont vous disposez, que les administrations municipales attendent avec toute confiance les résultats favorables que l'on doit espérer du système de la liberté des transactions. Vous vous appliquerez, enfin, à les prémunir contre les craintes que pourraient leur inspirer, dans quelques circonstances passagères, les prétentions des boulangers, prétentions que la concurrence ne peut manquer de modérer promptement, et contre lesquelles l'autorité se trouve, d'ailleurs, suffisamment armée, si elles dégénéraient en une entente coupable qui pourrait présenter les caractères d'une coalition.

Grâce à votre concours et à celui qu'on doit attendre des autorités locales éclairées sur le véritable caractère de la mission qu'elles ont à remplir dans cette circonstance, j'ai l'espoir que le gouvernement de l'Empereur verra se réaliser, dans un avenir prochain, les heureuses conséquences d'une réforme inspirée par des vues d'intérêt général et fondée sur les véritables principes de l'économie politique.

---

206. Décret relatif à la liberté des théâtres.

Du 6 janvier 1864.

V. *Théâtres*, p. 183.

Les articles 2 et 4 de la formule 2°, page 56;
Et l'article 1er de la formule 3°, page 56.
Nous pouvons dire même que point n'est besoin de règlement sous le régime nouveau.

Art. 1er. Tout individu peut faire construire et exploiter un théâtre, à la charge de faire une déclaration au ministère de notre Maison et des Beaux-Arts, et à la préfecture de police pour Paris, à la préfecture dans les départements. — Les théâtres qui paraîtront plus particulièrement dignes d'encouragement pourront être subventionnés, soit par l'Etat, soit par les communes.

2. Les entrepreneurs de théâtre devront se conformer aux ordonnances, décrets et règlements, pour tout ce qui concerne l'ordre, la sécurité et la salubrité publics. — Continueront d'être exécutées les lois existantes sur la police et la fermeture des théâtres, ainsi que sur la redevance établie au profit des pauvres et des hospices.

3. Toute œuvre dramatique, avant d'être représentée, devra, aux termes du décret du 30 décembre 1852, être examinée et autorisée par le ministre de notre Maison et des Beaux-Arts, pour les théâtres de Paris; par les préfets, pour les théâtres des départements. — Cette autorisation pourra toujours être retirée pour des motifs d'ordre public.

4. Les ouvrages dramatiques de tous les genres, y compris les pièces entrées dans le domaine public, pourront être représentés sur tous les théâtres.

5. Les théâtres d'acteurs enfants continuent d'être interdits.

6. Les spectacles de curiosités, de marionnettes, les cafés dits *cafés chantants*, cafés-concerts et autres établissements du même genre, restent soumis aux règlements présentement en vigueur. — Toutefois, ces divers établissements seront désormais affranchis de la redevance établie par l'article 11 de l'ordonnance du 8 décembre 1824, en faveur des directeurs des départements, et ils n'auront à supporter aucun prélèvement autre que la redevance au profit des pauvres et des hospices.

7. Les directeurs actuels des théâtres, autres que les théâtres subventionnés, sont et demeurent affranchis, envers l'administration, de toutes les clauses et conditions de leurs cahiers des charges, en tant qu'elles sont contraires au présent décret.

8. Sont abrogées toutes les dispositions des décrets, ordonnances et règlements, dans ce qu'elles ont de contraire au présent décret.

9. Le ministre de notre Maison et des Beaux-Arts est chargé de l'exécution du présent décret, qui sera inséré au *Bulletin des lois* et recevra son exécution à partir du 1er juillet 1864.

---

207. Circulaire du ministre de la maison de l'Empereur et des Beaux-Arts, sur les nouvelles dispositions à mettre en vigueur à partir du 1er juillet 1864 pour l'exécution du décret sur la liberté des théâtres.

Du 28 avril 1864.

V. *Théâtres*, p. 183.

M. le préfet, — le décret impérial du 6 janvier dernier (¹), qui supprime les privilèges auxquels l'exploitation des théâtres était assujettie, devant recevoir son exécution à partir du 1er juillet prochain, je crois utile de vous donner, dès à présent, quelques explications sur la marche à suivre pour l'application du décret, afin de prévenir toute difficulté d'interprétation, et de vous mettre à même d'éclairer vos administrés sur les droits et les devoirs résultant pour eux du changement de législation.

Aux termes de l'article 1er, tout individu peut construire et exploiter un théâtre, à la charge de faire une déclaration au ministère de la maison de l'Empereur et des Beaux-Arts, à la préfecture de police, pour Paris; à la préfecture, dans les départements.

Une autorisation ministérielle n'est donc plus nécessaire, comme par le passé, et le préfet lui-même n'intervient pas pour autoriser la construction ou l'exploitation d'un théâtre dans son département; il reçoit la déclaration du constructeur et celle de l'exploitant, et se borne à faire respecter, aux termes de l'art. 2, les ordonnances, décrets et règlements pour tout ce qui concerne l'ordre, la sécurité et la salubrité publics.

Vous pouvez, à cet effet, consulter les ordonnances de police concernant les dispositions intérieures et extérieures à prendre pour la construction des théâtres, notamment celle du 9 juin 1829.

Une fois les salles construites, c'est à leur propriétaire ou à tout entrepreneur qui s'en rend locataire, que l'exploitation théâtrale appartient, sans autre limite que celle de leur volonté, de leurs intérêts et de leurs droits.

(¹) **V.** ci-dessus, p. 355.

Toute latitude étant donnée à l'industrie théâtrale, l'art. 1er du décret du 6 janvier réserve à l'État et aux communes le droit de subventionner les théâtres qui paraîtraient plus particulièrement dignes d'encouragement. Pour le moment, M. le préfet, vos efforts doivent tendre à ce que les subventions existantes ne soient pas retirées et à ce qu'il en soit plutôt accordé de nouvelles, à la veille d'une épreuve qui veut être faite avec loyauté, mais avec prudence. Ainsi, le mouvement des lettres et des arts sera à la fois développé par la concurrence et soutenu par des libéralités utiles.

Si le décret du 6 janvier supprime les anciens priviléges dans l'intérêt de l'art et de l'industrie, il ne supprime aucune des garanties qui protégeaient la société, l'ordre et la morale, il les confirme au contraire, et c'est dans ce but que l'art. 3 consacre la législation relative à la censure théâtrale, conformément au décret du 30 novembre 1852.

Je vous rappelle à ce propos, M. le préfet : 1° que c'est à vous qu'il appartient d'examiner et d'autoriser, s'il y a lieu, les pièces nouvelles destinées à être représentées pour la première fois sur un des théâtres de votre département; 2° que celles qui ont été interdites à Paris sont par cela même interdites dans toute la France; 3° que si, parmi celles qui ont été autorisées, il s'en trouve que vous jugiez ne pouvoir être jouées sans danger dans votre département, vous avez toujours le droit d'en défendre la représentation en m'en donnant avis. Les formalités ordinaires continueront donc à être observées; les brochures et les répertoires devront être visés comme d'habitude, et je vous adresserai, au moins une fois par an, le titre des pièces qui auraient pu être interdites.

Aux termes de l'article 4, les ouvrages dramatiques de tous les genres, y compris les pièces entrées dans le domaine public, pourront être représentés sur tous les théâtres.

Déjà les théâtres des départements jouissaient de cet avantage, et je ne vous rappelle les dispositions de l'art. 4 que pour vous recommander de veiller à ce que les œuvres des maîtres soient exécutées, autant que possible, avec le respect qui leur est dû, et sans que le texte en soit altéré par aucune mutilation.

L'art. 5 n'ayant pas besoin de commentaire, il me reste, M. le préfet, à appeler votre attention sur l'art. 6, par lequel les spectacles de curiosités, de marionnettes, les cafés dits cafés-chantants, cafés-concerts et autres établissements du même genre, restent soumis aux règlements présentement en vigueur, mais sont toutefois désormais affranchis de la redevance établie par l'art. 11 de l'ordonnance du 8 décembre 1824 en faveur des directeurs des départements.

La liberté accordée à l'industrie spéciale des théâtres ne s'étend pas et ne pouvait s'étendre à tous les établissements publics d'un autre ordre, et notamment aux cafés qui, comme débits de boissons, sont, vous le savez, soumis à des règlements spéciaux. Vous pourrez, quand vous le jugerez convenable, autoriser les propriétaires de cafés à faire exécuter dans leurs établissements toute espèce de musique instrumentale et chanter toute sorte de morceaux de musique, même de l'ordre le plus élevé, sans toutefois porter atteinte aux droits des auteurs sur les ouvrages du répertoire moderne. Ces exécutions instrumentales et vocales devront toujours, comme par le passé, avoir lieu sans aucun costume ni travestissement, sans décors et sans mélange de prose, de danses et de pantomimes. Autrement ce seraient de véritables théâtres, et la distinction établie par les art. 1 et 6 du décret ne serait pas respectée.

Les entrepreneurs de cafés-concerts et de cafés-chantants seraient d'autant moins fondés à se plaindre du maintien de cet état de choses qu'ils ont désormais la liberté de construire et d'exploiter des théâtres, si bon leur semble.

Par spectacles de curiosités et autres établissements du même genre que concerne aussi l'art. 6, vous devez entendre les petits spectacles de physique et de magie, de panoramas, dioramas, tirs, feux d'artifice, expositions d'animaux et tous les spectacles forains et d'exercices équestres qui n'ont ni un emplacement durable ni une construction solide.

Affranchis de la redevance qu'ils payaient aux directeurs des théâtres, ces établissements n'auront plus à supporter qu'un prélèvement au profit des pauvres ou des hospices. La législation nouvelle sera donc pour eux un grand bienfait, et leur condition se trouvera sensiblement améliorée.

Les art. 7, 8 et 9 délient, à partir du 1er juillet prochain, les directeurs actuels des théâtres, autres que les théâtres subventionnés, de toutes les clauses et conditions de leurs cahiers de charges, et abrogent les dispositions des décrets, ordonnances et règlements, dans ce qu'elles ont de contraire au décret du 6 janvier.

Jusque-là, M. le préfet, et pendant cette période de temps qui sépare encore le régime des priviléges du régime de la liberté, vous ne pouvez mieux faire que de seconder les combinaisons qui seraient de nature à favoriser le maintien des théâtres qui existent et la construction de ceux qu'on voudrait établir dans de bonnes conditions, sans tenir compte des anciens arrondissements ni des anciens itinéraires qui, ne répondant plus en rien aux besoins de l'époque, devaient cesser d'exister.

Les directeurs ne seront plus astreints à une réglementation uniforme pour les abonnements, les débuts, le tarif du prix des places et autres questions de détails. Ils pourront prendre, à cet effet, les mesures qu'ils jugeront convenables, et, de son côté, l'autorité locale devra veiller à ce que l'ordre public n'ait pas à en souffrir.

Si mon autorisation n'est plus nécessaire pour l'exploitation des théâtres, ni pour leur construction, je n'en conserverai pas moins le droit et le besoin d'être mis au courant de tout ce que produira, dans chaque département et dans chaque ville, la libre industrie des théâtres. Vous voudrez donc bien, M. le préfet, m'informer de la création de chaque nouvelle salle et des changements qui auront lieu dans les diverses exploitations.

J'ai tâché de prévoir les difficultés que pourrait soulever l'application du décret du 6 janvier dernier, et je me suis efforcé de vous mettre d'avance à même d'y pourvoir. Au besoin, et dans le cas où des instructions nouvelles vous deviendraient nécessaires, je serai toujours prêt à vous les adresser. Je me résume aujourd'hui, en vous disant que, pour obéir aux prescriptions du décret et répondre aux généreuses intentions de l'Empereur, vous devez chercher, avant tout, à concilier loyalement les droits nouveaux de l'industrie théâtrale avec les droits éternels de la société, de la morale et des arts.

Je vous prie, M. le préfet, de m'accuser réception de la présente circulaire, à laquelle je joins le texte du décret du 6 janvier, ainsi que le rapport qui le précédait et qui en explique la pensée.

---

208. Règlement publié par le maire sans le concours du conseil municipal.

Décision ministérielle n° 37, de 1864.

V. *Parcours*, p. 159.

Les règlements sur le parcours et la vaine pâture n'étant obligatoires qu'autant qu'ils sont basés sur une délibération du conseil municipal, approuvée par le préfet (loi du 18 juillet 1837, art. 19 et 20), il y a lieu de considérer comme illégale, dans un arrêté pris par le maire seul pour assurer la libre récolte des prairies, la disposition portant que le droit de vaine pâture ne pourra être exercé qu'à une époque que ce magistrat se réserve de fixer ultérieurement. (*Arr. Cass.*, 19 *décembre* 1863. *B. C.*, 501. — *Caillot.*)

---

209. Révocation des règlements municipaux.

Décision ministérielle n° 38, de 1864.

V. *Parcours*, p. 159.

Les intérêts réglés par les délibérations du conseil municipal sur la vaine pâture étant des intérêts généraux, les arrêtés municipaux auxquels ces délibérations servent de base peuvent toujours être révoqués par les préfets.

La révocation d'un règlement de ce genre entraîne celle des dispositions des règlements antérieurs sur le même objet, qui ont été reproduites textuellement dans l'arrêt rapporté. (*Arr. Cass.*, 15 *novembre* 1861. *B. C.*, 385. — *Drugeon et Drobecq Denisart.*)

---

210. Sépultures particulières.

Décision ministérielle n° 40, de 1864.

V. *Cimetière*, p. 78.

Le maire de *** avait pris un arrêté pour autoriser la congrégation des sœurs de *** à construire dans l'une de ses propriétés, située aux environs de la ville, un caveau destiné aux inhumations des membres de la communauté.

Consulté par le préfet sur la légalité de cet arrêté, M. le ministre de l'intérieur a répondu : En principe, la création de cimetières particuliers est interdite par la législation sur les sépultures. L'article 14 du décret du 23 prairial an XII reconnaît, il est vrai, à tout particulier le droit de se faire inhumer dans sa propriété, si elle se trouve à 35 mètres au moins de l'enceinte des villes ou bourgs ; mais ce serait donner une trop large extension à cette disposition restrictive de sa nature que d'en induire la faculté d'établir à perpétuité un caveau ou cimetière, réservé d'une manière générale aux seuls membres d'une communauté religieuse. Un tel privilége que chaque communauté pourrait réclamer à son profit aurait pour effet de rendre illusoires les sages précautions prises par le législateur dans l'intérêt de l'ordre public et de la salubrité.

Son Excellence a décidé, en conséquence, que l'arrêté du maire de *** devait être rapporté, sauf à ce fonctionnaire à permettre aux sœurs, en vertu de l'article 14 du décret du 23 prairial an XII, et sur une demande formée à chaque décès, des inhumations individuelles dans celle de leurs propriétés qui réunirait les conditions légales.

----

211. Sépultures.

Décision ministérielle n° 10, de 1865.

V. *Cimetière*, p. 78.

L'ouverture d'un chemin dans un cimetière, ordonnée par le maire de la commune, pour assurer, au moyen d'une circulation plus libre, la conservation des sépultures, constitue, non un fait de gestion intéressant la fortune communale, mais un acte de police accompli par le maire, comme magistrat spécialement chargé de la surveillance des cimetières.

En conséquence, une telle mesure ne peut pas être déférée à la juridiction civile et notamment servir de base à l'action possessoire de la part du particulier troublé dans sa possession de la grille d'un monument funéraire dont la création du nouveau chemin a nécessité le déplacement. (*Arr. Cass.*, 24 *août* 1864. *C. C.*, 244. — *Lefèvre.*)

----

212. Eaux d'un chemin.

Arrêt de la Cour de cassation du 11 février 1865.

V. *Eaux*, p. 96, n° 7.

Un arrêté municipal qui, dans l'intérêt de la salubrité publique, ordonne l'enlèvement d'un obstacle (¹) à l'écoulement des eaux d'un chemin, est exécutoire, indépendamment de toute question de propriété ou de servitude, aussi longtemps qu'il n'a pas été réformé par l'autorité supérieure. (*Arr. Cass.*, 11 *février* 1865. *B. C.*, 54. — *Monnot.*)

----

213. Enfouissement des animaux morts.

Arrêt de la Cour de cassation du 17 mars 1865.

V. *Animaux*, p. 24, n° 4.

Est obligatoire l'arrêté municipal qui, dans un intérêt de salubrité publique, détermine les règles à suivre pour l'équarrissage et l'enfouissement des animaux morts. (*Arr. Cass.*, 17 *mars* 1865. *B. C.*, 113. *Faure.*)

----

214. Curage d'un ruisseau.

Arrêt de la Cour de cassation du 23 mars 1865.

V. *Eaux*, p. 95.

L'arrêté d'un maire prescrivant, dans l'intérêt de la salubrité, le curage d'un

----

(¹) Il s'agissait, dans l'espèce, de l'enlèvement d'une grille qu'un propriétaire avait placée à l'orifice intérieur du mur de clôture de sa propriété joignant la voie publique.

ruisseau, est légal et obligatoire aussi longtemps qu'il n'a pas été réformé par l'autorité supérieure. (*Arr. Cass.*, 23 *mars* 1865. *B. C.*. 117. — *Boitel.*)

---

215. Autorisation donnée par le maire d'un dépôt sans nécessité.

Arrêt de la Cour de cassation du 25 mars 1865.

V. *Dépôt*, p. 94, n° 14.

L'autorité municipale ne peut, ni par un arrêté général, ni par des mesures spéciales et individuelles, s'attribuer le droit de dispenser les citoyens de l'observation de ses propres règlements et, à plus forte raison, de l'observation de la loi. Par suite, le maire excède ses pouvoirs en autorisant, au mépris de l'article 471, n° 4, du Code pénal, le dépôt sans nécessité sur la voie publique d'objets qui entravent la circulation. (*Arr. Cass.*, 25 *mars* 1865. *B. C.*, 122. — *Reboul.*)

---

216. Assainissement d'un fossé situé à l'intérieur d'une propriété.

Arrêt du Conseil d'Etat du 5 mai 1865.

V. *Eaux*, p. 95.

Un maire n'excède pas la limite des pouvoirs qui ont été conférés à l'autorité municipale par la loi des 16-24 août 1790, titre XI, art. 3, lorsqu'il enjoint à un propriétaire de prendre les mesures convenables pour l'entier assainissement d'un fossé existant à l'intérieur de sa propriété, quand la stagnation des eaux dans ce fossé offre des dangers pour la salubrité publique. (C. E., 5 *mai* 1865, 491. — *De Montailleur.*)

---

217. Stationnement de voitures sur la voie publique.

Arrêt du Conseil d'Etat du 19 mai 1865.

V. *Voitures*, p. 202.

L'autorité municipale en refusant à un loueur de voitures l'autorisation d'augmenter le nombre des voitures qu'il fait stationner sur la voie publique, ne fait qu'user des pouvoirs de police qui lui ont été conférés par la loi des 16-24 août 1790, dans l'intérêt de la sûreté et de la commodité de la circulation. (C. E., 19 *mai* 1865, 537. — *Barthélemy.*)

---

218. Emplacement des foires et marchés.

Arrêt du Conseil d'Etat du 14 août 1865.

V. *Marchés*, p. 143, n° 2.

Lorsqu'un bien communal a été acquis pour y tenir les foires et marchés, le maire ne peut, sans excéder ses pouvoirs, changer, par un arrêté, l'affectation de cet immeuble ; ce changement ne peut être fait que par le conseil municipal. (C. E., 14 *août* 1865, 797. — *Habitants de Richelieu.*)

---

219. Emplacement pour les danses publiques.

Arrêt du Conseil d'Etat du 14 août 1865.

V. *Bals*, p. 33.

Un maire, en assignant, par un arrêté de police, un emplacement spécial pour les danses publiques et en défendant que ces danses aient lieu dans les établissements publics sans son autorisation, agit dans la limite des pouvoirs de police municipale qui lui sont conférés par les lois. (C. E., 14 *août* 1865, 797. — *Habitants de Richelieu.*)

---

220. Liberté du commerce.

Arrêt du Conseil d'Etat du 29 août 1865.

V. *Marchés*, p. 145, n°s 8 et 12.

Les dispositions des règlements de police qui interdisent la vente de gré à gré, en dehors de la halle, celles qui autorisent la perception d'un droit en faveur du facteur de la halle, celles qui défendent aux marchands de recevoir directement et à leur domicile certaines marchandises ou denrées pour les acquisitions faites librement en dehors de la halle, ne sont plus conciliables avec le principe qui domine notre législation en matière commerciale; dès lors, de telles dispositions ne peuvent trouver place dans un règlement de police. (*Lettre ministérielle au sujet du pourvoi qui a donné lieu à l'arrêt du Conseil d'Etat, du 29 août 1865, 883. — Granon.*)

---

221. Circulaire du ministre de l'agriculture, du commerce et des travaux publics, relative à l'épizootie.

Du 11 septembre 1865.

V. *Epizootie*, p. 106.

Le typhus contagieux des bêtes à cornes est une maladie étrangère à nos climats. Jamais il ne se développe spontanément dans les différentes contrées de l'Europe occidentale, quelles que soient, du reste, les mauvaises conditions hygiéniques auxquelles les troupeaux des grands ruminants puissent être exposés. C'est dans les plaines immenses de la Hongrie et de la Russie, qui sont connues sous le nom de *steppes*, que le typhus prend naissance ; c'est là exclusivement qu'il trouve les conditions de son développement spontané ; et telle est, à l'égard de cette question d'origine, la certitude acquise, depuis les savantes investigations des maîtres de la médecine vétérinaire en Russie, en Allemagne et en France, qu'on peut toujours affirmer sans crainte d'erreur, quand on voit apparaître le typhus des bestiaux dans une région de l'Europe occidentale, qu'il y a été importé par une voie ou par une autre.

L'invasion actuelle de l'Angleterre ne fait pas exception à cette règle, quoi que l'on ait pu dire sur ce point de l'autre côté du détroit. Il est certain que c'est le typhus des steppes qui ravage ce pays, et qu'avant son apparition à Londres, où il a fait sa première explosion, un convoi composé de trois cents animaux avait été embarqué à Revel, dans le golfe de Finlande, à destination pour l'Angleterre, et y était arrivé par Lubeck et Hambourg après une traversée de six jours environ, grâce à la rapidité des moyens de communication.

Le caractère exotique du typhus ne saurait donc aujourd'hui être contesté.

Mais si le typhus est exotique et ne prend naissance que dans la région des steppes, on le voit trop souvent déborder de son pays d'origine , à raison de ses propriétés éminemment contagieuses, et s'attaquer à la population bovine des contrées dans lesquelles ne se trouvent pas les conditions de son développement spontané. Ses routes les plus ordinaires ont été, dans le passé, celles qu'ont suivies les armées de l'Autriche et de la Russie, dont les troupeaux d'approvisionnement sont formés en grande partie d'animaux originaires des steppes. Plus rarement, il s'est introduit par les voies commerciales de terre et de mer ; mais c'est toujours par la contagion qu'il s'y est maintenu pendant un temps plus ou moins long, aux différentes époques où il y a fait son apparition.

La propagation du typhus d'une localité infestée dans une localité voisine ou même à grande distance, comme l'exemple de l'Angleterre en témoigne aujourd'hui, peut s'opérer par différents modes.

Le plus efficace de tous est le transport des animaux malades. Il suffit d'un seul sujet attaqué du typhus pour infecter tout un pays. Il n'est pas nécessaire d'un contact immédiat pour que sa transmission s'effectue ; le typhus se transmet à distance par les émanations qui se dégagent des sujets malades ; ces émanations ont assez de puissance pour agir en plein air.

Les germes morbides peuvent être portés à distance par les courants de l'atmosphère et infecter des troupeaux dans les pâturages, lorsque des animaux malades passent sur les routes qui les bordent.

Les animaux sains qui ont eu des rapports avec les animaux malades et se sont imprégnés des principes de leur maladie, conservent encore les caractères extérieurs de la santé pendant un certain temps, dont la durée varie entre six à dix jours. C'est cette particularité, commune du reste à un grand nombre de maladies contagieuses, qui est une des conditions les plus puissantes de la propagation du typhus ; car trop souvent les propriétaires des sujets contaminés, ne s'inspirant que de leur intérêt personnel, s'empressent de les faire conduire sur les foires et marchés pour réaliser immédiatement leur valeur et se mettre à couvert des pertes qu'ils pourraient subir. De là la dissémination possible et trop fréquente du mal dans tous les sens par des sujets qui, sous les apparences de la santé, recèlent en eux le germe d'une maladie encore cachée, mais dont l'avénement est fatal et à bref délai. L'histoire de l'épizootie actuelle de l'Angleterre démontre que c'est surtout par cette voie que le typhus a rayonné de la métropole dans un grand nombre des districts qui l'avoisinent, puis de proche en proche, dans les districts plus éloignés, et enfin jusque dans l'Écosse.

Ce ne sont pas seulement les animaux actuellement malades, ou qui doivent le devenir prochainement, qui sont les agents de la propagation du typhus ; ceux qui sont en convalescence de cette maladie peuvent aussi la transmettre et avec tous les caractères de sa malignité, bien que chez eux elle paraisse éteinte. Le typhus peut être transmis par les fourrages imprégnés du souffle et de la bave des animaux malades, par les herbes des pâturages où ils ont séjourné, par les liquides dont ils se sont abreuvés.

Les vêtements des hommes, la toison des moutons, les poils des chiens et des autres animaux, peuvent se charger des principes de la maladie et la transporter à distance.

Enfin, elle peut se propager par les fumiers qui proviennent des étables infectées et dans la composition desquels les déjections morbides entrent en si grande quantité, par les débris des animaux morts, par leurs peaux fraîches et jusque par les cordages qui ont servi à les attacher et qui sont encore souillés de leur bave ou de leur sang.

Comme on le voit par cet aperçu sommaire, les voies sont nombreuses par lesquelles la contagion du typhus peut s'effectuer, et c'est leur multiplicité qui explique la facilité avec laquelle cette maladie se propage et les difficultés que l'on rencontre trop souvent à empêcher son expansion. Mais ces difficultés, si grandes qu'elles soient, ne sont pas supérieures aux efforts d'une administration vigilante et dévouée, et il est possible de les surmonter quand on s'attaque au fléau dès ses premières manifestations dans une localité.

Le typhus étant une maladie exotique que très-peu de personnes en France ont eu l'occasion d'observer, puisque sa dernière invasion remonte à 1814, il est nécessaire d'en retracer ici les caractères principaux.

CARACTÈRES DU TYPHUS CONTAGIEUX.

Dans la première période de cette maladie, celle que l'on appelle la période d'incubation, parce que le mal n'est encore qu'en germe dans le corps et y couve pour ainsi dire, les animaux présentent tous les caractères extérieurs de la santé ; ils mangent, boivent et ruminent comme d'habitude, et les femelles donnent la même quantité de lait. Impossible donc de voir en eux des malades ; et, de fait, s'ils sont condamnés à le devenir fatalement, ils ne le sont pas encore.

Cette période a une durée qui varie de six à huit jours.

Lorsque la maladie apparaît, elle se caractérise par l'abattement et une certaine expression du regard qui donne à l'animal un air sombre ; sa tête est tendue, fixe, portée bas, avec les oreilles immobiles tombant en arrière ; le dos est voûté et les membres postérieurs sont engagés sous le corps ; le poil est terne, hérissé et sec au toucher ; aux plis des jointures, notamment dans la région des aisselles et des aînes, la peau se trouve mouillée de sueurs qui déterminent le soulèvement de son épiderme et sa dénudation.

La rumination n'est pas toujours suspendue dans les premiers jours de la maladie, mais elle ne s'effectue plus avec sa régularité habituelle ; l'animal grince des dents et bâille fréquemment.

Puis apparaissent des tremblements généraux, manifestés surtout en arrière des épaules, aux grassets et aux fesses, avec des alternatives de chaleur et de froid, notamment vers la base des cornes, aux oreilles et aux extrémités des membres.

Les yeux sont rouges et pleurent, et les larmes qui s'en écoulent en abondance ont une telle âcreté, qu'elles creusent sur le chanfrein une sorte de sillon ; l'épiderme se détache sur les régions de la peau où elles se sont répandues.

Un jetage a lieu par les ouvertures des narines, d'un liquide d'abord aqueux et âcre comme les larmes et produisant comme elles l'érosion épidermique des parties de la peau avec lesquelles il reste en contact.

Avec les progrès de la maladie, les humeurs des yeux ou du nez deviennent purulentes, et souvent alors l'air que les animaux expirent est fétide. A ce moment la respiration se précipite, elle devient difficile et s'accompagne d'un bruit de cornage que l'on entend à distance en entrant dans les étables.

De la bouche s'échappe une salive écumeuse qui forme des flocons blanchâtres autour des lèvres. Sur le bourrelet de la mâchoire supérieure, sur les gencives et sur les mamelons de la face interne des joues, l'épiderme, soulevé par de la sérosité, n'adhère plus aux parties et, se détachant facilement sous la pression des doigts, laisse à nu des plaies vives d'un rouge foncé.

A une période plus avancée de la maladie, la tête est agitée, d'un côté à l'autre, d'une sorte de branlement qui a une certaine analogie avec celui des vieillards, et, en même temps, les mouvements rapides de la respiration lui impriment, à chaque fois que les flancs s'abaissent, une secousse de bas en haut.

La diarrhée ne tarde pas à se manifester ; ce sont d'abord des matières excrémentielles qui sont expulsées liquides, avec une grande impétuosité, et associées à des gaz qui leur donnent une fétidité caractéristique; puis quand le canal est vide, les produits des déjections deviennent séreux ; enfin, à la dernière période, les matières rejetées prennent une teinte brune qu'elles doivent au sang qui leur est associé, et répandent une odeur d'une extrême fétidité.

A mesure que la maladie progresse, l'affaiblissement des forces s'accuse davantage ; les malades tombent dans un état d'extrême prostration ; c'est à peine s'ils peuvent se tenir debout et s'ils ont la force de conserver l'équilibre, quand on les oblige, par l'excitation des aiguillons ou des chiens, à se mettre en mouvement. La plupart du temps, ils restent couchés, la tête tendue et appuyée sur le menton. La stupeur est extrême ; les yeux s'enfoncent profondément dans les orbites ; une humeur purulente remplit le vide qui s'est formé entre le globe et les paupières ; la matière du jetage, épaisse, mêlée de stries sanguinolentes, souvent fétide, obstrue tellement les narines, que les animaux sont obligés de respirer par la bouche ; la température du corps est sensiblement abaissée, et quand on appose les mains sur la peau du dos et des lombes, on perçoit une sensation analogue à celle que donne le toucher d'un animal à sang froid. Souvent, à cette période, se manifeste un symptôme très-caractéristique, c'est un gonflement de chaque côté de l'épine du dos, déterminé par le développement spontané de gaz sous la peau. Quand on palpe cette région, on perçoit une sensation de crépitation, et si on la percute, elle rend un son analogue à celui qui se fait entendre lorsque dans les boucheries, on frappe sur la peau d'un bœuf soufflé.

Quand ce symptôme est apparu, les animaux sont froids et insensibles ; les mouches les couvrent comme si déjà ils étaient des cadavres. Elles s'accumulent autour des ouvertures naturelles et y déposent leurs œufs, qui quelquefois ont le temps d'y éclore : d'où l'apparition d'un fait qui a été considéré autrefois comme une expression spéciale de la maladie, mais qui n'est évidemment qu'un accident secondaire, résultant de l'état d'insensibilité à peu près complète dans lequel les animaux sont tombés.

La sécrétion du lait se tarit presque entièrement dès les premiers signes de la maladie ; les mamelles se flétrissent et deviennent flasques et froides ; quand elles donnent encore un peu de lait, ce liquide est séreux et d'une teinte jaune très-accusée.

Chez les femelles, il existe un symptôme très-propre à faciliter le diagnostic de la maladie, lorsqu'on doit passer en revue un certain nombre de bêtes et formuler un jugement rapide : c'est la coloration particulière de la membrane du vagin qui a une teinte rouge d'acajou avec des marbrures d'une nuance plus foncée.

L'amaigrissement rapide et profond des malades est un des caractères particuliers à cette affection, et qui s'accuse à un degré d'autant plus marqué que la vie se prolonge davantage : les sujets deviennent étiques ; leurs muscles, effacés et parcheminés, laissent apparaître tous les reliefs du squelette, notamment à la région du bassin, dont les excavations se creusent profondément.

La mort survient d'ordinaire du troisième au douzième jour ; rarement la vie se prolonge au delà de cette dernière période.

En résumé, si on laisse de côté les détails accessoires, un animal frappé du typhus se reconnaît facilement à l'ensemble des symptômes suivants : attitude immobile, dos voûté, membres convergents sous le corps, tête portée en avant, fixe, oreilles tombantes en arrière, regard sombre, yeux pleureurs, jetage nasal, bouche écumeuse, tête branlante, grincement des dents, respiration précipitée, bruit de cornage, tremblements généraux, diarrhées très-abondantes et fétides, gonflement de la région dorsale par des gaz accumulés sous la peau, abaissement de la température du corps, faiblesse extrême, prostration, stupeur, coloration rouge foncé avec marbrures de la membrane du vagin, tarissement du lait.

ALTÉRATIONS PROPRES AU TYPHUS.

Dans le troisième estomac ou feuillet, injection des lames multiples de cet appareil, taches ecchymotiques diffuses sur un grand nombre, perforations ulcéreuses de quelques-unes, dessiccation, sous forme de galettes, des matières alimentaires interposées entre elles.

Dans la caillette, quatrième estomac, injection très-vive de toutes ses duplicatures qui ont une couleur rouge d'acajou, et, dans quelques cas, ulcérations multiples disséminées à leur surface ; ces ulcérations reflètent une teinte blanche lavée.

Dans l'intestin grêle, plaques gaufrées formées par la confluence des pustules pleines ou ulcérées sur les glandes de Peyer.

Cette lésion n'est pas constante dans l'intestin grêle : mais ce que l'on observe toujours sur la muqueuse de cet intestin, c'est l'injection générale avec des vergetures longitudinales, coupées irrégulièrement par des vergetures transverses, qui dessinent sur la membrane un réseau irrégulier à grandes mailles extrêmement caractérisé.

Dans le colon, petites ulcérations extrêmement nombreuses, dans la profondeur desquels est attaché un petit caillot de sang formant relief dans l'intestin ; en enlevant ce caillot par le grattage, on met à nu l'ulcération assez profonde qui lui servait comme de point d'insertion. Injection générale de toute la muqueuse du colon et de celle du rectum, vergetée et aréolée comme la muqueuse de l'intestin grêle.

La rate est généralement saine.

Taches pétéchiales et ecchymoses profondes dans le cœur.

Emphysème général du poumon, dont les lobules sont isolés entre les lames épaisses du tissu cellulaire, qui sont soufflées par les gaz exhalés dans leurs aréoles comme dans celles du tissu cellulaire sous-cutané.

Injection de la muqueuse des bronches et du larynx, et exsudation à sa surface de mucosités purulentes condensées en fausses membranes dans le larynx.

Aucune ulcération sur cette membrane.

Le typhus contagieux des bêtes à cornes est une maladie qui demeure supérieure dans le plus grand nombre des cas, l'expérience l'a trop souvent démontré, à toutes les ressources de l'art. Ce n'est donc pas sur des moyens de traitements qu'il faut compter pour sauvegarder la fortune des particuliers et, avec elle, la fortune publique, lorsque cette épizootie s'attaque à la population bovine d'un pays, mais bien sur les précautions les plus minutieuses prises en vue d'empêcher sa propagation par les différentes voies de la contagion.

Les indications données dans cette instruction doivent vous inspirer à cet égard, Monsieur le Préfet, votre ligne de conduite.

Tous vos efforts doivent tendre, lorsque l'épizootie s'est déclarée dans une localité, à empêcher que les animaux malades puissent avoir des communications, de quelques natures qu'elles soient, avec des animaux sains. Vous ne devrez même pas reculer, au début de la maladie dans une contrée, devant l'abattage immédiat des animaux les premiers malades et des animaux qui ont cohabité avec eux si vos informations vous renseignent très-exactement sur la manière dont la maladie s'est transmise, ei si elles vous donnent la conviction qu'en l'étouffant dans son foyer primitif, vous pourrez arrêter son expansion et prévenir sa propagation.

La loi vous arme de toute l'autorité nécessaire pour appliquer cette mesure commandée par l'intérêt public, et dont l'application entraîne, du reste, l'indemnisation légitime des propriétaires.

La contagion pouvant s'effectuer à distance par les émanations qui se dégagent du corps des animaux malades, il est nécessaire qu'ils soient séquestrés de la manière la plus rigoureuse dans des locaux aussi isolés que possible de ceux qu'habitent les animaux sains ; que les pâturages communs, les abreuvoirs et les routes leur soient défendus ; que les personnes préposées à leur donner des soins n'aient aucun contact avec les animaux non encore infectés ; que des relations ne puissent pas s'établir par l'intermédiaire d'animaux d'autres espèces, notamment des moutons, dont la toison touffue peut s'imprégner des principes contagieux et servir à les transporter à de très-grandes distances.

Dans des occurrences comme celles qui se présentent, l'agglomération des animaux de l'espèce bovine sur les champs de foire ou sur les marchés peut entraîner les conséquences les plus fâcheuses ; car il suffit d'un seul animal infecté pour qu'un grand nombre de ceux qui auront été en rapport avec lui contractent la maladie et la disséminent dans une foule de directions. Il est possible aussi que des animaux, qui ne sont encore qu'à la période d'incubation de la maladie, soient conduits sur les champs de foire par des propriétaires plus soucieux de leurs intérêts particuliers que de l'intérêt public. Vous aurez à voir si la gravité des circonstances ne vous impose pas l'obligation de suspendre les foires et marchés publics dans les localités où l'épizootie sévira ; et, dans le cas où cette mesure, toujours grave, ne vous paraîtrait pas indispensable, vous devriez prescrire les plus grandes précautions pour prévenir l'introduction sur les marchés d'animaux suspects, à quelque titre que ce soit. Ces précautions devront consister dans des certificats de santé délivrés aux conducteurs de bestiaux par les maires des communes d'où ils proviennent et les vétérinaires inspecteurs de ces communes.

Mais l'action de l'administration, si énergique qu'elle soit, resterait insuffisante si vos administrés ne se pénétraient pas tous de la nécessité de concourir de tous leurs efforts à l'œuvre de la préservation commune, et s'ils n'étaient pas convaincus qu'il suffit souvent d'une imprudence commise ou d'une contravention aux règlements sanitaires pour que la maladie trouve une issue qui lui permettrait d'étendre ses ravages. Vous devrez donc faire en sorte d'éclairer les populations par tous les moyens de publicité dont vous disposez sur les dangers qui les menacent, et sur l'utilité des mesures que vous serez obligé de prendre pour les en préserver.

Voici, du reste, celles de ces mesures qu'il est urgent d'appliquer immédiatement :

Tout propriétaire, détenteur ou gardien de bêtes à cornes, à quelque titre que ce soit, doit être tenu de faire la déclaration immédiate au maire de la commune des bêtes malades ou suspectes qu'il peut avoir chez lui ou dans ses pâturages.

Dès que le maire sera prévenu, il fera faire la visite des animaux dont la maladie lui aura été déclarée, soit par le vétérinaire le plus prochain, soit par celui auquel cette fonction aura été assignée.

Je vous recommande, Monsieur le Préfet, d'insister auprès des maires des différentes communes de votre département, pour que cette prescription d'utilité absolue soit rigoureusement observée : elle est du reste imposée par les règlements sur la matière, et ceux qui y contreviendraient seraient passibles de peines sévères (¹).

Lorsque, d'après le rapport du vétérinaire, il sera constaté qu'une ou plusieurs bêtes sont malades, le maire veillera scrupuleusement à ce que ces animaux soient séparés des autres et ne communiquent d'aucune manière, directement ou indirectement, avec aucun animal de la commune. Les propriétaires, sous quelque prétexte que ce soit, ne pourront les faire conduire dans les pâturages ni aux abreuvoirs communs, et ils seront tenus de les nourrir dans des lieux renfermés.

Cette séquestration des malades ne saurait être pratiquée avec trop de rigueur : c'est d'elle que dépend le salut des autres bestiaux de la localité, et les maires, en tenant la main à l'observation rigoureuse de la règle, peuvent rendre à leurs concitoyens les plus grands services. Il faut donc qu'ils soient assez convaincus de la gravité de leurs devoirs pour ne pas se contenter de demi-mesures.

Chaque jour, le maire de la commune où la maladie s'est déclarée doit vous adresser un rapport détaillé dans lequel il vous indiquera les noms des propriétaires dont les bestiaux sont atteints et le nombre des bêtes malades (²). Aussitôt que le maire aura acquis la preuve que l'épizootie s'est déclarée dans sa commune, il devra en instruire tous les propriétaires de bestiaux de ladite commune par une affiche posée aux lieux où se placent les actes de l'autorité publique, laquelle affiche enjoindra à ces propriétaires de déclarer à l'autorité communale le nombre de bêtes à cornes qu'ils possèdent, avec désignation d'âge, de taille, de poil, etc.

Une copie de ces déclarations devra vous être envoyée, et vous aurez soin de la faire parvenir à mon administration (³).

(¹) Arrêt du Parlement, 24 mars 1745. — Arrêt du Conseil, 19 juillet 1746. — Arrêt du Conseil, 16 juillet 1784. — Décret de l'Assemblée constituante, 6 octobre 1791. — Arrêté du Directoire exécutif, 27 messidor an v. — Ordonnance du Roi du 27 janvier 1815. — Code pénal, art. 459. — V. *Form. mun.*, 2ᵉ éd., tom. 4, pag. 258, et ci-desssus, pages 213, 215, 219, 227 art. 19, 235 et 265.

(²) Arrêt du Conseil, 1746. — Décret de l'Assemblée constituante, 1791. — Code pénal, art. 460. — V. ci-dessus, p. 215 et 227.

(³) Arrêt du Conseil du 19 juillet 1746. — Arrêté du Directoire exécutif du 27 messidor an v. — V. ci-dessus, p. 215 et 235.

Ce dénombrement est nécessaire pour que l'autorité supérieure puisse se rendre compte des pertes et apprécier les indemnités qui pourraient être allouées à ceux qui les auront subies.

Dès que l'épizootie s'est déclarée dans une commune, aucun des animaux, même ceux qui sont encore sains dans cette commune, ne peut en être distrait pour être conduit sur les foires et marchés et même chez des particuliers des communes voisines, car leur migration peut transporter la contagion à distance. Toute communication des bestiaux des localités infestées avec ceux des localités qui ne le sont pas doit être absolument empêchée. Il doit être fait, en conséquence, des visites de temps à autre chez les propriétaires de bestiaux dans les communes infestées, pour s'assurer qu'aucun animal n'en a été éloigné [1].

Si, au mépris de ces dispositions, une bête malade ou suspecte, dans un pays infesté, était conduite sur un marché ou une foire, ou même chez un particulier d'une localité non infestée, l'auteur de cette contravention serait passible des peines portées par les articles du Code pénal qui ont réglé cette matière.

Les propriétaires qui feraient conduire leurs animaux malades ou suspects par leurs domestiques ou autres personnes, dans les marchés ou les foires ou chez des particuliers de pays non infestés, seraient responsables des faits de ces conducteurs [2].

Les propriétaires de bêtes saines peuvent néanmoins, dans les pays infestés, en faire tuer chez eux ou en vendre aux bouchers de leurs communes, mais aux conditions suivantes :

1° Il faut que le vétérinare préposé par l'autorité ait constaté que ces bêtes peuvent être livrées sans danger à la consommation ;

2° Le boucher doit tuer les bêtes dans les vingt-quatre heures ;

3° Le propriétaire ne peut s'en dessaisir et le boucher les tuer, avant qu'ils n'en aient reçu, par écrit, la permission du maire, qui en fera mention sur son état ;

4° Le boucher ne peut, sous aucun prétexte, vendre pour son compte et sur pied la bête qu'il aura achetée pour être immédiatement abattue.

Toute contravention à cet égard sera punie conformément aux lois et règlements sur la matière. Le propriétaire et le boucher sont solidaires [3].

L'expérience ayant appris que les chiens peuvent devenir des agents de la transmission de la contagion, ces animaux doivent être tenus à l'attache dans les localités infestées, et il est ordonné de tuer tous ceux que l'on trouverait divagants. (Loi du 19 juillet 1791. — Arrêté du Directoire exécutif du 27 messidor an V.]

Si, à la première apparition de l'épizootie dans une commune, l'autorité municipale jugeait nécessaire, pour étouffer la maladie avant qu'elle ait pris de l'extension, de faire abattre immédiatement les bestiaux malades et ceux qui auraient cohabité avec eux, elle pourrait prescrire cette mesure, en ayant soin de faire constater par des procès-verbaux le nombre et la valeur des animaux qui devraient être abattus.

Il va de soi que toutes les bêtes saines sacrifiées pour prévenir la contagion dont elles peuvent réceler les germes, pourront être livrées à la consommation comme bêtes de boucherie.

Les extraits des procès-verbaux d'abattage de ces animaux devront m'être adressés, pour que mon administration puisse faire payer aux propriétaires l'indemnité à laquelle ils ont droit d'après la loi [4].

Les bêtes mortes des suites de l'épizootie, ou dont l'abattage aura été ordonné en raison de la gravité de leur maladie, devront être enfouies à une distance aussi grande que possible des habitations, dans des fosses de deux mètres au moins de profondeur, dans les terrains peu perméables et plus profondément encore dans les terrains dont la perméabilité est très-grande. Cette fosse sera recouverte de toute la terre qu'on en aura extraite.

S'il était possible de jeter au préalable sur les cadavres une couche de chaux vive, cette précaution serait excellente.

Les cuirs devront être tailladés avant que le corps soit placé dans la fosse,

---

[1] Arrêt du Conseil du 24 mars 1745. — Arrêté du Directoire exécutif du 27 messidor an v. — V. ci-dessus, p. 213 et 235.

[2] Arrêt du Conseil du 9 juillet 1746. — Code pénal, art. 460. — V. ci-dessus, p. 215.

[3] Arrêt du Conseil du 19 juillet 1746. — Arrêté du Directoire exécutif du 27 messidor an v. — V. ci-dessus, p. 215 et 235.

[4] Arrêt du Conseil du 18 décembre 1774. — Arrêt du Conseil du 30 janvier 1775. — Ordonnance du Roi du 27 janvier 1815.

afin d'annuler leur valeur commerciale pour que personne ne soit tenté de les déterrer. Les cadavres ne seront pas traînés vers le lieu de leur enfouissement, afin d'éviter qu'ils ne laissent sur le sol des matières recelant en elles le principe de la contagion. Ils devront être charriés sur des voitures traînées par des chevaux, des ânes ou des mulets, et ces voitures seront immédiatement lavées à grande eau, après avoir servi à cet usage.

Dans les localités où il existe des clos d'équarrissage ou des usines dans lesquelles les matières animales sont converties en produits industriels, les propriétaires seront libres, au lieu de faire enfouir les corps des bêtes mortes, de le faire exploiter par les établissements appropriés à cette destination, à la condition que la distance de leur propriété à ces établissements sera telle, que les corps des animaux morts ne devront pas traverser des localités non infestées.

Les fumiers provenant des étables infestées devront être enfouis.

Il ne faut pas oublier que les fourrages sur lesquels les bêtes malades ont soufflé et répandu leur bave, que les litières qu'elles ont souillées de leurs déjections, peuvent être des agents de la transmission de la contagion ; les uns et les autres devront être traités comme les fumiers, après la mort de la bête à l'usage de laquelle ils ont servi ; en pareil cas une économie mal entendue peut être cause de nouvelles pertes.

Les étables qui ont été habitées par des bêtes malades doivent être assainies avec le plus grand soin, d'après les prescriptions des hommes de l'art. Le lavage à fond avec des liquides dont les propriétés désinfectantes sont reconnues, tels que le chlorure de chaux, l'eau de chaux chlorurée, les solutions d'acide phénique, les eaux de lessive, le grattage des râteliers et des mangeoires, leur revêtement avec une couche de goudron, le repiquage du sol et l'association à la terre qui le forme, de sable, de terre ou de plâtres coaltarés, enfin les fumigations chlorurées, voilà une série de moyens dont l'expérience a consacré l'efficacité, et qui doivent être scrupuleusement recommandés aux propriétaires des étables infestées : qu'ils demeurent bien convaincus que la dépense qu'ils s'imposeront pour assainir leurs étables sera largement compensée par le bénéfice qu'ils en retireront.

Même après ces précautions prises, il sera prudent de n'introduire des bêtes saines dans les étables infestées qu'après deux semaines au moins, pendant lesquelles on les aura laissées ouvertes à tous les vents.

Les objets qui auront servi à l'usage des bêtes malades devront être détruits par le feu, s'ils sont de minime valeur, comme les cordages d'attache par exemple, ou purifiés par les procédés d'assainissement qui leur conviennent.

Telles sont, Monsieur le Préfet, les mesures diverses qu'il me paraît urgent de prendre pour empêcher l'extension de l'épizootie dans votre département si elle venait à y pénétrer. Je ne saurais trop vous recommander de veiller à ce qu'elles soient partout scrupuleusement et rigoureusement appliquées. Si les efforts sont bien concertés, si chacun est à son poste et fait bien son devoir, on peut opposer à l'invasion du mal une digue qu'il ne franchira pas.

Du reste, Monsieur le Préfet, vous devez trouver de bons auxiliaires, pour l'application de tous les moyens propres à combattre l'épizootie, dans les sociétés vétérinaires, les chambres consultatives d'agriculture, les associations agricoles et les vétérinaires de votre département. Le décret du 18 octobre 1848 a institué près de vous un conseil d'hygiène publique et de salubrité, dont une des attributions est relative aux épizooties et aux maladies des bestiaux. Mais il me paraîtrait très-utile que, pour répondre aux nécessités du moment, des commissions spéciales, composées plus particulièrement de vétérinaires et d'agriculteurs, fussent instituées partout où le besoin s'en ferait sentir et eussent pour mission d'approprier plus efficacement aux conditions locales les mesures de police sanitaires que comporte l'épizootie.

Je désire, Monsieur le Préfet, que vous me teniez au courant, par des communications très-fréquentes, de tous les faits relatifs à l'épizootie qui pourraient se produire dans votre département.

Si les circonstances l'exigent, je vous transmettrai des instructions complémentaires de celles qui font l'objet de la présente circulaire.

---

222. Circulaire de M. le ministre de l'agriculture, du commerce et des travaux publics concernant la liquidation des dépenses faites pour arrêter la propagation du typhus contagieux des bêtes à cornes.

Du 9 octobre 1865.

V. *Epizootie*, p. 106.

M. le préfet, après avoir indiqué à MM. les préfets, par ma circulaire du 11 septembre (¹), les moyens à employer contre le développement ou la propagation du typhus contagieux des bêtes à cornes en France, je me suis occupé d'étudier les questions concernant l'imputation des dépenses auxquelles l'exécution de ces prescriptions pourrait donner lieu.

Tout d'abord se présentent les indemnités à allouer pour l'abattage des animaux reconnus atteints de l'épizootie, et de ceux qui sont déclarés suspects comme ayant eu des rapports de cohabitation ou autres quelconques avec les premiers. Les propriétaires d'animaux qui se trouvent dans ce cas, recevront, aux termes des arrêts des 18 décembre 1774 et 30 janvier 1775, rappelés dans l'art. 5 de l'ordonnance du 27 janvier 1815, une indemnité fixée au tiers de la valeur de l'animal, et c'est une proportion qu'il ne m'appartient pas d'augmenter. La dépense de ces indemnités incombe à la charge de l'Etat. Il sera donc nécessaire, en vertu des mêmes dispositions, de faire dresser exactement des procès-verbaux d'abattage, avec estimation des animaux abattus, par des vétérinaires ou autres experts compétents, et de m'en transmettre des extraits, afin que je puisse faire payer le montant des indemnités qui seront dues. Il est évident que les indemnités de cette nature ne seront acquises que pour les animaux abattus, qu'ils fussent malades ou suspects, en conformité de mes instructions et d'après les règles qu'elles déterminent, et que les pertes d'animaux survenues dans toutes autres conditions que ce soit n'y constitueront aucun droit. Les propriétaires auront donc grand intérêt à déclarer les cas de typhus qui se seraient produits dans leurs étables, et, en outre, ils éviteront de la sorte les risques qu'ils encourraient de l'application de l'art. 459 du C. pénal s'ils négligeaient ou se dispensaient de faire ces déclarations.

Le régime des indemnités pour les animaux abattus étant ainsi arrêté, il reste les frais résultant des autres mesures préservatrices, telles que l'envoi des vétérinaires ou agents préposés à la visite des animaux malades ou suspects, l'installation de terrains, clôtures ou abris d'isolement quand il y a lieu, la surveillance, etc., et en général toutes les précautions nécessaires pour prévenir, soit l'invasion du fléau d'une commune ou localité infectée dans une autre commune ou localité encore saine d'un même département, soit sa propagation d'un département dans un département limitrophe, la dépense, dans ce cas, a un caractère essentiellement départemental et elle rentre évidemment par cela même dans la catégorie que celle de l'art. 12, § 17, de la loi du 17 mai 1838 impute à la section des dépenses ordinaires des budgets départementaux.

Tel est, M. le préfet, l'ordre d'idées dans lequel devront m'être soumises vos propositions motivées à l'appui des paiements à faire par mon administration dans votre département.

En ce qui a trait aux frais de nourriture ou de soins à administrer aux animaux mis en observation, il est évident qu'ils doivent être laissés au compte des propriétaires.

---

223. Carrière creusée au bord d'un chemin vicinal.

Arrêt du Conseil d'Etat du 11 janvier 1866.

V. *Carrières*, p. 66.

Un particulier a creusé une carrière sur le bord d'un chemin vicinal contrairement à un arrêté du préfet qui fixe la distance à laquelle les excavations de cette nature doivent être faites.

Le maire de la commune peut, sans attendre la condamnation par le tribunal de simple police du contrevenant, et pour cause de sûreté publique, ordonner, par un arrêté, le comblement de la carrière, et faute de ce faire, faire procéder d'office à ce comblement. Les frais de cette opération sont à la charge du contrevenant, et c'est devant le conseil de préfecture que devront être portées les contestations relatives à leur recouvrement. (C. E., 11 *janvier* 1866. — *Ogier*.)

(¹) V. ci-dessus, p. 360.

TABLE CHRONOLOGIQUE

Des DATES de tous les ACTES insérés dans le présent volume, en entier,
par extrait ou par citation.

ABRÉVIATIONS. — A. C., *Arrêt du conseil du roi.* — A. E., C. E., *Arrêt ou Avis du Conseil d'Etat.* — A. G. ou D. R., *Actes du Gouvernement, Déclaration du roi ou Décret réglementaire.* — A. p. D., A. p. F., A. p. P., A. p. R., A. p. T., *Arrêt du parlement de Dijon, de Flandre, de Paris, de Rouen ou de Toulouse.* — Arr., *Arrêté.* — C. C., *Arrêt de la Cour de Cassation.* — Un nom de ville pour *Cour d'appel de.....,* ou pour *Tribunal de.........* — D., *Décret.* — Ed., *Edit.* — L., *Loi.* — L. P., *Lettres patentes.* — M., *Actes des ministres.* — n., *note.* — O., *Ordonnance.* — O. P., *Ordonnance de police.* — R., *Règlement.*

NOTA. — Le chiffre qui est sous un nom de mois, au commencement de la ligne, indique le jour de ce mois, date de l'acte cité qui vient après. — Les chiffres qui suivent l'indication de la nature de l'acte ou qui viennent après une virgule, désignent la page où se trouve l'acte cité; et celui ou ceux qui sont liés à ce premier chiffre par des traits d'union (-), font connaître le § de la page auquel il faut se reporter. Quand le chiffre de la page est seul, c'est que l'article qui se réfère à ce chiffre n'a pas de division numérotée.

Royauté.

—

Henri II.

1554.

NOVEMBRE.
2. Ed. glanage, 218-n. 1.

Charles IX.

1565.

JANVIER.
20 O. aubergistes, 28-9.

Henri IV.

1607.

DECEMBRE.
8 Ed. alignement, 20-2; — cabarets, 63-12; — alignements, 209-1, 285-n.

1652.

JUILLET.
16 A. p. P. glanage, 218-n. 1.

Louis XIV.

1667.

AOUT.
18 O. constructions, 86-5; — incendie, 126-4.

1681.

AOUT.
O. varech, 194, 210-2.
Liv. IV, tit. II, eaux, 256-n. 1.

1693.

JUIN.
16 D. R. alignements, 173, § 2, 211-3.

1701.

MAI.
11. O. caves, 67-2.

1704.

AVRIL.
29 A. C. constructions, 86-8.

1708.

DECEMBRE.
A. C. logeurs, 140-4.

1714.

AVRIL.
10 A. G. épizootie, 265-73.

Louis XV.

1729.

JUILLET.
18 D. R. bâtiments, 38-n. 1, 211-4.

1730.

AOUT.
18 D. R. bâtiments, 38-n. 1, 211-n. 1, 212-5.

1731.

MAI.
30 D. R. varech, 194, 213-6.

1740.

MARS.
Ed. logeurs, 140-4.

1741.

JANVIER.
28 O. caves, 67-2.
JUILLET.
20 A. p. R. glanage, 218-n.

1745.

MARS.
24 A. p. P. épizootie, 213-7, 236, 237, 265-73, 365-n. 1, 366-n. 1.
Art. 1, 6, 7, 8, 14, 236.
Art. 5, 237.

1746.

JUILLET.
9 (*lisez* 19) A. E. épizootie, 366- n. 2.
19 A. E. épizootie, 215-8, 236, 265-73, 365-n. 1-2-3, (*et non 9 juill.*) 366-n. 2-3.
Art. 2, 3, 4, 5, 6, 7, 8, 15, épizootie, 236.

1747.

DECEMBRE.
12 A. G. jet, 134-5.

1749.

AOUT.
Ed. sépultures, 247-n. 1.

1754.

MARS.
24 O. art. 4 et 12, alignements, 216-9.

1765.

FEVRIER.
27 A. E. alignements, 216-9, 283.

1772.

AVRIL.
5 A. C. art. 5, carrières, 259-n. 2.
OCTOBRE.
30 D. R. varech, 194, 217-10.

Louis XVI.

1774.

DECEMBRE.
18 A. E. épizootie, 265-73, 366-n. 4.

1775.

JANVIER.
30 A. E. épizootie, 265-73, 366-n. 4.

1776.

FEVRIER.
Ed. art. 6, bouchers, 42-n. 1; — boulanger, 53-9.
MARS.
10 D. R. art. 8, sépultures, 247-7, 251-54.

1777.

JUIN.
24 A. E. eaux, 217-11.
Art. 3, 4, 8, 11, canaux, 332-1-2-3.

1778.

JUIN.
25 A. p. F. glanage, 218-n.
NOVEMBRE.
4 O. brocanteurs, 57-1.

AN 4 (suite).

VENTOSE.
26 (16 mars 1796) L. art. 6, échenillage, 100, 234-33.
GERMINAL.
2 (22 mars 1796) L. art. 9, municipalités, 224-n.;— aubergistes, 235-34.
THERMIDOR.
23 (10 août 1796) L. contravention, 12-23; — délits, 235-35.
Art. 12, contraventions, 234-n. 4.
24 (11 août 1796) L. art. 1er, procès-verbal, 8-13.

AN 5.

NIVOSE.
5 (25 décembre 1797) L. affichage, 285.
MESSIDOR.
23 (11 juillet 1797) M. épizootie, 235-36.
27 (15 juillet 1797) Arr. G. animaux, 235-36, 265-73, 365-n. 3, 366, 366-n. 1-3.

AN 6.

VENTOSE.
19 (9 mars 1798) Arr. G. art. 9, abreuvoir, 16-2; — eaux, 237-37.
Art. 12, abreuvoir, 16-2.
GERMINAL.
28 (17 avril 1798) L. art. 125, animaux, 270-80.

AN 7.

VENDEMIAIRE.
2 (23 septembre 1798) C. C. Bals, 34-1; — marchés, 144-4.
BRUMAIRE.
1 (22 octobre 1798) art. 24, bouchers, 278.
13 (3 novembre 1798) L. timbre, 237-38.
Art. 12, recours, 7-12.
27 (17 novembre 1798) D. art. 2, pesage, 341-183.
FRIMAIRE.
11 (1er décembre 1798) L. bouchers, 281.
22 (12 déc. 1798) L. art. 20, 70, procès-verbal, 8-13.
GERMINAL.
1 (21 mars 1799) théâtres, 238-39.

AN 8.

VENDEMIAIRE.
26 (18 octobre 1799) C. C. marchés, 148-31.

Consulat.

FRIMAIRE.
19 (10 décembre 1799) L. bouteilles, 338-n. 1.
PLUVIOSE.
24 (13 février 1800) art. 15, § 6, L. conseil, 10-18.

AN 8 (suite).

PLUVIOSE (suite).
28 (17 février 1800) L. municipalités, 238-40.
Art. 13, marchés, 267-77.
PRAIRIAL.
13 (2 juin 1800) C. E. rondes, 232-n. 2.
MESSIDOR.
12 (1er juillet 1800) Arr. G. logeurs, 142-9; — préfet, 238-41;—police, 329-162.

AN 9.

BRUMAIRE.
3 (25 octobre 1800) D. agglomération, 321-3.
5 (27 octobre 1800) Arr. G. filles, 241-42, 253-57.
7 (29 octobre 1800) Arr. G. marchés, 151-51; — pesage, 243-43; — saisie, 351-204.
Art. 4, poids, 348-196.
GERMINAL.
29 (19 avril 1801) Arr. G. bourses, 243-44.
FLOREAL.
16 (6 mai 1801) C. C. eaux, 96-11.
18 (8 mai 1801) C. C. cloaques, 82.
MESSIDOR.
26 (15 juillet 1801) L. cloches, 244-46.
Art. 6, 7, 8, cultes, 244-45.
THERMIDOR.
29 (17 août 1801) C. C. glanage, 123-9.

AN 10.

PLUVIOSE.
24 (13 février 1802) O. caves, 67-2.
GERMINAL.
18 (8 avril 1802) L. art. 45, sépultures, 248-18; — processions, 313-132.
Art. 48, cloches, 82-n. 1, 220-n., 244-46.
29 (19 avril 1802) L. marchés, 150-49.
Art. 1, poids, 348-196.
FLOREAL.
28 (18 mai 1802) L. art. 11, procès-verbal, 8-13.
29 (19 mai 1802) L. pesage, 165-5; — marchés, 244-47.
Art. 1, pesage, 341-183.
THERMIDOR.
18 (6 août 1802) Arr. G. varech, 191, 244-48.

AN 11.

GERMINAL.
11 (1 avril 1803) C. C. échoppes, 100.
21 (11 avril 1803) L. pharmacie, 245-49.

AN 11 (suite).

GERMINAL (suite).
Art. 36, remèdes, 344-188.
22 (12 avril 1803) L. carrières, 263-17.
30 (20 avril 1803) M. processions, 313-132.
FLOREAL.
14 (4 mai 1803) L. rouissage, 172-4;—canaux, 245-50.
Art. 3, canaux, 245-n. 4.
Art. 4, eaux, 95-n. 1.
PRAIRIAL.
3 (23 mai 1803) Arr. G. quêtes, 246-51.

AN 12.

VENDEMIAIRE.
20 (13 octobre 1803) C. C. boulangers, 50-1.
GERMINAL.
1 (22 mars 1804) C. C. ventes, 198-1-2.

Empire.

Napoléon Ier.

PRAIRIAL.
13 D. (lisez 23 prairial), art. 16, 17, cimetières, 182.
19 (8 juin 1804) C. C. dépôts, 93-5.
23 (12 juin 1804) D. règlements, 9-6°; — cimetières, 231-n., 246-52, 304-121, 335-171.
Art. 2, sépult., 251-54.
Art. 6, cimetières, 305-122.
Art. 7, 8, sépult., 251-54.
Art. 9, cimetières, 79-7.
Art. 14, cimet., 78-3, 345-191, 346-194, 358-210.
Art. 16, règlement, 9-6°; — (et non 13 prairial) cimetières, 182, 251-54, 305-122.
Art. 17, règlements, 9-6°; — cimetières, 79-10, (et non 13 prairial) 182.
Art. 19, 22, sépultures, 251-54.
MESSIDOR.
8 (27 juin 1804) M. sépultures, 182, 249-53.
THERMIDOR.
25 (13 août 1804) A. E. logements, 314,
26 (11 août 1804) M. inhumations, 251-54; — cimetières, 335-171, 336-171;—exhum., 342-185.

AN 13.

VENDEMIAIRE.
16 (8 octobre 1804) C. C. boulangers, 52-7.
FRIMAIRE.
22 (13 décembre 1804) Arr. G. carrières, 263-17.

AN 13 (suite).

PLUVIOSE.
15 (4 février 1805) D. numérotage, 271-n. 1.
29 (18 février 1805) L. remèdes, 344-188.
FLOREAL.
26 (16 mai 1805) C. C. marchés, 143-2.
PRAIRIAL.
23 (*lisez* 25) A. E. publication, 6-11.
25 (*et non 23 prairial*) (14
juin 1805) A. E. dé-
crets, 6-11, 252-55.
THERMIDOR.
4 (23 juillet 1805) D. inhumations, 252-56, 253-
n. 1.
FRUCTIDOR.
23 (10 septembre 1805) D.
filles, 253-57, 253-n. 2.

AN 14.

FRIMAIRE.
21 (12 décembre 1805) D.
théâtre, 253-58.

1806.

JANVIER.
24 M. cloches, 253-59.
FEVRIER.
10 D. inhumations, 249-n.1.
MAI.
18 D. inhumations, 249-n.1.
églises, 254-60.
JUIN.
8 D. art. 1, théâtres, 223-
n. 3.
AOUT.
22 M. chevaux, 255-61.

1807.

MARS.
10 D. eaux, 255-62.
25 A. E. pavage, 256-63.
MAI.
31 C. E. bouchers, 43-14.
JUIN.
6 C. C. incendie, 127-7.
JUILLET.
29 D. art. 3, théâtre, 223-
n.3.
SEPTEMBRE.
3 C. C. incendie, 126-1.
16 L. alignements, 257-64,
281-87.
Art. 52, alignements,
282.
Art. 53, alignements,
281, 283.
Art. 56, 57, alignements,
284.
16 C. C. marchés, 152-55.

1808.

MARS.
7 D. cimetière, 257-65.
17 C. C. jet, 134-6.
AVRIL.
15 C. C. brocanteurs, 57-2.

1808 (suite).

JUILLET.
1 C. C. animaux, 24-2.
27 D. recours, 7-12.

1809.

JANVIER.
24 M. cloches, 83-2.
AVRIL.
7 C. C. balayage, 31-1.
JUIN.
22 C. C. arrêté, 6-10.
JUILLET.
20 C. C. voie publiq., 200-1.
NOVEMBRE.
30 D. art. 33, cloches, 82-
n. 1.
DECEMBRE.
30 D. art. 75, quêtes, 246-
n. 2.

1810.

JANVIER.
4 C. C. incendie, 126-1.
FEVRIER.
28 C. E. boulangers, 53-9.
MARS.
1 M. incendie, 258-66.
8 L. alignements, 283,
284.
Art. 20,§2, alignem.,282.
17 C. C. bouchers, 41-1.
AVRIL.
21 L. art. 14, carrières, 66-
n. 1.
Tit. VIII, art. 81, car-
rières, 66-1. 259-67.
Tit. IX, carrières, 263-29.
OCTOBRE.
15 D. établissements, 107-5,
259-68; —bouchers, 280-
12°; —rouissage, 286-91.
NOVEMBRE.
16 C. C. bans, 35-1.

1811.

JANVIER.
25 C. C. rondes, 171-1.
MAI.
2 C. C. voie publique, 200-
1.
3 C. C. bouchers, 41-2; —
marchés, 144-8.
JUIN.
13 C. C. aubergistes, 27-2.
AOUT.
30 C. C. arrêté, 6-10.

1812.

JUIN.
20 C. C. animaux, 24-1.
SEPTEMBRE.
5 C. C. incendie, 127-9.
NOVEMBRE.
12 C. C. bruits, 58-1.
20 C. C. bouchers, 42-n. 1;
— boulangers, 53-9.

1813.

JANVIER.
3 D. mines, 260-69.
MARS.
22 D. carrières, 261-70.

1813 (suite).

JUIN.
11 C. C. marchés, 145-10.
SEPTEMBRE.
9 C. C. pharmacie, 245-
n. 2.
OCTOBRE.
14 C. C. gouttières, 124-2.
DECEMBRE.
24 C. C. exécution, 4-S.

Royauté.

—

Louis XVIII.

1814.

AOUT.
19 R. théâtre, 223-n. 3.
NOVEMBRE.
18 L. procès-verbal, 8-13;—
cabarets, 63-n. 1; —
fêtes, 136-n., 264-71,
292-105, 312-131.
Art. 7, bouchers, 42-11.

1815.

JANVIER.
14 O. dépôts, 93-10; — bouchers, 280.
15 O. établissements, 265-
72.
27 février-15 O. épizootie,
265-73, 365-n. 1, 366-n.
4.
AOUT.
24 C. C. incendie, 126-3.
SEPTEMBRE.
21 M. publication, 310-130,
311.
DECEMBRE.
14 M. incendies, 266-74.

1816.

AVRIL.
28 L. art. 28, 32, responsabilité, 233-n. 1.
Art. 65, affichage, 266-
75.
Art. 166, colportage, 84.
OCTOBRE.
18 C. C. marchés, 145-15.
NOVEMBRE.
27 O. publication, 312.

1817.

MARS.
25 L. art. 77, affichage, 267-
76.
OCTOBRE.
18 C. C. glanage, 122-4.

1818.

FEVRIER.
27 C. C. biens, 40-2.
MARS.
5 C. C. jeux, 135-1.
MAI.
15 L. art. 39, responsabilité,
233-n. 1.
Art. 76, affichage, 267-76.
JUIN.
11 C. C. règlements, 10-16.

1818 (suite).
JUILLET.
2-3 M. marchés, 151-52, 267-77; bouchers, 276-86.
22 C. E. parcours, 227-n.
28 M. contraventions, 269-78.
AOUT.
28 C. C. balayage, 31-1.
SEPTEMBRE.
20 C. C. cultes, 90-3.
OCTOBRE.
15 C. C. boulangers, 50-1.

1819.
FEVRIER.
13 C. C. procès-verbal, 8-13.
MARS.
24 C. E. eaux, 99-21.
26 C. C. parcours, 159-1°.
AVRIL.
10 C. C. arrétés, 6-10.
16 C. C. marchés, 152-55, 302.
23 C. C. constructions, 86-6-7; — incendie, 127-5.
JUILLET.
22 C. C. rondes, 171-1.
AOUT.
21 O. aérostats, 328-159.
SEPTEMBRE.
16 M. viandes, 270-79.
NOVEMBRE.
26 C. C. cultes, 90-3.

1820.
JANVIER.
27 C. C. drapeau, 94.
28 C. C. glanage, 122-3.
FEVRIER.
24 C. C. marchés, 145-8.
MAI.
13 C. C. bouteilles, 57-2.
SEPTEMBRE.
16 C. C. marchés, 268-n. 1.
OCTOBRE.
29 O. art. 179, animaux, 270-80.
DECEMBRE.
29 C. C. constructions, 86-5.

1821.
M. marchés, 143-1, 151-54, 152-58.
JANVIER.
24 M. marchés, 147-28.
FEVRIER.
9 C. C. marchés, 143-2.
MARS.
16 C. C. balayage, 32-2.
AVRIL.
24 C. C. ronde, 232-n. 2.
JUILLET.
5 C. C. parcours, 159-1°.
AOUT.
2 C. C. balayage, 32-3.
31 C. C. publication, 6-11.
OCTOBRE.
11 C. C. oies, 158-1; — parcours, 160-15°.

1821 (suite).
NOVEMBRE.
16 C. C. glanage, 122-4.
DECEMBRE.
21 C. C. bâtiments, 38.

1822.
FEVRIER.
1 C. C. recours, 8-12; — conseil, 10-18; — épizootie, 106; — parcours, 160-16°.
24 M. animaux, 270-80.
AVRIL.
12 C. C. marchés, 152-56; — portefaix, 168-4; — marchés, 302.
JUIN.
14 C. C. parcours, 160-16°.
24 C. C. parcours, 159-1°.
AOUT.
14 C. E. recours, 7-12.
SEPTEMBRE.
12 C. C. bruits, 58-2.
20 C. C. eaux, 95-1; — incendie, 126-1.
OCTOBRE.
5 C. C. cabarets, 61-3.
17 C. C. animaux, 24-1; — chevaux, 70-1.
31 C. C. bouteilles, 57-2; — eaux, 95-1.
DECEMBRE.
8 C. E. marchés, 143-2.
18 C. E. marchés, 147-28.

1823.
JANVIER.
17 C. C. chiens, 72-2.
FEVRIER.
6 C. C. dépôts, 93-5-7.
27 C. C. chiens, 73-n. 2.
MARS.
19 C. E. bâtiments, 211-n.
AVRIL.
23 O. numérotage, 271-81.
MAI.
1 C. C. éclairage, 101-1; — marchés, 152-56, 153-62, 302.
13 M. numérotage, 271-82.
21 C. E. eaux, 96-10; — alignements, 257-n. 2.
JUIN.
5 C. C. bouchers, 41-5.
27 C. C. voie publique, 200-6.
JUILLET.
18 C. C. bals, 34-1; — fêtes, 136-8.
AOUT.
1 C. C. bals, 34-1.
OCTOBRE.
4 C. C. dépôts, 92-3.
10 C. C. marchés, 144-5.
29 A. E. alignements, 283.
NOVEMBRE.
3 M. marchés, 143-1 *bis*; — 145-16.
26 O. P. abreuvoir, 16-1.
27 C. C. chasse, 69.

1823 (suite).
DECEMBRE.
24 O. saillies, 299.

1824.
JANVIER
25 A. E. responsabilité, 233-n. 1.
FEVRIER.
13 C. C. pharmacie, 245-n.2.
MARS.
29 C. C. eaux, 96-7; — grillage, 125.
JUIN.
9 C. E. alignements, 285-n. 1.
16 C. E. bâtiments, 38, 285-n. 1.
JUILLET.
16 C. C. marchés, 144-8, 145-10.
20 R. logements, 272-83.

Charles X.
OCTOBRE.
2 C. C. eaux, 95-4.
9 C. C. pharmacie, 245-n.2.
15 C. C. bains, 30.
NOVEMBRE.
11 C. C. animaux, 24-1.
18 C. C. claquement, 82.
DECEMBRE.
8 O. art. 11, théâtres, 356-6.
Art. 14, théâtres, 275-84.
10 C. C. règlements, 5-9; — dépôts, 94-14; — éclairage, 101-6.
17 C. C. balayage, 31-1; — herbes, 125.
22 C. E. recours, 7-12.
24 C. C. cabarets, 61-3.

1825.
JANVIER.
12 O. bouchers, 280.
Art. 7, cloches, 82-n. 1.
FEVRIER.
2 A. E. alignements, 282, 283.
22 C. C. bouchers, 42-9.
26 C. C. fêtes, 136-1.
MARS.
26 C. C. règlements, 5-9; — dépôts, 94-14; — domestiques, 94.
AVRIL.
16 C. C. bruits, 58-2; — domestiques, 94.
MAI.
7 C. C. chiens, 73-5.
JUIN.
2 C. C. règlements, 10-16; dépôts, 92-2.
17 C. C, arrétés, 6-10.
AOUT.
17 C. C. promenades, 169-3.
20 C. C. animaux, 24-1.
M. sépultures, 247-n. 2.
27 C. C. parcours, 160-19°.
SEPTEMBRE.
M. aérostats, 275-85.

1825 (suite).

SEPTEMBRE (suite).
5 C. C. dépôts, 92-1.
OCTOBRE.
15 C. C. cloaques, 82.
NOVEMBRE.
5 C. C. allumettes, 23; — bateaux, 37-1; — eaux, 96-7, 98-19.
DECEMBRE.
3 C. C. cabarets, 61-2.
22 M. abattoirs, 12-2-5; — bouchers, 43-13, 276-86.

1826.

FEVRIER.
1 A. E. alignem., 281-87.
4 C. C. marchés, 144-3.
AVRIL.
1 C. C. colportage, 84; — marchés, 148-33.
MAI.
26 C. C. bruits, 58-n.
JUILLET.
1 C. C. dépôts, 92-n. 1.
OCTOBRE.
7 C. C. arrêtés, 6-10.
NOVEMBRE.
5 O. rouissage, 286-91.
DECEMBRE.
7 C. C. balayage, 31-1; — bouchers, 41-4; — excavations, 109-2.

1827.

JANVIER.
6 C. C. marchés, 143-2.
FEVRIER.
3 C. C. exécution, 4-8, 4-8; — glanage, 122-6.
24 C. C. marchés, 152-56; — ports, 169-5-6.
MARS.
30 C. C. alignements, 19-1; — auvents, 29-2.
AVRIL.
21 C. C. conseils, 10-18; — bergers, 39; — oies, 158-1; — parcours, 160-14°.
JUILLET.
4 C. E. canaux, 245-n. 1.
26 C. C. élagage, 102.
SEPTEMBRE.
28 C. C. dépôts, 91-14.
OCTOBRE.
4 C. C. balayage, 31-1.
18 C. C. abattoirs, 12-1; — bouchers, 42-5.
25 C. C. marchés, 147-26; — poissons, 167-1.
NOVEMBRE.
13 C. C. bateaux, 37-3.
DECEMBRE.
1 C. C. procès-verbal, 8-13.
15 C. C. chiens, 73-2; — incendie, 127-9.

1828.

JANVIER.
3 C. C. bans, 35-1-3.

1828 (suite).

FEVRIER.
15 C. C. exécution, 4-8; — éclairage, 101-1; — voie publique, 200-1.
AVRIL.
18 C. C. règlements, 5-9; — recours, 8-12; — incendie, 126-1.
MAI.
9 C. C. recours, 8-12; — dépôt, 93-5.
JUIN.
12 C. C. exécution, 4-8; — chandelles, 68-2; — chrysalides, 77.
20 C. C. marchés, 147-26.
JUILLET.
3 O. P. jet, 134-3.
4 C. C. aubergistes, 28-6; — logeurs, 141-n. 1; — pharmacie, 245-n. 1.
26 C. C. jet, 134-1.
AOUT.
2 C. C. fêtes, 136-7.
9 C. C. construction, 86-7; — incendie, 127-5.
SEPTEMBRE.
6 C. C. alignements, 20-2.
12 C. C. alignements, 20-2.
18 C. C. bains, 30.
NOVEMBRE.
28 C. C. marchés, 149-43; parcours, 159-1°; — ventes, 199-8.
29 C. C. boulangers, 53-8.
DECEMBRE.
27 C. C. bals, 33-1, 31-1; — jet, 134-1.

1829.

JANVIER.
29 C. C. bouchers, 42-11; — fêtes, 136-6.
FEVRIER.
20 C. C. arrêtés, 6-10; — viandes, 199-2.
MARS.
28 C. C. bruits, 58-n.
AVRIL.
24 C. C. balayage, 32-3.
MAI.
21 C. C. échenillage, 100.
JUIN.
9 O. P. théâtres, 356-207.
JUILLET.
30 C. C. marchés, 144-3.
AOUT.
7 C. C. recours, 7-12.
21 C. C. pesage, 165-6; — ventes, 199-11.
OCTOBRE.
18 O. boucherie, 340-179.
19 M. marchés, 146-16.
NOVEMBRE.
18 O. bouchers, 42-n. 1.
19 C. C. cabarets, 64-15; — incendie, 126-1; — auberges, 304-120.

1830.

JANVIER.
7 C. C. marchés, 148-35.
8 C. C. voitures, 204-7.
FEVRIER.
11 C. C. eaux, 96-9; — jet, 134-6.
MARS.
11 C. C. constructions, 86-5.
25 C. C. affichage, 18-2; — marchés, 143-2.
AVRIL.
1 C. C. boulangers, 53-8.
2 C. C. bruits, 58-n.
3 C. C. rondes, 171-1.
10 C. C. fêtes, 136-1.
JUIN.
11 C. C. boulangers, 52-7.
17 C. C. exécution, 4-8.
JUILLET.
14 C. E. alignement, 257-n. 2.
15 C. C. domestiques, 94; — marchés, 144-3.
23 C. C. aubergistes, 27-1.
31 C. C. publication, 6-11; — biens, 40-2.
AOUT.
5 C. C. bans, 35-3.

Louis-Philippe.

14 charte, art. 5, fêtes, 312-131.
14 C. C. alignements, 21-4.
NOVEMBRE.
12 C. C. marchés, 144-7, 145-8.
DECEMBRE.
10 L. affichage, 285-88; — remèdes, 344-188.
Art. 2, afficheurs, 303-118.

1831.

FEVRIER.
4 C. C. balayage, 32-3.
MARS.
16 C. E. marchés, 149-40; — halles, 328-160.
21 L. art. 25, délibérations, 293-106.
26 C. C. bouchers, 42-8.
AVRIL.
10 L. attroupements, 285-89.
10 C. C. règlements, 5-9.
MAI.
26 C. C. bouchers, 42-8-10.
JUIN.
24 C. C. règlement, 6-9; — bouchers, 41-3.
JUILLET.
30 C. C. boulangers, 51-2.
SEPTEMBRE.
3 C. C. voitures, 205-23.
10 C. C. parcours, 160-5.
OCTOBRE.
20 C. C. bateaux, 37-2; — voitures, 204-13.

1836 (suite).

MARS (suite).

eaux, 96-8; — incendie. 127-5; — pigeons, 166-1.
21 L. loteries, 288-95.
25 C. C. éclairage, 101-1.
31 C. C. conseils, 10-18; — parcours, 160-7°.

MAI.

17 C. C. approbation, 2-5.
21 C. C. voitures, 204-10.

JUIN.

4 C. C. filles, 113-6.
10 C. C. bouchers, 41-3.
18 C. C. abreuvoir, 16-1.
30 C. C. auvents, 29-3.

JUILLET.

18 22 L. jeux, 289-96.

AOUT.

5 C.C. compagnonnage, 84.
6 C. C. exécution, 4-8; — constructions, 85-2.
19 C. C. clôture, 83-1.

SEPTEMBRE.

17 C. C. étalage, 108-1.
22 C. C. exécution, 4-8; — abattoirs, 14-n. 1; — armes, 25-1; — bouchers, 42-5.

OCTOBRE.

8 C. C. parcours, 160-18°; promenades, 169-2.
13 C. C. bruits, 58-n.
18 C. C. trottoirs, 192-3.
19 C. C. glanage, 122-3.

NOVEMBRE.

25 C. C. armes, 26-2.

DECEMBRE.

6 C. C. fours, 120-2; — incendie, 127-8.
15 C. C. règlements, 6-9.

1837.

JANVIER.

13 C. C. aubergistes, 27-1.
19 C. C. bals, 33-1; — cabarets, 63-6; — jeux, 135-2.
20 C. C. cabarets, 61-3; — voitures, 203-7.
28 C. C. boulangers, 50-1.

FEVRIER.

2 C. C. clôture, 83-1; — fermeture, 111-1.
11 C. C. abattoirs, 13-5.

AVRIL.

7 C. C. bouchers, 41-2.
18 C. C. bateaux, 37-1; — eaux, 96-8.
22 C. C. jeux, 135-4.
28 C. C. voitures, 204-8.

JUIN.

2 C. C. balayage, 31-1; — échenillage, 100; — impasses, 125-1.

JUILLET.

4 L. art. 3, 4, bouteilles, 338-174-n.
18 L. administration, 289-97.

1837 (suite).

JUILLET (suite).

Art. 9, publication, 311; — logements, 316-n.
Art. 10, logements, 316-n.; — marchands, 340-180.
Art. 11, arrêtés, 2-4, 3-7; éclairage, 101-1; — passage, 163-1; — arrêtés 290-98-100; — vidanges, 293-107, 298-112; — arrêtés, 295-111, 301-116; — logements, 316-n.; — chandelles, 330-163; — parcours, 303-119; — marchands, 340-180.
Art. 15, approbation, 3-5; — arrêtés, 298-n.; — chandelles, 330-163.
Art. 17, conseils, 10-18; — biens, 39-2; — parcours, 161-9; — publication, 293-106.
Art. 18, exécution, 11-20; — arrêtés, 290-98.
Art. 19, conseil, 10-18; — parcours, 159-1, 303-119; — marchands, 340-180; — règlements, 358-208.
Art. 20, exécution, 11-20; — biens, 40-5; — parcours, 159-1, 303-119; — règlements, 358-208.
Art. 28, arrêtés, 291-103.
Art. 31, tarifs, 298-112; — marchands, 340-180; — poissons, 343-187.
Art. 43, tarifs, 298-112.

AOUT.

4 C. C. eaux, 98-19; — vases, 194.

SEPTEMBRE.

6 M. administration, 289-n., 290-98.
8 C. C. dépôts, 93-5.
18 M. vaine pâture, 296-99.
28 C. C. pigeons, 166-1.
28 M. administration, 289-n., 290-100.

OCTOBRE.

4 M. parcours, 291-101.
6 C. C. parcours, 300-114.
23 M. gouttières, 291-102.
27 C. E. carrières, 259-n. 2.

NOVEMBRE.

10 C. C. marchés, 145-9.
16 C. C. constructions, 85-4; — fours, 120-2; — incendie, 126-3, 127-8.
25 C. C. cimetière, 79-7.

DECEMBRE.

14 C. E. boulangers, 53-8.
22 C. C. parcours, 161-8.

1838.

M. incendie, 128-17.

JANVIER.

3 M. arrêtés, 6-10, 291-103.

1838 (suite).

JANVIER (suite).

18 C. C. exécution, 4-8: — fosses, 116-8-10.

FEVRIER.

9 C. C. intervention, 12-22; — parcours, 161-4.

MARS.

9 C. C. fermeture, 111-1; masques, 155-1.
17 C. C. déclarations, 91-2; — excavations, 109-2; — passage, 164-3.
31 C. C. marchés, 145-10.

AVRIL.

6 C. C. tuyaux, 193-3.
14 C. C. cimetières, 78-3, 248-n. 1.
15 O. abattoirs, 346-193.
21 C. C. incendie, 128-11.

MAI.

17 C. C. aubergistes, 28-6; — logeurs, 141-n. 1.

JUIN.

1 C. C. parcours, 160-20°.
2 C. C. eaux, 96-11, 97-16.
21 M. fosses, 116-10, 292-104.
22 C. C. approbation, 2-5.
23 C. C. fêtes, 136-1.
28 C. C. cabarets, 62-4.
29 C. C. cabarets, 62-4; — fêtes, 136-1.

JUILLET.

7 C. C. exécution, 3-7; — cabarets, 63-6.
12 C. C. aubergistes, 27-2; — éclairage, 101-1; — fosses, 115-5.
19 C. C. balayage, 32-3.
20 O. P. salubrité, 179-n. 1.
20 C. C. exécution, 3-7; — alignements, 20-1.
21 C. C. dépôts, 93-5; — jet, 134-2; — secours, 182.

AOUT.

2 M. fêtes, 292-105.
4 C. C. boulangers, 53-7.
9 C. C. afficheurs, 18-8; — boulangers, 51-2; — dépôts, 93-5; — étalage, 108-3.
13 C. C. animaux, 23-n. 2.

SEPTEMBRE.

7 C. C. alignements, 20-1.

OCTOBRE.

5 C. C. parcours, 161-3-4.

NOVEMBRE.

8 C. C. procès-verbal, 8-13.
15 C. C. arrêtés, 4-8; — eaux, 96-4.
22 C. C. étalage, 108-1.
29 C. C. boulangers, 52-5.

DECEMBRE.

15 C. C. eaux, 97-14.
18 O. publication, 11-19; — délibérations, 293-106.
21 C. C. voitures, 204-15, 205-21.

1838 (suite).

DECEMBRE (suite).

22 C. C. biens, 39-1; — étalage, 108-3; — marchés, 144-3, 149-39.

1839.

JANVIER.

4 C. C. règlement, 6-9; — fosses, 116-8-10.

FEVRIER.

11 C. C. parcours, 160-6°-20°.

28 C. C. eaux, 96-9.

MARS.

5 C. C. rondes, 232-n. 2.

7 C. C. auberges, 304-120.

13 M. fosses, 116-10, 292-104, 293-107.

29 M. vidanges, 292-104.

AVRIL.

13 C. C. voie, 200-5.

16 M. parcours, 293-108.

17 O. poids, 294-109.

Art. 12, bouteilles, 383-174-n.

Art. 31, marchés, 148-38.

Art. 35, bouteilles, 338-174-n.

MAI.

2 C. C. recours, 8-13.

JUIN.

7 C. C. animaux, 24-4.

28 C. C. fosses, 116-8-10.

JUILLET.

4 C. C. élagage, 102.

18 C. C. domestiques, 94; — ouvriers, 159-1.

20 C. C. parcours, 161-4.

AOUT.

23 C. C. bouchers, 41-1; — boulangers, 52-6; — fosses, 115-5.

SEPTEMBRE.

20 C. C. enseignes, 105-1.

26 C. C. animaux, 24-4; — eaux, 95-3.

OCTOBRE.

4 C. C. pavage, 164-2.

18 C. C. théâtres, 184-7.

NOVEMBRE.

15 C. C. gouttières, 124-2-3.

16 M. chemins, 294-110.

28 C. C. bans, 35-1, 36-5.

DECEMBRE.

5 C. C. exécution, 4-8.

16 M. bonbons, 336-172.

17 C. C. exécution, 4-8.

28 C. C. cimetières, 78-4; — sépultures, 248-n. 1.

1840.

JANVIER.

4 C. C. excavations, 109-2.

24 C. C. cimetières, 78-3; — porteurs, 168.

MARS.

6 C. C. marchés, 144-3.

AVRIL.

25 C. C. voitures, 203-n. 1.

MAI.

7 C. C. procès-verbal, 8-

1840 (suite).

MAI (suite).

13; — marchés, 143-2.

29 C. C. dépôts, 93-5.

30 C. C. gouttières, 124-2.

JUIN.

17 A. E. cloches, 82, 82-n. 1, 343-186.

JUILLET.

1 M. approbation, 2-5; — arrêtés, 3-6-7; — recours, 7-12; — administration, 289-n. 295-111; — arrêtés, 301-116.

16 C. C. boulangers, 53-8.

AOUT.

6 C. C. alignements, 20-2.

8 C. C. procès-verbal, 8-13; — théâtre, 184-4.

SEPTEMBRE.

11 C. C. bouchers, 41-2; — constructions, 86-7; — filles, 113-3; — incendie, 127-5; — logeurs, 141-n. 2; — marchés, 152-55, 302.

OCTOBRE.

8 C. C. glanage, 121-1.

15 C. C. pesage, 165-7.

NOVEMBRE.

12 C. C. cabarets, 64-15; — constructions, 85-2; — auberges, 304-120.

14 C. C. domestiques, 94; — jeux, 135-n. 1.

19 C. C. impasses, 125-1.

DECEMBRE.

3 C. C. constructions, 86-11; — incendie, 128-13; — ventes, 199-9.

4 C. C. abattoirs, 13-5-7.

18 C. C. auvents, 29-3; — fermeture, 111-2.

30 C. C. conseil, 10-18.

1841.

JANVIER.

8 C. C. ramée, 170-1-2.

23 C. C. boulangers, 50-1: — chaux, 70.

28 C. C. ramée, 170-1-2.

FEVRIER.

4 C. C. fosses, 115-5.

5 C. C. domestiques, 94.

5 C. E. voitures, 204-15.

MARS.

13 C. C. alignements, 21-9.

17 C. C. bouchers, 41-2.

26 C. C. constructions, 85-2.

AVRIL.

1 C. C. recours, 8-12; — boulangers, 52-5.

2 M. saillies, 298-112.

10 C. C. aubergistes, 27-1; — constructions, 85-2; — dépôts, 94-14; — éclairage, 101-1; — logeurs, 140-2.

16 C. C. boulangers, 53-8.

1841 (suite).

AVRIL (suite).

17 C. C. caves, 67-1-3.

23 C. C. dépôts, 94-14, fosses, 115-5.

30 C. C. gouttières, 124-2.

MAI.

3 L. alignements, 282-n.

Art. 5, expropriation, 300-113.

Art. 6, expropriation, 300-113; — affichage, 318-137.

Art. 15, 21, affichage, 318-137.

Art. 60 et 61, logements, 317-13.

7 C. C. marchés, 148-30, 149-42; — ventes, 199-5.

8 C. C. marchés, 148-34, 149-44.

13 C. C. bouchers, 41-4; — viandes, 199-3.

26 M. (*lisez 28*) parcours, 162-17.

28 M. (*et non 26 mai*) parcours, 162-17, 300-114.

28 C. C. jeux, 135-2-4.

JUIN.

19 C. C. boulangers, 50-1-2.

25 L. art. 28. trottoirs, 309-128.

JUILLET.

2 C. C. eaux, 96-9.

2 C. C. chiens, 72-1.

AOUT.

6 C. C. aubergistes, 28-7; — déclarations, 91-2; — théâtres, 183-2.

12 C. C. cabarets, 63-11.

20 C. C. alignements, 20-1; — exécution, 5-8.

26 C. C. approbation, 3-5; — voitures, 203-4.

28 C. C. ventes, 199-10.

31 M. parcours, 163-19; — épizootie, 300-115.

SEPTEMBRE.

16 C. C. voitures, 205-26.

17 C. C. chevaux, 70-1; — voitures, 204-16.

25 C. C. bals, 34-1; — marchés, 143-2.

OCTOBRE.

20 C. C. alignements, 20-2; — glanage, 123-7; — voitures, 205-22.

26 M. approbation, 2-5; — arrêtés, 301-116; — parcours, 303-119.

NOVEMBRE.

4 C. C. chevaux, 70-1; — marchés, 147-24; — voitures, 204-n. 1.

27 C. C. marchés, 152-56.

DECEMBRE.

2 C. C. biens, 40-2; — parcours, 161-3; — voitures, 205-24.

1848 (suite).

NOVEMBRE (suite),
processions, 313-132.
4 C. C. voitures, 203-1.
24 C. C. jet, 135-8, — varech, 194.
DECEMBRE.
7 C. C. rondes, 171-2.

Président de la République.

21 C. C. dépôts, 93-10; — établissements, 107-3.
28 C. C. exécution, 4-8; — bruits, 58-n.; — cabarets, 61-3.

1849.

JANVIER.
9 C. E. impasses, 126.
FEVRIER.
9 C. C. parcours, 160-17°.
22 C. C. fermeture, 111-1.
MARS.
30 M. fêtes, 136-2, 312-131.
AVRIL.
13 C. C. fosses, 115-5; — incendie, 126-3.
17 C. C. parcours, 162-14.
27 C. C. passage, 164-2; — voitures, 203-6.
MAI.
3 M. processions, 313-132.
JUIN.
1 C. C. colportage, 84.
7 C. C. voitures, 205-26.
14 C. C. voitures, 205-26.
24 M. logements, 313-133.
30 C. Orléans, rondes, 232-n. 2.
JUILLET.
12 C. C. bouchers, 42-12;— marchés, 146-18.
27 L. art. 6, colportage, 84; — crieur, 287-n. 1; — presse, 316-134.
31 C. C. ventes, 199-9.
AOUT.
29 M. logements, 313-133.
SEPTEMBRE.
21 C. C. éclairage, 101-1.
28 C. C. filles, 112-1.
28 C. C. fosses, 116-6.
OCTOBRE.
19 M. marchés, 148-38.
NOVEMBRE.
27 L. compagnonnage, 84-n. 1; — code, 316-135.
DECEMBRE.
1 C. C. abattoirs, 13-6.
2 C. C. cabarets, 61-3.
7 C. C. pesage, 164-4.
20 C. C. logeurs, 141-6.
28 C. E. canaux, 245-n. 4.

1850.

JANVIER.
11 C. C. étalage, 108-1.
FEVRIER.
16 C. C. théâtres, 184-3.

1850 (suite).

MARS.
10 M. exhumations, 342-185.
14 C. C. pigeons, 166-1.
AVRIL.
12 C. C. procès-verbal, 8-13.
13-22 L. logements, 137, 316-136.
Art. 2, logements, 317-n.
MAI.
3 C. C. clôture, 83-1; — parcours, 160-13°.
11 C. C. pesage, 165-5.
18 C. C. dépôts, 94-13.
20 M. approbation, 2-5.
25 C. C. alignements, 20-1.
JUIN.
8 C. C. fermeture, 111-2.
25 M. affichage, 18-1, 318-137.
JUILLET.
2 L. (*et non 5 juillet*) animaux, 23 n. 2;—chiens, 73-7 ; — animaux, 318-138.
5 L. (*lisez 2 juillet*) animaux, 23-n. 2.
16 L. art. 10, affichage, 18-3, 287-n. 1, 319-139.
19 C. C. boulangers, 53-8.
25 C. C. abattoirs, 13-3-6.
30 L. théâtre, 319-140.
AOUT.
1 C. C. quêtes, 169-1.
2 C. C. balayage, 31-1.
9 C. Orléans, rondes, 232-n. 2.
23 C. C. fermeture, 111-2.
24 C. C. marchés, 143-2;— voitures, 204-10, 205-17.
29 C. C. marchés, 150-50; — pesage, 165-6-7.
SEPTEMBRE.
13 C. C. boulangers, 53-8.
21 C. C. voitures, 203-1.
28 C. C. boulangers, 53-8.
OCTOBRE.
5 C. C. chevaux, 71-4.
12 C. C. bouchers, 41-4; — cabarets, 63-8-16.
NOVEMBRE.
4 C. C. pesage, 164-4.
9 C. C. constructions, 86-7; —incendie, 127-5.
16 C. C. bouchers, 41-1.
23 C. C. grillage, 125; — incendie, 128-14.
DECEMBRE.
21 C. C. cabarets, 62-4; — fêtes, 136-1.
28 C. C. arrêtés, 3-7 ; — bans, 35-1.

1851.

FEVRIER.
1 C. C. boulangers, 53-8.
MARS.
1 C. C. balayage, 32-2; —

1851 (suite).

MARS (suite).
écuries, 102; —voitures, 204-10.
20 C. C. boulangers, 51-2.
22 C. C. arrêtés, 4-7;— animaux, 24-2.
27 L. fraudes, 225-n. 3, 319-141, 337-n.
Art. 1, boulangers, 51-n. 1;— chandelles, 331.
31 C. C. fermeture, 111-1.
AVRIL.
11 C. C. pesage, 164-1.
16 C. E. canaux, 245-n. 4.
25 C. C. marchés, 145-8.
MAI.
24 C. C. marchés, 145-15.
JUIN.
13 L. rondes, 320-142.
14 C. C. alignements, 20-2.
19 L. agglomération, 320-143.
19 C. C. chevaux, 70-2-3.
21 C. C. cercles, 68-2.
24 L. bureaux, 324-6.
25 C. C. bouchers, 41-4.
28 C. C. boulangers, 52-n. 1.
JUILLET.
6 M. marchés, 147-27.
11 C. C. alignements, 20-2.
17 C. C. étalage, 108-1.
30 L. théâtres, 319-n.
AOUT.
29 C. C. carrières, 66-1.
SEPTEMBRE.
4 D. agglomération, 321-144.
11 C. C. voitures, 204-8-10-17.
12 C. C. abattoirs, 12-1;— bouchers, 42-5; — cercles, 68-2.
20 C. C. abattoirs, 13-2-7; — chevaux, 70-2 ; — voitures, 203-4.
27 C. C. brocanteurs, 57-2.
OCTOBRE.
2 C. C. balayage, 31-1; — logeurs, 141-n. 2.
3 C. C. chiens, 73-n. 2; — fermeture, 111-2; — jet, 135-8.
10 C. C. balayage, 31-1.
11 C. C. intervention, 12-22;— boulangers, 53-8.
14 C. C. dépôts, 92-2.
25 M. marchés, 152-58.
NOVEMBRE.
7 C. C. marchés, 150-48;— pesage, 165-7.
8 C. C. règlements, 6-9.

Coup d'Etat.

DECEMBRE.
6 C. C. fêtes, 136-1.
27 C. C. biens, 40-3.
29 D. cabarets, 60-1, 61-n.

1851 (suite).

DECEMBRE (suite).
1; — aubergistes, 322-144; — cafés, 328-157.

1852.

JANVIER.
11 L. rondes, 322-145.

Présidence décennale.

24 C. C. biens, 40-3.
30 C. E. bâtiments, 211-n.

FEVRIER.
2 D. art. 15, 16, bureaux, 324-5.
14 M. logements, 322-146.
17 L. presse, 323-147.
Art. 22, crieur, 287-n. 1; — affichage, 288-n. 2.

MARS.
11 C. C. boulangers, 52-n.1.
13 C. C. alignements, 19-1; — constructions, 85-4; — dépôts, 94-14; — incendie, 126-3;—tuyaux, 193-2.
16 M. marchés, 143-2.
25 recours, 7-12;—bureaux, 59-n. 1 (*et non 25 mars 1862*); — canaux, 246-n. 1; — saillies, 299-n. 2; — bureaux, 323-148.
Art. 1 et 2, cercles, 68-1.
Tab. A. n° 4, biens, 39-2.
N° 34, poissons, 344.
N° 51, eaux, 95-n. 1.
Art. 4, T. D. n° 5, eaux, 95-n. 1.
25 C. C. logements, 138-3.
26 D. rues, 324-149, 325-151.

AVRIL.
8 C. E. marchés, 334-n.
C. C. passage, 163-1; — promenades, 169-5.
30 C. C. fosses, 115-5.

MAI.
6 C. C. incendie, 127-5; — constructions, 86-7.
7 C. C. chevaux, 70-1.
14 C. E. canaux, 245-n. 4.

JUIN.
9 M. fêtes, 136-n., 325-150.
11 C. C. constructions, 85-2-3; — incendie, 126-4.
16 M. rues, 325-151.

JUILLET.
3 C. C. jeux, 135-n. 1; — marchés, 152-55.
8 L. art. 30, affichage, 326-152, 327-154.
10 C. C. boulangers, 53-8.
12 M. chiens, 326-153.
15 C. C. aubergistes, 28-5; — cabarets, 61-2-3.
22 C. C. boulangers. 50-1.
24 C. C. boulangers, 52-6; fosses, 115-5.

AOUT.

1852 (suite).

SEPTEMBRE (suite).
14 C. C. incendie, 126-1;— pesage, 164-4.
25 D. affichage, 327-154.

OCTOBRE.
7 C. C. bains, 30.
15 C. C. voitures, 204-8.

NOVEMBRE.
11 C. C. gouttières, 124-1; — voitures, 204-14.
19 C. C. chiens, 72-1.
27 C. C. marchés, 150-50.

Empire.

Louis-Napoléon III

DECEMBRE.
17 C. C. logeurs, 140-4.
30 D. théâtres, 319-n., 356-3.
31 C. E. varech, 194.

1853.

JANVIER.
14 C. C. aubergistes, 27-2.
21 C. C. boulangers, 51-3-4.
28 C. C. aubergistes, 28-6.
29 C. C. logeurs, 141-5.

FEVRIER.
4 C. C. pesage, 165-5.
28 O. vases, 197-n. 1, 342-184.

MARS.
4 C. C. cabarets, 61-3.
12 C. C. fosses, 115-1.

AVRIL.
2 C. C. jeux, 135-2.
6 M. cafés, 328-157.
15 C C. chevaux, 70-3; dépôts, 93-10; — établissement, 107-3.

MAI.
7 C. C. cabarets, 61-3.
14 C. C. chiens, 73-2; — marchés, 150-50.

JUIN.
3 C. C. logeurs, 142-7.
4 L. art. 20, affichage, 318-n.
17 C. C. jet, 135-8.

JUILLET.
1 C. C. constructions, 85-3; — incendie, 126-4.
9 C. C. boulangers, 50-1; — chiens, 73-7.
10 M. théâtre, 328-158.
14 C. C. boulangers, 51-2.
21 C. C. cabarets, 61-n. 2.
29 C. C. dépôts, 93-5.

AOUT.
4 C. C. armes, 25-1; — bruits, 58-2.
12 C. C. cabarets, 61-1.
13 C. C. logeurs, 141-6.
18 C. C. boulangers, 52-7; — chiens, 73-7.
20 C. C. aubergistes, 27-3.
27 C. C. boulangers, 51-3-4.

SEPTEMBRE
9 C. C. logeurs, 141-6.

1853 (suite).

SEPTEMBRE (suite).
9 C. C. parcours, 162-15.
16 C. C. aubergistes, 27-2; — boulangers, 53-8.
28 M. vases, 342-184.

OCTOBRE.
3 C. C. chevaux, 70-3.
7 M. aérostats, 17, 328-159.
7 C. C. balayage, 32-4.
15 C. C. fosses, 115-4.
21 M. chandelles, 330-163.
29 M. chandelles, 330-163.

NOVEMBRE.
17 C. C. alignements, 20-2.
24 C. C. boulangers, 50-1.
25 C. C. moulins, 158-3.
26 C. C. marchés, 146-21.

DECEMBRE.
13 M. saltimbanque, 287-n. 1.
16 C. C. dépôts, 92-3.
22 C. C. cabarets, 61-3.
23 C. C. boulangers, 52-6.
29 C. C. voitures, 204-8.
30 C. C. intervention, 12-22; — éboulement, 99; — parcours, 161-2.

1854.

JANVIER.
M. marchés, 144-n. 1, 149-40; 329-160.
6 C. C. biens, 40-3.
7 D. boulangerie, 349-199.
27 C. C. approbation, 3-5.
28 C. C. alignements, 21-5.
29 C. C. biens, 40-4.

FEVRIER.
10 C. C. chevaux, 70-3; — confiscation, 85; — marchés, 149-41.
16 C. C. cabarets, 62-4; — fêtes, 136-1.

MARS.
10 C. C. chiens, 73-n. 2; — parcours, 162-16-18.
12 C. C. boulangers, 52-6.
18. C. C. chevaux, 70-2.
26 C. C. marchés, 150-48.

AVRIL.
8 C. C. règlements, 6-9.
10 C. C. jet, 134-1.
28 C. C. parcours, 160-10*.

MAI.
13 C. C. chiens, 73-2.
19 C. C. cabarets, 61-n. 2.
26 C. C. boulangers, 52-6; — pesage, 164-4.

JUIN.
2 C. C. chevaux, 70-2; — pesage, 164-4.
9 C. C. dépôts, 92-1.
16 C. C. cabarets, 61-1.
23 C. C. abreuvoir, 16-1; — chevaux, 70-3.

JUILLET.
6 M. fêtes, 136-n., 329-161.
7 C. C. alignements, 21-7;

1854 (suite).

JUILLET (suite).
clôture; 84-2 ; — éclai-
rage, 101-2; — ferme-
ture, 111-1.
20 C. C. boulangers, 51-3.
27 C. C. boulangers, 52-4-
5; — dépôts, 93-5.
AOUT.
18 C. C. eaux, 98-18; —
jet, 134-1.
SEPTEMBRE.
15 C. C. marchés, 118-29.
OCTOBRE.
6 C. C. logeurs, 142-n. 1.
13 C. C. boulangers, 50-1.
NOVEMBRE.
23 C. C. boulangers, 52-6.
24 C. C. eaux, 95-n. 1.
DECEMBRE.
1 C. C. animaux, 24-1 ; —
parcours, 160-19°;—161-
7.
9 C. C. animaux, 24-1.
14 C. E. recours, 7-12; —
alignements, 20-2.
14 C. C. voie publique, 200-
7.
15 C. C. incendie, 128-12;
— tuyaux, 193-3.
16 C. C. chevaux, 70-2.
27 D. boulangerie, 349-199.

1855.

M. abattoirs, 333-167.
JANVIER.
5 C. C. eaux, 97-15.
7 M. gares, 333-n.
29 M. dépôts, 93-8.
FEVRIER.
17 C. C. boulangers, 52-4;
— marchés, 145-15.
22 C. C. arrêtés, 6-10.
23 C. C. marchés, 143-2.
24 C. C. procès-verbal, 8-
13; — boulangers, 51-
n. 3.
MARS.
2 C. C. eaux, 98-17.
15 C. C. aubergistes, 28-11;
cabarets, 61-3, 63-9.
17 C. C. voitures, 205-20.
22 C. C. bans, 35-1.
24 C. C. chèvres, 72-n. 1.
29 C. C. exécution, 4-8.
31 C. C. cabarets, 62-n. 1.
AVRIL.
10 C. C. (lisez 10 avril 1856)
marchés, 148-33.
13 C. C. parcours, 159-1°.
MAI.
5 L. municipalités, 329-
162.
Art. 3, L. municipalités,
238-n. 1.
Art. 22, délibérations,
293-n.
Art. 50, règlements, 5-9;
— logeurs, 142-9; —
théâtres, 337-173.

1855 (suite).

MAI (suite).
14 M. chandelles, 68-1, 330-
163.
18 C. C. bouchers, 41-1.
24 C. C. balayage, 32-2.
25 C. C. bouchers, 41-1; —
boulangers, 50-1.
26 C. C. jeux, 135-n. 1.
31 C. C. alignements, 20-2.
JUIN.
1 M. gares, 334-168.
1 C. C. chevaux, 70-2; —
eaux, 96-4; — établis-
sement, 107-1; — fer-
meture, 111-1.
2 C. C. aubergistes, 28-4;
cabarets, 63-5.
14 C. C. pesage, 164-4.
15 C. C. boulangers, 53-8.
16 C. C. cabarets, 62-3.
21 M. abreuvoirs, 16-2; —
canaux, 331-164.
21 C. C. procès-verbal, 8-
13; — veillées, 198; —
voitures, 203-1-2.
22 C. C. constructions, 85-
4; — glace, 121-1-2; —
incendie, 126-3.
24 M. bains, 157-1, 332-165.
JUILLET.
12 M. ports. 168-1, 333-
166.
12 C. C. chasse, 69.
17 C. C. marchés, 150-48.
19 C. E. recours, 7-12.
28 C. C. armes, 25-1; —
cabarets, 62-4, 63-n. 1;
fêtes, 136-1.
AOUT.
3 C. C. cabarets, 62-3, 64-
18.
9 C. C. alignements, 20-2.
16 C. C. boulangers, 52-6.
30 C. C. alignements, 20-2.
SEPTEMBRE.
20 C. C. dépôts, 93-5.
21 C. C. animaux, 24-1.
NOVEMBRE.
9 C. C. boulangers, 51-3.
17 C. C. cabarets, 61-n. 2.
24 C. C. bruits, 58-1.
DECEMBRE.
1 C. C. cabarets, 62-3.
6 C. C. marchés, 143-2,
144-6.
7 C. C. bans, 36-5.
13 C. E. dépôts, 93-8.
15 C. C. balayage, 31-1; —
glace, 121-1-2.
17 C. C. eaux, 98-18.
27 C. C. fosses, 115-1, 116-9.
28 C. C. affichage, 18-2.

1856.

M. cimetières, 78-n. 1; —
marchés, 150-46; — sé-
pultures, 247-n. 4; —
marchés, 334-169; —
sépultures, 334-170.

1856 (suite).

JANVIER.
7 M. gares, 333-168.
12 C. C. alignements, 20-3.
19 C. C. dépôts, 93-5.
26 C. C. marchés, 144-4.
31 C. C. voitures, 204-15.
FEVRIER.
8 C. C. eaux, 98-19; —
fours, 120-3; — incen-
die, 127-8; — voitures,
204-8.
9 C. C. bans, 36-5; — dé-
pôts, 92-2.
11 C. C. voitures, 206-29.
14 C. C. boulangers, 53-9.
15 C. C. bouchers, 42-n. 1;
— voitures, 205-23-27.
21 C. C. chevaux, 70-n. 2;
voitures, 203-4.
26 C. C. marchés, 146-20.
29 M. exhumations, 342-185.
MARS.
10 M. cimetières, 335-171.
26 C. C. cabarets, 61-n. 2.
29 C. C. étalage, 108-1; —
fosses, 115-1; — mar-
chés, 144-3-17.
AVRIL.
3 C. C. aubergistes, 27-3;
— voitures, 204-12.
10 C. C. (et non 10 avril
1855) Marchés, 148-33.
18 C. C. denrées, 91.
25 C. C. trottoirs, 192-1.
MAI.
15 C. C. arrêtés, 3-7; — aubergistes, 27-1.
23 C. C. dépôts, 92-1.
25 C. C. dépôts, 93-5.
29 C. C. alignements, 20-2.
30 C. C. balayage, 31-1.
31 C. C. voitures, 205-26.
JUIN.
2 C. C. cabarets, 62-3.
6 C. C. chiens, 73-n. 1; —
théâtre, 184-4.
12 C. C. bouchers, 41-2.
13 C. C. animaux, 24-2; —
dépôts, 93-5.
26 M. bonbons, 40, 336-172.
28 C. C. boulangers, 50-1;
—voitures, 205-23-26-29.
JUILLET.
10 C. C. cabarets, 62-4.
11 C. C. cimetières, 78-n. 2.
16 M. théâtres 337-173.
25 C. C. alignements, 20-3;
cabarets, 62-3.
AOUT.
2 C. C. alignements, 21-8.
8 C. C. chevaux, 70-2; —
dépôts, 94-14; — voi-
tures, 203-1-4.
22 C. C. boulangers, 50-1,
— cabarets, 64-18.
29 C. C. boulangers, 51-3,
52-5.
SEPTEMBRE.
19 C. C. carrières, 66-1.

www.ingramcontent.com/pod-product-compliance
Lightning Source LLC
Chambersburg PA
CBHW071547030726
47593CB00001BA/65